PETER KRENN / DIE OSTSTEIERMARK

W0054615

ÖSTERREICHISCHE KUNSTMONOGRAPHIE

BAND XI:

PETER KRENN

DIE OSTSTEIERMARK

VERLAG ST. PETER SALZBURG

PETER KRENN

Die Oststeiermark

IHRE KUNSTWERKE,

HISTORISCHEN LEBENS- UND SIEDLUNGSFORMEN

VERLAG ST. PETER SALZBURG

Umschlagbild: Blick auf Schloß Riegersburg
Foto: Kolorit-Verlag, Wien

FOTOS: Bild- und Tonarchiv am Joanneum, Graz: 16. Reinhart Dittrich, Graz: 38. Bundesdenkmalamt, Landeskonservator f. Steiermark, Graz: 90, 159, 314. Alle übrigen von Kurt Woisetschläger, Graz.

GRUNDRISSE: Bundesdenkmalamt Wien (A. Klaar) und Ludwig Freidinger, Graz. Der ergänzte Grundriß des Feldbacher Tabors von Karl Kafka aus: Karl Kafka, Wehrkirchen Steiermark, Wien 1974.

STADTPLÄNE und ÜBERSICHTSKARTEN: Ludwig Freidinger, Graz.
Für die Verbreitungskarte der Bauernhausformen (Vorsatz) wurde mit freundlicher Genehmigung der Akademischen Druck- und Verlagsanstalt die Karte Nr. 11 des Atlas zur Geschichte des steirischen Bauerntums, Graz 1976, als Vorlage benützt.
Die Rekonstruktionszeichnung von Löffelbach von Elisabeth Fossel wurde entnommen aus: Walter Modrijan, Der römische Landsitz von Löffelbach, in: Schild von Steier, Kleine Schriften 3, 1971[3].
Für die Benützung seiner Unterlagen über die steirischen Industriedenkmäler wird Herrn Univ.-Prof. Dr. Paul W. Roth herzlich gedankt.

2., durchgesehene Auflage 1987

ISBN 3 900173 26 5

© Copyright 1981 by Verlag St. Peter, Salzburg
Herstellung: Druckhaus Nonntal, Salzburg
Printed in Austria

Inhalt

Einführung

Die Oststeiermark ist ein geographisch gut abgrenzbarer Landesteil der Steiermark mit einer eigenen, von seiner Grenzlage geprägten Geschichte. Im Westen und Süden besorgt der steirische Hauptfluß, die Mur, die Trennungslinie zur Weststeiermark bzw. zur ehemaligen Untersteiermark, die 1919 an Jugoslawien abgetreten werden mußte. Im gebirgigen Norden bilden die gegen das Mürztal abfallenden Fischbacher Alpen und das steirisch-niederösterreichische Grenzmassiv des Wechsel eine markante Einfriedung. Die Ostgrenze gegen das Burgenland hält sich an das unscheinbare, nordsüdlich verlaufende Flüßchen Lafnitz, welches schon seit dem Siege König Heinrichs III. gegen die Ungarn 1043 einen Teil der Ostgrenze des Deutschen Reiches gebildet hatte. Es verläßt bei Fürstenfeld die Steiermark und an seine Stelle tritt weiter südlich im Radkersburger „Zipfel" die Kutschenitza (Kučnica), um als Staatsgrenze zu dem heute jugoslawischen Murgebiet (Pomurje) herzuhalten. Betrachtet man das Oberflächenrelief der Oststeiermark, so kann man eine allmähliche Abdachung gegen Südosten erkennen. Tatsächlich liegen sich der höchste Punkt im äußersten Norden des Landes, nämlich das Stuhleck, mit einer Höhe von 1782 m und der tiefste Punkt am südlichsten Zipfel beim Austritt der Mur nahe Radkersburg mit einer Seehöhe von 200 m diagonal gegenüber. Diese Neigung und Öffnung gegen Osten, erkennbar auch am Verlauf der Flußsysteme Raab und Mur, setzte das Land immer wieder den über die ungarische Tiefebene herandringenden Völkerschaften aus. Geographisch läßt sich eine Dreiteilung vornehmen: 1. der gebirgige Nordteil, welcher den östlichen Zentralalpen zugehört. Seine wichtigsten Erhebungen sind außer den schon genannten Fischbacher Alpen und dem Wechsel das Joglland, der Masenberg, der Rabenwald, der Hochlantsch, die Teichalpe und das Grazer Bergland. Sie umschließen die Kessellandschaften von Passail, Pöllau und Vorau und sind von schluchtartigen Durchbruchstälern (Raabklamm, Weizklamm) und langgestreckten Engtälern (Feistritz, Lafnitz) durchzogen. Alle hier entspringenden Wasserläufe ergießen sich in den 2. hügeligen Mittelteil (oststeirisches Hügelland), der auch als Flußgebiet der Raab bezeichnet werden könnte. Entsprechend der südöstlichen Abdachung der Landschaft nehmen sie auch alle einen südöstlichen oder östlichen Verlauf. Hauptfluß ist die Raab, die am Südhang der Passailer Alpe entspringt und ab Kirchberg an der Raab in östlicher Richtung der ungarischen Tiefebene zufließt, in der sie sich in großem Bogen gegen Norden wendet und bei Raab (Györ) mit der Donau vereinigt. Als ihre Trabanten sind in westöstlicher Reihenfolge zu nennen die Weiz, der Ilzbach, die Feistritz, die Safen und die Lafnitz. Letztere nimmt alle anderen auf, ehe sie sich selbst bei St. Gotthart in die Raab ergießt. Südlich des Raabtales und des bei Studenzen abzweigenden Pickelbachtales ändert sich das Bild wieder. Dieser bis zur Mur sich erstreckende 3. Gebietsteil wird auch als südoststeirisches Grabenland bezeichnet. Seine annähernd parallel nebeneinanderliegenden flachen Hügelrücken verlaufen in südlicher Richtung und enden in der breiten Murebene, welche ab Graz den Fluß begleitet. Sie begrenzen breite Grabentäler, deren Wasserläufe gleichfalls in südlicher Richtung der Mur zustreben.
Eine Dreiteilung zeigt auch der geologische Aufbau der Oststeiermark (siehe dazu auch die Chronik), wenngleich er nicht der obigen Gebietseinteilung folgt. Vielmehr sind im gebirgigen Nordteil im großen gesehen zwei geologische Formationen zu unterscheiden, nämlich paläozoische Kalke und Schiefer im Grazer Bergland, Hochlantsch und der Teichalpe sowie kristalline Gesteine mit Gneis und Glimmerschiefer in den übrigen Ge-

birgszügen vom Rabenwald bis zum Wechsel. Das oststeirische Hügel- und Grabenland nördlich und südlich der Raab hingegen ist bereits Teil des Pannonischen Beckens, das sich im Tertiär bildete und aus Ablagerungen von Tonmergel, Sandstein, Feinschotter und Kies besteht. Jungtertiäre Vulkantätigkeit schuf einige steile Erhebungen vorwiegend aus Basalt, deren Zentrum die Gleichenberger Kogel darstellen (Riegersburg, Kapfenstein, Klöch). Hingegen wurden die breiten Flußtäler der Mur, Raab, des Unterlaufs der Feistritz und der Lafnitz aus jungen Flußablagerungen des Quartär (Alluvium) gebildet.

Gemäß den geologischen Formationen ergibt sich auch eine Konzentration der Mineral-Lagerstätten im gebirgigen Nordteil. Herausragend und heute noch von volkswirtschaftlicher Bedeutung ist der Abbau von Magnesit in der Breitenau. Zusammen mit den obersteirischen Magnesitwerken in Veitsch, Oberdorf a. d. Laming und Trieben trug die Steiermark zur einstigen Monopolstellung der Donaumonarchie auf dem Magnesitmarkt erheblich bei. Verwendung findet dieses Mineral bei der Erzeugung feuerfester Stoffe, die nach wie vor einen erstrangigen Exportartikel darstellen. Einen hohen wirtschaftlichen Stellenwert nimmt weiters der Abbau von Talkgestein am Rabenwald ein, einem zwischen Anger und Pöllau südöstlich verlaufenden Bergzug von 1281 m Höhe, wo sich das größte österreichische Talkvorkommen befindet. Die Förderung dieses Minerals setzte in der Steiermark vor ca. 160 Jahren in größerem Ausmaße ein, als man den Talkstein wegen seiner Feuerbeständigkeit zur Hochofenausmauerung und zum Auskleiden von Sensenöfen in den Hammerwerken in größerer Menge benötigte. Heute wird Talk wegen einer Reihe anderer Eigenschaften (große Haftbarkeit, Adsorptionsvermögen für Öle, Fette, Harze, geringe Säurelöslichkeit u.a.m.) in den verschiedensten Bereichen angewendet, die von der Pharmazeutik und Kosmetik (Puder), über die Nahrungsmittel-, Papier- und Zellstoffindustrie, Bitumen-, Asphalt- und Gummierzeugung bis zur Herstellung von Schmiermitteln und Kunstdünger reichen. Keine wirtschaftliche Nutzung finden mehr die oststeirischen Braunkohlevorkommen. Das größte befindet sich am Ostabhang der Waldheimat bei St. Kathrein am Hauenstein und Ratten. Wegen des Importes hochwertiger und preisgünstiger ausländischer Kohle, vor allem aber zufolge eines Strukturwandels am Energiesektor durch den Ausbau von Wasserkraftwerken und der österreichischen Erdöl- und Erdgasförderung wurde der Abbau 1960 eingestellt, ein Schicksal, das auch mehreren kleineren Kohlenbergbauen (z. B. Kleegraben bei Ilz) widerfuhr. Blei, Zink und Silber wurden einst am Rechberg und in Arzberg-Haufenreith gewonnen; die Nachrichten darüber reichen bis ins Mittelalter zurück („Rechberger Bergbrief' Herzog Ernst des Eisernen vom Jahre 1424). Auch hier führten wirtschaftliche Gründe schon im vorigen Jahrhundert zur Schließung.

Im Tertiär des oststeirischen Hügellandes sind demgegenüber nur Abbauvorhaben aufzuzeigen, die auf der Basis der Nutzung der Ergußgesteine des dortigen Vulkanismus stehen. In Gossendorf zwischen Feldbach und Gleichenberg wird der sogenannte Steirische Traß zur Herstellung von Spezialzementen gewonnen; in Fehring Bentonit-Tone für Leichtbaustoffe (Leca); bei Feldbach hochwertiger Hartschotter aus dem Basaltgestein. Dieses Gebiet ist noch durch ein anderes Vorkommen gesegnet, welches gleichfalls mit dem einstigen Vulkanismus zusammenhängt. Es ist ein besonderer Reichtum an Säuerlingen, die sich um die vulkanischen Basalte des Stradnerkogels, von Klöch, Feldbach, Riegersburg u. a. gruppieren. Sie entstanden alle dadurch, daß Kohlensäure aus der Erdtiefe aufstieg und sich mit dem Grundwasser vermischte. Die Unterschiede liegen im wechselnden Kohlensäureanteil, den verschiedenen mitgeführten Mineralstoffen (Natrium, Kalzium, Magnesium u. a.) und der Tiefe des Grundwassers (per 100 m +3 Grad Wärme, in der Oststeiermark sogar mehr). Dementsprechend sind auch die Heilanzeigen der oststeirischen Bäder verschiedene: in Bad Gleichenberg für Katarrhe der Luftwege, Bronchialasthma, Herz-Kreislaufkrankheiten, Darmkrankheiten, Erkrankungen der Harnwege und Zuckerkrankheit; in Bad Radkersburg für Nierenerkrankungen; in Loipersdorf für Rheuma, Knochenverletzungen, postoperative Behandlung. In Johannisbrunn, Sicheldorf, Deutschgoritz, Bad Gleichenberg und Bad Radkersburg werden außerdem Säuerlinge in Flaschen abgefüllt und als beliebte Heil- und Mineralwasser in den Handel gebracht.

Ist die Oststeiermark geographisch und geologisch gesehen ein nach dem Osten offenes Rand- bzw. Übergangsgebiet von den östlichen Ausläufern der Zentralalpen zur ungarischen Tiefebene bzw. von den ältesten kristallinen Gesteinsformationen zum Pannonischen Becken des Tertiär so hat ihm auch die Geschichte eine Rand- bzw. Grenzfunktion zugedacht, die durch diese jedes natürlichen Schutzes bare Ostflanke wesentlich erschwert wurde. In vorrömischer Zeit war im Ostalpenraum eine zumeist als illyrisch bezeichnete Bevölkerung ansässig. Um 400 vor Christus drangen vom Westen her die Kelten ein, bildeten eine neue Oberschicht und vermittelten den Vorbewohnern ihre Sprache und Kultur. In der 2. Hälfte des 2. Jahrhunderts vor Christus hatte sich unter der Führung des Stammes der Noriker ein Königreich Noricum herausgebildet, welches die im Ostalpenraum siedelnden Völker vereinte. Es umfaßte etwa das Gebiet des heutigen Österreich mit Ausnahme Vorarlbergs, des Westteiles von Tirol und des südlichen Burgenlandes. Die Oststeiermark war somit erstmals Grenzgebiet. Rom, das an einer Konsolidierung der politischen Verhältnisse an seinen nördlichen Grenzen interessiert war, unterstützte dieses Vorhaben durch staatsrechtliche Anerkennung und Bündnisverträge. Außerdem lockten die norischen Bodenschätze (Eisen) und man war bereit, dafür römische Zivilisation zu geben. Unter Kaiser Augustus, der die Reichsgrenzen bis an die Donau vorschob, ist Noricum 16 vor Christus allem Anschein nach kampflos vereinnahmt worden. Die neuen Provinzen Noricum und Pannonien werden gebildet, entlang der Lafnitz verlief die Grenze; bis auf den Friedberger Bezirk lag die ganze Steiermark demnach in Noricum. Allerdings war der Osten mangels einer eigenen größeren Stadt stärker auf das pannonische Savaria (Steinamanger) ausgerichtet, wohin auch eine wichtige Straßenverbindung, die über Hartberg führte, gebaut worden war. Ein friedliches Provinzleben entwickelte sich in der Folge, die Besiedlung verdichtete sich und mit ihr auch die Romanisierung der Bevölkerung. Die vielen erhaltenen Grabsteine, Hügelgräberfelder und Villen geben davon Zeugnis. Die Germaneneinbrüche des späten 4. Jahrhunderts beendeten diese Periode ruhigen Gedeihens, das Land wurde in den Strudel der Völkerwanderung hineingerissen. 395 mußte Rom den Goten und Alanen Pannonien als Siedlungsraum überlassen. Noricum wird Grenzland. 407 wird es von den Westgoten weitgehend besetzt und ihr Fürst Alarich forderte es von den Römern mit dem Hinweis, daß es ohnehin dauernd von Einfällen bedroht und von geringem Steuerertrag sei. Die nächste Zäsur erfolgte ab 582 mit dem Einbruch der Awaren und Slawen, die die Ostalpenländer für längere Zeit vom antiken Kulturkreis abschnitten. Die ansässige illyrisch-römische Bevölkerung dürfte damals das Land verlassen und ihre Niederlassungen aufgegeben haben. Dafür wurden Steiermark und Kärnten von den Alpen- oder Karantanenslawen (den heutigen Slowenen) schütter besiedelt, in der südlichen Oststeiermark ließen sich auch

Kroaten und Dudleben nieder. Doch vermochte sich der große slawische Siedlungsbereich in den Ostalpenländern nicht zu festigen und wurde in den kommenden Jahrhunderten von den Bayern und Karolingern aufgerieben. 791 führte Karl der Große einen Feldzug gegen die Awaren – die sich von diesem Schlage nicht mehr erholen sollten – und besetzte das Land bis zur Raab. Zwei verwaltungstechnische Maßnahmen folgten dem Ereignis, die für die Oststeiermark sehr bedeutungsvoll werden sollten. Die eine betraf die Festlegung der Grenze zwischen den Bistümern Salzburg und Aquileia, wofür bei einer 796 abgehaltenen Bischofskonferenz die Drau bestimmt wurde. Die zweite Maßnahme regelte die karolingische Verwaltungseinteilung der Ostalpenländer in die Provinzen Karantanien und Pannonien. Ihre Grenze verlief über den mons Predel, womit das Bergland östlich des Grazer Feldes (Rieshöhe) und in weiterer Fortsetzung gegen Nordosten der Zug der Fischbacher Alpen (Pretul) gemeint sein dürften. Pannonien erstreckte sich im Osten bis zur Donau, im Süden bis zur Drau und wurde durch die Linie Rabnitz (Repce)–Raab in ein Ober- und Unterpannonien geteilt. Letzterem war die Oststeiermark eingegliedert. Damit war der Grundstein für eine Kolonisation gelegt, die durch bajuwarische Deutsche erfolgte; die Missionierung führte das Erzbistum Salzburg durch. Die nächste Änderung und zugleich die Vernichtung der bisherigen Kolonisationsbemühungen brachte das Auftreten der Magyaren, die 894 in Pannonien eingefallen waren und in den folgenden Jahrzehnten ihre Angriffe bis weit in deutsches Reichsgebiet vortrugen. 955 besiegte sie König Otto der Große in der Schlacht am Lechfeld bei Augsburg vernichtend und setzte die Südostgrenze des Reiches neu fest. Er errichtete eine Mark Ostarichi zwischen Enns und Wienerwald und eine Mark an der mittleren Mur, auch Karantanermark geheißen, welche sich von der Kor- und Gleinalpe bis zur Wasserscheide Mur–Raab östlich des Grazer Feldes erstreckte. Die Oststeiermark blieb also vorerst im Einflußbereich der Ungarn, die ihre Grenzwächtersiedlungen bis in das Bergland östlich des Grazerfeldes heranschoben (der Name Ungardorf kommt hier noch dreimal vor).
Die entscheidende Wende brachte erst der Ungarnfeldzug König Heinrichs III. 1043, mit dem die Karantanermark und damit die neue Reichsgrenze bis zur Leitha und Lafnitz gegen Osten vorgeschoben wurde. Jetzt erst konnte die deutsche Besiedlung in unserem Gebiete wieder einsetzen und die Lafnitz blieb als Ostgrenze von nun an bis heute bestehen. 1122 wurden die Markgrafen von Steyr (Traungauer) zu Erben jenes Gebietskomplexes, der nach ihnen den Namen marchia Styria – Steiermark erhielt und 1180 zum Herzogtum erhoben wurde. Es wird im ersten Kapitel der Kleinen Kunstgeschichte noch eingehender zu erläutern sein, daß mit den Traungauern auch die Anfänge des nachantiken oststeirischen Kunstschaffens einsetzten. Zugleich wurde die Rodung des Grenzwald- und Grenzödlandgürtels von Niederösterreich her über den Wechsel konsequent vorangetrieben, Hunderte von großteils heute noch bestehenden Dörfern planmäßig angelegt und die ersten Siedlungszentren in Hartberg, Pöllau, Feistritz bei Ilz, Riegersburg, Weiz und Graz errichtet. Der oststeirische Drei- und Vierseithof wurde damals aus dem Niederösterreichischen mitgebracht, ein eigenes Bauerntum im Lande begründet.
Im 15. Jahrhundert erfolgte in der Steiermark aus militärischen Gründen der besseren Organisation der Aufgebotstruppen die Einteilung in Viertel auf der Grundlage der Pfarrorganisationen. Die Oststeiermark war identisch mit dem Viertel Vorau. Gerade im letzten Drittel dieses Jahrhunderts war die Bevölkerung einer verhängnisvollen Kette schwerster Prüfungen ausgesetzt, die die Entwicklung des Landes arg hemmen sollten. Angefangen von der Baumkircher-Fehde mit dem Kaiser 1469 über den verheerenden

Türkeneinfall von 1480, die gleichzeitig erfolgende Invasion der Ungarn unter ihrem ehrgeizigen König Matthias Corvinus, welche zu einer 10jährigen Besetzung Ostösterreichs führte, reichen die Heimsuchungen bis zu der Heuschreckenkatastrophe von 1478/80 und der Pestepidemie von 1478/82. Etwa ein Drittel der Bevölkerung soll damals umgekommen sein, ganze Landstriche der Oststeiermark waren menschenleer und verödeten. Die Obsorge um eine wirksame und ausreichende Landesverteidigung erhielt von da an Vorrang. Wehrordnungen nach dem Vorbild der Schweizer und Hussiten wurden beschlossen und dabei die bäuerliche Bevölkerung arg hergenommen, sowohl was das Mitziehen im Aufgebot wie auch das Errichten von Wehren und Wegsperren betrifft. Kirchenburgen (Tabor) wurden angelegt, die Schloßbefestigungen verstärkt, die Städte mit Mauern bzw. Bastionen umgeben und auch unterirdische Fluchtgräben für die bäuerliche Bevölkerung des freien Landes ausgehoben. Immer empfindlicher wurden die Wehrausgaben und stiegen erst recht, als mit der Erbteilung Ferdinands I. von 1564 unter seine drei Söhne auch die Finanzierung der windisch-kroatischen Militärgrenze an Innerösterreich (Steiermark, Kärnten, Krain) gefallen war. So gingen dem Land Jahr für Jahr erhebliche Summen verloren, die anderswo zur Förderung des Handels, der Wirtschaft, des kulturellen Lebens hätten eingesetzt werden können.

Es erscheint als symptomatisch wenn im Jahre 1676 die steirisch-ständischen Verordneten das Anerbieten des bekannten Tiroler Topographen Georg Matthäus Vischer, eine Topographie der Steiermark, das heißt seine Burgen, Schlösser, Klöster, Städte und Märkte zu zeichnen und in Kupfer zu stechen (um 6 Gulden für die fertige Kupferplatte), eingedenk der ,,gegenwärtig schwären Zeiten" ablehnten. Sonderausgaben öffentlicher Gelder in dieser Höhe könne man derzeit nicht verantworten, wenngleich man grundsätzlich einsähe, daß ,,ein solches Werkh dem gantzen Landt und dessen Ständten ad decus publicum gereichete". Natürlich, man hatte andere Sorgen, der Krieg mit dem Türken war noch nicht ausgestanden, sein Höhepunkt stand erst bevor, und so mußte das Land ständig in verteidigungsfähigem Zustand gehalten werden. Die ,,Topographia Ducatus styriae" entstand dennoch, aber es war ein hindernisreiches und langwieriges Unternehmen, das sich bis 1696 hinzog, unterbrochen von Pestseuchen und Kriegen. Und zahlen mußten die einzelnen Schloßbesitzer und Klöster. Aber erstmals wurde eine immerhin 500 Stiche umfassende Bestandsaufnahme der wichtigsten Bauwerke in den fünf Vierteln des Landes vorgelegt und das oststeirische Viertel Vorau erhielt genau ein Fünftel zugemessen (die anderen Viertel hießen und umfaßten die Gebiete Ennstal, Judenburg, zwischen Mur und Drau und Cilli).

Nach dem Ende des 2. Türkenkrieges (1683–1699), der mit dem Entsatz von Wien am 12. September 1683 seine entscheidende Wende zugunsten der kaiserlichen Fahnen genommen hatte, war nach kurzer Ruhepause der Spanische Erbfolgekrieg (1701–1714) entbrannt. Die im Verlaufe dieses Ringens von Frankreich unterstützten Einfälle der aufständischen Ungarn (Kuruzzen) in die oststeirischen Grenzgebiete zwischen Friedberg und Radkersburg brachten für die Bevölkerung dieser Gegenden wieder schwerste Belastungen an Gut und Leben. Vielen wurden die Häuser niedergebrannt, manchen sogar zwei- oder dreimal, und natürlich waren auch ihre Felder verödet. Die so geschädigten Bauern mußten jahrelang in Waldverstecken, Höhlen oder Weingärten hausen und lebten vielfach von nachbarlicher Hilfe oder vom Betteln. Beim Wiederaufbau der Bauernhäuser wurden erstmals Ziegel und Steine als Hauptmaterial verwendet, während bisher das leicht entzündbare Holz eingesetzt wurde. Die gestaffelt angelegten, aus Ziegeln gemauerten Vierseithöfe in Groß-Wilfersdorf, Altenmarkt bei Fürstenfeld und anderen Orten gehen auf jene Zeit zurück. Der oststeirische Bauer hatte wieder seine große Zähigkeit und Ausdauer im Erdulden gezeigt. Sie mußte sich ja nicht nur bei solchen, immer wiederkehrenden großen Gewaltereignissen und Katastrophen bewähren, sondern auch im überwiegend täglichen Ableisten der Robot für seinen Grundherren. Seine Religiosität und die tiefe Verbundenheit mit der engeren Heimat haben ihm dabei geholfen. Unter diesem ständigen Druck entwickelte er seine charakterlichen Qualitäten, von denen seine Bescheidenheit, sein Gemeinschaftssinn und seine Hilfsbereitschaft besonders hervorstechen und ihm bis heute geblieben sind.

Unter Maria Theresia wurde 1748 die alte Vierteleinteilung durch Kreise ersetzt. Aus dem Viertel Vorau wurde der Grazer Kreis und blieb es bis 1850, als man nach Aufhebung der bäuerlichen Grunduntertänigkeit und patrimonialen Gerichtsbarkeit Bezirkshauptmannschaften begründete. Heute besteht die Oststeiermark aus den Bezirkshauptmannschaften Weiz, Hartberg, Fürstenfeld, Feldbach, Radkersburg sowie den östlich der Mur gelegenen Teilen der Bezirkshauptmannschaften Leibnitz, Graz-Umgebung, Bruck an der Mur und dem östlich der Mürz das Gebiet der Fischbacher Alpen umfassenden Teil der Bezirkshauptmannschaft Mürzzuschlag.

Die Entdeckung der Oststeiermark als Kulturlandschaft setzte im 19. Jahrhundert ein. Neben den umfangreichen, die ganze damalige Steiermark erfassenden statistisch-topographisch-historischen Werken von J. C. Kindermann (1789), C. Schmutz (1822/23), G. Göth (1840/43) und dem dreibändigen Lexikon von J. A. Janisch (1878/85) entstanden die ersten Beschreibungen oststeirischer Landstriche bzw. Bauwerke. Erwähnt seien drei frühe Publikationen, die auch außerhalb des Landes auf Interesse stießen. Das erste hatte den schottischen Kapitän und Reiseschriftsteller Basil Hall zum Autor und kam 1836 in Berlin in deutscher, in Paris in englischer und französischer Sprache, heraus. Sein Titel ,,Schloß Hainfeld oder: Ein Winter in Steiermark" läßt erkennen, daß der Autor hier einige Monate zugebracht hatte. Er tat dies auf Einladung der Gräfin Purgstall, einer geborenen Cranstone, die gleichfalls aus Schottland stammte (siehe auch in der Chronik). Halls lebendiger Bericht lenkte die Aufmerksamkeit des französischen und englischen Reisepublikums auf diesen Teil der Steiermark und diente einige Zeit später dem irischen Schriftsteller Sheridan Le Fanu als Milieustudie für seine 1872 herausgebrachte berühmte Vampirgeschichte ,,Carmilla", die in der Oststeiermark angesiedelt ist. Das zweite Werk erschien in der Reihe ,,Das malerische und romantische Deutschland" und war den Ländern Tirol und Steiermark gewidmet. Es kam 1840, in 2. Auflage 1847 heraus und sein Autor J. G. Seidl beschreibt darin fünf steirische Wanderungen, in denen er auch Schloß Hainfeld, Bad Gleichenberg, Schloß Riegersburg und Herberstein besuchte. Das dritte Werk schließlich ist der dreibändige ,Historische Roman mit Urkunden' über ,,Die Gallerin auf der Riegersburg", den der berühmte Orientalist Josef Frh. v. Hammer-Purgstall gleichfalls auf Schloß Hainfeld verfaßt hatte, wobei er das dort heute noch vorhandene reiche Urkundenmaterial auswertete. Wir erkennen somit eine gewisse Konzentration auf das Gebiet Gleichenberg–Riegersburg–Hainfeld, das sich bald einer wachsenden Bekanntheit erfreute. Dazu trug freilich auch der Umstand bei, daß 1834 der Kurort Bad Gleichenberg begründet worden war und sowohl mit seinem Angebot an Bädern und Trinkkuren wie auch der schönen landschaftlichen Einbettung bald viele Fremde anzog. Auch bildende Künstler entdeckten mit wachem Auge das Land und vertieften sich mit romantischer Empfindung oder sachlichem Interesse in seine Natur und seine Baudenkmäler (siehe dazu in der Kleinen Kunstgeschichte). Der steirische Dichter Peter Rosegger (1843–1918) war es, der mit seinen Erzählungen und Romanen die Waldheimat in den Fischbacheralpen zwischen St. Kathrein am Hauenstein und Alpl und das Joglland erschlossen hatte und sehr eindringlich auf das Schicksal der Waldbauern im Andrang der industriellen Revolution aufmerksam machte („Jakob der Letzte" von 1888). Eine gewisse Berühmtheit erlangte auch die Festenburg am Fuße des Wechsel durch das schriftstellerische Wirken des Vorauer Chorherrn Ottokar Kernstock (1848–1928), der dort Pfarrer war. Seine überwiegend von deutschnationalem Geist geprägten Reime fanden eine begeisterte Anhängerschaft und trugen (wie immer man dazu stehen mag) zusammen mit seinen historischen Arbeiten einiges zur Wiederentdeckung des „steirischen Ostens", seiner Geschichte und Landschaft wie auch seiner Kunstwerke bei. 1890 erschien die erste Monographie über die nördliche Oststeiermark von F. Krauß, der in seinem Vorwort noch von den ,vergessenen Landen' sprach. Das Buch ist in Wanderrouten gegliedert, befaßt sich jedoch schon eingehender mit den Kulturdenkmalen. 1930 kam es mit dem Titel „Die Oststeiermark" in einer 2. bebilderten Auflage heraus, die der Grazer Kunsthistoriker Robert Meeraus völlig neu bearbeitet und auf den damaligen Stand der kunstgeschichtlichen Forschung gebracht hatte. Das erste umfassende Denkmälerverzeichnis erschien 1932 mit dem DEHIO-Handbuch Steiermark, das inzwischen bereits bis zur 5. neubearbeiteten Auflage gediehen ist. Es darf darauf hingewiesen werden, daß der vorliegende XI. Band der Österreichischen Kunstmonographie – der erste über eine steirische Kulturlandschaft – sich vom DEHIO nicht nur durch seinen reichen Bildteil, der jenem prinzipiell abgeht, unterscheidet, sondern auch durch eine ausführlichere Darstellung, die auf die Landesgeschichte sowie archäologische und kulturhistorische Fakten eingeht. Noch eine Schlußbemerkung: der wirtschaftliche Aufschwung unseres Landes seit den sechziger Jahren und die vom 2. Vatikanum ausgehende Liturgiereform haben eine Welle von Kirchenrestaurierungen und Inventarveränderungen hervorgerufen, die noch anhält. Es war das Bemühen des Autors, den Kunstführer auf dem neuesten Stand zu halten und Renovierungen, die erst nach seiner Bereisung vorgenommen wurden nach Möglichkeit durch ein neuerliches Aufsuchen des betreffenden Objekte noch einzuarbeiten. Für diejenigen Fälle, wo dies nicht mehr geschehen sein sollte und sich allenfalls gewisse Abweichungen von den vorliegenden Beschreibungen ergeben haben, wird mit dem Hinweis auf die in Bewegung geratene Kunstlandschaft um Nachsicht gebeten.

Abschließend bedanke ich mich bei meinen Kollegen vom Steiermärkischen Landesmuseum Joanneum, die mir in ihrem Wissensbereich beratend zur Seite standen: Hon. Prof. Dr. Kurt Woisetschläger, für den einfühlsam gestalteten, ausgezeichneten Bildteil und die Durchsicht eines Teiles des Manuskriptes; Dr. Diether Kramer für die bereitwillige Überlassung seiner umfangreichen prähistorischen und römerzeitlichen Grabungs- und Forschungsergebnisse, Dr. Erich Hudeczek und Dr. Odo Burböck für archäologische Beratung; Univ.-Doz. Dr. Walter Gräf und Univ.-Doz. Dr. Fritz Ebner für ihre Unterstützung und ausführliche Beratung in geologischen Fragen; Dr. Sepp Walter und Dr. Werner Fenz für mannigfache Hinweise und Unterlagen. Weiters bedanke ich mich für Auskünfte und Unterstützung in historischen Fragen bei Landesarchivdirektor Hofrat Dr. Gerhard Pferschy, Landesarchivdirektor a. D. Univ.-Prof. Hofrat Dr. Fritz Posch, Dr. Karl Spreitzhofer (Landesarchiv), Dr. Elisabeth Schmölzer (Graz), Diözesanarchivar Dr. Karl Klamminger, Stiftsarchivar Dr. Ferdinand Hutz (Vorau), Dr. Leopold Schuller (Landesbibliothek). Für die Überlassung militärgeschichtlicher Ergebnisse danke ich

Dr. Hans Bleckwenn (Münster i. Westf.), für solche auf kunsthistorischem Gebiet Univ.-Doz. Dr. Horst Schweigert (Graz). Dem Landeskonservator der Steiermark, Hofrat Dr. Ulrich Ocherbauer, sei für seine stete Auskunftsbereitschaft und die freundliche Überlassung von Planunterlagen und Fotos gedankt. Schließlich möchte ich mich noch beim Verlag St. Peter, Salzburg, insbesondere bei seinem Verlagsleiter, Herrn R. Rinnerthaler, dafür bedanken, daß er mit der ihm eigenen Geduld und viel Verständnis für diverse Verfasserwünsche das Entstehen dieses Bandes gefördert hat.

Chronik

Vor 25 Millionen Jahren im Tertiär (Helvet) begann sich im Raume der heutigen ungarischen Tiefebene ein Senkungsfeld herauszubilden, das ,,Pannonische Becken". Es drang mit einer Randbucht, dem ,,Steirischen Becken", vom Osten her in den Alpenkörper ein, der in dieser Zeit endgültig zum Hochgebirge aufgefaltet wurde. Ungleichheiten des Untergrundes ergaben die Ausbildung von Teilbecken, die durch Schwellen voneinander getrennt sind und eine gewisse Eigenständigkeit ihrer Entwicklung aufweisen. So ist das oststeirische Becken im Westen durch die Sausalschwelle, im Osten durch die südburgenländische Schwelle abgegrenzt. Da es mit über 3000 Meter Tiefe weitaus stärker abgesunken war als das weststeirische Becken, drang hier das Meer ein und es kam zur Ablagerung von hochmarinen tonig-mergelig-sandigen Sedimenten in Form des ,,Steirischen Schlier". Dieses sehr bitumenreiche Sediment trägt mit dazu bei, daß das oststeirische Becken heute als österreichisches Erdölhoffnungsgebiet gilt.

Am Übergang vom Helvet zum Torton kam es zu kräftiger vulkanischer Tätigkeit (miozäner Vulkanismus) im Bereich von Gleichenberg, aber auch im Raume von Ilz und Wundschuh. Typologisch handelt es sich bei diesen Vulkanen um Schildvulkane mit hellen Trachyten und Andesiten (als Gesteine), die im Gleichenberger Massiv schon obertags zu finden sind.

Vor 20 Millionen Jahren im Torton (Baden) kam es zu einem neuerlichen Meereseinbruch vom Süden her. Mikrofossilreiche Tonmergel und Sandsteine werden abgelagert.

Im Sarmat erfolgte eine zunehmende Abschnürung und damit auch Aussüßung des steirischen Beckens. Ablagerungen aus Tonmergel mit Sandstein-, Feinschotter- und Kieslagen sowie andere Gesteine bauen das Hügelland auf, welches sich vom Ostrand des Grazerfeldes zwischen Raab und Mur bis Südburgenland erstreckt (sogenanntes oststeirisches Grabenland). Kalksandgestein aus dieser Epoche im Hartberger Gegend bildete das spätere Material für den dortigen romanischen Karner. Damals lebten die folgenden Tiere in unserem Gebiet: die Urrüsseltiere Mastodon und Dinotherium, Nashörner, Wildschweine, Antilopen und Insektenfresser.

Vor 15 Millionen Jahren im Pannon wurden riesige Schottermassen von den Flüssen aus den nordwestlichen Randgebieten ins oststeirische Becken herangeführt. Am Ende des Pannon zweite Eruptionsphase im oststeirischen Raum (pliozäner Vulkanismus), die dunkle Basalte bzw. Basalttuffe lieferte. Sie bestimmen heute noch die Landschaft, und zwar in Klöch, Hochstraden, bei Gnas und Gleichenberg, Kapfenstein, Pertlstein, Feldbach, Riegersburg u. a. Eine weitere Folge der einstigen Vulkantätigkeit sind die vielen Mineralquellen im östlichen Grabenland, besonders in Gleichenberg. Eine dichte Mischwaldflora bedeckte in diesem Zeitalter das oststeirische Becken, in der sich, nach den vorhandenen Knochen- und Zahnfunden zu urteilen, Mastodon und Dinotherium, das dreizehige Wildpferd, das Krallentier, der Zwerghirsch, das Nashorn und das Wildschwein aufgehalten haben.

Vor 1 Million Jahren im Quartär wandelt sich die Tätigkeit der Flüsse von flächenhafter Ablagerung zu Tiefenerusion. Damals begann sich die Landschaft herauszubilden.

In der **Jungsteinzeit** (5000 bis ca. 2400 v. Chr.) drangen aus dem Norden und Osten Siedler entlang der Flüsse Mur, Raab und Feistritz in oststeirisches Gebiet vor, dessen lehmige Bodenbeschaffenheit für Feld- und Viehwirtschaft günstig war. Erste Besiedlungen erfolgten im dritten Jahrtausend, aus denen sich schon ein Dorfleben entwikkelte. Rind und Schwein, Schaf und Ziege sowie der Hund wurden als Haustiere gehalten. Als dingliche Erzeugnisse dieser Epoche sind Stein-, Knochen- und Tongeräte, Tongefäße und Gewebe nachzuweisen. Sie gehören der donauländischen oder bandkeramischen Kultur an, deren Entwicklungsgebiete die heutige Tschechoslowakei und Ungarn sind, die aber auch in der Steiermark Verbreitung fand. Dabei haben sich speziell im Südosten des Landes, im Gebietsviereck zwischen Graz-Leibnitz-Radkersburg-Feldbach, eine Reihe früher Stücke dieser ausgesprochen bäuerlichen Kultur finden lassen: fein zugeschliffene und durchbohrte Steinäxte aus Serpentin (Mureck, St. Ruprecht, a. d. Raab), Tongefäße und Geräte (Gleichenberg).

In der **Kupferzeit** (ca. 2400 bis ca. 1700) lassen sich nach den bisherigen Forschungen in der Oststeiermark bäuerliche Siedlungen feststellen, die zumeist auf Höhen angelegt waren (Buchkogel bei Wildon, Stadtwald von Fürstenfeld, Glojach, Kulm bei Weiz, Hangsiedlung bei Raaba, Königsberg bei Tieschen, Terrasse bei Wundschuh). In Lödersdorf wurde das älteste steirische Gräberfeld mit Kupferschmuck und -beilen als Grabbeigaben freigelegt. Diese gesamte Fundgruppe ist bekannt unter dem Namen Lasinja-Kultur, die steirischen Funde wurden von Kramer (Graz) als Dietenberggruppe zusammengefaßt. Wenige Funde wurden bisher aus der älteren **Bronzezeit** (1700–1200) in der Oststeiermark gehoben (Hartberg, Tieschen). Dafür ist die

Urnenfelderkultur (1200 bis ca. 700) um so massiver vertreten. Sie erhielt ihren Namen bekanntlich durch die scheinbar unvermittelt in ganz Mitteleuropa in Brauch gekommene Brandbestattung in Flachgräbern statt der bis dahin üblichen Körperbestattung. Die Ursache dafür wird heute mit tiefgreifenden Wandlungen der religiösen Vorstellungen erklärt. Den zahlreichen Funden nach zu schließen scheint die Bevölkerungsdichte damals stark angestiegen zu sein. Dies gilt im besonderen Maße auch für die Oststeiermark. Hier konnten an folgenden Stellen meist befestigte Siedlungen ausge-

Kultischer Feuerbock aus Ton vom Königsberg bei Tieschen, 8. Jh. v. Chr. (Steiermärk. Landesmuseum Joanneum, Abtlg. f. Vor- und Frühgeschichte)

graben werden: Buchberg bei Herberstein, Buchkogel bei Wildon, Steinberg bei Feldbach, Glojach, St. Anna am Aigen, Kapfenstein, Fötzberg bei St. Margarethen an der Raab, Saazerkogel bei Paldau, Königsberg bei Brunn, Königsberg in Tieschen, Ring bei Hartberg, Riegersburg, Kulm und Zetz bei Weiz u. a.

In der **älteren Eisenzeit** (750 bis ca. 400 v. Chr.), nach dem wichtigen Oberösterreichischen Fundort auch Hallstattzeit genannt, verlagern sich die Schwerpunkte der politisch-kulturellen Entwicklung mehr in den Südwesten der Steiermark (wichtige Funde von Klein-Klein). Als Bestattungsort tritt nun das Hügelgrab auf. In der Oststeiermark wurden derartige Grabfunde in Hartberg, Riegersburg, St. Georgen an der Stiefing und am Saazerkogel festgestellt. Die Höhensiedlung vom Ringkogel bei Hartberg mit ihrer Ringwallanlage ist der einzig sichere bisher bekannte Siedlungsfund der Hallstattzeit in der Steiermark.

In der **jüngeren Eisenzeit** (ca. 400 bis um Christi Geburt), nach dem westschweizer Fundort Latène genannt, Auftreten der Kelten, stärkere Eisenproduktion und Verwendung der Drehscheibe. In der Mittel- und Südsteiermark neben der neuen Latène-Kultur noch ein Fortleben der Hallstattzeit. Funde am Ring bei Hartberg, Riegersburg, Saazerkogel, Königsberg bei Tieschen und am Kulm bei Weiz.
Seit dem 2. Jh. v. Chr. ist die Bezeichnung Noricum für das steirische Gebiet in Verwendung. Es handelte sich dabei um einen aus relativ unabhängigen Gaufürstentümern bestehenden Gebietskomplex, dessen genaue Grenzen zwar nicht festzulegen sind, der aber ungefähr die Ausdehnung des heutigen Österreich ohne Tirol und Vorarlberg besaß.

Römerstein mit Jagdszene
an der Pfarrkirche
von Friedberg, 2. Jh. n. Chr.

16. v. Chr.   Noricum wird dem römischen Reich einverleibt. Der griechische Geograph Strabo berichtet im Jahre 17. n. Chr. daß die Noricer seit 33 Jahren friedlich Steuern zahlen.

41–54 n. Chr.   In der Regierungszeit des Kaisers Claudius wird Noricum Zivilprovinz unter einem Statthalter (Prokurator) mit der Hauptstadt Virunum am Zollfeld (Kärnten).

Römischer Gutshof in Löffelbach bei Hartberg. 2.–3. Jh., Rekonstruktion

1. bis 3. Jh.   Dichte Besiedlung der Oststeiermark, die schon im Einflußbereich Pannoniens liegt, wenngleich die Grenze an der Lafnitz gelegen sein dürfte und vor der Gründung von Flavia Solva (Leibnitz) 70 n. Chr. auf das städtische Leben von Savaria (Steinamanger) orientiert war. Wie die zahlreichen Funde von Hügelgräberfeldern, Grabsteinen und architektonischen Anlagen erweisen, waren die meisten oststeirischen Orte in der Römerzeit besiedelt. Hervorgehoben seien die Funde von Gleisdorf, Grafendorf, Hartberg, Waltersdorf (Siedlungen), Brunn bei Fehring und Rabnitz bei Kumberg (Kultbauten), Löffelbach, Mureck, Tannhausen (Landsitze), St. Johann bei Herberstein u. a. Der Bereich um Friedberg gehörte bereits zu Pannonien (Reiterstein an der Pfarrkirche).

166–180 Einbruch der westgermanischen Stämme Markomannen und Quaden über die Donau zwischen Wien und Carnuntum. Sie verwüsteten das Land und es begann damals die Reihe jener Heimsuchungen für die Oststeiermark, die ihr in Abständen bis 1945 immer wieder großen Schaden an Gut und Blut zufügen sollten.

Unter Kaiser Diokletian (284–305) Teilung der Provinz in ein Ufernoricum (Noricum ripense) und ein Binnennoricum (Noricum mediterraneum). Die Grenze verlief am Tauernkamm, daher gehörte der größte Teil der Steiermark zu Binnennoricum mit der Hauptstadt Virunum.

4. Jh. n. Chr. Ausbreitung des Christentums.

468 Besetzung Binnennoricums durch die Goten.

2. Hälfte 6. Jh. In der letzten Phase der Völkerwanderung Einbruch der Slawen, unterstützt von den Awaren in die Ostalpenländer. Damit erfolgte der Bruch mit der antiken Kulturwelt.

Ende 6. Jh. Die Oststeiermark wurde von einer dünnen Siedlerschichte der Alpenslawen (heute Slowenen) wie auch von Kroaten und Dudleben überzogen, wovon die Flußnamen Lafnitz (von labonca = die Weißglänzende), Feistritz (von bistrica = Wildbach), Safen (von sabniza = Froschbach), Fladnitz (von blatnica = Moorbach) u. a. Zeugnis ablegen.

791–799 Feldzüge Karls des Großen gegen die im Bereich des heutigen Ungarn siedelnden Awaren; das Land bis zur Raab fränkisch besetzt.

9. Jh. Durch die Vernichtung der Awaren konnte die deutsche Besiedlung weiter nach Osten vorgeschoben werden. In der karolingischen Kolonisationszeit war der Südalpenraum in die Provinzen Karantanien und Pannonien geteilt. Die Grenze zwischen beiden verlief wahrscheinlich über die Fischbacher Alpen und das Bergland östlich von Graz (mons predel). Demnach gehörte die Oststeiermark zu Pannonien, das sich bis zur Donau und Drau erstreckte und durch die Linie Raab-Rabnitz (Répce) in ein Ober- und Unterpannonien geteilt wurde.

860 König Ludwig der Deutsche schenkt dem Erzbistum Salzburg, das die Missionierung Unterpannoniens durchführte, u. a. mehrere Ländereien, von denen fünf im Bereich der heutigen Oststeiermark gelegen waren. Es waren die Güter an der Raab (St. Ruprecht a. d. Raab), am Weizbach, Nestelbach, an der Safen und am Witanesberg (Masenberg-Wechselgebiet). In dem Besitz an der Safen (bei Hartberg) wird eine Kirche „ecclesia ad Sabnizam" erwähnt, welche als die älteste der Oststeiermark anzusehen ist. Sie dürfte wenig später von den einfallenden Ungarn zerstört worden sein.

Ende 9. Jh. Einfälle der Ungarn (Magyaren), die aus Asien gekommen waren. 881 erschienen sie erstmals vor Wien, 894 und 899 plünderten und verheerten sie Pannonien und damit auch große Teile der östlichen Steiermark. Ein Bericht der bayrischen Bischöfe an den Papst Johannes IX. schildert anschaulich ihre Vorgangsweise: „Die einen führten sie als Gefangene weg, andere metzelten sie nieder, viele ließen sie in Fesseln verhungern und verdursten, unzählige Leute, edle Männer und Frauen, schleppten sie in die Sklaverei. Die Kirchen haben sie angezündet und alle Gebäude in Flammen aufgehen lassen, so daß in unserer so großen Provinz Pannonien auch nicht eine Kirche mehr zu sehen ist."

907 Die Ungarn vernichten den bayerischen Heerbann bei Preßburg und setzen sich in den Besitz Pannoniens. Damit findet die karolingische Herrschaft und die begonnene Kolonisationstätigkeit in der Oststeiermark ihr vorläufiges Ende.

955 Sieg König Otto I. des Großen auf dem Lechfeld bei Augsburg über die Ungarn. Diese mußten weite Landgebiete abtreten. Die Mur bildete die Markgrenze, westlich davon die Karantaner Mark, an ihrem Ostufer Beginn des ungarischen Einflußbereiches mit festgestellten Grenzwächtersiedlungen in der Höhe von Gleisdorf.

1043 König Heinrich III. (1039–1056) siegte in einem Feldzug gegen die Ungarn. Im folgenden Friedensschluß mußten diese weitere Grenzgebiete im Osten abtreten. Die neue und fortan geltende Grenze wurde von den Flüssen Leitha und Lafnitz gebildet. Die Oststeiermark war dadurch endgültig der Kärntner Mark und damit dem Deutschen Reich eingegliedert.

um 1100 Der Investiturstreit im Deutschen Reich (1074–1122) und Thronwirren sowie fortgesetzte Grenzfehden mit Ungarn ließen eine Besiedlung der gewonnenen oststeirischen Gebiete nicht zu.

1122 Aussterben der Eppensteiner, Herzöge von Kärntnen; die Gebiete der Kärntner Mark fallen an die Traungauer und werden vom Herzogtum gelöst. Leopold I. ,,der Starke'' von Steyr (1122–1129) wurde der erste selbständige Markgraf; unter ihm beginnt die Besiedlung der Oststeiermark.

1125–1128 Gründung der Stadt Hartberg durch Markgraf Leopold I. und ihr Ausbau zur Traungauer Pfalz. Hartberg wurde damit zum Vorort der oststeirischen Kolonisation.

1161 Erzbischof Eberhard von Salzburg verlieh der Kirche von Dechantskirchen ,,die vom Erzpriester Otakar in einem Walde, der bisher ungerodet war, errichtet wurde und bisher keiner Pfarre angehörte'' die Pfarrechte. Er begründete seine Entscheidung im Hinblick auf die in der Oststeiermark im Gange befindlichen großen Rodungen weiter: ,,In dem Maße als in unseren Tagen durch Gottes Gnade durch die Ausdehnung der Rodungen die göttliche Ernte zunimmt, müssen wir Sorge tragen, mit dem schuldigen Eifer mehr Arbeiter in die Ernte zu schicken.''

1163 Im Zuge der Rodung des Wechselgebietes gründete Markgraf Ottokar III. das Chorherrenstift Vorau und übergab es dem Salzburger Erzbischof Eberhard I. Dieser entsandte vier Augustiner Chorherren aus seinem Domstift St. Rupert in Salzburg und ernannte Dechant Luipold von Traföß aus dem 1140 gegründeten ältesten steirischen Chorherrenstift in Seckau zum ersten Propst von Vorau.

1165 Die Phase der friedlichen Siedlungstätigkeit wurde von ungarischen Einfällen unterbrochen. Zur Sicherung der Ostgrenze und zum Schutze der bereits bestehenden Ansiedlungen begann man einen Burgengürtel anzulegen (Neuberg bei Hartberg, Fürstenfeld, Friedberg, Thalberg, Kornberg, Kapfenstein, Bertholdstein, Bärnegg, Reinberg, Eichberg, Hohenbrugg).

1192 8. 5. Tod Ottokars IV., des letzten Traungauers; die Steiermark, seit 1180 Herzogtum, fällt an die Babenberger.

1194 Gründung der Stadt Friedberg durch den Babenberger Herzog Leopold V. mit einem Teil des Lösegeldes, das er für die Freigabe des englischen Königs Richard Löwenherz erhielt.

Nach 1200 Der Johanniterorden errichtete in Fürstenfeld nahe der landesfürstlichen Burg am Steilabhang zur Feistritz seine älteste österreichische Ritterkommende.

1218 Gründung des Bistums Seckau durch den Salzburger Erzbischof Eberhard II. Einerseits sollte damit der durch die Kolonisation des 12. Jh.s wesentlich verstärkten Besiedlung der Steiermark Rechnung getragen werden; andererseits wollte der Erzbischof den Bestrebungen der Babenberger nach Begründung eines Landesbistums zuvorkommen. Die Abhängigkeit von Salzburg blieb bestehen, die Wahl des Seckauer Bischofs erfolgte nur durch den Erzbischof.

13. Jh. Fortführung und Abschluß des Rodungs- und Besiedlungswerkes in der Oststeiermark.

1237 21. 11. Beim furchtbaren Stiftsbrand von Vorau versuchte Propst Bernhard II. soviel als möglich an Handschriften, Urkunden und sonstigen Wertgegenständen aus dem brennenden Gebäude zu retten, indem er sie durch das Sakristeifenster ins Freie warf. Dabei übersah er, sich selbst rechtzeitig in Sicherheit zu bringen. Die Stiftschronik berichtet kurz: „Der Propst selbst ging in seinem Haus, das niederbrannte, durch das Feuer zugrunde".

1246 Nach dem Tode Herzog Friedrichs, des letzten Babenbergers, blühte das Raubritterunwesen in der Oststeiermark besonders stark auf. Vor allem Stift Vorau hatte darunter sehr zu leiden, da es von seinen adeligen Nachbarn auf den Burgen Thalberg, Friedberg, Reinberg, Eichberg, Kirchberg, Neuberg, Stubenberg u. a. schwer geschädigt wurde. Meist wurden die Klosterknechte und Grundholden überfallen und ihnen Dienstgetreide, Zehentwein und anderes Frachtgut gewaltsam abgenommen. Die Stiftschronik schreibt über diese unsichere Zeit: „Wie im Weltmeer die großen Fische die kleinen fressen, so glich die Lage des Stiftes einem Meer von Leiden, in dem die großen Machthaber das kleine Stift zugrunde richten wollten."

1254 Fortgesetzte Einfälle der Ungarn, die schließlich zur völligen Besetzung der Steiermark führten. Daraufhin erhob sich der steirische Adel gegen die Eindringlinge, vertrieb die ungarischen Besatzungen der Städte und Burgen und besiegte mit Unterstützung des Böhmenkönigs Ottokar 1259 das Heer Belas bei Kroissenbrunn an der March vollständig. Ungarn mußte auf die Steiermark verzichten.

1279 Nach seinem Sieg über Ottokar in der Schlacht am Marchfelde zog Rudolf von Habsburg über Hartberg nach Graz, um hier Gericht zu halten und hierauf noch andere Orte des Landes zu besichtigen. Die Steiermark war habsburgisch.

1312 Bei einem Juden aus der Umgebung von Fürstenfeld wurde eine blutende Hostie gefunden, die angeblich von zehn Stichen durchbohrt war. Da auch in anderen Gegenden des Landes derartige Schändungen des Altarsakramentes vorgekommen sein sollen, hat man die Juden in Kärnten und Steiermark durch Feuer und Schwert „fast insgesamt vertilgt."

1348–1350 Erste urkundlich nachweisbare Pestseuche in der Oststeiermark. Ihr erlag auch der Propst von Vorau.

1362 Die Bürger von Feldbach lösten sich aus der Unabhängigkeit der Walseer, welche den Markt 1316 von König Friedrich für 300 Pfund Pfennige zum Pfand erhalten hatten, indem sie sie finanziell abfanden. Herzog Rudolf IV. belohnte diese Eigeninitiative der Feldbacher, indem er sie auf 5 Jahre von allen Steuern befreite und dem Markt Stadtrechte verlieh.

1365 Weil die Fürstenfelder Bürger mit den Predigtkünsten der drei an der Stadtpfarrkirche tätigen Priester nicht zufrieden waren, baten sie Herzog Rudolf IV., er möge ihnen die Gründung einer Niederlassung der Augustiner Eremiten, die einen guten Ruf hatten, gestatten. Bald darauf wanderten die ersten Mönche aus Wien zu und der Herzog unterstützte den Klosterbau. Das aber rief die ansässige Johanniterkommende auf den Plan, die für die von ihr erbaute Stadtpfarre den Entgang von Opfergeldern und Stiftungen beklagte, da alles nun den Gottesdienst der Augustiner besuchte. Es entstand ein Streit um eine angemessene Entschädigung, der erst nach zwei Jahren beigelegt war. Dem Stadtpfarrer wurden 8 Pfund Pfennige jährlich zugestanden, dafür konnte das Augustinerkloster 1367 eingeweiht werden.

1372 Die vielen Stiftungen, welche man dem Stifte Vorau vermachte, wurden in einem Verzeichnis genau festgehalten. Darin heißt es: „. . . daß einzelne Gläubige, Geistliche und Laien, getrieben vom Feuereifer kindlicher Frömmigkeit, zum Heil ihrer Seelen und zur größeren Verherrlichung Gottes angeordnet haben, daß nach dem Willen der einzelnen in der genannten Kirche zu Vorau Anniversarien, Vigilien, Messen, Historien, Gesänge und Gotteshuldigungen stattfinden sollen. Sie haben dem Dechant und Kapitel der Kirche zu Vorau gewisse Geldbeträge übergeben, damit die einzelnen Stiftungen an den festgesetzten Tagen und Zeiten ohne irgendwelchen unbegründeten Aufschub vorschriftsmäßig, vollständig und gewissenhaft vollzogen werden." Die große Zahl der Stiftungen drohte zu einer Überbelastung der Chorherren im Halten von Gottesdiensten zu werden.

1383 Radkersburg erhält das Niederlagsrecht für alle zu Wasser und zu Lande durchgehenden Handelsgüter von und nach Ungarn. Dies hob den Wohlstand der Stadt beträchtlich, da nun alle Kaufleute, die durch die Stadt kamen, hier für drei Tage ihre Waren zum Kaufe anbieten mußten. Durch diese erzwungene Anwesenheit, die ja auch ihre Diener, Fuhrleute und den bewaffneten Geleitschutz betrafen, verdienten die Wirte und ihre Steuern flossen wiederum in den Stadtsäckel.

1385 Die Hochwasser führende Mur riß in Radkersburg sowohl die große Brücke beim Grazertor wie auch die über die „Alte Mur" beim Ungartor weg. Sie wurde mit großen Unkosten erneuert und hierauf die Brückenmaut beträchtlich erhöht.

1401 Im Februar erschienen in Hartberg zwei bestellte Inquisitoren der katholischen Kirche, um die Anhänger der Waldenser aufzuspüren. Diese Sekte hatte sich seit dem 12. Jh. von Frankreich und Italien aus verbreitet und stützte sich auf Laienprediger, die den Aposteln in Armut, Keuschheit und Wanderpredigt nachfolgten. Da sie sich damit in Gegensatz zum Klerus stellten, wurden sie durch die päpstliche Inquisition verfolgt. In Hartberg, wohin sich die Sekte von Wien aus verbreitet hatte, wurde mit großer Strenge vorgegangen: mehrere Personen gelangten zur Aburteilung, weil sie der Ketzerei „wie der Hund beim Speien" auf armselige Weise verfallen seien; Gräber bereits verstorbener Waldenser wurden erbrochen und die enthaltenen Überreste am Scheiterhaufen verbrannt; Häuser, in denen Sektenmitglieder sich zu religiösen Zusammenkünften getroffen hatten, verfielen der Zerstörung.

1411–1413 Fehde des steirischen Landesfürsten Herzog Ernst des Eisernen mit dem von Oberösterreich bis zur Adria reich begüterten schwäbischen Geschlecht der Walseer. Der Herzog belagerte ihre oststeirische Burg Riegersburg und zwang sie zur Übergabe.

1418 Frühjahrseinfall eines ungarischen Heeres, das die oststeirischen Grenzgebiete furchtbar verwüstete. Fürstenfeld, das sich zwar halten konnte, dessen Umgebung aber arg gelitten hatte, erhielt 1420 das Weinhandelsprivileg, um mit dessen Erträgen die Stadtmauern auszubessern.

1418 Herzog Ernst verbietet sämtliche Handwerke auf dem Lande, ausgenommen die Schneider und Schuster. Ihnen war es gestattet, sich außerhalb der Bannmeile der Städte und Märkte niederzulassen.

1432 wurde der unfähige und verschwenderische Vorauer Propst Dr. Nikolaus Zink von den erbitterten Chorherren des Stiftes eingesperrt, damit er durch Fasten zur Besinnung komme. Sein Hilferuf erreichte schließlich den Bischof von Seckau, der ihn aus seiner tristen Lage befreite. Die Chorherren mußten Buße tun, Propst Nikolaus aber legte sein Amt nieder und wurde durch einen vom Salzburger Erzbischof gesandten tüchtigen Propst aus Berchtesgaden ersetzt, der dem Stift die nötigen Reformen gab.

1453 Kaiser Friedrich III. gestattete dem Stift Vorau eine Rüstkammer einzurichten. In der Folge wurde das Stift auch mit Schanzgräben und Wehrmauern umgeben.

1469 Wegen rückständiger Soldforderungen entflammte zwischen dem Söldnerführer Andreas Baumkircher und Kaiser Friedrich III. ein heftig geführter Kleinkrieg, in dessen Verlauf auch die Oststeiermark Kriegsschauplatz wurde. Mit anderen rebellierenden Adeligen überfiel Baumkircher die Orte Hartberg, Fürstenfeld und Feldbach und eroberte sie. Am 21. Juli kam es vor Fürstenfeld zwischen Baumkircher und dem kaiserlichen Feldhauptmann Jan Holub mit seinen tschechischen Söldnern zur Schlacht. Baumkircher siegte und behielt seine Eroberungen bis zum Ausgleich mit dem Kaiser im darauffolgenden Jahr.

1477 am 12. Juni erklärte der ungarische König Matthias Corvinus Kaiser Friedrich III. den Krieg. Damit brach für die Oststeiermark eine ihrer schwersten Zeiten an. In den folgenden Jahren wurden mehrere Landstriche verwüstet, so daß einige Ansiedlungen völlig verödeten; die Städte Hartberg, Fürstenfeld, Radkersburg und Friedberg fielen nach Kampf an den Feind und erlitten schwere Schäden.

1480 Zum Entsatz der von den Ungarn belagerten und sich zuerst tapfer verteidigenden Stadt Fürstenfeld wurden aus Graz und Marburg 400 Söldner in Marsch gesetzt. Diese brachen jedoch unterwegs in Weinkeller ein und betranken sich derart, daß sie von den Ungarn überrumpelt und niedergemacht werden konnten. Fürstenfeld wurde hierauf in Brand geschossen und fiel. Die Ungarn plünderten und verschleppten seine Einwohner nach Ofen. Gleiches geschah in Radkersburg.

Porträt Kaiser Friedrich III., steirisch um 1460 (Stift Vorau)

1480 Ein 30.000 Mann starker türkischer Heerhaufen war von Kärnten kommend in die Obersteiermark eingefallen und raubend, sengend und mordend die Mur abwärts wieder abgezogen. Da in diesem Jahr auch Heuschreckenschwärme das Land heimgesucht und die Pest zusätzlich noch unter der Bevölkerung gewütet hatte, gilt es als Höhepunkt der Drangsal des Landes. Heute noch ist an der Südseite des Grazer Domes ein Fresko zu sehen, das damals in Erinnerung an diese Plagen gemalt wurde (,,Landplagenbild").

1490 Im Jänner gab Bischof Matthias Scheit bekannt, daß der 1488 von Papst Innozenz VIII. ausgeschriebene Kreuzzugsablaß in Vorau zu gewinnen sei. Darauf zogen in der Zeit vom 6. Jänner bis 3. August 152.800 Pilger nach Vorau. Sie mußten zur Ablaßgewinnung statt der 7 Hauptkirchen Roms ebensoviele Kirchen und heilige Plätze im

Stiftsorte aufsuchen. Täglich wurden zwei Predigten gehalten und alle Glocken geläutet; die Beichtväter hatten Vollmacht, auch von Sünden loszusprechen, die sonst dem Papst oder Bischof vorbehalten waren. Die für Beichtbriefe und durch Almosen eingenommenen Gelder sollten auch zur Bekämpfung der Türken verwendet werden. Der Mißbrauch der Ablaßgnaden und das Abhalten anderer Personen von der Ablaßgewinnung und vom Almosengeben wurde „mit dem höchsten pan und der ewigen vermaledeyung" bedroht.

1503—1505 wütete die Pest in der Nordoststeiermark; in der Pfarre Vorau verstarben in diesem Zeitraum 800 Personen an der Seuche. Man gründete eine Sebastiansbruderschaft und hielt eine jährliche Votivprozession im Stifte ab.

1515 und 1525 Bauernunruhen um Gleisdorf.

1523 Zur Finanzierung der Landesverteidigung wurde auf Befehl König Ferdinand I. von der Kirche ein Drittel ihrer Einkünfte (die Terz) eingehoben.

1528 Eine von Ferdinand I. angeordnete allgemeine Visitation führte eine Kommission in die Steiermark, die sich durch gründliches Befragen der Einwohner ein Bild von den kirchlichen und religiösen Zuständen verschaffte. Von der Oststeiermark wurde berichtet, daß dort die Bauern, Bürger und im wesentlichen auch der Klerus noch katholisch waren. Der grundbesitzende Adel jedoch war bereits zu einem erheblichen Teil der neuen lutherischen Lehre zugetan. Siegmund v. Dietrichstein z. B., Landeshauptmann und Herr auf Burg Thalberg, focht die Kompetenz der königlichen Kommission an, da sie die Freiheiten der Landschaft beschnitte und sprach ihr das Recht ab, gegen die Mitglieder des Herren- und Ritterstandes vorzugehen.

1529 Ferdinand I. verlangt von der Kirche zur Finanzierung des sich anbahnenden Türkenkampfes den Verkauf oder die Verpfändung eines Viertels ihrer liegenden Güter und Einkünfte (die Quart).

1529 am 18. Oktober, drei Tage nach der erfolglosen Belagerung von Wien durch Sultan Suleiman, drangen türkische Streifscharen auf ihrem Rückzug auch in die Oststeiermark ein. In einem Patent König Ferdinand I. vom 18. Oktober heißt es darüber, daß sie „einen guten Teil" des Fürstentums Steier „. . . mit Vergiessung vil und unerhörlicht unschuldig christenlichs pluets auch raub, prand, wegfuerung des christlichen folks mann- und weibsperson, alt und jung, jämerlich und erbermlich verhert und verderbt".

1530 Weikhart von Polheim, Herr auf Schloß Burgau, erstattet am 28. März seinem Vater Erhart ausführlichen Bericht über die Zerstörungen und Plünderungen der Türken vom Oktober des Vorjahres. Betroffen war das Gebiet zwischen Friedberg und St. Johann ob Herberstein. Die zum Schutze der Bevölkerung in einigen Orten stationierten Spanier und Husaren hätten ihrerseits durch Plünderungen beträchtlichen Schaden angerichtet.

1532 Der Verwalter von Schloß Thalberg berichtet an seinen Vetter Adam v. Hollenegg über den neuerlichen Türkeneinfall: „Da ihr auch zu wissen begehrt, was die Türken bisher allenthalben verbrannt und verheert haben, kann ich Euch mitteilen, daß sie am letzten Mittwoch bei 3000 Mann stark im Gebiet vor Thalberg nach St. Lorenzen gezogen sind und daselbst über Nacht ihr Lager gehabt haben. Sie haben mir großen

Schaden mit Rauben und Brennen, Verheeren und Entführung des Volks getan und besonders meinem gnädigen Herrn etliche seiner besten Höfe verbrannt. Sie haben mir auch etliche meiner Diener erschlagen, den Pfarrer von Mönichwald selbst erschossen und mir etliche Bauern erschlagen, obwohl etliche hundert Bauern, worunter 300 Büchsenschützen waren, sich in der Nacht zu Vorau gesammelt und gegen Tagesanbruch ihr Lager überfallen und angegriffen, aber wenig ausgerichtet haben . . .‟

1532 Schreiben des steirischen Landesvizedoms Michael Meixner vom 14. September über den Türkeneinfall in Gleisdorf: „Aber der Kaiser (gemeint ist Sultan Suleiman) ist zu Gleistorff bliben, sich umb den Taber (= Tabor) der khirchen mit sein Janitscharen hefftig angenommen, also haben die Gleistorffer ire häuser so den Taber nachent gelegen selbs anzünt und verprent, dadurch den Taber erhalten . . .‟

1535 Der Landesverweser Adam v. Hollenegg erläßt eine Kundmachung gegen die Sekte der Wiedertäufer, die vor allem im Viertel Vorau (= Oststeiermark) Anhang gefunden hatte. Sie wurde als gefährlicher erachtet als die Lutheraner, da nach ihrer Lehre ein Christ keinen Krieg führen dürfe und für diese Zwecke auch keine Steuern zahlen sollte. Für den Landesherrn Ferdinand I. lag darin die Gefahr einer Schwächung der Wehrkraft seines ohnehin ärgstens vom Türken bedrohten Landes, weshalb er scharf gegen die Sekte vorgehen ließ. In der Oststeiermark war sie gegen die Jahrhundertmitte bereits verschwunden.

1575 Die Klostervisitation im Chorherrenstift Pöllau ergab einen Personenstand von nur drei Ordensleuten, drei Konkubinen, einem Eheweib und vier Kindern. Im Chorherrenstift Vorau zählte man gar nur zwei Ordensleute mit ebensovielen Konkubinen und Eheweibern sowie einem Kind.

1583 Nach einem Bericht des Erzpriesters Peter Muchitsch von Graz sei der Hauptpfarrer von Riegersburg, Hans Trautwein, von der katholischen Religion abgewichen und habe sich „. . . auf die ketzerische Augsburgische Confession begeben‟. Außerdem seien von den 7 Filialen dieser großen Urpfarre 6 mit evangelischen Prädikanten besetzt.

1585 In der Pfarre Pöllau sollen 1800 Personen an der Pest gestorben sein.

1589 Otto von Herbersdorf, engagierter Protestant auf Schloß Kalsdorf bei Ilz und Vogtherr der Ilzer Pfarre, hatte dort über mehrere Jahre einen Prädikanten als Pfarrer eingesetzt. Im Zuge der Rekatholisierungsmaßnahmen des Grazer Hofes wurde am 29. Juni der landesfürstliche Profoß mit einigen Bewaffneten nach Ilz gesandt, der dort die Kirche erbrach, den Hausrat des Prädikanten auf die Gasse stellte und wieder einen katholischen Pfarrer einsetzte. Mit dem Prädikanten mußten auch der Schullehrer und der Marktschreiber den Ort verlassen.

1590 Bei seinem Schloße Kalsdorf ob Ilz hatte sich Otto von Herbersdorf eine protestantische Kirche erbaut, die Erzherzog Karl v. Innerösterreich „einzuwerfen‟ befahl. Das unter militärischer Bedeckung anrückende Räumkommando fand die Kirche von einem hohen Eichenzaun umgeben und den Herbersdorfer gerüstet. Da es kein Blutvergießen geben sollte zog man wieder ab. Die Kirche wurde dann mit manch anderem protestantischem Gotteshaus und Friedhof im Sommer 1600 von der Religionsreformationskommission in Trümmer gelegt.

1590 Der katholische Pfarrer von Feldbach, Georg Munich, hatte von den lutherisch gewordenen Einwohnern viel Unbill zu erleiden. Wiederholt stürmten sie seinen Pfarrhof und schlugen ihn; einmal überfielen sie ihn sogar im Rathaus, verwundeten ihn mit Messerstichen und mißhandelten ihn dabei noch so, daß er sein Gehör verlor und dienstuntauglich wurde. In einem Bericht heißt es weiters: ,,Mehrmals wurde er nachts überfallen und mußte sich einmal aus dem Bette eiligst (in bloßem Hemde!) über die Dächer des Tabors flüchten, wobei Schüsse nach ihm abgegeben wurden . . .''·

1598/99 Neuerliche heftige Pestseuche in der Nordoststeiermark, die wieder große Menschenopfer in der Pöllauer und Vorauer Pfarre kostete. In ersterer starben nach Aussage der am Pöllauer Rathaus angebrachten Gedenktafel allein 1200 Personen.

1600 Am 4. Juni erschien die von Erzherzog Ferdinand ausgesandte Religionsreformationskommission von Radkersburg kommend in Feldbach. Zuerst wurde der lutherische Friedhof ,,mit Böcken eingestoßen''. Am darauffolgenden Tag tadelte der Bischof Martin Brenner die zusammengerufene Bürgerschaft wegen ihrer Ausschreitungen gegen landesfürstliche Kommissare und geistliche Personen und forderte sie auf, sich zur katholischen Religion zu bekennen und den Religionseid zu schwören. Nur neun Bürger blieben beim lutherischen Glauben; sie wurden aufgefordert binnen 6 Wochen und 3 Tagen ,,Seiner fürstlichen Durchlaucht Länder'' zu verlassen. Außerdem wurden alle lutherischen Bücher verbrannt.

1601 Über die Wirte von Mureck wird Klage geführt, ,,. . . daß sie so ungehorsam seint und nit allein die Herrn von Adl sondern schir jederman nit geherbergen wölln, allein die so inen gefalln.'' Diese Weigerung ergab sich daraus, da ,,. . . mit den frembden durchreissenden Leitn Edl und Unödl großer Zwiespalt einfellt'' und die Wirte deshalb sehr vorsichtig geworden waren. Sie werden aufgefordert hinkünftig jedermann zu beherbergen, der es wünsche.

1603–1605 bereitete der Prior des Fürstenfelder Augustinerklosters, Johann Clobucciarich, ein geborener Küstenländer, die erste große karthographische Landesaufnahme der Steiermark vor.

1605 Einfall der Hajduken, die am 28. Mai Fürstenfeld kampflos besetzen, plündern und in Brand stecken konnten, da die Bevölkerung wegen der ausgebliebenen militärischen Hilfe aus Graz schon vorher geflohen war. Insgesamt 92 Häuser, darunter Rathaus, Kommende und Kloster wurden damals zerstört.

1606 Dienstzeugnis, das Propst Johann Perfall von Vorau für einen angeworbenen Kriegsknecht am 16. September ausstellte: ,,Ich Johann Benedict etc. thue kundt hiemit wo es zu verlesen oder zu sehen furkumt, das fürweiser dits Frantz Feuchtinger zu Gumpoltskirchen bey mir und meinem Gotthaus Vorau in die anderthalben Jahr für einen reisigen Knecht gedient und sich während dits verwichenen Jahrs wider den grausamen Erbfeind den Türken so wohl auch wider die damals wütenden Rebellen in Ungarn in allen furfallenden Nothfällen unverzagt und mannlich gebrauchen lassen, auch sunst sich frummb und ehrbarlich, wie einen redlichen Knecht und treuen Diener gebürt, verhalten. Weilen ich aber seiner Dienst an itzo nitt mehr bedurftig also hab ich ihme deren entlassen und zu befurderung seines weittern frummen gegenwurtige Kundtschaft der Billigkeit nach erthailen wollen . . .''

1607 Pfarrer Pankranz Khren von Straden, der sich zwei Jahre zuvor beim Hajducken-einfall um die Verteidigung des Ortes große Verdienste erworben und mehrere Flüchtlinge aufgenommen und verköstigt hatte, schreibt an den Landesfürsten Erzherzog Ferdinand, daß er wegen der bestehenden Feindgefahr zum Schutze seiner Pfarre aus eigenen Mitteln ein ,,scharfetinl'' (leichtes Geschütz) habe gießen lassen; doch fehle es ihm an einpfündigen Kugeln dazu. Sein Gesuch wurde sofort behandelt und die niederösterreichische Kammer angewiesen, dem Pfarrer 50 der gewünschten Kugeln gegen Empfangsbestätigung auszufolgen.

1620 am 2. August belegten die steirischen Landstände die Weizer Klingenschmiede mit einem Ausfuhrverbot für ihre Erzeugnisse. Sie hatten nämlich den Siebenbürger Fürsten Bethlen Gabor, einen Feind Habsburgs, der Innerösterreich bedrohte, mit Säbelklingen beliefert.

1621 Im April kam es zu einem überraschenden Einfall der Ungarn in die Herrschaft Thalberg. Dabei wurde der Ort Dechantskirchen überfallen, der Pfarrer Jakob Textor zu Tode geprügelt, sein Pfarrhof in Brand gesteckt und die Kirche verwüstet. Nach ausgiebigem Plündern in der Umgebung kehrten die Ungarn mit großer Beute wieder in ihr Land zurück.

1640 Otto Gottfried von Kollonitsch, Herr auf Schloß Freiberg, setzte für sein Gesinde und die Robotbauern einen Wochenspeisezettel auf:
Frühstück an allen Tagen: saure Milch und Heidensterz
Montag: Kraut und Bohnen, abends Klachelfleisch und saure Milch
Dienstag: Kraut und Knödel, abends Rüben und Brein (Hirse)
Mittwoch: wie am Montag
Donnerstag: Rindfleisch mit Kraut und Gerste, abends Rindfleisch mit Rüben und Brein
Freitag: Suppe, geschnittene Nudeln, Kraut und Gerste, abends Suppe, Rüben und Brein
Samstag: Suppe, Sterz, Kraut und Gerste, abends Suppe, Rüben und Brein
Sonntag: wie Donnerstag

1640 Der steirische Landtag will eine Einfuhrsperre für ungarisches Getreide beschließen, da dieses billiger ist und deshalb das eigene Landgetreide unverkauft liegen bleibt. Damit sollte dem grundbesitzenden Adel geholfen werden sein teures Getreide an den Mann zu bringen. Eine zweijährige Sperre wird der Regierung vorgeschlagen, vorher aber noch die besonders betroffenen oststeirischen Städte befragt. Radkersburg erklärte, eine solche Maßnahme nicht einmal zwei Wochen aushalten zu können. Der Bürger und gemeine Mann sei an den Wochenmarkt gewiesen, wo die Ungarn nicht nur Getreide sondern auch Schmalz, Brot, Grießmehl u. a. m. zu billigen Preisen brächten. Das alles erlange man im Tauschhandel und käme hiebei die Maut nicht zu kurz. Würde man die Ungarn ausschließen, so wäre dies umso unkluger, da sie ohnehin den Deutschen nicht wohl affektioniert seien. Fürstenfeld und Feldbach schlossen sich der Aussage von Radkersburg an. Bald darauf sprach sich die Regierung gegen die Sperre aus nach dem Grundsatz: ,,Es ist das commodum publicum dem privato (des Adels) vorzuziehen.''

1659 Die drei heimischen Maurer Michael Arhan, Matthias Karner und Matthias Lanz beschweren sich beim Kaiser, daß sie sich bisher vergeblich um die Meisterschaft beworben hätten, obwohl sie jeder ihr Meisterstück bereits gemacht und auch sonst alle

Bedingungen erfüllen konnten. Man habe sie von der Innung mit dem Hinweis vertröstet, daß sie „Teutsche und Landskhindter" seien; welsche (italienische) Bauleute würden hingegen bevorzugt und zu Meistern erklärt, auch wenn sie noch kein Hauptgebäude selbst ausgeführt hätten. Die drei Klageführer waren mit kleineren Bauaufgaben in der Oststeiermark beschäftigt; noch aber dominierten bis ans Jahrhundertende Welsche das Baugeschehen.

Schloß Riegersburg nach einem Stich von Vischer-Trost, 1681

1660 wurde in Hirtenfeld bei St. Marein ob Graz als Sohn bäuerlicher Eltern der bedeutendste österreichische Barockkomponist Johann Josef Fux geboren. Er avancierte 1698 zum kaiserlichen Hofkomponisten in Wien und bekleidete ab 1715 die Stelle eines Hofkapellmeisters. Fux schuf zahlreiche Messen und Opern und erlangte nachhaltige Wirkung durch sein Kontrapunkt-Lehrbuch „Gradus ad parnassum", in dem er den musikalischen Satz seiner Zeit auf den Palestrinas zurückzuführen suchte. Fux starb hochgeehrt am 14. 2. 1741 in Wien.

1661 Der Fürstbischof von Seckau Johann M. v. Altringen hat „von unserem Pfarrer zu Wolfsberg mit sonderbarer Verwunderung vernommen, daß die Pfarrkinder von St. Andrä am Jagerberg dem Pfarrer nur die halbe Collektur (Naturalleistungen) zu geben gesinnt sind. Als ist hiemit unser ernstlicher Befehl, daß der Pfarrer auch nur den halben Gottesdienst solange zu verrichten schuldig sein soll, bis ihm wieder die völlige Sammlung und Stollen gereicht werden."

1664 Beim Herannahen des türkischen Heeres wurden kaiserliche Truppen unter dem Oberstleutnant Rann nach Fürstenfeld gelegt. Sie entwickelten sich bald zu einer Plage für die Bevölkerung, die sie mit unmäßigen Forderungen drangsalierten und sie, wo es ging, bestahl und beraubte. Lebensmittel und Wein wurden den Bürgern um einen Spottpreis abgepreßt und um das Zehnfache an vorbeiziehende Regimenter weiterverkauft.

1664 am 2. August beschwerten sich die Fürstenfelder über die große Zahl an Verwundeten und Kranken, die sich nach der Tags zuvor geschlagenen Türkenschlacht beim nahe gelegenen Dorfe Mogersdorf an der Raab in ihre Stadt geschleppt hatten. Alles sei überhäuft, die Kranken müßten auf den Gassen im Unwetter verderben und in der Vorstadt sei auch kein Platz, da die dort gelegenen Häuser hatten abgerissen werden müssen. Man verweist auf andere oststeirische Orte, die bessere Unterbringungs- und Versorgungsmöglichkeiten hätten und erreicht, daß 150 kranke Soldaten nach Hartberg verlegt werden.

1672 In einem Fürstenfelder Wirtshaus beleidigte ein Bürger einige Dragoner, deren Regiment an der Schlacht bei Mogersdorf 1664 teilgenommen hatte, mit der Bemerkung: ,,Wenn nicht die Franzosen gewesen wären, hätten wir die Schlacht nicht gewonnen; die Dragoner haben nur die Keller aufgebrochen, die Franzosen haben aber den Feind geschlagen." Der sich daraus entwickelnde Streit führte zur Verhaftung dreier Bürger, die vom Dragonerhauptmann in einen Holzschuppen gesperrt wurden, wo sie sein Holz hätten hacken sollen. Noch in der selben Nacht erschien in voller Amtstracht der Stadtrichter vor dem Haus des Hauptmanns und forderte die sofortige Freilassung der Bürger, da nur er das Recht habe sie zu bestrafen. Erst mit Hilfe einiger bewaffneter Fürstenfelder und dem Hinweis auf seine kaiserliche Amtsautorität gelang dem Stadtrichter die Durchsetzung seiner Forderung. Der Vorfall wurde nach Graz gemeldet, worauf der Hauptmann mit seinem Regiment nach Rottenmann verlegt wurde.

1673–1675 Durch eine Anzeige beim Markt- und Landgericht Feldbach am 28. September wurde der wahrscheinlich größte Hexenprozeß in der Steiermark ins Rollen gebracht. Ungefähr 40 Menschen waren in ihn verwickelt, darunter auch die Pfarrer von Riegersburg, Hatzendorf, Fehring, Hartmannsdorf und Paldau, ein Dorfrichter und Katharina Paltauf (,,Blumenhexe"), die Frau des Pflegers von Riegersburg. Mindestens 13 der Beschuldigten, die wegen verschiedener Hexereien und Kontakten mit dem Teufel angeklagt waren, wurden nach vorangegangener Folter durch Erhängen oder Enthaupten mit nachfolgender Verbrennung hingerichtet; zwei starben im Gefängnis, dem Feldbacher Tabor, unter ihnen einer der Hauptangeklagten, der Pfarrer von Hatzendorf Gregor Agricola (,,Teufelspfaff"), der auf mysteriöse Weise erwürgt worden war.

1679 Anfang September wurde in Hartberg die Pest durch türkische Wolle eingeschleppt. Sie nahm beim Weber und Gastwirt Johann Ekherl vor dem Ungartor, wo die Wolle abgeladen worden war, ihren Ausgang und hatte trotz aller Vorsichtsmaßnahmen bald die ganze Stadt und einen Teil ihrer Umgebung erfaßt. Erst mit Beginn des folgenden Jahres versiegte die Seuche, erst ab März durfte die Stadt wieder ihre Tore öffnen und sich am allgemeinen Handel und Wandel beteiligen. Aus Dank hatte die Bürgerschaft den Bau einer Rosalienkapelle gelobt, die 1681/82 als rechte Seitenkapelle an die Kirche in Maria Lebing angebaut wurde und einen Altar mit großem Votivbild erhielt. Außerdem wurde eine Pestwallfahrt nach Pöllauberg durchgeführt (die noch heute stattfindet) und auch dorthin ein Votivbild gestiftet.

1680 Am Sonntag vor Pfingsten war über dem Dorfe Grub ein schweres Unwetter niedergegangen, das erheblichen Flurschaden verursacht hatte. Der davon besonders betroffene Bauer Bartl Haas verklagte daraufhin seine ihm mißliebige Nachbarin Katharina Halbedlin der Schuld an dem Unglück. „Sie hat den Schauer gemacht, denn sie ist eine Hex . . .‟ Damit begann der erste Gleichenberger Hexenprozeß. Unter der Folter, die im Bergfried des trautmannsdorfischen Schlosses ob Gleichenberg („Hexenturm‟) an der armen Beschuldigten vorgenommen wurde, gestand sie zwar das ihr zur Last gelegte „Verbrechen‟ ein, nützte jedoch auch die gebotene Gelegenheit zur Vergeltung. Auf die Frage nämlich, wer mit ihr am Hexensabbat teilgenommen habe, nannte sie acht Personen des Dorfes, darunter natürlich ihren Denunzianten Bartl Haas und dessen Eheweib. Alle von der Halbedlin angegebenen „Mittäter‟, ausgenommen zwei Kinder, wurden mit ihr hingerichtet.

1683 am 13. Juni schlug der Blitz in den Pulverturm hinter dem Fürstenfelder Augustinerkloster ein und brachte 250 Zentner Pulver zur Explosion. Das Kloster, die an dieser Stadtecke gelegene Bastei sowie mehrere Häuser wurden dabei schwer beschädigt, die Stadt insgesamt in Anbetracht des mit großer Heeresmacht gegen Wien anrückenden Türken in höchste Gefahr versetzt.

1683 Als Großwesir Kara Mustapha mit der Belagerung Wiens begann, sollten die zur Bedeckung Fürstenfelds hierherverlegten drei Kompanien Reiter nach Niederösterreich abkommandiert werden, um sie dem Entsatzheer einzugliedern. Da man Nachricht erhalten hatte, daß 6000 Türken mit 13 Geschützen von Kanischa heranrückten, um sich unfern der Stadt mit den Kuruzzen des Grafen Batthyany zu vereinigen, ritt der Fürstenfelder Stadtrichter in sieben Stunden nach Graz und erwirkte einen Gegenbefehl, der der Stadt ihre Schutztruppe beließ. Zu dieser Zeit kam als Verstärkung auch der bekannte Laibacher Gelehrte Johann W. Freiherr von Valvasor mit 400 Krainer Schützen nach Fürstenfeld.

1683 30 Mann des kaiserlichen Hilfskorps wurden unter dem Kommando eines Leutnants am 30. August als Bedeckung nach Hohenbrugg gelegt. Bereits am 8. September beklagte sich der Verwalter über die Ausschreitungen der Soldaten und meinte, man müsse „die Geschützten vor ihren Schützern schützen‟.

1689/90 Der zweite Gleichenberger Hexenprozeß begann am 26. März. Mit dem selben teuflischen Kreislauf wie beim ersten Verfahren – Denunziation, peinliches Verhör der Beschuldigten, Geständnis und zugleich Beschuldigung weiterer Personen, die darauf in den Prozeß involviert werden und ihrerseits noch andere Personen angeben – wurden diesmal 37 Menschen der Zauberei und der Teilnahme am Hexensabbat auf dem Stradnerkogel „überführt‟ und hingerichtet. Einige Familien wurden dabei ausgerottet.

1691 Johann Liscutin betreibt in Fürstenfeld die erste Tabakfabrik.

1704–1711 Kämpfe mit den Kuruzzen, ins Land einfallenden ungarischen Rebellen (das türkische Wort „Kurudzsi‟ = Aufständischer, Rebell), deren Unzufriedenheit mit dem Hause Habsburg von dem französischen König Ludwig XIV. geschürt worden war. Haupt der „Malkontenten‟ war Franz II. Fürst Rákóczi, zu ihren wichtigsten Truppenführern gehörte der ehemals kaisertreue Obergespan Baron Alexander Károlyi und der alte Türkenkämpfer und Husarenoberst Bottyán. Die im Jänner des Jahres 1704 beginnenden Einfälle der Ungarn hatten eine Verteidigungslinie notwendig gemacht, die von der Murinsel bis zur Donau und March reichte. Den steirischen Abschnitt verteidigten anfänglich die steirischen Landstände mit eigenen Miliztruppen, nach deren kläglichem Versagen im Gefecht bei Mogersdorf vom 4. Juli 1704 mußten sie jedoch kaiserliche Hilfe in Anspruch nehmen. Die Aktionen waren bald in einen Kleinkrieg ausgeartet, in dessen Verlauf die Oststeiermark, und zwar besonders das Lafnitztal, Fürstenfeld und Hartberg ausgeplündert und verwüstet wurden. Dem kaiserlichen Feldmarschall Graf Siegbert Heister gelang es schließlich die Macht der Kuruzzen zu brechen und den Kampf zu beenden. Die Schäden – von einer Kommission 1712 aufgenommen – waren groß, weite Gebiete des flachen steirischen Grenzlandes, das dem Feind keine natürlichen Hindernisse entgegensetzen konnte, waren verödet, viele Dörfer und Ortschaften abgebrannt, manche im Verlaufe der Kämpfe sogar dreimal. Der volkstümliche Fluch „Kruzitürken" dürfte auf die zweifache Bedrängnis Ostösterreichs durch Türken und Kuruzzen zurückgehen, die lange noch in böser Erinnerung geblieben war.

1704 Am 25. Juli, einem Sonntag und zugleich dem Tag des Kirchenpatrons Jakobus, hielt der Ilzer Pfarrer Johann Schmidt in der dicht gefüllten Pfarrkirche gerade seine Festpredigt, als die Schreckensnachricht vom Anrücken der Kuruzzen gemeldet wur-

Votivbild in der Filialkirche von Blaindorf, 1704

32

de. Er unterbrach den Gottesdienst und forderte alle Gläubigen auf sich und die ihren in die nahen Wälder zu retten. Er selbst versteckte noch schnell die Kirchenkostbarkeiten und wollte dann den Fliehenden nacheilen, doch war es dazu bereits zu spät. Die Kuruzzen nahmen ihm sein Geld und sein Pferd und töteten ihn auf dem Friedhof neben der Kirche durch vier Hiebe und einen Schuß. Dann plünderten sie den Ort und verbrannten 40 Häuser.

1704 Fememord aufgebrachter Bauern an Graf Wolf Friedrich von Wurmbrand, Herr auf Schloß Reitenau. Die oststeirischen Bauern waren im ausbrechenden Kuruzzenkrieg zur Grenzverteidigung aufgeboten und in Lagern entlang der Grenze zur Wache eingeteilt worden. Der Adel hingegen hatte sich nach Graz in Sicherheit gebracht. Als auch Graf Wurmbrand sich absetzen wollte, obwohl er landschaftlicher Kriegskommissar war, zogen Bauern vor sein Schloß, forderten Waffen, Munition und Wein und nahmen auch ihn selbst mit, damit er sie anführe und mit ihnen Wache halte. Der Graf konnte sich bald auf sein Schloß flüchten und als er, entgegen seinem Versprechen, nicht zur Wacht in St. Johann in der Haide erschien und bei den mißtrauischen Bauern der Verdacht aufkam, daß er mit den Kuruzzen in geheimem Einvernehmen stünde, da hielten sie ihn für einen Landesverräter. Am 7. August zogen sie nochmals vor sein Schloß, plünderten es und schleppten den Grafen nach Seibersdorf, wo sie ihn an der Brücke hinrichteten. Erst nach Ende des Kuruzzenkrieges wagte die Regierung die rebellischen Bauern, von denen viele inzwischen Haus und Hof verloren hatten, vor Gericht zu bringen. Die vier Anführer wurden am Grazer Hauptplatz enthauptet und geviertelt, ihre Köpfe und Körperviertel zur Abschreckung im Bereich des Landgerichts Hartberg öffentlich ausgestellt.

1706 Durchzug des kaiserlichen Generals Johann Graf Pálffy mit einem Korps kroatischer Grenzmiliz durch das Lafnitztal. Obwohl zum Schutze der Steiermark gegen die Kuruzzen abkommandiert, plünderten, raubten und zerstörten die Kroaten gleich jenen, was ihnen unterkam. Pálffy, der nicht fähig war seine Truppe zu disziplinieren, redete sich beim Hofkriegsrat, vor den er hernach zitiert wurde, um sich zu entschuldigen, auf die Wildheit der Likanier und Wallachen aus und lehnte es ab, fernerhin ein derartiges Kommando zu übernehmen.

1707 Mehrere Bauern aus der Hartberger Umgebung behaupteten im März dreimal zwei Sonnen gesehen zu haben. Daraufhin wurde allen Wachtposten (man war ja mitten im Kuruzzenkrieg) anbefohlen, auf dieses Phänomen besonders achtzugeben. Bald darauf wurden von mehreren Personen zwischen sieben und acht Uhr früh die beiden Sonnen wieder gesichtet. Sie waren etwa zwölf Klafter voneinander entfernt, die neue Sonne kleiner als die normale und ihre Strahlen abwärts stehend und rot. Etwa eine Dreiviertelstunde soll das rätselhafte Naturschauspiel gedauert haben.

1712 Franz K. Graf Kottulinsky holte zur Wiederbesiedlung seiner in den Kuruzzenkämpfen besonders schwer in Mitleidenschaft gezogenen Herrschaft Neudau schwäbische Familien ins Land, die jedoch nicht lange blieben.

1713 wurde wegen der schon längere Zeit in Ungarn grassierenden Pest die Grenze gegen Ungarn streng bewacht und die Einfuhr aller Waren, bei denen Übertragungsgefahr bestand (z. B. Tierhäute), verboten. Im Februar überfiel eine Bande ungarischer Reiter in Wagensdorf die steirischen Kontagionswächter, drang gewaltsam bis Hartberg vor und machte sich dort durch Trunkenheitsexzesse, wildes Herumschießen und andere „Insolenzien" sehr unliebsam bemerkbar.

1713 Trotz aller Vorsichtsmaßnahmen drang die Pest dennoch in die Oststeiermark vor und suchte mehrere Ortschaften heim (Grafendorf, Kaindorf, Miesenbach, Pischelsdorf, Puch, St. Johann ob Herberstein, St. Ruprecht, Strallegg, Ort Vorau). Besonders schwer wurde der Ort Pöllau betroffen, wo allein 66 Menschen hinweggerafft wurden. Ein gemauerter Bildstock mit der Darstellung der drei Pestheiligen Rochus, Sebastian und Rosalia, etwas außerhalb des Ortes errichtet, weist heute noch auf dieses Ereignis hin.

1714 fand am 8. Juli die Weihe der neuerrichteten Kirche St. Ilgen (Pfarre Grafendorf) statt. Das alte Kirchengebäude hatte während der Kuruzzenkämpfe auf Anordnung des Grenzkommissars Josef Friedrich Graf Steinpeiß abgerissen werden müssen, um dem Feind nicht als Hinterhalt dienen zu können.

1715 Im Dorfe St. Kind im Rittscheintal tauchte die Offizierswitwe und Landstreicherin Anna Rosina Lienhard mit ihrer 14jährigen Tochter auf und gab sich als Schatzbeterin aus. Es gelang ihr über einige Wochen die biederen und noch im alten Aberglauben verhafteten Dorfbewohner mit gemeinsamem nächtlichen Beten und Beschwören zum Schatzfinden hinzuhalten, wobei sie und ihre Tochter während dieser Zeit den Vorteil freier Station in Anspruch nahmen. Erst als die Behörde von dem Unfug erfuhr, wurde sie vor das Landgericht Fürstenfeld gebracht, des Betruges für schuldig erklärt und mit Prangerstehen und 30 Stockschlägen sowie Landesverweis bestraft.

1715 Das Tabakmonopol in Innerösterreich hatte eine ausgedehnte Schmuggeltätigkeit mit Ungarn zur Folge, von wo man viel billigere Ware beziehen konnte. Um die Tabakkonterbande zu unterbinden bedienten sich der den heimischen Tabakverschleiß kontrollierenden Appaltoren der sogenannten Tabaküberreiter, die Schmuggler aufzugreifen und der vorgesehenen Strafe zuzuführen hatten. Am 23. Juli berichtete der Landgerichtsverwalter der Paarschen Herrschaft Hartberg an die innerösterreichische Regierung, daß die Tabaküberreiter ihre Befugnisse überschritten und auf öffentlichen Wegen zwischen Friedberg und Hartberg verschiedene Reisende, besonders aber die aus Niederösterreich zurückkehrenden Schnitter anfielen. Sie durchsuchten nicht nur ihr Gepäck sondern zwangen sie auch dazu, ihre Kleider auszuziehen. Fanden sie ein Stückchen Tabak bei ihnen (auch wenn es nicht geschmuggelt war), so preßten sie ihnen meist ihren Schnitterlohn ab.

1716 Der Pfarrer der Gebirgspfarre Strallegg, Matthias Peyerl, der eine lateinisch abgefaßte Chronik über die Jahre 1697–1718 hinterlassen hat, bemühte sich in einer Eingabe an die Diözese in eine Pfarre mit milderem Klima versetzt zu werden. Über Strallegg schreibt er, daß diese Pfarre „so blueth harth" sei, daß sie zwei Geistliche kaum versehen können, vor allem wegen der anderthalb Wegstunden entfernt liegenden Filiale Miesenbach, die doch alle Sonn- und Feiertage wie eine Pfarrkirche versehen werden müsse. Er und sein Kaplan müßten sich ihren Bissen Brot „mit harter mieh, obligation, mieten fueßen und sauern Schwaiß" verdienen.

1716 Beim Fest des Viehpatrons St. Patrizius am 17. Mai gab es in der alten Pfarrkirche von Wenigzell ein so großes Wallfahrergedränge, daß eine Person dabei erdrückt wurde.

1731 Der Hauptpfarrer von Riegersburg berichtet am 29. Juli dem Konsistorium, daß der mit großen Kosten fast fertiggebaute Turm der Fehringer Pfarrkirche am 28. Juli um 4 Uhr früh „mit unausspröchlichem Getöss umbgefahlen". Bei der folgenden Untersuchung der Ursachen dieses Unglücks durch eine Hofkommission gab Baumeister Andreas Stengg aus Graz, der den Turm errichtet hatte, zu Protokoll, daß der eigensinnige Fehringer Pfarrer Vincentio Zoratti darauf bestanden hätte, das Fundament so schwach anzulegen. Der Anschuldigung von Stengg wurde stattgegeben und Zoratti zu einem erheblichen Kostenbeitrag für den Neubau verurteilt. Man beschlagnahmte seine Güter, damit er sie nicht veräußern und das Geld in seine italienische Heimat abschieben könne. Alle diese Aufregungen und Kränkungen konnte der italienische Kirchenmann nicht verschmerzen und er starb darüber im folgenden Jahre.

1735 Bei einer im Juni von der Herrschaft Neudau durchgeführten Grenzvisitation diesseits der Lafnitz wegen der sich dort häufig herumtreibenden Bettler und Diebsbanden wurden die Halter von Unterrohr von der Irrmeinung erfaßt, es handle sich wieder um einen Kuruzzeneinfall. Schnell waren die Nachbardörfer alarmiert und die Bauern beeilten sich, ihre Habe samt dem Vieh in die befestigte Burg Thalberg zu retten. Dieser Fehlalarm zeigte, wie ängstlich die Bevölkerung dieses zuletzt in den Kuruzzenkriegen so schwer heimgesuchten steirischen Grenzabschnittes noch immer reagierte.

1736 Der Pfarrvikar von Heiligen Kreuz am Waasen, Johann Friedrich Leber, suchte beim Bischof von Seckau um die Erteilung einer Meßlizenz an für die von ihm 1735 neuerbaute Brunnenkapelle nahe der Ortschaft: „. . . in gnädigster Consideration, daß nicht ein oder andere sondern schon ser vill andöchtigst behaupten wollen, daß sie in Fieber, in gefährlichen Leibs Krankheiten, in Viechsumbfahl, ja sogahr in der Gebuhrt totter Kinder bey St. Patritium und St. Ulrich würkliche Hülf allda erlangt haben, welches ich aber alles dahingestöllet sein lasse . . .".

1748 Im Zuge der Verwaltungsreform der Kaiserin Maria Theresia wurde eine neue Kreiseinteilung der Steiermark und Kreisämter als unterste staatliche Behörden eingeführt, deren Aufgabe unter anderem die Kontrolle der von den Herrschaftsinhabern ausgeübten Gerichtsbarkeit war. Die Oststeiermark war damals praktisch identisch mit dem Grazer Kreis.

1750 Letzter großer Stadtbrand in Radkersburg, bei dem unter anderem der Renaissance-Rathausturm und die Murbrücke zerstört wurden. Die schwer geprüfte Stadt war bereits 1607, 1650 und 1730 von großen Bränden heimgesucht worden.

1757 Beim Abbruch der alten Kirche auf dem Weizberg, an deren Stelle der prächtige Neubau Huebers errichtet wurde, monierte die verwitwete Gräfin Wurmbrand, geborene Khevenhüller den Verlust ihres Oratoriums, das dabei auch der Spitzhacke zum Opfer fiel. Über ihre Schwester, welche Äbtissin von Göss gewesen war, verlangte sie ein neues Oratorium mit derselben Auszierung in Holz, wie sie das alte hatte. Der Bauherr, Dechant Dr. Paul Schmutz entgegnete, daß ihr zwar das alte Oratorium trotz „Verstellung der ohnedies engen und finsteren Chorhauben . . ." zugestanden wäre, es aber in der Kirche keine Servitute gäbe.

1762 erging eine kaiserliche Resolution mit dem Inhalt, daß die inländischen Zeughäuser ausschließlich in Sollenau (Niederösterreich) oder Weiz ihre Klingen zu bestellen hätten. Der Weizer Klingenfabrikant Johann Mosdorfer erklärte sich bereit, jährlich bis zu 15.000 glatte Infanteriesäbel an die kaiserliche Armee zu liefern. Bis ans Ende des 18. Jahrhunderts war die Fa. Mosdorfer wichtigster Armeelieferant für blanke Waffen.

1762 Der aus dem bayerisch-böhmischen Wald stammende Martin Pock nimmt die Glaserzeugung in Schaueregg am Wechsel auf. Schon einige Jahrzehnte vorher hatten die Jesuiten in Talberg, in deren Herrschaftsbereich Schaueregg lag, mit weniger Erfolg Glas produziert. Unter Pock und seinem Sohn Gregor jedoch begann die Glashütte zu florieren und warf hohen Gewinn ab. Hergestellt wurden Tafelglas und hochwertige geschliffene und bemalte Gläser. Absatzgebiete waren neben der Oststeiermark die Stadt Graz, das Mürztal und zum Teil Wiener Neustadt. Versuche der nach den Pocks folgenden Besitzer der Glasfabrik, den Markt auf Ungarn auszudehnen, scheiterten. Um 1850 wurde die Erzeugung eingestellt.

1766 Der Physikus von Radkersburg, Dr. Hermann von Gleisner, reichte am 17. März der steirischen k. k. Agrikultursocietät eine Untersuchung ein, in der er von der Auffindung der ,,dem Selterwasser durchgehendst gleichen" Gleichenberger Sulzleiten – das ist der Konstantinsquelle und des Klausenstahlwassers – berichtete und über seine Anwendungsversuche gegen Schwindsucht und gegen rheumatische Drüsenerkrankungen referierte. Er wurde damit zum Wiederentdecker der heilkräftigen Gleichenberger Säuerlinge, die seit der Römerzeit medizinisch nicht mehr genützt worden waren.

1780/90 Erste ausführliche Aufzählung und Beschreibung der Straßen und Wege in der Josephinischen Kriegskarte. Über die wichtige Straße von Pischelsdorf nach Hartberg und weiter zur Landesgrenze z. B. wird darin berichtet: ,,Die Landstraße von Pischelsdorf nach Hartberg hat meist wenigen Grund, ist an vielen Orten löchrig, könnte aber gut gebaut werden, weil die Materialien hierzu in der Feistritz zu haben sind. Sie passiert steile Höhen, welche eine Vermehrung von Zugvieh notwendig machen."

1785 Aufhebung des Augustiner-Chorherrenstiftes Pöllau aufgrund der kirchlichen Verfügungen Kaiser Josef II. Stift Vorau entging der Aufhebung, weil es von altersher eine Klosterschule und seit 1778 eine Hauptschule betrieb.

1789 Gründung einer Baumwollspinnerei in Burgau durch die Grafen Batthyány. Es war das älteste derartige Unternehmen in Österreich.

Ende 18. Jahrhundert Abbau von Braunkohle in der Umgebung von Ilz, der bis 1964 betrieben wurde. Die Ilzer Kohle ist der von Köflach in der Weststeiermark ähnlich und hat einen Heizwert von ca. 3.700 Kalorien. Sie wurde als Hausbrand- und Industriekohle verwendet.

Um 1800 Engelbert Maurer, Pfarrer von Loipersdorf, fand zahlreiche Anhänger in der Oststeiermark für seine mystische Lehre. Diese lehnte die kirchlichen Dogmen ab und ließ nur die Bibel als einzige Religionsquelle gelten. Fegefeuer und Hölle wurden nicht anerkannt, Gott könne überall, besonders aber im Freien, angebetet werden. Als Maurers Lehre immer stärkeren Zulauf fand, versetzte ihn der Bischof nach Graz und machte ihn zum Ehrendomherrn. Doch folgte ihm seine Anhängerschaft auch in die Landeshauptstadt, so daß man ihn zuerst nach Wien, schließlich aber in ein galizisches Kloster abschob, wo er 1817 an Typhus, den er sich bei der Krankenpflege zugezogen hatte, verstarb.

1805 In der Nähe von Ilz stießen eine österreichische Dragoner- und eine französische Kürassier-Patrouille zusammen, worauf sich ein kurzer Kampf entspann. Dabei wurde ein Franzose getötet, einem anderen das Ohr abgehauen. Stark blutend versuchte dieser zu Fuß den Ort zu erreichen und begegnete dabei dem Lederermeister Florian

Kormann, den er um einen Chirurgen fragte. Da er Elsäßer war, konnte er sehr gut deutsch. Kormann brachte ihn zum Arzt, behielt ihn bei sich in Pflege und stellte ihn dann als Pferdeknecht ein. Beim nächsten Franzoseneinfall von 1809 wurde der Elsäßer verraten und entging nur auf Fürbitte des Pfarrers einer Bestrafung.

1808 Kaiserliches Patent vom 8. Juni zur Errichtung einer allgemeinen Landwehr. Es sah vor, daß in den österreichischen und böhmischen Ländern alle Männer im Alter von 18 – 45 Jahren, die noch nicht zum regulären Heer oder seinen Reservebataillonen eingezogen worden waren, der Dienstpflicht zur Verteidigung ihres jeweiligen Heimatlandes unterworfen wurden. Ausgenommen davon waren Kleriker, Staatsbeamte, Lehrer und Angehörige wichtiger Berufe wie Bergknappen und Arbeiter an den Eisenhämmern. Die Steiermark hatte 13 Bataillone zu stellen, davon wurden fünf im Grazer Kreis, also der Oststeiermark, errichtet. Erzherzog Johann war zum Landwehrinspektor für Innerösterreich ernannt worden und hatte die Organisation durchzuführen, was er mit großer Umsicht und Sachkenntnis sowie Einfühlung in die jeweiligen Gegebenheiten tat.

1809 Anfang Juni rückt die Vorhut der französischen Südarmee unter General Macdonald in die Oststeiermark ein, besetzt Fürstenfeld und am 1. Juli Hartberg. Die Durchmärsche dauerten bis 25. Juli, fingen am 25. September wieder an und hörten erst im November auf. Groß war die Belastung der Bevölkerung durch die geforderten Naturalleistungen und die gigantischen Kriegskontributionen, die Napoleon verlangte. So mußte die Steiermark nicht ganz 45 Millionen Francs an die Franzosen abliefern.

1819 Begründung der steirischen Landwirtschaftsgesellschaft durch Erzherzog Johann. Sie hatte die Verbesserung der heimischen Landwirtschaft in allen Bereichen, vom Saatgut, der Düngerwirtschaft, Obstbaumzucht, Viehzucht bis zur Verbesserung der Geräte und Maschinen zum Ziel. Ihrer fördernden Tätigkeit wird auch ein gemauerter Bauernhaustypus mit klassizistischem Stiegenvorbau verdankt, der im Umkreis von Graz und der mittleren Oststeiermark zur Verbreitung gelangte.

1834 Am 10. Mai gründete der Gouverneur der Steiermark, Reichsgraf Matthias Constantin von Wickenburg, den Kurort Bad Gleichenberg, in dem er den Gleichenberger Johannisbrunnen-Aktienverein ins Leben rief, der die finanziellen Mittel zum Ankauf der Quellen und Grundstücke sowie der zu errichtenden Baulichkeiten aufbrachte.

1836 In diesem Jahr erschien in Paris und Berlin in einer englischen, französischen und deutschen Ausgabe der Reisebericht „Schloß Hainfeld oder: ein Winter in Steiermark" des schottischen Seemanns und Reiseschriftstellers Basil Hall. Ihm war auf einer Italienreise eine Einladung zur Gräfin Purgstall, Witwe des Grafen Johann Wenzel Purgstall, zugegangen, mit seiner Familie einige Zeit auf Schloß Hainfeld zu verleben. Die Gräfin, eine geborene Cranstone und selbst aus Schottland stammend, wußte ihrem Landsmanne den Abstecher in die Steiermark in ihrer Einladung entsprechend schmackhaft zu machen. So schrieb sie unter anderem: „Was die Straße hierher betrifft, so kann ich Ihnen versichern, daß sie außerordentlich gut ist – in jeder Hinsicht der über Tyrol vorzuziehen. Die ersten englischen Reisenden schlugen zufällig die Straße über Tyrol ein; dieses brachte sie in die Mode und seitdem fliegen sie alle, wie ein Zug Vögel, denselben Weg. Die Alpen und Seen in Steiermark sind vollkommen so schön als die Tyroler und bis jetzt den Engländern noch unbekannt und Grätz steht Insbruck nicht nach. Überdies können Sie, wenn Sie diesen Weg nehmen, noch einen Vorteil haben, den Sie sicherlich zu schätzen wissen – es ist die Bekanntschaft des

Erzherzogs Johann, welcher in einer stillen einfachen Weise auf seinen Eisenbergwerken lebt und Sie gewiß mit Vergnügen empfangen wird . . .". Mr. Hall kam nach Hainfeld, verlebte hier die Wintermonate 1834/35 und kehrte erst nach dem Tode der Gräfin Ende März in seine Heimat zurück. Mit seinem im Jahr darauf veröffentlichten Hainfeld-Buch erweckte er internationales Interesse für diesen Teil der Steiermark.

1843 Am 31. Juli wurde Peter Rosegger in Alpl bei Krieglach als Sohn eines Kleinhäuslers geboren.

Um 1845 Gutsherr Adolf Freiherr von Borsch pflegte auf seinem Schloß Poppendorf bei Gnas mit Gästen gerne lebendes Schach zu spielen. Dann mußte der Gnaser Schulmeister die Schule schließen, 32 Kinder mit vorhandenen Kostümen zu Schachfiguren umkleiden und sie auf dem schachbrettartig gemusterten Innenhof des Schlosses zur Aufstellung bringen. Nach den Anweisungen, die die herrschaftlichen Spieler vom Obergeschoß herab erteilten, hatte er seine Kinder-Figuren in die gewünschten Positionen zu dirigieren. Man kann darin einen letzten Rest der alten Herrschaftsuntertänigkeit erkennen, die 1848 aufgehoben wurde.

1847 Über den Besuch des Kaiserpaares in Bad Gleichenberg berichtete die „Österreichisch-kaiserliche privilegierte Wiener Zeitung" am 30. August: „Die edlen sinnigen Formen eines Triumphbogens vor dem Johannisbrunnen, wohin sich ihre Majestäten verfügten, und die seit längerer Zeit berühmte Mineralquelle, welche den Namen des Durchlauchtigsten Erzherzogs trägt, versuchten, verkündete die Nähe von Gleichenberg. Eine neue überraschende Steigerung der Festlichkeit ergab sich, da eine starke,

Bad Gleichenberg nach einer Lithographie von Jakob Alt, um 1850

aus eigenem Antrieb hierherkommende Cavallerie-Abteilung des uniformierten Bür-
ger-Chorps zu Gratz beym Johannisbrunnen die Honneurs machte, und Ihren Majestäten bis zum Curorte Gleichenberg die Escorte bildete, wo auf der Terrasse der von
Allerhöchst denselben als Aufenthalt gewählten Villa Wickenburg Frau Anna Freyin
von Brandhofen mit dem Grafen von Meran, viele Mitglieder der Stände und andere
Nobilitäten die angekommen ehrfurchtsvoll begrüßten und die Gattin des Landes-
Gouverneurs, ihre Exzellenz Frau Emma Gräfin von Wickenburg, den innigsten Dank
für dem Hause zuteil gewordene Gnade darbringen, ihre Majestäten in den zuhöchst
ihrer Aufnahme bestimmten Gemächer geleitete.''

1850 Als Folge der 1848 durchgeführten Bauernbefreiung durch Aufhebung der
Grunduntertänigkeit und patrimonialen Gerichtsbarkeit entstanden als Behörden
1. Instanz ab 1. Februar die Bezirkshauptmannschaften für die politische Verwaltung
und die Bezirksgerichte für die Justizverwaltung.

1873 Am 1. Mai erfolgte die Eröffnung der Eisenbahnlinie Graz-Fehring. Damit wurde
19 Jahre nach dem Bau der Südbahn und anderer west- und obersteirischer Bahnlinien
erstmals ein Teilgebiet der stiefmütterlich behandelten Oststeiermark verkehrsmäßig
erschlossen.

1884 Feldbach wird zur Stadt erhoben. Vorangegangen war ein festlicher Kaiserbesuch
am 9. Juli 1883. Zu diesem Anlaß hatte die Feldbacher Feuerwehr zusammen mit der
von Fehring, Fürstenfeld, Burgau, Kalsdorf, Ilz, Gnas und St. Gotthard, insgesamt
334 Mann, die Straße vom Bahnhof zum Hauptplatz gesäumt. Der Markt war festlich
geschmückt, außer dem Häuserschmuck wurden zwei Obelisken, drei Triumphpforten
und dreihundert Flaggenmaste aufgestellt. Die Riesenpforte am Hauptplatz kostete
allein 2000 Gulden; punkt 8 Uhr fuhr der Hofzug ein, die Musikkapelle intonierte die
Hymne, der Kaiser wurde ehrfurchtsvoll gegrüßt, er dankte huldvoll nach allen Seiten
und fuhr dann mit den bereits wartenden Hofequipagen durch ein jubelndes Spalier
weiter nach Bad Gleichenberg.

1885 am 1. Oktober wurde das Bahnstück Fehring–Fürstenfeld dem Verkehr übergeben. Im selben Jahr konnte auch die Strecke Spielfeld–Radkersburg in Betrieb genommen werden.

1891 am 18. Oktober feierliche Eröffnung der Lokalbahn Fürstenfeld–Hartberg mit der
Seitenlinie Bierbaum-Neudau.

1897 Der Weizer Ingenieur und Industriepionier Franz Pichler (1866–1990), der bereits
1892 am Oberlauf des Weizbaches eine Wasserkraftanlage für 80 kw errichtet hatte,
um die Lichtversorgung von Weiz sicherzustellen, begründet zusammen mit dem Grazer Zivilingenieur Cornel Masal die Firma ,,Weizer Elektrizitätswerk Franz Pichler
& Co.'', in der er Elektromaschinen herstellte. Die starke Nachfrage und eine Reihe
von technischen Erfindungen Pichlers führten bald zur Ausweitung des Betriebes, dem
sich ab Jänner 1900 die Wiener ,,Gesellschaft für elektrische Industrie'' als stiller Teilhaber anschloß. Pichler baute in der Folge mehrere Elektrizitätswerke, unter anderem
auch ein großes Werk in Karlovac (Karlstadt) in Kroatien, und begann mit dem Ausbau des Überlandnetzes, das heute einen größeren Teil der Oststeiermark versorgt.
Nach dem Tode Pichlers wurde das weiter wachsende Werk unter dem Namen
ELIN-Weiz bald international bekannt und konnte sogar nach dem Zweiten Weltkrieg
durch den Übergang zum Großmaschinenbau seine Kapazität ausdehnen.

1900 An einem Sonntag zogen Scharen festlich gekleideter Menschen – die weiblichen Teilnehmer alle in weiß – von der Bahnstation Unterfladnitz aus auf den 950 m hohen Kulm (bei Weiz), um dort den ihrer Überzeugung nach unmittelbar bevorstehenden Weltuntergang zu erwarten. Es wird vermutet, daß es sich dabei um Anhänger des steirischen Theosophen Jakob Lorber (1800–1864) gehandelt hat.

1910 In einem Bauernhof bei St. Johann ob Herberstein wurde die erste Haushaltungsschule für Bauernmädchen eingerichtet. Ihr Begründer war der Priester Josef Steinberger, ein obersteirischer Bauernsohn, der für die Verbesserung der wirtschaftlichen und kulturellen Verhältnisse auf dem Lande wirkte. Bald wurden in allen Pfarrorten Fortbildungsschulen für Mädchen und Burschen eingerichtet.

1910 Am 12. Oktober wurde auf der Wechselbahn von Hartberg nach Aspang der Verkehr aufgenommen.

1911 Durch die Inbetriebnahme einer Schmalspurbahn auf der Strecke Weiz–Birkfeld wurde das obere Feistritztal verkehrsmäßig erschlossen. Heute ist der Personenverkehr auf dieser Bahn eingestellt und wird nur noch den Sommer über für Touristen betrieben.

1919 Im Juni bereiste eine amerikanische Studienkommission das südsteirische Grenzgebiet und stellte fest, daß Mureck und Radkersburg deutsche Siedlungen seien. Im Friedensvertrag von St. Germain (2. September) wurde bestimmt, daß die Untersteiermark südlich der Mur ohne vorhergehende Volksabstimmung an Jugoslawien falle. Zwar hatten sich Amerika, England und Italien für eine Abstimmung ausgesprochen, doch überwog letztlich das Veto Frankreichs. Mit dieser Grenzziehung wurde eine gewachsene historische und wirtschaftliche Einheit zerrissen, der alte Zusammenhang zwischen dem untersteirischen Weinland und dem obersteirischen Industrieland mit Graz als wichtigsten Absatzmarkt getrennt.

1923 wurde Schloß Kirchberg am Walde vom Lande Steiermark erworben und darin eine Landwirtschaftsschule eingerichtet.

1938 Wenige Wochen nach der Machtübernahme der NSDAP wurde auf Beschluß des neuen Gleisdorfer Gemeindetages im Juli die Mariensäule am Hauptplatz beseitigt. Man motivierte diese antireligiöse Maßnahme mit Verkehrsrücksichten. Nach Kriegsende wurden die Nationalsozialisten veranlaßt, die Säule wieder aufzustellen.

1940 Am 19. April wurde das Stift Vorau von der Gestapo aufgehoben, alle seine Güter beschlagnahmt und sämtliche Chorherren gezwungen, innerhalb von 14 Tagen die Steiermark zu verlassen. Eine Protestaktion der Bevölkerung blieb ohne Erfolg. In das geräumte Stift wurde eine nationalpolitische Erziehungsanstalt (Napola) gelegt, die dort bis zum 1. April 1945 blieb. Ganz im Ton der neuen Machthaber schrieb der als Treuhänder eingesetzte SS-Obersturmbannführer in das Gästebuch: ,,Nun aber ist Schluß mit diesen ,hohen Besuchen', dafür bürgt der Treuhänder des Stiftes Vorau, SS-Obersturmbannführer Erhard".

1944 Absturz des bayerischen Generalobersten Eduard Dietl im Wechselgebiet nahe Breitenbrunn am Morgen des 23. Juni. Die He 111, mit welcher Dietl samt seinem Stab von Graz nach Finnland fliegen wollte, war wegen eines Defektes gegen den Berg geprallt und in Flammen aufgegangen.

1944 Beginn des Stellungsbaues zwischen dem 9. Oktober und 1. November im Festungsabschnitt Steiermark, zu dem damals auch das südliche Burgenland gehörte. Der geplante Verlauf des „Südostwalles" entsprach weitgehend dem der Reichsgrenze und erstreckte sich für den Bereich des Gaues Steiermark vom Geschriebenstein bei Rechnitz das Pinkatal abwärts, bei Jennersdorf das Raabtal überquerend bis Radkersburg. In zwei Stellungslinien wurden Panzergräben, Erdbefestigungen, Bunker, Gefechts- und Kampfstände angelegt; Laufgräben fehlten und auch die Stacheldrahthindernisse reichten nicht aus.

1945 Am 30. März Einbruch der Roten Armee in die Verteidigungsstellungen bei Rechnitz und am kommenden Tag Vorstoß eines Panzerkorps ins obere Raabtal bis Feldbach. Die im folgenden Monat entbrennenden Kampfhandlungen konzentrierten sich in der nördlichen Oststeiermark; Vorau wechselte dreimal den Besitzer, Ort und Stift erlitten dabei schwere Schäden. Besonders arg traf es Wenigzell, St. Jakob im Walde und Mönichwald.

1945 Am 17. April wurde Radkersburg von der Roten Armee eingenommen, nachdem es von einer Abteilung der SS-Division „Hohenstauffen" verbissen verteidigt worden war. Letztere mußte sich über die Mur nach Oberradkersburg zurückziehen und sprengte die Brücke, um ein Nachrücken des Feindes zu verhindern. Da die Fernzündung nicht funktionierte, opferte ein SS-Mann sein Leben, indem er die Sprengladung selbst zündete und mit der Brücke in die Luft flog. Er wurde mit dem letzten noch zur Verleihung gekommenen Ritterkreuz ausgezeichnet.

1945 Am 7. Mai Gesamtkapitulation der Deutschen Wehrmacht (Reims); jeder deutsche Soldat sollte in die Gefangenschaft jenes Landes kommen, gegen das er zuletzt gekämpft hatte. Diese Bestimmung veranlaßte auch die in der Oststeiermark im Einsatz stehenden deutschen Truppen sich nach Westen abzusetzen, um sich von den Amerikanern entwaffnen zu lassen. Am 8. Mai Besetzung des Landes durch die Rote Armee.

1945 Am 8. Mai Einmarsch von Einheiten der Roten Armee in Gleisdorf. Ein Augenzeuge berichtet darüber: „Um 4 Uhr nachmittags waren die Russen im Anmarsch. Es herrschte in Gleisdorf auf allen Straßen eine unheimliche Stille. Kein Mensch war zu sehen, alles versteckte sich in den Häusern, die Geschäfte waren gesperrt. In der Feldbacherstraße vor dem Hauptquartier der Widerstandsbewegung wurde Halt gemacht. Genosse Winkler begrüßte sie dort und begleitete sie bis in den Ort. An der Biegung der Straße beim Riedlhaus (heute Berufsschule) begrüßte Oberst Becher (ein Sozialist) den Russenoberst mit einer Umarmung und Kuß. Dann ging der Trupp weiter bis auf den Hauptplatz, wo vier SS-Männer am Kirchturm verschanzt hatten und Schüsse abgaben. Dafür sollte die Stalinorgel in Kraft treten und acht Mann von den Nationalsozialisten sollten daran glauben müssen. Doch auf vieles Zureden des Winkler wurde davon Abstand genommen und dafür eine zweitägige Erlaubnis zum Plündern gegeben." Dabei hatten es die Russen besonders auf Uhren, Schmuck und Alkohol abgesehen. Vor allem aber wurden hunderte von Mädchen und Frauen zwischen 10 und 80 Jahren von den Besatzern vergewaltigt. Etwa 400 Vergewaltigungsopfer sollen allein von dem Arzt Dr. Hermann Hornung behandelt worden sein. Beim Plündern wurden etliche Häuser in Brand gesteckt.

1945 Ende Juli verließen die sowjetischen Besatzer zur großen Erleichterung der Bevölkerung die Steiermark; an ihre Stelle traten britische Truppen.

1946 Am 24. April wurde das Stadtkino von Radkersburg im großen Saal des Sparkassengebäudes mit dem Film „Der Tanz mit dem Kaiser" wieder eröffnet.

1946 Typhusepidemie in Hartberg, verursacht durch kriegsbedingte Verunreinigung des Trinkwassers.

1949 Beginn des Ausbaues der Wechselbundesstraße zwischen Gleisdorf und Mönichkirchen, der sich über zwei Jahrzehnte erstreckte und eine großzügige verkehrsmäßige Erschließung der nördlichen Oststeiermark brachte.

1951 wurden in Radkersburg bei einer Einwohnerzahl von 1930 Personen 12 Personenkraftwagen, 18 Lastkraftwagen, 36 Motorräder und 2 Hilfsmotorräder gezählt.

1969 Autobahnteilstück Graz-Gleisdorf dem Verkehr übergeben.

1971 Dreharbeiten zur Verfilmung von Franz Kafkas Roman „Das Schloß" mit Maximilian Schell unterhalb der Burg Bertoldstein. Bewohner der Ortschaft Pertlstein hatten dabei als Statisten mitgewirkt.

1973 Der Vizebürgermeister der Ortschaft St. Kind verkaufte die kleine Barockorgel der Filialkirche (Pfarre Breitenfeld) ohne Wissen des Bürgermeisters und Pfarrers an einen Grazer Kunsthändler. Das bereits unter Denkmalschutz gestellte Instrument sollte durch ein Harmonium ersetzt werden. Gegen den Vizebürgermeister wurde zwar ein Strafverfahren eingeleitet, die Orgel aber verschwand in den Kanälen des Antiquitätenhandels.

1976 Vom 3. Mai bis 15. Juni fanden im Bereich der größten befestigten urgeschichtlichen Siedlung der Steiermark, am Königsberg bei Tieschen und im Steintal, Umbettungsarbeiten des Volksbundes deutscher Kriegsgräberfürsorge in Zusammenarbeit mit dem österreichischen Schwarzen Kreuz statt. Der hinzugezogene Grazer Prähistoriker Dr. Kramer notierte: „Erneut ist der Bergungstrupp am Königsberg. Diesmal an seiner Südostecke. Während an allen Seiten Steilhänge den Berg einigermaßen sturmfrei machten, ist hier entlang eines weniger steil ansteigenden Rückens der Zugang leichter. Dieser Tatsache haben schon die urgeschichtlichen Verteidiger Rechnung getragen und hier dem 8 m hohen Ringwall einen tiefen Graben und einen Vorwall vorgelegt, um den Einbruch stürmender Feinde zu verhindern. An dieser Stelle wiederholte sich 1945 wahrscheinlich uraltes Geschehen. Genau hier nämlich versuchten die Russen den deutschen Verteidigungsring aufzubrechen und stießen auf hartnäckigsten Widerstand, der durch die urgeschichtliche Wallanlage begünstigt war. Schützenloch an Schützenloch, tausende Patronenhülsen und Granatsplitter zeugen noch heute von der Härte des Kampfes. Und die vielen Toten. Oft liegen sie dicht nebeneinander, häufig noch in den Schützenlöchern, in denen sie gefallen sind."

1981 Eröffnung der groß ausgebauten Therme Loipersdorf. Bei Ölbohrungen, die man an dieser Stelle vor einigen Jahren durchgeführt hatte, war man auf ein großes Vorkommen eines 98%igen Kochsalzsäuerlings gestoßen. Die Steiermärkische Landesregierung entschloß sich zur Förderung dieser großen Quelle, die nun zur postoperativen Behandlung und zur Heilung von Rheumaerkrankungen eingesetzt wird.

Kleine Kunstgeschichte

Die ROMANIK

Mit dem siegreichen Feldzug gegen die Ungarn im Jahre 1043 gelang es König Heinrich III. den zwischen den Flüssen Mur und Lafnitz gelegenen, von dichten Grenzwäldern und Ödlandstreifen bedeckten und kaum bewohnten Gebietsabschnitt der heutigen Oststeiermark dem Reich wieder zurückzugewinnen. Hier, in diesem Vorfeld der Kärntner Mark, die sich westlich der mittleren Mur bis zum Kor- und Gleinalpenzug erstreckte, war schon in karolingischer Zeit deutsche Siedlungstätigkeit begonnen worden, die jedoch durch die Einfälle der Magyaren zu Ende des 9. Jahrhunderts einen jähen Abbruch fand. Indes konnte auch im 11. Jahrhundert die Landnahme nicht in dem gewünschten Ausmaß weitergeführt werden, da die ungünstigen politischen Verhältnisse im Reich wie auch zum ungarischen Nachbarn dem entgegenstanden. Erst das Jahr 1122 brachte hier einen entscheidenden Durchbruch. Er gelang nicht nur als Ergebnis der für die gesamtdeutsche Geschichte so bedeutenden Beendigung des Investiturstreites; von besonderer Wirksamkeit sollte dabei vielmehr der im selben Jahr erfolgte Erbanfall des beträchtlichen Eppensteiner Besitzes an die Markgrafen von Steyr, auch Traungauer genannt, werden. Diese hatten zwar bereits steirischen Boden im gebirgigen Norden und dem Ostalpenvorland bis zur Mur bei Radkersburg in Verwaltung gehabt, doch lag ihr Machtzentrum noch nördlich des Alpenzuges in ihren umfangreichen oberösterreichischen Ländereien, wo sie als Gründer von Steyr, Stift Garsten und anderer Klöster hervorgetreten waren. Nun aber, mit den neuererbten Gebieten in der Mittel- und Obersteiermark sahen sie sich in den Stand gesetzt, ihren Einflußbereich entscheidend auszudehnen und sie setzten verschiedene Maßnahmen, den Machtzuwachs zu konsolidieren. Dazu gehörte die Wiederaufnahme der Rodung und Besiedlung der östlichen und nördlichen Landesteile, welche schwungvoll vorangetrieben wurde. Dazu gehörte auch die Betrauung ergebener Ministerialer und Ritter mit den neugewonnenen Gebieten und die Zurückdrängung des Einflusses der hochfreien Geschlechter und Klöster. Innerhalb weniger Jahrzehnte gelang es den Traungauern ihren Besitzstand so abzurunden und zu verklammern, daß daraus ein neues Land entstehen konnte, welches seine reichsrechtliche Anerkennung mit der Erhebung zum Herzogtum 1180 erhielt. Der Name, den man diesem Land gab – Styria, marchia Styria, Stiremarke – leitet sich zurecht von der Traungauer Hauptburg Steyr her, nimmt aber auch auf die alte Rolle als Mark an der Mur Bedacht.

Für die oststeirische Kunstgeschichte nun ist das Jahr 1122 gleichsam das Geburtsjahr. Zwar wurde schon in karolingischer Zeit an einigen Plätzen zu bauen begonnen: für 860 sind Salzburger Güter „ad Rapam" (St. Ruprecht a. d. Raab) oder „ad Tudleipin" (St. Veit am Vogau), ist eine „ecclesia ad Sabnizam" (Hartberg) überliefert. Doch überdauerte nach bisherigen Kenntnissen davon nichts die nachfolgenden Ungarnstürme. Auch von der nach der M. des 11. Jh.s errichteten Urpfarre St. Ruprecht und dem wenig später entstandenen Kirchlein auf dem Weizberg ist nichts erhalten geblieben. Der Beginn einer greifbaren Kunsttätigkeit liegt somit in der Romanik, und zwar in einem bereits fortgeschrittenen Stadium. Sie erstreckte sich bis in die 2. H. des 13. Jh.s und umfaßte die Regierungszeit der Traungauer und der sie beerbenden Babenberger und erhielt noch letzte Impulse von dem Böhmenkönig Ottokar. Als sie zu Ende ging war auch der innere Ausbau des Landes vollendet, die Rodung abgeschlossen, ein Netz von Pfarr- und Filialkirchen errichtet und die meisten Städte und Märkte gegründet.

Den Anfang machte Hartberg, das bald nach 1122 von dem Traungauer Markgrafen Leopold als Kolonisationsstützpunkt erbaut wurde. Das von Markgraf Ottokar III. 1163 gegründete Chorherrenstift Vorau war für die Erschließung des bergigen Gebietes zwischen dem Wechsel und dem Masenberg von großer Bedeutung. Das weit gegen Osten vorgeschobene Fürstenfeld wurde unter dem letzten Traungauer Ottokar IV. im Zuge der Besiedlung des unteren Ilz- und Feistritztales um 1170 auf einer Geländestufe über der Feistritz angelegt. Schließlich entstanden noch in der Zeit der Traungauer als Gründung des Hochfreien Liutold III. von Dionysen-Waldstein gegen 1188 der Markt Weiz und im selben Jahr das im Raabtal gelegene Feldbach. Die Babenberger fügten im Nordosten des Landes durch Herzog Leopold V. 1194 die Stadt Friedberg hinzu, die aus dem Lösegeld für den englischen König Richard Löwenherz erbaut wurde. Herzog Leopold VI. erweiterte 1215–20 Fürstenfeld zur Stadt, in der sich nach 1200 die Johanniter niedergelassen hatten. 1229 scheint der Straßenknotenpunkt Gleisdorf erstmals in den Urkunden auf und führt Entstehung und Namen auf das Rittergeschlecht der Gleisdorfer zurück. Den Schlußpunkt setzte König Ottokar von Böhmen, der 1261–1265 die Stadt Radkersburg als Grenzfeste gegen Ungarn anlegte.

Die architektonische Hinterlassenschaft der Romanik ist gar nicht so gering, gemessen an dem späten Baubeginn und der ungünstigen geopolitischen Lage an der umkämpften östlichen Reichsgrenze. Sie wurde in letzter Zeit durch Grabungen und Restaurierungen sogar erweitert (Hartberg, Mellach), harrt aber noch immer einer umfassenden Bearbeitung. Im Kirchenbau können mit gewissen Vorbehalten vier Typen unterschieden werden 1. der einfache Grundtypus mit rechteckigem flachgedeckten Langhaus und Halbkreisapsis (alte Pfarrkirche von Riegersburg, 1832 abgerissen, und vielleicht St. Nikolai ob Drassling, 1772 umgebaut). 2. derselbe Grundtypus mit einfachem Chorquadrat; wahrscheinlich häufiger verwendet, doch in der Gotik durch größere Chöre ersetzt und daher schwer nachzuweisen (vermutlich Altenmarkt bei Fürstenfeld, Mellach, Paldau- und St. Johannes d. T. in Vorau). 3. Weiterentwicklung von Typ 2: das Chorquadrat ist stärker gemauert und erhielt einen Turm aufgesetzt. Bestes Beispiel dafür die Taborkirche in Weiz; zu belegen auch die Hartberger Pfarrkirche, deren in der Barockzeit abgetragener Chorquadratturm auf einem Vischerstich von 1680 wiedergegeben ist. Die Grabungen von 1973 haben ergeben, daß das Chorquadrat keine Apsis hatte. Weiter Beispiele sind die Pfarrkirche von Anger, St. Georgen an Gasenbach, Marktkirche von Vorau und vermutlich auch die ehemalige Weizbergkirche. 4. die dreischiffige Basilika; frühestes Beispiel die erste Vorauer Stiftskirche, überliefert als flachgedeckte Pfeilerbasilika in salzburgischer Bautradition nach dem Vorbild des ersten steirischen Chorherrenstiftes Sekkau, erhalten nur mehr die Zweiturmfassade. Von Vorau beeinflußt ist die Pfarrkirche des nahen St. Jakob im Walde, die E. des 12. Jh.s entstand und ihren Grundcharakter als Pfeilerbasilika noch bewahrt hat. Die dritte Basilika befand sich in Hartberg, wo man 1973 die Erweiterung der ersten romanischen Chorturmkirche zu einer dreischiffigen Pfeilerbasilika ergraben konnte. Der mächtige Westturm dürfte auch damals aufgemauert worden sein. Dies geschah unter dem bedeutenden Pfarrer Ulrich (1163–1201), dessen Initiative noch ein weiteres Bauwerk zu verdanken ist, nämlich der gegen 1200 errichtete Karner. (Einer Überlieferung nach befand sich einst am Portal die Jahreszahl 1167.) Er dürfte vorübergehend auch als Taufkirche verwendet worden sein, wofür ein vorhandenes Abflußrohr und die Thematik seiner Innenfresken spricht. Es wird vermutet, daß diese Umwidmung auf einen Plan des Markgrafen zurückgeht, ein eigenes Landesbistum zu begründen, um die Vormachtstellung Salzburgs zu schwächen. Unter allen romanischen Bauwerken der Oststeiermark nimmt der Karner eine besondere Stellung ein durch seine qualitätvolle Ausführung und ausgewogene Gliederung. Gleichrangiges ist erst im niederösterreichischen Herrschaftsgebiet der Babenberger zu finden. Auffällig „modern" erscheint die durch Dienstbündel bewirkte Vertikalisierung des schlanken Baukörpers, welche schon an die Frühgotik denken läßt. Auch die Verwendung kleiner Kopfskulpturen an den Dienstkapitälen der Eingangsseite findet erst in der heimischen Gotik eine Nachfolge. Große Bedeutung kam in der Oststeiermark dem Wehrbau zu. Die nach dem

Thalberg, Burg – Bergfried, Toranlage und Ringmauer, 3. Drittel 12. Jh.

Tode Markgraf Ottokar III. 1164 wieder aufflammenden Grenzkämpfe mit den Ungarn zwangen den Adel des Landes zu umfangreichen Sicherungsmaßnahmen, die in der Errichtung eines Burgengürtels gipfelten. Dieser erstreckte sich entlang der Ostgrenze von Friedberg bis gegen Radkersburg und ist mit einigen eindrucksvollen Bauten auf uns gekommen. Wir nennen den 30 m hohen quadratischen Bergfried von Neuberg bei Hartberg, den fünfgeschossigen rechteckigen Wohnturm von Schloß Feistritz bei Ilz und Schloß Thalberg mit seinem aus glatt behauenen Quadern gefügten 24 m hohen Bergfried, Torbau, Ringmauerzügen und Westturm. Alle sind in der 2. H. des 12. Jh.s entstanden, mächtige Wehrbauten, deren massive Dimensionen die schiere Schutzfunktion deutlich werden lassen. Daneben entstanden eine Reihe kleinerer Turmhügelburgen im ebenen Gelände zum Schutze der bäuerlichen Siedler, die heute nur mehr an den Erdsubstruktionen und Schutzgräben erkannt werden können (Limbach, Radersdorf a. d. Ilz,

Obergnas, Rohr a. d. Raab u. a. m.). Im 13. Jh., als die Landnahme abgeschlossen war, galt es, die inzwischen aufgeblühten Siedlungen mit Mauern und Türmen zu umgeben. Nur die Hartberger Stadtmauer blieb in Teilen übrig, da sie wegen ihrer guten Beschaffenheit in den folgenden Jh.en nicht wesentlich verändert wurde (Schölbingturm, Reckturm, Mauerzüge im Westen und Norden). Die romanische Burg an der Nordwestecke hatte einen Bergfried, der sich über einem Grundriß von 9,80 x 11 m erhob. Gewaltige Ausmaße besitzt auch die ca. 4 m dicke hochaufragende Schildmauer des verfallenden Gleichenberger Schlosses.

Verschwindend wenig ist von romanischer Skulptur erhalten, nämlich nur einige Knospen- und Maskenkopfkapitäle am Hartberger Karner und am Thalberger Bergfried. Auch vom malerischen Schmuck dieser Zeit blieben nur Reste, die die Tendenz zu zyklischer Darstellung erkennen lassen: im Mitteljoch der Weizer Taborkirche sind in Streifen angeordnete Szenen aus der Schöpfungsgeschichte, dem Marienleben und der Passion zu erkennen. Sie gehören dem zackbrüchigen Stil des späteren 13. Jh.s an. Hochinteressante Malereien birgt der Hartberger Karner mit der Darstellung der sieben Hauptsünden, denen in der Apsis die Wurzel Jesse mit den sieben Gaben des Hl. Geistes gegenübergestellt ist. Sie dürften um 1200 gemalt worden sein, mußten aber in den Jahren 1893/94 eine grobe und durch mehrere Ergänzungen auch verfälschende Restaurierung über sich ergehen lassen, die ihre Originalwirkung empfindlich beeinträchtigte. Dem künstlerischen Rang nach Vergleichbares könnte nur noch im Stifte Vorau vorhanden gewesen sein, wovon wir aber keine Kunde mehr haben. Wohl aber verwahrt das Stift in seiner berühmten Bibliothek einige Codices aus diesen frühen Jahrhunderten, die zum Teil in einer eigenen Schreibstube geschrieben wurden. Als ältester Vorauer Buchschreiber ist ein Wolfgang überliefert, der im Auftrag von Propst Bernhard I. (1185–1202) an der berühmten Kaiserchronik (cod. 276) schrieb. Sie zeigt, wie sehr man hier im äußersten Osten des Reiches deutsches Schrifttum pflegte. Von der sonstigen Ausstattung des Stiftes ist ein kleines Tragaltärchen erhalten (heute im Österr. Museum für angewandte Kunst in Wien), das in Grubenschmelztechnik gearbeitet ist und aus dem niedersächsischen Kunstkreis (um 1160/70) stammt. Schließlich sei auch noch auf die Glocke der Pfarrkirche von Schäffern bei Hartberg hingewiesen, die vermutlich 1227 gegossen wurde und damit die älteste steirische Glocke ist.

Die GOTIK

Frühzeit

Am Beginn der oststeirischen Gotik stehen zwei Bauten ganz unterschiedlicher Stilhöhen, die ein charakteristisches Bild von der Aufnahme der neuen Kunst vermitteln. Der eine ist die bereits 1295 erwähnte Pfarrkirche von St. Kathrein am Offenegg. Sie bestand aus einem noch vorhandenen viereckigen Chorraum, über dem sich ein mächtiger Turm erhebt, und einem einfachen, strebenlosen Schiff, das vermutlich flach gedeckt war, entsprach also dem Typus der romanischen Chorquadratkirche mit Turm. Lediglich das frühgotische Spitzbogenportal an der Westseite (bei einer späteren Vergrößerung des Langhauses zugemauert) verrät eine erste zögernde Aufnahme des neuen Formengutes. Ganz anders der zweite Bau, die Erhardikapelle der Pfarr- und Wallfahrtskirche St. Erhard i. d. Breitenau. Sie entstand gegen 1300 und gehört mit $5/8$-Schluß, Kreuzrippengewölben, feingliedrigen Säulenstützen bereits ganz der Gotik an. Diese „Modernität" dürfte auf eine adelige Stiftung zurückzuführen sein, welche die Berufung von Werkleuten der Wiener Dombauhütte ermöglichte. Solche adeligen Initiativen, vor allem aber der

St. Erhard i. d. Breitenau, Pfarrkirche – Erhardikapelle E. 13. Jh.

Einfluß der Bettelorden, halfen die Gotik verbreiten. In den abgelegenen Gräben und Berggebieten der Oststeirer, wo die Kräfte des Beharrens überwogen, ging dies freilich nur langsam vor sich. Wir bemerken eine Beschränkung auf Chorneubauten, die man den romanischen Kirchen anfügte (Altenmarkt, St. Georgen am Gasenbach, Vorau-Marktkirche, Weiz). Sie haben plump gemauerte Polygonschlüsse mit kleinen Fenstern und grob zubehauenen Rippen. Ganze Kirchen entstanden nur vereinzelt: Hausmannstätten südlich von Graz erhielt um 1320/30 ein kleines Gotteshaus, von dem Chor und Turmunterbau noch stehen. In St. Erhard wurde weitergebaut, Chor und Langhaus kamen zur Ausführung, der erste hochstrebende gotische Raum mit hohen Maßwerkfenstern, skulptierten Schlußsteinen und Dienstbündeln. Wallfahrtskirchen bilden immer eine Ausnahme. Eine solche ist auch die Marienkirche auf dem Pöllauberg, errichtet im 3. Viertel des 14. Jh.s mit Hilfe einer adeligen Stiftung. Sie bringt eine Bereicherung der Raumform im Wechsel von zweischiffigem Langhaus zu dreischiffigem Hallenumgangschor. Einflüsse von der Ennser Wallseerkapelle sind unverkennbar. Im Reichtum der Steinmetzarbeiten werden Beziehungen zur Wiener Bauhütte und dem Parlerkreis angenommen (Wagner-Rieger). Ähnlich wie im obersteirischen Mariazell, dessen Kirche zur selben Zeit entstand, wurde ein Fassadenturm errichtet, dessen Oberteil 1674 einem Blitzschlag zum Opfer fiel. Doch blieb ein Teil der Fassadengliederung, bestehend aus dem Gewändeportal mit Wimperg und Fialen sowie Blendarkadenreihen mit schönem Maßwerk erhalten. Die Verklammerung dieser etwas tiefer gelegenen Turmfront mit dem Langhaus erfolgt durch eine Vorhalle, deren Emporen sich mit zwei hohen Spitzbögen zu den Schiffen öffnen. Erheblich konservativer erscheint dazu die Johanneskirche in Radkersburg, damals noch nicht Pfarre. Sowohl die Lage an der Stadtmauer als auch ihre dreischiffige Basilikenform deuten auf den Einfluß der Bettelorden. Allerdings war der Typus der Pfeilerbasilika durch die Romanik bereits vorgeprägt. Reine Ordensbauten der Augustiner Eremiten entstanden in Fürstenfeld (1365/68) und Radkersburg (1395). Sie sind später verändert worden, doch der erst kürzlich restaurierte Chor der Fürstenfelder Anlage mit seinen klaren, unkomplizierten Formen vermag die Breitenwirkung und Vermittlerrolle der Orden plausibel zu machen. Die erhaltenen frühgotischen Burgkapellen haben schlichte bis rohe Formen (Reinberg, Vasoldsberg, Herberstein), bemerkenswert die turmartige Erhöhung der 1365 geweihten Kapelle von Gutenberg mit ihren zwei Emporen. Der Burgenbau hatte sich nach den bedeutenden Anfangsleistungen der Romanik mehr auf die Vergrößerung bestehender Anlagen beschränkt. Feistritz bei Ilz, Gutenberg, Herberstein, Sturmberg bei Weiz sind gute Beispiele dafür. Im Hausbau, der am stärksten der Veränderung unterworfen ist, kann nur der rückwärtige Teil des Radkersburger Pistorhauses angeführt werden, in dem sich ein mit Fresken des späten 14. Jh.s geschmückter Raum befindet. In diesem Zusammenhang ist auch des Baues der gotischen Stadtmauern von Radkersburg und Fürstenfeld zu gedenken, die in Resten erhalten blieben (in Fürstenfeld der in der Pfeilburg verbaute „Schwarzturm“).

Von den Bildkünsten hat sich die Wandmalerei am besten bewahrt; ihr war zufolge der noch geringen Durchfensterung der Kirchenräume auch ausreichend Platz zur Verfügung gestanden. Am Beginn stehen Fragmente eines Jüngsten Gerichtes und einer Kreuzigung in bzw. an der Weizer Taborkirche sowie eine Mariendarstellung im Chor der Vorauer Marktkirche. Sie gehören dem frühgotischen Linienstil an. Wesentlich verfestigter in der Form, gesprächiger im Vortrag zeigen sich die zwischen 1360/70 gemalten Heiligen in Gutenberg (Kapellenzugang) und der umfangreiche Zyklus der Katharinenkapelle des Schloßes Herberstein, bestehend aus der Majestas Domini, Katharinenlegende, Marienszenen, Wurzel Jesse und Marter der 10.000. Besondere Bedeutung kommt den zu E. des Jh.s. entstandenen Malereien in einem Raum – vielleicht ehemals eine Trinkstube – des Radkersburger Pistorhauses zu. Sie haben Johannes de Aquila von Radkersburg zum Autor, den einzigen namentlich bekannten Künstler dieses Zeitraumes. Erstmals in der mittelalterlichen Wandmalerei Österreichs werden Szenen rein profanen Inhalts dargestellt (Erstürmung einer Stadt, Jagdszene, Liebesgarten). Vom selben Meister konnten vor kurzem auch sehr eindrucksvolle Fresken im Chor der Fürstenfelder Augustinerkirche freigelegt werden. Bei der Glasmalerei waren die Verluste wesentlich größer. Das wenige was sich erhalten hat, ist von erlesener Qualität, daher nicht repräsentativ: die Fragmente der Chorverglasung von St. Erhard i. d. Breitenau. Wie schon der Bau hatten auch die Fenster einen adeligen Stifter; er ist uns bekannt, da er sich darstellen ließ, nämlich Herzog Albrecht III. von Österreich. Auf einer Scheibe erscheint er mit den Insignien des von ihm gegründeten Zopfordens und seinen beiden Gemahlinnen. Feinheit der Zeichnung und Subtilität der Farbigkeit zeichnen diese Malereien aus, die um 1390 in jener „Herzogswerkstätte“ entstanden sein dürften, welche auch die Fürstenbildnisse für den Wiener Stephansdom schuf.

Reife und Spätzeit

Im 15. Jh. gewann das Kunstschaffen an Breite, die Gotik war heimisch geworden. Gefördert wurde diese Entwicklung durch das Erstarken des Bürgertums. Es war durch Handwerk, Gewerbe und Handel (Ungarnhandel) zu Wohlstand gelangt und trat als Auftraggeber neben die bisher allein dominierenden kirchlichen Institutionen und den Adel. Im Bauen zeigte sich dies besonders deutlich an der starken Vermehrung der Pfarr- und Filialkirchen, an deren Errichtung oder Erweiterung wohlhabende Bürger oder Bürgervereinigungen Anteil hatten (siehe Wallfahrtskirche Maria Rehkogel, Pfarrkirche Radkersburg, Sebastianikirche Straden). Neue Raumtypen kamen dabei zur Ausführung, die auch Hinweise auf den Rang der jeweiligen Kirche geben können. Der gebräuchlichste hatte ein einfaches rippengewölbtes Langhaus mit Wandvorlagen und 1–2jochigem Chor. Er wurde für ländliche Pfarrkirchen verwendet wie z. B. in Gnas (1434) und Straden (1469) – die beide erst in der Barockzeit Seitenschiffe erhielten –, in Puch (1466), St. Radegund bei Graz (1490), Kirchberg a. d. Raab (1510), St. Margarethen a. d. Raab (1513). Und er ist in entsprechender Verkleinerung auch bei den Filialkirchen anzutreffen, die fast alle erst in der Spätzeit entstanden: St. Anna am Masenberg (1499) mit bemerkenswert reichen Steinmetzarbeiten, St. Lorenzen am Autersberg (1501), St. Anna am Lindenberg (1516) und die Sebastianikirche in Straden (1515). Zweischiffigkeit ist an drei sehr unterschiedlichen Bauten feststellbar: der Stadtpfarrkirche von Friedberg, die nach Zerstörung durch die Ungarn 1418 neugebaut wurde; der Landpfarre St. Kathrein am Offenegg, wo an das frühgotische Schiff ein spätgotisches angebaut wurde; und in der Filialkirche von Stanz, einer Stiftung der Stubenberg, deren 1518/21 erbautes Langhaus mit verschieden breiten Schiffen, verschobener Giebelfront und eingezogenen Wandpfeilern an einer Seite aussieht, als ob es ursprünglich dreischiffig geplant gewesen wäre. Die Herrschaftsempore im Chor, der schon 1450 entstanden war, dürfte die kaiserliche Domempore von Graz (1445) zum Vorbild gehabt haben. Völlig ausgebildete dreischiffige Hallenkirchen gibt es nur zwei, in Semriach (ca. 1500) und Fernitz (1505). Beide entstanden mit landesfürstlicher Unterstützung und sind vom Grazer Dombau beeinflußt: Semriach übernimmt den Raumkontrast von breitem Langhaus und schmalem Langchor mit dichtem Netzrippengewölbe, Fernitz die Staffelung des Mittelschiffes und die kantonierten Pfeiler. Seiner Funktion als Wallfahrtskirche wird es zuzuschreiben sein, wenn in Fernitz die aus dem 14. Jh. stammende Idee des Umgangschores (Pöllauberg) wieder aufgegriffen wurde. Eine andere Marienwallfahrt, Maria Rehkogel, die 1489–1496 am Frauenberg bei Bruck entstand, fällt aus der heimischen Tradition heraus. Der Brucker Stadtrat hatte nämlich „ainen gueten werklichen Stainmetzen von Praunau" berufen, der eine höchst eindrucksvolle Wandpfeilerkirche schuf mit interessanten Nischenbildungen im Chor, wie sie im salzburgisch-bayerischen Raum gebräuchlich waren. Wandpfeilerkirchen kommen im Oststeirischen noch in der alten Pfarrkirche von Feldbach vor (mit Emporengang), in der Stanzer Filialkirche und in St. Marein bei Graz (1550 vollendet). Einmalig für unser Gebiet sind jedoch die Rippenbildungen aus achtseitigen Rautensternen (Wechselberger Figuration), die der Braunauer Meister nach dem Vorbild seiner heimatlichen Stadtpfarre in Maria Rehkogel verwendete. Die steirischen Baumeister wölbten vor allem mit Parallelrippenfigurationen (St. Kathrein/Offenegg, Fladnitz, St. Marein bei Graz u. a.), einfachen Rautensternen (Fernitz, Hartberg u. a.) und dichten Rippennetzen, wie in den vom Grazer Dombau beeinflußten Kirchen von Semriach und St. Margarethen a. d. Raab.

Wegen der Ungarn- und Türkeneinfälle wurden die Pfarrkirchen einiger besonders gefährdeter Orte im 15. Jahrhundert mit Gadenkirchhöfen umgeben, ringförmig um das Gotteshaus geschlossene wehrhafte Speicherbauten. In ihnen konnte die Bevölkerung Schutz finden und sich von den Vorräten auch einige Zeit ernähren. Solche Tabore („täber") sind in Teilen noch erhalten in Weiz, Feldbach und Fehring, in Pischelsdorf zu rekonstruieren. Gleisdorf, Straden und Gnas hatten Wehrmauern um die Kirche, Gnas und St. Johann ob Herberstein besitzen auch noch ein ober dem Chor eingerichtetes Wehrgeschoß mit Schießfenstern. Selbst das Stift Vorau mußte damals befestigt und bewaffnet werden (ab 1458), an seiner Südseite sind noch drei Wehrtürme und Mauerzüge zu sehen. Die einzige spätmittelalterliche Stiftsgründung, das 1504 von Vorau aus besiedelte ehemalige Augustiner Chorherrenstift in Pöllau entwickelte sich bezeichnenderweise aus einer gotischen Wasserburg. Überhaupt war für den Wehrbau wieder eine Konjunktur angebrochen, die bis ins 17. Jh. andauern sollte. Die alten Festen Herberstein, Gutenberg und Thalberg erweiterten ihre Schutzzonen durch Vorburgen. An fast allen grenznahen Burgen wurde weitergebaut: die Riegersburg bekam Teile ihres Westtraktes und die Kapelle, St. Georgen a. d. Stiefing ist zu nennen und Burgau, wo man eine Vierflügelanlage um den rechteckigen Innenhof errichtete, wie sie erst in der Renaissance Verbreitung finden sollte. Frondsberg und Waasen entstanden als unregelmäßig gebrochene Ringburgen. Vom gotischen Hausbau hat sich Radkersburg einiges bewahren können. Hervorzuheben das Haus Nr. 14 in der Langgasse mit sehenswertem Erdgeschoßraum, dessen Sternrippengewölbe von einem zentralen Achteckpfeiler abgestützt wird, und Nr. 43 mit spätgotischen Hofarkaden. Auf einige architektonische Kleindenkmale ist auch hinzuweisen, die in der Spätgotik sehr beliebten Tabernakelpfeiler, welche als Friedhofleuchten (Maria Lebing bei Hartberg, Vorau) oder Wegsäulen (Hof, Wolfsberg im Schwarzautal) Verwendung fanden, in St. Ulrich am Waasen sogar in besonders seltener Verbindung mit einer geheiligten Brunnenanlage.

Die Malerei weist große Lücken auf, vor allem die Tafelmalerei. Einige Flügelaltarreste in der Vorauer Kunstkammer, in St. Anna am Masenberg und in der Weizer Taborkirche (erst 1964 aufgefunden) vermögen kein Entwicklungsbild zu geben. Bemerkenswert ist nur das bekannte Porträt Kaiser Friedrich III. im Stift Vorau, welches Ansätze des spätgotischen Realismus erkennen läßt. Eine Rahmeninschrift von späterer Hand dokumentiert die Inkorporierung der Pfarre Friedberg an Vorau, die der Kaiser 1443 genehmigte. Im Stift bildete sich in der 2. H. des 15. Jh.s eine lokale Buchmalerschule heraus, die mehrere Codices illuminierte und dabei salzburgische Einflüsse verarbeitete. Für die Freskomalerei sei ein vorzügliches Kreuzigungsfresko in der Pfarrkirche von Anger genannt. Es wurde um 1440 gemalt unter dem Eindruck der gleichzeitigen Tafelmalerei, wie sie der Meister der St. Lambrechter Votivtafel repräsentierte. Der „weiche" Stil ist in der Weizer Taborkirche und in der Vorauer Marktkirche vertreten. St. Jakob i. d. Breitenau hat noch 6 vorzügliche Glasscheiben dieser Stilphase. Große Weltgeschichtsdarstellungen waren das ganze 15. Jh. hindurch beliebt, sie sollten der bedrängten oststeirischen Bevölkerung wohl Trost und Jenseitsverheißung zusprechen (Anger, Edelsbach, St. Jakob i. d. Breitenau, St. Stephan in Hofkirchen). Weniger beachtet, weil meist später übermalt, sind die ornamentalen Gewölbemalereien aus Blatt- und Blütenmotiven in den Kappen oder entlang der Rippenbahnen (Fladnitz, Fürstenfeld/Augustinerkirche, Vorau/Marktkirche u. a. m.), die auch durch Einzeldarstellungen oder das Vera ikon bereichert werden konnten (Waldbach, Burgau). Sie unterstrichen die Farbigkeit der gotischen Innenräume.

Die plastische Kunst hatte im „weichen" Stil ihre Blüte gehabt. Sie gründete sich auf die Beliebtheit der Andachtsbilder, welche aus dem 14. Jh. her entwickelt und mit neuer Stimmungshaftigkeit ausgestattet wurden. Es wird kaum eine Kirche gegeben haben, die nicht eine „schöne" Madonna oder ein „schönes" Vesperbild auf einem ihrer Altäre stehen hatte. Soweit sie erhalten blieben, stehen sie heute zumeist auf späteren Barockaltären (Weizbergkirche, Pöllau, Fürstenfeld, Hartberg, Fehring, Gleichenberg, St. Ulrich in Stanz u. a.). Hier ist auch das Tympanon des Westportales von St. Erhard i. d. Breitenau anzuführen, das den thronenden Ulrich zwischen Engeln zeigt und an den Beginn des

Nestelbach, Pfarrkirche – Detail des Kruzifixus, gegen 1520

weichen Stiles zu setzen ist. In den mittleren Jahrzehnten war das bildnerische Schaffen anscheinend etwas zurückgegangen, wohl weil der Bedarf für einige Zeit gedeckt schien. Die prachtvolle Mondsichelmadonna der Vorauer Stiftskirche bildet eine der wenigen Ausnahmen. Mit ihr zusammen entstand gegen 1450 in einer Salzburger Werkstätte der qualitätsvolle Rotmarmorgrabstein des Berthold von Emmerberg, der durch seinen Realismus und die pralle Plastizität besticht (heute in Schloß Bertholdstein). In der Spätzeit war die Produktion, wie überall sonst, wieder angestiegen, wenn auch die Oststeiermark durch die zahlreichen Plünderungen oder Zerstörungen bei weitem nicht auf die umfangreiche Hinterlassenschaft der westlicher gelegenen Landesteile verweisen kann. Aus dem wenigen heben sich drei Werke heraus: die Kreuzigungsgruppe in einer Kapelle der Hartberger Grazerstraße als einzige großfigurige Gruppe vom Ende des 15. Jh.s; die sehr lebendig charakterisierte Apostelversammlung einer einstigen Flügelaltar-Predella in Hausmannstätten, ein Importwerk aus der Wiener Neustädter Werkstätte des Lorenz Luchsberger um 1500; und das kürzlich restaurierte Kruzifixus in Nestelbach, eine der ergreifendsten Skulpturen des Landes von kaum zu übertreffender Intensität der Darstellung. Sein Meister saß im obersteirischen Leoben, wo ihm weitere Werke nachgewiesen werden. In der Grabmalplastik setzen sich in der letzten Phase der Spätgotik die heimischen Werkstätten gegen die Salzburger Konkurrenz stärker durch. Wappensteine, wie der des Hans Eggenberg (gest. 1481) in der Radkersburger Pfarrkirche oder ganzfigurige „Rittergrabsteine" wie der des geharnischten Achaz von Magknitz (gest. 1526) ebendort, waren die verbreiteten Haupttypen. Eine gute Vorstellung von den kunstvoll ausgeführten liturgischen Geräten vermag uns eine reichgearbeitete vergoldete Silbermonstranz zu geben, welche die kleine Kirche von Jagerberg noch bewahrt. Das am Beginn des 16. Jh.s entstandene seltene Stück ist mit einem der Architektur nachgebildeten Turmaufbau geschmückt, der eine Statuette des Kirchenheiligen Andreas enthält.

Die RENAISSANCE

Zwischen 1520 und 1530 wurde die Gotik von der Renaissance abgelöst. Äußere historische Ereignisse beschleunigten den Stilwandel: das Eindringen der Lehren Martin Luthers, die zu einem Verfall des katholischen Glaubenslebens führten, und das bedrohliche Vordringen der Türken, die 1526 in der Schlacht bei Mohács Ungarn besiegt hatten. Da dessen König Ludwig II. dabei sein Leben verlor, wurde der Habsburger Ferdinand I. zum Erben Ungarns und seines Kronlandes Kroatien, zugleich damit zum unmittelbar Betroffenen der osmanischen Eroberungspolitik. Ferdinand ging deshalb sofort daran seine Erblande neu zu befestigen und berief dazu oberitalienische Bauleute. Diese waren gute Kenner des modernen Festungsbaues und brachten zugleich die Renaissance aus ihrer Heimat mit. 1524 ist mit Martino Allio vom Luganersee der erste in der Steiermark nachweisbar, er arbeitete als Maurer in Radkersburg. 1527 sind bereits drei Comasken am Grazer Landhaus beschäftigt. Damit fing es an und sollte sich ab der Jahrhundertmitte zu einer beispiellosen Einwanderungswelle italienischer Werkleute auswachsen, die das steirische Baugeschehen bald völlig beherrschten. Sie kamen vor allem aus der Provinz Como und dem Tessin. Durch sie wurde das 16. Jh. zum Zeitalter des Schloß- und Festungsbaues oberitalienischer Prägung, während die kirchliche Kunst ihre bisherige Führungsrolle einbüßte, ja in der 2. Jahrhunderthälfte fast völlig zum Erliegen kam. Auf das zähe Nachleben der Gotik bis um 1550, dem wir die Chöre von Semriach (1543), Hl. Kreuz am Waasen (1547), Hartmannsdorf (1550) und die Kirchen St. Marein bei Graz (1550) oder die Dreikönigskirche von Tri kralij nahe der Grenze in der alten Untersteiermark verdanken, folgte nichts mehr. Dafür wurde das Land in wenigen Jahrzehnten von einer Renaissancekunst erobert, deren aus dem späten Quattrocento kommender Formenschatz rasch Aufnahme fand.

Zur neuen Schloßform wurde die Vierflügelanlage mit Laubenhof, wie sie in italienischen Palästen und Festungen bereits vorgebildet war. Sie hielt sich bis ins spätere 17. Jh. Neudorf bei Wildon (gegen 1550) und Hainfeld (um 1550), beide mit wehrhaften Ecktürmen, waren die frühesten Anlagen dieses Typs; Stubenberg, Weinburg und Thannhausen (1585) folgten. Auch im Umbau asymmetrischer mittelalterlicher Höhenburgen bewährte sich die neue, auf Vereinheitlichung und Geschlossenheit abzielende Bauweise, wobei der fortifikatorische Aspekt dabei immer im Vordergrund stand. Hierfür ist Neuberg bei Hartberg ein anschauliches Beispiel. Um 1530/40 hat hier ein unbekannter italienischer Baumeister drei weit vorgezogene Basteitürme an die mittelalterliche Ringmauer angebaut und damit nicht nur die Verteidigungsmöglichkeiten wesentlich verbessert, sondern die unregelmäßige Anlage zu einer annähernd rechteckigen Baugruppe vereinheitlicht. Herberstein erhielt zur selben Zeit, vielleicht vom selben Meister, einen Kasemattenflügel; weitere Ausbauten erfolgten in Frondsberg, Bertholdstein und Riegersburg. Für kleinere Schlösser wurde der Typ des Laubenhauses angewendet, ein viereckiges Gebäude, das von einem langgestreckten Erdgeschoßraum, die Laube oder Vorhaus, in zwei gleiche Hälften geteilt wird. Klaffenau bei Hartberg, Ratmannsdorf in Weiz und Hohenbrugg an der Raab (letzteres aus der Verbindung zweier Laubenhäuser entstanden) leiten sich davon her, verstärkten ihre Fronten aber mit Ecktürmen.

Neben dem wehrhaften Schlösserbau war die Anlage neuer Stadtbefestigungen von höchster Wichtigkeit. Sie erfolgte nach dem Bastionärssystem, dessen oberstes Prinzip die gegenseitige Bestreichungsmöglichkeit mit Feuerwaffen war. Das heißt, die Verteidiger mußten in den Stand gesetzt sein, bei einer maximalen Gewehrschußweite von 225 m, von den vorgezogenen Bastionen, Ravelins oder Kavalieren aus sowohl die zwischen diesen Bollwerken liegenden und von gemauerten Kurtinen gesicherten Zwischenräume wie auch das gesamte Vorfeld der Stadt bestreichen zu können. In Graz begann man damit 1544/45 unter der Leitung des tüchtigen Baumeisters Domenico de Lalio aus Lugano. Er beaufsichtigte in der Folge nicht nur die übrigen steirischen Ortsbefestigungen, von denen uns die von Fürstenfeld (ab 1553) und Radkersburg besonders interessieren, sondern avancierte auch zum Oberbaumeister der windisch-kroatischen Grenze, in welcher Funktion er Warasdin, Kopreinitz und Kreuz befestigte. Mit dem Grazer Landhaus (1557/65), seinem einzigen großen zivilen Bau, schuf de Lalio ein Schlüsselwerk der steirischen Renaissance. In Fürstenfeld, wo nach dem Tode de Lalios 1563 sein Landsmann Francesco Thebaldi die Bauleitung übernahm, wurde wie in Graz unmittelbar an den vorhandenen mittelalterlichen Stadtmauerring angebaut. In Radkersburg hingegen schob man den neuen Festungsgürtel weiter vor, wodurch eine Art Zwinger entstand. Beide Städte haben sich von diesen Befestigungen trotz deren Auflassung 1773 bzw. 1775 erhebliche Teile erhalten, so daß sie heute noch die Umrisse des Ortskerns bilden. In Fürstenfeld sind die Mühl- und Schloßbastei als Eckpfeiler der gegen die Feistritz steil abfallenden Nordostflanke noch vorhanden; auch das Grazer Tor, heute Rathaus und mehrfach umgebaut, steht noch an seinem Platz. Augustiner- und Ungarbastei sind gut erkennbar, der zwischen ihnen liegende Kavalier entstand erst 1662. In Radkersburg sind sechs der einst sieben Bastionen vorhanden, die kasemattierte Hohle- und die Ungarbastei, welche das ehemalige Ungartor sicherte, die Bürger-, Kapuziner- und Vorstadtbastei, vor denen auch der Stadtgraben noch erkennbar ist, und schließlich die als Pfarrgarten dienende Pfaffenbastei.

Weiz, ehem. Schloß Ratmannsdorf –
Renaissancefenster, M. 16. Jh.

Trotz dieser Unterordnung unter eine ernste Zweckbestimmung wurde beim Bauen, wo es möglich war, auf das Schmücken nicht vergessen. Besondere Beliebtheit erlangte das gekuppelte Rundbogenfenster im Rechteckrahmen, welches lombardischen Ursprungs war. Im Schlosse Ratmannsdorf schuf ein italienischer Steinmetz um 1550 die frühesten und zugleich die schönsten derartigen Fenster. Sie bestehen aus einer profilierten Sohlbank über spiralig gerollten Konsolen, einem Mittelsäulchen, zwei kannelierten Pilastern, halbrunden Archivolten und einer gebälkartigen Verdachung. In den Bogenzwickeln sitzen Blattwerkfüllungen, am Fries Blütenrauten. Thannhausen, Frondsberg und die Riegersburg übernahmen diese Fensterform, bildeten aber die Säulchen mit toskanischen Kapitälen und einer balusterartigen Einschnürung in der unteren Hälfte nach dem Vorbild von de Lalios Grazer Landhausfenstern. Auch die Portale werden zu bevorzugten Gestaltungszonen. Waren es anfangs Ziereinfassungen mit Rosetten, Kannelurenfriesen und Renaissancegebäl (Neuberg), so setzte sich seit dem Erscheinen von S. Serlios Werk „Porte di rustica mista", 1551, immer stärker das Rustikaportal durch (Thannhausen-Nebenportal von 1581, Stubenberg 1584, Schloß Paar in Hartberg 1589). Das schönste Außenportal entstand um 1580 in Thannhausen, wo der prächtigen Rustika aus Hausteinquadern ein vorkragendes Konsolgebälk aufgesetzt und zwei freistehende Säulen auf Sockeln vorgestellt sind, die einst Statuetten trugen. Auch Innenportale wurden mit Steineinfassungen verziert, zu sehen in Ratmannsdorf, Stubenberg, Herberstein, Frondsberg, Riegersburg u. a. Anders als bei den meist nüchternen Außenfronten, konnte im Innenhof ungehindert repräsentative Pracht und architektonische Beschwingtheit entfaltet werden. Dies geschah durch das Einfügen von mehrgeschossigen Arkadengängen und Stiegenhäusern. Anregungen dazu kamen von italienischen Palasthöfen, wenngleich gewisse heimische Voraussetzungen durch gotische Lauben an Stadtplätzen (Graz, Bruck a. d. Mur) und Innenhöfen (Radkersburg, Burgau) schon vorhanden waren. Die schönsten Hoflauben befinden sich in den Schlössern Neudorf (mit selteneren jonischen Säulen und Stiegenaufgang), Frondsberg, Thannhausen, Weinburg (schöne toskanische Säulen), Stubenberg; in St. Georgen a. d. Stiefling und Obermayerhofen beinflußte der Grazer Landhausbau die Verwendung von Pfeilerarkaden mit Vorlagen. Gute Beispiele für die Belebung mittelalterlicher Höfe durch Einbauen von Renaissancearkaden sind Gutenberg und Feistritz bei Ilz.

Auch der städtisch-bürgerliche Wohnhausbau erhielt neue Impulse. Steinportale und Erker (Weiz, Hauptplatz und altes Rathaus), risalitartig vorgezogene Seitenteile und Rustikaportale (Hartberg, Steinpeißhaus; Radkersburg, Zeughaus), Hofarkaden und vorspringende Platzlauben (Radkersburg, Hauptplatz) bereicherten nicht nur das Erscheinungsbild der Häuser, sondern erweiterten auch ihren Funktionsraum.

Die erhaltenen malerischen Zeugnisse des 16. Jh.s – es sind nicht sehr viel – dienten vorwiegend dem Schmuck der Architektur. Neu war die Einführung der Sgraffitotechnik, mit der man Hausfassaden (Anger, Freihaus) oder Schloßhöfe zierte. Im Schloß Paar in Hartberg waren die Fenster mit Blütenrauten umrahmt, im Brunnenhof der Riegersburg die Laubenbrüstungen mit Balusterreihen aufgelockert. Bemalte Kassettendecken haben die Schlösser Neuberg (2. Viertel 16. Jh.) und Gutenberg (E. 16. Jh., aus Schloß Obermureck stammend). Sind in Neuberg in 36 Feldern kleinfigurige Szenen aus dem adeligen Landleben und Hafenansichten dargestellt, so zeigt die Gutenberger Decke Rollwerkdekor mit eingestreuten Figuren. Künstlerisch am interessantesten sind die von schmalen Leisten unterteilten Bilderplafonds in zwei Zimmern der Riegersburg. Sie schildern Begebenheiten aus der römischen Geschichte bzw. alttestamentarische und mythologisch-allegorische Szenen und sind signiert und datiert „HS 1589". Die Maler der genannten Arbeiten waren, ihrer Handschrift nach zu urteilen, alle deutscher Herkunft, doch kennen wir ihre Namen nicht. Besser dokumentieren läßt sich die repräsentative Raumausstattung der Renaissance bei den prächtigen Türgerichten und hölzernen Kassettendecken,

Anger, Pfarrkirche – Gemaltes Epitaph des Lorenz Gigler, 1553

wie sie noch in den Schlössern Frondsberg, Riegersburg und Ratmannsdorf (heute Joanneum Graz) erhalten blieben. Am letztgenannten sind rückseitig mit Rotstift die Künstler angegeben. ,,M. Niclaus Keuthel von Sunderhausen nae bey Heldrungen gelegen im Cautt zu Doeringen geleun hat mich gemacht 1564 und Michael Czetionick von Cametz aus Oberlausitz hatt mich gemacht anno 15im64 Jahr". Die ganz architektonisch aufgefaßten, aus Säulen, Gebälk, Aufsatz und Ädikulen gegliederten Portale haben Fassadencharakter und sind mit Rollwerk und Arabesken reich intarsiert. Im Bereich der kirchlichen Kunst ist die Malerei stark zurückgedrängt gewesen. Eine Predellentafel mit Apostelköpfen in der Stanzer Ulrichkirche von ca. 1530 wurzelt noch in der Spätgotik und wird zu einem Flügelaltar gehört haben. An dem gleichfalls auf Holz gemalten Gigler-Epitaph in der Pfarrkirche von Anger, das 1553 der heimische Maler Cisperus Pämpstl geschaffen hat, ist ein neuer Darstellungstypus erkennbar, der vom Cranach-Kreis inspiriert ist und bereits der reformatorischen Kunst angehört. Ihr sind auch die lehrhaften Wandmalereien der Schloßkapelle in Bertholdstein zuzuzählen, die aus Bibelsprüchen in Rollwerkkartuschen bestehen.

In enger Beziehung zur Kunst der Reformation steht die Grabmalplastik des späteren 16. Jahrhunderts, die gleichsam an die Stelle des völlig versiegten Altarbaues und der Heiligendarstellung trat. Anders als die aus einem gerahmten Bildfeld bestehenden gotischen Grabsteine wird jetzt ein architektonisch gestalteter Typus entwickelt, der aus mehreren übereinander liegenden Zonen besteht. Im Hauptfeld kniet der Verstorbene in voller Rüstung, allein oder mit Familie, anbetend unterm Kreuz. Diese fromm-devote Darstellungsweise hat ihre Vorläufer im 15. Jh., wird aber nun von den Protestanten aufgegriffen. Vor allem der protestantisch gewordene Adel mit seinem gesteigerten Willen zur Repräsentation verband mit solchen Darstellungen auch ein politisch-konfessionelles Bekenntnis. Auf detailgetreue Wiedergabe von Harnisch, Waffe und Kostüm wird bei diesen „Rittergrabsteinen" immer großer Wert gelegt, weshalb sie auch als ausgezeichnete Bildquellen herangezogen werden können. Zu den prächtigsten Grabmälern der Oststeiermark zählen das des Erasmus von Stadl (gest. 1584) in der Pfarrkirche von Riegersburg, des Georg von Herberstein (gest. 1584) in der Pfarrkirche von Stubenberg, des Adam von Lengheim (gest. 1585) in der Pfarrkirche von Trautmannsdorf und des Konrad von Thannhausen (gest. 1601) in der Weizbergkirche.

Der BAROCK

17. Jahrhundert

Im Jahre 1598 führte Erzherzog Ferdinand von Innerösterreich den ersten Schlag gegen den Protestantismus, indem er zuerst in Graz, hierauf in allen Städten und Märkten der Steiermark die evangelischen Prädikanten und ihre Diener ausweisen ließ. 1600 erschien überall im Lande die Religions-Reformationskommission unter der Leitung des gefürchteten Bischofs Martin Brenner („Ketzerhammer"), zerstörte protestantische Kirchen und Friedhöfe (Loipersdorf, Kalsdorf bei Ilz, Feldbach), verbrannte alle „ketzerischen" Bücher und setzte wieder katholische Pfarrer ein. Die Bevölkerung wurde aufgefordert, sich bei Strafe der Ausweisung zur katholischen Religion zu bekennen. In wenigen Monaten war das Rekatholisierungswerk durchgeführt, die oststeirische Bevölkerung für die alte Religion zurückgewonnen. Von den Bauern im Hartberger Bezirk wird berichtet, daß sie voller Begeisterung auf die Dachböden der Kirchen gekrochen seien, um die alten Heiligenbilder wieder herunter zu holen. Nur der Adel ließ sich nicht so schnell bekehren und wurde noch 1628 vom Kaiser per Generalmandat mit der Ausweisung bedroht, falls er nicht binnen Jahresfrist konvertiere. Das katholische kirchliche Leben kam bald überall wieder zur Entfaltung und damit begann auch die kirchliche Kunst aufzublühen und ihre einstige Führungsrolle zurückzugewinnen. Von Bedeutung war, daß die Orden eine rege Tätigkeit entfalteten, wozu ihnen der Landesfürst und ein Teil des Adels durch Stiftung von Niederlassungen die Möglichkeit boten. 1610 erwarben die aktiven Grazer Jesuiten die Herrschaft Thalberg und ließen sich in der mittelalterlichen Burg nieder, die sie für ihre Zwecke adaptierten. 1614 wurde in Radkersburg von Erzherzog Ferdinand das 1542 aufgelassene Augustiner-Eremiten-Kloster mit Kapuzinern neu besiedelt. 1619 begannen die Augustiner-Chorherren in Vorau unter Propst Daniel Gundau (1615–1649) mit dem großzügigen Ausbau des Stiftes: das Vorgebäude, die Klausur und die alte Prälatur entstanden damals. 1660–1662 folgte der Neubau der Stiftskirche durch den St. Lambrechter Stiftsbaumeister Domenico Sciaccia aus Roveredo in Graubünden. 1652 gründete der Graf Johann Max von Herberstein in St. Johann, nahe seinem Schloß, ein Augustiner-Barfüßerkloster, drei Jahre später Graf Wolf von Saurau in Hartberg ein Kapuzinerkloster. Und dazu kamen zahlreiche neue Pfarrkirchen und Kapellen bzw. Um- oder Erweiterungsbauten bei mittelalterlichen Gotteshäusern, die der anwachsenden Gläubigenschar zu klein geworden waren. In wenigen Jahrzehnten hatte sich die Baulandschaft erheblich verändert. Der neue Stil des Frühbarock war von einer gewissen Nüchternheit, ja Steifheit gekennzeichnet, auch in den anderen Künsten, und verfügte vorerst noch über ein beschränktes Formenvokabular. In der 1. Jahrhunderthälfte wirkt hie und da noch die Gotik nach, so z. B. in der dreischiffigen Frauenkirche von Radkersburg, die mit ihren Achteckpfeilern an spätmittelalterliche Hallenräume erinnert. Ähnliches ist von der kleinen St.-Ulrichs-Kirche am Waasen zu sagen, deren gerundete Wandvorlagen schon in der Gotik verwendet worden waren (z. B. in St. Margarethen a. d. Raab). Zur Regel aber werden einfache Rechteckräume mit schweren Tonnen- oder Gratgewölben, die Jochtrennung erfolgt durch breite Gurtbänder, manchmal verdoppelt (wie in Hausmannstätten), denen ebensolche Pilaster an der Wandzone entsprachen. Die Trennung der Wand- und Gewölbezone besorgte ein stark profiliertes umlaufendes Gesims. Die Fassaden waren schlicht und fast ohne Schmuck, der Hauscharakter des Gotteshauses wird kaum künstlerisch überhöht. Es ist eine Architektur der Maurermeister, erst recht beim Schloßbau, der in einer Zeit fortwährender Türkenbedrohung noch immer auf fortifikatorische Fragen Rücksicht zu nehmen hat. Dabei fällt auf, daß einheimische Bauhandwerker wieder stärker zum Zug kommen, wenn es ihnen aber auch noch nicht leicht gemacht wird. Dies illustriert sehr gut die Beschwerde der drei Poliere Michael Arhan, Matthias Karner und Matthias Lanz bei der Grazer Hofkammer vom Jahre 1659. Nur weil sie ,,Teutsche und Landskhünder'' seien, wolle man sie nicht zu Meistern aufnehmen, wohingegen ,,Wälsche'' zu Meistern erklärt wurden, auch wenn sie noch kein ,,Hauptgebäude'' aufzuweisen hätten. Jedoch waren die drei durchaus nicht ohne Beschäftigung geblieben. Arhan baute nach Plänen des ,,Wälschen'' Anton(io) Solar(io) 1657 die Kirche St. Johann ob Herberstein, plante selbst die Gleisdorfer Pfarrkirche und baute den Oberteil des Fernitzer Kirchenturmes (1669). Karner errichtete den Chor der Passailer Pfarrkirche (1667) und das Grazer Karmeliterkloster. Lanz baute das ,,Schöne gepey zu Rieggersburg'', womit der ,,weiße Saal'' gemeint sein muß (1658), den Turm der Pfarrkirche von Trautmannsdorf und wahrscheinlich die Pfarrkirche von Söchau. Im letzten Drittel des Jahrhunderts wurde die Vorherrschaft der Italiener entscheidend abgebaut, setzten sich heimische Baumeister durch wie etwa Jakob Schmerlaib, der die Kirchen von Passail und Gabersdorf baute und von den Stiften Vorau und Pöllau zu großen Aufgaben herangezogen wurde. Auch Bartholomäus Ebner ist zu nennen, der die Riegersburg befestigte und die Kirche in Blumau errichtete. Neue Gedanken im Kirchenbau werden erst in der 2. Jahrhunderthälfte aufgegriffen. Zwei Bautypen vor allem setzen sich durch: die in der Spätgotik wurzelnde Wandpfeilerkirche mit oder ohne Emporen und die Verbindung eines Langhauses mit einem zentralen Dreikonchenchor. Dem ersten Typus begegnen wir zuerst in der 1660/62 erbauten Vorauer Stiftskirche. Er leitet sich von der römischen Jesuitenkirche Il Gesù her und wurde mit dem Salzburger Dom (1614–28) in weiterentwickelter monumentaler Form bereits in Österreich eingeführt. Sciassia faßt Langhaus und Kapellen mit Emporen weniger streng zusammen und verzichtet auch auf Querschiff und Kuppel. Ähnlich baut Schmerlaib 1685 die Pfarrkirche in Passail, entsteht zur selben Zeit die zwar Kapellen bildende aber emporenlose Pfarrkirche von Breitenfeld. Der zweite Bautypus mit dem Dreikonchenchor hat seine Vorläufer gleichfalls im Mittelalter und fand seine monumentale frühbar. Ausformung ebenso im Salzburger Dom. Jakob Schmerlaib verwendete ihn erstmals in der ab 1693 erbauten Pfarrkirche von Gabersdorf. Wieweit er dabei von den Plänen zur Pöllauer Stiftskirche beeinflußt war, die damals bereits vorlagen (siehe den Vischer-Stich), wenn sie auch erst im nächsten Jahrhundert ausgeführt wurden, ist schwer nachzuweisen, aber wahrscheinlich. Im Schloßbau wurde die Vierflügelanlage der Renaissance noch fortgeführt (Brunnsee, Münichhofen, Frauheim, Kalsdorf bei Ilz). Wo es das Gelände zuließ baute man auch mittelalterliche

Stift Pöllau – Stich der geplanten Anlage von A. Trost, 1681

Höhenburgen zu geschlossenen Gebäudekomplexen aus. Ein gutes Beispiel dafür ist Bertholdstein, dessen mittelalterliche Hauptburg und Renaissance-Vorburg zu Anfang des 17. Jh.s durch einen großen Turnierhof verbunden wurde. Er ist auf einer Seite von einer 90 m langen Wehrmauer mit Hoflauben eingefaßt, die in einem Kanonenrondell mündet. Ein weiteres Beispiel ist Schloß Herberstein, das im 17. Jh. seinen über einem zugeschütteten Halsgraben erbauten Rittersaaltrakt erhielt, zusammen mit dem von zweigeschossigen Arkaden malerisch eingefaßten Florentinerhof und der 1667 fertiggestellten Torfront. Ab der 2. Jahrhunderthälfte machten sich neue Gestaltungsprinzipien geltend, welche die Lage der Schloßtrakte nicht mehr auf den Innenhof ausrichten sondern auf eine Mittelachse. Die Folge davon ist eine Betonung der Fassade. Herberstein mit seiner Eingangsfront war ein Anfang, deutlicher zeigt sich die neue Auffassung in Schlössern wie Poppendorf (1667/76) und Külml (ab 1688).

Zum wichtigsten Schmuckelement wird im 17. Jh. der Stuck. Ihn überließ man ganz den Italienern. Am Beginn steht die Schloßkapelle von Thannhausen (1606), deren Tonnengewölbe mit zarten Bändern, Rosetten und Engelsköpfen überzogen ist. Im 2. Viertel des 17. Jh.s arbeitete der Mailänder Stukkateur Josef Pazzarino auf der Riegersburg, in den Schlössern Gutenberg und Stadl; im letztgenannten schmückte er eine Zimmerdecke mit Rollwerk, Fruchtgehängen und Allegorien der vier Jahreszeiten. Gute Stuckdekorationen im frühen Knorpelwerkstil befinden sich am Spiegelgewölbe des „Weißen Saales" der Riegersburg (erbaut 1658), in der Pfarrkirche St. Johann ob Herberstein (um 1660) und in der Gallerkapelle von Fernitz (1668). Die Werkstatt des Italieners Alessandro Serenio, welche das Schloß Eggenberg bei Graz im Knorpelwerkstil mit üppigen Fruchtgirlanden stukkierte, war im letzten Viertel des Jh.s in den Schlössern Frauheim und Poppendorf tätig. Der Akanthusstil des Jahrhundertendes ist im Ostflügel von Schloß Hainfeld (Do-

Schloß Weissenegg – Stuckdecke der Kapelle von A. Quadrio, 1698

menico Bosco 1693), in der Kapelle von Schloß Weissenegg (A. Quadrio 1698) sowie in der Turm- und den vordersten Seitenkapellen der Vorauer Stiftskirche (D. Bosco 1700) gut vertreten.

Die Kunst der Plastik knüpft wieder an ihre alte Bedeutung in der Gotik an. Die neuen Kirchen brauchten neue Altäre und auch sonst wurden Statuen auf Platzsäulen oder an Fassaden zu neuer künstlerischer Verwendung gebracht. Schloß Stadl hat mit seinem 1608 errichteten Torturm das früheste Figurenportal des steirischen Barock. Zu seiten und oberhalb des Zugbrückentores treten die Figuren der Herren Hans und Christoph von Stadl und ihrer Frauen vor die Wand und geben den neuen bar. Willen zu großer Form und Pracht der Erscheinung kund, der den Ernst fortifikatorischer Notwendigkeit überspielt und außerdem ein neues Streben nach Verräumlichung spürbar werden läßt. Es sollte noch einige Jahrzehnte dauern, bis die Figurenportal wieder aufgegriffen wurde: zuerst am Grazer Landeszeughaus (1646), dann auf der Riegersburg (Wenzelstor 1653) und Schloß Herberstein (1667). Die frühbar. Altaraufbauten waren anfangs flach gebildet mit additiv übereinander gesetzten, sich verjüngenden Aufbauten. Neu ist die kraftvoll akzentuierende architektonische Durchgestaltung mit Säule, Gebälk und Giebel. Die Figuren sind schwer und füllig, in Ausdruck und Bewegung verhalten. Am Beginn steht das vorzügliche Steinretabel der Ursenpeck von 1618 an der Riegersburger Pfarrkirche. Es übernimmt noch einmal die gotische Schreinform, faßt diese jedoch in einer üppig-bar. Formensprache mit Voluten, Akanthus, Fruchtgehängen und Puttenköpfen ein. Ein typischer Altar des Frühbarock ist der Hochaltar von St. Stephan in Hofkirchen, den der Hartberger Bildhauer Johannes Felner 1647/48 geschaffen hat. Schlank und hochstrebend mit aufgelöster Silhouette und kunstvoll verzierten Architekturgliedern, hat er seine Vorbilder in den Altären des Bayern Hans Degler (Augsburg, St. Ulrich und Afra). Die Figuren haben hartkantig-splittrig gefaltete Gewänder; reizvoll ist die Verwendung geflügelter Engelsköpfe. Im Vertrag verpflichtet sich Felner den Altar 24 Schuh hoch und 14 Schuh breit zu bauen und „in disen 5 ausgehauene Bilder (= Statuen) . . . mit allen geschnizleten darzu gehörigen Cyrathen nach lauth der übergebnen Visierung zu machen". Der Preis betrug 123 Gulden; Schäden, die innerhalb eines Dreivierteljahres auftreten, werden kostenlos ersetzt. Von Felner stammen auch die beiden Marienstatuen auf den Hauptplätzen von Fürstenfeld und Hartberg. Nach der Jahrhundertmitte werden die Altäre breiter, massiger, der vergoldete Zierat immer prunkender, die Heiligengestalten pathetischer. Der monumentale Hochaltar in Heiligenkreuz am Waasen (ehemals in Marburg/Drau) mit seinem luxurierenden Knorpelwerk (1650/60) ist besonders hervorzuheben, daneben auch die Altäre von St. Anna ob Passail, Blaindorf und die Ausstattung von Hausmannstätten zu nennen. Der gleichzeitige Kanzeltypus aus kastenartigem Korb und rechteckigem Schalldach hat in der alten Vorauer Stiftskirchenkanzel (heute Marktkirche) und der von Hausmannstätten gute Vertreter. Von den zahlreichen namentlich bekannten Bildhauern, die fast durchwegs einheimisch oder aus Süddeutschland zugewandert waren, sei einer herausgehoben. Es ist der in Graz ansässige Johann Baptist Fischer, der vor allem als Vater des genialen kaiserlichen Architekten Johann Bernhard Fischer von Erlach (geb. 1656 in Graz) in die Kunstgeschichte einging. Sein eigenes, noch nicht bearbeitetes Oeuvre, ist außerhalb von Graz auf einige oststeirische Kirchen verstreut und von durchschnittlichem künstlerischem Rang (Apostelfürsten des abgerissenen Passailer Hochaltares von 1670, Auferstandener in St. Kathrein am Offenegg, Gebälkengel am Seitenaltar von Puch).

Die Malerei – nach dem Erhaltenen zu urteilen – hatte noch eine untergeordnete Stellung und war auf einige Altarblätter und kleine stuckgerahmte Freskenfelder beschränkt (Weißer Saal der Riegersburg, Kapelle im Schloß Weißenegg). Erst am Jahrhundertende sind Personen mit größerem Aktionsradius greifbar. So z. B. Hans Adam Weißenkircher, Hofmaler der Fürsten von Eggenberg und als solcher für die Ausschmückung der Pfarrkirche von Straß – eine Gründung des Hans Ulrich von Eggenberg von 1628 – herangezogen. Er war Schüler Carl Loths in Venedig und hatte außerdem in Rom von Cortona und Domenichino gelernt. Als erster brachte er die hochbar. Malerei Roms in einem unter dem Einfluß Loths gebildeten Stil in die Steiermark. Die drei Straßer Altarbilder und ein Marienbild in Vorau sind typische Werke seiner Hand (sein Hauptwerk waren die Malereien im Festsaal des Schloßes Eggenberg bei Graz). Zu nennen ist noch Weißenkirchers Schwiegersohn, der Italiener Antonio Maderni, der im Dienste des Stiftes Pöllau stand. Sein Deckenfresko im Bibliothekssaal des Stiftes, entstanden 1699, zeigt deutliche Anlehnung an Pietro da Cortonas berühmtes Deckenbild im Palazzo Barberini in Rom.

18. Jahrhundert

Am Beginn des Jahrhunderts, als die Oststeiermark von den Kuruzzenwirren (1704–1710) schwer heimgesucht worden war, stehen zwei künstlerische Großunternehmungen, die sich für das spätbar. Schaffen als sehr fruchtbar erweisen sollten. Das eine ist die völlige Neuausstattung der Vorauer Stiftskirche ab 1700 durch den aus Wien berufenen kaiserlichen Kammerkünstler Matthias Steinl mit seinem Künstlerkreis. Das andere der Bau und die Ausstattung der Pöllauer Stiftskirche von 1701–1712 durch den Grazer Baumeister Joachim Carlone und den Pöllauer Remigius Horner. In Vorau war die Aufgeschlossenheit des Propstes Leisl (1691–1717) ausschlaggebend gewesen; er holte Steinl, engagierte eine Hand voll Maler und Bildhauer und stoppte die von Domenicho Boscho begonnene Stukkierung der Kirche, um sie für eine moderne Ausschmückung freizuhaben. So konnte zwischen 1700/03 erstmals in der bar. Deckenmalerei Steiermarks, die Gestaltung eines Kirchengewölbes mit rein malerischen Mitteln erfolgen, d. h. ohne Eingrenzung durch Stuckfelder. Ausführende waren die Wiener bzw. niederösterreichischen Maler Josef Grafenstein, Karl Ritsch und Johann Caspar Waginger. Sie malten noch keinen Einheitsraum, die Decke wird in ihrer Materialität nicht verleugnet sondern durch gemalte Architekturteile und Dekorationen hervorgehoben und an sechs Stellen zu Himmelsausblicken mit Apotheosen durchbrochen. Aber alles dies geschieht eben mit malerischen Mitteln, wobei Einflüsse der oberitalienischen Malerei (Genua) nachgewiesen werden konnten. Bald sollten in Festenburg (1710) und der Pöllauer Stiftskirche (1711–1718) weitere rein malerisch bewältigte Kirchen mit wesentlich erweiterten Himmelsräumen folgen. Von erstaunlicher Beispielswirkung waren auch Steinls Hochaltar und Kanzel in der Vorauer Stiftskirche (1701/06). Der meisterliche Altar verbindet ondulierende Architekturbewegung, festlich-heitere Dekoration mit dramatischer Figuren-Gruppierung im Sinne des bar. ,,Theatrum sacrum" und verwertet dabei Anregungen des römischen Hochbarock von Bernini und Borromini. In der eleganten Kanzel wiederum sind Entwürfe des Franzosen Jean Lepautre verarbeitet. Remigius Horner aus Pöllau, der ja nicht nur Baumeister sondern auch Kunsttischler war und dem Steinl-Kreis nahestand, gelang es, mit seinen eigenen Altar- und Kanzelentwürfen, Steinls Schöpfungen, die ihm Vorbild waren, auf die verkleinerten Verhältnisse von Landkirchen umzumünzen und populär zu machen (Mönichwald, Pöllauberg, Birkfeld). In mindestens einem Dutzend noch erhaltener Kanzeln, die wahrscheinlich von Horner stammen, ist die Vorbildlichkeit Voraus deutlich erkennbar.

Derselbe Horner war es auch, der die im Pöllauer Stiftskirchenbau zur monumentalen Ausführung gekommene Verbindung eines tonnengewölbten Langhauses mit einem zentralbauartigen Dreikonchenchor (der Abt wollte St. Peter in Rom als Muster für seine Kirche) in allen seinen eigenen Bauten ab 1708 stereotyp anwandte. Er machte damit ein bereits 100 Jahre zuvor im Salzburger Dom verwirklichtes frühbar. Raumschema zum verbreitetsten Kirchentypus der Oststeiermark im 18. Jh. (Ratten, Birkfeld, St. Kathrein/Hauenstein, Kaindorf, Wartberg, Stanz, Mönichwald; als Vorläufer ist Schmerlaibs Kirche in Gabersdorf 1693 anzusehen). Auch die Wandpfeilerkirche des 17. Jh.s wird noch weiterverwendet (Anger, Mureck, St. Ruprecht/Raab). Erst in den vierziger Jahren kommen neue Lösungen auf. Horner selbst hat dabei mit der wahrscheinlich noch von ihm entworfenen Annenkirche in Jobst (1741), seiner letzten, den Anfang gemacht. Indem er einem Dreikonchenchor im Westen statt eines Langhauses eine 4. Konche anfügt, schuf er einen reinen Zentralbau, wobei ihm dabei die hochbar. Laxenburger Pfarrkirche, ein Werk des Matthias Steinl (1693–1698), als Vorbild gedient haben dürfte. Zwei Wiener Baumeister sollten es dann sein, die mit einer Rhythmisierung des Innenraumes durch den Wechsel der Jochgrößen die Abkehr von den festgefahrenen Schemata brachten. Josef Gerls Gleisdorfer Piaristenkirche (1744) ist hier zu nennen und vor allem die beiden großen Wallfahrtskirchen des in Graz ansässig gewordenen Baumeisters Josef Hueber, nämlich die in St. Veit am Vogau (1748) und am Weizberg (1757). Während er in der einen die Raumbewegung durch ein Zusammenziehen des Mitteljochs erreicht, wird in der Weizbergkirche derselbe Effekt durch eine Ausweitung der Mitte bewirkt, die von vorgelegten Wandsäulen und einer Flachkuppelwölbung eine besondere Betonung erhält. Lang- und Zentralbau sind hier zu einem schwingenden vielgestaltigen Raumgebilde von hohem künstlerischen Reiz verschmolzen. In einfacherer Formung treten diese Ideen in Nestelbach, der Schloßkirche von Hainfeld und in Fürstenfeld hervor. Auch dem Außenbau wird größere Beachtung geschenkt als im 17. Jh. Die Schauseite soll durch aufwendigere Gliederung mit Pilastern, Säulen, Volutengiebeln, Figuren, Vasen und Türmen das Ortsbild ästhetisch bereichern (Fürstenfeld, Gleisdorf, Hartberg u. a.) oder ist, wie bei Huebers beiden Doppelturmfassaden, auf Fernsicht berechnet. Im Schloßbau war man mehr auf Erweiterung und Modernisierung des Bestehenden bedacht. Kirchberg a. d. Raab (1. Viertel 18. Jh.), Ansitz des Kuruzzensiegers und kaiserlichen Feldmarschalles Graf Siegbert Heister, sowie Schielleiten (1732) bilden dabei Ausnahmen. Beides sind Neubauten, streng zentriert und durch Gärten und Parks in die umgebende Natur eingebunden. Wiener Baugedanken zeigen sich vor allem in Schielleiten mit seinen symmetrisch um den ovalen Mittelsaal angeordneten Seitentrakten und der statuengeschmückten Attikazone. In mehreren älteren Schlössern werden Fassadierungen und eine Achsenausrichtung der ganzen Anlage vorgenommen oder zumindest durch Zubauten angestrebt (Halbenrain, Feistritz, Obermayerhofen, Reitenau u. a.). Josef Carlones schönes Stiegenhaus für Thannhausen (1723) und der kleine Theaterbau im Schloßpark von Neudau (Mitte 18. Jh.) seien auch noch hervorgehoben als Zeugen einer gestiegenen Wohn- und Lebenskultur nach der langen Zeit der Bedrohung. Auch der bürgerliche Wohnhausbau legte ein festlicheres Gewand an, Pilastergliederungen, Stuck- und Putzverzierungen, reichere Portal- und Fenstereinfassungen sind häufig anzutreffen, bei Giebellösungen steht der steirische Schopfwalm mit seiner behäbigen Wirkung an erster Stelle. Die frühesten Industrieanlagen entstanden damals und auch sie entbehren nicht des Schmuckes; das Werk Mosdorf am Nordrand von Weiz ist uns dafür ein seltenes Beispiel. Es besteht aus einem Klingen- und Sensenhammer mit Esse nebst dem ,,Kohlbarren", einem Lagerhaus für Holzkohle und wird von geschwungenen Ziergiebeln mit Vasen eingefaßt.

Das neue durchdringende Lebensgefühl des 18. Jh.s spiegelt sich am vielfältigsten in der Fülle der Raumausstattungen, die man Kirchen, Kapellen und Wohnräumen in jener Zeit angedeihen ließ. Viel Altes mußte weichen oder wurde in Filialkirchen verbannt. Denn die gewonnene Daseinsfreude nach dem endgültigen Sieg über den türkischen Erbfeind, die in der Oststeiermark allerdings wegen der Kuruzzenkriege erst nach 1710 wirksam werden konnte, war ein starker Impuls. Die plastische Kunst erreichte jetzt ihren Höhepunkt und zugleich die größte Verbreitung. Über die Rolle Voraus für den Altar- und Kanzelbau wurde schon gesprochen. Zu einem vielleicht noch stärkeren Ausstrahlungszentrum wurde die Hauptstadt Graz. Von dort arbeiteten eine Reihe gut ausgebildeter, erfahrener Bildhauer herein: die in Italien geschulten Marx und Josef Schokotnigg, der aus Bayern zugewanderte Matthias Leitner, die Absolventen der Wiener Akademie Philipp Jakob Straub (aus Bayern) und Veit Königer (aus Tirol) sowie der Schokotnigg-Schüler Jakob Payer. Dazu kamen die in den Landstädten ansässigen Meister wie Josef Hilt in Hartberg, Conrad Schulz (ein Augsburger) in Gleisdorf, Franz Domiscus (aus Prag) in Gnas und eine Zahl weiterer Werkstätten. Sie alle schufen für Altäre und Kanzeln, Portale und Fassaden, Kapellen, Bildsäulen und Parks ein neubelebtes, ausdrucksstarkes Figurengeschlecht, dessen Spannweite von hochbar. Pathos (Jos. Schokotniggs Fernitzer Portalapostel) über die spätbar. Volkstümlichkeit eines Leitner (Jobst) oder Payer (Weizberg), die rokokohafte Eleganz eines Straub (Rosenkranzaltar in Birk-

Vorau, Stiftskirche – Seitenaltar nach Entwurf von M. Steinl, A. 18. Jh.

feld) und Schulz (Kanzeln in Jobst und Gleisdorf) bis zur höfischen Raffinesse und klassizistischen Kühle Veit Königers (Nestelbacher Kanzel, Weizberger Hochaltar, Maria Rehkogel) reichte.

Auch die Malerei war von diesem Aufschwung kräftig erfaßt worden. Die richtungsweisende Tat vollbrachte ein Tiroler. In der Katharinenkirche der Festenburg malte der Vorauer Stiftsmaler Johann Cyriak Hackhofer, ein gebürtiger Wiltener, 1710 erstmals einen, die ganze Decke umspannenden Himmelsraum. In duftigen Farben gemalte Engel, Jungfrauen und Märtyrer, in freier Luft sich tummelnd oder auf Wolkenbänken lagernd, bereiteten der hl. Cäcilia, die selbst in der Mitte der Szene die Orgel spielt, einen festlichen Empfang im Himmel. Sie werden von musizierenden Engeln begleitet, die eine Balustrade bevölkern, welche an drei Seiten die Decke einfaßt. Hackhofer schuf hier eines der wichtigsten Deckenbilder der steirischen Barockmalerei und auch eines der schönsten; er

dürfte dazu Anregungen von Rottmayrs Deckenfresko in der Breslauer Matthiaskirche (1704/06) aufgegriffen haben. Von glühenden Farben erfüllt ist sein Deckenbild in der Sakristei der Vorauer Stiftskirche, während das Jüngste Gericht darunter an der Wand ähnlich wie die Festenburger Kapellenmalereien Höhepunkte eines barocken Illusionismus von packender Dramatik und Theatralik darstellen. In den Festenburger Malereien wird der Illusionseffekt noch dadurch verstärkt, daß Hackhofers Malereien mit Skulpturen des Salzburger Bildhauers Johann Fenest vereint werden zu einer Verschmelzung der Künste im Dienste eines barocken Gesamtkunstwerkes. In der Pöllauer Stiftskirche schmückte ab 1711 der dortige Stiftsmaler Matthias v. Görz Kuppel, Exedren, Langhaus und Sakristei mit Fresken. Er war wie viele seiner Kollegen in Italien gewesen und hat nachhaltige Eindrücke von Cortona und Domenichino mitgebracht, wozu auch Anregungen durch Rottmayr kamen. Im Langhaus und den Exedren setzte er auf das Kranzgesims der Kirche eine gemalte Architekturzone aus Arkaden, in denen sich Augustinerheilige und Kirchenväter aufhalten. Erst darüber erhebt sich der die Jochgrenzen überspannende Freiraum mit der figurenreichen Anbetung des Lammes im Langhaus. Beim Kuppelfresko konnte die Vorbildlichkeit von Charles Lebruns Malereien in der Schloßkapelle von Sceaux (Stich von Bernard Picart) nachgewiesen werden, während die Evangelisten an den Pendentifs Anleihe bei Domenichino (Rom, S. Andrea della Valle) erkennen lassen. Der dritte bedeutende Freskant war der aus Rodaun bei Wien gebürtige und ab 1764 in der Steiermark schaffende Josef Adam Mölck. Er entfaltete hier eine reiche Produktion, die sich auch auf Leinwandbilder erstreckte; sein Bestes aber gab er im Fresko. So in der Weizbergkirche (1771), die seine schönsten Arbeiten birgt. Hier wird das Vorbild der Schaukuppeln von Andrea Pozzo (Rom, S. Ignazio) deutlich, dessen virtuoser Illusionskunst Mölk nacheiferte. Von den übrigen Malern, die meist auch aus Graz geholt wurden, seien Johann Veit Hauck (Altarbilder in Mureck und Poppendorf 1713/15), Franz Ignaz Flurer (Fresko in Brunnsee, Altarbild in der Sebastianikirche von Straden 1733), Philipp Carl Laubmann (Fresko in Wolfsberg im Schwarzautal 1737) und der Niederösterreicher Carl Unterhuber (Vorau, Friedberg 1750) genannt.
Der Stuck hatte seine Führungsrolle als Flächenzierat nach 1700 mehr und mehr an die Malerei verloren. Die Ausstattung der Vorauer Stiftskirche war uns ein gutes Beispiel für diesen Wechsel. Dennoch verschwand er nicht, sondern hielt sich weiterhin als Fassaden- oder Deckenschmuck. War in den ersten Jahrzehnten zartes Laubwerk, ab 1710 in Verbindung mit abstraktem Bandlwerk verwendet worden, so folgten ab den vierziger Jahren Gitterwerk und Muscheln, nach der Jahrhundertmitte die asymmetrische Rocaille. Man könnte sagen, daß der Stuck im 18. Jh. eine gewisse Volkstümlichkeit erlangt hat, was auch damit zusammenhängt, daß er sich vom italienischen Einfluß, der im 17. Jh. vorgeherrscht hatte, weitgehend zu befreien begann (Wohnhäuser in Weiz und Hartberg, Kirchturm ebendort, Pfarrhof von Groß-Steinbach, Sakristei von St. Johann ob Herberstein u. a. m.). In Vorau haben G. B. Bistoli und J. K. Androy in den dreißiger Jahren zarten Bandlwerkstuck in mehreren Räumen der neuerbauten Prälatur und an der langen Hoffront aufgebracht. Auch bei Schloßneubauten wie Kirchberg a. d. Raab und Schielleiten, der Hainfelder Schloßkirche und dem Gartenpavillon von Brunnsee wurde Stuck in eingeschränkter aber sehr dekorativer Weise eingesetzt.
Die Regierungszeit Kaiser Josef II. (1780–1790) brachte das Ende der künstlerischen Blüte und es hatten die einschränkenden kirchlichen Verfügungen des Kaisers erheblichen Einfluß darauf. Ein nüchterner rationeller Geist herrschte vor, der andere Vorstellungen von Ordnung und Maß besaß und dem rauschhaft verschwenderischen Formenreichtum des Barock entgegengesetzt war: der Klassizismus. Die Gotteshäuser, welche man von nun an baute, waren sehr zweckbetont und begnügten sich durchwegs mit flachgedeckten nüchternen Saalräumen und einfachen Einturmfronten (Wörth 1779, Heilbrunn und St. Magdalena 1787, Gutenberg 1788). In Arzberg baut Matthias Reichel von 1786–1789

Straß, Pfarrkirche – Deckenfresken von J. A. Mölck, 1776

eine typisch josefinische Gruppe aus Kirche, Pfarrhof und Schule, die die staatlich geförderte Zweisamkeit von Seelsorge und Fürsorge vertraten. Der Zierat wird auf Plattengliederung (Putz), Rosetten und Medaillons, aufgelegte zopfartige Blattwülste und Stoffschleifen reduziert. In der Figurenschnitzerei, dem Altar- und Kanzelbau ist ein künstlerisches Abschlaffen zu bemerken (Hochaltar der Stiftskirche Pöllau z. B.). Charakteristisch dafür, daß der neue, stark vereinfachte Kanzeltypus ohne Figuren auskommt. In der Malerei wirkt der Barock noch stärker nach, Meister wie Anton Jantl, der von Kremserschmidt beeinflußt ist (Heilbrunn, Riegersburg u. a.), und Matthias Schiffer (Fresken in Radkersburg) sind noch im Spätbarock verankert, dessen letzte Vertreter sie darstellen.

Vom KLASSIZISMUS zum TACHISMUS – IM WECHSEL DER STILE

19. Jahrhundert

Die Jahre um 1800 bedeuteten einen Bruch, die Zeit der großen umfassenden Stilepochen war endgültig vorbei. Die Kunst beginnt die Einheitlichkeit ihrer formalen Aussage zu verlieren. Sie verfällt der Rückschau in die Vergangenheit, welche mit Klassizismus und Romantik am Jahrhundertanfang einsetzte und zum Historismus der 2. Jahrhunderthälfte führte. Die Unmittelbarkeit des Schaffens geht verloren, an ihre Stelle tritt erkenntnishaftes Kalkül. Dabei prägt ein bürgerlicher Geist das kulturelle Geschehen. Ein typisches Beispiel dafür ist die von der steirischen Landwirtschaftsgesellschaft – gegründet 1819 – geforderte neue Bauernhausform. Ihr Charakteristikum ist ein an der Traufseite vorgelegter, manchmal unverhältnismäßig breiter zweiläufiger Stiegenaufgang in klassizist. Bauweise, der aus Säulen, Gebälk und Flachgiebel besteht und vom städtischen Bauen abgeleitet wurde. Zahlreiche derartige Gehöfte sind in der Umgebung von Graz und besonders auch im Raabtal noch zu sehen. Einer der interessantesten Höfe dieser Art befindet sich zwischen Fladnitz und Rohr linksseitig der Raab direkt an der Straße. Der breite übergiebelte Vorbau mit sechs Bögen ist alternierend auf Pfeilern oder Säulen abgestützt, deren Vorderseiten wie auch die Gebäudeecken mit kannelierten Pilastern geschmückt sind. Das anschließende Wirtschaftsgebäude hat gotisierende Spitzbogenfenster und dar-

Zwischen Fladnitz und Rohr – Bauernhof mit klassizist. Stiegenvorbau, ca. 1820

über einen Fries aus Entlüftungsschlitzen. Das bedeutendste architektonische Ensemble des 19. Jh.s befindet sich in Bad Gleichenberg. Der 1834 vom Landesgouverneur Matthias Constantin Graf Wickenburg begründete Kurort erhielt 1837 die ersten Gebäude und wurde stetig durch neue Villen und Kuranlagen erweitert. Die frühen Bauten waren noch von den strengen Formen des Klassizismus geprägt, wie das erste Badhaus mit seiner dorischen Säulenfront vor dem Mittelteil, das Regenbad, die noch bestehende Villa Wickenburg, der inzwischen aufgestockte Grazerhof und das erste Gästehaus (Ohmeyersches Haus). Als Architekten sind J. Neuwerth und B. Withalm aus Graz am Werke gewesen. Bei der 1838 gestifteten Waldkapelle aus Rindenholz könnte man sogar von einer romantischen Architektur sprechen. Die Bauten in der 2. Jahrhunderthälfte gehören dem Historismus an und werden etwas gewichtiger in ihren Proportionen, auch wechseln die Stile; doch verfällt man nie ins derb protzige (Villa Max, Villa Clar, Villa Possenhofen u. a.). Den Abschluß bildet „Stadt Mailand", die zu Ende des 19. Jh.s einen in üppigen Barockformen erbauten Speisesaal erhielt und in der heute die Landesberufsschule für das Gastgewerbe untergebracht ist. Viele Renaissance- und Barockhäuser in den Märkten und Kleinstädten erhielten in der 1. H. des 19. Jh.s neue schlicht gehaltene Fassaden mit Wandnutung, schmalen Stockwerksgesimsen und zum Teil Lünettenfeldern über den Fenstern (altes Rathaus in Hartberg, Häuser in der Langgasse, Murgasse und am Hauptplatz in Radkersburg, am Marktplatz von Anger, in Fürstenfeld u. a. m.). Der Schmuckreichtum des 18. Jh.s wurde von einem neuen puristischen Kunstideal verdrängt, das die Wand in reiner Flächigkeit beließ. Außerhalb von Gleichenberg hat sich das historistische Bauen bis auf wenige Ausnahmen, wie die Kaserne in Straß von 1854 oder die Pfarrkirche von Eggersdorf 1852–1855, erst in den 90er Jahren entscheidend durchgesetzt, als die Gründerzeit ihren Höhepunkt erreicht hatte. Die Dezenz der Architektur des Biedermeier wurde verdrängt durch einen Hang zu übertriebener Häufung von Formen und zu protziger Massenwirkung. Vielleicht hatte der Neubau des Grazer Rathauses (1887/93) eine gewisse Beispielswirkung. Jedenfalls folgten ihm die Rathäuser von Gleisdorf (1894) und Hartberg (1898), die Sparkassen von Gleisdorf (1891), von Radkersburg (1896) und Feldbach (1914), die großspurigen Kirchenbauten von Heiligenkreuz am Waasen (1891/94), Pischelsdorf (1898/1902), Feldbach (1898–1910) und Unterlamm (1907). Bei allen dominieren Elemente des Renaissancestiles, dessen Hauptvertreter in der Steiermark der Grazer Architekt Johann Pascher war, der auch die zuletzt genannten Kirchen errichtet hatte. Barockformen zeigen das Hartberger Apothekerhaus (gegen 1900), die vergrößerte Gleisdorfer Pfarrkirche (1891/93) und die Kirche von Klein-Mariazell (1883/90). Neue städtebauliche Akzente vermochte der Historismus nur in Gleisdorf (Florianiplatz und Hauptplatz), in Feldbach und in Hartberg zu geben, wo man wegen des Rathausbaues eine alte Häuserzeile entfernte, die den Blick vom Hauptplatz auf die Pfarrkirche freigab. Allerdings wurde durch zahlreiche Neufassadierungen oder überhaupt neue Hausbauten im Geiste des Historismus in vielen Dörfern und kleinen Orten die angestammte Art des ländlichen Bauens durch diese aus den Städten kommende architektonische Attitüde mehr oder weniger verfremdet. Im Schloßbau schließlich schlug sich der Historismus in großzügigen Erweiterungsprojekten und Neufassadierungen wie z. B. Bertholdstein, Neudau, Pirkwiesen und anderen nieder.

Am Beginn der Malerei steht die Ausschmückung der Schloßkapelle von Stadl, welche unter den Ahrenberg im Jahre 1832 ausgeführt wurde. Sie besteht aus illusionistischen Spitzbogenarkaturen mit Zinnenkranz venezianischer Prägung und darüber sich erhebenden Maßwerkfenstern, deren Spitzen sich am Scheitel treffen. Die optische Abtrennung des Altarraumes geschieht durch ungotische Gewölbegurten mit aufgemalten Kassetten. Dieser mit kräftigen Schattenbildungen sehr täuschend gemalte Kapellenschmuck entspricht jener mehr auf Stimmungswerte abzielenden „Biedermeiergotik", die damals sehr beliebt war. Ein Gegenstück dazu ist der kleine neugotische Altar in der Purgstallkapelle der Riegersburger Hauptpfarrkirche. Seine Stützen bestehen aus gebündelten Spießen und flankieren ein Bild des hl. Leopold von dem Wiener Maler Leopold Kupelwieser, das 1833 datiert ist. In den folgenden Jahrzehnten sind vor allem drei Maler mit mehreren Werken in der Oststeiermark hervorgetreten, die zwar selbst in Graz ansässig waren, jedoch von dort aus die kirchliche Malerei wesentlich bestimmten. Alle drei gehörten der nazarenischen Richtung an bzw. standen ihr sehr nahe. Der erste und bedeutendste war Josef Tunner (1792–1877). Er ist gebürtiger Weststeirer, besuchte 1812–1817 die Akademie in Wien und hielt sich von 1823–1839 in Rom und anderen italienischen Orten auf. Dort gehörte er zum Künstlerkreis der Nazarener um Friedrich Overbeck. Zurückgekehrt erhielt er 1840 die Stelle eines Direktors der Steiermärkischen ständischen Zeichenakademie und machte sich schnell durch seine vorzüglichen Porträts und Heiligenbilder einen Namen. Sein Hochaltarbild für die Gleichenberger Pfarrkirche von 1844, in dem er den Begründer des Kurortes Graf Wickenburg mit seiner Familie in Gesellschaft von Heiligen vor milde leuchtendem Landschaftsgrund darstellte, trug sehr zu seinem guten Rufe bei. Weitere Bilder Tunners befinden sich im Refektorium des Gleichenberger Franziskanerklosters, in den Pfarrkirchen von Gabersdorf, Tieschen und der von Hausmannstätten, wo er sämtliche Altarbilder neu bemalte. Stift Vorau bediente sich seiner Dienste für die Neugestaltung der 14 Kreuzwegbilder. Dazu sind noch eine Reihe von Porträts in Privatbesitz zu nennen, die sich in Hartberg, Radkersburg, Vorau und anderen Orten befinden bzw. befanden. Aus der Generation Tunners kommt Josef Alexander Wonsiedler (1791–1858), der als Autodidakt begann und 1821–24 auch die Wiener Akademie besucht hatte. Er ist vor allem als unermüdlicher Altarbildmaler hervorgetreten und hat, angefangen von seinem Magdalenabild für die Kapelle des alten Riegersburger Hauptpfarrhofes von 1833, über zwei Jahrzehnte hinweg die meisten derartigen Bildaufträge in oststeirischen Kirchen erhalten. In der künstlerischen Qualität reicht er allerdings nicht an Tunner heran. In einem kleinen von ihm geschriebenen Traktat mit dem Titel „Die Künste im Gotteshaus", das 1858 in Graz gedruckt wurde, stellt er fest: „Der erhabendste Zweck der Künste ist ihre Anwendung im Gotteshause . . ." und meint über die Aufgabe der Altarbilder, daß sie der „Erbauung des Beschauers" zu dienen hätten. Damit gibt er sich deutlich als Anhänger der Nazarenerrichtung zu erkennen. Der dritte, allerdings sehr spät auftretende Adept dieser Richtung war schließlich Ludwig Viktor Ritter von Kurz zum Thurn und Goldenstein. Als Schüler Tunners bewahrte er dessen Erbe und beeinflußte zu Ende des Jahrhunderts, aber auch noch in den folgenden Jahrzehnten, die heimische Kirchenmalerei. Seine Altarfresken in St. Radegund von 1895, mit denen er sich an ein vorhandenes, wenn auch stark restauriertes gotisches Originalfresko anlehnte, zeigen gerade im Gegensatz zu den frühen neugotischen Fresken in der Schloßkapelle von Stadl ein viel stärkeres Bemühen um stilistische Richtigkeit, hinter der bereits ein wissenschaftliches Interesse steht. In das 20. Jh. fallen dann bereits seine zyklischen Heiligenfresken in den Kirchen zu Ilz (1919/20), Passail (1931) und Nestelbach (1934), wo er sich mit barocken Formen dem Stil der jeweiligen Kirche anpaßt. Ausgeführt wurden diese Fresken immer von anderen Malern, meist war es F. Mikschovsky. Große Breitenwirkung hatte die damals neu erblühte Landschaftslithographie, welche zur Entdeckung der Oststeiermark kräftig beitrug. In J. F. Kaisers in Graz 1825 herausgebrachter früher Serie „Lithographierte Ansichten der steiermärkischen Städte, Märkte und Schlösser" kommen in dem Band über den „Grätzer Kreis" 50 oststeirische Schlösser und Orte zur Darstellung, verschiedene Maler wie S. Kölbl, Josef Kuwasseg, Wachtl, Schiffer und andere haben für Kaiser gezeichnet. Sorgfältiger gearbeitet und auch populärer war Carl Reichart's dreibändiges Albumwerk „Einst und jetzt", das 1864/65 in Graz herauskam und 65 oststeirische Ansichten enthielt, die wertvolle Zustandsberichte über Gebäude und Ortschaften liefern. Derselbe Künstler gab 1860 eine Stahlstichserie heraus, die u. a. 25 Stiche von Gleichenberg bringt. Dieser neuentstandene Ort reizte überhaupt einige Künstler zur Darstellung, so z. B. auch Johann Passini, einen in Wien geborenen Maler und Graphiker, der einen Zyklus „Bilder aus Gleichenberg" schuf oder den Grazer Landschafter Conrad Kreutzer, einen Schüler der landschaftlichen Zeichenakademie.

Die Skulptur muß gegenüber den übrigen Künsten im 19. Jh. zurückstehen, hier macht sich der Verlust eines eigenständigen Stiles am stärksten bemerkbar. Von den eigenen Kräften, die an Altarausschmückungen und Platzgestaltungen beteiligt waren, sind die Grazer Jakob Gschiel und Peter Neuböck zu erwähnen (Eggersdorf, St. Georgen an der Stiefing, Semriach, St. Nikolai ob Draßling) sowie der historische Einrichtungen entwerfende Ornamentist August Ortwein, der im Schloß Kornberg aufgewachsen war und in Graz eine Professur an der Kunstgewerbeschule ausübte (St. Nikolai ob Draßling, St. Radegund).

20. Jahrhundert

Die großen künstlerischen Umwälzungen, welche die Kunst des 20. Jh.s begründeten, fanden in der Steiermark vorerst überhaupt keinen Widerhall. Noch hielt man am Historismus fest, wie schon aufgezeigt wurde, und es entstanden nur wenige Werke, die sich ihm entzogen. Dazu gehört z. B. die evangelische Heilandskirche in Fürstenfeld (1908/10) oder reine Nutzbauten wie der 275 m lange Grub-Viadukt der Feistritztalbahn (1911/13), welcher mit 13 Eisenbetonbögen auf Betonpfeilern das Tal bei Anger quert. Erst mit der Gründung der Sezession Graz im Jahre 1923 wurde eine Wende eingeleitet. Eine Gruppe von Künstlern unter der Führung des Malers Wilhelm Thöny griff neue Ideen auf und bemühte sich daraus auch Eigenes zu entwickeln. Dieser Gruppe gehörten unter anderen der aus Bad Gleichenberg stammende Maler Alfred Wickenburg (1885–1978) und der Weizer Kurt Weber (1893–1964) an. Wickenburg, ein Nachfahre des Landesgouverneurs und Gründers des Kurortes, studierte in München, Paris und Stuttgart und war von der französischen Malerei der Fauves und Kubisten besonders fasziniert. Seine harmonischen, klar komponierten Bilder, in denen auch der Farbe architektonische Bedeutung zukommt, zeigen in ihrer großen formalen Sicherheit und ihrer inhaltlichen Unverbindlichkeit eine starke Hinneigung zur romanischen Kunstwelt und zugleich eine Abwendung von der deutschen Tradition. Auch der Weizer Kaufmannssohn Weber, der in Graz und Paris studiert hatte, stand der französischen Malerei, vor allem den Orphikern um Robert Delauney, sehr nahe. Er studierte während des Krieges in Wien Bühnenbildnerei und unterrichtete ab 1945 an der Technischen Hochschule und zeitweilig auch der Universität in Graz. In seinen letzten Schaffensjahren hatte er sich dem Tachismus in der Art des Amerikaners Jackson Pollock zugewandt. Ein weiteres Mitglied der Grazer Sezession war der Maler Fritz Silberbauer, der zwar kein geborener Oststeirer ist, jedoch einige bemerkenswerte Wandmalereien hier hinterlassen hat, die seine Nähe zum Symbolismus erkennen lassen. So seine allegorischen Wandbilder im Turmzimmer (Ehrensaal) des Radkersburger Rathauses von 1928, welche er 1957 durch Mosaiken im Erdgeschoßraum ergänzte; weiters sein Fresko „Überwindung des Krieges" von 1929 an der Südseite der Wallfahrtskirche am Pöllauberg (ergänzt 1953), die Ergänzungsmalereien an den mittelalterlichen Freskenzyklen in der Weizer Taborkirche von 1935 und schließlich die Passionsdarstellungen in der Christkönigskirche von Autal (Dollfußkirche), der einzigen während der Zwischenkriegszeit nach Plänen des Architekten N. Prangl 1933 erbauten katholischen Kirche. Sie ist von schmuckloser Sachlichkeit, welche noch dadurch unterstrichen wird, daß man drei Jahre darauf einen Pfarrhof direkt an die Kirche anfügte und zu einem gemeinsamen Baukörper verband, damit den Vorrang der Zweckmäßigkeit bekundend. Zwei weitere oststeirische Maler sind für den Zeitraum vor 1945 noch anzuführen. Der eine ist der in Bad Gleichenberg geborene Franz Gruber-Gleichenberg (1886–1940), ein Schüler Alfred Zoffs, der in Graz lehrte und mit dem die impressionistische Landschaftsmalerei mit 30jähriger Verspätung in der Steiermark Einzug hielt. Der andere ist der in Radkersburg 1893 geborene Reno Ernst Jungel, der 1925 den Grazer Künstlerbund mitbegründete, das Sammelbecken der stärker traditionsverbundenen Kräfte, die sich weniger dem Einfluß der Moderne aussetzten und daher in der Zeit zwischen 1938–1945 leichter den Zugang zu den damaligen Kunstvorstellungen fanden. Ihm gehörten auch die Bildhauer Wilhelm Gösser und Hans Mauracher an, die einige kleinere Werke in der Oststeiermark hinterließen (Radkersburg).

Nach dem Zweiten Weltkrieg stieg die Bautätigkeit in allen Bereichen stark an. Zahlreiche Verwaltungs- und Schulgebäude, Kindergärten, Bäder, landwirtschaftliche Nutzbauten, Fabriken, Wohngebäude und auch Kirchen entstanden, doch ist weniges mit künstlerischem Anspruch darunter. Hingewiesen sei auf die beiden Kirchenbauten des Wiener Architekten Robert Kramreiter in Laßnitzhöhe 1961 und im Schloß Johnsdorf 1961/65, von denen erstere in ihrer Durchdringung von Außen- und Innenbau, ihrer Vielansichtigkeit und der Raumgestaltung mittels einer dramatisierten Lichtführung an Le Corbusier's berühmte Kirche in Ronchamp denken läßt, während in Johnsdorf mit den an den kreisförmigen Altarraum angefügten sieben Halbkreiskapellen, die eine reizvolle Dachzone ergeben, die Erinnerung an einen gotischen Chorumgang wachgerufen wird. Auf Fernsicht berechnet sind die Filialkirchen in Kalkleiten bei Graz von Architekt Kurt Weber–Mariazell 1961/62 und die in ihrer Raumgestaltung einfachere Pfarrkirche von Rohrbach bei Hartberg des Grazer Architekten Eberhard Jäger, beide in Hanglage errichtet. Großen Aufschwung nahm die Malerei nach 1945, umsomehr als die Teilnahme am internationalen Kunstgeschehen wieder intensiver gepflogen werden konnte. Wie schon in der Zwischenkriegszeit, so wurde auch jetzt wieder eine Künstlergruppierung von Wichtigkeit für das weitere Geschehen; wir meinen die aus den Tagen schöpferischer Jugend hervorgegangene „Junge Gruppe", welche 1953 erstmals mit einer Ausstellung in Weiz an die Öffentlichkeit trat. Aus ihr ging wenig später das „Forum Stadtpark" hervor, jene bedeutendste Plattform für steirische Künstleraktivitäten ab den 60er Jahren. In der „Jungen Gruppe" vereinigten sich vor allem Grazer oder in Graz lebende Künstler wie G. Waldorf, F. Rogler, M. Decleva, S. Neuburg und andere. Doch waren auch Oststeirer darunter wie Hannes Schwarz (geb. 1926 in Anger) und Richard Kratochwill (geb. 1932 in Graz, doch in Weiz lebend), die sehr eigenständige Pfade beschritten. Vor allem Schwarz, er ist auch Lehrer, malt als grüblerischer, ständig auf Sinnsuche befindlicher Künstler die Welt der Dinge und Personen verfremdet, von Zwängen eingeengt und deformiert. Kratochwill hingegen ist gleich dem aus Stainz bei Straden gebürtigen Luis Sammer als abstrakter Maler hervorgetreten. Sehr belebend für das regionale Kunstgeschehen war die Einführung von Kunstpreis-Veranstaltungen, wie das der seit 1973 durchgeführte Hartberger und der ab 1980 ausgeschriebene Gleisdorfer Kunstpreis gezeigt haben. Hier erhalten die jungen oststeirischen Künstler Gelegenheit sich zu sammeln und ihre Werke zu vergleichen. Belebende Auswirkungen der großen Kulturveranstaltung „Steirischer Herbst", die ja nicht auf Graz allein beschränkt sein will, sind hier durchaus erkennbar. Stärker in Erscheinung getreten sind dabei das Fürstenfelder Künstlerehepaar Ewald und Tamara Maurer (beide 1947 geboren), die für die Totenkapelle in Fürstenfeld ein großes Portalrelief und die Fenstergestaltung, 1976 für die Burgauer Aufbahrungshalle die prächtige Bronzetür in geometrisch abstrakten Kompositionsfeldern entworfen haben. Auch der Sinabelkirchener Maler und Autodidakt Adolf Spirk (geb.

Burgau, Aufbahrungshalle – Bronzene Türflügel von E. u. T. Maurer, 1976

1938), der Weizer Josef Taucher (geb. 1948), der in Gleisdorf lebende Güssinger Franz Vass (geb. 1942), die aus Hartberg stammende Bildhauerin Ulrike Truger, eine Bertoni-Schülerin (geb. 1942) und der Vorauer Wolfgang Rahs (geb. 1952), ein Objektkünstler und Schmuckgestalter, sind hier hervorzuheben. Daneben ist schließlich noch einer Gruppe von Malern zu gedenken, die zwar den laufenden wechselnden Zeitströmungen ferne stehen, da sie sich eine figurative Aussage erarbeitet haben, die sie nun vor allem im religiösen Bereich zur Anwendung bringen. Dennoch sind gerade sie es, die mit ihren kunsthandwerklichen Arbeiten am stärksten in der oststeirischen Landschaft präsent sind. Zu ihnen gehören vor allem der Grazer Adolf A. Osterider (geb. 1924), ein Schüler von Prof. Szyskowitz, wie auch seine aus Pischelsdorf gebürtige (1941) Frau Heide Stibor. Außer zahlreichen kleineren Fassaden- und Kapellenfresken sowie Sgraffiti (Hartberg, Waltersdorf und andere) hat Osterider auch an größeren öffentlichen Aufträgen seine gediegene Kunst erweisen können, wie etwa dem 3 x 7 m großen Wandfresko in der Hauptschule von Ilz oder den Entwürfen zum erst kürzlich fertiggestellten abstrakten Glasfensterzyklus der Hauptpfarre von Riegersburg. Gleichfalls Szyskowitz-Schüler ist Hubert Tuttner aus Hohenbrugg (geb. 1920), von dem wir die figurativen Glasfenster in der neuen Kirche des Schlosses Johnsdorf 1966 anführen. Auf religiöse Gebrauchskunst spezialisiert sind weiters Stefan Maitz sen. aus Fehring, der viel in Sgraffitotechnik arbeitet (Kalvarienberge von Gnas und St. Peter am Ottersbach, Volksschule Kapfenstein und anderes), Franz Weis, der auch Glasfenster entwirft (Halbenrain 1964, Hatzendorf 1978), der Maler Toni Hafner und der Plastiker Alfred Schloßer, fleißiger Produzent von schlanken steinernen Bildstöcken und Marienfiguren, die sich großer Beliebtheit erfreuen.

ALLERHEILIGEN bei Wildon, Bez. Leibnitz

Dorf auf einer Anhöhe nordöstlich von Wildon, von den Herbersdorf neben ihrem Ansitz (siehe Schloß Herbersdorf) in der 2. H. des 12. Jh.s gegründet. Den Namen erhielt es nach der von Markwart von Herbersdorf 1218 errichteten Kirche Allerheiligen. Sie wurde 1448 durch einen spätgotischen Neubau ersetzt.
Die heutige **Pfarrkirche** entstand 1717–1720 in Nordsüdrichtung quer zur spätgotischen Anlage, von der noch der Chor und der Turmunterbau erhalten blieben. Das dreijochige Langhaus, mit drei Seiten des Achtecks schließend, erhielt 1920 anstelle der schadhaften Gewölbe eine seitlich abgeschrägte hölzerne Flachdecke, die den Raumeindruck stark beeinträchtigt. Das 2. Joch wird an der Ostseite von der spätgotischen Chorkapelle erweitert, die aus einem Joch mit 5/8-Schluß besteht und ein Sternrippengewölbe besitzt, das auf Wappenschildern als Rippenkonsolen aufruht. Zwei Maßwerkfenster und ein kleines Schulterbogenportal gehören noch zum Baubestand dieses ehemaligen Chores. An der Westseite des 2. Joches steht der quadratische Turm, dessen spätgotische unteren Geschosse 1777 erhöht und mit einem gegliederten Zwiebelhelm versehen wurden. Dreiachsige Orgelempore auf Pfeilern.
Spätbarocke Einrichtung aus dem 2. Viertel des 18. Jh.s: Am Hochaltar Bild der Himmelfahrt Mariae und aller Heiligen. Der kleine Kapellenaltar im gotischen Chor, 3. Viertel 18. Jh. Kreuzwegbilder und 2 holzgeschnitzte Biedermeierluster um 1820. Besonders hervorzuheben ist das steinerne Epitaph des Franz von Herbersdorf mit zwei Frauen und Kindern aus dem 2. Viertel des 16. Jahrhunderts; weiters die Grabsteine der Amalie von Herbersdorf, gest. 1543, und der Tochter des Bartlmä von Weißeneck, 2. H. 16. Jh.

ALPL Bez. Mürzzuschlag

Bergdorf im Streusiedlungsgebiet in den Fischbacher Alpen (1099 m Höhe). Ausgangspunkt jenes waldreichen Geländes, das der steirische Dichter Peter Rosegger (1843–1918), der von hier abstammt, in seinen Erzählungen und Romanen verewigt und der Welt als „Waldheimat" geläufig gemacht hat. Das Geburtshaus, der „**Kluppeneggerhof**", über den Feistritzgraben zu erreichen. Wohngebäude eines einst strohgedeckten Dreiseithofes, um die M. des 18. Jh.s in Blockbauweise erbaut. Vorderseitig einfach verzierte Giebelgalerie, hinten gemauerter Keller. Heute als Gedenkstätte eingerichtet, in der die ärmliche Geburtsstube und die anschließende Rauchküche mit bescheidenem Hausrat gezeigt werden. Lorenz Rosegger, der Vater des Dichters, saß von 1832–1868 auf dem Hof; aus dieser Zeit der 1840 datierte große Tisch.
Näher bei Alpl liegt die **Waldschule**, welche Peter Rosegger für die Waldbauernkinder 1902 erbauen ließ. Sie war bis vor wenigen Jahren noch in schulischer Verwendung, heute Gedenkstätte. Der Unterricht, der hier erteilt wurde, bestand in einer Verbindung der Elementarfächer der Volksschule mit einer handwerklichen Grundausbildung, nahm also schon die heute eingeführte polytechnische Bildung vorweg. Oberhalb des Schulhauses **Heldenkapelle** für die Gefallenen beider Weltkriege, erbaut 1918 von Waldschulmeister Franz Rottenmanner, der dabei von Peter Rosegger unterstützt wurde. 1948 und 1968 (Turm und Geläute) erweitert.

ALTENMARKT   Bez. Fürstenfeld

Längsangerdorf im Feistritztal mit einigen breitgelagerten Vierseithöfen; kupferzeitliche Siedlung (2000 v. Chr.) im Buchwald entdeckt. Der Name ist von der Römersiedlung herzuleiten, welche sich hier befand (ca. 30 Hügelgräber mit Münzinhalt in der Schrötten gefunden; Marmorstele des Urbanus an der Pfarrkirche), und deren Überreste bei der Neubesiedlung des Ortes zu Ende des 12. Jahrhunderts als Alter Markt bezeichnet wurden. Erste Nennung 1234, als Leopold von Blumau das Dorf den Johannitern vermachte, die im nahen Fürstenfeld ihren Sitz hatten. Diese übertrugen bald darauf ihre Pfarrechte von Übersbach hierher. 1418 von den Ungarn, 1605 den Hajduken, 1704 den Kuruzzen ausgeplündert und beschädigt.

Pfarrkirche hl. Donatus (früher zur hl. Maria in der Au) im 2. Viertel des 13. Jh.s vom Johanniterorden errichtet. Der romanische Bau im 14. Jh. durch den Chor, im 15. Jh. den Westturm bereichert. 1667 Beseitigung der noch vorhandenen Flachdecke und Einwölbung des Langhauses, das wahrscheinlich auch gegen Süden etwas erweitert wurde. Die Schäden des 2. Weltkrieges wurden 1947 behoben. – Frühgotischer Chor aus einem Joch und $^5/_8$-Schluß, gegen Norden aus der Mittelachse gerückt. Die kräftig derben Rippen mit reliefierten Schlußsteinen (Christushaupt, Agnus Dei) bis etwa zur halben Wandhöhe reichend. Von den Fenstern nur das in der nördlichen Chorschräge unverändert; breite, einmal abgetreppte Strebepfeiler außen. An der Südseite Sakristei mit darüberliegendem Oratorium, 2. H. 17. Jh. Das Langhaus zweijochig mit weitgespannten achtteiligen Gratgewölben und Gurten auf Pilastern. Vom romanischen Baubestand das kleine Trichterfenster an der Westseite erkennbar. Vorgestellter quadratischer Westturm mit Spitzbogenportal und kleinen abgefaßten Rechteckfenstern aus der 2. H. des 15. Jh.s; das Glockengeschoß und die Zwiebelhaube barock. In der Turmhalle ein Kreuzrippengewölbe auf kleinen Konsolen; eine spätgotische Schulterbogentür als Turmzugang in Höhe der Musikempore. Letztere im 18. Jh. erneuert über zwei Achteckstützen und mit vorgewölbter Brüstung.
Vom barocken Hochaltar der Tabernakelaufbau (datiert 1797) und die Figuren der Apostelfürsten, ca. M. 18. Jh., erhalten. Das schwache Altarbild des hl. Donatus aus der 2. H. des 19. Jh.s. Rechter Seitenaltar und Kanzel mit Akanthusdekor um 1700. Die Kanzel hat einen polygonalen Korb, der mit den Bildern der vier Evangelisten geschmückt ist; am Schalldach der hl. Michael als Seelenwäger. Linker Seitenaltar und Kreuzwegbilder, um 1900. Orgel im 1846. Achteckiger Taufstein der Spätgotik in der Turmhalle; das dazugehörige Gehäuse mit Christus-Johannes-Gruppe, 3. Viertel 18. Jh., im Langhaus. Aus der selben Zeit die Weihwasserschale beim Eingang. Außen an der Südseite römische Grabstele, vom A. des 2. Jh.s n. Chr., eingemauert; sie war im Mittelalter als Altarplatte verwendet worden. Neben dem Eingang Grabstein des Pfarrers Johann Leitner, gest. 1756.
Um die Kirche lag einst der Friedhof; er war von einer **Wehrmauer** eingefriedet, die beim barocken Umbau im 3. Viertel des 17. Jh.s aufgerichtet wurde. Von ihr hat sich nur an der Südseite ein ca. 20 m langer Rest erhalten, der auf der Innenseite sieben flachbogige Nischen aufweist, von denen jede eine rechteckige Schießscharte enthält (außen vermauert). Barocker zweigeschossiger **Pfarrhof** im Verband der alten Kirchhofmauer, über dem Steinportal das Johanniterkreuz.
Vor dem Kirchplatz an der Straßenbiegung **Mariensäule** mit Figur der Himmelskönigin im Stile der 2. H. des 17. Jh.s. Sockel und Steinsäule erneuert und zum Kriegerdenkmal erweitert.
Am östlichen Ortsrand kleine barocke **Straßenkapelle** (erneuert) mit Kopie des Wieser Geißelchristus, 18. Jh.

Markt im Feistritztal an der Einmündung des aus dem westlich gelegenen Berglande herabführenden Zetzbachgrabens. Ursprünglich Meierhof der Herrschaft Waxenegg mit Eigenkirche St. Andreas (später Pfarrkirche), in der 1. H. des 14. Jh.s zum Adelssitz ausgebaut. M. des 14. Jh.s Marktgründung. Der Ortsname entstand, nachdem sich die ansässigen Ritter nach dem Anger, den die Feistritzschlinge hier bildet, „Zum Anger" nannten. Am Ortsrand des alten bergwärts sich erstreckenden Ortskernes, der aus einem Dreiecksangerdorf entstand, liegen die Pfarrkirche und der ehemalige Verwaltungssitz genannt Freihaus oder **Steinpeißhaus (Nr. 35)** nach dem stubenbergischen Dienstmannengeschlecht Steinpeiß, das hier im Spätmittelalter saß. Der stattliche zweigeschossige Bau wurde in der 2. H. des 16. Jh.s von den Teuffenbach erneuert und durch einen auf zwei Schwibbögen aufgemauerten geschlossenen Gang mit der Pfarrkirche verbunden. Von der alten Ausstattung sind in einigen Räumen noch schön gefügte Balkendecken, geschnitzte Türen sowie ein reliefierter Steinkamin erhalten. Die Außenseite gegen die Straße ist mit ornamentalen Sgraffitomalereien geschmückt.

Pfarrkirche hl. Andreas, vom romanischen Kirchlein des 12. Jh.s (1161?) ist noch das Chorquadrat im mächtigen Ostturm erhalten, dem im 14. Jh. ein Rippengewölbe eingespannt und eine Glockenstube mit ehemals spitzbogigen Fenstern aufgesetzt wurde. Von 1708–1711 (Jahreszahl am Chorschluß) völliger Neubau in der Nordsüdachse, dem das mittelalterliche Langhaus zum Opfer fiel. Baumeister war Lorenz Stattaler aus St. Ruprecht an der Raab. – Die geräumige Wandpfeilerkirche besteht aus vier kreuzgratgewölbten Jochen, die von Seitenkapellen und Emporen mit hohen Rundbogenöffnungen begleitet sind. Einjochiger Chor mit Halbkreisschluß und Stichkappentonne, beidseitig Sakristeianbauten sowie Oratorien. Im 1. Joch eine dreiachsige Orgelempore eingebaut. Der kräftige viereckige Ostturm wurde durch ein achteckiges Glockengeschoß mit Zwiebelhelm überhöht. Im Turmraum gotische Fresken aus dem 2. u. 3. V. des 15. Jh.s (freigelegt 1938): am Gewölbe Engel mit den Evangelistensymbolen, an der Ostwand eine Weltgerichtsdarstellung nach dem herkömmlichen Typus, zuoberst Christus in der Mandorla als Weltenrichter mit den Fürbittern Maria und Johannes; an der Nordwand Gottvater mit musizierenden Engeln, darunter Kruzifix mit Allegorie der gestürzten Synagoge (Ecclesia zerstört), Baum der Erkenntnis und Eva mit dem Totenkopf. An der Westwand 12 Apostel, durch einen späteren Fenstereinbruch beschädigt; darüber ein vorzügliches Kreuzigungsfresko um 1440. In der Bogenlaibung zum Langhaus hl. Andreas und ein Reiter (Saulus ?). An der Nordwand eine gotische Sakramentsnische.

Gute spätbarocke Einrichtung: prächtiger Hochaltar mit raumhaltiger Säulenarchitektur, geweiht 1738, Figuren dem Marx Schokotnigg zugeschrieben. Altarblatt hl. Andreas von Josef A. von Mölk 1770, der schöne Rokokotabernakel gleichzeitig. Gute Kanzel um 1735/40, deren Figurenschmuck von Josef Schokotnigg geschaffen wurde. Die vier Kapellenaltäre mit Laub-Bandlwerkdekor um 1720/30. Im Langhaus befinden sich neun Pfeilerfiguren Maria, Anna, Josef, Johannes Nepomuk, Carl Borromäus, Patrizius, Ottilie, Lucia und Antonius aus der Werkstatt des Philipp Jakob Straub, 2. Viertel 18. Jh. Auf den Emporen Bilder der 12 Apostel, 1. H. 18. Jh., 1887 stark übermalt. Von der vorbarocken Kirchenausstattung ist noch erhalten das auf Holz gemalte Epitaph des Schusters Lorenz Gigler von 1553, darstellend die Auferstehung Christi aus dem Grabe und darunter kniend den Verstorbenen mit seinen drei Frauen und 24 Kindern. Während die Auferstehung noch Nachwirkungen der Kunst des Albrecht Altdorfer verrät, geht die Hinzufügung des Verstorbenen mit seiner Familie auf einen neuen Darstellungstypus zurück, der vom Cranachkreis inspiriert ist und schon der Kunst der Reformation ange-

Anger, Pfarrkirche – Gotische Chorkapelle mit Fresken, 15. Jh.

hört. Maler dieser bemerkenswerten Tafel war laut Signatur am Rahmen Cyperus Pömbstl. Orgelgehäuse um 1750, das Werk 1911 von Orgelbauer Konrad Hopferwieser erneuert. Zwei Grabsteine von 1634 und 1749. Außen südseitig ein römischer Inschriftstein des 1.–2. Jh.s n. Chr. eingemauert, gefunden 1866 auf einem Acker in Rossegg, Gemeinde Koglhof. Glocke von Florentin Streckfuß 1713.

Neben der Kirche **Bildstock** mit hölzerner Marienfigur, 2. H. 18. Jh.

Nr. 1 Pfarrhof von Pfarrer Johann Payerl (1722–1745) „ex fundamento" neu erbaut, in der 1. H. des 19. Jh.s neu fassadiert. Der gegen den Zetzbachgraben ansteigende dreieckförmig sich verengende **Marktplatz** mit einer **Mariensäule** von 1675 und bar. Häuserbestand. Dieser zeigt großteils einfache Biedermeierfassaden aus dem 1. Drittel d. 19. Jh.s, nur **Nr. 24** und **Nr. 28** aus der Gründerzeit um 1900. **Nr. 33** mit schönem schmiedeeisernem Haus- und Gewerbezeichen, M. 18. Jh. Im Keller des Hauses **Nr. 37** (Kaufhaus Felberbauer) römisches Stelenfragment. **Nr. 9** (ehem. Gasthof Wiedenhofer) auf das 16. Jh. zurückgehend; hier verbrachte im August 1921 der berühmte ungarische Komponist Bela Bartok seinen Urlaub. Gegenüber dem Steinpeißhaus am nördl. Ortsausgang Haus mit hübschem Rokoko-Stuckdekor um 1770.

Anger, Filialkirche – Bild der Gründung des Gnadenortes der 14 Nothelfer im böhmischen Kaden, 2. V. 18. Jh.

Auf der anderen Seite des Feistritztales liegt der Ortsfriedhof mit der **Filialkirche** 14 Nothelfer (ehemals auch Wallfahrtskirche). Vom spätgotischen Erstbau noch Teile der Langhausmauern und drei Portale erhalten, das südliche mit interessanten Stabwerkbildungen, bezeichnet 1517. Ein erster Umbau erfolgte 1633 (Jahreszahl über dem Südportal). 1683 erhielt der Westturm seine heutige Gestalt. Schließlich wurde 1714–1719 ein neuer Dreikonchenraum anstelle des alten Chores angebaut (von Remigius Horner?). – Im schmalen vierjochigen Langhaus ist der gotische Grundriß noch beibehalten; die Kreuzgratgewölbe mit breiten Jochgurten über Pilastern vom frühbarocken Umbau. Im Ostteil jedoch wesentliche Raumerweiterung durch den Anbau des spätbarocken Trikonchos, der von einem quadratischen Vierungsjoch ausgeht. Die Chorapsis ist um ein Joch verlängert; nordseitig Sakristei mit Oratorium angebaut.

Reiche Barockausstattung: der zierliche Hochaltar von 1783 mit flachem Säulenaufbau, vorgesetztem Tabernakel und Rocaillen- sowie Blumendekor (Blumenrokoko). Das Mittelbild gibt eine Versammlung der 14 Nothelfer wieder. Der eigentliche Gnadenaltar war der Kreuzaltar in der linken Quernische, der laut Inschrift 1717 „zu Ehren des sterbenden Weltheillandt Christi . .‟ aufgerichtet wurde. Die Figuren sind dem Grazer Bildhauer Marx Schokotnigg zuzuschreiben. Gegenüber in der rechten Nische Josefsaltar von 1716. Im Langhaus zwei kleine Seitenaltäre aus dem 3. Viertel des 18. Jh.s mit Bildern der hll. Patrizius und Florian sowie kleinen Wachsplastiken der trauernden Maria und des hl. Hauptes zu Klagenfurt. Kanzel von dem Grazer Bildhauer Matthias Leitner 1751. Spätbarocke Wandfiguren der hl. Franz Xaver, Donatus und Maria mit Kind. Im Langhaus interessantes Bild vom Gnadenort der 14 Nothelfer Kaden (Caaden) zu Böhmen, 2. Viertel 18. Jh., daneben Einzelbilder der 14 Nothelfer von 1742–1747 sowie Votivbilder. Die einst zahlreichen Eisenvotive der Wallfahrer wurden nach Abkommen der Wallfahrt abgegeben. Orgel M. 17. Jh. mit spätbarocken Ergänzungen aus dem Beginn des 18. Jh.s. Über dem Sakristeieingang Reliquienschrein mit geschnitzter Puttenglorie, 3. Viertel 18. Jh. Der zierliche Oratoriumserker darüber etwa gleichzeitig. Glocke von Adam Roßtauscher 1687.

Grünbründl-Kapelle (auch Gmoa-Kapelle) am Westhang des Rabenwaldkogels bei einer Quelle gelegen. Der kleine Holzbau entstand 1833 anstelle eines gemauerten Nischenbildstocks von 1783. Kultgegenstand ist eine barocke Marienstatue.

Auf dem Rabenwald befinden sich bedeutende Talklagerstätten, eingebettet im Gneis, die seit dem vorigen Jahrhundert größtenteils untertag abgebaut werden. Der chemisch reine Talk (Magnesiumsilikat) ist säurefest, wasserabweisend und hat ein hohes Absorptionsvermögen für Farbstoffe, Fette, Öle, Harze und dergleichen. Er wird daher von zirka 30 Industrien in über hundert Verwendungsarten eingesetzt: bekannt ist seine Verwendung als Puder in der Pharmazeutik und Kosmetik; die Papierindustrie braucht es zum Füllen und Glätten des Papiers, die Textilindustrie als Füllmittel bei Appreturen (Regenmäntel, Wachstuch etc.); die Bitumenerzeugung, um das Weichwerden und die Wasserdurchlässigkeit von Straßendecken zu verhindern; besonders groß ist seine Verwendung bei der Farbenerzeugung.

Südöstlich von Anger quert die von Weiz kommende Feistritztalbahn über dem **Grubviadukt** das Flußtal. Dieser bedeutende Brückenbau entstand 1909–1911 und besteht aus 13 Bögen. Er wurde in Beton (Pfeiler) und Eisenbeton (Bögen) gefertigt und hat eine Gesamtlänge von 275 m, eine Maximalhöhe von 30 m.

Burgruinen Waxenegg westlich von Anger auf einem Ausläufer des hohen Zetz gelegen. Der Name (auch Wachsenegg, Wachseneck) bedeutet soviel wie scharfes Eck. Die erste Burg Alt-Waxenegg wurde auf damals Salzburger Grund A. 13. Jh. errichtet und gehörte dem Landesfürsten als Lehen. Infolge der Besitzstreitigkeiten mit dem Salzburger Erzbischof ließ dieser im 4. Viertel des 13. Jh.s die zweite Burg Nieder-Waxenegg errichten. In den folgenden Kämpfen zwischen den Habsburgern und dem Erzbischof, in deren Verlauf Ober-Waxenegg zerstört wurde, gelangten die Burgen schließlich in landesfürstlichen Besitz und wurden von Herzog Albrecht an die Walseer verpfändet. Während der Walseer-Fehde wurde die Burg 1412 im Auftrag von Herzog Ernst dem Eisernen eingenommen und in Brand gesteckt. In der Folge war die Herrschaft an mehrere steirische Adelige verpfändet worden und gelangte 1556 in den Besitz des Georg Kleindienst, der mit seinem Sohn die Burg weitgehend umbaute. Dabei wurde die obere Anlage zur Wohnburg ausgestaltet. 1663 erwarb Hans G. von Webersberg die Herrschaft und überließ die untere Burg dem Verfall. 1723 verlegte Maria Theresia von Webersberg den Verwaltungssitz der Herrschaft von Waxenegg nach Anger, wenige Jahrzehnte später wurde auch die obere Burg aufgegeben und verfiel.

Die untere Burg besteht aus einem langgestreckten rechteckigen Gebäude, das gotische Türen, Fenster und zum Teil noch Gewölbe mit Spitzbogen aufweist. Von der Oberburg ist der Bergfried der ältesten Anlage des frühen 13. Jh.s mit schmalem Hof und einem Wohngebäude zu erkennen. Ein tiefer gelegener Torbau mit Turm und Zugbrückenrampe entstand in der 2. H. des 16. Jh.s. Im Wohngebäude noch Spuren von Treppenanlagen sowie Fenster und Erker der Spätrenaissance. In **Edelschachen**, eine Gehstunde nordwestlich von Anger, steht das **Rauchstubenhaus „Karl"**, welches noch in Betrieb gehalten und als Heimatmuseum geführt wird. Im Inneren Trambaum mit der Jahreszahl 1727.

ARZBERG   Bez. Weiz

Kleine haufendorfartige Kirchsiedlung an der oberen Raab, deren Name (Arzberg = Erzberg) auf seine einstige Bedeutung als Bergwerksort verweist. Seit dem E. des 15. Jh.s wurden hier von den Stubenberg silberhaltige Bleierze ergraben. Im 19. Jh. gab es eine kleine eisenverarbeitende Industrie (Arzberger Klingen und Sensen). Davon ist in dem sehr idyllisch am Eingang der Raabklamm gelegenen Ort heute nichts mehr zu bemerken.

Die etwas erhöht gelegene **Pfarrkirche** hl. Jakobus d. Ä. wurde auf Anordnung Kaiser Josef II. durch den Frohnleitner Baumeister Matthias Reichel 1786–1789 errichtet, nachdem man die alte Kirche (genannt 1242) wegen Baufälligkeit abgerissen hatte. Zusammen mit dem gleichfalls von Reichel gebauten Pfarrhof und der einst einklassigen Volksschule bildet sie eine typisch josephinische Einheit, die den Aufgaben der Seelsorge und Fürsorge zu dienen hatte. Das Äußere der Kirche ist völlig schmucklos, an der Westseite ein in jüngerer Zeit erneuerter kleiner Turm aufgesetzt. Im Inneren ein Saalraum mit Spiegelgewölbe und halbrundem Chorschluß, oberm Eingang eine kleine vorschwingende Orgelempore. Südseitig die Sakristei mit Emporenraum. Am Gewölbe einfacher Freskoschmuck mit Heiligendarstellungen in Kreis- und Vierpaßrahmungen. Der Hochaltar von 1906 mit gemalter neubarocker Architektur, Tabernakel und Bild des Kirchenheiligen aus der 2. H. des 18. Jh.s. Mehrere spätbarocke Heiligenfiguren auf Wandkonsolen, die hll. Valentin und Nikolaus von Philipp Jakob Straub. Taufsteinaufsatz, Chorgestühl und Christus- und Mariabüsten in der Sakristei gegen 1780. Orgel und Kreuzwegbilder josephinisch.

Um die Kirche die alte Friedhofsmauer mit Initienkapellen. An der Westseite der Kirche steht der zweigeschossige **Pfarrhof**, am Giebel 1789 datiert, mit einfachem Stuckzierat um die Obergeschoßfenster. Davor **Brunnenfigur** des Johannes Nepomuk von Veit

Arzberg, Pfarrkirche und Pfarrhof – erbaut von M. Reichel, 1786–1789

Königer um 1780/90, bezeichnet am Sockel „IGNATIV REICHENBERG/Königer". Haus **Nr. 3,** bezeichnet 1779, birgt eine heimatkundliche Sammlung, ein Trambaum innen zeigt die Jahreszahl 1794 (kürzlich abgerissen). Haus **Nr. 19,** bezeichnet 1763. Im Ort Steinfigur des Johannes Nepomuk, M. 18. Jh. Barocker **Bildstock** bei Nechnitz, erbaut 1736, mit stark erneuerten Fresken.

Westlich des Ortes erhebt sich auf einem Hügel die Ruine der stubenbergischen Hausburg **Stubegg.** 1382 erstmals genannt, war sie als Sperre der Raabklamm erbaut worden und diente zeitweilig auch als Verwaltungssitz des stubenbergischen Besitzes im Passailer Kessel. Als dieser A. 19. Jh. nach Schloß Gutenberg verlegt wurde, überließ man die Anlage dem Verfall. Erkennbar sind noch die Vorburg und der Bergfried im Norden mit einer gotischen Tür an der Hofseite, die über einen Holzgang zu erreichen war. Die dreigeschossigen Wohnbauten entstanden vom 15.–17. Jh. um einen rechteckigen Innenhof. Mehrere Erker westseitig, Reste von Sgraffiti und Stuckornamente des 16. und 17. Jh.s um Fenster und Türen.

AUFFEN   Bez. Hartberg

Bald nach 1552 erbaute Hans von Teuffenbach hier in waldreichem Gelände einen Adelssitz mit Meierhof (Auffenhof), der bereits 1556 an die Herberstein überging. Im Jahre 1718 wurde neben dem inzwischen abgetragenen Adelssitz in Nordsüdausrichtung die kleine **Wallfahrtskirche zur Schmerzhaften Maria** erbaut, die ab 1785 als Filiale zu Groß-Steinbach kam. Dem ovalen Langhaus ist an der Südseite ein kleiner Altarraum angefügt, der von einem quadratischen Turm mit Lisenengliederung und Zwiebelhaube überhöht wird. Im Inneren über Kranzgesims flache Kuppel mit einem volkstümlichen Freskenzyklus. Dieser zeigt in Medaillons die sieben Schmerzen Mariae, im Mittelfeld den Gnadenstuhl und stammt vom Maler des Gnieser Notburga-Zyklus, also aus der Zeit um 1740. Der kleine Hochaltar mit Tabernakelaufbau E. des 18. Jh.s, das Gnadenbild eine Pieta des 17. Jh.s. Den Altarraum schließt ein schmiedeeisernes Gitter aus der selben Zeit ab. Das einfache Gestühl, Opferstock und Ziegelboden aus der Bauzeit.

AUTAL   Bez. Graz-Umgebung

Dorf im Raabatal östlich von Graz. Die **Filialkirche** Christkönig, (Dollfuß-Kirche) als einziger oststeirischer kathol. Sakralbau der Zwischenkriegszeit, 1933 errichtet nach Plänen von Architekt M. Prangl. Der dreigeschossige Pfarrhof wurde 1936/37 im rechten Winkel gegen Norden an die Kirche angebaut und so mit ihr zu einem gemeinsamen Baukörper von sehr sachlicher Wirkung verbunden. An der Südwestecke ragt ein quadratischer Turm auf. Das Innere ist als Saalraum mit schmalen Abseiten gestaltet, der Altarraum leicht erhöht. Die Einrichtung stammt aus der Bauzeit mit Altarskulpturen und Kanzel von Hans Mauracher, und Passionsdarstellungen von Fritz Silberbauer.
Neben dem Eingang zum Pfarrhof Gedenktafel für den österreichischen Komponisten Julius Fucik (1872–1916) von 1937.

BAD GLEICHENBERG   Bez. Feldbach

Die Gegend ist seit dem 3. Jahrtausend v. Chr. besiedelt, wie zahlreiche Funde aus der Jungsteinzeit (entsprechende Niederlassungen befanden sich damals im Ortsgebiet und am Gleichenberger Kogel), der Bronzezeit und der Latènezeit erkennen lassen. Die Römer waren die ersten, die das hier zutage tretende, an Kohlensäure reiche Heilquellenwasser zu schätzen wußten. Bei Grabungen 1854 nahe der heutigen Kuranstalt wurde wenige Meter unter der Erdoberfläche ein steinerner Brunnenkranz aus der römischen Kaiserzeit gefunden; darunter befanden sich 74 Münzen von Tiberius bis Numerianus (14–284 n. Chr.) sowie 12 versteinerte Haselnüsse, einstige Opfergaben. Weitere Funde in der Umgebung (Grabstein im Wirtschaftshof des Schlosses) deuten auf eine römische Ansiedlung. Im Hochmittelalter war zu Füßen der um 1170 erbauten alten Burg an der Südwestseite des Kogels Gleichenberg-Dorf entstanden. Weiter nördlich befand sich eine Turmburg des 12. (?) Jh.s, die heute den Namen „Kornschlössel" führt und von der nur mehr der aus dem Bergsporn geschnittene Kegel und der Ringgraben erkennbar sind. Zu E. des 18. Jh.s wurde die Wirkung der Säuerlingquellen wieder entdeckt und im Jahre 1834 begründete der Landesgouverneur Matthias Konstantin Reichsgraf v. Wickenburg auf Anregung des Grazer Arztes Dr. Ignaz Werlé – ein Schwager Erzherzog Johanns – den bald weit berühmten Kurort. Bei seiner Anlage im welligen Talgrund südöstlich des Dorfes Gleichenberg, der umfangreiche Trockenlegungsarbeiten in den stark versumpften

Gründen vorangingen, wurde auf eine harmonische Einbindung der Bauwerke und Promenaden in die parkartige Tallandschaft Bedacht genommen. Die Planung und Aufpflanzung des Parkes hatte die Gattin des Gründers, Emma Reichsgräfin von Wickenburg geb. Gräfin d'Orsay übernommen. Der deutsche Reiseschriftsteller J. G. Seidl lobte 1840 die Neugründung: ,,. . . welche in allem den glücklichen Gedanken ausspricht, daß es an solchen Plätzen dankenswerter sei, die Winke der Natur zu benutzen und ihr ergänzend und ausführend nachzuhelfen, als sie vornehm verdrängen oder durch kleinliche Überladung verbessern zu wollen.'' Heute wird der rund 20 Hektar große Kurpark als englischer Park mit großen Rasenflächen gehalten und als die ,,grüne Lunge'' des Heilbades vor baulichen Eingriffen bewahrt. 1945 war Gleichenberg Kampfgebiet und erlitt schwere Zerstörungen, die nicht alle behoben werden konnten.

Die **Pfarrkirche** hl. Matthias, eine Stiftung des Ortsgründers Matthias Graf Wickenburg von 1841, wurde auf dem in der Ortsmitte gelegenen Hügel nach Plänen von Baudirektor J. Neuwerth und Amtsing. J. Haslinger (Graz) in historisierenden Formen errichtet. Die feierliche Einweihung erfolgte 1845. 1888 machte der Sohn des Stifters, Ottokar Graf Wickenburg Kirche und Kloster den Franziskanern zum Geschenk. – Außenbau mit Putzquaderung und Rundbogenfries, an der Westfront Renaissanceportal, darüber Rundfenster und Fassadentürmchen. Das Innere als einfacher Saalraum mit Kassettendecke über Rundbogenfries und Wandpilastern. 1960/61 wurde der Chor um die ehemalige Sakristei vergrößert und an der Nordseite eine neue Sakristei mit Oratorien angebaut. Hochaltar aus oberösterreichischem Marmor, geweiht 1962, mit dem vorzüglichen Altarbild des steirischen Nazareners Josef Tunner, signiert und datiert ,,Joseph Tunner pinxit 1844''. Es zeigt Matthias K. Graf Wickenburg mit seiner Familie in Anbetung der Gottesmutter und der heiligen Namenspatrone Matthias und Emmerenzia sowie des Johannes Baptist. An den Seiten gotische Figuren hl. Dorothea und hl. Katharina um 1420 von guter Qualität. Am rechten Seitenaltar Figur des hl. Johannes Baptist um 1450. In Wandnischen die Patrone des dritten Ordens der Franziskaner, hl. König Ludwig von Frankreich und hl. Elisabeth von Thüringen, 2. H. 19. Jh. Gleichzeitig die Kreuzwegbilder (nach Führich) und die Orgel von der Salzburger Firma Mauracher. Die zwei Flügel der gußeisernen Eingangstür zeigen die Relieffiguren der 12 Apostel und wurden nach Entwürfen des Grazer Bildhauers Karl Meixner 1844 im Gußwerk bei Mariazell hergestellt. Außen am Chorschluß Sgraffito der Vogelpredigt des hl. Franziskus, ausgeführt 1961 von der Malerschule Leersdorf bei Baden/Wien. Unter der Kirche mit eigenem Zugang auf der Hangseite befindet sich die ausgedehnte Gruft der gräflichen Familien Wickenburg und Brusselle.

Um die Kirche und zum Hause d'Orsay führend steinerne Kreuzwegpfeiler von 1866. Neben der Kirche neogotischer Bleikruzifixus und Steinpfeiler mit kleiner Barockpieta, 18. Jh. An der Nordseite der Kirche und mit ihr zugleich von Matthias K. Graf Wickenburg gegründet, befindet sich das **Franziskaner-Hospiz.** Der zweigschossige Bau enthält in seiner kleinen Hauskapelle einen der wenigen noch erhaltenen Renaissancealtäre des Landes, bestehend aus einem flachen hölzernen Wandaufbau in Ädikula-Form und einem Tabernakel von derselben Gestaltung. Er wurde laut intarsierter Inschrift 1566 von Franz von Teuffenbach gestiftet und stammt aus dessen obersteirischem Schloß Sauerbrunn. Es ist der früheste in der Steiermark nachweisbare Tabernakel dieser Form, nachdem die Gotik bis weit ins 16. Jh. noch Wandtabernakel und Sakramentshäuschen verwendet hatte. Im Refektorium mehrere Heiligenbilder aus der 2. H. des 19. Jh.s, darunter ein großes breitformatiges Gemälde, darstellend die Stigmatisation des hl. Franz in weiter Berglandschaft von Josef Tunner, 1852. Im Oberstock Bibliothekszimmer mit Käfer- und Schmetterlingssammlung sowie den römischen Münz- und Gefäßfunden aus dem Ortsgebiet.

Bad Gleichenberg, Pfarrkirche – Hochaltarbild von J. Tunner, 1843

Auf einem kleinen bewaldeten Hügel im Kurpark befindet sich die 1838 von Matthias K. Graf Wickenburg gestiftete **Waldkapelle,** auch Laureto- oder Rindenkapelle genannt. Sie hat die Form einer achteckigen Rindenhütte und sollte in der Zeit vor dem Kirchenbau den Kurgästen den Sonn- und Feiertags-Gottesdienst ermöglichen. Doch waren auch romantische Empfindungen bei diesem Kapellenbau Pate gestanden. **Herz-Jesu-Kapelle** im Wald beim Haus Steirischer Hof, 1878 von Graf Wickenburg errichtet; Skulptur des knienden Heilands von K. Meixner. **Dollfuß-Kapelle** (Lindenkapelle) von 1934 zum Gedenken an die Ermordung des österreichischen Bundeskanzlers Dr. E. Dollfuß.

Der Kurort besteht aus mehreren locker verteilten **Villen** und **Hotelbauten,** die ab 1837 entstanden und im Stile des Spätbiedermeier und Historismus gestaltet sind. Am frühesten der 1837 bezeichnete **Eiskeller** aus Basalttuff mit Rustikaportal nach dem Plan von J. Neuwerth, und das vom selben Architekten im selben Jahr errichtete Traiteurie-Gebäude. Letzteres brannte 1945 bis auf die Grundmauern aus und wurde hernach mehrfach modernisiert und zum **Parkhotel** ausgebaut. Gleichfalls 1837 ließ Graf Wickenburg nach Plänen von J. Neuwerth durch Baumeister Withalm die klassizistische **Villa Wickenburg** mit einst offener 3teiliger Mittelloggia im Obergeschoß erbauen und 1859 durch seitliche Zubauten in Neurenaissanceformen und einen Turm erweitern. 1945 ausgebrannt, ab 1955 durch den Eigentümer Graf Brusselle nach Plänen des Architekten Lebwohl als Wohnhaus neu aufgebaut, wobei nur die Außenansicht bewahrt werden konnte. 1838 entstand das **Felsenhaus** und erhielt 1860 sein heutiges Aussehen; 1840 der **Grazerhof,** welcher 1929 aufgestockt und modernisiert wurde. 1845 und 1856 entstanden die zwei Häuser **Stadt Mailand;** sie wurden Ende des 19. Jahrhunderts verbunden und ihnen ein Speisesaal in prunkendem Neubarock angebaut, mit 5achsiger Fensterfront zur Straße und einer Stuckdecke mit Atlantenhermen im Inneren. Heute ist hier die Landesberufsschule für das Gastgewerbe mit Internat untergebracht. 1847 **Villa d'Orsay,** von 1856–1967 im Besitz der Familie Wickenburg und ihrer Erben. 1849 **Villa Triestina** von Architekt Pichl (heute Versicherung der österreichischen Eisenbahnen) – 1869 **Villa Albrecht** von H. Höflinger; 1872 **Villa Max** mit Mansardendach über dem Mittelrisalit und Hotel zur Emmaquelle (modernisiert); 1873 ehemaliges **Theater** (heute Kino) mit repräsentativem Mittelrisalit; 1875 die stattliche 3geschossige **Villa Possenhofen** (heute Hotelfachschule), zum geplanten Besuch der Kaiserin Elisabeth errichtet; 1876 **Paulushof;** 1875 **Villa Clar** mit übergiebelten Seitenrisaliten; 1890 **Villa Barbara** in gotisierender Manier, 1973 vergrößert (heute der Bergbau-Versicherung gehörend). Die **Gebäude des Kurbetriebes,** an denen seit 1835 gebaut worden war (als erstes das in romantischer Waldabgeschiedenheit im Brunnental errichtete Füllhaus und das Regenbad sowie das von J. Neuwerth entworfene klassizistische Badhaus mit dorischer Säulenfront), sind nach den Zerstörungen des letzten Krieges neu aufgebaut, erweitert und modernisiert worden. Zuletzt entstanden 1960/62 das Kurmittelhaus, 1963/65 die Trink- und Wandelhalle, 1971/74 das neue Mineral-Thermal-Hallenbad.

Im **Kurpark,** an dessen Nordostseite die Kuranstalten liegen, steht das Denkmal des Gründers Matthias K. Graf Wickenburg; es wurde am 22. 5. 1887 zum 50jährigen Bestand von Bad Gleichenberg aufgestellt. Das auf grauem Stufensockel postierte Standbild schuf der Wiener Bildhauer Anton Schmiedgruber in Carraramarmor. Unweit davon die Marmorbüste des Josef Freiherr von Hammer-Purgstall, gestiftet von Matthias K. Graf Wickenburg, 1859. Südlich der Villa Wickenburg wurde 1853 die Harpocrates-Statue aus Eisenguß aufgestellt.

Schloß Gleichenberg auf einer nach Süden ziehenden Anhöhe über der Klausenschlucht an der Westseite des Gleichenberger Kogels gelegen, wurde Anfang des 14. Jh.s von den Walseern erbaut. Gegenüber auf der anderen Seite der Klausenschlucht lag die Burg

Alt-Gleichenberg der Herren von Wildon, die 1268 bei der Niederschlagung der steirischen Adelsverschwörung von König Ottokar II. von Böhmen geschliffen worden war. 1537 bereits baufällig, gelangte die Burg 1581 in den Besitz der Grafen Trautmannsdorf, die sie groß ausbauten. 1945 von der Deutschen Wehrmacht als Verteidigungsstellung benützt und deshalb von den sowjetischen Truppen mit Artillerie und Stalinorgel beschossen und weitgehend zerstört. Ab 1945 im Besitz der Familie Stubenberg, die nur mehr die Wirtschaftsgebäude herrichten konnte. – Ehemals stattliche Vierflügelanlage um einen großen dreigeschossigen Arkadenhof. Die Sicherung des Schloßbereiches durch Halsgräben im Westen und Osten sowie ein Vorwerk gegen Südosten. Über dem westlichen Halsgraben erhebt sich noch heute die 4,30 m starke Schildmauer des 14. Jh.s. Maximilian Graf Trautmannsdorf ließ den mittelalterlichen Bau erweitern und 1624 mit dem schönen Rustikaportal und der großen Inschrifttafel an der Nordwestseite abschließen. Unter ihm wurden südseitig gegen das Dorf G. zu starke Basteien aufgemauert. Am besten erhalten der Arkadenhof mit Erdgeschoßpfeilern und der Südtrakt. Von der Einrichtung ist nichts mehr vorhanden. Das Schloß war Kreitfeuerstation in der Türken- und Kuruzzenzeit und außerdem Schauplatz der Gleichenberger Hexenprozesse („Hexenturm").
Vor dem westlichen Halsgraben Wirtschaftsgebäude und Taverne, bezeichnet 1842. Gegenüber der Einfahrt römischer Grabstein aus dem 1. Jh. n. Chr. Vor den Gebäuden Steinfigur des hl. Laurentius, 18. Jh.

BAD RADKERSBURG   Bez. Radkersburg

Als befestigter Grenzort gegen Ungarn 1261–1265 von König Ottokar II. von Böhmen am Murübergang angelegt im Zusammenhang mit einer älteren, jenseits des Flusses bestehenden Burg (Oberradkersburg). 1299 als Stadt bezeichnet, im 14. Jh. vom Landesfürsten mit wirtschaftlichen Privilegien ausgestattet und durch den Handel mit Vieh, Wein, Getreide und Salz zu Wohlstand gelangt. 1469/70 in die Baumkircher-Fehde mit Kaiser Friedrich III. verstrickt und belagert. 1480 von dem Ungarnkönig Matthias Corvinus erobert, geplündert und zerstört. Damals wurde die wohlhabende Bürgerschaft gefangengesetzt und nach Ofen verschleppt, in der Stadt aber herrschte für 10 Jahre der ungarische Heerführer Szekely. Mit dem Ansteigen der Türkengefahr nach deren Sieg über Ungarn in der Schlacht bei Mohács 1526 mußten die Befestigungsanlagen verbessert werden.
Bereits 1524 (?) soll der erste italienische Festungsbaumeister, Martino de Lalio, in der Stadt nachweisbar sein. Ab 1546 wird unter der Leitung von dessen Sohn, dem Hofbaumeister und Erbauer des Grazer Landhauses, Domenico de Lalio, die Neubefestigung nach dem modernen Bastionärssystem durchgeführt. Unter Einbeziehung der mittelalterlichen Stadtmauer mit ihren neun Türmen wurde ein starker Schutzgürtel aus Gräben, Wällen und sechs Basteien um die Stadt gelegt, der heute noch großteils erhalten ist. Radkersburg wurde damals zur wichtigsten steirischen Grenzfeste und erhielt 1588 ein Zeughaus und Provianthaus als Nachschubeinrichtungen für die nahe Militärgrenze. 1582 wird die Stadt am Reichstag zu Augsburg zur Reichsfestung erklärt. Im 17. Jh. Sitz einer Garnison. 1704 verteidigten sich die Bürger der Stadt erfolgreich gegen den Ansturm der Kuruzzen. Drei Stadtbrände von 1680, 1713 und nochmals 1750 verursachten beträchtlichen Schaden am Häuserbestand. 1773 wird die Festung aufgelassen, 1838 das Ungartor, 1878 das Grazertor abgerissen. Am 1. 12. 1918 wurde die Stadt von jugoslawischen Truppen besetzt, im Friedensvertrag von St. Germain an Österreich zurückgegeben, durch die neue Grenzziehung jedoch seines wirtschaftlichen Hinterlandes beraubt. Am 17. 4. 1945 Besetzung durch die Rote Armee nach vorangegangenen erbitterten Abwehr-

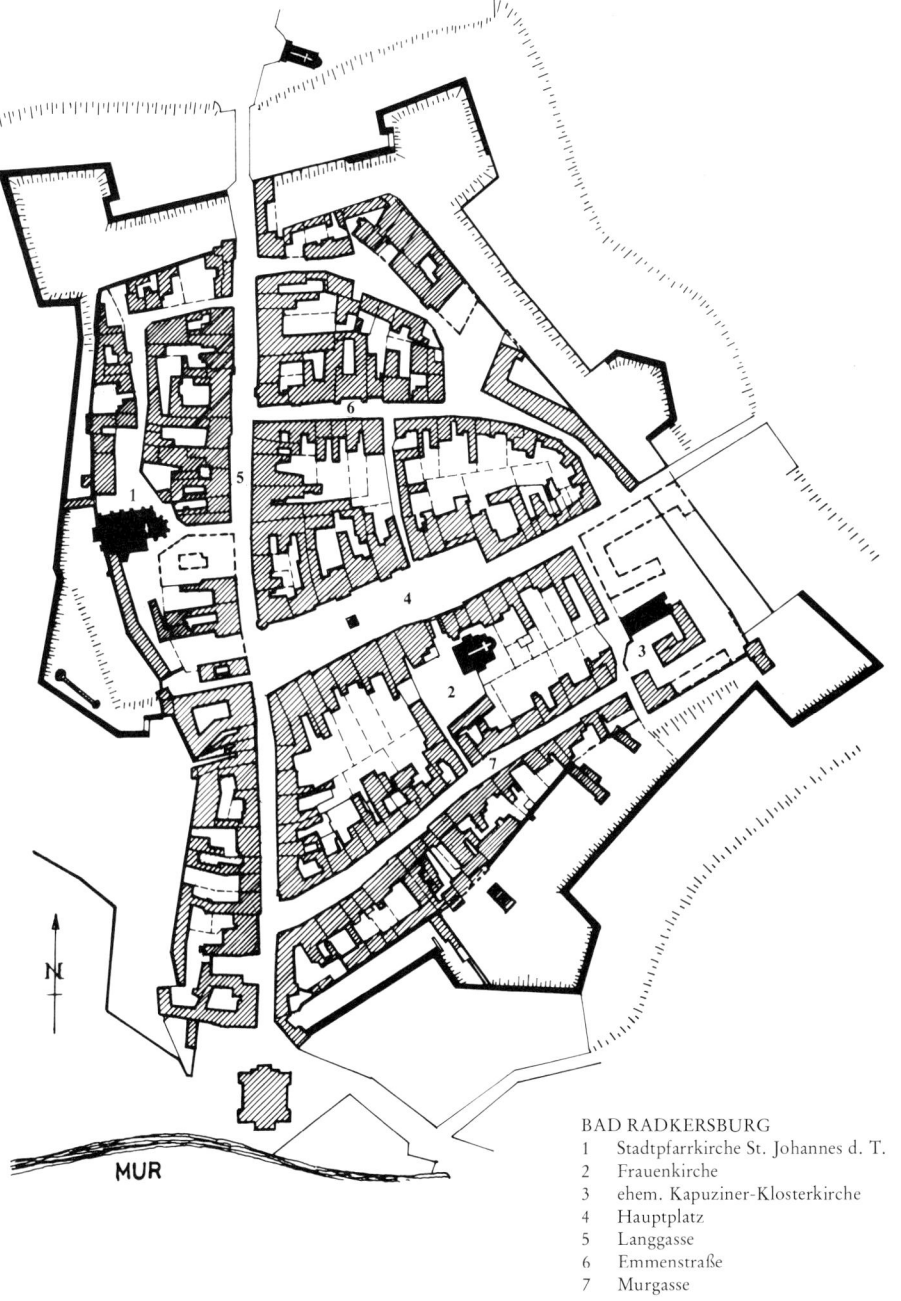

MUR

BAD RADKERSBURG
1 Stadtpfarrkirche St. Johannes d. T.
2 Frauenkirche
3 ehem. Kapuziner-Klosterkirche
4 Hauptplatz
5 Langgasse
6 Emmenstraße
7 Murgasse

kämpfen, drei Monate später den Engländern übergeben. Von 321 Häusern waren dabei nur vier unbeschädigt geblieben. Neuer wirtschaftlicher Aufschwung der Stadt nach dem Staatsvertrag 1955, an dem das gute Nachbarschaftsverhältnis zu Jugoslawien und der Ausbau des Kurzentrums, dem neue Quellen erschlossen werden konnten, wesentliche Anteile hatten. Seit 1976 in Bad-Radkersburg umbenannt.

Der einstige Wehrcharakter der Stadtanlage zeigt sich auch bei der **Pfarrkirche** St. Johannes d. T., deren Westseite von der mittelalterlichen Stadtmauer des 14. Jh.s gebildet wird. Deshalb befindet sich das Hauptportal an der Ostseite neben dem Chor. Die älteste bereits 1182 genannte Pfarrkirche war allerdings St. Ruprecht jenseits der Mur. 1513 werden ,,Sand Rueprecht ausser und Sandt Johannes innerhalb der stat" beide als Pfarrkirchen bezeichnet. Im Zuge der 1546 einsetzenden Neubefestigung wird die Ruprechtkirche abgebrochen und St. Johannes zur alleinigen Pfarre. – Der heutige Bau ist eine gotische Pfeilerbasilika des 14. Jh.s aus vier Jochen, die um 1400 einen hohen zweijochigen Chor mit Sakristei angebaut erhielt. In der Mitte der Westseite ein ehemals freistehender Wehrturm im Verband der Stadtmauer, der zum achteckigen Kirchturm über einem mächtigen quadratischen Sockelgeschoß umgewandelt wurde und mit seinem achtteiligen Zeltdach eine Höhe von 53 m erreicht. Das Mittelschiff hat weite Pfeilerarkaden und Obergaden und wird von einer spitzbogigen Stichkappentonne überwölbt. Diese ruht auf spätgotischen Runddiensten, dürfte aber nach einem Brand als Ersatz für ein ehemaliges Rippengewölbe erneuert worden sein. Die niedrigen Seitenschiffe wurden nach einem Brand um 1509 mit Sternrippengewölben versehen und zur gleichen Zeit auch das Hauptportal und die Aufgangsempore im südlichen Seitenschiff gestaltet. Durch spätere Erhöhung der Seitenschiffsdächer und durch Vermauern der Obergaden wurde der Basilika-Charakter getilgt. Der hohe Chor ist gegen Norden aus der Achse verschoben und schließt mit fünf Seiten des Achtecks. Sein Fronbogen wurde laut Inschrift an der Empore 1515 von dem Kaufherrn Niclas Wechsler erneuert. Im Chorschluß drei spitzbogige Nischen zur Aufbewahrung liturgischer Geräte, an der Südseite zierliche Sessionsnische mit fünf Blendarkaden, nordseitig Kielbogenportal zur Sakristei. Das Chorgewölbe wurde zu E. des 19. Jh.s erneuert, das Maßwerk der schlanken Chorfenster zerstört. Die spätgotische Aufgangsempore im südlichen Seitenschiff trägt die Wappen der Bischöfe M. Scheit (gest. 1502) und Christoph Zach (gest. 1508). Sie wurde im 18. Jh. durch eine dreiachsige Empore ins Mittelschiff fortgesetzt. Zum Turm führt ein verstäbtes Spitzbogenportal; bei der Innenrestaurierung 1972 konnten an der Westwand zwei gotische Maßwerkfenster freigelegt werden. An der Ostseite des südlichen Seitenschiffes das reich gestaltete Eingangsportal aus Aflenzer Sandstein, um 1510, mit dreifach abgetrepptem und gekehltem Gewände, das von einem mit Krabben besetzten Kielbogen mit Kreuzblume und seitlichen Fialen auf Schildkonsolen gerahmt wird. Darüber zwei Paare reich skulptierter Figurenbaldachine mit originellem Flechtmuster an den Standkonsolen sowie zwei Krebse, die wahrscheinlich auf die Familie Ratmannsdorf als Stifter hinweisen sollen. Rechts daneben Treppenturm um 1400 mit Rest eines gleichzeitigen St.-Wolfgang-Freskos. An der nördlichen Chorwand spätgotisches Christophorus-Fresko. Um die Kirche Strebepfeiler, die des Chores dreifach abgetreppt. Am Kranzgesims des Chores apotropäische Masken und Köpfe, am Sakristeischluß spätgotische Baumeisterbüste.

Uneinheitliche Ausstattung: neugotischer Hochaltar von 1906, das schön geschmiedete Kommuniongitter, bezeichnet ,,ICRD 1746". Zwei barocke Seitenaltäre um 1740, am rechten ein spätgotisches Kruzifix, ca. 1510, mit freigelegter Originalfassung. Im nördlichen Seitenschiff kleiner Altar mit dem Gnadenbild der Schwarzen Madonna von Tschenstochau, die Pieta von Jakob Gschiel, 1882. Kanzel E. 18. Jh. ohne Figurenschmuck. Unter der Orgelempore ausgezeichnetes Bild Tod des hl. Josef, um 1750. Auf der Empore das Altarblatt des ehemaligen barocken Hochaltars mit der Taufe Christi, bezeichnet ,,1720 Alois Bogner pinxit", restauriert von J. Wonsidler 1855. An den Schiffspfeilern

Bad Radkersburg, Pfarrkirche – spätgotisches Hauptportal, um 1510

einige spätbarocke Heiligenfiguren des 18. Jh.s. Intarsiertes Chorgestühl, M. 18. Jh., das gleichaltrige Kirchengestühl zum Teil erneuert. Die alte Orgel wurde 1963 umgebaut. Zur Kirchenausstattung gehört auch eine bemerkenswerte Reihe von Marmorgrabsteinen Radkersburger Bürger und Adeliger, die heute an den Außen- (15) und Innenwänden (17) aufgestellt sind. Hervorgehoben seien der historisch bedeutsame Grabstein des Hans Eggenberg (gest. 1481), Handelsmann und Stammvater des später gefürsteten und zu großer Bedeutung aufgestiegenen Geschlechtes; einige Grabsteine der Familie Wechsler von E. 15. Jh., 1517, 1536 und 1572; des Hans und Erasmus Königsfelder 1521, des Achatz von Magknitz 1526 mit qualitätvollem Relief eines gerüsteten Ritters; des Christoph Welzer 1566, des Stadtrichters und Hexenverfolgers Johann Wendteisen (gest. 1689) u. a. Ein Großteil davon sind Arbeiten Salzburger Sepulkralbildhauer.

Von der Kirche gelangt man durch ein Gittertor (datiert 1803) zu dem gleichfalls an der Stadtmauer gelegenen stattlichen **Dechanthof.** Im Kern gotisch wurde er im 3. Viertel des 18. Jh.s umgestaltet und neu fassadiert; an der Rückseite Spitzbogenöffnung und Stein mit Jahreszahl 1598 sichtbar. Farbig gefaßte Nischenfigur des hl. Johannes Nepomuk, M. 18. Jh.; im Inneren befindet sich ein Saal mit Landschaftsmalereien um 1800, die dem Grazer Maler Matthias Schiffer zugeschrieben werden. In dem zugehörigen Garten auf der sogenannten Pfaffenbastei stand einst ein barocker Pavillon (1956 abgebrochen), dessen gleichfalls von Matthias Schiffer gemalter Freskenschmuck abgenommen und ins Museum von Radkersburg bzw. ins Landesmuseum Joanneum Graz gebracht wurde.

Südlich vom Hauptplatz, durch einen reich stukkierten Torbogen (Frauentor) mit Giebelaufbau und Figurenschmuck des späteren 17. Jh.s zugänglich, steht die **Frauenkirche** Mariahilf. Sie nimmt die Ostseite des von Häusern eingeschlossenen Frauenplatzes ein. Eine 1496 erbaute spätgotische Kapelle stand anstelle des heutigen Chores, in dem noch Reste gotischer Runddienste erkennbar sind. Der frühbarocke Kirchenbau wurde laut Bauinschrift neben dem nördlichen Seitenportal 1643 errichtet. Zum einjochigen Chor kam ein dreischiffiges Langhaus mit vier Jochen und Kreuzrippengewölben über achteckigen Pfeilerstützen. Die Nachwirkung der spätgotischen Hallenkirchentradition ist hier noch zu erkennen. Pfeilerkanten, Arkadenlaibungen, Fronbogen und Gewölbe sind stukkiert. Über dem 1. Joch des südlichen Seitenschiffes erhebt sich ein stattlicher quadratischer Turm mit Pilastergliederung und einem 1802 von Baumeister Schmidt aufgesetzten gegliederten Zwiebelhelm. An den Ecken des obersten Geschosses stehen vier überlebensgroße Steinfiguren der hll. Sebastian (Pest), Florian (Feuer), Urban (Wein) und Johannes Evangelist (Hagel). Sie wurden von Bildhauer Johannes Prandtner 1666 geschaffen (Inschrift am Johannes). Zu Seiten des 3. Joches rechteckige Kapellen. Schmucklose Westfassade mit Sprenggiebelportal und Dreiecksgiebel; am Türsturz Inschrift „Ruep Kumer Burger und Fischer zu Radkersburg 1643". Im Chor zarter Freskenschmuck des zu Ende gehenden Spätbarock E. 18. Jh., dem Grazer Maler Matthias Schiffer zugeschrieben. Dargestellt ist im Schluß eine illusionistische Altararchitektur mit anbetenden Engeln, im Gewölbe Gottvater mit Heiligem Geist, Putten und den Symbolen der Kardinaltugenden. An den Wänden Symbole des Meßopfers und der katholischen Kirche. Oberm Fronbogen gegen das Mittelschiff Maria auf Wolken. Die Fresken über der Orgelempore mit Marienszenen und der hl. Cäcilie wurde erst 1910 gemalt.
Der Hochaltar zwischen den Architekturmalereien Schiffers besteht aus einer klassizistischen Nischenarchitektur mit Marienfigur von 1829; spätbarocker Tabernakel mit den Figuren der Pestpatrone Rochus und Sebastian, 3. Viertel 18. Jh. Das schöne schmiedeeiserne Kommuniongitter 1754 bezeichnet. Rechter Seitenaltar mit ausgezeichneten Figuren von Johann Georg Straub um 1755; Altarblatt der Schmerzhaften Maria, M. 19. Jh., darüber in schönem Rokokorahmen Gnadenbild des „Heiligen Hauptes zu Klagenfurt". Linker Seitenaltar, 3. V. 18. Jh.; in einer Wandnische daneben Barockpieta, M. 18. Jh. Einfache Empirekanzel, E. 18. Jh. In der Seitenkapelle ein Maria-Loreto-Altar von 1908, ein Kreuzaltar von 1911. Von der Barockausstattung des 18. Jh.s sind noch die Wangen des Kirchengestühls sowie die Figuren hll. Johannes Nepomuk und Florian erhalten. Orgel, E. 19. Jh. Am Hauptportal Kupferblechreliefs nach Entwürfen von Franz Weiss, 1968. Innen und außen einige Grabsteine des 17. und 18. Jh.s, hervorzuheben der des Georg B. Khevenhüller, Erblandstallmeister in Kärnten, gestorben 1657 (Chor).
In der Ostecke der Stadt nahe der spitzwinkelig vortretenden Kapuzinerbastei steht die ehemalige **Kapuziner-Klosterkirche**. Sie wurde 1395 von Augustiner-Eremiten mit Kloster errichtet, war aber 1542 verlassen. Während der gegenreformatorischen Bemühungen des Landesfürsten Erzherzog Ferdinand wurden 1614 Kapuziner angesiedelt, die das Kloster bis zur Aufhebung 1817 innehatten. 1940 Abbruch des Klostertraktes und Profanierung der Kirche, die seither als Weinkeller, Theater und Stadtkino verwendet wurde. – Schlanker schmuckloser Ordensbau mit steilem Satteldach, an der Ostfront hochgezogener Giebel aus Quadersteinen mit achteckigem Türmchen über einem erkerartig vorkragenden Sockel. Westfassade mit gotischem Spitzbogenfenster und später vermauertem Rundfenster, das Portal im 17. Jh. verändert (die gotische Spitzbogen- und Fialenrahmung noch erkennbar). – Das Innere der völlig ausgeräumten Kirche wurde bereits nach 1817 durch Einbau eines Weinkellers in das auf Pfeilern ruhende Untergeschoß gänzlich verändert. Im Chorschluß Reste des mittelalterlichen Baues erkennbar.
Die abgebrochene Klosteranlage erstreckte sich östlich der Kirche und stieß unmittelbar an die dort verlaufende mittelalterliche Stadtmauer.

Bereits außerhalb der alten Stadtumfriedung am nördlichen Stadtgraben wurde 1930/31 die evangelische **Christuskirche** errichtet. Es ist ein einfacher Bau im Stile der 20er Jahre mit Westturm und tonnengewölbtem Saal.

Der einstige Wohlstand der Stadt sowie ihre Bedeutung als Grenz- und Handelsort ist noch aus dem beträchtlichen Bestand alter **Bürgerhäuser** und **Palais** des 16. bis 18. Jh.s zu ersehen. Durchwegs traufseitig gelegen, haben die meisten Häuser wegen der bis ins 18. Jh. sich wiederholenden Brandschäden zumeist schlichte Fassaden des frühen 19. Jh.s. Dennoch hat sich Radkersburg wie keine andere oststeirische Stadt seinen alten Hausbestand vorbildlich bewahrt. Entscheidend dafür war auch, daß die baufreudige und protzige Gründerzeit des späten 19. Jh.s bis auf eine einzige Ausnahme (Sparkassengebäude am Grazertor-Platz) die Stadt verschonte und daß die Schäden des 2. Weltkrieges behoben werden konnten. Schließlich sei auch nicht unerwähnt gelassen, daß sich bei den Verantwortlichen die Erkenntnis vom Wert eines geschlossenen Altstadtensembles noch rechtzeitig festigte, so daß auch die Zerstörungen der von einer prosperierenden Wirtschaft dominierten 60er und 70er Jahre weitgehendst vermieden werden konnten. Die Geschlossenheit der Stadtverbauung ist dem besonders gut ausgebauten **Befestigungsgürtel** zu verdanken, mit dem sie umgeben wurde. Die gotische Stadtmauer – an mehreren Stellen noch erhalten – bildet dabei die unmittelbare Einfassung, bis zu der herangebaut wurde. Die ab 1546 angelegte Renaissancebefestigung wurde zwar weiter hinausgerückt, der neugewonnene Platz aber nicht verbaut. Die noch gut erkennbaren sechs Basteien sind im Westen die große Pfaffenbastei, im Norden die Hohle- und Ungarbastei, im Osten die Bürger- und Kapuzinerbastei, im Süden die Vorstadtbastei. In der Nordostecke hinter der Ungarbastei befand sich ein 1470 genannter Tabor mit der Burg des Stadthauptmanns. Er diente als Zufluchtstätte der Bewohner im Falle einer Erstürmung der Stadt. Diese Anlage wurde beim Bau der Basteien abgerissen.

Die Hauptverkehrs- und Durchzugsstraße, die die Stadt in ihrer ganzen Länge in nord-südlicher Richtung teilt, ist die **Langgasse,** früher auch Herrengasse genannt. Sie war im Norden vom 1838 abgebrochenen Ungartor, im Süden von dem bis 1878 bestehenden Grazertor begrenzt, die zugleich die einzigen Stadttore waren. In ihr ließen sich im 15. Jh. die Adelsfamilien und Handelsherren nieder. Ihre zwei- bis dreigeschossigen Häuser mit tiefen Höfen, die meist von Speicherbauten abgegrenzt wurden, sind bis auf wenige Ersatzbauten des 19. Jh.s noch erhalten geblieben: **Nr. 1** Hotel „Österreich", im Kern. 1. H. 16. Jh., Fassadierung 19. Jh. Im Inneren kleines spätgotisches Steinkruzifix um 1500 aus der ehemaligen Heiligen-Geist-Kirche. **Nr. 6** klassizistische Fassadengliederung und Portal von 1839. Eine Inschrifttafel erinnert an die 1417 erbaute Heiligen-Geist-Kirche, die 1807 aufgelassen wurde und deren Reste hofseitig verbaut sind. Einst befand sich hier der Eingang zur Judengasse, die an der Stadtmauer entlang lief und nach der Vertreibung der Juden 1496 verbaut wurde. **Nr. 10** „Schwarz-Haus" (Ecke Murgasse), 16. und 17. Jh. schönes Beispiel eines Bürgerhauses der Renaissance bzw. des frühen Barock; Rundbogenportal und reiche Sgraffitodekoration mit Laubwerkkartuschen und Puttenköpfen, im Obergeschoß Stuckdecken des 17. Jh.s. Das Dach mit breitem Schopfwalmgiebel und vorkragendem Hauptgesims. **Nr. 14** spätgotischer Bau aus dem 1. Drittel des 16. Jh.s mit verstäbtem Rundbogenportal, innen Schulterbogenportal und Erdgeschoßraum mit gotischem Sternrippengewölbe auf zentralem Achteckpfeiler (heute Friseurgeschäft), im Hof verbaute Arkadenreste. Straßenfassade von 1809. **Nr. 17** im Kern 17. Jh. mit Pfeilerarkaden im Hof und Fassade aus dem späten 18. Jh. **Nr. 19** von 1812, im Hof Speicherbau 1771 mit spätbarocker Marienfigur. **Nr. 26,** bezeichnet 1792, mit Pfeilerarkadenhof. **Nr. 27** Palais Herberstorff (später Freyspurger-Hof) inschriftlich erbaut 1583; großer geschlossener Gebäudekomplex um schönen dreigeschossigen Innenhof mit Säulenarkaden, von Baumeister Battista della Porta de Riva an die mittelalterliche Stadtmauer angebaut, die hier durch einen quadratischen Wehrturm des 15. Jh.s verstärkt ist. Im Inneren Stuckverzierung von Peter Zaar um 1720. Neufassadierung 1803. **Nr. 31** um 1600 mit Rustikaportal und Wappen der Familie Wildenstein; Neufassadierung 2. H. 19. Jh. **Nr. 39** Haus der Ritter von Königsfelder (Wappenstein am Portal), im Kern spätmittelalterlich mit gekehltem Rundbogenportal, im Hof Achteckpfeiler, im Obergeschoß spätgotische Tramdecke; klassizistische Fassade von 1800. **Nr. 41** 1. H. 16. Jh. mit bemerkenswerten spätgotischen Pfeilerarkaden im Hof. **Nr. 42** ehemaliges landschaftliches Provianthaus, erbaut 1588 von Festungsbaumeister Franz Marbl (Marmoro), nach einem Brand 1639 erneuert durch Peter Valnegro. Ehemals Hofverbindung zum Zeughaus in der Emmenstraße; zweigeschossige Hofarkaden, größere Teile des Altbaues abgebrochen. **Nr. 43** einstiger Freihof Purgstall-Neuweinsberg, ursprünglich im Besitz der Familie Wechsler und Geburtshaus der aus diesem Geschlecht stammenden Freifrau von Galler, welche als Bauherrin der Riegersburg berühmt wurde. Hofseitig gotische Pfeilerarkaden, am Westtrakt 1516 datiert mit Wappen der Wechsler-Lanthieri, darüber Ornamentband mit Engeln und Namenszug ,,Niclas Wechsler''. Später im Besitz der Grafen Trautmannsdorf (Inschrift von 1601) und Familie Kodolitsch; seit 1848 Sitz des Bezirksgerichtes. **Nr. 45** spätgotischer Bau, 1. H. 16. Jh., mit Erker über der Einfahrt. **Nr. 51** im Kern 16./17. Jh., in Ecknische Steinfigur des hl. Johannes Ev. In der Mitte der Langgasse zweigt gegen Osten der in seiner oberen Hälfte von einer Lindenallee beschattete langgestreckte **Hauptplatz** ab. Er war einst Marktplatz (1483 als solcher

Bad Radkersburg, Hauptplatz Nr. 30 (,,Pistorkaserne'') – Fresko einer Belagerung von Johannes de Aquila, E. 14. Jh.

90

genannt) und vom Durchzugsverkehr durch die Langgasse entlastet. Ihn umgeben die wichtigsten Häuser der Stadt, welche sich der ansässige Adel und die Kaufmannsfamilien bauten. **Nr. 1** an der Ecke zur Langgasse das **Rathaus** mit dem 49 m hohen Stadtturm, dem Wahrzeichen von Radkersburg. Baukern 15.–17. Jh., Fassadierung 3. Viertel 19. Jh. Der achteckige Stadtturm beherrschend an das Gebäudeeck gesetzt, die drei unteren Geschosse spätgotisch mit Kielbögen zwischen Eckdiensten und abschließender Galerie. Die oberen Geschosse und der gegliederte Zwiebelhelm mit Uhrengesims im spätbarokken Stil von Baumeister Michael Schmidt 1806 neu erbaut, nachdem der Turm beim Stadtbrand von 1750 teilweise zerstört worden war. Erdgeschoßraum, 1957 als Kriegergedächtnisstätte ausgestaltet, mit Mosaiken von Fritz Silberbauer, Außengestaltung von Architekt R. Hofer, die Bildhauerarbeiten (Stadtwappen, Kriegerköpfe) von Hans Mauracher, 1929. Im Turmzimmer darüber Ehrensaal von Fritz Silberbauer 1928 mit allegorischen Darstellungen (Erwerbsquellen der Stadt, Abwehrkampf, Lebensstationen), Wappen, Bild des Bürgermeisters Dr. F. Kamniker u. a. **Nr. 3** und **5** im Kern 1. H. 16. Jh., die Höfe mit Pfeiler- und Säulenarkaden; **Nr. 5** Stammhaus der Familie Kodolitsch, vorgezogene Erdgeschoßlauben zum Platz, die Fassaden A. 19. Jh. **Nr. 7** im Kern 15.–16. Jh. mit Resten eines Arkadenhofes, die Fassade mit hübsch verziertem Barockportal, 2. H. 18. Jh. **Nr. 9** Stammhaus der Eggenberger, des berühmtesten Radkersburger Kaufmannsgeschlechtes, das im Dienste der Habsburger bis zur Fürstenwürde aufstieg; im Kern mittelalterlich, ausgebaut in der Renaissance. Zwei Fensterachsen risalitartig vorgezogen mit Erdgeschoßlauben; große gewölbte Einfahrt, Fassadierung M. 19. Jh. **Nr. 11** Eckhaus zur Bindergasse, 16./17. Jh., mit Fassadenerker und Pfeilerarkadenhof. **Nr. 30** sogenannte Pistorkaserne (ehemals Herrschaftshaus Alt-Ottersbach), Vorderhaus mit Halle und steingerahmtem Portal, 16. Jh., der älteste Teil gegen den Hof, wo in einem über dem Bodenniveau liegenden kellerartigen Raum mit Tonnengewölbe 1951 hochinteressante Profanfresken aus dem E. des 14. Jh.s freigelegt wurden. Sie werden dem in Radkersburg ansässigen Maler und Baumeister Johannes de Aquila zugeschrieben. Dargestellt sind die Belagerung einer Stadt, eine Jagdszene mit Inschrift ,,Die Jagd die ist eine herrliche Freud" und ein Liebesgarten. Diese frühesten Profandarstellungen der steirischen Kunst lassen vermuten, daß der Raum ehemals als Trinkstube gedient hat. **Nr. 14** Spätrenaissancebau mit drei steingerahmten Portalen und Stadtwappen, einst als Artilleriekaserne in Verwendung. **Nr. 12** Bürgerhaus des späten 16. Jh.s mit Rustikaportal und Renaissanceerker, im Hof Pfeilerarkaden, der rückwärtige Trakt mit Renaissancedoppelfenster. Einst im Besitz der Eggenberg, hernach der Grafen Wurmbrand. **Nr. 10 altes Rathaus**, später Platzkaserne, erbaut 1607–1612 von Domenico Gallo und Antonio Piazzo mit Rundbogenportal und dreiteiligem Rundbogenfenster darüber. Einfahrtshalle und Pfeilerarkaden im Hof um 1800. **Nr. 6** im Kern spätgotisch (hofseitig Schulterbogenportal), die hochbarocke Fassade, E. 17. Jh., zeigt Pilastergliederung und reich stukkierte Fensterrahmungen. **Nr. 2** 1. H. 18. Jh. mit Erdgeschoßlauben, klassizistische Fassade um 1800; die Marienfigur von Johann Prandtner, bezeichnet 1668. In der Platzmitte **Mariensäule** aus Aflenzer Sandstein, inschriftlich 1680/81 anläßlich der großen Pestepidemie von den Bürgern der Stadt gestiftet. An den Ecken des hohen Sockels stehen die Pestheiligen Rochus und Sebastian sowie Antonius von Padua und Franziskus, in der Sockelnische die hl. Rosalie, alle von 1766. Die weißen Jahreszahlen und Markierungen im Steinstöcklpflaster vor der Säule sollen an drei historische Ereignisse erinnern: die Verbrennung lutherischer Bücher am Höhepunkt der gegenreformatorischen Maßnahmen des Grazer Hofes im Jahre 1600; die Befreiung der Stadt durch die Sowjetarmee 1945, für zu Ehren die Bürger ein Russendenkmal errichten mußten (die Skulpturen einer Soldatengruppe hatte der Bildhauer W. Gösser geschaffen), das 1959 zum Grazertor-Platz verlegt wurde; schließlich markiert die Jahreszahl 1919 den Standplatz eines Denkmals für Kaiser Josef II., das 1902 gestiftet und während der jugoslawischen Besetzung zerstört wurde.

Bad Radkersburg, Emmenstr. Nr. 9 – ehem. landschaftl. Zeughaus, 1588

Emmenstraße (früher Sporgasse, 1489 urkundlich genannt), 1950 nach der Schweizer Patenstadt Emmen benannt, die Radkersburg beim Aufbau nach dem Krieg half. **Nr. 2** Ecke Langgasse 36 Fassadengestaltung, M. 19. Jh.; 1958 wurde im Obergeschoß ein barockes Fresko, darstellend den „Heiligen Wandel", freigelegt, der als Haussegen galt. **Nr. 4** mit Rustikaportal, datiert 1697. **Nr. 5** Renaissancebau mit abgefaßtem Rundbogenportal und Pfeilerarkadenhof. **Nr. 7** dreiachsiger klassizistischer Bau von 1798 mit Plattengliederung und schönem Fenstergitter. **Nr. 9** ehemals landschaftliches Zeughaus, 1588 zugleich mit dem Provianthaus in der Langgasse erbaut und durch Höfe verbunden. Fassade mit einachsigen Seitenrisaliten, in der Mitte Rustikaportal, Wandgestaltung wie bei Nr. 7. Im Hof zweigeschossige Säulenarkaden. Bis 1952 Bezirkshauptmannschaft; seit 1954 ist das Stadtmuseum und eine Musikschule hier untergebracht. Ersteres umfaßt eine Reihe von Gegenständen zur Stadtgeschichte (hölzerner Freiungsarm von 1783, Gerechtigkeitstafel des Schulmeisters Andrä Peschku, 1615, Stadtrichterschwerter von 1564 und 17. Jh., Pläne und Ansichten etc.) sowie wertvolle Bodenfunde (Negauer-Helm aus dem 2. Jh. v. Chr., gefunden 10 km südlich von Radkersburg im Bereich des Schlosses Negau) und Handwerkserzeugnisse der Stadt. **Nr. 15** mit Nischenfigur der Maria Immaculata, E. 17. Jh. **Nr. 19** Palais Nadasdy (heute Realgymnasium), langgestreckter dreigeschossiger Komplex mit Pilastergliederung und Pfeilerarkaden im Hof, von den Grafen Nadasdy Anfang 18. Jh. anstelle eines älteren Gebäudes der Mindorf und Eggenberg (1643) ausgebaut; 1945 nach Kriegszerstörung wieder hergestellt, 1970 aufgestockt. Tabor **Nr. 13** mit marmornem Auferstehungsrelief, 2. H. 16. Jh. (aus der Augustinerkirche?). **Nr. 19** Bau des 17. Jh.s mit zweiachsigem Vorbau über Erdgeschoßlauben. **Florianisäule**, bezeichnet 1774. **Murgasse** 1346 urkundlich genannt, verläuft parallel zum Hauptplatz mit ein- bis zweigeschossigen, traufseitig gelegenen Häuserzeilen ländlichen Charakters vom 16.–19. Jh. Straßenpflasterung mit den in der Stadt einst überall vorhandenen „Murnockerln"; malerische Hinterhöfe. Auf der **Kapuzinerbastei** steht noch ein mächtiger spätmittelalterlicher Wehrturm, der 1964 zur Jugendherberge umgestaltet wurde. **Pfarrgasse Nr. 9** im hinteren Teil mittelalterlicher alter Stadtmauer verbaut, wahrscheinlich das im 15. Jh. genannte „Steinhaus" der Königsfelder. **Nr. 4** mit Steinwappen der Familie Trautmannsdorf, hinter dem Haus die „Hohle Bastei" mit noch vorhandenen Kasematten und einer Ausfallspforte, 2. H. 16. Jh. Am **Grazertor-Platz Nr. 18** Sparkassengebäude in den überdimensionierten Formen der Gründerzeit, 1896 von Architekt Theyer aus Graz als Abschluß der Langgasse errichtet. Gegenüber Einmündung der alten Stadtmauer mit Landeswappen, Stadtsymbol und Jahreszahl 1556. **Nr. 12** ehemals Schlosserei Gerschak unmittelbar am Grazertor, jetzt Gedenkstätte für Johann Puch (1862–1914), der hier einige Zeit arbeitete, am Portal bezeichnet 1796. Sgraffitomalereien von Dina Kerciku, 1960, darstellend verschiedene Räder und die Grazer Puch-Werke in Erinnerung an die Radkersburger Anfänge des späteren Konstrukteurs und Pioniers des Fahrrad- und Motorradbaues. Am **Stadtfriedhof** Ehrengrab für Bürgermeister Dr. F. Kamniker (gest. 1928), Entwurf von Architekt R. Hofer, plastische Arbeiten von Bildhauer Hans Mauracher.

B Ä R N E G G   in der Elsenau, Bez. Hartberg

Schloß auf dem Höhenrücken zwischen dem Sulzbach- und dem Schäfernbachgraben, erbaut im letzten Viertel des 12. Jh.s als Mittelpunkt einer Rodungsherrschaft von einem Vorfahr der Perner. Bis 1553 dann in deren Besitz, von 1567–1798 in dem der Familie Rindsmaul. Die in den letzten Jahrzehnten zur Ruine verfallene Anlage bestand aus Teilen des mittelalterlichen Wehrbaues mit kräftigem Rundturm und einem langgestreckten zweigeschossigen Gebäudeviert um einen Pfeilerarkadenhof des 17. Jh.s. Reste von Außenwerken und Basteien befinden sich nördlich des Schlosses. Von der ehemaligen Einrichtung, bestehend aus alten Öfen, der Bibliothek und Schloßkapelle von 1703 mit einem Altar von 1752, gelangten Teile ins Landesmuseum Joanneum bzw. in die Brucker Minoritenkirche. Die spätbarocke Nikolauskirche unterhalb des Schlosses ist gänzlich verfallen.
Im nahen Götzendorf wurde ein römerzeitliches Hügelgräberfeld ausgegraben.

B E R T H O L D S T E I N (P e r t l s t e i n)   Bez. Feldbach

Eine der größten befestigten Höhenanlagen zur Sicherung des Raabtales war das nahe dem Dorf Pertlstein bei Fehring auf einer nach drei Seiten abfallenden Rückfallkuppe erbaute **Schloß** B. Berthold I. von Emmerberg (1170–1179), ein Traungauer Ministeriale, errichtete hier im Verlaufe der Rodung des unteren Raabtales eine erste Burg, die bis ins 15. Jh. seiner Familie gehörte. Von 1578–1800 im Besitz der Lengheim, die noch entscheidende Bauerweiterungen durchführten. Hernach an die Grafen Trautmannsdorf und Noe von Nordberg gelangt. 1871 erwarb Graf Ladislaus Koszielski das Schloß. Aus Posen gebürtig und zuerst in preußischem Militärdienst, gelang es dem Grafen als Berater des türkischen Sultans Abdul Medschid zu Ansehen und Reichtum zu gelangen. Unter dem Namen Sefer Pascha kehrte er in seine engere europäische Heimat zurück und verbrachte die Sommermonate in Bertholdstein, das er durchgreifend restaurieren und zum

Teil in orientalischem Stil ausstatten ließ. Hier hatte er auch seine kostbare Kunstsammlung aufgestellt. Seit 1918 birgt das Schloß eine Benediktinerinnen-Abtei zum hl. Gabriel. – Ältester Teil ist die nördlich gelegene Wohnburg, ein unregelmäßiger dreigeschossiger Gebäudekomplex um zwei kleine Innenhöfe. Noch auf das 13. Jh. zurückgehend und sehr eng angelegt wurde die Burg späterhin mehrfach verändert, zuletzt und am sichtbarsten durch Sefer Pascha, der den alten Bergfried im Stile der deutschen Spätromanik als Rundturm mit Rundbogenfries und Zeltdach erneuern ließ. An der Südseite gegen die Straße liegt die Vorburg, die den Eingang und die Kapelle enthält und im wesentlichen aus der Gotik stammt. Sie wurde unter den Lengheim wehrhaft ausgebaut mit einem keilförmig vorgezogenen Eckturm im Südosten, der den Zugang absicherte. Überm Zugbrückenportal Pechnase und Wappenstein der Lengheim, datiert 1582. Am A. des 17. Jh.s wurden diese beiden Burgteile verbunden durch eine 90 m lange Wehrmauer mit zweigeschossigen Hoflauben, an die ein halbrund vorspringendes Kanonenrondell anschließt. Damit war der Zugang vom Raabtal her gut abgesichert und außerdem nach

Schloß Bertholdstein –
Grabstein des B. von Emmerberg,
um 1440

94

Innen Platz für einen großen Turnierhof gewonnen, den man an der Westseite durch langgestreckte Wirtschafts- und Wohngebäude einfaßte. Dem damaligen Gestaltungswillen gemäß war somit aus der unregelmäßigen, in zwei Teile zerrissenen mittelalterlichen Burg eine geschlossene großzügige Anlage von annähernd einheitlicher Bauhöhe geworden.

Inneres: Die alte **Kapelle** in der Vorburg geht noch auf die Romanik zurück, was im Orgelchor erkennbar ist, an dessen Stelle einst ein romanisches Chorquadrat stand. Ihr heutiges Aussehen gewann sie durch einen Umbau in der ersten H. des 15. Jh.s. Die Kapelle besteht aus einem relativ hohen vierjochigen Schiff mit Kreuzrippengewölben und einem stark eingezogenen einjochigen Chor mit $^5/_8$-Schluß. In diesem befindet sich eine Sakramentsnische und ein Sakristeiportal aus der Spätgotik. Aus der selben Zeit stammen die Blattrankenmalereien an den Rippen und um die Fenster. Zu E. des 16. Jh.s wurden im Chor protestantische Freskenkartuschen mit Bibeltexten angebracht. Das große Fronbogenfresko mit der Schutzmantelmaria und Mitgliedern der gräflichen Familie Lengheim, umgeben von ihren Namenspatronen, entstand 1761. Qualitätvolle Ausstattung mit drei Altären im Knorpelwerkstil, laut Inschriftstein am Hochaltar 1636 geweiht. Kanzel M. 18. Jh. Taufbecken von 1597 mit Lengheimwappen. An der Südwand drei vorzügliche Grabmäler der Lengheim, am reichsten das von Philibert Pocabello geschaffene Grab des Wolf von Lengheim (gestorben 1601), der in dunklem Marmor mit seiner Familie kniend dargestellt ist. Darunter Inschriftplatte, im Abschluß Wappen und Caritasfigur. Die beiden anderen Grabmäler von 1649 und 1712. Grabsteine von 1601, 1649 und 1702. Tragorgel um 1700 aus der Annakapelle am Pöllauberg. Glocken von 1554, 1683 (Medardus Reig) und 1693 (Florentin Streckfuß). Im ehemaligen Rittersaal jetzt eine Kapelle (geweiht 1965) mit einem Glasfenster von Schwester Basilia Gurth.

Im ersten Stock der Vorburg vorzüglicher spätgotischer Grabstein des Berthold von Emmerberg (gestorben 1403) im Harnisch, der um 1440/50 von einem Salzburger Sepulkralbildhauer in Rotmarmor gearbeitet wurde und sich ursprünglich in der Pfarrkirche von Fehring befand. Er gehört zu den bedeutendsten Bildwerken seiner Art aus dieser Zeit.

An der Schloßzufahrt **Figur** des hl. Leonhard, M. 18. Jh.

Im Ortsbereich wurden römerzeitliche Hügel- und Flachgräber sowie Reste einer Villa entdeckt.

BIRKFELD   Bez. Weiz

Die in das ansteigende Bergland der nördlichen Oststeiermark einschneidende schmale Furche des oberen Feistritztales gehörte zu den schwer zugänglichen Gebieten des Landes, die sich durchgreifenden Besiedlungen in früherer Zeit widersetzt haben. Es liegen daher nur wenige Funde aus vorrömischer und römischer Zeit vor. Der erste Markt wurde gegen 1230 angelegt von Hartnid von Ort, der auf Burg Waxenegg, dem damaligen Herrschaftszentrum, saß. Es war dies der Dreiecksmarkt beim Schloß Birkenstein im oberen Ortsteil, der früher auch Hafermarkt genannt wurde. Da er sich beim weiteren Vortrieb der Rodungen im oberen Feistritztal als zu klein erwies, wurde um 1260 vom Landesfürsten ein dazu quergestellter, langer zweiter Markt errichtet mit der Pfarrkirche als Abschluß gegen Osten. In der Folgezeit erlangte Birkfeld einige wirtschaftliche Bedeutung als Mautort auf dem Handelsweg zwischen dem steirischen Unterland und dem Mürztal. 1911 erfolgte die Eröffnung der schmalspurigen Lokalbahn Weiz–Birkfeld. Der Ort besteht aus zwei in stumpfem Winkel aufeinandertreffenden Straßenzügen, von denen der von Süden nach Norden verlaufende an seinem oberen Ende beim Schloß platzartig erweitert ist, der von Westen nach Osten führende Hauptplatz mit dem Kirchenbezirk schließt. Der **Häuserbestand** ist zu einem erheblichen Teil erneuert, weist aber noch Altbauten, vor allem an der Nord- und Westseite auf, die zum Teil ins 16. Jh. zurückreichen. Die Fassaden sind durchwegs jünger: **Nr. 9** zeigt eine klassizistische Pilastergliederung, stukkierte Fensterrahmungen und Zopfstilgitter, das Portal ist 1807 datiert. **Nr. 6** Biedermeierfassade mit Pilastergliederung, anschließend zwei dreigeschossige Häuser in historistischen Formen, **Nr. 4** bezeichnet 1902. Am oberen Platz gegenüber dem Schloß ab **Nr. 29** weitgehend geschlossener Altbestand. Die hier aufgestellte **Mariensäule** von 1900.

Die **Pfarr- und Dekanatskirche hll. Petrus und Paulus**, in gut sichtbarer Lage am Ostende des Ortes, wurde 1295 erstmals genannt, dürfte aber schon 30 Jahre vorher entstanden sein. Von der mittelalterlichen Anlage ist nur mehr der Unterbau des Westturmes weiterverwendet worden. Der übrige Bau wurde gänzlich abgerissen und von 1709–1715 durch eine größere Kirche ersetzt. Der Neubau kostete 14.000 Gulden, wovon 12.000 die Gemeinde aufzubringen hatte. Baumeister war Remigius Horner aus Pöllau. Er hat hier, wie in allen seinen Kirchen, ein Raumschema angewandt, das er in vereinfachter Form von der Pöllauer Stiftskirche herleitete. Es besteht in der Kombination eines einschiffigen Langhauses mit einer weiträumigen Dreikonchenanlage, deren mittlere Altarkonche durch die Einfügung eines queroblongen Joches verlängert ist. Das zweijochige Langhaus mit Kreuzgratgewölben, Pilastergliederung und dreiachsiger Musikempore auf Pfeilern. Sakristei mit Oratorien, am Portal bezeichnet 1711, Seitenportale mit der Jahreszahl 1710. Der schmalen Westfassade ist ein quadratischer Turm vorgesetzt, sein achteckiges Glockengeschoß mit dem abschließenden Laternenhelm ist zum Kennzeichen der Ortsansicht geworden. An der Vorderseite Ölbergfresko des 18. Jh.s, eine Kreuzigung an der Südseite verdorben.

Vorzügliche Einrichtung des Spätbarock, die in einigen Etappen entstand. 1730 wurde der Hochaltar aufgestellt, dessen Säulenaufbau Remigius Horner entworfen hatte, die Figuren von dem Grazer Bildhauer Josef Schokotnigg. Das große Mittelbild malte J. Allmer 1885. 1730 entstand auch der rechte Seitenaltar zu Ehren des hl. Johannes

BIRKFELD, Pfarr- und Dekanatskirche hll. Petrus und Paulus

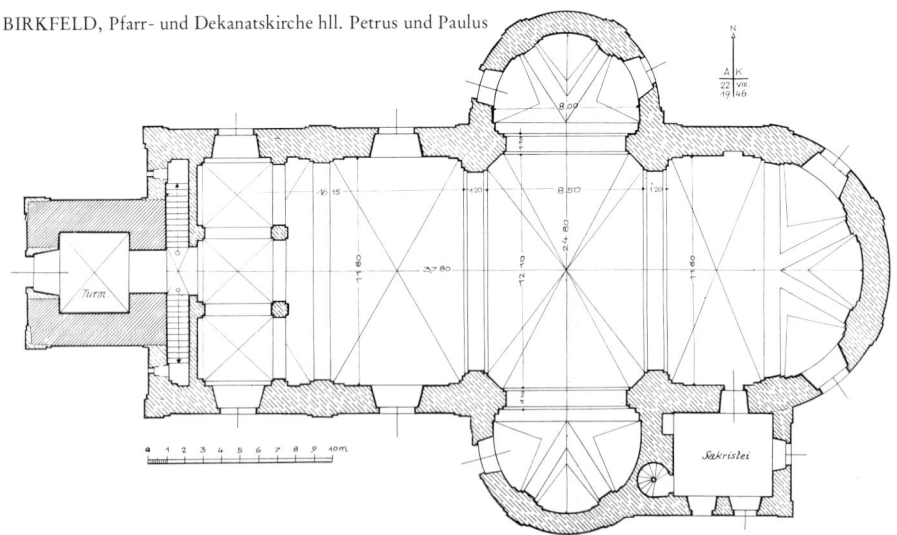

Nepomuk, 1737 sein Gegenstück auf der linken Seite. Es sind kleine Säulenaltäre mit Baldachinen über der Mittelfigur und ovalen Oberbildern. Ihr Figurenschmuck wurde gleichfalls von Josef Schokotnigg angefertigt, der architektonische Entwurf wahrscheinlich von Remigius Horner. 1737 schließlich schufen die beiden Meister noch die Kanzel mit den bewegten Evangelistenfiguren am Korb und den Kardinaltugenden am Schalldach. Am linken Konchenaltar, einem Werk des 19. Jh.s, steht eine Josefstatue, die Josef Schokotnigg 1740 geschnitzt hat. Erst 1768 entstand der prächtige Rosenkranzaltar in der rechten Konche, ein Meisterwerk des Grazer Bildhauers Philipp Jakob Straub. Er verfertigte auch das Gehäuse und die Figuren der von Ferdinand Schwarz 1765 gebauten Orgel. Die aus der Bauzeit stammenden Kirchenbänke mit Akanthusschnitzereien an den Wangen wurden 1975 entfernt. In der Chornische schmiedeeiserner Wandleuchter um 1740. Zu seiten des Westportales große Statuen der Apostelfürsten aus dem späteren 17. Jahrhundert, die zum Hochaltar der älteren Kirche gehört haben dürften. Glocke von Florentin Streckfuß, 1693.

Neben der Kirche der **Pfarrhof,** der von 1718–1720 entstand, jedoch durch mehrere Umbauten, zuletzt 1971/72, stark verändert wurde. Um die Kirche ehemals der Friedhof und eine noch teilweise vorhandene wehrhafte Kirchhofmauer, an ihrer Südseite barockisierter **Wehrturm** des 15. Jh.s. Hinter der Kirche kleine **Kapelle** aus der 1. H. des 18. Jh.s.

Das im oberen Ortsteil gelegene langgestreckte **Schloß** Birkenstein wurde ab 1555 von Georg Kleindienst, Burgpfleger auf Schloß Waxenegg bei Anger, durch den Zusammenschluß von vier Hausstätten angefangen und von seinen Erben erweitert. 1599 heißt es darüber: ,,das Schloß Pürckhstain, wie solches mit der Ringmauer auf detto eingefangen, sambt seinem darangelegnen Mayrhof und der Seitten darundter gelegen biß an Padergraben, darin sechs Haußstet sein so zusambengebautt worden . . .`` Von der alten Ringmauer sind noch Teile im später aufgeschütteten Garten erhalten, die 1 m unter dem Niveau Schießscharten aufweisen. Die ältesten Schloßteile liegen im Eingangstrakt der Nordseite und dem kurzen hangseitigen Ostflügel, welcher zu E. des 16. Jh.s durch Mauern abgestützt wurde. Im 17. Jh. wurde der vom Hang weiter abgerückte dreigeschossige Ostflügel zusammen mit dem Süd- und dem langen über den Eingangstrakt vorgezogenen Westflügel dazu gebaut und dadurch ein kleiner Arkadenhof gebildet. Der halbrund vortretende Südosttrakt des nicht ganz geschlossenen Vierflügelbaues enthielt ehemals eine Kapelle. Unter den Grafen Trautmannsdorf, die von 1707–1809 das Schloß besaßen, erfolgten verschiedene Umbauten (Ost- und Nordtrakt) und die barocke Neufassadierung der ganzen Anlage mit flacher Pilastergliederung und dekorativen Fensterrahmungen. Damals wurden die alten Renaissancefenster und Türstöcke im ersten Obergeschoß entfernt. Graf Ludwig G. Manneville, Schloßherr von 1820–1832, ließ die Arkaden in den Obergeschossen vermauern. Von 1838–1858 saß Moritz Edler von Kaiserfeld, Gutsherr, Politiker und Schriftsteller auf Birkenstein; seit 1902 gehört es der Familie Tacoli. Deren Wappen ist am Hauptportal zu sehen. Im Hof wurde 1975 ein Brunnen mit wasserspeiender Maske aufgestellt.

Am Nordrand des Ortes befindet sich auf einer Anhöhe, die ehemals bewaldet war (Galgenwald), der sogenannte Birkfelder **Galgen.** Er besteht aus drei nach oben sich verjüngenden Bruchsteinpfeilern, die im gleichseitigen Dreieck angeordnet sind und wahrscheinlich noch aus dem 17. Jh. stammen. Seit 1571 gab es ein Landgericht Birkfeld.

B L A I N D O R F   Bez. Hartberg

Breitstraßendorf im Feistritztal, gegründet im letzten Drittel des 12. Jh.s, 1385 als Pluemendorf genannt. 1532 von den Türken, 1605 von den Hajduken schwer heimgesucht. Die in Hanglage errichtete **Filialkirche hll. Rochus und Sebastian** (Pfarre Groß-Steinbach) ist ein spätgotischer Bau von 1508 mit Veränderungen aus dem E. des 17. Jh.s. Während außen durch die abgetreppten Strebepfeiler und die drei Portale mit verstäbten Gewänden (das westliche bezeichnet 1508) das gotische Stilbild erhalten blieb, wurde das Innere der Kirche weitgehend barockisiert. 1693 erhielt das dreijochige Langhaus eine Stichkappentonne mit Gurten, die auf Wandpfeilern aufruhen und mit vertieften Feldern und Perlstableisten in Stuck verziert sind. Gleichzeitig wurde der eingezogene quadratische Chor neu gewölbt und die südseitige gotische Sakristei gegen Westen verlängert. Ein Fenster im dritten Schiffsjoch, dessen gotisches Maßwerk noch sichtbar ist, mußte deshalb vermauert werden. Der am Westgiebel aufsitzende Dachreiter dürfte noch auf das 17. Jh. zurückgehen, wurde jedoch im 19. Jh. umgestaltet.

Einrichtung mit qualitätsvollem Hochaltar in Knorpelwerkstil und Hauptbild, darstellend die beiden Kirchenheiligen und die Aufnahme Mariens in den Himmel um 1680/85. Der linke Seitenaltar gleichzeitig, mit einem Bild der Marienkrönung; der rechte Seitenaltar und die Kanzel spätbarock aus dem 2. Viertel des 18. Jh.s. Die hölzerne Orgelempore zeigt auf ihren Brüstungsfeldern dekorative Schablonenmalerei und dürfte zusammen mit dem 1644 datierten Emporengestühl entstanden sein. Orgel um 1750, umgebaut 1908. Im Chor ein großes unterteiltes Tafelbild mit der Darstellung der 12 Apostel in Nischen, wohl noch E. 16. Jh. entstanden. Einige Konsolfiguren aus dem E. des 17. Jh.s. Ober dem Seiteneingang interessantes Votivbild mit Ortsansicht (Wehrmauer um die Kirche!) und der Inschrift: ,,Anno 1704 Am Festag des Hl. Apostl Jacobi Haben die Hungerische Rebellen alle Umligente Pfarn mit Sengen und Brennen Dergestalten angegriffen, daß vill Taussent Heusser Da durch in Aschen gelegt worden, Disse Pfarr Stainbach aber Ist durch vorbütt des Hl. Floriani befreieth bliben, deme zu Ewiger dankhsagung hat die Pfarrmengge von Stainbach disses Bilt anhero auf Blaimdorff geopfert." Vortragstange mit Florianifigur 2. H. 18. Jh. Die Kreuzwegdarstellungen in glasierten Tonreliefs von Anna Heck, 1968.

BLUMAU   Bez. Fürstenfeld

Haufendorf im Safental. 1218 ein Ritter Conrad von Plumenaue genannt, der wahrscheinlich aus Fürstenfeld stammte und die Burg Blumau als Mittelpunkt einer Rodungsherrschaft errichtete. Nach dem Bau der weiter östlich gelegenen Wasserburg Burgau im 14. Jh. verlor Blumau an Bedeutung. Beim Hajdukeneinfall 1605 und im ersten Kuruzzenjahr 1704 wurde der Ort teilweise niedergebrannt und geplündert.

Die Pfarrkirche hl. Sebastian in leicht erhobener Hanglage am Westrand des Ortes ist ein einheitlicher Barockbau, den der Grazer Hofmaurermeister Bartholomäus Ebner 1702/03 in einfachen Formen errichtete. Das dreijochige Langhaus mit Kreuzgratgewölbe mit Gurtenteilung über Wandpfeilern und einem umlaufenden Gebälk; der eingezogene Chor besteht aus einem Joch mit 3/8-Schluß. Dreiachsige Orgelempore über zwei kräftigen Pfeilern. An der Westseite ist ein quadratischer Turm mit gegliedertem Zwiebelhelm vorgesetzt. An den Außenwänden Pilasterordnung.

Einfache Barockausstattung: der Hochaltar ohne Aufbau mit guten Tabernakelengeln, seitlichen Figuren der hll. Leo II. und Silverius sowie Sebastiansbild an der Rückwand M. 18. Jh. Die beiden Seitenaltäre 1. Viertel 18. Jh. Die Kanzel hat ein spätbarockes Schalldach, der polygonale Korb mit Figuren der vier Evangelisten ist mit klassizistischen Ornamenten verziert, die aus der Zeit der Pfarrerhebung 1787 stammen dürften. Orgelgehäuse M. 18. Jh. Oberhalb der Kirche am Hang kleine **Maria-Lourdes-Kapelle** von 1898.

An der Straße barocker **Nischenbildstock** in Dreieckform mit Pilastergliederung 1. H. 18. Jh., die jüngst erneuerten Heiligenfresken von Adolf Osterider.

BREITEGG siehe unter ST. RUPRECHT a. d. Raab

BREITENFELD   Bez. Feldbach

Der in einem südlichen Seitenarm des Rittscheintales gelegene Ort ist um 1160 als Burggrafensiedlung der Herrschaft Riegersburg anzunehmen. Er wurde 1229 von Hermann von Ceta, einem Gefolgsmann der Wildonier, dem Johanniterorden zu Fürstenfeld verkauft. Als Folge eines Streites der Johanniter mit dem Pfarrer von Riegersburg wegen der vom Orden erbauten Fürstenfelder Kirche wurde 1232 Breitenfeld als Entschädigung in den Riegersburger Pfarrsprengel eingegliedert. 1634 die Pest im Ort. 1645 Errichtung einer Kapelle, die man bald zur Kleinkirche erweiterte.

Die **Pfarrkirche zum Heiland** (Pfarre seit 1865) wurde an ihrer Stelle 1681–1698 als Pest-Wallfahrtskirche erbaut und gehörte zur Hauptpfarre Riegersburg. Der stattliche Baukörper besitzt zwei Giebelfassaden, da der Ostchor mit Oratorien, Emporen und Sakristei, die an der Nordseite bis zur Langhausflucht, im Süden über sie hinausreichen, einen geraden Abschluß erhielt. Außengliederung durch umlaufende Doppelpilaster und Gesimsband, die Ostfront mit zwei Nischenfiguren Christus Salvator und Maria. An der Südseite des Chores der quadratische Turm mit Pyramidendach; Portal mit Jahreszahl 1692. Das geräumige Innere mit vierjochigem Langhaus, dessen sechsteilige Kreuzgratgewölbe auf vorgezogenen Wandpfeilern aufruhen. Der eingezogene zweijochige Chor mit Kreuzgratgewölben und Emporen, welche sich in hohen Rundbögen öffnen. Dreiachsiger Orgelchor auf Pfeilern. Wandgliederung durch Pilasterauflagen an den Pfeilern und umlaufendes verkröpftes Gesims. In den Bogenfeldern der Wandnischen Lünettenfenster, welche neben den Rechteckfenstern im 3. und 4. Joch günstige Lichtverhältnisse schaffen. Wegen der Feuchtigkeit des Untergrundes, der schon die Erbauer veranlaßte, die Fundamente mit 117 Piloten abzustützen, besteht akute Senkungsgefahr für die Kirche, weshalb seit 1967 Sicherungsarbeiten vorgenommen wurden.

Die qualitätvolle Einrichtung erfolgte durch den Riegersburger Hauptpfarrer Gundackar von Stubenberg (1707–1729); sein Grabstein ist im Chor eingemauert. Beeindruckend der den ganzen Chorschluß füllende zweigeschossige Hochaltar mit raumgreifender Säulenarchitektur und Umgangsportalen. Im Hauptteil und im Aufzug die Figuren der 12 Apostel; das Mittelbild mit Christus Salvator stammt von Simon Echter und wurde schon 1645 für den ersten Kapellenbau gemalt. Die Weihe erfolgte 1714, das Chronogramm 1731 über den Umgangsportalen weist auf den Zeitpunkt der Fassung. Tabernakel E. 18. Jh. Nächst dem Hochaltar ist die Kanzel hervorzuheben, deren schwungvoll gekurvte Gestaltung von Korb und Schalldach sich von der berühmten Vorauer Kanzel des Matthias Steinl (datiert 1706) herleitet. Sie zeigt die Figuren der vier Kardinaltugenden Glaube, Liebe, Hoffnung und Stärke, weiters Christus mit Putten sowie einige Reliefs mit Darstellungen aus dem Leben Christi. 1733 gefaßt ist sie jedoch gleich dem Hochaltar einige Jahre davor entstanden. Die vier Seitenaltäre in den flachen Nischen zwischen den Pfeilern stammen aus dem 1. Viertel des 18. Jh.s, davon der Antoniusaltar mit Bild von Matthias von Görz 1718, der Marienaltar mit Immaculatadarstellung von August Kraus 1887. Gutes kleines Buchsbaumkruzifix in der Art des Veit Königer 3. Viertel 18. Jh. Unterm Sängerchor zusammengestellter Grab-Christi-Altar mit Resten des ehemaligen Kulissengrabes A. 19. Jh.; die Kreuzwegbilder gleichzeitig. Orgel von 1722.

Spätbarocker **Pfarrhof** von 1740.

Am Ortsrand **Wegkapelle** mit Kreuzgruppe, bezeichnet 1845.

Kalvarienberganlage südwestlich des Ortes von der Straße nach Riegersburg durchschnitten. Die große Kreuzigungsgruppe mit Figuren von Franz A. Schakar 2. Viertel

18. Jh. Darunter an der Straße Kapelle von 1866 mit Figur des Breitenfelder Salvator 2. H. 17. Jh. und Wandbildern der Apostelfürsten von 1969. Stationspfeiler den Hang abwärts gegen den Ort mit Bildern von 1968.

Im nahen Neustift westlich der Ortschaft wurde eine mittelalterliche **Burgstelle** ausgemacht.

BREITENHILM siehe unter HAUSMANNSTÄTTEN

BRUNNSEE   Bez. Radkersburg

Schloß inmitten eines großen Parkgeländes. Der erste Ansitz aus dem 15. Jh. als Lehen der Herren von Pettau im Besitz der Peßnitzer. Im 16. Jh. von den Khuenburgern wegen der wachsenden Türkenbedrohung mit großen Teichen umgeben und zur Wasserburg ausgebaut. Weiterer Umbau M. 17. Jh., der dem Schloß seine heutige Gestalt gab. Im 18. und 19. Jh. in wechselndem Adelsbesitz (Breuner, Wagensberg, Trautmannsdorf, Saurau, Wimpffen). Nach ihrer Ausweisung aus Frankreich erwarb 1837 die Herzogin Katharina von Berry, älteste Tochter König Franz I. von Neapel und Schwiegertochter des 1830 abgedankten König Karl X. von Frankreich, das Schloß und richtete es als Sommerresidenz ein. Die Herzogin entfaltete eine prunkvolle Hofhaltung französischen Stiles und machte Brunnsee zum Mittelpunkt Bourbonischer Restaurationspolitik. Sie ließ an-

Schloß Brunnsee – Eingangsfront und Gartenpavillon, M. 17. Jh. u. 1733

100

stelle der Teiche den großen Schloßpark anlegen und richtete außerdem eine landwirtschaftliche Musterwirtschaft ein, die 1842 von den Teilnehmern am deutschen Naturforschertag in Graz besichtigt wurde. 1864 ging das Schloß an ihren Sohn Prinz Heinrich Bourbon über, von diesem 1871 an seinen Halbbruder Graf Adinolf Lucchesi-Palli, dessen Nachfolger es noch besitzen. – Das Schloß ist ein dreigeschossiger Vierkanter auf geböschtem Unterbau und umschließt einen rechteckigen Innenhof. Die nüchterne Außenerscheinung läßt den Wehrcharakter des ehemaligen Wasserschlosses noch deutlich erkennen. Es wurde gegen 1650 von dem Mailänder Baumeister Bartholomäo Montiano erbaut, wobei er laut „Spanzettel" das alte Renaissanceschloß teils abtragen und von neuem vollständig aufmauern, teils renovieren sollte. Die Stockwerke sind durch einfache Bandgesimse markiert, nur der Unterbau schließt mit einem Leiterwulst; die Fenster haben gerade Verdachungen und als einzigen Fassadenschmuck in den Obergeschossen Parapete mit vertieften Putzfeldern. Über der Mitte der Eingangsfront erhebt sich ein quadratischer Uhrturm von gleicher Gestaltung, das Glockendach wurde später erneuert. Aus dem 2. Viertel des 19. Jh.s stammen die dem Eingang vorgebaute Altane und das genau darüber aufgesetzte Attikageschoß mit abschließendem Dreiecksgiebel. Das Stiegenhaus im Inneren wurde 1875 umgebaut. Das Schloß enthält eine sehr wertvolle Einrichtung mit Miniaturen, einer Porzellansammlung und Gemälden, darunter auch mehrere Portraits von Bourbonen, Habsburgern und Mitgliedern verwandter Häuser.
Im Schloßpark steht noch der gemauerte **Mittelpavillon** eines barocken Glashauses aus dem 2. Viertel des 18. Jh.s, dessen Flügel abgerissen wurden. Die gutgestaltete Vorderfront hat drei Ochsenaugenfenster mit üppiger Stuckrahmung, über dem mittleren das Wappen der Saurau. Im Inneren reich gestaltete Stuckdecke um ein Freskenfeld des Grazer Malers Franz Ignaz Flurer, signiert und datiert „Ignazius Flurer Pinxit 1733". Die etwas grobgemalte Figurenversammlung auf Wolken stellt die Segnungen des Gartenbaues dar.
Vor dem Zugang zum Park **Mariensäule** mit Heiligenfiguren, bezeichnet 1750.

BURGAU Bez. Fürstenfeld

Markt im Lafnitztal, von den Herren von Puchheim bald nach der M. des 14. Jh.s im Schutze der von ihnen errichteten Wasserburg angelegt. Diese erste Siedlung erstreckt sich weilerartig zwischen Burg und Kirche und besteht vorwiegend aus Drei- und Vierseithöfen. Beim Ungarneinfall 1418 Kirche und Ort niedergebrannt; 1605 von den Hajduken, 1704 den Kuruzzen geplündert. Unter den Trautmannsdorf, die Burg und Herrschaft von 1565–1753 besaßen, hatte die Bevölkerung auch noch unter überhöhten Robotleistungen zu leiden, so daß der Fortbestand des Marktlebens in Frage gestellt war. Aufschwung unter den Grafen Batthyany, die 1789 in Burgau die älteste Baumwollspinnerei im Bereich des alten Österreichs gründeten. Um die selbe Zeit wurde der jüngere Ortsteil („Unterer Markt") um die Hauptachsen Herrengasse und Roseggerstraße angelegt.
Die **Pfarrkirche** Mariae-Gnadenbrunn erhebt sich westlich des Ortes auf einer Bodenwelle, über die dort an den Hang gelehnten Häuser des älteren „Oberen Marktes". Der erste Bau des 14. Jh.s wurde 1418 von den Ungarn zerstört. Von der bald danach wieder errichteten Kirche ist noch der Chor erhalten mit quadratischem, kreuzrippengewölbtem Joch und $^5/_8$-Schluß; nordseitig ehemaliger Sakristeiraum. Nach einem Brand im Jahre 1624 wurde das Langhaus mit drei Jochen neugebaut und 1626 (Datum am Südportal) vollendet. Der quadratische Turm an der Südseite des Chorjoches ist ober dem Eingang 1679 bezeichnet und mit dem Wappen des Grafen Georg Siegmund Trautmannsdorf versehen. Sein unbefriedigender Spitzhelm aus der 2. H. des 19. Jh.s. Bei einem Unwet-

Burgau, Pfarrkirche – Grabstein des W. von Polheim, 2. V. 16. Jh.

ter im Jahre 1775 wurde das Dach abgedeckt, die Gewölbe zum Einsturz gebracht und die Mauern in baufälligen Zustand versetzt. Der Fürstenfelder Baumeister Leopold Ainspinner erhielt hierauf den Auftrag, die Kirche wieder instandzusetzen. Er tat es, indem er das Eingangsjoch mit der Orgelempore hinzufügte, das nunmehr vierjochige Langhaus mit Platzln (böhmischen Kappen) einwölbte und auf kräftigen Wandvorlagen mit reich profilierten Kämpfern und Gurten innen abstützte; außen setzte er zur Absicherung der Mauern Strebepfeiler an.

Von der gotischen Ausschmückung wurden bei der Restaurierung 1952 Gewölbemalereien im Chor freigelegt, die von den zwei Schlußsteinen ausstrahlen und aus Blumendekor sowie dem Vera Icon bestehen. Spätbarocke Einrichtung: der Hochaltar mit Bandlwerkdekor und Säulenaufbau um 1720/30, in der Mitte das gotische Marien-Gnadenbild um 1420 unter barockem Baldachin, welches eine Zeitlang Gegenstand eines Wallfahrtskultes war. An den Seiten die Figuren der Apostelfürsten Petrus und Paulus, im Aufsatz Engel mit dem Marienmonogramm. Die beiden Seitenaltäre, der Kapellenaltar und die Johannes-Nepomuk-Figur auf Wolkenkonsole aus der Zeit des Hochaltares. Kanzel mit zierlichen Korb und Rocailleschmuck sowie der Orgelkasten 3. Viertel 18. Jh. Im Chor befindet sich das vorzügliche Marmorepitaph des Weikard von Polheim (gest. 1551), dargestellt in ganzer Figur im Reiterharnisch und mit seinen Waffen in perspektivisch vertiefter Frührenaissancearchitektur. Am Unterrand die Inschrifttafeln der beiden Frauen und die Wappen des Dargestellten. Die Entstehungszeit dieser eindrucksvollen Bildhauerarbeit ist um 1530/40 anzusetzen, das heißt, sie wurde bereits bei Lebzeiten Polheims angefertigt. Dafür spricht auch der Umstand, daß man vergaß, sein Todesdatum am Stein nachzutragen. Glocke von 1586.

Im Friedhof neuerrichtete sechseckige **Aufbahrungshalle** mit einer interessant gestalteten vierflügeligen Bronzetür nach Entwürfen von B. und T. Maurer aus Fürstenfeld, 1976.
Wegkapelle nahe der Kirche mit Volutengiebel und stuckgerahmter Altarnische sowie **Straßenkapelle** mit Wieser Geißelchristus beim südlichen Ortsrand, beide M. 18. Jh.

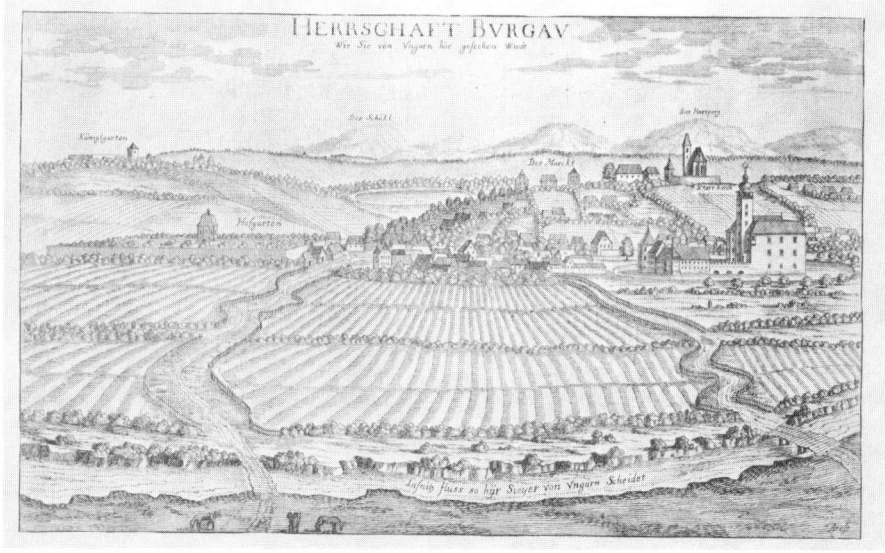

Blick auf Burgau von Osten her – Stich von A. Trost, 1681

Schloß, ehemalige Wasserburg der Herren von Puchheim, genannt 1367, von 1429–1560 im Besitz der Neuberg, bis 1565 dem der Polheim; von ihnen erwarben es die Trautmannsdorf, gefolgt 1753 von den Batthyany. Seit 1870 im Besitz der Marktgemeinde. – Die einst mit breiten Wassergräben umschlossene Anlage besteht aus der zweigeschossigen Vorburg, einem gegen Norden sich erstreckenden und einst mit Wehrmauern nach beiden Seiten abgesicherten Vorhof sowie schließlich dem daran anschließenden dreigeschossigen Wohnschloß. Dieses darf als frühestes oststeirisches Beispiel des erst mit der

Renaissance allgemein verbreiteten Vierflügelbaues um einen rechteckigen Laubenhof gelten. Die hufeisenförmig gruppierte, gegen Norden offene Vorburg wurde laut Inschrift über dem Portal 1538 von Erhard von Polheim erbaut. Sie setzt sich zusammen aus dem langen Südtrakt mit Pfeilerarkaden an der Innenseite und dem ausladenden Rundturm an der Westecke; weiters dem an der Westseite anschließenden Torbau mit Zugbrückenportal in Steinquadergliederung und dem Wappen des Maximilian Graf Trautmannsdorf aus der M. des 17. Jh.s im Oberstock sowie dem erneuerten Ostflügel. Das um einen Rechteckhof angelegte Wohnschloß hat noch erhebliche Bauteile aus dem Mittelalter, und zwar den ganzen Südflügel und die Außenmauern der ersten beiden Geschosse. Im Hof spätgotisches Schulterbogenportal und Spitzbogenarkaden. Der neben dem Torvorbau der Südseite aufragende Turm wurde 1778 abgetragen, Turmerker überm Eingang noch vorhanden. Ab 1624 wurde das zweite Obergeschoß aufgesetzt und Säulenarkaden im Hof an der Süd- und Westseite eingebaut. Weitere Ergänzungen im Nordtrakt und Fassadierung des Torvorbaues M. 18. Jh. Von der Einrichtung des Schlosses ist nichts mehr erhalten.

Im Ort befindet sich eine **Mariensäule,** die von dem Grazer Bildhauer Veit Königer (mit Werkstatt) geschaffen und laut Inschrift 1775 von Graf Batthyany errichtet wurde.

Von ihr ausgehend die **Herrengasse** mit 1–2geschossiger Verbauung aus der Zeit um 1800, **Nr. 12** mit Steinportal von 1807.

Die alte **Spinnfabrik** am Südrand des Ortes ist heute schon aufgelassen, ihre Gebäude im 19. Jh. mehrfach verändert.

Dort auch der ehem. **Schloßgarten** mit Pavillon des 17. Jh.s, gegen die Straße heute funktionsloses Portal mit Gittertor und Ziervasen im Stil 1. H. 18. Jh.

DECHANTSKIRCHEN   Bez. Hartberg

Schon in römischer Zeit soll hier die wichtige Wechselstraße vorbeigeführt haben; in der Gegend der Kirche befand sich eine Poststation. Von den Funden sind zwei römische Grabsteine des 1. und 2. Jh.s n. Chr. in der Kirchhofmauer eingelassen. Um 1150 baute der Archidiakon Otakar von Fischau mitten im ungerodeten Wald die erste Kirche an der selben alten Römerstraße, die nun von den aus dem Pittener Gebiet nördlich des Wechsels hereinziehenden Kolonisten benützt wurde. Zugleich gründete Graf Egbert III. von Formbach-Pitten bei der Kirche das Dorf ,,Techanteskirchen". 1161 wurden der Kirche vom Salzburger Erzbischof die Pfarrrechte verliehen. 1529 und 1532 arge Verwüstungen durch die Türken, 1621 und 1707 durch die ungarischen Rebellen, wobei auch Kirche und Pfarrhof schwere Brandschäden erlitten.

Pfarrkirche hl. Stephan seit 1163 dem Stifte Vorau inkorporiert. Vom romanischen Bau des Archidiakon Otakar nichts mehr erhalten (nach Klar vielleicht die Langhausmauern noch romanisch). Spätgotischer Neubau des ausgehenden 15. Jh.s, bestehend aus dem einjochigen Chor mit $^3/_8$-Schluß und dem in gleicher Breite anschließenden vierjochigen Langhaus. Das Netzrippengewölbe, dessen ehemaliger Verlauf teilweise noch erkennbar ist, wurde im Langhaus im 17. Jh., im Chor 1959 bei der letzten Gesamtrestaurierung abgeschlagen. An der Chor-Nordseite kleines, gekehltes Kielbogenportal A. 16. Jh. Außen flache Streben (Dreiecksleisten), wie sie von bayerischen und Tiroler Bauschulen verwendet wurden. Sakristei und darüberliegendes Oratorium mit zwei Öffnungen sowie Veränderung der Kirchenfenster und des Langhausgewölbes mit den (später gekappten) herabreichenden Wandvorlagen um die M. des 17. Jh.s. 1748 wurde an der Nordseite in der ganzen Länge des Langhauses eine Loreto-Kapelle angebaut und eine breite, auch den südseitig errichteten Turm einbindende Westfassade gestaltet. Sie hat einen abgetreppten Giebel, lyrenförmige Fenster und ein durchgehendes Hauptgesims, das in der Mitte korbbogenförmig hochgezogen ist. Die Turmhaube mit hoher Spitzlaterne stammt von 1902.

Qualitätvoller Hochaltar mit vorgestellten Säulen auf vasenförmig geschwungenen Postamenten, Umgangsportalen und Bandlwerk- sowie Muschelornamenten, 2. Viertel 18. Jh., dem Remigius Horner zuzuschreiben. In der Mitte Gemälde der Marter des hl. Stephanus, flankiert von den Statuen der Apostelfürsten, außen Engel mit der ehernen Schlange bzw. mit Kreuz und Totenkopf, die das Alte und Neue Testament verkörpern. Im Aufzug Hl. Dreifaltigkeit in der Engelsglorie. Tabernakel nach spätbarockem Vorbild erneuert. Die beiden Seitenaltäre hl. Augustinus und hl. Anna im Knorpelwerkstil aus dem 3. Viertel des 17. Jh.s. Die Kanzel gleichzeitig mit dem Hochaltar, ebenfalls von Remigius Horner entworfen; bei der Restaurierung 1925 wurde ein Teil des Zierates entfernt. Vorschwingende hölzerne Orgelempore mit Rocailleverzierung M. 18. Jh. Orgel von 1876, das Werk 1963 erneuert. Im Chor hübscher Kredenztisch sowie Statue des hl. Johannes Nepomuk 2. Viertel 18. Jh. Im Langhaus Bild der hll. Isidor und Notburga sowie Figur des hl. Florian M. 18. Jh. Loretokapelle mit gutem Wandaltar M. 18. Jh., das gemalte Antependium gleichzeitig. Bild der hl. Barbara sowie bemaltes Taufbrunnengehäuse aus der 2. H. des 17. Jh.s, das steinerne Taufbecken später. Die Fensterverglasungen zeigen die Verkündigung und die Krönung Mariens und stammen von der Wiener Firma Geiling um 1900. In der Sakristei schön verzierter Barockschrank um 1700, der aus der Pfarrkirche von Friedberg übertragen wurde.

Stattlicher zweigeschossiger **Pfarrhof** neben der Kirche mit vorgezogenen Seitenteilen und übergiebeltem Steinportal 2. H. 17. Jh., restauriert 1974.

DORNHOFEN Bez. Graz-Umgebung

Schloß auf linksseitigem Hang des Rabnitztales, im 1. Viertel des 17. Jh.s anstelle zweier Bauerngüter in Art eines Gülthofes von Otto von Ratmannsdorf und Gottfried von Falbenhaupt erbaut. 1746 von dem Wiener Erzbischof Ladislaus Graf Kollonitsch erworben, dessen Familie es bis zum E. des 19. Jh.s in Besitz hatte. Heute zum Teil in Verfall. – Hauptkomplex ist ein kleiner zweigeschossiger Dreiflügelbau um einen annähernd quadratischen Innenhof, dessen vierte Seite von einer Mauer abgeschlossen wird. Vier vortretende Ecktürme verstärken die Gebäudekanten; das Hauptportal an der Westseite trägt die Jahreszahl 1624, darüber erhebt sich ein kleiner quadratischer Glockenturm. Die Säulenarkaden im Hof wurden erst in neuerer Zeit anstelle von ehemaligen Holzgalerien eingefügt. Dies gilt auch für den an der Westseite angebauten Wohntrakt mit zweigeschossigen Hofarkaden. Im Südtrakt liegt die Kapelle, am Altar ein Bild der Beweinung Christi E. 17. Jh.. Zur Sicherung des Schlosses war gegen Nordwesten eine in Resten erhaltene Basteimauer angelegt und außerdem der westlich vorgelagerte Meierhof, hufeisenförmig geschlossen und mit zwei Ecktürmen bewehrt, angefügt worden. Er enthält die äußere Zufahrt und umgibt einen größeren, etwas unterhalb der Schloßterrasse liegenden Hof.

EBERSDORF Bez. Hartberg

Straßenangerdorf am Safenbach, römerzeitlich besiedelt; Dorfgründung M. 12. Jh. durch den Hochfreien Eberhard von Öblarn (1170 als Eberharstorf genannt). 1418 von den Ungarn, 1605 den Hajduken, 1704 den Kuruzzen schwer heimgesucht.

Pfarrkirche hl. Andreas, der erste Kirchenbau bereits 1170 von Kunigunde und Heinrich von Liechtenstein errichtet und mit beschränkten Pfarrechten ausgestattet. Vollständiger

Neubau in einfachen Formen 1756–1758 durch die Patronatsherrin Gräfin Antonia Kottulinsky, geborene Rottal (Datum am Westportal). Einturmfassade mit Pilastergliederung und Dreiecksgiebel; Turmhelm später erneuert. Das zweijochige Langhaus mit Platzlgewölben über Pilastern, eingezogener, einjochiger Chor mit Halbkreisschluß. An seiner Südseite Sakristei und Empore.
Gute Einrichtung des Spätbarock. Hochaltar mit neuerem Aufbau, Bild hl. Andreas von Josef A. Wonsidler 1840; Dekor, Skulpturen und Tabernakel vom älteren Altar 1773. Seitenaltäre und Kanzel 1767, dem Grazer Bildschnitzer Jakob Payer zuzuschreiben. Die Kanzel zeigt am Schalldach eine mehrfigurige Darstellung der Himmelfahrt Christi. Gleichzeitig das Taufbeckengehäuse. Orgel 1788 von Franz Xaver Schwarz. An der Südwand außen ist ein römischer Grabstein des 2. Jh.s n. Chr. eingemauert mit den plastischen Brustbildern eines Ehepaares und ihrer Tochter. An der die Kirche umgebenden Wehrmauer südseitig der Grabstein des kaiserlichen Arkebusierhauptmannes Steinpeiss von 1590.

EDELSBACH   Bez. Feldbach

Grabendorf in einem Seitengraben des Raabtales. Am „Schloßberg" im Ringgraben wurde eine wahrscheinlich mittelalterliche Wehranlage in Resten festgestellt.
In erhöhter Hanglage die **Pfarrkirche hl. Jakobus d. Ä.**, erbaut 1484 (Inschrift). Sie besteht aus einem dreijochigen Langhaus und eingezogenem, einjochigem Chor mit 5/8-Schluß; an den Ecken der Westseite und am Chorpolygon noch kräftige Strebepfeiler vorhanden. Auch der vorgezogene quadratische Westturm im Kern noch spätgotisch. In der 2. H. des 17. Jh.s neue Einwölbung des gesamten Innenraumes mit einer Stichkappentonne auf Wandvorlagen, die einfachen Rahmenstuck aufweisen. Um die M. des 18. Jh.s Erneuerung des Turmes, der in den unteren Geschossen eine dekorative Putzgliederung, im Glockengeschoß Pilaster erhielt und mit einem gebrochenen Laternenhelm abschließt. In dieser Zeit auch Anbau eines Oratoriums mit Empore an der Nordseite des Chores und Ausgestaltung der gegenüberliegenden Sakristei, die beide in der Außenansicht wie symmetrische Flügelbauten mit Schopfwalmdächern erscheinen.
Von der gotischen Ausstattung nur mehr ein fragmentarisches Weltgerichtsfresko aus dem E. des 15. Jh.s im 2. Langhausjoch erhalten, das bei der barocken Einwölbung zum Teil verbaut wurde. Aus der Barockzeit das steinerne Taufbecken mit Pfeifenmuster und hölzernem Gehäuse, 2. H. 17. Jh.; weiters die Kanzel, ein Werk des Grazer Bildhauers Veit Königer von 1768, und die beiden um die selbe Zeit entstandenen Chorgestühle. Die Altäre wurden 1876 von dem Murecker Bildhauer Michael Schopper im neugotischen Stil angefertigt. Damals gelangte Veit Königers spätbarocker Hochaltar in die nahe Dornhofer-Kapelle.
Pfarrhof am Giebel bezeichnet 1811.
Dornhofer-Kapelle nördlich von Edelsbach an einer Straßengabelung, erbaut 1883; der spätbarocke Altar gegen 1770 ehemals Hochaltar in der Pfarrkirche von Edelsbach und von Veit Königer stammend. Vor der Kapelle nicht zusammengehörige Gruppe dreier Steinfiguren von volkstümlicher Ausdruckshaftigkeit, darstellend die trauernden Marien und Johannes, ca. M. 18. Jh.

EGGERSDORF bei Graz   Bez. Graz-Umgebung

Auf die römische Besiedlung verweisen zwei Grabsteine aus dem frühen 2. Jh. n. Chr., die beim Abreißen der alten Kirche gefunden und an der Westseite des Neubaues eingemauert wurden. Die Gründung des einzeiligen Kirchweilers im Rabnitztal erfolgte gegen E. des 12. Jh.s durch einen Ekhard von Graz (um 1280 als Ekkartesdorf genannt). Die große **Pfarrkirche hl. Bartholomäus** ist ein historischer Neubau der Jahre 1852–1855, der nach den Plänen des Amtsingenieurs Josef Hasslinger anstelle einer älteren Kirche errichtet wurde. Am Außenbau mit seiner breiten Doppelturmfassade, geradem Chorschluß und westlich angefügter Sakristei wird durch Rundbogenfenster und -friese etwas mühsam romanischer Stilcharakter beschworen. Das Innere hingegen ist nach dem angestammten Typus der barocken Wandpfeilerkirche mit Emporen gestaltet. Das weiträumige Langhaus besteht aus drei quadratischen Jochen mit Hängekuppeln und einem halben Eingangsjoch, in dem die dreiachsige Orgelempore auf Pfeilern eingestellt ist. Der wenig eingezogene flache Chorraum mit geradem Abschluß hat seitliche Oratorien. – Die Einrichtung ist in verschiedenen Stilen gehalten, wobei der Neubarock dominiert. Von 1856–1868 wurde im wesentlichen daran gearbeitet. Hauptanteil hatte der Grazer Bildhauer Jakob Gschiel. Am Hochaltar großes Bild des hl. Florian mit Ansicht des Ortes und der neuen Kirche. Reste der alten Barockausstattung in den mittleren Seitenaltären und dem dritten Seitenaltar auf der rechten Seite, letzterer mit Kreuzigungsgruppe von Veit Königer um 1770/80.

Vor der Kirche Kruzifixus mit trauernder Marienfigur, 3. Viertel 18. Jh.

EHRENFELS siehe unter ST. RADEGUND

EICHBERG bei Rohrbach   Bez. Hartberg

Burg, westlich oberhalb von Rohrbach auf steilhangigem Höhenrücken, vermutlich zu E. des 12. Jh.s beim Ausbau eines Burgengürtels zur Sicherung der steirischen Ostgrenze angelegt. Nach dem Rittergeschlecht der Eichberger (1250 urkundlich genannt) saßen von 1412–1771 die Herren von Steinpeiß auf der Burg und bauten sie im 17. und 18. Jh. groß aus. 1605 von den Hajduken, 1683 den Kuruzzen eingenommen und geplündert. 1945 wurde die Vorburg (bezeichnet 1715) gänzlich zerstört, die übrige Anlage beschädigt. – Die Wohnburg ist ein schmuckloses dreigeschossiges Gebäude von unregelmäßigem viereckigem Grundriß um einen engen Innenhof, der ihr heutiges Aussehen im 17. Jh. erhielt. Der mittelalterliche Baukern am spätgotischen Hoffenster der Ostseite erkennbar. Im 2. Obergeschoß Säulenarkaden. Außen an der Nordfront ein halbkreisförmiger, an der Südostecke ein quadratischer Turm im 17. Jh. angebaut; an drei Seiten querovale Dachgeschoßfenster. An der Nordseite eine aus dem 18. Jh. stammende **Loreto-Kapelle,** die von den Grafen Wimpffen, welche ab 1843 die Burg besaßen, zur Familiengruft bestimmt und neugotisch fassadiert wurde.

Neben der Burg die von den Eichbergern erbaute und 1368 geweihte Burgkapelle; im 17. Jh. umgebaut, seit 1941 **Pfarrkirche hl. Johannes d. T.** Einfacher Innenraum mit Stichkappentonne und verjüngtem, gerade schließendem Altarraum, an der Westseite kleiner vorgezogener Turmbau. – Hochaltar aus der 1. H. des 17. Jh.s mit Beschlagwerkdekor. An den Langhauswänden mehrere Grabsteine der Familie Steinpeiß, alle aus dem 3. Viertel 17. Jh.s.

An der Auffahrt zur Burg gute **Mariensäule,** eine Stiftung der Steinpeiß aus der 1. H. des 17. Jh.s.

FEHRING   Bez. Feldbach

Der am Südrand des Raabtales auf einer terrassenförmigen Erhebung gelegene Ort wurde 1265 erstmals genannt und dürfte kurz vorher auf dem Gelände eines älteren landesfürstlichen Hofes gegründet worden sein. Jungsteinzeitliche Einzelfunde im nahen Höflach lassen auf eine Besiedlung im 3. Jahrtausend v. Chr. schließen. Für das Jahr 1362 als Markt bezeugt, da Herzog Rudolf IV. die Abhaltung eines Wochenmarktes gestattete. Die vorgeschobene Lage an der Ostgrenze des Landes setzte Fehring verschiedenen Angriffen aus, die folgenschwersten waren der Hajdukeneinfall vom 27. 5. 1605 und die erbitterten Kämpfe in der Endphase des 2. Weltkrieges im April 1945. Damals wurden 36 Häuser und die Kirche zerstört bzw. schwer beschädigt. Nach dem Wiederaufbau wurde Fehring am 1. 1. 1962 zur 26. Stadt der Steiermark erhoben.

Pfarrkirche hl. Josef, genannt 1305 als Filiale von Riegersburg; seit 1365 eigene Pfarre. Teile des gotischen Baues aus der zweiten H. des 14. Jh.s erhalten und als Seitenkapelle dem barocken Neubau von 1716–1723 angegliedert (Chronogramm am inneren Eingang). Die schweren Kriegsschäden im Langhaus nach 1945 behoben.

Die in der Nordsüdachse errichtete Kirche besteht aus einem dreijochigen Langhaus mit Kreuzgratgewölben über dreifachen Wandpilastern, dem eingezogenen, einjochigen Chor mit Polygon und einem an der Südseite vorgestellten Fassadenturm. Dessen Vorgänger war am 28. Juli 1731 knapp vor der Vollendung „. . . mit unausspröchlichem Getöss umbgefallen". Sein Erbauer, Hofmaurermeister Andreas Stengg aus Graz, gab die Schuld daran dem Pfarrer Zoratti, der gegen seinen Rat auf zu schwachen Fundamenten bestanden hatte. Der 1732 von Stengg wieder errichteten Turm auf quadratischem Unterbau hat ein achteckiges Glockengeschoß und eine gegliederte Zwiebelhaube. Östlich des Chores die Sakristei mit darüberliegendem Oratorium, das sich über einfach stukkierten Brüstungen zum Chor und zur gotischen Seitenkapelle öffnet, die gegen Osten an das dritte Langhausjoch anschließt. Sie besteht aus einem quadratischen Joch mit Kreuzrippengewölben und dem ⁵/₈-Chorschluß, dessen Rippengewölbe einen Schlußstein mit Christushaupt aufweist. Südseitig zwei kleine gotische Türen und ein Treppentürmchen außen.

Die Einrichtung im wesentlichen aus der Bauzeit. Der zu E. des 19. Jh.s erneuerte Hochaltar enthält noch das gute Hauptbild des abgerissenen Barockaltares, darstellend den Tod des hl. Josef, signiert und datiert „Ignatius Kern Tyrol pinxit Romae 1728", sowie sechs große Heiligenfiguren. Die beiden Seitenaltäre hl. Johannes Nepomuk und hl. Florian 2. Viertel 18. Jh.; aus derselben Zeit der Kapellenaltar mit gotischer Marienstatue um 1430. Kanzel 1891. Spätgotischer Taufstein mit gedrehtem Fuß um 1500, das barocke Gehäuse mit Taufgruppe 18. Jh. Holzpieta M. 18. Jh.; die Glasfenster 1888 und 1891, gleichzeitig die Orgel. Überm Fronbogen Fresko der Hl. Dreifaltigkeit mit Fürbittern und Ansicht des Ortes, signiert und datiert: „F. Mikschofsky 1935". Im Chor wurden 1961 kleine Freskenszenen freigelegt (Hl. Familie, Flucht aus Ägypten, Gottvater in Engelsglorie), sie dürften E. 18. Jh. entstanden sein. In der Turmkapelle Opferstock von 1726. Eine Glocke des gotischen Geläutes aus dem 15. Jh. erhalten.

Außen an der Kirche einige Steinskulpturen: hl. Florian, Schmerzensmutter, hl. Franz Xaver und hl. Donatus, M. 18. Jh., Kruzifix Ende 18. Jh. Grabstein Weber 1645.

Um die Kirche wurde schon in der 2. H. des 15. Jh.s aus Verteidigungsgründen ein „Tabor" oder Gadenkirchhof errichtet. Er setzte sich aus einer geschlossenen, in unregelmäßigem Sechseck angeordneten Reihe von Vorratshäuschen (Gaden) zusammen, die aus einem Keller und darüber befindlichen Speichergeschoß bestanden. Sie waren durch einen Wehrgraben an der Südseite und durch den Terrassenabfall geschützt und besaßen an der Außenmauer jeweils schlüssellochförmige Schießscharten. Nach dem Hajdukeneinfall 1605 wurde der Tabor durch Eckbastionen und ein Zugbrückentor, bezeichnet

1615, verstärkt. Letzteres ist noch erhalten zusammen mit zwei Bastionen im Norden und Osten sowie einem Rundturm gegen Norden. Seit dem 18. Jh. kamen die Gaden zum Abbruch oder wurden, wie an der Ostflanke, in Wohnhäuser verwandelt. Der Abbruch der letzten erhaltenen Gaden an der Südseite erfolgte 1972.

Planmäßige Marktsiedlung um langgestreckten, rechteckigen **Hauptplatz,** der gegen den seine Nordseite begrenzenden Kirchenbezirk mit Querstraße leicht abfällt. In der Mitte die barocke **Mariensäule,** bezeichnet 1697. Der fast durchwegs traufseitige Häuserbestand in seiner historischen Substanz durch die Zerstörungen von 1945 arg geschwächt. Hervorzuheben wären die Häuser Hauptplatz **Nr. 9,** datiert 1777, mit einfachen Pfeilerarkaden im Hof; Grazerstraße **Nr. 4,** 1. H. 19. Jh. und **Nr. 10** (Pfarrhof), ein gut proportioniertes, am Portal 1766 datiertes Schopfwalmgiebelhaus, das als einziges mit dem Giebel zur Straße zeigt. Erwähnenswert noch die Häuser Sattlergasse **Nr. 3,** 1. H. 19. Jh. und Ungarstraße **Nr. 5,** um 1800.

Berghofer-Mühle am nördlichen Ortsrand an der Raab gelegen, mächtiger viergeschossiger Baukörper mit barockem Kern, in der Hauptsache 2. H. 19. Jh. Das zweigeschossige Herrenhaus gegenüber am Portal ,,1829" bezeichnet.

In der Radkersburger Straße am westlichen Ortsrand kleine Straßenkapelle von 1898 und **Evangelische Kirche** in einfacher Hausform von 1962.

Kalvarienberganlage auf einer Hügelkuppe westlich des Ortes im Gemeindegebiet von Höflach. Die Kirche mit leicht vortretendem O-Turm und die gemauerten Stations-Ni-

Fehring – Berghofermühle an der Raab, Kern barock, erweitert im 19. und 20. Jh.

schenpfeiler mit Bedachung 1880 angelegt, renoviert 1975. Vor der Kirche große 5-figurige Kreuzigungsgruppe ohne Fassung und nicht zusammengehörig; die Adstantes wahrscheinlich noch 18. Jh., der Kruzifixus neu.

Schloß Stein bei Fehring im Haselbachtal war seit dem 16. Jh. Wirtschaftshof der landesfürstlichen Herrschaft Stein zu Fürstenfeld. 1776 wurde es von Christoph Gf. Paar zum Verwaltungssitz der Fehringer Güter ausgebaut und Stein genannt. 1848 Auflösung der Herrschaft. Der heutige Bau zeigt sich als stattliches 2geschossiges Gebäude mit 8eckigem Süd- und 6eckigem Nordturm, das seine historisierende Ausgestaltung in der 2. H. des 19. Jh.s erhielt. Renoviert und mit neuen Nebengebäuden versehen 1976–1978. Zur Zeit als Bauerntöchterschule in Verwendung. An der Straße **Kapelle** von 1908; im Inneren Betonglasfenster sowie Flügelaltar von Franz Weiß, 1976.

FEISTRITZ bei Ilz   Bez. Fürstenfeld

Ehemalige **Wasserburg** im Feistritztal an der alten Nordsüdverbindung mit dem Raabtal. Seit der 1. H. des 12. Jh.s Rodungsherrschaft der Hochfreien von Feistritz-Traisen, im 13. und 14. Jh. der Reifensteiner. Wohl ab 1471 im Besitz Kaiser Friedrich III., der damit 1493 seinen Truchseß Siegmund von Mindorf belehnte. Unter dessen Bruder Christoph, einem Kriegsmann Maximilians I., wurde Feistritz zu einem der Ausgangspunkte der beginnenden Reformation in der Oststeiermark. Um 1570 Erweiterung der Burg zum Schloß. 1605 von den Hajduken erobert und angezündet, hernach von den Mindorfs wieder hergerichtet. Unter Hans Christoph Freiherr von Mindorf (gestorben 1648), steirischem Landobristen und von Kaiser Ferdinand II. 1629 in den Freiherrenstand erhoben, dürfte das Schloß seine heutige Gestalt erhalten haben. 1648–1809 von den Freiherrn von Wildenstein, bis 1959 der gräflichen Familie Lamberg bewohnt. – Interessanter, in insgesamt fünf Stilperioden gewachsener Gebäudekomplex, der sich über einem annähernd dreieckigen Areal von Westen nach Osten verbreitert. Ältester Teil ist der die Anlage überragende, mächtige Wohnturm der Feistritzer aus dem 12. Jh. Er erhebt sich in fünf Geschoßhallen über einer Grundfläche von 11 × 18 m und enthielt eine gut bestückte Rüstkammer, die Anfang des 19. Jh.s abgegeben wurde. Im 14. und 15. Jh. entstanden um den Wohnturm gotische Gebäude (1357 werden zwei Höfe unterschieden) und ein halbrunder Treppenturm wird ihm nordseitig angebaut. In der Renaissancezeit wurden von den Mindorfs die Trakte nördlich und östlich des Wohnturmes neu gestaltet mit ein- bis zweigeschossigen Säulenarkaden zum Hof, Steinportalen, steingerahmten Türen und Fenstern sowie Traufgesimsen aus über Eck gestellten Ziegeln. Die Jahreszahl 1570 am Portal des Stiegenaufganges gibt die Zeit dieses Ausbaues an, dem auch noch der östliche Rundturm und ein Teil der Umfassungsmauern angehörten. Gegen die M. des 17. Jh.s entstand die breite zweigeschossige Vorburg im Osten mit zwei trapezförmig verzogenen seitlichen Viereckstürmen und der dahinter liegenden Michaelskapelle mit quadratischem Turm. In der Mitte der Front ein flaches Rustikaportal. An der inneren Durchfahrt zum Renaissancehof Wappensteine des Hans Freiherr von Mindorf und seiner Frauen Sophie von Trautmannsdorf und Sidonia von Eibiswald. Da die ganze Anlage von einem breiten Wassergraben umgeben war, mußten alle Gebäude auf Piloten gestellt werden. Das Wasser gewann man durch Stauung der Feistritz in der Gemeinde Leithen. Auch die von den Mindorf angelegten großen Teiche wurden auf diese Weise gespeist. Auf einem der Teichdämme verläuft heute die Landesstraße Ilz–Hartberg. Im 2. Viertel des 18. Jh.s erfolgte schließlich eine Erweiterung des Osttraktes gegen den Hof zu mit Pfeilerarkaden im Erdgeschoß, wodurch die Kapelle mit dem Turm eingebunden wurde. Zugleich erhöhte man die Ecktürme um ein Geschoß und paßte die ehemals nur durch Wehrmauern geschlossenen Außenseiten dem Mitteltrakt an. Der Fassadenspiegel erhielt

Schloß Feistritz – romanischer Wohnturm mit Zubauten der Gotik und Renaissance, 12.–16. Jh.

eine schmuckhafte Bereicherung des Obergeschosses durch Stuckierung der Fenster und auch in einigen Wohnzimmern wurden Stuckverzierungen an den Decken angebracht. Die **Kapelle hl. Michael** besteht aus einem zweijochigen Rechteckraum und Empore. Der Altar hat Rocailleornamente aus Silberblech, 3. Viertel 18. Jh. Qualitätsvolles Epitaph des Christoph von Mindorf (gestorben 1595) und seiner Familie von Vinzenz Cumini; es dürfte sich dabei nur um einen Teil eines ehemals größeren Aufbaues handeln. Werke der Spätrenaissance sind ein Sandsteinrelief des Erlösers sowie außen am Portal das Steinrelief der Hl. Dreifaltigkeit, E. 16. Jh. Daneben befindet sich ein gotischer Grabstein des 14. Jh. s.

FELDBACH   Bez. Feldbach

Prähistorische Steinfunde aus der Jungsteinzeit und Bronzezeit (Steinbeile, Bronzenadel) sowie hallstattzeitliche und provinzialrömische Hügelgräber weisen auf die frühe und kontinuierliche Besiedlung dieses Raabtalabschnittes. Der Ort wurde um 1180 von Herwig dem Böhmen, dem Marschall Herzog Ottokars, an der Raab begründet, und zwar an der Stelle, wo sich der nordsüdlich verlaufende Verkehrsweg von Radkersburg nach Hartberg und die gegen Osten nach Ungarn führende Straße kreuzen. 1265 als landesfürstlicher Markt bezeugt. 1362 erhielten die Bürger das Recht, ihren Markt mit Mauern zu umgeben und „eine Stadt daraus zu machen", wozu es jedoch vorerst nicht kam. 1469 von dem steirischen Adeligen und Söldnerführer Andreas Baumkircher, der mit Kaiser Friedrich III. in Fehde lag, eingenommen und gebrandschatzt. Daraufhin wurde 1474 um die Kirche der Tabor als Zuflucht für die Bewohner erbaut. Er leistete gute Dienste beim Überfall der Hajduken im Oktober 1605, doch konnte die Plünderung und Zerstörung des Ortes nicht verhindert werden. Deshalb erhielt Feldbach 1615 den Auftrag, den beschädigten Tabor wieder herzustellen und außerdem den gesamten Ort mit einer Bastionsbefestigung und festen Toren zu umgeben. Die Arbeiten leitete Baumeister Manoni, der Adel der Gegend hatte Baumaterial zu liefern. Erhalten hat sich davon die Hälfte der Taborbauten, das Grazertor und wenige Reste der Bastionsanlagen zwischen dem Grazer- und nicht erhaltenen Ungartor (an den Parzellengrenzen gegen die Ringstraße erkennbar). Ortskern um den gegen Süden verbreiterten Dreiecksplatz und einen parallel dazu angelegten Straßenzug, der die beiden im Norden und Süden verlaufenden Durchzugsstraßen verbindet. Stadterhebung 1884, damals planmäßige Erweiterung mit Anlage einer Ringstraße am südlichen Stadtrand begonnen. Im 2. Weltkrieg wurde Feldbach am 1. April 1945 von der Roten Armee erobert, vier Tage später zurückgewonnen und gehalten. Die starken Zerstörungen großteils behoben.

Am Nordende des Hauptplatzes **Pfarrkirche hl. Leonhard,** urkundlich 1188 genannt, zuerst Vikariat von Riegersburg, ab 1387 selbständige Pfarre. Im 3. Viertel des 15. Jh.s gotischer Neubau errichtet (wahrscheinlich mit Verwendung älterer Mauerteile). Davon erhalten das neuerdings als Kriegergedächtnisstätte verwendete Langhaus an der Nordseite der neuen Kirche. Es besteht aus drei queroblongen, kreuzrippengewölbten Jochen zwischen Wandpfeilern, die nordseitig weiter vortreten, um einem schmalen Emporengang Platz zu geben. Dieser führt zu einem jetzt abgemauerten rechteckigen Vorraum. Drei vermauerte Spitzbogenarkaden öffneten sich zu einem Seitenschiff an der Südseite, das beim Neubau verändert wurde. Zugleich wurde der gotische Chor abgerissen und nur die Fundamente des alten Turmes, der in der Barockzeit erneuert worden war (Jahreszahl 1688 noch vorhanden) stehengelassen.

Vollständiger Kirchenneubau im Stile der Renaissance von 1898 bis 1910 nach Plänen des Grazer Architekten Hans Pascher. Aufgrund der beträchtlichen Ausmaße mußte das Tabor-Geviert in seiner östlichen Hälfte abgebrochen werden. Das weite sechsjochige Langhaus ist nach dem Basilikenschema konzipiert, hat aber statt der Seitenschiffe zwischen vorgezogenen Wandpfeilern liegende Seitenkapellen. Eingezogener quadratischer Chor mit Flachkuppel; die Seitenarme mit darüberliegenden Emporen, welche sich jeweils in zwei Rundbogenarkaden öffnen. Reich gegliederter Außenbau mit Eingangsfront an der Ostseite. Der auf dem Fundament des Vorgängers neu aufgeführte Turm wurde 1945 zerstört. Als Ersatz dafür bekam die Kirche 1964 an ihrer Nordseite einen freistehenden Campanile in dürrer Betonkonstruktion (Architekt E. Jäger).

Die historisierende Einrichtung aus der Bauzeit der neuen Kirche. Im gotischen Raum Altar mit Kreuzigungsgruppe von Veit Königer, gegen 1780. Am stehengebliebenen Unterbau des alten Turmes gute Steinepitaphien des W. Zwickhl 1582 und des M. Steinhaisl 1581.

Von dem den alten Kirchhof einst im Geviert umschließenden **Tabor** die ganze West- und ca. die Hälfte der Nord- und Südseite noch erhalten. Sie setzen sich zusammen aus elf aneinandergebauten Häuschen (Gaden oder Taborhäuschen), die im Kern aus dem späten 15. Jh. stammen. Von ihnen besteht jedes aus einem gewölbten Keller, ein oder zwei Speichergeschossen für Vorräte und einem eigenen Satteldach. Die Breite wechselt zwischen 4,25 und 7,75 m, die Tiefe beträgt 8 m. Entlang der Häuschen verläuft oberhalb der Kellereingänge ein Verbindungsgang, von dem man zu den einzelnen Kammern gelangt. Nach außen öffneten sich die Gaden in kleinen Kellerfenstern und Schießscharten (großteils verändert). An der Nordseite liegt der Pfarrgaden mit drei Kellern, zwei Wohnräumen und einem Kornspeicher; er wurde laut Inschrift an der Hofmauer 1474

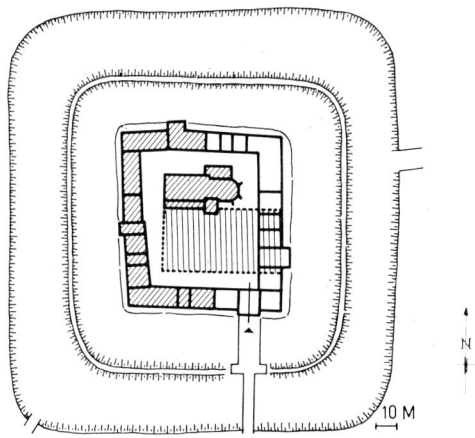

Feldbach – gotischer Tabor um die Pfarrkirche, Rekonstruktion, 15. Jh.

errichtet („Fundator hui's dom's voce pia petit un'u. Ave Maria 1474" und „Christianus Sappler P.I.F. 1474"). In dem anschließenden Keller befand sich möglicherweise das ehemalige Taborgefängnis, die „Keichen", welche bei dem Feldbacher Hexenprozeß von 1673–1675 Verwendung fand. Die ganze Anlage war von einem doppelten Wassergraben umgeben, der von der Raab gespeist wurde. Eine Holzbrücke an der Südseite stellte die Verbindung mit dem Ort her. Heute ist der Feldbacher Tabor trotz seiner Einbußen der besterhaltene des Landes und birgt in einigen seiner Räume ein Heimatmuseum und ein Fischereimuseum.

Kirche des ehemaligen **Franziskanerklosters,** heute Klosterkirche der Schulschwestern „Maria von der immerwährenden Hilfe". Stiftung des Grafen Khiesel, geweiht 1658, westlich außerhalb der Ortsbefestigung. Unter Joseph II. profaniert und erst 1905 wieder dem Gottesdienst gewidmet. Vierjochiger Saalraum mit Kreuzgratgewölben auf Pilastern, in eingezogenen quadratischen Chor mündend; dreiachsige Orgelempore auf Pfeilern. Nüchterne Außenerscheinung mit Dreiecksgiebel an der Front; der dem Chorschluß angefügte Turm mit Pyramidenhelm auf geböschtem Steinquadersockel 1898 errichtet. Von der alten Einrichtung nichts mehr erhalten, am erneuerten Hochaltar barocke Marienfigur mit Engeln.

Östlich an die Kirche anschließend der Klosterbau mit Kreuzgang um geschlossenen Innenhof, erbaut 1642–1647. Nach der Auflassung 1786 als Kaserne und Lazarett in Verwendung. Seit 1899 im Besitz der Schulschwestern, die einen Kindergarten und eine Sonderschule betreiben. Das heutige Aussehen vom Umbau um 1900 bestimmt.

Kalvarienberg südlich des Ortes auf einer Anhöhe gegen das Raabtal, errichtet 1832/33 (renoviert 1879), aus Nischenpfeilern mit Pilastergliederung und Dreiecksgiebel sowie Kapelle mit vorgesetztem, abgetrepptem Osttürmchen. Blechtafelbilder und z. T. abgenommene Skulpturen in schlechtem Zustand.

Evangelische **Christuskirche** erbaut 1964 von Architekt Heinz Nitsche. Der einfache Saalraum mit gebrochener Holzdecke, die Seitenwände aufgelöst durch farbige Glasfenster zwischen Betonstreben. An der Westseite vorgesetzte Turmkonstruktion. Pfarrhof 1971/72 angebaut.

Am längsdreieckigen, gegen Süden sich verbreiternden Hauptplatz **Mariensäule** von 1717, nach Zerstörung im letzten Krieg 1949 mit neuer Marienfigur und Kapitäl von Hans Mauracher wieder errichtet. Weiters der „Steinerne Metzen", ein kelchartiges Getreidehohlmaß auf achteckigem Fuß aus Basalttuff, wahrscheinlich 2. H. 15. Jh. Es diente den umliegenden Orten als Mustermaß, nachdem sie ihre Schaffeln eichten. Der durchwegs traufseitig angelegte zweigeschossige **Häuserbestand** aus dem 17. bis 19. Jh., durch spätere Umbauten zum Teil verändert. Grazertor im Zuge der Neubefestigung des Ortes 1628 erbaut, beim Anbau des hübsch gegliederten Biedermeierhauses Vorplatz **Nr. 4** in der 1. H. des 19. Jh.s neu fassadiert. Pfarrgasse **Nr. 3** (Pfarrhaus) im Kern 2. H. 17. Jh., im Erdgeschoß Stichkappentonne mit einfacher Stukkierung. Im zugeschütteten Wassergraben an der Südseite des Tabors das spätgründerzeitliche Post- und Sparkassengebäude (heute Musikschule) im Stile einer gotischen Burg mit Türmen und Eckerkern (Heimatstil) 1890–1892 errichtet („Villa Hold").

Am Abhang des Auersberges nordwestlich der Stadt steht das Fallschirmjäger-**Ehrenmal** zur Erinnerung an den Einsatz einer Abteilung der X. Fallschirmjäger-Division bei der Verteidigung Feldbachs im April 1945. An der Straße **Nischenbildstock**, 1. H. 19. Jh., mit Heiligenfresken in Blendnischen, die 1963 von Stefan Maitz erneuert wurden.

FERNITZ Bez. Graz-Umgebung

Kleines Platzdorf am Rande der Murauen südlich von Graz, das 1209 erstmals genannt wurde. Die Legende berichtet vom Fund eines Marienbildes in der Fernitzer Au, das sich zuvor im nahen Vasoldsberg befunden hatte. Die Herren von Prankh ließen dafür 1160 eine Kapelle errichten, die Herzog Friedrich der Schöne im Jahre 1314 durch eine Kirche ersetzt haben soll. Von ihr ist jedenfalls nichts mehr erhalten. Die heutige **Pfarr- und Wallfahrtskirche Mariatrost** geht auf eine Stiftung Kaiser Friedrichs III. zurück, die allerdings erst von seinem Sohn Maximilian I. verwirklicht wurde. Die Jahreszahlen „1506" an der Chornordwand und „1514" an der Westwand geben die Bauzeit an, der einköpfige Königsadler am Wappenschild über der südöstlichen Chorschräge den Bauherrn Maximilian (der erst nach der Kaiserkrönung 1508 den Doppeladler führte). Die sowohl der Größe wie der baukünstlerischen Bedeutung nach den Rang einer Dorfpfarre weit übersteigende Kirche zeigt in der Verbindung einer dreischiffigen Halle mit dem zentralbauartigen Umgangschor die Auseinandersetzung mit Raumproblemen, wie sie die bayerisch-österreichische Architektur der Spätgotik beschäftigten. Aufriß, Pfeilerform und Gewölbegestaltung verbindet sie mit der Grazer Bauhütte (Dom, Stadtpfarrkirche). – Das vierjochige Langhaus besteht aus drei Schiffen, von denen das mittlere nicht nur breiter, sondern auch etwas höher ist (Staffel-Hallenkirche). Es mündet in den in gleicher Breite anschließenden Hallenchor, der mit fünf Seiten des Achtecks schließt und um einen zentralen Mittelpfeiler herumgeführt ist. Die gesamte Innenlänge des Baues beträgt 33,75 m, die Breite 15,70 m, die Scheitelhöhe 15,85 m. Der Innenraum gehört zu den schönsten der steirischen Gotik und besticht durch seine reiche Gliederung und die edle Formensprache. So sind die schifftrennenden Pfeilerpaare des Langhauses nach dem ersten, zweiten und vierten Joch aus einem oktogonalen Kern mit vier angelegten Runddiensten (kantonierte Pfeiler) entwickelt. Die Pfeiler des 3. Joches hingegen sind als Bündelpfeiler mit mehreren Diensten unterschiedlicher Stärke geformt. Der sechseckige Achsialpfeiler des Chores gibt die Sechseckform des Chorumganges an und ist gleichfalls gebündelt mit sechs stärkeren und sechs schwächeren Runddiensten. Auf ersterem lasten sechs Gurtbögen, in die dreiseitige Gewölbekappen eingespannt sind; letztere setzen sich über der Kapitälzone als Schildbogeneinfassungen und Rippendreistrahle fort, die ein großes sechsstrahliges Sterngewölbe ergeben. Am Langhausgewölbe bilden die Rippenfi-

Fernitz, Wallfahrtskirche – Innenraum mit Chorumgang, 1506–1514

gurationen vierstrahlige Sterne in den Seitenschiffen, sechsstrahlige Sterne im Mittelschiff. Sie werden an den Wänden von gebündelten Wanddiensten gestützt, die im Chor durch Konsolen und Wappenschilde bereicherte Kapitäle aufweisen. Wappenschilde schmücken auch die Rippenkreuzungen des Mittelschiffs. An der Westwand wird das Mittelschiffsgewölbe von zwei kräftigen, mehrfach gekehlten Konsolen abgefangen, die in einer Blattform auslaufen. In seiner nordwestlichen Ecke befindet sich die plastische Büste vermutlich des Baumeisters, dessen sprechendes Wappen mit einem Fisch auf einen Meister namens ,,Vischer" oder ,,Ulrich" (Ulrichsfisch) schließen läßt. Seine Identität ist noch nicht geklärt. Hohe dreibahnige Maßwerkfenster an der Süd- und Ostseite mit Fischblasenmustern; je zwei Fenster an der Nord- und Westseite wurden später zugemauert. Ein ältere Turmrest des 15. Jh.s liegt an der Nordseite des Chores; an ihn schließt gegen Osten die 1623 angebaute Sakristei. An der Nordseite des dritten und vierten Langhausjoches liegt eine zweijochige Kapelle, die nach Fertigstellung der Kirche angelegt wurde und 1535 als Annen-Kapelle genannt wird. Sie ist zum Langhaus durch eine große profilierte Spitzbogenarkade geöffnet und wurde 1668 von Sigismund Friedrich von Galler zur Familienkapelle umgebaut. Die breitangelegte fünfachsige Orgelempore hat der Steinmetzmeister Andreas Seiller 1751 über vier Pfeilern errichtet. Sie ist mit Platzln gewölbt und hat eine stark schwingende Brüstung, die mit Putzfeldern dekoriert ist. An der Westseite der Kirche ein mächtiger viereckiger Turm vorgesetzt, dessen durch massige Strebepfeiler gestützter Unterbau noch aus der Spätgotik stammt, während die oberen Geschosse von Maurermeister Michael Arhan 1669 ausgebaut (Jahreszahl 1609 am Turm irrtümlich), die achteckige Glockenstube mit der gegliederten Zwiebelhaube erst 1742 aufgesetzt wurden. In der Turmvorhalle Sterngewölbe auf Schildkonsolen. Der Außenbau wird durch mehrfach abgetreppte Strebepfeiler (an den Langhausecken mit Fialen) und ein umlaufendes Kaffgesims gegliedert. Üppig gestaltetes Kielbogenportal aus Sandstein an der Südseite um 1515/25. Sein gestuftes Gewände hat seitliche Fialen, Figurenbaldachine in den Bogenläufen und sehr lebendiges Krabbenwerk. Im Tympanonfeld thronende Maria als innerlich bewegte Fürbitterin dargestellt, unterhalb zwei fliegende Engel, oberhalb eine Engelsbüste mit dem Spruchband ,,Ave Maria" (möglicherweise als Verkündigungsszene zu deuten). Ein weiteres kleineres Kielbogenportal am südöstlichen Chorpolygon. Das prächtig gestaltete, einem barocken Altaraufbau ähnelnde Hauptportal, wurde 1734 von dem Grazer Bildhauer Josef Schokotnigg geschaffen. An den seitlich vorgezogenen Postamenten stehen vorzügliche Steinfiguren der Apostelfürsten, im Aufsatz darüber thronende Maria mit Kind und zwei anbetenden Engeln, im Scheitel der Türrundung kaiserlicher Doppeladler, der an die Allerhöchste Stiftung erinnern soll. Die Steinmetzarbeiten führte Andreas Seiller aus, die Bemalung der Figuren Johann Rauch. Die marmornen Weihwasserbecken an den Seiten, 3. Viertel 18. Jh.

Die reiche Barockeinrichtung der Kirche von den Bildhauern Veit Königer und Josef Schokotnigg wurde zu E. des 19. Jh.s durch eine neugotische ersetzt, die der Grazer Architekt Hans Pascher entworfen hat. Hochaltar am Chorpfeiler von 1895 mit Malereien von Felix Barazutti; im Gesprenge die spätgotische Gnadenstatue um 1510/15. Seitenaltäre und Marmorkanzel 1896–1898; die Kreuzwegstationen 1891 von dem Grazer Bildhauer Jakob Gschiel. Langhausgestühl 1744 von Tischlermeister Josef Angerer, der auch die Türflügel der Portale schuf. Im Chor zwölf große Apostelbilder auf Leinwand von dem Grazer Maler Ehmert 1763. Das Bild der Auffindung des Fernitzer Gnadenbildes von 1850. Von den Figuren in den Chorschrägen die des hl. Johannes Nepomuk 2. Viertel 18. Jh., der Antonius von Padua und Franz von Assisi E. 19. Jh. Orgel von dem Grazer Orgelbauer Werner 1869. In der **Gallerkapelle** Deckenstuck im Knorpelwerkstil mit großem Gallerwappen und Gebälkengeln 1668. Die beiden architektonisch gestalteten und mit Figuren geschmückten Sandsteinepitaphien von 1669 (Johann Friedrich von Galler) und 1696 (Sigismund Friedrich von Galler). An der Westwand kleiner

Altar mit sechs Reliefs der von Josef Schokotnigg 1751 geschaffenen Barockkanzel (Maria- und Christusszene); das Tabernakel um 1735/40 aus der Grazer Karmeliterkirche. An der Ostwand Altar mit Reliquienschrein des hl. Zotikus (1854 von Rom nach Fernitz übertragen) unter der Mensa und überlebensgroße Kreuzigungsgruppe aus Holz E. des 18. Jh.s mit gutem Kruzifixus. In der Sakristei von 1623 stukkierte Lavabonische und Sakristeischrank um 1780. Im anschließenden Turmrest kreuzrippengewölbter Raum mit dekorativen, 1623 datierten Fresken der Evangelistensymbole. Tür mit spätgotischen Beschlägen. In der Turmvorhalle spätgotisches Christophorusrelief 1515/25, wahrscheinlich vom Meister des Südportals. In einer Nische des Turmes Maria mit Kind von Wilhelm Störer, um 1670.

Hinter der Kirche der geräumige **Pfarrhof** mit dem Pfarrkindergarten. An seiner Westseite einfache Malereien von Franz Weiß 1976, die Entstehung der Wallfahrtskirche betreffend. An der Rückseite barocke Grabkapelle auf zwei Säulenstützen mit Grabsteinen von 1741, 1767 und 1783; auf dem Stipes Holzpieta des 19. Jh.s. Im Pfarrhof werden die Figur eines Auferstandenen von Veit Königer um 1765 sowie zwei Ölbilder der alten Seitenaltäre um 1730 aufbewahrt.

Vor der Kirche der rechteckige **Kirchenplatz**, seine Ostseite von der Kirchhofmauer mit Schmiedeeisentor von 1841 begrenzt, an der Nord- und Südseite stattliche 2geschossige Häuser mit Stuckfassaden des Spätbiedermeier (Bäckerei Purkarthofer bereits 1664 genannt); an der Westseite die Geschlossenheit des Platzes unterstreichend, eine steinerne Mariensäule des 19. Jh.s. **Aumühle** nordwestlich des Orts, das spätbarocke Wohnhaus bez. 1774, Nebengebäude von 1811 und 1855.

FESTENBURG   Bez. Hartberg

Wahrscheinlich die Herren von Stubenberg gründeten um 1200 auf einem nach drei Seiten steil abfallenden, noch heute dicht bewaldeten Felssporn am Fuße des Hochwechsels eine gut gesicherte **Burg**, die 1353 erstmals genannt wird. Nach einigen wechselnden Besitzern, darunter der Minnesänger Hugo von Montfort, kam sie 1416 an die Saurau. Im August 1532 wurde die Burg von den durchziehenden Türken vergeblich belagert, was für ihre starke Befestigung spricht (fünf Tore). Es heißt von damals, die Feinde „haben ein gross Stuk Geschütz, daß ein Mann hineinschliefen kann, davor gelassen". 1616 verkauften die Saurau Festenburg an Stift Vorau, in dessen Besitz es sich seither befindet. Unter Propst Philipp Leisl erhielt es von 1707–1723 in einem großangelegten Umbau ihr heutiges Aussehen. Der Propst wurde dazu bewogen, um den Chorfrauen von Kirchberg am Wechsel, die sich sowohl 1683 wie auch in der folgenden Kuruzzenzeit in die Festenburg geflüchtet hatten, dort eine geeignete klösterliche Bleibe zu schaffen. Zur Einrichtung eines Chorfrauenstiftes kam es dann nach dem Abklingen der Türkengefahr zwar nicht, doch diente die Festenburg fortan den Chorherren-Pensionisten als letzter irdischer Aufenthaltsort und hatte seit Begründung der Pfarre 1892 auch die Aufgaben eines Pfarrhofes zu übernehmen. Die relativ komplexe Anlage ist um einen langgestreckten unteren und einen kleinen oberen Hof gruppiert und entstand in drei Bauperioden. Von der mittelalterlichen Burg sind noch der Torbau mit Zwinger im Norden vorhanden und Reste des Bergfrieds an der höchsten Stelle im Nordosten. 1616/17 wurde von Propst Daniel Gundau eine Katharinenkapelle in Nordsüdrichtung erbaut, die den oberen Abschluß der ganzen Anlage bildete. Vor ihr blieb die nordseitig gelegene Sakristei, welche von den ungemein dicken Rundmauern des alten Bergfrieds umschlossen wird, unverbaut erhalten. Weiters entstanden damals ein an den Torbau anschließender Wohntrakt im Westen (bis zum Stiegenhaus) und Wirtschaftsräume im Osten. Schließlich wurden von 1707–1723 der Wohntrakt um den unteren Hof im Westen, Süden und Osten ausgebaut und zu einem dreigeschossigen Baukörper mit nüchternen ungegliederten Außenfronten

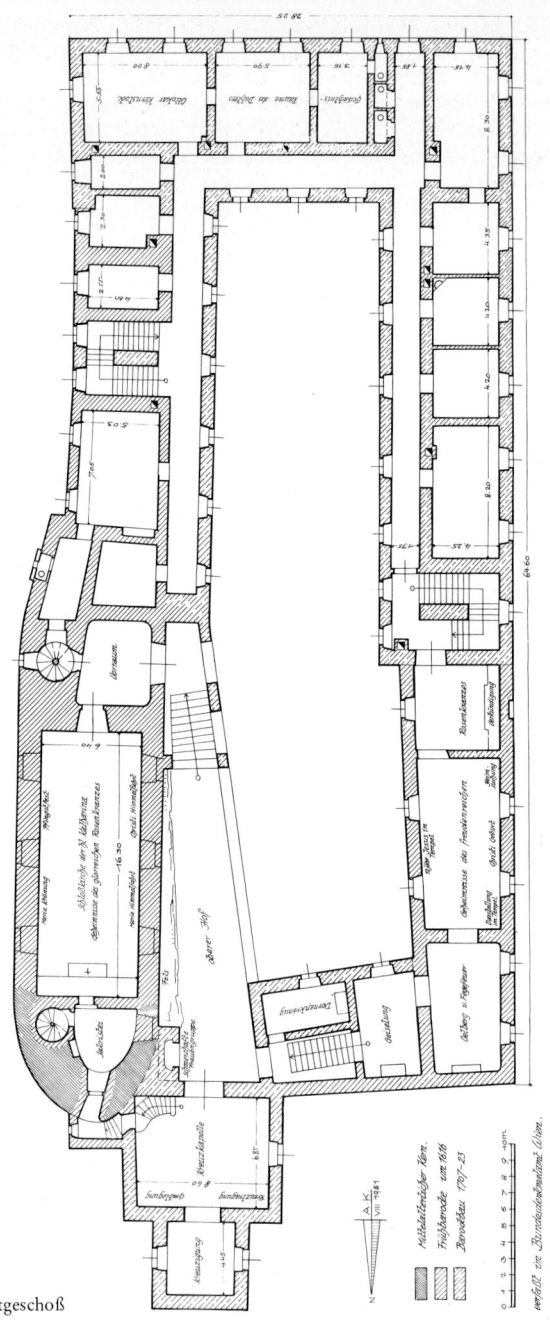

FESTENBURG, Hauptgeschoß

118

Festenburg – ehem. Burg, umgebaut und erweitert 1707–1723

vereinheitlicht. Dazu kamen die Kreuzkapelle und einige kleinere Kapellen sowie als bekrönender Abschluß die Katharinenkirche in den alten Palasmauern, die dabei ihrer Zwischenmauern und -decken entledigt wurden (geweiht 1711). Das Besondere der Festenburg erschließt sich dem Betrachter aber erst im Inneren. In einigen Räumen des Westtraktes, über der Einfahrt und in den Sakralbauten ließ Propst Leisl von seinem Stiftsmaler Johann Cyriak Hackhofer und dem Salzburger Bildschnitzer Johann Fenest als eine Art Kalvarienberg die Geheimnisse des Schmerzhaften Rosenkranzes darstellen. Nach seinem Tode 1717 weitete sein Nachfolger Graf Webersberg die Thematik um die Geheimnisse des Freudenreichen und Glorreichen Rosenkranzes aus und ließ außerdem die Legende der hl. Katharina zum Leben Jesu mystisch in Beziehung setzen. So entstand hier ein aus mehreren Zyklen bestehendes dichtes Programm von starker Ausdruckskraft, das uns mit den Mitteln einer meisterlich beherrschten expressiven Illusionskunst das Wesen barocker Frömmigkeit wie nirgendwo sonst im Lande eindringlich vor Augen führt.

Rundgang: durch ein gotisches Vortor im Bruchsteinmauerwerk der Nordseite gelangt man zuerst in einen kleinen Vorhof, der an den Seiten durch zwei barocke Brunnennischen ausgeweitet ist. In diesen stehen als thematischer Auftakt die Statuen von Christus und der hl. Katharina von Alexandrien (um 1720). Es folgt die überbaute Einfahrt, durch die man den großen unteren Hof am Fuße des Burgfelsens betritt. Im rückwärtigen, etwas vortretenden Teil des Westtraktes, liegt das Pfarramt und der Stiegenaufgang, über den man im 1. Obergeschoß in nördlicher Richtung zurückgehend in die Abfolge der ausgestalteten Kapellenräume gelangt. 1. **Loretokapelle.** Neben dem Eingang ein programmatischer Hinweis für den Besucher: ,,Wer lesen kann der fang da an, Soll aber alles

Festenburg, Kreuzkapelle – Fresken von J. C. Hackhofer, Plastiken von J. Fenest, 1710–1714

durchgehen, so werd er woll gantz wundervoll, ein Seltsambkeit ersehen: wie nemblich Gott bis nach sein Tod die Gschichten uns vorstelle. Das Wunder sey wie gleich anbey sich Catharina gselle." Die illusionistischen Fresken an Wänden und Decken bilden das Innere der Santa Casa nach. Am Loretoaltar Bild der Himmelfahrt Mariens; seitlich Fresko der Verkündigung. 2. **Krippenkapelle.** An der geöffneten Decke in gemaltem Architekturrahmen Gottvater in der Engelglorie. An den Wänden Kartuschen mit den Idealporträts der Vorfahren Christi sowie Szenen aus der Katharinenlegende. Drei große Ölbilder zeigen die Begegnung Mariens mit Elisabeth, die Opferung im Tempel und den zwölfjährigen Jesus unter den Schriftgelehrten. Auf dem Altar ist die Anbetung der Hirten im Stall mit lebensgroßen Schnitzfiguren und Holzaufbauten szenisch dargestellt. 3. **Blutschwitzungskapelle.** Stimmungsvolle Nachtszene der Ölberglandschaft mit Ausblick auf Jerusalem, den heranziehenden Kriegern und den schlafenden Jüngern. Am felsartig gebildeten Altar Christus mit dem Kelchengel (plastisch). Ein Einblick ins Fegefeuer verstärkt den Eindruck lastender Todesangst. 4. **Geißelungskapelle.** Über der Einfahrt, zugleich Treppenabsatz vom unteren zum oberen Hof, eine plastische Gruppe mit der Geißelung Christi, die Decke als Gitter freskiert. Großes Ölbild mit Stäupung der

Festenburg, Katharinenkirche – Innenraum mit den Malereien von J. C. Hackhofer, 1710

121

hl. Katharina; in den Stiegenaufgängen drei weitere Bilder mit Katharinenszenen und ein ovales Ecce homo-Bild. Treppaufwärts gehend gelangt man rechter Hand in die 5. **Krönungskapelle.** Sie hat das Aussehen eines Kerkers mit rissigen Mauern, über dessen geöffneter Balkendecke ein Lorbeerkranz schwebt. Auf dem altarartigen Sockel befindet sich die eindrucksvolle Figur des dornengekrönten Erlösers, flankiert von zwei wiederum gemalten trauernden Engeln. An der Seitenwand Ölbild der hl. Katharina im Kerker bei der Zurückweisung der Geschenke des Kaisers. Im oberen Hof setzt sich der Rundgang fort mit der 6. **Kreuzkapelle.** Sie ist die größte aller Kapellen und besteht aus einem rechteckigen Hauptraum und einem kleinen erhöhten Chorraum, der sich im alten Wartturm an der Nordseite befindet. Sein Glockengeschoß mit Zwiebelhaube wurde 1868 erneuert, die Glocke von Nikolaus Löw von Löwenberg von 1717. Die zwei Altäre des Hauptraumes zeigen szenisch gestaltete plastische Gruppen der Kreuztragung und Christus im Grabe, während an der gemalten Decke die siegreiche Gestalt des Auferstandenen in einer Engelsglorie schwebt. An der Stirnwand zwei kleinere gerahmte Katharinenszenen. Über dem Altar des Chorraumes erhebt sich auf Felsgrund die plastische Darstellung der Kreuzigung. An den Seiten die Väter des Alten Bundes, die von ihren Gräbern dem Erlösungswerk zusehen, an der Decke Gottvater. Parallel dazu ist die Enthauptung der hl. Katharina sowie am Antependium ihr Leichnam im Grabe dargestellt. Links vom Altar ist das Herz des Propstes Leisl in einer Urne beigesetzt, die mit einem kleinen Stein verschlossen ist, auf dem sich sein Wappen sowie ein Doppelchronogramm 1717 befindet. Die eigentümliche Architekturmalerei setzt sich aus dekorativen Bandlwerkfriesen, vor allem aber aus Tuffstein, Korallen und Muscheln zusammen, wobei die Muschel als Sinnbild der Auferstehung zu deuten ist. Vom Hauptraum führt ein schmaler Stiegenaufgang zur Sakristei der Katharinenkirche. Neben dem Eingang zur Kreuzkapelle befindet sich eine Grotte mit plastischer Gruppe der weinenden Frauen; die Architekturmalerei außen ist 1715 bezeichnet. Vom oberen Hof kommt man schließlich über weitere Treppen in die zuhöchst gelegene **Pfarrkirche hl. Katharina**, einem flachgedeckten länglichen Saalraum mit je drei hohen Rechteckfenstern an den Längsseiten und einem kleinen Vorraum. Die malerische Ausschmückung erreicht hier an Umfang und Qualität ihren Höhepunkt und wurde von Johann Cyriak Hackhofer 1710 vollendet. Das duftige Deckenfresko zeigt erstmals in der steirischen Malerei über umlaufender Balustrade einen die ganze Saaldecke überspannenden weitgeöffneten Himmelsraum, in dem sich musizierende Engel und Heilige in freudiger Erregung tummeln, um die Aufnahme der hl. Katharina in den Himmel zu feiern. Dieses farbig außerordentlich reizvolle Fresko zählt zu den besten Werken des Tiroler Künstlers, der hier auch Anregungen von Johann Michael Rottmayers Deckenfresko in der Breslauer Matthiaskirche (1704/06) aufgegriffen hat. Die hl. Katharina ist auch Thema des großen Altarbildes von Hackhofer, der den Altaraufbau mit geschickter Scheinmalerei auf Bretterkulissen ausführte und mit der Darstellung der Hl. Dreifaltigkeit in der Engelsglorie bekrönte. Das Antependium zeigt die Heilige im Grabe liegend, auf den gleichfalls gemalten Umgangsportalen wandelt sie als Märtyrerin zusammen mit der hl. Barbara, auf der Rückseite sind Szenen ihres Martyriums geschildert. Zwischen den Fenstern vier große Ölbilder auf Kulissenrahmen, darstellend die Himmelfahrt Christi, Himmelfahrt und Krönung Mariae sowie die Herabkunft des Hl. Geistes. Zu Seiten des Altares Ovalbilder der hll. Josef und Anna sowie der Erzengel Michael und Gabriel. Die kleine Rokokokanzel ohne Schalldach ist um 1770 zu datieren. Orgel von 1710, 1913 umgebaut. Im neuangebauten Chorraum Fresko Christus erscheint Maria, bezeichnet 1720.

Im 1. Obergeschoß des südlichen Wohntraktes befinden sich die Gedenkräume für Ottokar Kernstock, der hier von 1889–1928 als Pfarrer und Schriftsteller wirkte und sich auch um die Erhaltung der seit der josephinischen Zeit sehr vernachlässigten Anlage durch Restaurierung der vermorschten Tramdecken verdient machte.

FINKENEGG   Bez. Leibnitz

Kleines **Schloß** südöstlich von Wildon an der Straße nach St. Georgen an der Stiefing. Seit dem 14. Jh. ist hier ein Hof zu Hart nachgewiesen, nachdem sich ein Rittergeschlecht benannte. 1636 erwarb Wolf Simon von Finkeneis den Ansitz und baute ihn zum Schloß aus. Von 1712–1773 war es im Besitz der Grazer Jesuiten, hernach wechselten die Eigentümer mehrfach. Graf Woraczicky ließ 1868 eine Erweiterung vornehmen. – Das zweigeschossige Gebäude besteht aus dem barocken Teil, der bis zu den mittleren vortretenden Polygonaltürmen reichte. Am südlichen befindet sich ein Wappenstein der Finkeneis. Der 1868 gegen Westen fortgeführte Anbau ist schmäler und endet mit zwei kleinen, polygonalen Erkertürmen über rundem Erdgeschoß. Die einst an dieser Seite vorspringende Barockkapelle wurde dabei abgebrochen. In einigen Räumen des Obergeschosses befinden sich einfache, geometrisch gegliederte Stuckdecken des 2. Viertel des 17. Jh.s sowie ein Rokokoofen.
An der Straßengabelung neben dem Schloß steht eine neugefaßte **Kreuzgruppe** mit Steinfiguren Maria und Johannes, 1. H. 18. Jh.

FISCHBACH   Bez. Weiz

Straßendorf am gleichnamigen Alpenzug in 1000 m Höhe gelegen an der alten Verbindungsstraße zwischen Birkfeld und dem Stanztal. Seine Entstehung ist um die M. des 13. Jh.s anzunehmen; erste Nennung 1295. Wenige km weiter westlich ,,Auf der Schanz" befanden sich einst Verschanzungen, die noch aus der Türkenzeit (2. H. 17. Jh.) stammten. Außerdem verlief dort die Grenze zwischen dem ehemaligen Grazer und Brucker Kreis.
Am westlichen Ortsanfang die **Pfarrkirche hl. Ägydius** (genannt 1402), ein einheitlicher Neubau von 1783 über kreuzförmigem Grundriß. – Das dreijochige, mit einer Stichkappentonne gewölbte Langhaus hat ein breiteres Vierungsjoch, von dem die beiden flachelliptischen Exedren und der einjochige Chor ausgehen. Auf der ausschwingenden Brüstung der dreiachsigen Orgelempore Wappen der Trautmannsdorf, die Vogtherren des Ortes waren. An der Westseite vorgezogener, quadratischer Turm mit erneuertem Helm, die einfache Außengliederung mit Pilastern und Stucklinienornamenten um die Fenster. Hochaltar von 1880, die Figuren hingegen noch aus der Bauzeit der Kirche. Die Seitenaltäre 1842/43 mit guten Bildern, am Marienaltar signiert ,,W. Rolling 1855". Kanzel um 1700 mit den vier Evangelisten als Nischenfiguren. Im Chor gute Figur der Maria auf der Mondsichel, 2. H. 17. Jh., und eines spätbarocken Schmerzensmannes. Orgelgehäuse E. 18. Jh. Besonders alte Glocke aus dem 13. Jh. mit der Inschrift: ,,O REX GLORIE VENI CUM PACE". Grabstein der Gräfin Maria Steinpeiß, 1680.
Barocker **Pfarrhof**, die Fassadierung mit Stuckdekor im Biedermeier, 1. Viertel 19. Jh.
Kapelle hl. Ägydius mit spätgotischer Figur des Heiligen und Freskenschmuck des 18. Jh.s.
Am westlichen Ortsrand **Straßenkapelle** von 1842.
Im Ort einige ältere Blockhäuser des 18. und frühen 19. Jh.s, in **Nr. 17** ein Rüstbaum mit der Jahreszahl 1437, **Nr. 38** mit Anbau, bezeichnet 1829.

FLADNITZ an der Teichalpe   Bez. Weiz

Frühe Slawensiedlung am Südhang des Schachnerkogels im Passailer Kessel, der unter den Stubenbergern in der 1. H. des 13. Jh.s gerodet und neu besiedelt wurde. Der Name kommt aus dem slawischen Blatnica = Moorbach.

Die **Pfarrkirche hl. Nikolaus** wurde 1283 genannt und bildete den Kern der deutschen Dorfgründung. Der heutige Bau stammt fast zur Gänze noch aus der Spätgotik und ist in der Turmkapelle 1486 datiert. Er besteht aus einem dreijochigen Langhaus, dessen Gewölbe eine Zweiparallelrippenfiguration aufweist und mit spätgotischen Blumen- und Rankenmalereien geschmückt ist. Es wird seitlich von polygonalen Wandvorlagen abgefangen. Der wenig eingezogene zweijochige Chor ist gleichfalls mit einem Zweiparallelrippengewölbe überzogen, das auf halben Achteckdiensten endet, die im ³/₈-Schluß bis zum Boden herabreichen. In der rechten Chorschräge eine kleine spätgotische Sakramentsnische; zwei kleine Schulterbogenportale führen zur Sakristei und zum Treppenaufgang des Turmes. Dieser ist an der Südseite des 3. Schiffsjoches angebaut und enthält im Erdgeschoß eine spätgotische Kapelle mit Rippensterngewölbe und der Jahreszahl 1486 am südöstlichen Rippenansatz. Das achteckige Glockengeschoß und der Laternenhelm wurden 1721 aufgesetzt; die rechteckige Kapelle an der Nordseite kam schon in der 2. H. des 17. Jh.s dazu. Zur selben Zeit Einbau der dreiachsigen Orgelempore mit Pilastervorlagen und Stichkappengewölbe. Außen umlaufend abgetreppte Strebepfeiler, an der Südseite des Langhauses ein weiteres Schulterbogenportal.

Gute spätbarocke Ausstattung: der Hochaltar mit ausgezeichnetem Figurenschmuck von Philipp Jakob Straub, darstellend die Apostelfürsten, Jakobus d. Ä. und Donatus, im Aufsatz Marienkrönung; das Altarblatt des hl. Nikolaus von dem Grazer Maler Johann Veit Hauck 1736; der Tabernakel etwas später. Die beiden Seitenaltäre aus dem 3. Viertel des 18. Jh.s mit Bildern des Johannes Nepomuk und der Darbringung im Tempel. Kanzel mit hölzernem Emporengang von 1728, die ovalen Kirchenväterbilder des Korbes sind stark übergangen; am Schalldach befindet sich die Gruppe der Dreifaltigkeit und die vier Evangelisten. In der Turmkapelle kleiner Säulenaltar mit guter Pieta in Vorhangnische (Kopie nach Schoy), 2. Viertel 18. Jh., flankiert von den Figuren des arma christi. Franz Xaver und Johannes Nepomuk sowie Putten mit den arma christi. Dahinter verdeckt ein spätgotisches Fresko, datiert 1486, ein weiteres mit der Darstellung eines Heiligen neben dem Zugang. Ehemals mit Wappen bemalte Schilde dienen als Rippenkonsolen. In der nördlichen Kapelle Gewölbe mit Stuckrippenverzierung, 2. H. 17. Jh., die kleinteiligen Heiligenmalereien in Feldern neubarock. Altar 18. Jh. Polygonaler Taufstein auf erneuertem Sockel, das spätbarocke Gehäuse mit der Taufe Christi – Gruppe 1780. Im Langhaus Florianibild mit Ortsansicht, M. 18. Jh. Die Kreuzwegdarstellungen, zum Teil übermalt, um 1800. Orgel von 1962. Das Westfenster mit der hl. Cäcilie 1961. Im Turm befinden sich noch drei alte Glocken von Medardus Reig 1692, F. A. Pignet 1717 und Martin Feltl 1750. Außen an der Südseite Kriegerdenkmal mit Relief von Wilhelm Gösser 1910 sowie große Kratzputzmalerei, darstellend die Schrecken des Krieges, von A. Raidl 1955. Um die Kirche noch die alte Kirchhofmauer, in kleinen Nischen stark erneuerte Fresken der vier Evangelisten. Am Zugang Florian- und Nikolausfigur des 18. Jh.s sowie eingemauerter Römerstein um 100 n. Chr.

Im Ort an der Brückenwaage **Steinfigur** des hl. Johannes Nepomuk mit Bittinschrift darunter, M. 18. Jh.

In Fladnitzberg oberhalb des Ortes bei dem Haus Nr. 9 steht ein übergiebelter **Bildstock** mit drei Freskennischen an der Vorder-, je einer an den Schmalseiten. Sehr originell die bemalte Stuckverzierung aus kräftigen Putten, Blumengirlanden und Weintraubenranken, ca. M. 17. Jh. In den im 19. Jh. mit Spitzbogenschlüssen versehenen Nischen befinden sich Heiligenmalereien, die 1931/32 völlig erneuert wurden.

FRAUENBERG   Bez. Bruck/Mur

Auf einem Bergrücken im Auslauf der Fischbacheralpen südöstlich von Kapfenberg liegt in prächtiger Höhenlage die **Wallfahrtskirche Maria Rehkogl** (Mariae Sieben Schmerzen). Die Wallfahrtslegende hat zwei Versionen: die eine berichtet von einem flüchtenden Reh, das sich in dem Baum barg, dessen Höhlung auch das Vesperbild enthielt. Die andere Version erzählt von drei Bauern, die an der Stelle, wo sie das Vesperbild und ein daneben grasendes Reh fanden, eine Kirche erbauen wollten. Wegen der Entlegenheit des Ortes sollte das Bild nach Graschnitz gebracht werden; es kehrte jedoch neunmal an den alten Fundort zurück und mit ihm das Reh. So blieb man am Frauenberg und errichtete 1354 eine Kapelle, in der das hölzerne Gnadenbild, eine ca. 40 cm hohe Marienklage mit Reh und drei Bauern zu Füßen, aufgestellt werden konnte. Die gleichlautende Jahreszahl am nordwestlichen Langhauseck markiert wahrscheinlich ihren ehemaligen Platz. Von 1489–1496 wurde dann die Kirche erbaut, wofür der Rat der Stadt Bruck „ainen gueten werklichen stainmetzen von Praunau" berief, der die Pläne anfertigte. Er schuf eine der eindrucksvollsten spätgotischen Kirchenräume für die Steiermark, der freilich ganz deutlich unter dem Einfluß der salzburgisch-bayerischen Bautradition steht. Ein in gleicher Breite durchgehendes Schiff von vier Jochen ist auf beiden Seiten von Einsatzkapellen begleitet, die zwischen Wandpfeilern liegen. Die Trennung in Langhaus und Chor ist durch die Einführung einer Gurtrippe zwischen dem zweiten und dritten Joch sowie besonders durch die mehr als doppelt so breiten Kapellen in den beiden ersten Jochen kenntlich gemacht. Für die Steiermark ungewöhnlich ist die Rippenbildung des Schiffes aus achtseitigen Rautensternen (=Wechselberger Figuration), die aber z. B. in der Pfarrkirche von Braunau, von wo der Baumeister herkam, zu finden ist. Über den Arkaden der Einsatzkapellen im Chorteil ist jeweils ein dekorativer Kielbogen aufgesetzt; die Rippenfiguren an den Kapellengewölben weisen lauter verschiedene Rautensterne und Parallelformen auf. Das Chorhaupt war einst durch einen $^4/_8$-Schluß mit Achsialpfeiler und zwei mittleren Kapellen gebildet worden. Sie wurden 1769 ausgebrochen, um einen dreijochigen, platzlgewölbten Chor mit erweitertem Altarraum anfügen zu können, den Martin Rothmayer ausführte. Die dreiachsige Orgelempore samt den anschließenden Kapellenemporen wurde 1682–1688 eingebaut und mit reich geschnitzten Brüstungen und

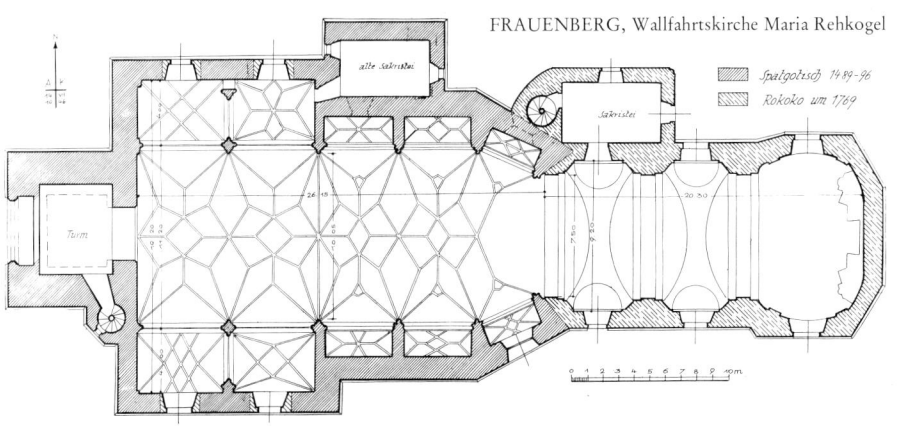

FRAUENBERG, Wallfahrtskirche Maria Rehkogel

Spätgotisch 1489-96

Rokoko um 1769

Akanthusbekrönungen geschmückt. Der vorgezogene starke Westturm mit abgetrepptem Portal und Treppentürmchen aus der Spätgotik.

Die qualitätsvolle Einrichtung umfaßt einige Spätwerke des Grazer Bildhauers Veit Königer: der Hochaltar von 1773 hat einen frühklassizistischen Säulenaufbau und birgt das hölzerne Gnadenbild aus der M. des 14. Jh.s. Petrus- und Magdalenenaltar von 1779 mit bildhaft konzipierten, offenbar bewußt volkstümlich gehaltenen Schreindarstellungen; schließlich stammt von Königer auch noch die Gruppe der Glorie des Johannes Nepomuk aus dem selben Jahr, die die Formen der gegenüberliegenden Kanzel aufgreift (,,Nepomuk-Kanzel"). Die zierliche Rokokokanzel mit den weißgefaßten Figuren der christlichen Tugenden sowie das im Barockchor befindliche, hübsch gestaltete Oratoriumsfenster wurden 1773 von Jakob Peyer geschaffen. In den Langhauskapellen zwei Seitenaltäre mit Bildern um 1700. Interessanter spätgotischer Taufstein in Gestalt eines Säulenstumpfes mit Verstäbungen. In der Kirchenmitte Muttergottesstatue auf einer Säule, 3. Viertel 17. Jh. Das große Gemälde der Himmelfahrt Mariens (nach Rubens), wahrscheinlich vom alten Hochaltar, um 1662. Kirchenbänke, Chorgestühl und Kreuzwegbilder aus der 2. H. des 18. Jh.s. Unter den zahlreichen noch erhaltenen Votivbildern ist das älteste aus dem Jahre 1667. Orgel 1774/75 von Anton Römer mit prächtigem Rokokogehäuse. Die Glocke goß Martin Hilger 1581.

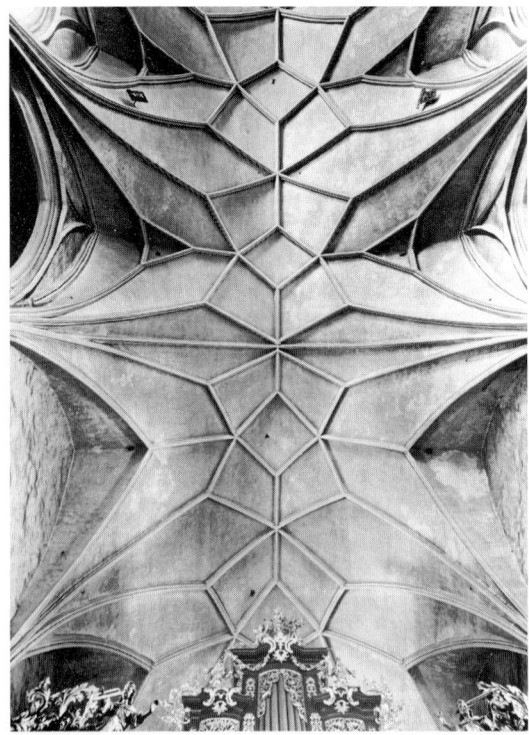

Frauenberg, Wallfahrtskirche Maria Rehkogel – Gewölbe mit Wechselberger Figuration, erbaut 1489–1496

FRAUHEIM Bez. Leibnitz

Schloß am Steilabfall des Tannenriegels, eines nordsüdlich verlaufenden Höhenrückens, welcher das Leibnitzerfeld an seiner Ostseite begrenzt. Der mittelalterliche Edelhof der Seckauer Bischöfe, als dessen erster nachweisbarer Inhaber A. des 14. Jh.s ein Nikolaus von Frauheim aufscheint, dürfte weiter nördlich gelegen sein. 1514 gelangten die Rindsmaul in den Besitz des Hofes. Sie erbauten in der 1. H. des 17. Jh.s das 1644 genannte „best erpaute Schloß". Von 1685 bis heute der Familie von Kellersberg gehörend. – Geschlossener zwei- bis dreigeschossiger Vierflügelbau um einen viereckigen Innenhof, durch drei quadratische Ecktürme verstärkt. An der Ostseite Rustikaportal mit frühbarockem Oberlichtgitter; gleichzeitig die kleine Balkontür im Obergeschoß der turmlosen Südseite des Westflügels mit dem Wappen der Rindsmaul. Erdgeschoßräume mit Stichkappentonnen. In einer zweiten Bau- und Ausstattungsphase im letzten Drittel des 17. Jh.s wurde in der Mitte des Südtraktes die zweigeschossige Kapelle eingebaut und gegen den Hof Säulenarkaden vorgelegt (die des Erdgeschosses später vermauert). Über dem Kapellenportal Stuckzier mit Putten als Wappenhalter. Das Innere mit qualitätsvoller Ausstattung: am Hochaltar gutes Bild der hl. Anna Selbdritt in der Nachfolge des Grazer Hofmalers Giovanni Pietro de Pomis (gest. 1633); Figurenschmuck 17. und 18. Jh. In den Mauern der Kapelle und zu seiten ihres oberen Einganges sind sechs Freskenstücke eingelassen, die aus der ehemaligen Grazer Burgkapelle stammen. Sie wurden von dem niederländischen Maler Egyd de Rye 1607 geschaffen (Signatur und Datierung am Engelsbild). Die Übertragung erfolgte 1853 unmittelbar nach dem Abbruch der Grazer Burg. Der Deckenstuck im Laub-Bandlwerkstil entstand gegen 1730, in Medaillons sind Putten mit den Symbolen der Kardinaltugenden zu sehen. Unter den Oratoriumsöffnungen hl. Georg und Erzengel Gabriel. Zur selben Zeit erfolgte die Anfügung von zwei flankierenden Nebenräumen mit vorzüglichen Stuckaltären, die Bilder der hll. Johannes Nepomuk und Maria mit Kind enthalten. An der Kapellentür Heiligendarstellung der 2. H. des 17. Jh.s. Die ehemaligen Wohnräume des Obergeschosses zum Teil in verwahrlostem Zustand: im Westtrakt zwei Stuckdecken der Werkstatt des Alessandro Serenio um 1685; weiters Malereien, Öfen und Türen aus der 2. H. des 18. Jh.s. Im großen Saal Wappen der Kellersberg an der Decke.

FREIBERG Bez. Weiz

Schloß nordwestlich von Gleisdorf auf einem Hügelrücken zwischen Raab und Rabnitz, vom Raabtal aus einsehbar. Nach der M. des 13. Jh.s als Sitz des stubenbergischen Rittergeschlechtes von Freiberg begründet, ab dem 15. Jh. bis 1635 im Besitz der Stadler. Ihnen folgten die Kollonitsch, die das Schloß sogleich neu erbauten, im 18. Jh. erweiterten und bis 1874 in ihrem Besitz hatten. – Geschlossener dreigeschossiger Vierflügelbau um einen längsrechteckigen Innenhof, an den Ecken schlanke quadratische Türme, zwei weitere über Eck in die Mitte der Nord- und Südseite eingebunden mit achteckigen Aufsätzen und Zwiebelhauben. Der erste Bau unter Gottfried Graf Kollonitsch 1638–1650 ausgeführt (Inschrift am Torgebäude). Er umfaßte zwei Geschosse mit Säulenarkaden zum Hof (später zum Teil vermauert), wobei Teile des vorhandenen Anwesens mit verbaut wurden. Im Erdgeschoß des Westflügels befindet sich ein zweischiffiger Saal mit Kreuzgratgewölben auf vier gedrungenen Steinsäulen mit Basis und Kämpfer. Von dem ehemaligen Vorwerk ist nördlich unterhalb des Schlosses ein geräumiges **Torgebäude** erhalten, das heute freisteht. Über seiner Durchfahrt Inschrift und Wappenstein des Bauherrn Gottfried von Kollonitsch 1650. Gegen die M. des 18. Jh.s führte dann Kardinal Siegmund Graf Kollonitsch den weiteren Ausbau des Schlosses durch. Sein Wappen mit der Jahreszahl 1747 prangt über dem neugestalteten Hauptportal an der Südseite, das eine Rustikaeinfassung und Volutenumrahmung aufweist. Er ließ das 3. Geschoß aufsetzen, das Stiegenhaus, die Korridore der Langseiten und die zweigeschossige Kapelle im Nordtrakt errichten. Ausgeführt wurden diese Arbeiten von dem erzbischöflichen Baumeister Matthias Gerl aus Wien, der auch die Gleisdorfer Piaristenkirche erbaut hatte. Im 2. Obergeschoß des Osttraktes ein großer Saal mit Stuckdecke der Umbauzeit, restauriert 1970. Im südöstlichen Eckturm Uhrwerk mit Geläute. Von der Ausstattung ist nichts mehr erhalten. Im Nordtrakt die zweijochige platzlgewölbte **Kapelle** über zwei Geschosse reichend. Gliederung wie im Stiegenhaus durch gekuppelte Pilaster, von denen die Gewölbegurten aufsteigen. Spätbarocker Wandaltar mit Stuckfiguren und dem Bild der Himmelfahrt Mariae, signiert und datiert ,,Gaetano D. Rosa F. 1743". Von der Rokokokanzel nur Reste erhalten. Neben dem Kapelleneingang ist ein kleines romanisches (?) Steinrelief eingemauert, darstellend Christus in der Mandorla und die vier Evangelistensymbole. Im Hof römischer Grabstein des 1. Jh. n. Chr.; auf seinem Sockel Inschrift von 1658, die besagt, daß der Stein in diesem Jahr in der Nähe des Schlosses gefunden wurde. Damals hatte der Steinmetz auch die stark verwitterte römische Grabinschrift fehlerhaft nachgemeißelt und eingeschwärzt.

Am Weg spätbarocke **Steinfigur** des hl. Johannes Nepomuk auf Sockel, M. 18. Jh.

FRIEDBERG   Bez. Hartberg

Aus Verteidigungsgründen in Höhenlage am südöstlichen Ausläufer des Hilmberges angelegt. 1194 erfolgte die Stadtgründung durch den Babenberger Herzog Leopold V., der dazu das Lösegeld für König Richard Löwenherz von England verwendete. Einige

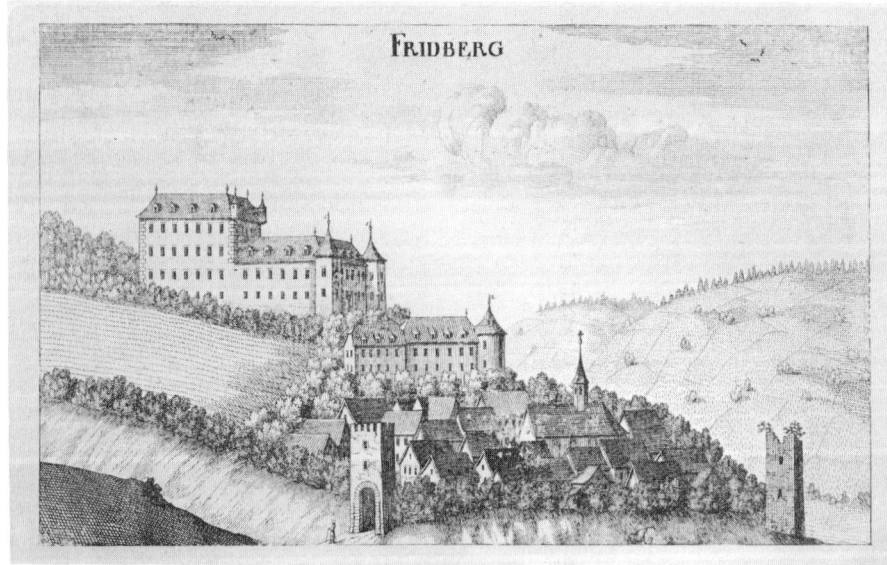

Friedberg, Stadt und ehem. Schloß – Stich von G. M. Vischer, 1681

Jahre zuvor war zum Schutze der Wechselstraße bereits eine Burg mit Dorfuntersiedlung (der heutige Stadtteil Ortgraben) errichtet worden. Die Stadtanlage läßt Planmäßigkeit in Verbindung mit Geländeanpassung erkennen. Eine in nordsüdlicher Richtung gerade geführte Durchzugsstraße (Anton-Bauer-Gasse) im Westteil der Stadt, die zwei ehemalige Stadtteile verband (Grazer- und Ungartor), umschließt mit der westöstlich im Viertelkreis geschwungenen Berggasse und der Wiener Straße im Süden den Stadtkern. Seine Zentren bilden der rechteckige Stadtplatz und der auf dem erhöhten Ostrand des Stadthügels gelegene Pfarrkirchenbereich. Von der ehemaligen Ummauerung sind nur wenige Reste (besonders an der Ostseite) erhalten, doch läßt sich ihr Verlauf auf Grund der Geländestufe im Süden und Westen (Stadtgraben) gut erkennen. Friedberg hatte als Grenzstadt ein sehr wechselhaftes Schicksal und wurde 1418 von den Ungarn, 1532 von den Türken gänzlich zerstört. Es erholte sich im Verlaufe des 16. Jh.s langsam und konnte im 17. Jh. mit der Tucherzeugung seine wirtschaftliche Situation verbessern. 1708 schwere Schäden im Kuruzzenkrieg; 1795 katastrophaler Stadtbrand. Am 6. 4. 1945 wurde die Stadt von der vordringenden Sowjetarmee besetzt.

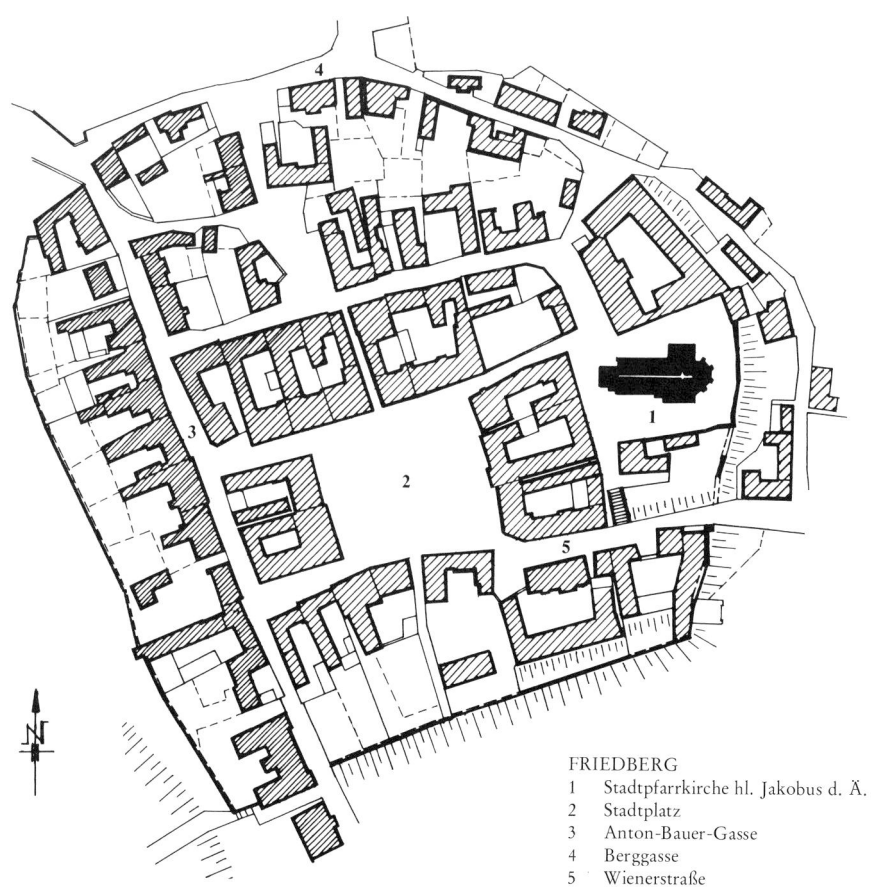

FRIEDBERG
1   Stadtpfarrkirche hl. Jakobus d. Ä.
2   Stadtplatz
3   Anton-Bauer-Gasse
4   Berggasse
5   Wienerstraße

Stadtpfarrkirche hl. Jakobus d. Ä., genannt 1252, 1418 von den Ungarn zerstört. Der Neubau erfolgte gegen die Mitte des 15. Jh.s und dürfte mit der Inkorporation der Kirche an das Stift Vorau in Verbindung zu bringen sein. Nach dem Brand von 1682 teilweise barockisiert. – Das Langhaus ist eine hochstrebende, kreuzrippengewölbte Halle, die durch drei Achteckpfeiler in zwei Schiffe und vier Joche geteilt wird. Der Chor besteht aus drei schmalen Jochen mit ⁵/₈-Polygon und wird von achteckigen Diensten gegliedert, aus denen die Rippen des Netzgewölbes herauswachsen. An seiner Südseite die spätgotische Sakristei mit Oratorien (ehemals Michaelskapelle); außen flache Strebepfeiler. In der Barockzeit wurde 1690 (Bauinschrift am Steinportal) der quadratische Westturm mit gegliedertem Zwiebelhelm angebaut, nachdem die Kirche bisher nur mit einem Dachreiter auskommen mußte. Zugleich erfolgte der Einbau der Orgelempore und die Anfügung der Taufkapelle am Chor.

Friedberg, Pfarrkirche – Hochaltarbild von C. Unterhuber, 1733

Vorzügliche Einrichtung des Spätbarock: Hochaltar nach dem Vorbild von Matthias Steinls Vorauer Hochaltar, ausgeführt von Bildhauer Wolfgang Pinter; das Bild mit der Apotheose des hl. Jakobus d. Ä. malte Carl Unterhuber 1733. Kanzel und zwei Seitenaltäre mit dekorativ umgebildeten Architekturteilen von 1734, gleichfalls ausgeführt von Wilhelm Pinter, und mit Gemälden von C. Unterhuber. Zwei gute Heiligenbilder auf der Musikempore um 1700, Orgel von 1820, das neue Werk 1966 eingebaut. Außen Grabstein von 1691. Neben dem Westportal fragmentierter römischer Grabstein, A. 2. Jh. n. Chr., mit Hasenjagdfries und Raubtierjagdszene; das ausgezeichnet gearbeitete Stück wurde 1866 in Oberwaldbauern gefunden. Ein weiterer Römerstein des 2. Jh.s mit Brustbild einer jungen Frau befindet sich über dem Sakristeieingang.

Neben der Kirche geräumiger zweigeschossiger **Pfarrhof** aus dem E. des 17. Jh.s mit Ochsenaugenfenstern im Dachgeschoß. In der ehemaligen Kapelle im Oberstock Reste dekorativer Wandmalereien aus dem 3. Viertel des 18. Jh.s. Die rückwärtigen Trakte gegen Osten, die einen Innenhof umschließen, wurden 1896 umgebaut.

Am **Stadtplatz** alter Baubestand des 17. Jh.s bei den Häusern Ecke Rathausgasse und Ecke Kirchengasse. Die **Mariensäule** von 1809.

Ehemalige **Burg** oberhalb der Stadt, 1170–1180 als Straßenschutz erbaut und in wechselndem Besitz der Perner, Rindscheit und Saurau. Bestand aus zwei getrennten Anlagen, von denen die obere als mächtiger mehrgeschossiger Baublock mit zwei Ecktürmen gegen die Stadt von Vischer (um 1680) überliefert ist. 1635 vom Stift Vorau erworben mit der Absicht, den noch immer protestantischen Adel aus der Gegend zu verdrängen. Nach der Erstürmung durch die Kuruzzen im Jahre 1708 vom Stift der Stadt als Steinbruch zum Wiederaufbau der Hausschäden zur Verfügung gestellt. Heute nur noch Reste der Umfassungsmauer vorhanden. An deren Südostecke anstelle eines der beiden Türme 1952 von Architekt K. Weber – Mariazell ein auf Fernsicht berechnetes Kriegerdenkmal errichtet.

FRONDSBERG bei Anger   Bez. Weiz

Burg auf einem ins Feistritztal vorgeschobenen, nach drei Seiten steil zum Flusse abfallenden Felskegel. Erbaut vermutlich in der 1. H. des 13. Jh.s, 1265 erstmals genannt im Besitz der Herren von Stadeck. Um 1400 von den Grafen von Montfort geerbt, die sie bereits 1470 an A. Sarl verkauften. 1570 von Hans Franz von Neuhaus erworben, der den unter seinem Vorgänger begonnenen Ausbau der Burg fortsetzte und zum Abschluß brachte. Seit 1823 im Besitz der Reichsfreiherren von Gudenus. Frondsberg kann heute aufgrund seines guten und unverfälschten Erhaltungszustandes als Musterbeispiel eines steirischen Adelssitzes gelten, bei dem eine mittelalterliche Ringburganlage in der Renaissance eine neue und einheitliche Ausgestaltung erhielt.

Geschlossener, im gebrochenen Dreieck angeordneter Dreiflügelbau, der sich in zwei Geschossen um einen dreieckigen Hof gruppiert. Die ältesten mittelalterlichen Bauteile befinden sich in dem stark geknickten Westflügel, der ehemals der Palas war, und im Untergeschoß gotische Rechteckfenster und vermauerte Schießscharten aufweist; weiters in dem gleichfalls gebrochenen Südtrakt (ausgenommen den Festsaal) sowie im Torgebäude an der Ostseite. Erster Renaissanceausbau im 2. Viertel des 16. Jh.s: er umfaßte die Erdgeschoßräume des südlichen und die Obergeschoßräume des westlichen Flügels (in zweien interessante Netzgratgewölbe und Steinkamine). Im 4. Viertel des 15. Jh.s wurde durch die Einfügung des Festsaaltraktes an der Südwestecke und die Verbauung des Nordflügels der Baukörper geschlossen und zum Hof durch die Anfügung von zweigeschossigen Säulenarkaden im Westen und Süden vereinheitlicht. Der Architekt dieses Umbaues kam aus dem Kreise des Comasken Domenico de Lalio, welcher das Grazer

Frondsberg, Schloß – Festsaal mit Türgewänden und Kassettendecke, 4. V. 16. Jh.

Landhaus geschaffen hatte. Dies verrät sich vor allem an den steinernen Toren und den besonders charakteristischen späten Renaissancefenstern des Obergeschosses mit den zwei gekoppelten Rundbogenöffnungen in Rechteckrahmung und schöner Steinmetzarbeit.

Einen Glanzpunkt der Raumgestaltung der Renaissance in der Steiermark bildet der Festsaal („Rittersaal"). Seine beiden fassadenartig gestalteten prächtigen Türgerichte mit doppelstöckiger Säulenstellung und reicher Intarsierung sowie die eichene Kassettendecke ähneln denen des Weizersaales von Schloß Ratmannsdorf (heute im Joanneum) und wurden von deutschen Meistern im letzten Viertel des 16. Jh.s angefertigt. Der große vierfarbige Kachelofen gehört auch noch dieser Ausstattungsphase an. An den Wänden große Gobelinimitationen auf Leinwand mit verschiedenen Jagdszenen, 1734–1735; gleichzeitig die Wandmalereien in den Fensternischen und die Delfter Kacheln mit Landschaftsbildern an der Rückwand des Ofens. Im anschließenden Raum einfache Kassettendecke. Im Nordtrakt großer Speisesaal mit steinernen Renaissanceportalen und spätbarocken Dekorationsmalereien. Die **Schloßkapelle** oberhalb des Torbaues ist mit illusionistischen Architekturmalereien der Zeit um 1770/80 geschmückt und enthält einen qualitätsvollen Altar im Knorpelwerkstil, 3. Viertel des 17. Jh.s. Außen Reste alter Wandmalereien, am Dach kleines Türmchen. An der Ostseite der Stiegenaufgang aus Bruchsteinmauerwerk, der ehemals zu einer Zugbrücke führte; ein freistehendes Vortor an der Zufahrt sicherte den äußeren Hofraum.

An der Straße großer gemauerter **Bildstock** mit Marienfresko, 2. H. 18. Jh.

FÜRSTENFELD   Bez. Fürstenfeld

Der Traungauer Markgraf Ottokar IV. erbaute im Verlauf der Besiedlung des unteren Ilz- und Feistritztales auf einer Geländestufe rund 20 m oberhalb der Feistritz eine landesfürstliche Burg als Sperre der hier zusammenkommenden Täler und in ihrem Schutze den um 1185 erstmals genannten Straßenmarkt Fürstenfeld. Dieser hatte noch eine gekrümmte Form und lag im Südosten des heutigen Stadtgebietes um die Fabriksgasse und Hauptstraße. Nach 1200 errichteten die Johanniter als Zentrum ihres wachsenden Besitzes neben der Burg unmittelbar am Steilabfall zur Feistritz ihre älteste ritterliche Kommende in Österreich. Schließlich wurde Fürstenfeld unter Herzog Leopold VI. von 1215–1220 zur Stadt ausgebaut mit querliegendem, rechteckigem Hauptplatz und Parallelstraßensystem. Seine strategische Bedeutung als Grenzstadt gegen Ungarn ließ wehrtechnische Erwägungen in den Vordergrund treten, die sich nicht nur bei der Ausnützung des Geländes zeigten (Terrassenabfall an der Nord- und Ostseite), sondern auch in der Anlage einer mittelalterlichen Ringmauer, die das gesamte Stadtgebiet umschloß. Sie war an den beiden Schmalseiten im Westen und Osten von zwei Torbauten (Grazer- und Ungartor) durchbrochen und außerdem durch einige ritterliche Wohntürme verstärkt. Von diesen sind nur mehr Reste des ,,Swartz-Turmes‘‘, im Freihaus Pfeilberg verbaut,

FÜRSTENFELD
1   Stadtpfarrkirche hl. Johannes d. T.
2   Augustiner-Eremiten-Kirche
3   Kommendegebäude
4   ehem. landesfürstl. Burg (Tabakfabrik)
5   Freihaus Pfeilberg
6   Grazer Tor (Rathaus)
7   Freihaus Wilfersdorf (Musikschule)
8   Hauptplatz

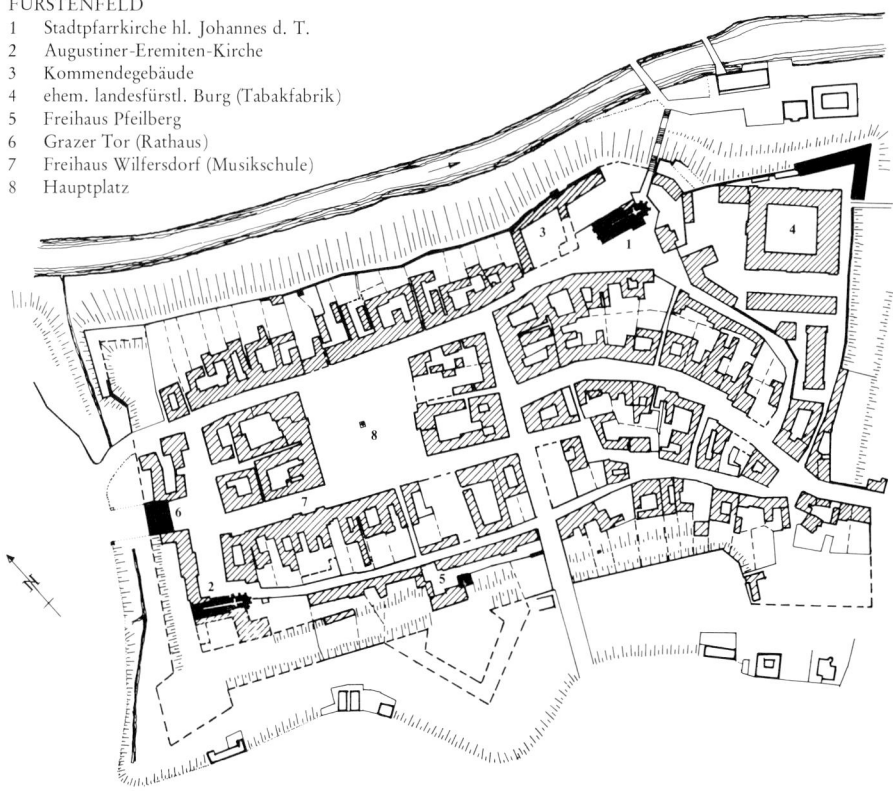

erhalten. In der Renaissancezeit erhielt die in ständiger Türkenbedrohung lebende Stadt völlig neue **Befestigungswerke,** die von den oberitalienischen Baumeistern Domenico de Lalio und, nach seinem Tode 1563, Francesco Thibaldi, entworfen, jedoch wegen Geldmangels nicht vollständig ausgeführt worden waren. Sie umfaßten die vier Eckbastionen der Augustiner-, Ungar-, Schloß- und Mühlbastei, einen Teil der dazwischenliegenden Kurtinen und die beiden Stadttore. Erst 1663 wurde nach den Vorschlägen des kaiserlichen Oberingenieurs aus Wien, Martin Stier, an der rund 380 m langen Südseite hinter der Pfeilburg ein Bollwerk mit Kavalier aufgeschüttet, um die lange Kurtine zu schützen und die beiden Eckbasteien besser bestreichen zu können. Außerdem wurde, Stiers Rat zufolge, die Grazer Vorstadt wegen der akuten Türkengefahr (Mogersdorf) geschleift. 1775 erfolgte die Auflassung des Befestigungsgürtels, von dem jedoch noch erhebliche Teile (Stadtgraben, Ungar-, Schloß- und Mühlbastei sowie der Kavalier hinter der Pfeilburg) erhalten blieben. Von den beiden Stadttoren wurde das östliche Ungartor 1839 abgetragen, das an der Westseite gelegene Grazertor nach mehrmaligen Umbauten als Rathaus erhalten. Im Verlaufe seiner Geschichte wurde die Stadt immer wieder in Kampfhandlungen einbezogen und erlitt dabei oft schwere Schäden. 1469 fiel es durch Verrat an den gegen Kaiser Friedrich III. rebellierenden Söldnerführer Andreas Baumkircher, der hierauf vor der Stadt mit seinen tschechischen Söldnern ein kaiserliches Heer besiegte. 1480 mußte sich die Stadt gegen Truppen des ungarischen Königs Matthias Corvinus verteidigen, wurde aber schließlich doch erobert, völlig ausgeplündert und alle Bürger nach Ofen verschleppt. Im Jahre 1605 besetzten die Hajduken kampflos die Stadt, nachdem die meisten Bürger geflohen waren, plünderten und verbrannten 92 Häuser. Schließlich wurde Fürstenfeld am 16. 4. 1945 von der Roten Armee erobert, wobei 37 Häuser, das Rathaus, die Kommende und die Pfarrkirche ausbrannten.

Die Stadtpfarrkirche hl. Johannes d. T. wurde wahrscheinlich während der Stadterweiterung gegen 1220 von den Johannitern unmittelbar neben ihrer Ordensniederlassung erbaut und wird 1232 erstmals erwähnt, als es dem Orden gelang, von der Hauptpfarre Riegersburg Pfarrrechte zu erwerben. Von dem einst zweitürmigen Bau nur der gotische Chor und quadratische Südturm erhalten. Das heutige Aussehen erlangte die Kirche durch einen Umbau, den Baumeister Leopold Ainspinner 1772–1778 durchführte. Er betraf das gesamte Langhaus mit der Westfassade, deren alter Turm damals abgebrochen wurde. 1945 wurde die Kirche schwer beschädigt, 1947 wieder hergestellt, 1980 erfolgte eine durchgreifende Innenrestaurierung. – Der hohe zweijochige Chor schließt mit fünf Seiten des Achtecks und hat außen abgetreppte Strebepfeiler. Er wurde innen dem spätbarocken Kirchenschiff angepaßt und war von Emporen mit den Wappen der Ordensbrüder der Johanniter umgeben, die Emporen wurden 1946 zugemauert. Das Langhaus besteht aus vier Jochen, von denen die zwei mittleren breiter sind und in jedem Wandfeld zwei längliche Fenster mit einem ovalen Oberfenster aufweisen. Die Einwölbung erfolgte durch böhmische Platzl über quadratischen Wandpfeilern mit Pilastervorlagen. Die gemauerte Orgelempore ist auf zwei Pfeilern abgestützt und hat eine vorgewölbte, mit Putten, Vasen und Blumengehängen reich verzierte Brüstung. Die Westfassade wurde von Ainspinner als dreiteilige Giebelfront mit Volutenansätzen gestaltet, zwei vorgesetzten Säulen im Hauptteil und dazwischen einer Mittelnische mit spätbarocker Salvatorfigur. Schmucke Außengliederung durch Pilaster und dekorative Fensterrahmungen. Davon ausgenommen der gotische Turm an der Südseite des Chores mit Spitzbogentür im 1. Obergeschoß; nach den Zerstörungen von 1945 wurde der alte Zwiebelhelm durch ein einfaches Zeltdach ersetzt.

Spätbarocke Einrichtung aus der Zeit des Umbaues um 1775 mit drei Altären, Kanzel, steinerner Kommunionbalustrade, Türgitter zum Orgelchor und Kirchenbänken. 1878/79 wurde die Kirche mit einigen Bildern von A. Kraus versehen und zugleich der Figurenschmuck der Altäre teilweise erneuert. Orgelgehäuse von 1752 auf ein Werk des Anton

Fürstenfeld – Pfarrkirche und Johanniterkommende, erstere von L. Ainspinner 1772–1778

Römer zurückgehend, 1954 verändert. Am Chorschluß außen steinerne Pieta, 20. Jh. An der Nordseite der Kirche erstreckt sich das **Kommendegebäude** der Johanniter. Die erste Niederlassung wurde bald nach 1200 begründet als älteste in Österreich. Es folgten mehrere Umbauten, vor allem nach 1605 (Hajdukeneinfall) durch Komtur Heinrich von Logau und 1721, als die hofseitigen Pfeilerarkaden hinzugefügt wurden (Inschriftstein über dem Aufgang). Nach den schweren Beschädigungen von 1945 wurden nur mehr der lange Nordtrakt und ein kurzer Westflügel, beide zweigeschossig, erhalten. Der Südtrakt, ein dreigeschossiges Kastengebäude, und der Verbindungsgang zur Pfarrkirche sind nicht mehr aufgebaut worden. Auf dem Torbogen neben der Kirche befindet sich noch ein Wappenstein mit Johanniterkreuz von 1529, der einst den Verbindungsgang zierte.

Der **Stadtpfarrhof** an der Ostseite der Kirche wurde 1723 erbaut und bildet mit dem Kommendegebäude und einem eingefügten neuen Wohnhaus eine geschlossene Gebäudefolge.

Die **Augustiner-Eremiten-Kirche** mit Kloster wurde auf Bitten der Bürgerschaft 1362 von Herzog Rudolf IV. gegründet, um ein geistliches Gegengewicht zur adeligen Kommende zu besitzen. Von 1365–1368 entstand in der Südwestecke der Stadt die Kirche, an ihrer Südseite mit drei einen Innenhof samt Kreuzgang umschließenden Trakten, die Klosteranlage. Ihr bekanntester Prior war Johann Clobucciarich, der von 1601–1605 als erster die geographische Landesaufnahme von Innerösterreich begann. Schwere Brände in den Jahren 1503 und 1685. Die Aufhebung des Klosters erfolgte 1811, der vollständige Abbruch seiner Gebäude 1956. An deren Stelle steht heute ein 1978 eröffnetes modernes Altersheim. Die Kirche hingegen wurde in einer langjährigen gründlichen Gesamtrestaurierung, die gleichfalls 1978 abgeschlossen war, wieder hergestellt und dient der Gemeinde auch als Veranstaltungsraum. – Ihr heutiges Aussehen wird von zwei Stilperioden bestimmt. Aus der Frühgotik stammt der zweijochige hohe Chor mit ⁵/₈-Schluß; er hat ein Kreuzrippengewölbe mit reliefierten Schlußsteinen, hohe Maßwerkfenster und außen zweifach abgetreppte Strebepfeiler. Das vierjochige Kirchenschiff hingegen wurde um die M. des 18. Jh.s spätbarock umgestaltet mit Platzlgewölben über Wandpfeilern, die flache Altarnischen einschließen. Dabei wurde die gotische Südwand (siehe Fresken) belassen. Hingegen erhielt die Nordseite mit dem Eingang eine spätbarocke Turmfront von vorzüglicher Platzwirkung vorgebaut. Die Steinrahmung des Innenportales stammt noch aus dem 2. Viertel des 16. Jh.s. Bei der 1977 begonnenen Innenrestaurierung konnten kunsthistorisch interessante Fresken freigelegt werden. An den Seitenwänden des Chores lassen sich etwa 20 Kreismedaillons rekonstruieren mit Halbfiguren von Aposteln und Propheten (Gegenüberstellung des Alten und Neuen Testaments). Sie steigern sich in den Chorschrägen zu großfigurig thronenden Königen und Propheten des Alten Testaments (Inschriften „David rex" und „Jeremias" sind zu erkennen), deren Köpfe plastisch gebildet waren, so daß sie gleichsam als Stützen der Rippenansätze dienten. Bei der Barockisierung der Kirche wurden diese Köpfe abgeschlagen und die Fresken übertüncht. In der rechten Chorschräge sind weiters eine hl. Veronika mit dem Schweißtuch und der Prophet Daniel zu sehen. Über den Maler dieser Fresken gibt eine Inschrift in gotischer Fraktur an der Nordwand Aufschluß: „ORARE DEUM PER ANIMAM JOHANNE AQUILA PICTURE." Sie ist als eine Art Nachruf auf den urkundlich nachweisbaren Maler Johannes Aquila von Radkersburg zu deuten, der hier offenbar sein letztes Werk geschaffen hatte. Es dürfte gegen 1400 entstanden sein. Weitere Werke des Johannes Aquila konnten in den slowenischen Orten Martijanci (1383) und Turnišče (1392), im ungarischen Velemér (1378) und im Radkersburger Pistorhaus nachgewiesen werden. Frühere Fresken aus der Zeit des Kirchenbaues fanden sich an der Südwand des Langhauses. Sie lassen eine Maria mit Heiligen und Engeln in einem Schreinaltar sowie einen hl. Oswald erkennen. Schließlich seien auch die ornamentalen Blatt- und Blütenmalereien in den Gewölbesegeln des Chores erwähnt.

Die qualitätvolle Einrichtung der Kirche geht in der Hauptsache auf die Erneuerung des Spätbarock um die M. des 18. Jh.s zurück. Der Hochaltar besteht aus einem schön geschwungenen barocken Tabernakelaufbau, über dem sich ein vorzügliches spätgotisches Kruzifix, ca. 1500, erhebt. Die vier Seitenaltäre mit marmorierten Architekturen und weißgefaßten Figuren sowie hellfarbigen Haupt- und Oberbildern. Am Josefsaltar gotische Pieta um 1420; gegenüber Marienaltar mit Marienfigur unter dem Baldachin aus dem 17. Jh. Besonders originell die dunkel gebeizte Kanzel mit geschnitzten Maiskolben (Kukuruzstriezeln) als Korbabhänglinge, 3. Viertel 18. Jh. Aus dem Spätbarock stammen weiters die Kirchenbänke, Sakristeitüren und das intarsierte und 1770 bezeichnete Chorgestühl. An der Südwand des Chores hängt der reich gestaltete Totenschild des Freiherrn von Wilfersdorf, bezeichnet 1621. Orgelpositiv von J. E. Mitterreither 1724. Glocken von 1680, 1719 und 1752.

Unter der geräumigen Sängerempore wurde bei der letzten Renovierung eine Fußgängerpassage und ein Schauraum des Museumsvereines angelegt. In diesem befinden sich neben einem anschaulichen Modell von Kloster und Kirche auch einige Werkstücke der abgerissenen Klosteranlage: ein frühgotischer Matronenkopf, ein Lavabo aus der M. des 17. Jh.s und eine Fußbodenplatte datiert 1685.

Josefikirche 1694 als Friedhofskirche erbaut, bis 1832 Filialkirche der Stadtpfarre, darnach Tabakmagazin. In der 2. H. des 18. Jh.s durch einen seitlich ausschwingenden Hauptraum und eine Turmfront im Stile des Spätbarock verändert.

Evangelische Heilandskirche im Osten der Stadt, repräsentativer Bau von Otto Kuhlmann (Berlin) 1908–1910 in nüchternem Sezessionsstil errichtet. Der seitlich ausgerundete Hauptraum mit Eingangsfront im Osten und eingezogenem Chor sowie Sakristei,

Fürstenfeld, Augustinerkirche – Detail von der Kanzel, 3. V. 18. Jh.

über der sich ein kräftiger Recktecktturm erhebt. – Einrichtung aus der Bauzeit: Kanzelaltar mit Wandbild von Birkle und Thomer (Berlin), hölzerne Emporen, Orgel gestiftet 1910, am Ostgiebel außen Heilandsfigur.

An der Nordostecke des Ortes steht die von Markgraf Ottokar IV. um 1170 erbaute **landesfürstliche Burg** (Schloß am Stein), welche Sitz des landesfürstlichen Stadthauptmanns war. Nach mehreren Zerstörungen und Verpfändungen gelangte sie 1621 in den Besitz der Freiherren von Paar und wurde schließlich nach Auflassung der Festungsanlage 1776 vom Staate erworben. Er richtete darin eine Tabakfabrik ein, die bis heute besteht. Sie begründete den wirtschaftlichen Wiederaufstieg der Stadt im 19. Jh. – Die heutige Anlage mit vier zweigeschossigen Trakten um einen Pfeilerarkadenhof wurde 1827 an der Westseite umgebaut, 1869 wurde der gesamte Ostflügel eingefügt. Im Fabriksbereich die alte Schloßbastei der Stadtbefestigung sowie ein Stück der ehemaligen Festungsmauer aus der 2. H. des 16. Jh.s oberhalb des südwärts führenden Grabeneinschnittes.

Freihaus Pfeilberg, Klostergasse 16, ehemals an der südlichen Stadtmauer gelegen. Es enthält Teile des einzigen erhaltenen mittelalterlichen Wehrturmes (Swartzturm) aus dem 14. Jh., der die alte Stadtmauer verstärkte und beim Ungarneinfall von 1480 ausbrannte. 1490 wurde die Anlage von Hans Pfeilberg erworben, 1550 gelangt sie an Max Ruepp, der Turm und Behausung ausbaute und ab 1568 nach Pfeilberg benennen durfte. 1691 wurde von Johann Christoph Liscutin darin die erste Tabakfabrik eingerichtet. Nachdem 1725 die Gemeinde das Haus erworben hatte, war es als Schule, Kaserne, Militärspital und zuletzt als Armenhaus in Verwendung. Heute wird eine gründliche Renovierung des stadtgeschichtlich bedeutsamen Gebäudes mit Unterstützung des Museumsvereines in Angriff genommen. – Der dreigeschossige Hauptbau entstand im Kern in der 2. H. des

16. Jh.s und weist gegen den Hof einen Renaissanceerker und ein kleines Rustikaportal auf. An seiner Südostecke sind die Mauerteile des mittelalterlichen Wehrturmes erkennbar, eingefaßt von Hausteinquadern an den Ecken. Im 4. Viertel des 17. Jh.s wurde ostseitig ein geräumiges, turmartiges Gebäude angefügt und dem Hauptbau an der Hofseite zweigeschossige Pfeilerarkaden vorgebaut. Im Inneren einige einfache Stuckdecken aus dieser Zeit, gegen den Hof Wandgliederung mit Felderteilung erkennbar. Hinter dem Haus Pfeilberg wurde 1656 die Stadtmauer durch einen aufgeschütteten Kavalier verstärkt, der noch erhalten ist.

Als Ersatz für einen im Zuge der Neubefestigung 1569 abgetragenen Stadtturm in der Klostergasse erbaute sich Jonas von Wilfersdorf im Jahre darauf sein **Freihaus** in der Bismarckstraße (Jahreszahl am Portal). Es wurde 1651 von der Stadt erworben und war bis 1848 Rathaus, hernach Bezirksgericht; seit 1974 ist darin die städtische Musikschule untergebracht. – Das zweigeschossige Gebäude erhält wehrhaften Charakter durch die beiden risalitartig vorspringenden, im Erdgeschoß geböschten Seitenteile. Es wurde 1683 bei der Explosion des Pulverturms schwer beschädigt und nach einem Unwetter im Juli 1699, dem 42 Häuser zum Opfer gefallen waren, im rückwärtigen Teil abgebrochen. Das Baumaterial wurde an ,,Abbrandler" billig abgegeben. Die auf der Ansicht von Vischer 1680 noch vorhandenen beiden achteckigen Fassadentürme wurden 1756 bzw. 1774 wegen Einsturzgefahr abgetragen und damals auch eine Neufassadierung und Neueindeckung durchgeführt, die das heutige Aussehen bestimmt. Im Inneren gewölbte Erdgeschoßräume mit einem kleinen Arkadenhof.

Grazertor (Rathaus). Zweigeschossiger tiefer Torbau an der Westseite der alten Stadtbefestigung, errichtet 1565, umgebaut 1776, 1859 und nach den Schäden von 1945. 1908 bzw. 1946 Durchbruch der beiden Gehwege.

Ein erheblicher Teil des alten Häuserbestandes hat sich zumindest im Kern noch erhalten. Großer geschlossener **Hauptplatz** von rechteckiger Form, in der Mitte **Mariensäule.** Sie wurde 1664 vom Magistrat ,,umb Schuz und Hilff wider dem Erbfeind" (gemeint ist der Sieg beim nahen Mogersdorf von 1664) errichtet und vom Hartberger Bildhauer Johann Fellner gestaltet. Die zwei- bis dreigeschossigen, zumeist traufseitig gelegenen Häuser der West-, Süd- und Ostseite sind alter Baubestand und zum Teil im 19. Jh. neu fassadiert. Hervorzuheben an der Ostseite die ehemalige Platzkaserne im Kern noch 16. und 17. Jh., nach Kriegsschäden 1945 stark erneuert; im Hof Sgraffiti von Fritz Silberbauer 1953. An der Westseite ehemals Graf Kollonitsch-Haus mit turmartigem Vorbau, im Kern 2. H. 16. Jh. Die anschließenden Häuser gegen Süden, 16. und 17. Jh., zum Teil mit spätbarocken Fassaden. Das Eckhaus gegen Bismarckstraße mit Säulenarkaden im Hof, ehemals Schuhfabrik. Eckhaus gegen Santnergasse (heute Kino) mit klassizistischem Dreiecksgiebel, M. 19. Jh.

Grazerplatz (ehemals Grazer Vorstadt) an der Westseite, 1664 wegen der Türkengefahr geschleift; heutiger Häuserbestand aus dem 19. Jh. mit Veränderungen nach 1945. In der Mitte Mariensäule auf klassizistischem Sockel, Figur um 1720. Vor dem Grazertor zwei gute Steinfiguren der hll. Johannes Baptist und Johannes Nepomuk, 2. Viertel 18. Jh.

Die **Wieskapelle** im südlichen Weichbild der Stadt geht auf eine Stiftung von 1770 zurück und besteht aus einem querovalen Hauptraum mit kleinem Chor. Am Altar Figur des Wieser Geißelchristus (Kopie). 1967 zur Gedenkstätte für Landesrat F. Priersch ausgestattet mit Malereien von Franz Weiß.

Im Hügelgelände südwestlich der Stadt (Gemeinde Übersbach) steht das **Schloß Welsdorf**, ein ehemaliger Renaissance-Vierkanter, den Jonas von Wilfersdorf um 1600 neben dem von seinem Vater angelegten Meierhof erbaute. 1603 erreichte er dafür die Befreiung zum adeligen Ansitz als Ausgleich für die beim Ausbau der Stadtbefestigung erlittenen Einbußen. Von 1701–1785 im Besitz des Stiftes Pöllau, dessen Pröpste es zu ihrem

Sommersitz ausstatteten. Heute in privater Hand. – Von der ehemals geschlossenen Anlage ist nur mehr der Nord- und Westflügel erhalten zusammen mit drei quadratischen Ecktürmen. Im Hof Pfeilerarkaden, am Portal das Wappen des Propstes Ortenhofen (1697–1743); die 1635 geweihte Kapelle wurde 1945 zerstört.

GABERSDORF   Bez. Leibnitz

Zeilendorf an der östlichen Seite des Leibnitzer Feldes. Eine Kapelle bereits 1318 genannt.

Pfarrkirche hl. Leonhard (bis 1902 Filiale von St. Veit am Vogau), erbaut 1693–1703 von dem Leibnitzer Baumeister Jakob Schmerlaib. Er schuf hier den frühesten monumentalen Dreikonchenbau des Landes, der in den folgenden Jahrzehnten gerade in der Oststeiermark Verbreitung finden sollte. Schmerlaib dürfte allerdings Anregungen von den Planprojekten für die Pöllauer Stiftskirche verwertet haben, die damals bereits vorlagen, wenngleich sie erst nach Gabersdorf ausgeführt wurden. Beider Vorbild war der Petersdom in Rom. Dem relativ kurzen Langhaus aus zwei kreuzgratgewölbten Jochen ist eine geräumige Dreikonchenanlage von eindrucksvoller Raumwirkung angefügt, die sich um eine quadratische Vierung mit Platzlgewölbe (keine Kuppel) gruppiert. Sie besteht aus den beiden einjochigen Seitenarmen und dem etwas längeren Chor, die alle im Halbrund abgeschlossen sind. Die Überwölbung der Konchen erfolgt jeweils durch drei Stichkappen mit Gurten, ihre Durchfensterung mit rechteckigen Haupt- und runden Oberfenstern. Für Schmerlaib charakteristisch die dreigeschossige Sängerempore an der Eingangsseite aus rohen dreiachsigen Pfeilerarkaden. Wandgliederung durch Riesenpilaster, im Langhaus und Chor verdoppelt; entsprechend die Anordnung der Gewölbegurten. Hohe Westfassade mit Dreiecksgiebel, Volutenansätzen und Giebelturm, der von einem zierlich gegliederten Helm gekrönt wird.

Gute Einrichtung: der Hochaltar mit Säulenaufbau und Umgangsportalen hat vorzüglichen Figurenschmuck von dem Grazer Bildhauer Josef Schokotnigg sowie ein Bild des Kirchenheiligen von Johann Baptist Raunacher, beide von 1745. Die Altäre in den Seitenarmen wurden erst 1861 aufgestellt und halten sich stilistisch noch an den Hochaltar. Ihre guten Blätter, Darstellung Maria Immaculata (mit Ortsansicht von Gabersdorf) und Tod des hl. Josef wurden von dem bedeutenden steirischen Nazarener Josef Tunner gemalt. Von seiner Hand stammen auch die Bilder Ecce homo und Rosenkranzmaria, datiert 1862, im rechten Seitenarm. Unter der Westempore kleiner Leonhardialtar, M. 18. Jh. Bemerkenswerte Kanzel von 1683 in frühem Akanthusstil, die Leonhardreliefs am Korb von Wilhelm Storer 1687. Beichtstuhl und Weihwasserbecken auf Säulenfuß aus der Bauzeit; Taufbeckengehäuse und Büste des hl. Franz Xaver, M. 18. Jh., volkstümliche Kreuzwegbilder, 1. H. 19. Jh.

Um die Kirche Nischenmauer mit Portalen. Das **Pfarrhaus** gegenüber der Kirche von 1744. Am südlichen Ortsausgang gemauerter **Bildstock** mit Resten alter Bemalung, am Sockel datiert 1687.

GASEN   Bez. Weiz

Der Ort liegt an der Höhenstraße, die das Feistritztal mit dem Murtal verbindet und ist eine Gründung des 13. Jh.s. Die **Pfarrkirche hl. Oswald** wurde in der 2. H. des 14. Jh.s auf dem Hang oberhalb der Ansiedlung gebaut und 1688 weitgehend barokisiert (Jahreszahl am Chor). Bei Grabungen anläßlich der Innenrestaurierung 1972 konnten die Ausmaße des gotischen Kirchleins festgestellt werden. Demnach wurde 1688 das erste

Joch hinzugefügt und der Altarraum durch die Apsis vergrößert. Sichtbar erhalten geblieben sind das spitzbogige Nordportal und eine spätgotische Sakramentsnische im Chor. Reste gotischer Fresken an der Chornordseite mußten wieder zugeschüttet werden, da sie unter dem jetzigen Bodenniveau lagen. Das barockisierte Langhaus, wie es sich heute zeigt, ist dreijochig mit Kreuzgratgewölben über Wandpfeilern; der daran schließende Chor mit Altarapsis und Sakristeianbau. An der Westseite ein vorgesetzter quadratischer Turm, die Uhr, bezeichnet 1710. Dreiachsige Orgelempore aus der Umbauzeit. Unter dem Altarraum gewölbte Gruft (ehemals Beinhaus).
Einrichtung aus der 1. H. des 18. Jh.s: die qualitätsvolle Kanzel der von Strallegg eng verwandt, bezeichnet „CCF Peter 1724" (Faßmaler); die Figuren sind dem Josef Hilt zuzuschreiben. Orgel 1769 von Ferdinand Schwarz. Die hölzerne Sängertribüne mit einfachem Gestühl, bezeichnet 1801.
Außen Epitaph des A. Ch. Weitzer von 1717.
Barocke **Friedhofskapelle,** bezeichnet 1751. An der Ortseinfahrt ein gemauerter **Bildstock** mit freskierter Nische aus dem E. des 17. Jh.s.

GEISELDORF   Bez. Hartberg

Straßendorf im Safenbachtal, begründet wahrscheinlich von Giselar von Assach M. 12. Jh. 1330 als Geislendorf genannt. Beim Hajdukeneinfall von 1605 vollständig niedergebrannt; 1704 und 1707 von den Kuruzzen ausgeraubt und abermals niedergebrannt.
Im Ort **Straßenkapelle** von 1806 in spätbarocken Formen. Zweijochiger tonnengewölbter Bau mit Altarapsis und Einturmfassade. Altar M. 18. Jh. mit Bild der hl. Magdalena. Davor ehemals im Freien aufgestellt gewesene steinerne Marienfigur auf Säule mit Inschrift „Ich Peter Heiling und Maria mein Ehewirdin haben dises Creiz unser lieben Frauen zu Ehren lassen machen im 1670 Jahr".

GLEICHENBERG siehe unter BAD GLEICHENBERG

GLEISDORF   Bez. Weiz

Gewachsene Siedlung um den Hauptplatz mit der Pfarrkirche, wichtigster Straßenknotenpunkt der Oststeiermark am Zusammenfluß von Raab und Rabnitz. Keltische und vor allem römerzeitliche Besiedlung durch zahlreiche Funde bei der am nördlichen Ortsrand gelegenen Ziegelei Strobel und an der Weitzerstraße bezeugt. Sie umfassen bauliche Anlagen (amphitheatralische Kultstätte, Bauernhöfe in Blockhaustechnik und Grundmauern), über 200 Grabstätten und vier Grabinschriftsteine des 1. und 2. Jh.s n. Chr., von denen zwei im Gleisdorfer Heimatmuseum, einer an der Pfarrkirche und einer im Landesmuseum Joanneum Graz sich befinden; weiters eine Menge von Kleinfunden, bestehend aus Gebrauchskeramik, Terra sigillata-Gefäßen und Münzen vom 1. bis 4. Jh. 1229 wird der mittelalterliche Ort erstmals genannt, ist damals Sitz des Rittergeschlechts der Gleisdorfer und seit 1284 als Markt bezeugt. 1532 von den Türken niedergebrannt; Gefäße und Kachelscherben, die 1977 beim Brunnenausheben in einer Brandschichte gefunden wurden, dürften von diesem Ereignis herrühren (heute im Heimatmuseum Gleisdorf und im Landesmuseum Joanneum Graz). 1920 zur Stadt erhoben.
Die **Stadtpfarrkirche hl. Laurenzius,** 1229 als „ecclesia in Glitsdorf" erwähnt, liegt auf einer einst von zwei Bächen im Westen und Osten begrenzten Terrasse. Laut Inschrift-

stein von 1894 wurde 1500 eine spätgotische Kirche errichtet, die auch von einem Tabor umgeben war. Hinter dessen Mauern flüchteten sich bei dem Türkenzug von 1532 die Gleisdorfer Bürger. Vollständiger Neubau von 1670–1672 nach Plänen des Michael Arhan durch Maurermeister Andre Pock. 1751/52 größere Renovierungsarbeiten sowie Anbau der westlichen Seitenkapelle an der Nordseite. 1875 wurde der Oberteil des Turmes durch Baumeister Patritz Jobst umgestaltet. Von 1891–1893 (Jahreszahl am Chorschluß) erfolgte eine umfassende Erweiterung nach Plänen des Grazer Baumeisters Michl, die das alte Aussehen der Kirche weitgehend veränderte. Der Chor, zwei Langhausjoche, zwei Kapellen und die Sakristei an der Nordseite sowie die Westfassade sind damals neu hinzugekommen, wobei der Westturm durch Anfügung von Seitenteilen dem Baukörper eingebunden wurde. – Im Inneren geräumiges 5jochiges Langhaus mit eingezogenem Chor und Kreuzgratgewölben auf Wandpfeilern. Die 3achsige Orgelempore mit Stuckfelderverzierung von 1672. Außen Pilastergliederung der barocken Kirche auch auf die Zubauten übertragen.

Uneinheitliche Ausstattung: Steinerner Hochaltar in den Formen der Neurenaissance von 1894, das Bild des Kirchenheiligen Laurenzius malte der Wiener August von Wörndle. Von den barocken Seitenaltären befindet sich am linken (Mariahilf) ein Johannes Nepomuk-Bild des Gleisdorfer Malers Carl Pflänzl von 1720, am rechten eine Darstellung des hl. Franz Xaver. Kanzel von 1791 mit dem Erzengel Michael am Schalldach. Zwei Inschriftsteine von 1665 und 1894 sowie zwei figurale Grabsteine von 1677 und 1680. Die Orgel fertigte der Grazer Orgelbauer Conrad Hopferwieser 1899. Außen an der Nordwestecke römischer Inschriftstein 1. H. 2. Jh. n. Chr.

Vor der Kirche (ehemals in der Hauptplatzmitte) steht eine **Mariensäule**, früher auch Türkensäule genannt, die Pfarrer Haller 1665 nach dem Sieg über die Türken bei Mogersdorf gestiftet hatte. Sie zeigt die Steinfigur der Gottesmutter mit Kind auf hohem Pfeiler; zu ihren Seiten die Pestpatrone Sebastian und Rochus sowie Josef und Johannes Nepomuk, welche erst in der 1. H. des 18. Jh.s hinzukamen.

Ehemalige **Piaristenkirche** (jetzt Filialkirche) Mariae Reinigung an der westlichen Ortseinfahrt; erbaut im Auftrag von Kardinal Siegmund Graf Kollonitsch 1744–1747 von dessen Wiener Baumeister Matthias Gerl anstelle einer älteren Spitalskirche, die als vielbesuchte Wallfahrtsstätte galt. Spätbarocker Kirchentypus mit Verschmelzung von Lang- und Zentralraum. Die Lage an der Straße bedingt die Ausrichtung gegen Westen. Das Innere wird dominiert von einem breiten Mitteljoch mit flacher Ovalkuppel über Pendentiven, das von zwei schmalen platzgewölbten Rechteckjochen gerahmt ist und nach außen querschiffartig über die Fluchten vortritt. Die Vorhalle im Osten und der halbrundschließende Chor mit seinen seitlichen Sakristei- und Oratorienanbauten geben der Kirche insgesamt dennoch eine ausgeprägte Längsrichtung. Orgelempore im ersten Joch mit gerader Brüstung, die an den Seiten viertelkreisförmig vorgezogen ist. Am Türstock des Aufgangs Initial-Inschrift, die auf Johann Max Graf Herberstein (gestorben 1679) verweist und von dem Herbersteinischen Schloß Mühlhausen stammt, das westlich von Gleisdorf lag und zur Zeit des Kirchenbaues abgebrochen wurde. Innengliederung durch Pilasterpaare und umlaufende Gebälkzone. Die Ostfassade durch breite Riesenpilaster gegliedert, die in der leicht vortretenden übergiebelten Mitte verdoppelt sind. Das hohe Abschlußgebälk mit großen Steinwappen des Bauherrn S. Kollonitsch, darunter Jahreszahl 1744. Darüber erhebt sich der quadratische Turm mit ausladendem Volutengiebel und flankierenden Steinvasen. Er wird von einem gebrochenen Laternenhelm gekrönt.

Gute spätbarocke Einrichtung aus dem 3. Viertel d. 18. Jh.s. Der Hochaltar mit monumentaler Säulenarchitektur und Volutengiebel aus Stuckmarmor. In der Mitte kleine Gnadenstatue vom Typ der Himmelskönigin 1. H. 17. Jh. Sie wurde von der alten Spitalskirche übertragen. Zwischen den Säulen und im Aufzug Engelsfiguren. Der freistehende Taber-

Gleisdorf, ehem. Piaristenkirche mit Kloster – erbaut von M. Gerl von 1744–1747

nakel mit ausschwingenden Volutengliedern von dekorativem Reiz. An den vertieften Seiten des Mitteljochs je ein Doppelaltar mit Bildern Johannes Nepomuk vor Maria und Kreuzigung sowie Anna Maria lesen lehrend und der Gründer des Piaristenordens Josef von Calasanca. Die zierliche Rokokokanzel wurde 1770 von dem aus Augsburg stammenden Bildhauer Johann C. Schultz angefertigt; am Korb reich gestaltete Reliefkartuschen der Christlichen Tugenden, am Schalldach der hl. Josef von Calasanca. In der Vorhalle Freskodarstellungen der Passion Christi und Altar mit Pieta 3. Viertel 18. Jh. Das Orgelgehäuse gleichzeitig entstanden.

An der Südseite der Kirche **Steinfigur** des Johannes Nepomuk auf Sockel bezeichnet 1767.

Gegen Norden schließt an die Kirche das ehemalige **Kloster** an. Es wurde in den Jahren 1745–1747 im Auftrag von Kardinal S. Kollonitsch erbaut um „noch etwas dem Allmächtigen Gottgefälliges und der beträngten Welt nützliches zu bewerkstelligen". Der Kardinal übergab das Kloster zehn Geistlichen des Piaristenordens, da in der Steiermark „die Nutzbarkeit dieses Heil-Ordens noch unbekannt" war. Dazu gehörte ein Spital, ein Friedhof und ein sechsklassiges lateinisches Gymnasium, welches 1777 aufgehoben und in eine deutsche Hauptschule umgewandelt wurde. 1824 erfolgte die Auflösung des Klosters. Es diente zuerst als Armenasyl, ab 1850 verwendet es die Gemeinde als Sitz des Bezirksgerichts. – Das Klostergebäude tritt nur wenig hinter die Flucht der Kirchenfassade zurück und besteht aus einem 3geschossigen Trakt mit neun Fensterachsen, der nur durch zwei Stockwerkgesimse unterteilt wird. Daran schließt sich ein 3achsiger Eckrisalit (das ehemalige Spital), der in Anlehnung an die Kirchenfassade mit Riesenpilastern, dekorativen Fensterrahmungen und einem hohen Abschlußgesims gegliedert wird, in dessen Mitte ein weiteres Kollonitschwappen prangt.

Ortskern um Hauptplatz – Florianiplatz mit einem westlichen Ausläufer entlang der Oberen und Unteren Bürgergasse bis zur ehemaligen Klosterkirche und einem südöstlichen entlang der Franz-Josef-Straße. Die Gründerzeit schuf bauliche Akzente (Sparkassengebäude von 1891, Rathaus u. a.) und eine nicht durchwegs organische Ausdehnung der Ortsverbauung (Bahnhofsviertel). Vom alten **Häuserbestand** hervorzuheben: **Hauptplatz** Nr. 15, ehemaliges Posthaus, 17./18. Jh. mit zweigeschossigen Pfeilerarkaden im Hof, das Portal bezeichnet 1805, zugleich die Fassadierung. **Bürgergasse** Nr. 18 mit Stuckverzierung, bezeichnet 1779; Eckhaus zur Wienerstraße 16. Jh. mit Fassade des späten 18. Jh. **Florianiplatz**, im rechten Winkel an den Hauptplatz anschließend: das historistische **Rathaus** im Renaissancestil 1892–1894 erbaut; es enthält das Heimatmuseum, in welchem Römerfunde, eine Porträtgalerie aus Schloß Freiberg, eine volkskundliche und eine Mineraliensammlung aufbewahrt werden. Davor die kleine **Florianistatue** auf gestücktem Sockel; sie wurde erstmals 1633 nach einem Brand errichtet und später erneuert. Nr. 8 Apothekerhaus um 1800 mit schönem sezessionistischem Fassadenschmuck um 1900. **Franz-Josef-Straße** Nr. 5 bezeichnet 1785. Dahinter das **Dominikanerkloster,** welches heute Mädchenschulen beherbergt; die kleine Kirche mit einfachem dreijochigem Saalraum in neuromanischem Stil 1881–1900 errichtet. Nr. 10 stukkierte Fassade von 1730. Nr. 16 Erkerhaus E. 16. Jh.

Im Friedhof frühklassizistische **Kapelle** von 1780. Im Vorraum zu der 1969 errichteten Aufbahrungshalle steht eine spätbar. Kreuzigungsgruppe von 1770/80, der Kruzifixus jünger.

G N A S   Bez. Feldbach

Bereits 891 wurde der Gnasbach mit dem slawischen Wort Gnesaha = Fürstenbach in einer Belehnungsurkunde erwähnt, womit die Entstehung des Ortsnamens in die Zeit der slawischen Besiedlung zurückgeht. Von den Herren von Wildon A. des 13. Jh.s gegründet und 1229 als Forum Gnaese (=Markt) urkundlich genannt, gilt der Straßenmarkt heute als Hauptort des „Tatschkerlandes". Damit bezeichnet man das oststeirische Grabenland zwischen der Wasserscheide von Raab und Mur, das von zehn größeren Bachläufen (Gräben) in Nordsüdrichtung durchflossen wird. „Tatschker" heißt im Grabenland der Frosch, die Kröte, welche dort sehr häufig vorkommen. Eine andere Worterklärung ergibt sich daraus, daß nach ausgiebigen Regenfällen die schweren lehmigen Böden des Grabenlandes beim Begehen quatschen oder „tatschkern". Die alten Marktprivilegien, von Kaiser Maximilian 1516 bestätigt, sowie die verkehrsgünstige Lage führten zu einem Aufschwung der Gewerbe- und Handelstätigkeit, welche von Kaiser Josef II. durch Bewilligung zweier neuer Märkte 1785 gefördert wurden. Im Juni 1822 großer Brand, der den Großteil des Häuserbestandes vernichtete, darunter auch das alte Rathaus (nur neun Häuser blieben unbeschädigt).

Am Südende des nordsüdlich verlaufenden Breitstraßenplatzes, dessen traufseitige Häuserzeilen (**Nr. 12, 13, 20, 52, 54, 55, 68** mit Biedermeierfassaden) durch neuere Einbauten ihre Einheitlichkeit eingebüßt haben, liegt etwas erhöht und gegen die ostwärts ansteigende Tallehne gebaut die **Pfarrkirche hl. Maria.** Sie wurde anstelle eines älteren, 1229 genannten Gotteshauses ab 1434 errichtet (Inschrift auf Schlußstein im Langhaus „Fundata 1434"), und in der Barockzeit erweitert. Vom spätgotischen Bau ist das vierjochige Langhaus (heute Mittelschiff) mit Netzrippengewölbe auf Wanddiensten erhalten, weiters der wenig eingezogene zweijochige Chor mit $^5/_8$-Schluß und flachen Strebepfeilern außen sowie der quadratische Unterteil des Westturmes. Er war ehemals der Front vorgesetzt und etwas aus der Achse verschoben. Sein kellerartiges Erdgeschoß war einst Vorhalle und hatte ein Portal mit geradem Sturz; ein jetzt vermauertes Spitzbogenportal mit der Jahreszahl 1509 führte zur Kirche. Über der Vorhalle drei gotische Turmräume mit verschiedenen Fensterformen. 1686 wurde das gotische Langhaus durch zwei fünfjochige Seitenschiffe erweitert und seine Wände zwischen den quadratischen Pfeilern geöffnet. Zugleich erhielt der Turm seine Einbindung durch das Vorziehen der Seitenschiffe. 1744 wurde das achteckige Glockengeschoß mit Zwiebelhelm aufgesetzt und 1855 durch die Laterne erhöht. Am Außenbau einfache Pilastergliederung. Am Chor wehrhaftes Dachgeschoß mit trichterförmig erweiterten Schießfenstern. Der einst um die Kirche gelegene 1762 aufgelassene Friedhof war von einer hohen Schießschartenmauer umschlossen, deren Toröffnung von einem runden Quaderturm gesichert war. Er wurde teilweise abgetragen und 1744 zum Bau des Rathauses verwendet. Dieses wurde beim Brand von 1822 zerstört und 1835 mit dem Rest der Kirchhofmauer abgerissen.

Die neugotische Einrichtung geht auf eine Erneuerung des Inneren in den Jahren 1878–1880 zurück. In der gotischen Chornische gutes Sandsteinrelief der Auferstehung Christi E. 16. Jh. Das einst verehrte Marienbild ,,Zu unserer Lieben Frau im Tornach'' (Dornstrauchlegende), eine qualitätvolle Schnitzarbeit der Zeit um 1510, befindet sich heute im Pfarrhof. Grabsteine aus der 2. H. des 14. Jh.s und von 1707.

Pfarrhof unter Pfarrer Graf von Galler 1790 bedeutend erweitert. Ober der Tür spätgotisches Rotmarmorrelief einer Kreuzigung. Im Garten große bar. Steinfigur d. 18. Jh.s. Am Marktplatz **Mariensäule** von 1678. Am südlichen Ortsausgang gemauerter **Bildstock** mit Johannes Nepomukfigur M. 18. Jh.

Östlich oberhalb des Ortes **Kalvarienberg,** 1609 begonnen, hernach mehrfach erneuert, zuletzt 1958, als die Bildstöcke mit den Darstellungen der 14 Leidensstationen in Kratzputzmalerei von Maitz ausgeführt wurden. Abschließende Kreuzigungsgruppe mit steinernen Assistenzfiguren, am Sockel der Maria die Stifter bezeichnet ,,Michael Ploder und Susanna F. F. 1740''. Die kleine Kirche 1822 begonnen, am Eingang bezeichnet ,,Anno 1833''. Neuere Ausstattung mit großem Wandbild der Auferstehung hinter dem Altar sowie farbigen Glasfenstern.

G N I E S   Bez. Weiz

Einzeiliges Straßendorf im Ilztal, im 4. Viertel d. 12. Jh.s besiedelt. Der Ortsname 1351 als Gnyebs genannt, könnte von Chnieboz abgeleitet werden, was Knianstoß bedeutet und mit der Siedlungslage an einem Knie der Ilz zusammenhängen dürfte.
Filialkirche hl. Oswald (Pfarre Sinabelkirchen) in Hanglage oberhalb des Dorfes in spätgotischer Zeit erbaut, erstmals genannt 1545. Der kleine Bau besteht aus einem einjochigen Chor mit ³/₈-Schluß, dem in gleicher Breite ein dreijochiges Langhaus angefügt ist. Spätgotische Mauerteile sind bis zur Fensterhöhe belassen. Beim barocken Umbau Neuwölbung durch Stichkappentonne mit Stuckfeldern über flachen Wandpfeilern sowie Sakristeianbau an der Südseite. An der Westfront quadratischer Turm mit steilem Pyramidendach. Um 1740 wurden am Mitteljoch zwei Kapellen angefügt, von denen die nördliche einen halbrunden Abschluß erhielt. Kleiner Hochaltar mit Bild des hl. Oswald von 1692 und guter Pieta der 1. H. 18. Jh. Die Kanzel mit Bildern der vier Evangelisten am Korb 2. H. 17. Jh. In der nördlichen Kapelle dekorativer Notburga-Altar mit Bild der Heiligen von C. T. Pflänzl 1741. Bemerkenswert der 1742 datierte volkstümliche Freskenzyklus, der in 18 Medaillons Szenen aus dem Leben der hl. Notburga schildert. Südlicher Kapellenaltar 1. H. 18. Jh. Orgel 1872 von Friedrich Berner. Um die Kirche halbhohe Ummauerung mit Torbogen.

Gnies, Filialkirche – Kapellenfresken mit Notburga-Szenen, 1742

GOSDORF Bez. Bad-Radkersburg

Im Ort einfacher **Glockenturm** in spätbarocken Formen, 1806 durch die Grafen Wimpffen auf Brunnsee erbaut. 1967/68 Zubau einer **Kapelle** und Kriegergedächtnisstätte nach Entwurf von A. Walter. Kapellenaltar mit Bild von F. Weiß 1968; von ihm auch die Wandbilder am Turm und im Zubau. Im kleinen Nischenraum Fresken aus der Bauzeit, darstellend die Aufnahme Mariens in den Himmel und verschiedene Heilige.

GRAFENDORF Bez. Hartberg

Markt im Safental, durch Funde aus der Jungsteinzeit, Hallstattzeit und Römerzeit als alter Siedlungsboden legitimiert. Mittelalterliche Ortsgründung um 1130 durch Graf Eckbert II. von Formbach-Pitten. Seit 1158–1803 befinden sich Kirche und Ort im Besitz des bayerischen Klosters Formbach. Wiederholte Zerstörungen und Plünderungen durch Ungarn und Türken 1418, 1529, 1532, 1605 und 1707 ließen den an der völlig offenen Ostgrenze gelegenen und ungeschützten Ort nicht zur Entfaltung kommen. Markterhebung erst 1964.

In der durch einen Dreiecksplatz gebildeten Ortsmitte liegt die **Pfarrkirche hl. Michael,** die 1158 erstmals genannt wurde. Ein erheblicher Teil ihrer Bausubstanz ist noch spätgotisch und umfaßt die Langhaus- und Chormauern bis zu zwei Drittel ihrer Höhe sowie den

Unterbau des Turmes. Ihr heutiges Aussehen erhielt die Kirche im Barock zu A. des 18. Jh.s; damals wurden die Platzlgewölbe im Langhaus und Chor (beide zweijochig) eingezogen, die Pilasterordnungen innen und außen angebracht und die übergiebelte Westfassade neu gestaltet. Zugleich erhielt das zweite Joch des Langhauses je eine rechteckige Kapelle angefügt, von denen die linke urkundlich 1717 entstand und die Grablege der Grafen Auersperg enthält, die damals das nahe Schloß Kirchberg am Wald besaßen. Der quadratische Südturm wurde 1878 im Oberteil erneuert. An der Nordseite des Chores Sakristeianbau mit Oratorium; die dreiachsige, auf zwei Säulenstützen ruhende Orgelempore hat eine vorgewölbte hölzerne Brüstung.

Erneuerte Einrichtung mit historistischen Altären im Renaissancestil, der Hochaltar 1903 geweiht. Von der alten Barockausstattung sind noch einzelne Figuren erhalten. Klassizistische Kanzel um 1800; die Kreuzwegbilder aus der selben Zeit. Drei Renaissancegrabsteine aus der 2. H. d. 16. Jh.s in der linken Seitenkapelle eingemauert.

Großer zweigeschossiger **Pfarrhof** neben der Kirche mit dekorativer Putzfeldergliederung 1. H. 18. Jh.; die beiden Steinengel auf der Einzäunung ca. M. 17. Jh.

Daneben die **Kreuzkapelle** (ehemals Friedhofskapelle) mit gewölbtem quadratischem Raum und Altarapside. Die Fresken zeigen Darstellungen, die sich auf die vier letzten Dinge beziehen und wurden 1724 von Johann Cyriak Hackhofer, dem Vorauer Stiftsmaler, gemalt. Davor zwei Römersteine aus dem 2. Jh. n. Chr., einer davon, mit norisch-pannonischem Volutenornament im Profilrahmen um das Schriftfeld, war ursprünglich in der Kirche verbaut.

Südlich der Kirche **Mariensäule** von 1920 nach Entwurf von Prof. Ludwig Kurz-Thurn-Goldenstein, bei der Markterhebung 1964 neu aufgestellt.

Im Ort Figur des hl. Florian M. 18. Jh. Der kleine meist zweigeschossige Häuserbestand aus dem 18. und 19. Jh. wurde in neuester Zeit stark verändert. Im Haus **Nr. 41** ein römischer Grabstein vermauert.

An der Straße nach Schloß Kirchberg am Walde nordwestlich außerhalb des Ortes steht das sogenannte **Kirchberger Kreuz**. Es handelt sich dabei um eine offene Kapelle mit einem von acht Pfeilern gestützten Ringpultdach, die wahrscheinlich noch im 18. Jh. errichtet wurde. Der Altartisch mit Kruzifixus 19. Jh.

Westlich Grafendorf auf einem Ausläufer des Masenberges liegt die **Filialkirche St. Pankratzen**. Sie wurde 1544 erstmals genannt und wird 1765 als „völlig baufällig" bezeichnet. Bald darauf dürfte sie renoviert worden sein, mußte jedoch nach einem Blitzschlag 1800 abermals erneuert werden. Der einfache gegen Westen ansteigende Saalraum ist flach gedeckt, im Westen ein rechteckiger Turm mit Zeltdach angefügt. – Kleiner Hochaltar von Wolf Schmidt 1743 mit dem Bild der Marter des hl. Pankratius. Auf der Epistelseite ist an den Altar eine einfache Kanzel mit Viertelkreisbrüstung angefügt. In einer Wandnische eingestellt eine 1681 bezeichnete Säule mit einer Kopie der Mariazeller Gnadenmutter. Jugendstilluster um 1900.

GROSS-STEINBACH   Bez. Fürstenfeld

Linsenangerdorf im Feistritztal, durch Zubauten zum Mehrstraßendorf erweitert. Gegründet um 1147 von Hartwig von Reidling; ab der M. des 15. Jh.s den Herberstein gehörend. 1418 von den Ungarn verwüstet.

Die **Pfarrkirche hl. Magdalena** 1400 als Pfarre genannt, vorher Filiale von Waltersdorf. Von der ehemals gotischen Kirche durch Umbauten vor allem im 3. Viertel d. 17. Jh.s und Erweiterungen in spätbarocker Zeit nichts mehr erkennbar. – Der einjochige Chor mit 3/6-Schluß und das in gleicher Breite angefügte dreijochige Mittelschiff entstanden in

Großsteinbach, Pfarrhof – erbaut 1693, neu fassadiert 1767

der ersten barocken Umbauphase. Sie sind mit Kreuzgratgewölben versehen, deren Gurten Stuckfelder zieren. Im 3. Viertel d. 18. Jh.s wurden die schmäleren Seitenschiffe mit flachen Platzlgewölben angefügt und mit dem Mittelschiff durch je drei Bogenöffnungen verbunden. Sie tragen Emporen, deren stukkierte Brüstungen zwischen den Pfeilern vorschwingen. Gleichzeitig wurde die Westfassade mit Giebelturm auf die neue Breite gebracht und durch Lisenen und Pilaster gegliedert. Die erneuerte Bauinschrift mit der Jahreszahl 1570 wohl irrtümlich für 1670, die Zeit des ersten Barockumbaues. Die dreiachsige Orgelempore auf zwei Säulenstützen zeigt bereits frühklassizistische Merkmale.

Von der im wesentlichen spätbarocken Einrichtung sind hervorzuheben der Hochaltar aus dem Jahre 1776 mit gutem Tabernakel und Gemälde der Kirchenheiligen von T. Hafner 1951, sowie der rechte Choraltar (Figuren E. 19. Jh.) und die Kanzel aus der selben Zeit. Sie steht dem Kanzeltypus des Grazer Bildschnitzers Jakob Payer sehr nahe und zeigt in Korb und Schalldach die Allegorien und Symbole der vier Kardinaltugenden. Orgelgehäuse 1. Viertel 18. Jh. Im rechten Seitenschiff ein Heiliges Grab im Kulissenstil 1. Drittel 19. Jh. Aus der Einrichtung des späten 17. Jh.s stammt noch ein Taufsteinbecken auf Balusterfuß und die in einer Nische der Südwand außen aufgestellte Steinfigur der hl. Magdalena.

Pfarrhof inschriftlich erbaut 1693, die schmucke Außengliederung des zweigeschossigen Hauptbaues mit Stockwerksgesimsen, breiten verzierten Pilastern und phantasievoll stukkierten Fensterrahmen, an der Giebelfront bezeichnet 1767.

Nr. 73 schönes Biedermeierhaus mit Plattendekor und Rosetten 1. Viertel 19. Jh.

GROSS-WILFERSDORF   Bez. Fürstenfeld

Längsangerdorf im Feistritztal, knapp vor der Einmündung des Ilztales gelegen. Römisches Hügelgräberfeld festgestellt. Ortsgründung mit der von Fürstenfeld in Zusammenhang zu bringen. Ursprüngliches Geschlecht das der Hertenfelder, die auch einen Turm in Fürstenfeld besaßen. 1417 als Wilhelmsdorf genannt. Seit 1576 im Besitze der Wilfersdorfer. 1605 und 1704 von den Ungarn geplündert und schwer beschädigt. Ab 1712 Wiederaufbau in Ziegelbauweise mit gestaffelt angeordneten Vierseithöfen.
Pfarrkirche Hl. Dreifaltigkeit in der Dorfmitte am Anger gelegen, wurde von 1674–1683 in Ostwestrichtung erbaut und 1754 zur Pfarre erhoben. Gesamtrestaurierung 1976/78. Der zuerst errichtete Chor besteht aus einem quadratischen Joch mit achtteiligem Gratgewölbe auf Pilastern und einem 3/6-Polygon. Das 1682/83 angefügte Langhaus hat drei querrechteckige Joche mit Kreuzgratgewölben über Pilastern; die Gewölbegurten zeigen vertiefte Feldergliederung. 1702 wurde der Ostseite ein quadratischer Frontturm vorgesetzt mit offener Turmhalle und gebrochenem Pyramidenhelm. An seiner Nordseite Fresko der Hl. Dreifaltigkeit 18. Jh. (?). An der Nordseite des Chores Sakristei, darüber Empore mit vorschwingender Brüstung 2. Viertel 18. Jh.
Von der einfachen Einrichtung sind hervorzuheben das gute Altarblatt der Hl. Dreifaltigkeit am neubar. Hochaltar, signiert von dem Wiener Akademieprofessor Carl Aigen (gest. 1762); weiters der Patriziusaltar und die Kanzel mit Gutem Hirten am Schalldach, beide 2. Viertel 18. Jh.
Südwestlich außerhalb des Ortes an der Straße nach Ilz der **Hof Lyboch** (Lieboch-Hof), ein Wirtschaftsgut anstelle eines von den Johannitern im 13. Jh. errichteten Wehrbaues. M. des 18. Jh.s wurden die Obergeschosse des älteren Baues abgetragen und die ebenerdigen Gebäude um den geräumigen Hof zum Meierhof umgestaltet. An der Ostseite spätbarocke Fenstergliederung erkennbar. Durch Um- und Zubauten in neuerer Zeit verändert.
Weiter südlich gegen Radersdorf stand einst eine St.-Ulrich-Kirche, welche 1809 abgetragen wurde. Neben ihr befand sich ein mittelalterlicher Turmhügel, dessen Erdsubstruktion noch erkennbar ist.

GUTENBERG   Bez. Weiz

In geschützter Höhenlage auf einem in die Raabschlucht vorspringenden Felsen erbaute Liutold III. von Waldstein 1185 eine **Burg** als neuen Herrschaftssitz, nachdem er sein Weizer Anwesen aufgelöst hatte. Sie gelangte 1288 an die Grafen von Stubenberg, die sie heute noch besitzen. 1490 wurde die zweigeschossige Vorburg errichtet, die einst zwischen zwei Halsgräben lag, von denen der äußere heute überbrückt, der innere zugeschüttet ist. In der Renaissance ab 1567 Umbau und Erweiterung des Hauptschlosses, wobei ein unregelmäßiger, drei- bis viergeschossiger Gebäudekomplex von annähernd fünfeckigem Grundriß entstand. Zugang durch ein flaches Rustikaportal an der Südseite. Im Innenhof feingliedrige zweigeschossige Säulchenarkaden gegen Norden, Pfeilerarkaden gegen Westen. Die ältesten Teile der hochmittelalterlichen Burg befanden sich im südöstlichen Eck mit der **Kapelle** St. Pankraz, deren unterstes tonnengewölbtes Geschoß dem romanischen Baubestand angehört. Im Durchgang vom Hof zur ersten Empore sind Reste gotischer Fresken aus der 2. H. des 14. Jh.s zu sehen, deren obere Partien durch einen späteren Gewölbeeinbau beschnitten wurden. Zu erkennen sind die hll. Afra und Jakobus d. Ä., die Marter der Zehntausend, der hl. Georg und der Zug der Hll. Drei Könige. Der 1365 geweihte Kapellenraum ist turmartig erhöht und über drei Geschosse reichend, deren obere über Emporen zu betreten sind. Weitere gotische Freskenreste mit

Heiligendarstellungen aus der Zeit der Kapellenweihe im 2. Geschoß, aus der 2. H. des 15. Jh. s im Erdgeschoß. In der Fensternische oberhalb des Altares die Darstellung zweier Märtyrer mit der Jahreszahl „150.“; darunter romanisches Rundbogenfenster mit neuer Verglasung. Spätbarocker Altar mit qualitätvollen Figuren der M. des 18. Jh. s. Außen am Dachgeschoß der Südseite gemalte Sonnenuhr mit der Jahreszahl 1779. – In den Wohnräumen einfache Stuckdecken steirischer Lokalschulen aus der 2. H. des 17. Jh. s. Die steinernen Türrahmen aus Schloß Obermureck; von dort auch die bemalte Leistendecke übertragen. Sie entstand im späten 16. Jh. und zeigt in den gleichmäßig gereihten Feldern figurale und ornamentale Motive (Rollwerk). Einige Öfen vom 17. bis zum frühen 19. Jh., zum Teil aus dem stubenbergischen Schloß Wieden bei Kapfenberg.

An der Zufahrt vor dem Schloß zwei qualitätvolle Steinstatuen der hl. Anna und Johannes Nepomuk von Veit Königer um 1770/80; sie befanden sich ursprünglich in einer Kapelle beim Schloß Wieden. Die weitläufigen Wirtschafts- und Verwaltungsgebäude im Vorgelände des Schlosses stammen aus der Barockzeit und sind 1659 und 1710 datiert.

Vor dem Halsgraben, also im unmittelbaren Schloßbereich, liegt die **Pfarrkirche Hl. Dreifaltigkeit.** Sie wurde ab 1788 durch Leopold Graf Stubenberg errichtet (Inschrift überm Portal), 1796 geweiht und 1870 zur Pfarre erhoben. Baumeister war Matthias Reichel; er schuf hier einen dem Geiste der josefinischen Zeit entsprechenden schlichten Saalbau mit Flachdecke und leicht ausschwingender Orgelempore, dem er eine klassizistische Einturmfassade vorsetzte. – Der Hochaltar, bezeichnet 1713, stammt aus der abgebrochenen Kirche von Wettmannstätten; sein Mittelbild, darstellend die Hl. Dreifaltigkeit, malte der bekannte Johann Martin Schmidt (Kremser Schmidt) 1795. Die klassizistische

Gutenberg – Loretokirche mit Initienkapellen und Ummauerung, 1691

Kanzel aus der Bauzeit. An sonstigem Figurenschmuck vorhanden eine spätgotische Marienfigur A. 16. Jh., zwei Barockfiguren des frühen 18. Jh.s und eine kleine Gruppe der Rosenkranzmaria aus der M. des 18. Jh.s. Die historistische Orgel sowie eine gotische Glocke von 1474 stammen beide aus der Schloßkapelle.

An der Straße zum Schloß zwei **Kapellen,** die kleinere datiert 1721, die größere mit Deckenfresko und guter Johannes-Nepomuk-Statue aus dem 3. Viertel d. 18. Jh.s.

Auf einem Höhenzug westlich oberhalb des Schlosses befindet sich die 1691 von Egmont von Stubenberg erbaute **Loretokirche.** Sie ist von vier ihren Ecken zugeordneten Initienkapellen umgeben, deren Schindeldächer von kleinen Zwiebeltürmchen gekrönt werden. Eine wehrhafte Nischenmauer mit Schlüssellochscharten verbindet die Baugruppe. Durch zwei Torbauten an der West- und Ostseite kann man die reizvolle kleine Anlage betreten, in deren südöstlicher Kapelle sich bis 1944 die stubenbergische Familiengruft befand. Eine abwärts führende Allee stellte die direkte Verbindung zum Schloß her. Die rechteckige Kirche mit hohem Dachgiebel, bis zum Traufgesims reichendem turmartigen Anbau und der Sakristei. Der Dachreiter wurde 1892 aufgesetzt. Außengliederung auch der Kapellen mit Pilastern und Gesimsen. Einfacher Innenraum mit Stichkappengewölbe; am Rokokoaltar Bild des freudenreichen Rosenkranzes sowie ein silberner Tabernakel und Leuchterengel 3. Viertel 18. Jh. Dahinter die Loretomadonna mit Büsten der hll. Franziskus und Maria Magdalena um 1700. Drei spätgotische Heiligenfiguren von einer anderen Kirchenausstattung um 1500. Bild der Maria mit dem hl. Philippo Neri, bezeichnet 1676. Glocke von 1747.

In den Kapellen befinden sich Bilder mit schönen Akanthusrahmen, das des hl. Josef in der nordwestlichen signiert und datiert ,,J. P. Fölsch 1698". An der nordöstlichen Kapelle Reste einer dekorativen Kratzputzmalerei.

HAINERSDORF   Bez. Fürstenfeld

Längsangerdorf im Feistritztal, anstelle der karolingerzeitlichen Restsiedlung Nordenesteth zwischen 1141 und 1147 vom Stift Seckau aus gegründet. Adalram von Waldegg hatte das Gebiet 1141 dem von ihm begründeten Stifte vermacht. 1147 bereits als Heinrichsdorf genannt, das ist Dorf des Pflegers Heinrich von Seckau.

Pfarrkirche hl. Georg, erster Bau vor 1197 vom Stift Seckau errichtet und 1410 als Pfarre genannt. Vollständiger Neubau 1668 (Inschrift an der Westfassade), in der 2. H. des 18. Jh.s erweitert. – Eingezogener einjochiger Rechteckchor mit Sakristei und Emporen an der Nordseite, während im Osten in ungewöhnlicher Weise ein quadratischer Turm mit Zwiebelhaube angebaut ist. Das Langhaus besteht aus drei kreuzgratgewölbten querrechteckigen Jochen mit Gurten über flachen Wandpfeilern. Der lebhaft geschwungene Orgelchor über zwei Säulen mit reich stukkierter Brüstung M. 18. Jh. Wenig später der nordseitige Langhausanbau mit Emporen, wodurch die Westfront und der Dachstuhl verbreitert werden mußten und das Westportal aus der Mitte rückte.

Einheitliche qualitätvolle Einrichtung des Spätbarock: Hochaltar mit Säulenaufbau und reichem Figurenschmuck von Bildhauer Josef Hilt, rückwärts datiert 1750; die Marienstatue ,,Heil der Kranken" am Tabernakel inschriftlich 1714 zu Mariazell geweiht. Zwei Seitenaltäre Maria Immaculata und Jesus als Welterlöser gegen 1750. Die Kanzel urkundlich 1743, am Schalldach Christus und die Evangelistensymbole, dem Josef Hilt zuzuschreiben. Einige Figuren aus dem 18. Jh., die des hl. Antonius von 1727. Orgel 2. H. 18. Jh. Steinernes Taufbecken mit Pfeifenmuster auf Balusterfuß 2. H. 17. Jh. Außen an der Westfassade kleine römische Grabinschrift vom A. des 2. Jh.s eingemauert; sie war 1826 nahe der Kirche gefunden worden.

Um die Kirche niedere Kirchhofmauer mit Nischen aus der Zeit des barocken Neubaues.

Der **Pfarrhof** neben der Kirche inschriftlich 1663 erbaut, 1792 renoviert. Am Platz davor **Mariensäule** von 1711, restauriert 1961 und dabei am Sockel mit Heiligendarstellungen in bemalten Fliesen versehen.

HAINFELD   Bez. Feldbach

Größtes **Wasserschloß** der Steiermark, zwischen Feldbach und Fehring mitten im Raabtal gelegen; anstelle eines urkundlich 1275 genannten älteren Wehrbaues im 3. Viertel d. 16. Jh.s von den Winkler errichtet. Ab 1632 im Besitz der Grafen Khisl, 1719 von Wenzel Carl Graf Purgstall erworben. Die aus Schottland stammende Witwe des letzten Purgstall, Gräfin Johanna P., vererbte das Schloß 1835 dem bekannten Orientalisten Freiherrn von Hammer, der zugleich auch den Namen des aussterbenden Geschlechtes annahm. 1945 im Zuge der Kampfhandlungen beschädigt und geplündert.
Breit gelagerter, einheitlicher Baukörper von nüchterner Massigkeit, die Eigenschaften eines Herrensitzes und Kastells verbindend. Nach dem Vorbild ober- und niederösterreichischer Schlösser als zweigeschossiger Vierflügelbau um quadratischen Innenhof gestaltet, wobei die Gebäudeecken wehrhaft verstärkt wurden durch vortretende quadratische Türme, die um ein Geschoß erhöht sind und Pyramidendächer tragen. Ein breiter, heute ausgetrockneter Wassergraben umgibt die ganze Anlage, der einzige Zugang an der Westseite war ehemals über eine Brücke zu erreichen, die heute durch einen Fahrdamm ersetzt ist. Im Hof umlaufende zweigeschossige Pfeilerarkaden mit geräumigen Gängen, von denen man in die einzelnen Zimmer gelangt; an den Ecken des Südtraktes zwei offene Stiegenhäuser. Unter den Purgstall im 3. Viertel d. 18. Jh.s zweite wichtige Bau- und Ausstattungsphase des Schlosses. Ihr gehören an die in die Mitte des Nordtraktes eingefügte Schloßkirche, die beiden runden Treppentürme mit gebrochenen Kegeldächern, die Neugestaltung der offenen Treppenhäuser und des Westportales mit dem Purgstall-Wappen (der arabische Spruch über dem Torbogen wurde erst im 19. Jh. angebracht und lautet übersetzt: ,,Gott schütze Deinen Ruf, der gut, das größte Deiner Güter – Geh' sicher ein in seiner Hut, er ist der beste Hüter''). Weiters wurde der ganze Bau außen mit Doppelpilastern gegliedert und an der Südseite eine Altane angebaut; die Hofarkaden erhielten Lisenen und kleine Konsolsteine in den Bogenscheiteln. Die **Schloßkirche** wurde 1773 fertiggestellt und ersetzte die alte einst in der Hofmitte stehende Kapelle. Ihre leicht vorschwingende, von lyrenförmigen Fenstern durchbrochene Fassade mit Volutengiebel und behelmtem Turm bildet den architektonischen Hauptakzent des Hofes. Ihr Inneres besteht aus einem schmalen Eingangsjoch, dem quadratischen platzlgewölbten Hauptraum und einer halbkreisförmigen Chorapsis, die über die nördliche Fassadenflucht ausrundet. Der Wandaltar stammt aus der Bauzeit und zeigt ein Bild der Verehrung der hl. Eucharistie. An den Seiten des Hauptraumes Marmor-Kenotaphe in ägyptischem Stil für Johanna Gräfin Purgstall 1836 und in persischem Stil für die Mutter von Josef v. Hammer-Purgstall 1837. Glocke von Florentin Streckfuß 1703. Links neben der Kirche Grablege mit genauer Nachbildung des in persischem Stil gestalteten Sarges, in dem Josef v. Hammer-Purgstall 1856 zu Weidling am Bach (NÖ.) beigesetzt worden ist. Gegenüber auf der rechten Seite Grablege des Komponisten Heinrich v. Hammer-Purgstall, gestorben 1953.
In den 36 Zimmern des Obergeschosses Teile der Barockausstattung erhalten: Im Osttrakt einige Stuckdecken des späten 17. Jh.s, besonders reich in den Eckzimmern, das nordöstliche bezeichnet: ,,Domenico Bosco a fato A. D. 16. Luglio 1693''. Im selben Flügel Laudonzimmer mit großen Leinwandbespannungen, welche in sehr anschaulicher Weise Siege des berühmten österreichischen Generals im Siebenjährigen Krieg (1756–1762) schildern, und zwar: Gefecht bei Domstettl, Schlacht bei Hochkirch (1758),

Schlacht bei Kunersdorf (1759), Gefecht von Landeshut, Einnahme von Glatz (1760) und Eroberung von Schweidnitz (1761). Die militärhistorisch hochbedeutenden Darstellungen dürften von Alois Graf Purgstall in Auftrag gegeben und 1762/63 gemalt worden sein. Im anschließenden Zimmer reicher Wandstuck aus der selben Zeit, die Deckenstukkierung E. 17. Jh. Chinesisches Zimmer mit auf Leinwand aufgeklebten Bildern in metallenen Rokokorahmen um 1765, gleichzeitige Illusionsmalereien im selben Raum wurden später übertüncht. Kabinett mit niederländischen Fayenceplatten und bemalten Papiertapeten. Im Südtrakt Zimmer mit einer Galerie des steirischen Adels in 58 Bildern, gemalt von dem neapolitanischen Maler Jannuarius Basili 1762 ff. (sie wurden von Josef v. Hammer-Purgstall in dem Werk ,,Porträtgalerie des steirischen Adels" veröffentlicht). Die im selben Trakt befindliche Bibliothek Hammer-Purgstalls umfaßte einst ca. 5000 Bände, wurde jedoch 1945 schwer geplündert. In mehreren Zimmern befindet sich noch barokkes Mobiliar, Rokoko- und Empireöfen sowie zahlreiche Gemälde. Im verschont gebliebenen bemerkenswerten Schloßarchiv werden neben zahlreichen lokalhistorisch bedeutsamen Akten auch die Korrespondenz Josef v. Hammer-Purgstalls aufbewahrt. Er war Präsident der kaiserlichen Akademie der Wissenschaften in Wien; von seinen zahlreichen Werken, die zum Teil in Hainfeld entstanden, seien angeführt: ,,Geschichte des osmanischen Reiches", ,,Gemäldesaal großer moslemischer Herrscher", ,,Literaturgeschichte der Araber" und der lokalhistorisch bedeutsame Roman mit Urkunden ,,Die Gallerin auf der Riegersburg".

Vor dem Schloß gegen die Straße Wirtschaftsgebäude mit Ovalfenstern und Einfahrt mit den Steinfiguren Johannes Nepomuk und Maria 3. Viertel 18. Jh.; die gleichzeitigen Steinvasen von Bildhauer Johann Piringer.

Hainfeld, Schloß – Grabkammer des J. v. Hammer-Purgstall, nach 1856

HALBENRAIN   Bez. Radkersburg

Straßendorf am Rande der Auenlandschaft des nahen Murflusses.

Schloß in ebenem Gelände, noch im vorigen Jahrhundert auf geböschtem Hügel mit Graben und Brückeinfahrt. An seiner Stelle stand eine 1244 genannte mittelalterliche Burg Halbenrain, die der Babenberger Herzog Friedrich der Streitbare dem steirischen Landschreiber Wittigo übergab. Im 14. Jh. von den Herren von Halbenrain bewohnt, seit der M. des 15. Jh.s im Besitz der Stubenberg. 1480/90 von den Ungarn besetzt. Neubau im 17. Jh.; seit 1724 von den Grafen Stürgkh erworben, die es nach einem Brand 1767 im spätbarocken Stil erneuerten und den Garten anlegten. 1980 vom Land Steiermark übernommen. – Geschlossener dreigeschossiger Vierkanter um einen annähernd quadratischen Innenhof, durch die spätbarocke Umgestaltung auf eine nordsüdliche Mittelachse orientiert. Unregelmäßigkeiten an der Südseite und der leicht geknickten Gartenfront. Das Sockelgeschoß durchgehend genutet. Die Hauptfront an der Nordseite mit leicht vortretendem Eck- und übergiebeltem dreiachsigen Mittelrisalit; das Portal zwischen Wandnischen, darüber Stürgkwappen in gerahmter Nische. Platzlgewölbte Einfahrtshalle auf Pfeilern, östlich davon das Treppenhaus mit Rotmarmorsäulen, in Nischen drei spätbarocke Putten, die dem Veit Königer zuzuschreiben sind. Hof mit genutetem Erdgeschoß und rundbogigen Arkaden; der Südtrakt hervorgehoben durch eine übergiebelte leicht vortretende Mittelpartie, der eine zweiläufige Treppenanlage mit frühklassizistischen Vasen und Putten vorgelegt ist. Fassadierung dieses Traktes auch gegen den Garten zu: der dreiachsige übergiebelte Mittelteil hat Kolossalpilaster und eine schön gestaltete Altane, von der eine Treppenanlage von gleicher frühklassizistischer Gestaltung wie im Innenhof zu einem etwas tiefer gelegenen gemauerten Podest führt, welches die Geländestufe zum Garten überbrückt. Im östlichen Arkadengang des Hofes Wappensteine der Ratmannsdorf und Stürgkh.

Halbenrain, Schloß – Gartenfront 3. V. 18. Jh.

Neben dem Schloßgrund steht auf einem gegen Süden und Osten abfallenden und einge-friedeten Plateau die **Patronatspfarrkirche hl. Nikolaus.** Sie war schon 1418 als Pfarre genannt worden, wurde aber in der Reformationszeit von evangelischen Predigern besetzt und nach deren Vertreibung der Pfarre Klöch als Filiale zugeteilt. Seit 1796 wieder Pfarre. Die Kirche ist ein Barockbau der 2. H. des 17. Jh.s und wurde 1717 geweiht. Sie besteht aus einem hohen dreijochigen Langhaus, das eine Doppelpilastergliederung und Kreuz-gratgewölbe zwischen Doppelgurten aufweist. Der eingezogene zweijochige Chor schließt gerade und hat seitliche Anbauten einer Sakristei, Taufkapelle und von Orato-rien. Nördlich des Chores der quadratische viergeschossige Barockturm mit später erneu-ertem Spitzzwiebelhelm. Am Chorschluß Loretokapelle mit der Grablege der Grafen Stürgkh angebaut. Schlichte Westfassade mit Dreiecksgiebel, in kleinen Wandnischen Spätrenaissancefiguren der hll. Martin und Lukas E. 16. Jh., in der Fassadenmitte große Kratzputzdarstellung des hl. Nikolaus von T. Hafner 1958.
Spätbarocke Ausstattung aus dem 3. Viertel d. 18. Jh.s, bestehend aus dem Hochaltar mit hohem Säulenaufbau und Altarblatt hl. Nikolaus, der nach 1770 anzusetzenden schmuk-ken Kanzel mit dem Seelenwäger St. Michael am Schalldach sowie den beiden Seitenaltä-ren und einer getrennten Verkündigungsgruppe an den Langhauswänden. Am Chorge-wölbe neubarocke Fresken der Hl. Dreifaltigkeit und Puttenglorie um Marienmono-gramm, an den oberen Wandteilen in Ovalfeldern die vier Evangelisten, alle Ende 19. Jh. Die Kreuzwegbilder malte C. Amon 1837; Bild der hl. Anna Maria das Lesen lehrend signiert „V. Porkerth 1850". In der Taufkapelle figurale Glasfenster von Franz Weiß 1964. Dreiachsiger Orgelchor auf gut proportionierten Steinsäulen, darunter an der Westwand eingemauert zwei Marmorputten (von einem Epitaph?). **Loretokapelle:** die gegen das Schloß gerichtete Rückwand ist als spätbarocke Schauseite gestaltet mit Pila-stern, Gesims, Figuren Joachim und Anna in Wandnischen und dem Wappen der Familie Stürgkh im Giebelfeld 3. Viertel 18. Jh. Das Innere ist gänzlich modernisiert durch ein Tonnengewölbe, farbige Bleiverglasungen der Fenster und die übrige Ausstattung. Eine Marmortafel mit Steineinfassung verzeichnet die Namen der hier begrabenen Mitglieder der Familie Stürgkh, beginnend im Jahre 1737, endend mit dem 1916 in Wien ermordeten k. k. Ministerpräsidenten Carl Grafen Stürgkh.

HARTBERG   Bez. Hartberg

Grenzstadt am südlichen Auslauf des Ringkogels. Dieser ist ältestes Siedlungsgebiet mit Funden aus der Jungsteinzeit (3. Jahrtausend v. Chr.), der Urnenfelderzeit (um 1000 v. Chr.) und der bisher einzigen sicher nachweisbaren hallstattzeitlichen Siedlung des Landes (um 500 v. Chr.). Ihre ausgedehnte Ringwallanlage diente den Bewohnern der Gegend bis in die Römerzeit als Schutzwehr. Heute befindet sich dort eine 1906 er-richtete 30 m hohe Aussichtswarte. Mehrere Grabhügelfelder und Grabsteine in der Umgebung der Stadt sowie die freigelegten Villen in Löffelbach und unter der Stadtpfarr-kirche weisen auf eine dichte Besiedlung auch in der römischen Kaiserzeit hin, die sich nun bereits von der Anhöhe herab verlagert hatte. Nach 1122–1128 Gründung von Hart-berg durch Markgraf Leopold I. von Steyr als erste Pfalz der Traungauer auf steirischem Boden. Die eigentliche Pfalz bestand aus der Burg, der Burgkapelle St. Johannes, einem Meierhof und der Hofmühle. Der erste Markt, genannt 1128, erstreckte sich von der Burg südostwärts auf beiden Seiten der heutigen Herrengasse. Zu ihm gehörte noch die aller Wahrscheinlichkeit nach damals erbaute Kirche St. Martin. Für 1147 ist bereits die Erweiterung des Marktes durch die Anlage um den heutigen Hauptplatz und die Wienerstraße bezeugt, womit auch der Kirchenbezirk einbezogen war. Schließlich wurde in einer dritten Phase, die mit den verstärkten Befestigungsmaßnahmen nach den

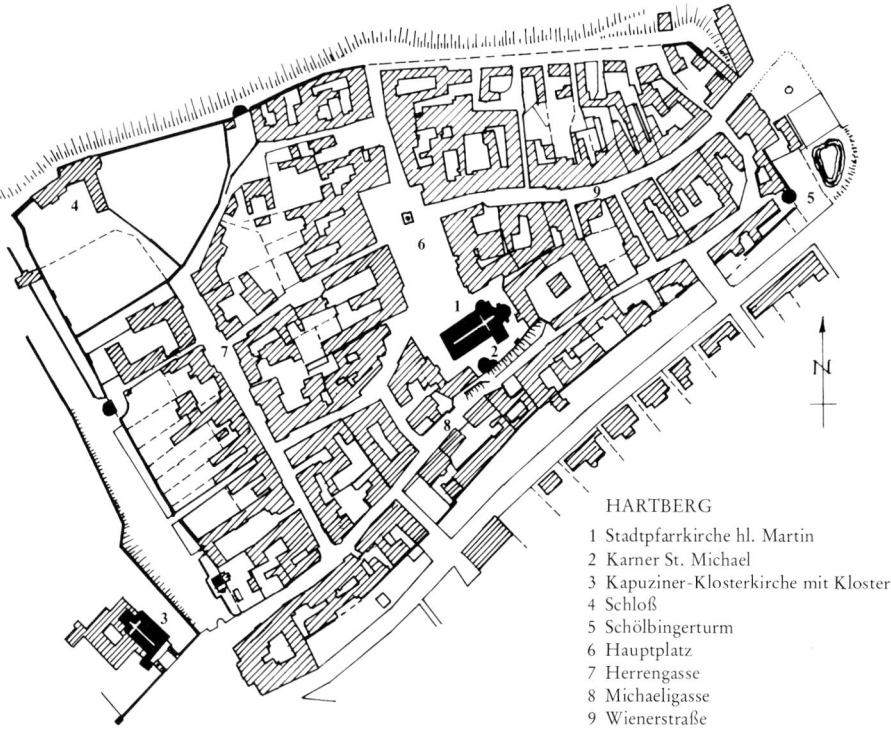

HARTBERG

1 Stadtpfarrkirche hl. Martin
2 Karner St. Michael
3 Kapuziner-Klosterkirche mit Kloster
4 Schloß
5 Schölbingerturm
6 Hauptplatz
7 Herrengasse
8 Michaeligasse
9 Wienerstraße

Ungarneinfällen von 1165/66 zusammenhängen dürfte, die alte Durchzugsstraße (Michaeligasse) durch Errichtung einer Häuserzeile in den Marktbereich eingebunden. Für diese Jahre ist auch die Erbauung des Karners anzunehmen, über dessen Eingang der Überlieferung nach die Jahreszahl 1167 angebracht war. 1252/53 weiterer Einfall der Ungarn, die den Ort vorübergehend besetzten. Bald danach erhielt Hartberg seine Ummauerung, die sich in Teilen noch erhalten hat. 1286 erstmals als Civitas genannt. 1469 von Andreas, 1487 von dessen Sohn Wilhelm Baumkircher eingenommen. 1529 und 1532 die Gegend um die Stadt, die sich selbst halten konnte, von den vorbeiziehenden Türken verheert. 1605 vergeblich von den Hajduken berannt. In den Kuruzzenkriegen 1704–1711 die Umgebung dreimal verwüstet. 1805 und 1809 von den Franzosen besetzt und mit hohen Kontributionen belegt. In der 1. H. des 19. Jh.s im Zuge der Stadterweiterung ein erheblicher Teil der Ummauerung mit einigen Türmen und Stadttoren niedergelegt. Dennoch blieb das alte Stadtbild in seiner Gesamtheit bis heute vorherrschend.

Die **Stadtpfarr- und Dekanatskirche hl. Martin** am Rande der zur Michaeligasse abfallenden Steilstufe über einer spätrömischen Wohnanlage (Hypokausten unterm dritten Schiffsjoch) errichtet. Urkundlich erstmals 1157 genannt besitzt die Kirche eine interessante Baugeschichte, die vier Perioden mit architektonischen Erweiterungen und Änderungen umfaßt. Die letzten Grabungen im Jahre 1973 brachten neue Ergebnisse, konnten aber nicht alle Fragen klären. Am Beginn stand eine in ihren Fundamenten festgestellte romanische Chorturmkirche, deren Turm sich über dem heutigen Chorquadrat erhob

(1755 abgebrochen), während das Langhaus nicht ganz zwei Joche des jetzigen Mittelschiffs umfaßte. Ihre Entstehung ist aus siedlungstechnischen Gründen in das 2. Viertel des 12. Jh.s anzusetzen. Unter dem bedeutenden Pfarrer Ulrich von Hartberg (1163–1201) wurde die Anlage zu einer dreischiffigen Pfeilerbasilika ausgebaut mit einem an der Ostseite des Chorquadrates angefügten Chorraum mit Krypta (Abschluß ungewiß) und dem wehrhaften quadratischen Westturm (Rest eines 4 m hoch gelegenen Einstiegs an der Westseite erhalten). Je vier Pfeiler mit seitlichen Halbsäulen, deren Basen zu Tage kamen, wurden auf den Fundamenten der alten Außenmauern aufgesetzt und trennten die Schiffe. Die im westlichen Barockpfeilerpaar enthaltenen zwei romanischen Viertelsäulen mit Kapitälen sowie ein zwischen ihnen in der Mitte des Mittelschiffes ausgegrabenes Pfeilerfundament lassen ein Doppeltor vermuten, dem eine Vorhalle, die bis zum Westturm reichte, vorgelagert war. Da der aus behauenen Quadern gefügte Westturm keinen Zugang besaß, mußte die Kirche von den Seitenschiffen her betreten werden. Flachdecken schlossen das Mittelschiff (dort höher als das heutige Gewölbe) und die bedeutend niedrigeren Seitenschiffe nach oben ab. Zwei als Spolienmaterial im Fundament des ersten rechten Barockpfeilers entdeckte romanische Freskenreste einer Kreuzigungsdarstellung sind die einzigen Zeugnisse der alten Ausmalung.

In der Spätgotik wurde der einjochige Chor mit $^3/_8$-Schluß anstelle des romanischen Chorraumes ausgebaut (Jahreszahl 1467 am nördlichen Strebepfeiler außen) und neue Gewölbe eingezogen, von denen die Sternrippengewölbe mit Schlußsteinen im Mittelschiff noch vorhanden sind. Im 17. Jh. Anbau einer Sakristei an der Südseite. Ihr endgültiges Aussehen erhielt die Kirche im Spätbarock, nachdem sie beim Brand von 1715 schwer gelitten hatte und man sogar einen völligen Neubau in Erwägung zog. Der Hartberger Baumeister Thoman Reiff führte von 1745–1760 den großzügigen Umbau durch. Die Seitenschiffe mit Emporen wurden neu errichtet, nachdem die romanischen abgerissen worden waren. Dabei hielt Reiff sich an die gotische Einteilung mit zwei breiten und einem schmalen Joch. Durch Verlängerung der Seitenschiffe um die Tiefe des Westturmes

HARTBERG, Stadtpfarrkirche hl. Martin

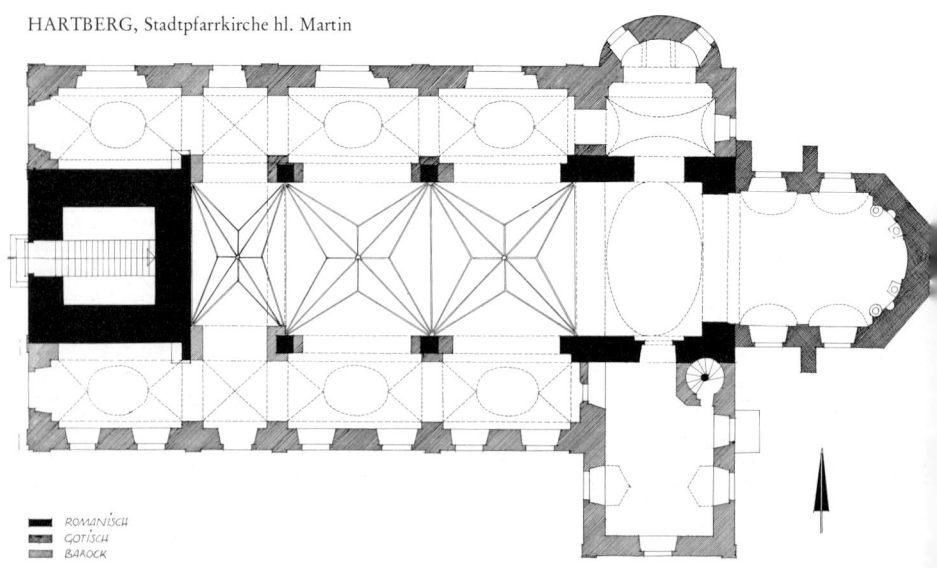

ROMANISCH
GOTISCH
BAROCK

Hartberg – Karner E. 12. Jh. und Turm der Pfarrkirche, 1756

gewann er eine einheitliche Westfassade, die eine Pilastergliederung und Stuckverzierung erhielt und laut Chronogramm am Turm 1756 zum Abschluß kam. Zugleich wurden Chor und Chorquadrat neu gewölbt (letzteres mit ovaler Flachkuppel), eine Marienkapelle mit gerundeter Apsis an der Nordseite des Chorquadrates angefügt und der Westturm mit der Glockenstube und dem eleganten Zwiebelhelm mit Laterne versehen. Völlig neue Innenausstattung nach Abschluß der Bauarbeiten: Hochaltar mit Säulenaufbau von 1766, Bild des Kirchenheiligen von J. C. Hackhofer 1716. Die zwei Seiten- und vier Kapellenaltäre mit dekorativen Aufbauten und Bildern von Josef A. Mölck 1760/62. Von ihm auch die Fresken mit Heiligendarstellungen an Chor- und Seitenschiffsgewölben. Zugleich wurden die Musikempore und die ausschwingenden hölzernen Emporenbrüstungen eingebaut. Die gute Kanzel von Matthias Leitner aus Graz 1753, Orgel von F. Schwarz 1762. Von der alten Kirchenausstattung stammt die gotische Pieta um 1420 in der Marienkapelle, das steinerne Taufbecken von 1648 sowie mehrere Epitaphien, von denen die der M. und H. Steinpeiss (1559, 1585) besonders hervorzuheben sind. Außen zwei figurale Römersteine an der Südseite 2. Jh. n. Chr., gleichzeitig der Inschriftstein beim Stiegenaufgang aus der Michaeligasse.

Südlich der Pfarrkirche der **Karner St. Michael** (bis E. 16. Jh. auch St. Ulrich), der bedeutendste erhaltene Sakralbau der Romanik in der Oststeiermark. Er wurde von Pfarrer Ulrich von Hartberg (1163–1201) erbaut und soll einst über dem Portal die Jahreszahl 1167 gehabt haben. Runder, zweigeschossiger Bau mit 3/4-Apsis im Osten aus glatt behauenen Schildbacher Kalksteinquadern gefügt. Die in Schichten gegliederte Außenwand wird durch neun vorgelegte kräftige Dienstbündel mit Knospenkapitälen, die an der Eingangsseite durch Menschenköpfe bereichert sind, vertikalisiert. Zwei umlaufende Rundbogenfriese bilden die horizontale Verklammerung, wobei der untere die Geschoßtrennung markiert, der obere, bereichert durch ein Zahnschnittband und am Hauptbau zum Dreipaß erweitert, den Wandbereich nach oben abgrenzt. Zwei abgezirkelte Kegeldächer schließen den Bau ab. Das Untergeschoß ist 6,30 m hoch (davon 3,40 m unterirdisch) und von außen zugänglich. Über eine freie Treppe ist das Rundbogenportal des Obergeschosses zu erreichen, welches gegen die Kirche aus der Achse verschoben ist. In seiner abgetreppten Leibung sind je zwei Säulen mit Knospenkapitälen eingestellt. Der hohe Hauptraum mit drei Südfenstern durch acht Halbsäulen gegliedert, die sich ober einem Gesimsband in der Kuppel als Gurten fortsetzen. Neben dem Eingang nachträglich eingefügter polygonaler Treppenturm, der zum Dachstuhl führt. Die Altarapsis mit kleinem Mittelfenster, in der Barockzeit zwei seitliche Rechtecköffnungen ausgebrochen, die bei der tiefgreifenden Restaurierung des Karners ab 1889 „romanisiert" wurden. Damals auch die Freitreppe erneuert und mehrere Werkstücke ausgewechselt. 1893/94 wurden von dem akademischen Maler und Restaurator Theophil Melichar die romanischen Innenmalereien freigelegt und stark übergangen, wodurch der alte Farbcharakter verwischt wurde. Die Gewölbezone und das zerstörte Treppenturmfeld damals völlig neu gemalt. Das inhaltliche Programm umfaßt im Hauptraum in zwei durch ein perspektivisches Mäanderfries getrennten Zonen Christus mit den 12 Aposteln, darunter die Darstellungen der sieben Hauptsünden (vicea capitalia) als auf verschiedenen allegorischen Tieren reitende Fürsten. In der Apsis Wurzel Jesse-Darstellung mit den durch sieben Tauben symbolisierten sieben Gaben des Hl. Geistes. An den Seiten der Ungarnbezwinger St. Ulrich (zugleich als Namenspatron des neben ihm knienden Pfarrers Ulrich) und der hl. Martin (durch Fenstereinbruch weitgehend zerstört, die beiden Mannaleser von Melichar hinzugefügt). Die Thematik der Fresken entspricht der einer Taufkapelle. Da ab 1173 die Errichtung eines steirischen Landesbistums möglicherweise mit dem Sitz in Hartberg vorgesehen war, ist eine vorübergehende Umwidmung des Karners anzunehmen. Darauf deutet auch die Anbringung eines Abflußrohres an der Südseite.

Hartberg, Karner – Innenraum

Stattlicher **Pfarrhof** in drei Geschossen hinter der Kirche, erbaut 1700–1712. Portal mit Akanthusstuck und Webersberg-Wappen; im Erdgeschoßsaal Stuckdecke aus der Bauzeit sowie vorzügliche Wandmalereien mit Szenen aus dem Alten Testament 3. Viertel 18. Jh. (1956 aus dem sogenannten Fürstenzimmer des Pfarrhofes hierher übertragen).
Neben der Kirche an der Steilstufe gemauerter **Bildstock** mit Kruzifix und Putten M. 18. Jh.

Kapuziner-Klosterkirche mit Kloster etwas über der Grazerstraße gelegen und mit dieser durch zwei gedeckte Treppenaufgänge verbunden. Erbaut 1654 durch Wolf Rudolf Graf Saurau in der ehemaligen Grazer Vorstadt außerhalb der Stadtmauern. Schlichter turmloser Bau in nordsüdlicher Ausrichtung mit Schopfwalmgiebel und Dachreiter überm Altarraum. Der einschiffige Innenraum mit Stichkappentonne, das Seitenschiff an der Ostseite später angefügt. Die Einrichtung um 1900 erneuert, aus der Barockzeit einige Heiligenbilder an der rechten Langhauswand. Der Klostertrakt um rechteckigen Innenhof schließt westlich an die Kirche an.

An der Klostermauer gegen die Grazerstraße gemauerte **Nischenkapelle** mit guter holzgeschnitzter Kreuzigungsgruppe der Spätgotik E. 15. Jh. Sie soll sich früher in der 1782 demolierten Kirche St. Johannes und Magdalena befunden haben, die gleichfalls in der Grazer Vorstadt nahe der Burg stand.

Filialkirche Maria Lebing im Süden der Stadt; 1309 eine frühgotische Kapelle auf römischem Grabhügelfeld geweiht. 1472 durch einschiffigen spätgotischen Kirchenbau ersetzt, der im Kern noch vorhanden ist. Davon erkennbar außen der Chor mit ⁵/₈-Schluß, vermauertem Maßwerkfenster und abgetreppten Strebepfeilern sowie die steile Westfront mit hohem Dreiecksgiebel, zwei Rechteckfenstern und Streben. 1682 wurde an der Südseite des Langhauses eine den Pestpatronen gewidmete Kapelle angefügt. 1732 errichtete

Hartberg, Filialkirche Maria Lebing – Innenraum mit Fresken von J. A. Mölck, 1772

Baumeister Remigius Horner korrespondierend dazu an der Nordseite eine quadratische Kapelle und setzte darauf einen Turm mit achteckigem Glockengeschoß und Zwiebelhelm. Die Gliederung der Außenseiten durch Doppelpilaster und Kranzgesims über Fratzenkonsolen. Ab 1770 erfolgte dann die völlige Barockisierung des Inneren durch Abschlagen der gotischen Gewölberippen und Wanddienste, Verkleinerung der Fenster und Einbau einer Orgelempore mit vorschwingender Stuckmarmorbrüstung. Die so gewonnenen Wand- und Deckenflächen ermöglichten eine umfassende Ausschmückung mit Fresken, die Josef Adam v. Mölck übertragen wurde. Sein Marienzyklus besteht aus folgenden Szenen: am Chorgewölbe Maria als Fürbitterin für Hartberg mit der Ansicht der Stadt, an den Wänden darunter zwei Szenen des wirkenden Mariengnadenbildes von Lebing; am Langhausgewölbe die Vermählung und Himmelfahrt Mariens, letztere mit der Signatur des Malers ,,MÖLCK K. K. CAMERMALER 1772", an den Wänden weitere Szenen aus dem Marienleben. In den Seitenkapellen links Martyrium des hl. Johannes Nepomuk, rechts Maria mit den hll. Rochus und Sebastian sowie die seltene Darstellung des zürnenden Christus, der von seiner Mutter besänftigt wird. Dazu duftige Dekorationsmalereien aus Muschelwerk, Rocaille und Blütengehängen, die das Werk zum Besten machen, was Mölck hinterlassen hat.
Gute Barockeinrichtung: Hochaltar von 1749, der den der Vorauer Stiftskirche zum Vorbild hat (Remigius Horner?); in der Mitte die barock überarbeitete gotische Gnadenstatue des 15. Jh.s unter einem Baldachin, an den Seiten bewegt agierende lebensgroße Heiligenfiguren. Das ovale Oberbild zeigt Gottvater. Die beiden Seitenaltäre mit Bildern der hll. Donatus und Stephanus und guten Figuren von Philipp Jakob Straub, 1749; die Kanzel, deren Schalldach die vier Evangelisten und Gottvater auf Wolken bevölkern, von Matthias Leitner ebenfalls 1749 geschaffen. Südlicher Kapellenaltar von Franz Seidl 1682 mit Altarbild von 1713. Auf der anderen Seite Johannes Nepomuk-Altar mit dekorativem Stuckmarmoraufbau und gutem Bild der Mitte des 18. Jh.s. Orgel von Andreas Schwarz 1721.
An der Nordseite der Kirche spätgotische **Friedhofsleuchte** von 1515. Sie besteht aus einem quadratischen Steinpfeiler mit Eckdiensten, der ein Gehäuse mit Rundbogennischen trägt, in das man das Arme-Seelen-Licht einstellte.
Zweigeschossiges stattliches **Benefiziatenhaus** südlich der Kirche mit Pfeilerarkaden im Hof, erbaut 1775.
Filialkirche Mariae Opferung in SCHÖLBING östlich von Hartberg. 1635 Holzkapelle von Maria von Paar errichtet (Inschrift am Turm). 1704 bei Kuruzzeneinfall schwer beschädigt. Der heutige schlichte Bau von 1768. Er besteht aus einem großen quadratischen Langhausjoch mit Flachtonne, einem eingezogenen halbrund schließenden Chor und dem vorgesetzten Westturm. Die gemauerte Orgelempore mit einfachem Dekor. Die Einrichtung aus der Bauzeit umfaßt drei Altäre und die Kanzel. Vom älteren Bau Bild Mariae Tempelgang und hl. Andreas sowie Figur Maria mit Kind alle 2. H. 17. Jh. Das Bild des hl. Patrizius aus dem 19. Jh.
Die **Rotkreuz-Kapelle** in der Bahnhofstraße ist ein kleiner Dreikonchenbau in der Tradition der Kirchen von R. Horner. Sie enthält einen Kreuzaltar und wurde 1762 gestiftet.
Westlich der Stadt erstreckt sich am Fuße des Ringkogels die Anlage des **Kalvarienberges**. Stationspfeiler mit Sgraffiti Adolf Osteriders von 1959 führen zur weithin sichtbaren Hauptkapelle empor, welche 1846 in barockem Stil anstelle einer älteren erbaut wurde. Im Inneren ein Kreuzaltar 2. H. 19. Jh. Am Stiegenaufgang Steinskulptur der hl. Veronika von guter Qualität M. 18. Jh.

Das **Schloß** liegt an der Nordwestecke am höchsten Punkt der alten Stadt. Von der 1147 genannten mittelalterlichen Burg konnte ein Bergfried in der Mauerachse mit Buckelquadern als Kantenverstärkung in seinen Fundamenten (9,80 m × 11 m) ausgegraben werden.

Bis 1530 saßen hier die landesfürstlichen Pfleger; dann wurden Burg und Stadt von König Ferdinand I. an Siegmund von Dietrichstein verkauft. 1572 erwarb Johann Baptist von Paar die Burg und errichtete einen dreigeschossigen Neubau unter Einbeziehung von mittelalterlichem Mauerwerk (Spitzbogentor an der Südseite), welcher den halbverfallenen Westtrakt des heutigen Komplexes bildet. Der hofseitige Außenaufgang mit Erker und Renaissance-Doppelfenster ist 1576 bezeichnet. Im zweiten Obergeschoß der „Rittersaal" mit steinernem Renaissancekamin und Doppelwappen der Paar-Haim sowie Spuren einstiger Wandmalerei. Der gegen Norden vorgeschobene östlich anschließende Trakt im Kern mittelalterlich, jedoch auch im 4. Viertel des 16. Jh.s umgebaut. Aus der selben Bauphase die Außenmauer des im rechten Winkel dazu angefügten zweigeschossigen Ostflügels, der jedoch erst in der 2. H. des 17. Jh.s ausgebaut wurde. Er hat hofseitig zweigeschossige Arkaden mit Pfeilern bzw. Säulchen im Obergeschoß. Dieses ist mit barocken Wappenmalereien geschmückt, die 1958 freigelegt wurden. Die am Parktor gegen die Herrengasse angebrachte Inschrifttafel des Johann B. v. Paar und der Afra geborene v. Haim mit den Jahreszahlen 1584 und 1598 stammt aus der abgetragenen Schloßkapelle. Ein Mauerzug, der sich etwas nördlich vom Reckturm bis zum Parktor und von hier entlang der Rinnengasse bis zur nördlichen Stadtmauer erstreckt, grenzt den Schloßbereich, heute noch im Besitz der Fürsten Paar, gegen die Stadt ab.

Die alte **Stadtmauer** ist an einigen Stellen noch vorhanden und dürfte aus der 2. H. des 13. Jh.s stammen. Hartberg gehört damit zu den wenigen steirischen Städten, die ihre mittelalterlichen Befestigungen in der Renaissancezeit nicht durch neue Anlagen ersetzen mußten. Noch auf der Vischer'schen Ansicht von 1680 können wir den guten Erhaltungszustand feststellen. Heute läßt sich der Verlauf der Stadtmauer noch allseits verfolgen; am besten an der Westseite, wo neben einem langen Mauerstück und Zwinger der halbrund vortretende Reckturm mit flacher Einstiegsseite zu sehen ist, während der Graben in eine terrassenförmige Parkanlage umgewandelt wurde. Auch an der Nordseite, die durch Burg und natürlichen Geländeabfall zusätzlich gesichert war, ist noch mehr als die Hälfte des alten Gemäuers vorhanden. An der Südecke der schmalen Ostflanke schließlich steht in kurzem Mauerverband der runde Schölbingerturm mit erhöhtem Einstieg, Schlüssellochscharten und gebrochenem Kegeldach. Der Stadtgraben ist an dieser Stelle zu einem kleinen Park mit Gewässer umgestaltet. Die übrigen Mauertürme (Fleisch-, Bleiweiß-, Grazer-, Hacker- und Ungarturm) wurden alle in der 1. H. des 19. Jh.s abgetragen. Das selbe geschah mit dem Grazer- und Ungartor, die von 1832–1835 im Zuge der Stadterweiterung weichen mußten. Nur das erst im 18. Jh. errichtete Pressltor an der Nordseite blieb bis 1928 bestehen.

Ein erheblicher Teil des alten **Häuserbestandes** von Hartberg ist noch erhalten und läßt in seiner relativ ungestörten Geschlossenheit den Reiz eines gewachsenen Altstadtensembles erkennen. Ländliche Haustypen des 16. bis 18. Jh.s mit einfachen Gliederungen und Verzierungen überwiegen, wobei sowohl die Giebelfront wie auch die Traufseite zur Straße stehen kann. **Hauptplatz** Nr. 2, bereits 1147 hier zwei Hofstätten erwähnt. Im Kern 16. Jh., Fassade und Pfeilerarkadenhof 3. Viertel 18. Jh. Bis 1798 Platzkaserne. Nr. 3 erbaut 2. H. 16. Jh., erweitert M. 17. Jh. – Nr. 4 und 5 alte Platzmühle, Fassadierung 2. H. 18. Jh. – Nr. 6 1538 als erstes Rathaus erbaut, nach 1834 privatisiert und umgestaltet. Die einstige Häuserzeile an der Südseite des Platzes, die ihn vom Kirchenbezirk trennte, wurde zu Ende des vorigen Jahrhunderts abgerissen. Damit konnte die Stadtpfarrkirche in das Platzbild einbezogen werden, außerdem gewann man Raum für den neuen Rathausbau, der 1898 abgeschlossen war. – **Kirchengasse** Nr. 2 neubar. Fassade, gegen 1900, laut Bauinschrift ehemals Haus des Apothekers im Viertel Vorau von 1668. Die Marienstatue im Giebelfeld vom alten Bau. – **Herrengasse** Nr. 2–4 in der 1. H. des 18. Jh.s erbaut, bis 1974 Bezirksgericht. – Nr. 6 kleines Herrenhaus der Spätrenaissance vom E. des 16. Jh.s mit Rustikaportal und an den Außenseiten risalitartig vorgezogenen Fensterachsen. Ehemals Freihaus der Herren von Steinpeiss, ab 1834 einige Zeit Rathaus. Hinter dem Häusereck Herrengasse 7 – Hofgasse 9 (ersteres mit klassizistischer Fassadenzier) steht ein viergeschossiges Turmhaus von 1706 mit Kratzputzgliederung. **Michaeligasse** Nr. 8, dreiachsige Giebelfront mit charakteristischem Schopfwalm und reizvoller Stuckverzierung um Fenster und Portale M. 18. Jh. – Nr. 10 zeitlich wie voriges, im Obergeschoß von Anton Osterider zwei ovale Malfelder (Hl. Drei Könige, Flucht nach Ägypten) ergänzt. Gegenüber das alte Schulhaus, heute Organistenhaus, auch M. 18. Jh. Es ist über eine zweiläufige Treppe von der Straße aus zu erreichen und hat einen Durchgang zum Kirchplatz. – **Wienerstraße** Nr. 1, altes Brauhaus, weitläufiger Bau mit Innenhof aus dem 16. und 17. Jh., Fassade mit Portal von 1814. – Nr. 5 1798 erbaut als neue Kaserne mit nüchternen Pfeilerarkaden im Hof; Rundgiebelfassade E. 19. Jh. vorgeblendet. Weitere Häuser des 17. und 18. Jh.s mit verschiedenen Jahreszahlen an den Portalen. **Presselgasse** Nr. 6 Portal bezeichnet 1802. – Nr. 20 mit Inschrift „Adam Propstl 1660". **Welsplatz** Nr. 2 18. Jh. – **Brühlgäßchen** nördlich unterhalb der Stadt gegen den Kalvarienberg ansteigend mit drei alten Mühlenhäusern. Nr. 9 gilt als ehemaliges Pfarrhaus der abgerissenen Johannes-Magdalena-Kirche, am Portal Jahreszahl 1658.

Frauensäule am Hauptplatz von 1675 mit Wappen der Paar, Marienfigur von dem Hartberger Bildhauer Johann Fellner. **Bildstock** in der Grazerstraße mit Marienfigur bezeichnet 1724. Im **Stadtpark** liegender Löwe aus grobkörnigem Granit von einer römischen Grabanlage des 2. bis 3. Jh.s n. Chr. Er hält einen Eberkopf zwischen den Pranken und versinnbildlicht die Macht des Todes. In der Wienerstraße Figur des hl. Johannes Nepomuk M. 18. Jh.

Rund 3 km westlich von Hartberg liegt das kleine Dorf **LÖFFELBACH,** an dessen Nordrand 1961–1962 ein ausgedehnter **römischer Landsitz** in seinen Grundmauern ausgegraben und konserviert werden konnte. Die Anlage bedeckt eine Fläche von 50 × 60 m, umfaßt 31 verschiedene Räumlichkeiten und war mit einer Fußboden-Strahlungsheizung und einer Badeanlage ausgestattet. Sie entstand in mehreren Bauphasen im 2. und 3. Jh. n. Chr. Im Bauernhof Spitzer kleines Museum mit Modell und Grabungsfunden.

HARTBERGSCHLÖSSL   Bez. Fürstenfeld

Kleines **Anwesen** auf einer Hügelkuppe südöstlich von Loipersdorf knapp an der Grenze zu Burgenland. Angeblich von der Freifrau von Galler als Weingartenhaus errichtet (Jahreszahl 1652 über dem Türsturz an der Westseite). 1703 vom Stifte Pöllau erworben und laut Inschrift 1714 ausgebaut. Nach Aufhebung des Stiftes Staatsgut und hernach in wechselndem Besitz. 1912 von den derzeitigen Besitzern in ruinösem Zustand erworben und in der jetzigen Gestalt wieder hergerichtet.

Der einfache zweigeschossige Bau in T-Form besteht aus zwei rechtwinkelig aneinanderstoßenden Trakten. Südseitig offener Stiegenaufgang mit Pfeilerstützen; ehemaliger Kapellenraum nicht mehr vorhanden. Im Obergeschoß der Westseite Inschrifttafel „I.E.D.O.P.P. 1714" (Joannes Ernestus de Ortenhofen Prepositus Pöllauensis).

HARTMANNSDORF   Bez. Weiz

Straßendorf im Rittscheintal, durch welches schon in römischer Zeit eine Straße geführt haben dürfte. Ortsgründung um die M. des 12. Jh.s; damals war der Westteil des Tales wie auch des anliegenden Raabtales slawisch besiedelt. Bis 1922 noch hieß der Ort amtlich Windisch-Hartmannsdorf.

Auf einer Hangterrasse in der Ortsmitte liegt die **Pfarrkirche hl. Radegundis,** erstmals genannt 1232. Vom spätgotischen Neubau, der erst 1550 vollendet wurde (Jahreszahl am Schlußstein des ehemaligen Chorgewölbes, jetzt außen eingemauert) noch der Chor und Südturm erhalten. Um 1727 Erneuerung des Langhauses und der Gewölbe. Gesamtrenovierung 1979. – Der erhöhte zweijochige Chor mit ⁵/₈-Schluß hat an der Südseite eine kleine Sakramentsnische und ein spitzbogiges Turmportal, außen abgetreppte Strebepfeiler und ein jüngst freigelegtes Maßwerkfenster. Der quadratische Südturm mit mehrfach durchfensterten, spätgotischen Geschoßen zeigt gegen das Kircheninnere eine auffällige Ausbuchtung der nordöstlichen Ecke, die von einem kleinen, in der Turmmauer eingebauten Stiegenaufgang herrührt. Das Glockengeschoß mit Pilastergliederung und Zwiebelhaube aus dem 18. Jh. Die nordseitigen Nebenräume des Chores mit den darüberliegenden Emporen wurden in der 2. H. des 17. Jh.s angebaut. Um 1727 wurde das vierjochige Langhaus unter Verwendung älterer Mauerteile (Strebepfeiler an der Südwand) umgestaltet und mit Kreuzgratgewölben über Wandpfeilern versehen. Vom 4. Joch gehen zwei annähernd quadratische Nebenarme aus, der nordseitige ist gegen Westen erweitert (Jahreszahl 1867 an Weihwasserschale) und öffnet sich mit einer Empore in der Höhe des 3. Joches zum Langhaus. Dreiachsiger Orgelchor auf Säulen mit flacher Holzbrüstung und kleinem Orgelpositiv. An der ungestalteten Westseite außen gedeckter Treppenaufgang.

Hochaltar 1885 mit Bild der hl. Radegundis, die Statuen der Apostelfürsten um 1730 vom alten Hochaltar. Klassizistische Kanzel um 1780, am Schalldach Gottvater mit Weltkugel. Zwei Kapellenaltäre E. 19. Jh. mit Bildern von Lina Frast-Schwach. Intarsierter Sakristeischrank um 1730; etwa gleichzeitig der lebensgroße Kruzifixus. Orgel 3. Viertel 18. Jh.; volkstümliche Kreuzwegbilder um 1800. Verschiedene Glasfenster und Einzelfiguren 2. H. 19. Jh.

Hinter der Kirche gemauerter **Bildstock** mit guter Steinfigur des Johannes Nepomuk um 1720/30, dem Grazer Bildhauer Johann Jakob Schoy zuzuschreiben.

HATZENDORF   Bez. Feldbach

Dorfgründung in der 2. H. des 12. Jh.s. Auf erhöhtem Platz in nordsüdlicher Richtung die **Pfarrkirche hll. Peter und Paul,** 1422 erstmals erwähnt. Neubau 1545. Davon erhalten der Chor mit ³/₈-Schluß und Sakramentsnische an der Ostwand. 1620 zur Pfarre erhoben; 1679 Neubau des Langhauses, das durch Seitenarme (der westliche 1755 angefügt) kreuzförmig erweitert wurde. Bei der im Jahre 1904 durchgeführten einschneidenden Renovierung wurden die barocken Gewölbe durch eine Flachdecke ersetzt, die 1937 erneuert werden mußte. Das Innere dadurch zum Saalraum vereinheitlicht mit kräftigen Pfeilern an den Langhausecken und an der Choröffnung. In gleicher Weise das Presbyterium und der stützende Orgelchor mit Flachdecken ausgestattet. An der Ostseite des Chores quadratischer Turm mit erneuerter Außengestaltung von 1904 sowie seitlicher Sakristei und Oratorienräumen. Außengliederung durch Putzpilaster und umlaufendes Gesimsband. Das Nordportal bei der Renovierung von 1979 geschlossen und durch ein Fenster ersetzt.

Von der spätbarocken Einrichtung noch erhalten der 1753 von dem Gnaser Bildhauer Franz Domiscus geschaffene Hochaltar mit Mittelgemälde der Kirchenheiligen. Weiters ein kleiner Seitenaltar, der eine gute Kopie der Mariahilfer Muttergottes (nach G. de Pomis) in vorzüglichem Metallrahmen M. 18. Jh. aufweist, und einige Heiligenfiguren auf Wandkonsolen aus der selben Zeit. Die klassizistische Kanzel 1979 entfernt. Nazarenische Kreuzwegbilder (nach Führich). Orgel E. 19. Jh.; in den Steitenarmen figurale Glasfenster, ausgeführt nach Entwürfen von Franz Weiß im Stift Schlierbach 1978. Außen neben dem Ostportal barockes Kruzifix M. 18. Jh. und klassizistischer Grabstein von 1802.

Neben der Kirche geräumiger zweigeschossiger **Pfarrhof** mit Schopfwalmdach, am Steinportal bezeichnet 1744. Im Ort Haus **Nr. 60** mit Bauinschrift von 1590. Kleine **Straßenkapelle** von 1870, renoviert 1978, dabei mit Fresken von Franz Weiß geschmückt; die Marienfigur M. 18. Jh. (Franz Domiscus?). An der Ortseinfahrt ein zweigeschossiger gemauerter **Bildstock** mit kräftiger Gliederung, errichtet 1741, renoviert und mit Heiligenbildern von Franz Weiß versehen 1969.

HAUSMANNSTÄTTEN   Bez. Graz-Umgebung

Straßendorf am Ostrand des Grazer Feldes an der Einmündung des Feresbachtales. Frühe Gründung am Beginn der deutschen Kolonisation M. 11. Jh. Erste Nennung im landesfürstlichen Urbar 1265 als ,,Ausamsten", wenig später als ,,Ausamsteten"; der Gründer hieß demnach Ausam oder Asam, die Kurzform von Erasmus. Er legte das Dorf am Fuße des Kirchberges als zweizeiliges Straßendorf an. 1480 und 1532 von den Türken niedergebrannt.

Auf einer kleinen Anhöhe inmitten des Ortes erhebt sich die **Pfarrkirche Hl. Dreifaltigkeit.** Bereits um 1320/30 entstand hier ein gotisches Kirchlein, von dem noch der Westchor und der südlich anschließende Turmunterbau erhalten sind. 1361 wird der erste Pfarrer genannt, 1506 aber mit der Fertigstellung des großen Fernitzer Gotteshauses der Pfarrsitz dorthin verlegt. 1661–1665 frühbarocker Neubau der Kirche in der Nordsüd-

Hausmannstätten, Pfarrkirche – Predella mit Apostelfiguren, E. 15. Jh.

achse. Seit 1964 wieder Pfarre und 1979/81 innen und außen renoviert. – Das einschiffige Langhaus besteht aus drei kreuzgratgewölbten Jochen, von deren drittem gegen Westen eine Kapelle abzweigt. Der eingezogene Chor hat ein Joch und schließt mit drei Seiten des Achtecks. Stark betonte Gliederung des Inneren durch Doppelpilaster, Gesims und doppelte Gewölbegurten, die mit rechteckigen, kreis- und rautenförmigen Feldern geschmückt sind. Am Fronbogen die Jahreszahl 1666. Südfront mit leicht vortretendem Turm über der Eingangshalle, dessen Oberteil ins Achteck übergeht; der spitze Helm E. 19. Jh. Südportal mit profilierter Steinrahmung, Sprenggiebel und Figurennische bezeichnet 1665. Östlich an das dritte Langhausjoch schließt die einjochige gotische Chorkapelle mit 5/8-Schluß an. Sie hat ein kräftiges Kreuzrippengewölbe mit zwei Schlußsteinen und eine bei der letzten Renovierung freigelegte Sakramentsnische. Südlich angefügt und wie der Chor aus unregelmäßigen Sandsteinquadern aufgemauert der gotische Turmunterbau.

Die qualitätvolle einheitliche Einrichtung im Knorpelwerkstil stammt aus der Bauzeit. Die rechteckige Kanzel ist nach dem Vorbild der alten Vorauer Stiftskirchenkanzel konzipiert. Um die M. des 19. Jh.s wurden die barocken Bilder durch solche des steirischen Nazareners Josef Tunner ersetzt: am Hochaltar großes Bild der Hl. Dreifaltigkeit, Oberbild mit der Anbetung der Könige; an den Seitenaltären hl. Florian, Oberbild hl. Michael; hl. Rochus und Sebastian, Oberbild Engel mit Tobias; für die Kanzel malte Tunner die Bilder der vier Evangelisten; für den östlichen Kapellenaltar das Bild des hl. Nikolaus, am westlichen befindet sich ein Oberbild der Himmelfahrt Mariae. Dieser Altar stammt aus dem 18. Jh. und birgt eine vorzüglich geschnitzte spätgotische Predella mit den Sitzfiguren Christi und der 12 Apostel. Die individuelle Charakterisierung und mimische Lebendigkeit der Figuren läßt sie als ein Werk aus dem Kreis des Wiener Neustädter Meisters Lorenz Luchsberger um 1500 erkennen. Der Hochaltartabernakel von Veit Königer im 3. Viertel des 18. Jh.s erneuert. In der Westkapelle Knorpelwerkgestühl aus der Bauzeit. Die rotmarmorne Weihwasserschale in der Vorhalle um 1660. Gotischer Grabstein von 1447.

Vor der Kirche Steinmal mit Relief der hl. Notburga zum Gedenken an Pankraz Fuchs, den Erzeuger des ersten eisernen Halbpfluges (gest. 1885), von Anton Schlosser 1966.

Zweigeschossiger **Pfarrhof**, an der Giebelmauer und dem Steinportal bezeichnet 1787, erweitert 1975.

Am Fuße des Kirchberges an der Straße gemauerter **Bildstock** mit stark erneuertem Fresko der Hl. Dreifaltigkeit 2. H. 19. Jh. In der Ortsmitte bar. Haus von 1774.

Straßenkapelle in BREITENHILM mit Westturm und Strebepfeilern in neugotischem Stil, überm Portal bezeichnet 1879. Der zweijochige Raum mit 5/8-Schluß enthält einen 1979 von der Pfarrkirche übertragenen Barockaltar um 1700 mit dem Bild der Himmelfahrt Mariae und im Oberbild Gottvater (nach Raffael), beide von Josef Tunner M. 19. Jh.

H E I L B R U N N Bez. Weiz

Kirchweiler auf einem gegen den Naintschgraben abfallenden Ausläufer des Offnerberges in 1032 m Höhe. 1673 ließ Hans Chr. von Webersberg hier neben einer Quelle, deren Wasser ihm Heilung gebracht hatte, eine Kapelle bauen. Als der Platz im folgenden Jahrhundert zu einem vielbesuchten Wallfahrtsziel geworden war, errichtete man um 1787 die **Pfarr- und Wallfahrtskirche Mariae Heimsuchung** anstelle der Kapelle. Es ist eine schlichte josephinische Saalkirche mit Flachdecke, eingezogenem einjochigem Chor und einem Vorraum unter der Orgelempore. Die gegen Osten gewandte Fassade wird von einem eingebundenen, nur leicht vortretenden Turm überragt.

Hochaltar inschriftlich von Caspar Tendler 1833 anstelle eines Veit-Königer-Altares von

1764 aus dem Grazer Dominikanerinnenkloster; von diesem noch die Figuren Joachim und Anna vorhanden. Umgebaut von Ludwig Kurz-Thurn-Goldenstein 1909; in der Mitte des Säulenaufbaues die Gnadenstatue der hl. Maria um 1675. Zwei Seitenaltäre mit ovalen Oberbildern 1. H. 18. Jh.; die guten Altarblätter hl. Magdalena und Tod des hl. Josef von Anton Jantl 1791 (Signatur am rechten). Die frühklassizistische Kanzel aus der Bauzeit. Zwölf große Apostelbilder von 1742 zieren das Langhaus. Glocke von Peter Zwölfer 1673.

Vor der Kirche **Brunnenkapelle** um die Quelle, deretwegen Kirche und Ort entstanden; die Skulpturengruppe Mariae Heimsuchung aus der Zeit des Kirchenbaues.

HEILIGENKREUZ am Waasen   Bez. Leibnitz

Pfarrort des oberen Stiefingtales mit sehr aufgelockerter Verbauung.
Bis zum E. d. 18. Jh. ,,Hl. Kreuz an der Stiffen" genannt, der heutige Name nach der Herrschaft Waasen. Die stattliche, erhöht gelegene **Pfarrkirche,** 1265 erstmals genannt; sie entstand in vier Bauphasen, die ihr Aussehen dreimal völlig veränderten (die einst vorhanden gewesene romanische Kirche, über die wir nichts mehr wissen, ist dabei nicht in Betracht gezogen). Vom spätgotischen Bau steht noch der kleine einjochige Chor mit 5/8-Schluß und abgetreppten Strebepfeilern. Er trägt an einem Schlußstein seines Rautennetzgewölbes die Jahreszahl 1547. Ein Umbau von 1709 ersetzte das gotische Langhaus durch ein hochbarockes aus zwei Jochen mit angefügten Seitenkapellen. Ihm wurde 1746 von dem Grazer Baumeister Johann Georg Stengg an der Westseite ein viereckiger Fassadenturm vorgesetzt, dessen vier Geschosse durch Gesimse und Lisenen gegliedert sind und von einem Zwiebelhelm bekrönt werden. 1891–1894 erfolgte der für das heutige Aussehen entscheidende, großangelegte Um- und Vergrößerungsbau der Kirche. Er wurde nach den Plänen des Architekten Robert Mikovics im Stile der Neorenaissance errichtet. Das barocke Langhaus wurde dabei abgerissen und die neue Anlage in Nordsüdrichtung aufgeführt. Nur der gotische Chor, jetzt zur Seitenkapelle geworden, und der Turm blieben stehen. Das neue kreuzgratgewölbte Langhaus hat fünf Joche und ist als Wandpfeilerkirche mit Kapellen und Emporen konzipiert. Der eingezogene Altarraum schließt gerade. An der Südseite stark gegliederte Fassade mit Giebelaufsatz, in den Figurennischen die hll. Petrus und Andreas.

Von der Ausstattung, die überwiegend aus der Zeit des historistischen Umbaues stammt, ragt der prachtvolle frühbarocke Hochaltar heraus. Er wurde 1894 von der damals regotisierten Stadtpfarrkirche zu Marburg an der Drau übertragen und entstand um die M. des 17. Jh.s. Sein hoher dreigeschossiger, architektonisch gegliederter Aufbau ist von üppigem Knorpelwerkornament bedeckt; in den Nischen des Hauptgeschosses zwischen gedrehten und mit Blatt- und Fruchtgirlanden umwundenen Säulen stehen die lebensgroßen ernsten Gestalten der vier Kirchenväter. Darüber zwischen ornamental aufgelösten Knorpelwerksäulen die Apostelfürsten Petrus und Paulus, im Abschluß Barbara und Jakobus d. Ä. Im Mittelteil oben ein Vierpaßbild mit Gottvater und der Hl.-Geist-Taube, darunter in schönem Rundbogenrahmen ein Kruzifixus von 1807 mit spätbarocken Leuchterputten, in der Hauptnische unten Herz Jesu und spätbarocker Tabernakelaufbau. Im Chor eine Session mit Säulchenbaldachin im Stile des Hochaltars, die gleichfalls aus Marburg übertragen wurde; an ihrer Rückwand drei spätbarocke Reliefs (Emmausszenen) M. 18. Jh. In der gotischen Chorkapelle ein neugotischer Altar von Hans Muhry 1893. Das intarsierte Taufbeckengehäuse und eine Johannes-Nepomuk-Figur aus der 1. H. des 18. Jh.s; der gleichfalls mit Intarsien reich verzierte Sakristeischrank aus der selben Zeit. Im Langhaus ein großes spätbarockes Bild des hl. Florian. Die dekorativen Gewölbemalereien in

Heiligenkreuz am Waasen, Pfarrkirche – Detail vom Hochaltar M. 17. Jh.

Chor und Langhaus zeigen in Medaillons Heilige und Christusdarstellungen; sie entstanden E. des 19. Jh.s nach Entwürfen von Ludwig Kurz-Goldenstein.

Neben der Kirche zweigeschossiger **Pfarrhof** mit dekorativen Fensterrahmungen, am Giebel bezeichnet 1790. Schräg gegenüber zweigeschossiges **Haus** mit einfacher Fassadenzier, am Giebel bezeichnet 1766. Am Giebel des Gasthofes Felgitscher eine Nischenfigur der Maria Immaculata aus dem A. des 18. Jh.s.

Westlich außerhalb des Ortes finden sich auf ansteigendem Hang die Reste einer **Kalvarienberganlage**, welche Pfarrer Kielnhofer 1756 mit den hinterlassenen Mitteln des Wildoner Handelsmannes Augustin Flami errichten ließ. Den obersten Abschluß bildet das **Kirchlein zur Schmerzhaften Mutter.** Es hat eine gegen Osten gerichtete gut gegliederte Turmfassade und einen annähernd quadratischen Innenraum mit Stutzkuppel und flacher Altarnische. Sein Baumeister dürfte der Grazer Johann Georg Stengg gewesen sein, der schon 1750 für seine Arbeit ,,zur Creuzsäulen und Creuzigung Christi'' die

Summe von 110 Gulden erhalten hatte. Dabei dürfte es sich um die Figurensockel der neben der Kirche gelegenen Kreuzigungsgruppe mit gemauerter freistehender Predigtkanzel handeln. Der Altar mit Beweinungsgruppe, von Franz Domiscus, wurde 1762 aufgestellt. Das Apsisfresko, das über der Ansicht Jerusalems Gottvater und Engel mit den arma Christi zeigt, wurde um 1770 vom „Maler aus Graz" ausgeführt. Die kleine Kanzel fertigte Tischler Hackel um 1780, die Figur des Erlösers am Schalldach Bildhauer Franz Domiscus. Das Bild der Maria Immaculata stammt aus dem 3. Viertel des 18. Jh.s. Gesamtrenoviert 1980.

Die **Figuren** der Kreuzigungsgruppe, den reuigen Petrus in einer der ehemals fünf vorhandenen Stationskapellen sowie die hl. Veronika an der Brücke am Fuße des Berges schuf von 1767–1775 der Gnaser Bildhauer Franz Domiscus.

Östlich von Heiligenkreuz in der Gemeinde Pirching steht unterhalb der Straße eine **Feldkapelle der Hl. Dreifaltigkeit,** erbaut 1833, renoviert 1979. Außen flache Nischen mit erneuerten volkstümlichen Heiligenfresken; am Portal ein Biedermeiergitter. Innen vorschwingender Altartisch mit aufgelegter Balustrade, der Tabernakel M. 18. Jh. An der Apsiswand einfache Fresken der Pestheiligen Rochus und Sebastian, am Gewölbe die Hl. Dreifaltigkeit. Unterhalb der Kapelle am Weg gute Steinfigur des hl. Patrizius auf Sockel M. 18. Jh.

HERBERSDORF   Bez. Leibnitz

Schloß nordöstlich von Wildon knapp unterhalb des kleinen Ortes Allerheiligen, auf einem steil abfallenden, zum Teil künstlich geböschten Hügel gelegen. Schon im 12. Jh. stand hier ein Edelsitz der Herbersdorfer, als deren erster 1147 ein „Heinricus de Herwigesdorf" als Dienstmann des Ritters Herrand von Wildon genannt wird. Markwart von Herbersdorf stiftete 1218 die Kirche von Allerheiligen. 1450 ist vom „Sicz Herberstorf" die Rede. 1608 wurde das gesamte Anwesen auf 10.000 Gulden geschätzt und im folgenden Jahr von Hans Christoph von Glojach, einem gefürchteten Bauernschinder, erworben. 1640 übernahmen es die Grazer Jesuiten, bauten das Schloß völlig neu auf und behielten es bis zur Auflösung des Ordens im Jahre 1773. Letzte bauliche Veränderungen erfolgten unter Martin Freiherr Teimer von Wilten, dem Tiroler Freiheitskämpfer, der das Schloß 1812 erwarb. – Der ansehnliche, einen rechteckigen Innenhof umschließende Baukomplex wurde zwischen 1658–1663 von Baumeister Domenico Rossi im Auftrag der Jesuiten neu aufgeführt. Er wird von der hochaufragenden viergeschossigen Westfront dominiert, die durch zwei über Eck gestellte Flankentürme wehrhaft eingefaßt ist. Solche Türme befanden sich einst auch zu Seiten der um ein Geschoß niedrigeren Eingangsfront im Osten, die offenbar im 18. Jh. umgebaut wurde und ein Barockportal – bezeichnet 1715 – enthält. Durch die ansteigende Einfahrt gelangt man in den höher gelegenen Hof, dessen Langseiten im Norden von einem viergeschossigen, im Süden von vier auf zwei Geschosse wechselnden Trakt eingenommen werden. Die Bogengänge, Teile des obersten Geschosses und die Wohnräume gehen auf Umbauten nach 1812 zurück. Nüchterne Fassadengliederung durch einfache Geschoßbänder.

Am Schloßvorplatz **Steinfigur** des Johannes Nepomuk, bezeichnet 1739.

HERBERSTEIN   Bez. Hartberg

Schloß. Eine der größten und prächtigsten steirischen Höhenfestungen, die sich in konsequenter Stilabfolge vom spätromanischen Turmhaus zum hochbarocken Prunkschloß wandelte und erweiterte. Ideale Lage auf einem ost-westlich sich vorschiebenden Fels-

Herberstein, Schloß – Ansicht der Südseite nach dem Stich von Vischer-Trost, 1681

sporn, der auf drei Seiten vom schleifenförmig gewundenen Engtal der Feistritz umgeben ist, zu dem er steil abfällt. Um die M. des 13. Jh.s baute hier als Talsperre der Stubenberger Lehensmann Herwig die nach ihm benannte erste Burg Herwigstein. 1290 erwarb sie Otto von Hartberg, der dem Grundherrn Heinrich von Stubenberg 50 Mark Silber für das „Haus Herbegstain" bezahlte und sich fortan danach von Herberstein nannte. Dessen Nachkommen, die Grafen Herberstein, machten das Schloß zum Mittelpunkt einer großen Herrschaft und besitzen es noch heute.

Ältester Bestand der Anlage, die auf dem schmalen Felsplateau von West nach Ost anwuchs, ist das um die M. des 13. Jh.s nahe dem westlichen Felsabsturz aus Bruchsteinen erbaute zweigeschossige „Haus" (Palas). Es enthält drei Erdgeschoßgewölbe und einen durchgehenden Saalraum im Oberstock, der über eine Schneckenstiege an der Außenseite zugänglich ist. Dieser „Urburg" wurde gegen 1300 von Otto von Hartberg ein freistehender Turm (Bergfried) vorgebaut und durch einen Halsgraben an der Ostseite gesichert. Der Einstieg befand sich im ersten Obergeschoß, darunter lag das Verlies, darüber drei Wohngeschosse und ein Wehrgang. In der Folge wurde diese Burg dreimal gegen Osten erweitert. Um die M. des 14. Jh.s entstand eine Vorburg mit Wirtschaftsgebäuden und Ummauerung, deren starke Schildmauer an der Ostseite den Zugang enthielt. Südlich außerhalb davon lag die 1375 genannte Katharinenkapelle, die wenige Jahre zuvor ihren Freskenschmuck erhalten hatte. Im 15. Jh. wurde die Vorburg ausgebaut durch einen nördlichen und südlichen Trakt und das an die Schildmauer angebaute „äußere Haus", das von zwei quadratischen Flankentürmen eingefaßt war. Es entstand ein schmaler Hof von Trapezform, zumal der bisherige Graben überbaut und ein neuer Halsgraben vor der Schildmauer angelegt wurde. An der Südseite wurde eine Befestigung mit Zwinger und Türmen aufgeführt, der alte Palas mit dem Bergfried zum Mitterstock verbunden. Diese mittelalterliche Burg, von deren Verdachung sich noch ein 1508 bezeichneter rechteckiger Ziegel erhalten hat, wurde dann im 16. und 17. Jh. vereinheitlicht und erweitert. Im 2. Viertel des 16. Jh.s folgten vorerst ein mächtiger fünfeckiger Kanonenturm an der Südseite zur Deckung des neuen Grabens und ein mehrgeschossiger Kasemattenflügel, den ein italienischer Festungsbaumeister, der auch in dem damals herbersteinischen Neuberg bei Hartberg tätig war, errichtete. In der 2. H. des 16. Jh.s entstand eine weitere Vorburg mit über Eck gestellten Türmen und der von Georg III. Herberstein (gestorben 1580) hinzugefügte Nordtrakt, die beide, dem Gelände folgend, gegen Norden aus der bisherigen Achse verschoben werden mußten. Unter Bernhardin Freiherr von Herberstein (gestorben 1624) wurde der zweite Halsgraben überbaut mit dem Rittersaaltrakt, dem ein achteckiger Uhrturm aufgesetzt wurde. Schließlich folgte unter seinem Sohn Johann Max Graf von Herberstein (gestorben 1680) die endgültige Fertigstellung mit der Anlage des großen Turnierhofes (Florentinerhof) zwischen Hauptburg und Vorburg, den zweigeschossige Arkadengänge umgeben und der gegen Westen mit einer 1667 datierten Torfront abgeschlossen wird. Davor befand sich ein dritter Halsgraben mit Zugbrücke und der heute noch vorhandene ansteigende Wehrgang an der Nordseite der Zufahrt, welcher zur Basteien im Vorfeld, dem großen Garten und Wirtschaftsgebäuden führte. – Die Fassade des Schlosses liegt zwischen den beiden klotzigen Ecktürmen, deren Zeltdächer kleine Zwiebel aufgesetzt haben. Sie wird von dem in der Mitte liegenden Zugbrückenportal aus rustizierten Pilastern und Gebälk sowie fünf Fenstern durchbrochen, deren Rundbogenrahmung einer Nachwirkung von Formen der Renaissance erkennen lassen. Die Wandzone über dem Portal ist besonders gestaltet durch zwei das Mittelfenster flankierende, pilasterartige Vertikalglieder, welche die Nischenfiguren des Mars und der Minerva (Kartuschenüberschriften: Marte-Arte) aufnehmen. Auf ihren Verdachungen, die die abschließende Balustrade durchbrechen, sitzen zwei Putten und zuoberst Maria mit Kind. Darunter das von Löwen gehaltene Wappen und in einer Knorpelwerkkartusche ein Chronogramm mit der Jahreszahl 1667. Der weite helle Florentinerhof, welcher alle mittelalterliche Enge abgeschüttelt hat, wird im Erdgeschoß – ausgenommen die verbaute Nordseite – von hohen Pfeilerarkaden, im Obergeschoß von umlaufenden Säulenarkaden mit abschließender Balustrade eingefaßt. Die Leichtigkeit dieser Architektur atmet südländischen Geist. Am Rittersaaltrakt ist der Dachzone eine Schaufront vorgelegt, die aus Blendnischen, einer blinden Tür und zwei Fensterrahmungen besteht und an der Außenseite reichgegliederte Vorbauten besitzt, in denen die Balustradengänge münden. Über dem Rittersaaltrakt erhebt sich der achteckige Uhrturm, welcher mit seinem Glockenhelm die ganze Schloßanlage überragt. In der Hofmitte die Zisterne mit sechseckiger Balustradeneinfassung.

An bemerkenswerten Innenräumen sind anzuführen: Die im Erdgeschoß des Rittersaaltraktes gelegene **Georgskapelle,** ein rechteckiger Raum mit stukkierter Stichkappentonne (Wappen der Herberstein und Galler um 1670) und zwei Fenster zum Florentinerhof. Der Altar im Knorpelwerkstil mit eigentümlich durchbrochener Rahmenarchitektur und Reiterfigur des hl. Georg, flankiert von den hll. Johannes d. T. und Maximilian von Cilli, 3. V. 17. Jh. Zwei Schreinkruzifixe und einige Heiligenbilder des 18. Jh.s. Außen gegen den Hof zu eingemauert der Rest eines Epitaphs mit zwei aufgebahrten weiblichen Figuren, E. 16. Jh. (1956 aus der Pfarrkirche von Stubenberg übertragen), drei mittelalterliche Grabsteine, darunter ein Wappenstein der Herberstein, 14. Jh., aus der Pfarrkirche St. Johann ob Herberstein, und ein beschädigter römischer Inschriftstein. Im 1. Stock darüber der **Rittersaal,** ein ungefähr quadrat. Raum mit Steinkaminen von 1615 und Stuckdecke aus dem 3. V. d. 17. Jh. In ihm befindet sich eine Ahnengalerie und Porträts des Landesfürsten Erzherzog Karl II. von Innerösterreich, E. 16. Jh. sowie dessen Sohn Erzherzog Ferdinand (späterer Kaiser Ferdinand II.) mit Gemahlin Maria Anna von Bayern, dat. 1614 (dem Hofmaler Giovanni Pietro de Pomis zugeschrieben). Gegen Westen weiter führt der sogenannte Rittergang, eine langgestreckte gewölbte Hal-

le, in welcher die gräfliche **Sattelkammer** untergebracht ist. In ihr befindet sich gut erhaltenes bar. Sattel- und Zaumzeug, schön geschnitzte Kummeter und Wappendecken. Daran anschließend im sogen. **Mitterstock** museal eingerichtete Wohnräume mit Netzgratgewölben aus dem 2. V. d. 16. Jh.s und steinernen Türrahmen der Renaissance. Zwei weitere Renaissanceportale im schmalen inneren Hof. In den Räumen des alten **Palas** neu eingerichtete Waffenkammer, der hinterste Raum hat eine Spitztonne und ein kleines Schulterbogenportal, welches zu einer got. Wendeltreppe führt. Über sie gelangt man in den Oberstock des Palas, der in einem Raum mit Balkendecke und got. Steinportal das Familienmuseum birgt. In diesem befindet sich neben Uniformen, Bildern, Schloßansichten etc. ein schön bemalter Barockschrank des späteren 17. Jh. mit Herbersteinwappen, der Szenen von Türkenkämpfen und verschiedene Waffenarrangements zeigt. Zum Museum gehörig auch die berühmte Herbersteiner Taufgarnitur, eine Augsburger Arbeit von 1568. Im anschließenden got. Raum des Bergfrieds ist ein kleines Gerichtsmuseum untergebracht. Der weiträumige **Kasemattenflügel** an der Südseite mit seinen schweren Stichkappentonnengewölben birgt zur Zeit eine Sammlung mit Schmiedewerkzeugen und -produkten (der hinterste Raum mit ehemals außenliegendem Zugbrückenportal d. 16. Jh.s) sowie eine sehenswerte Porzellansammlung, die vor allem Wiener und chinesisches Porzellan d. 18. Jh.s umfaßt. In einer Halle des mächtigen Kanonenturmes, dessen Stichkappentonne auf zwei Steinpfeilern abgestützt ist, sind bäuerliche Geräte angesammelt. Hervorzuheben ist noch ein Wohnraum mit prächtiger intarsierter Kassettendecke um 1600, die aus Schloß Neuberg bei Hartberg übertragen wurde. Geräumige Kellergewölbe unter dem Süd- und Osttrakt, die durch Überbauen der ehemaligen Zwinger und Halsgräben entstanden. In die kasemattenartigen Unterbauten des Südflügels wurde auch die jetzt leerstehende **Katharinenkapelle** eingefügt. Der einschiffige, zweijochige Raum hat Maßwerkfenster und an Wänden und Gewölben ein umfangreiches Freskenprogramm. Es wurde in den Jahren 1942 und 1949 freigelegt und dürfte 1360/70 entstanden sein. Dargestellt sind im Altarraumgewölbe Christus in der Mandorla mit den vier Evangelistensymbolen, an den Wänden Szenen der Katharinenlegende, Drachenkampf des hl. Georg, Verkündigung und Marientod; in der Fronbogenlaibung die Wurzel Jesse; im Schiff Reste einer Marter der Zehntausend sowie eine Beweinung Christi.
Unterhalb des Schlosses an der Feistritz steht die Ruine eines Hammer- und Pulverwerkes, das noch 1667 in Betrieb stand, bald darauf durch Hochwasser zerstört und nicht mehr aufgebaut wurde. Das Schloß ist umgeben von einem ausgedehnten **Tiergarten,** dessen Anfänge ins Mittelalter zurückreichen.

H O F bei S t r a d e n   Bez. Radkersburg

Haufendorf im Sulzbachtal östlich von Straden. Gegenüber der Ortseinfahrt am Feldrand steht ein spätgotischer **Tabernakelpfeiler.** Er besteht aus einem gedrehten Fuß mit Rundstäben, welcher einen sechseckigen Tabernakel trägt, der an allen Seiten spitzbogig durchfenstert und 1514 datiert ist. Im Tabernakel Statuette des Wieser Geißelchristus gegen 1800. Östlich des Ortszentrums an der Hauptstraße ein weiterer um 1525/30 entstandener **Tabernakelpfeiler** mit kurzem sechseckigem Schaft auf viereckigem Sockel und mit viereckigem Kämpferstein. Das durch eine Hohlkehle abgesetzte breitere Tabernakelgehäuse gleichfalls viereckig und mit einer Pyramidenspitze endend.
Westlich von Hof entspringt der bekannte Säuerling ,,Johannisbrunnen", der seinen Namen zu Ehren Erzherzog Johanns führt (vorher ,,Hofer Sauerbrunn"). Nach ihm ist der kleine Weiler **JOHANNISBRUNN** benannt. In seiner Mitte **Johanneskapelle,** die laut Inschrift zu Ehren der Gründerin der Johannes-Brunnenanstalt Frau Johanna Reybauer, Bürgerin von Marburg, 1818 errichtet wurde. Außenanbau mit Wandnutung und

172

Hof bei Straden – Tabernakelpfeiler, 1514

Fassadentürmchen; innen flacher Wandaltar mit Bild der Taufe Christi, signiert und datiert „J. Bayer 1846", gleichzeitig die Figuren Maria und Josef.
An der Straße hoher barocker **Pfeilerbildstock** bezeichnet „P. F. 1667"; Malereien keine erhalten.

HOHENBRUGG an der Raab   Bez. Feldbach

Auf einem in das Raabtal abfallenden Höhenrücken erbauten schon zu E. des 12. Jh.s als Mittelpunkt einer kleinen Rodungsherrschaft Angehörige des Rittergeschlechts der Riegersdorf-Fürstenfeld eine Wehranlage, welche zu dieser Zeit die am weitesten östliche des Raabtales war. 1480–1491 von den Ungarn eingenommen verlieh Kaiser Maximilian I. dem Dorfe 1515 das vollständige Marktrecht, doch konnte es sich gegen das nahe Fehring nicht durchsetzen und blieb bis heute Dorf.
Schloß und Herrschaft von 1461–1647 im Besitz der Mindorf. 1532 wurde die alte Anlage von den Türken eingenommen und schwer beschädigt. Ab 1594 vollendete Bernhardin von Mindorf den Neubau des Schlosses (Inschrifttafel am Zufahrtsportal: „DIS HAUS HABEN VON GRUND AUF ERBAUT: DER EDL UND GESTRENG HERR BERNHARDIN VON MINDORFF ZU FAISTRITZ UND HAHENBRUK: AUCH DIE EDEL UND DUGENTHAFT FRAU REGINA VON MINDORFF, EIN GEBORNE VON RATTMONSTORFF IN 1594IAR".). Es bestand damals aus dem dreigeschossigen Wohntrakt im Westen und der zweigeschossigen Torburg im Osten, die sich noch ohne Verbindung gegenüber lagen. 1605 wurden Dorf und Schloß

von den Hajduken überfallen und ausgeplündert. In der Folge schritt man an eine bessere Befestigung des Baues, in dem man die beiden getrennten Trakte durch schmälere, leicht ansteigende Verbindungsflügel, die sich gegen den Innenhof mit Arkaden öffnen, zu einem geschlossenen Viereck verband. Die Ecken wurden außerdem durch vier in Art von Bastionen spitzwinkelig verzogenen Türmen (,,Vauban-Türme") verstärkt. Gleichzeitig wurde an der Südseite ein Dachreiter aufgesetzt während der Nordseite eine weit aus dem Geviert herausragende, halbrund schließende Kapelle eingefügt wurde, deren Meßlizenz vor 1658 zu datieren ist. Das Altarbild zeigt eine in einem Schiff stehende schwarze Muttergottes aus dem E. des 16. Jh.s, die den Namen ,,Türken-Muttergottes" erhielt. Vor dem Tortrakt mit seinem rustizierten Hauptportal erstreckt sich gegen Osten ein Vorplatz, der von einer Zinnenmauer mit Schießlöchern eingefriedet wird und ehemals niedere Wirtschaftsbauten enthielt. An seiner Südseite befindet sich das Zufahrtsportal, von dem eine Allee hart abwärts gegen das Dorf führt. Das Schloß hat nach den Mindorf mehrmals die Besitzer gewechselt und gehört zur Zeit der Gräfin Elisabeth Czernin.

I L Z   Bez. Fürstenfeld

Markt im Ilztal an der Kreuzung der wichtigen Straße nach Ungarn mit einer Nord-Süd-Verbindung. Der Name ist vom slawischen Grundwort Ilo = Lehmbach abzuleiten. Die Dorfgründung erfolgte im Zusammenhang mit der Entstehung von Fürstenfeld im letzten Drittel des 12. Jahrhunderts, doch liegt erst 1265 die erste Nennung vor. Markterhebung wahrscheinlich im 15. Jahrhundert, Marktwappen seit 1662. Plünderung des Ortes durch die Türken 1529 und die Kuruzzen 1704, die außerdem 40 Häuser samt dem Pfarrhof niederbrannten. Wirtschaftliche Bedeutung erlangte Ilz durch den seit 1801 betriebenen Braunkohlenbergbau südlich des Ortes, der mit 1964 eingestellt wurde. Außerdem war Ilz gegen Ende des vorigen Jahrhunderts Mittelpunkt des oststeirischen Hopfenhandels. An Qualität ging ihm in ganz Österreich nur der Saazer (Č.S.S.R.) Hopfen voraus.

Den oberen Abschluß des nordwärts gerichteten Marktplatzes bildet die auf erhöhtem Plateau sich erhebende **Pfarrkirche hl. Jakobus d. Ä.** Ein gotischer Bau ist seit 1400 nachweisbar. 1650 war er so baufällig geworden, daß er großteils abgetragen und neu errichtet werden mußte. 1671 war die neue Kirche vollendet (Jahreszahl am Chorschluß); ihr Langhaus besaß ein niederes Tonnengewölbe und kleine Südfenster, sodaß es einen düsteren Charakter hatte. 1910 entschloß man sich zu einem weiteren Neubau des Kirchenschiffes, zugleich wurde der Turm in seinen Obergeschoßen umgestaltet, der Chor hingegen im barocken Zustande belassen. Die Arbeiten führte der Grazer Stadtbaumeister Johann Baltl aus, wobei er sich am Barockstil des 17. Jh.s orientierte. So entstand ein geräumiges vierjochiges Langhaus, das gegenüber dem vorherigen auf beiden Seiten um die Turmbreite erweitert und entsprechend erhöht worden war. Es ist innen als Wandpfeilerkirche mit Stichkappentonne gestaltet. An den hohen Fronbogen schließt der eingezogene zweijochige Chor, von dessem ersten Joch zwei Seitenkapellen ausgehen. An der Südseite dreigeschossiger Turm mit spitzer Zwiebelhaube und Pilastergliederung. Westportal mit Baudatum 1910.

Reiche malerische Ausstattung im Stile des 18. Jh.s von 1919/20 nach dem Entwurf von Ludwig Kurz-Thurn-Goldenstein, ausgeführt von den Brüdern Walter aus Ilz und M. Heidelmann und W. Jüpfner aus München. In den Gewölbekappen und an der Westwand des Langhauses sind dargestellt der Engelsturz, Vertreibung aus dem Paradies, Versuchung Jesu, Judith mit dem Haupt des Holofernes, Meeressturm, Hiob, Christus am Ölberg, David und Goliath, Bekehrung des Saulus; am Triumphbogen die Wieder-

Ilz, Pfarrkirche – Epitaph des Grafen J. Wildenstein und seiner Frau, 1739

kunft Christi als Richter und die apokalyptischen Reiter; im Chor Christi Geburt und Himmelfahrt, Einsetzung der Eucharistie, hl. Thomas von Aquin und hl. Alphons sowie die Erscheinung des Kreuzes. – Hochaltar von 1783 mit erneuertem Unterbau; Altarblatt hl. Jakobus von L. Kurz-Thurn-Goldenstein. Intarsierte Kanzel 2. Viertel 18. Jahrhundert. Prächtiges Marmorgrabmal des Hans Christoph Freiherr von Mindorf, Herr auf Schloß Feistritz und Hohenbrugg, gest. 1648. Der Verstorbene war steirischer Landobrist und ist in dem, von Säulen gerahmten Bildfeld, lebensgroß in Hochrelief wiedergegeben. Es ist die letzte derartige Darstellung eines gerüsteten Adeligen in ganzer Figur in der steirischen Grabmalkunst. Gegenüber Grabmal des Grafen Johann J. Wildenstein und seiner Gemahlin vom Jahre 1739 mit Porträtmedaillons, die von Putten gehalten werden. Glasfenster von 1910, neubarocke Orgel von 1928. Außen an der Nordseite Grabstein des Adam Lueff 1695 mit Figur des Auferstandenen.
Vor der Kirche Statue der trauernden Maria M. 18. Jh. Der ehemals um die Kirche gelegene Friedhof wurde 1838 verlegt.
Am Marktplatz, der den Kirchenbezirk mit der Durchzugsstraße verbindet, **Mariensäule** auf Sockel, 1666 von Johann F. Freiherr Wildenstein auf Schloß Kalsdorf in Erinnerung an den Türkensieg bei Mogersdorf 1664 gestiftet. Am Säulenschaft Wappen des Stifters. Der durchwegs zweigeschossige und überwiegend traufseitig zur Straße gelegene Häuserbestand geht zum Großteil noch auf das 18. Jh. zurück. **Nr. 4** aus zwei alten Häusern bestehend, die 1825 (Jahreszahl am Tor) ihre letzte Gestalt erhielten.
In der 1960 fertiggestellten **Hauptschule** 3 x 7 m großes Secco-Wandbild von A. Osterider, das auf die Geschichte und Bedeutung des Ortes Bezug nimmt.

Ca. 2 km nördöstlich von Ilz, auf dem Höhenrücken, der das Ilz- und Feistritztal scheidet, liegt das **Schloß Kalsdorf.** An seiner Stelle stand einst ein Gutshof mit Namen Challensdorf, der 1419 erstmals genannt wurde und von dem aus die Herbersdorfer eine Herrschaft aufbauten, der auch Ilz unterstand. Das Schloß, ein dreigeschossiger Vierflügelbau, der einen viereckigen Innenhof umschließt, entstand in mehreren Etappen. Zuerst wurde der Nordtrakt gebaut; ein farbiger Wappen- und Inschriftstein ober einer Tür im 2. Stock sagt darüber: „Herr Franz Herberstorf und sein Hausfrau Elisabeth Herberstein haben das Haus und prun von neuen gepaudt und angefangen 1548". Im Erdgeschoß kleines Rundbogentor zum Hof mit abgefasten Kanten und Herbersdorfwappen. Als nächstes entstand der Westtrakt mit vorspringendem Eckturm und ein Teil des Eingangstraktes gegen Süden. Die über dem Hauptportal angebrachte Inschrift mit dem Wappen der Herbersdorfer und Lengheimer berichtet, daß Otto von Herbersdorf und seine Frau Benigna von Lengheim „das Haus Khallstorf von Grund gar aufgepauet und angefangen 1579 . . ." 1630 erwarb Freiin Barbara Constancia von Khuenburg das Schloß. Auf sie dürfte die ihrer Namenspatronin gewidmete Kapelle an der Nordostecke mit dem in den Hof vorspringenden quadratischen Turm zurückgehen; auch die dem West- und Nordtrakt inklusive Kapellenturm vorgelegten zweigeschossigen Hofarkaden entstammen jener Zeit. Von 1656–1840 besaßen die Grafen Wildenstein das Schloß und gaben ihm den Ostflügel mit dreigeschossigen Pfeilerarkaden, einen weiteren Eckturm im Südosten und das fehlende Stück des Südtraktes. Auf dem Vischer-Stich von 1680 war der Bau vollendet und hatte ausgedehnte Befestigungsanlagen an der Südseite. 1945 wurden der Ost- und Südflügel zwischen Kapelle und Schloßtor in Brand gesteckt. 1947 erfolgte die Wiederherstellung, doch blieb der Ostflügel unbewohnt und ist hofseitig heute völlig mit wildem Wein überwachsen. Am Stiegenaufgang befinden sich zwei steinerne Portallöwen, die der spätere Besitzer A. Czeicke aus seinem Grazer Haus in der Mariahilfer Straße hierher brachte; einer davon ist romanisch und befand sich einst bei der inzwischen abgerissenen Thomaskapelle am Grazer Schloßberg (A. 13. Jh.), der andere ist eine Kopie. (Beide zurzeit deponiert.) Im Inneren westseitig ein großer Saal aus der M. des 17. Jh.s mit schöner Stuckdecke, die aus strengen Kreis- und Vierpaßfeldern sowie abhängenden Früchten besteht. Die **Kapelle hl. Barbara** ist ein hoher Raum mit Musikempore und einer Stuckdecke, in die Leinwandbilder eingelassen sind. Sie entstand gleichfalls um die M. des 17. Jh.s, aus welcher Zeit auch der Hochaltar mit Barbarabild stammt. Sein Tabernakel mit Anbetungsengeln aus der Veit Königer-Werkstätte sowie die beiden Seitenaltäre und ein schöner schmiedeeiserner Leuchterarm kamen im 3. Viertel des 18. Jh.s hinzu. Die Heiligenfiguren auf den Wandkonsolen 18. Jh. Kindergrabstein des Hans S. von Wildenstein 1646. Wappen der Stifterin Barbara von Khuenburg. Der Kapellenturm mit gekuppelten Rundbogenfenstern und Laternenhelm.
Um das Schloß große Wirtschaftsbauten und ein Park. An der Schloßzufahrt gemauerter dreieckiger **Nischenbildstock** des 18. Jh.s, die darin befindliche Marienfigur 1970 gestohlen. Am östlichen Ortsrand steinerner Bildstock von 1971 mit guter spätbar. Pieta aus der Mitte des 18. Jh.s.
Schloß Ulheim westlich von Ilz wurde von Alfred Ritter von Uhl nach 1864 in historisierendem Stile erbaut. Der villenartige Bau besteht aus einem zweigeschossigen Trakt, den an der Vorderseite zwei turmartige Eckaufbauten zieren.

J A G E R B E R G   Bez. Feldbach

Kirchweiler auf einer Erhebung des Schlegelberges, der die Täler des Saßbaches und Ottersbaches scheidet. Jungsteinzeitliche Einzelfunde und zwei römische Hügelgräberfelder bestätigen eine frühe Besiedlung. Als „Jaigerbach" im Babenberger Urbar

1220/1230 genannt, doch sicher schon früher gegründet. In burgartiger Höhenlage die **Pfarrkirche hl. Andreas** (seit 1788 Pfarre), 1269 erstmals erwähnt. Der Legende nach soll ihr eine Jagdkapelle des Landesfürsten vorausgegangen sein, der hier auch ein Jagdschloß hatte. Der spätgotische Neubau wurde laut Chronik um 1480 vom Seckauer Bischof konsekriert. Bald darauf erfolgte eine Zerstörung, da im Jänner 1498 berichtet wird, daß ,,Die Kirche mit einem Friedhof wieder aufgebaut worden war''. Aus dieser Zeit hat sich erhalten: das niedere dreijochige Langhaus mit kräftigem Netzrippengewölbe auf gekappten Diensten, das Südportal und die Strebepfeiler außen. Der dem Langhaus vorangesetzte, starke quadratische Westturm mit seinem Spitzbogenportal stammt noch aus dem 14. Jh. Im Jahre 1770 erfolgte der Neubau des zweijochigen platzlgewölbten Chores mit zwei Seitenkapellen, eine Erneuerung der Obergeschoße des Turmes sowie der Einbau der Sängerempore. 1874 Regotisierung des Turmes in die heutige Gestalt.
Die Einrichtung aus der barocken Umbauzeit: Hochaltar und Notburga-Altar von dem Gnaser Bildhauer Franz Domiscus 1772 bzw. 1777, gefaßt von Josef Pflanzl. Gleichzeitig die einfache Kanzel. Volkstümliche Kreuzwegbilder um 1800. Außen an der südlichen Kapelle Relief einer Christusbüste mit Marterwerkzeugen und Schriftrolle 1. Drittel 16. Jh. An einem der südseitigen Strebepfeiler Sonnenuhr bezeichnet 1580. Aus der gotischen Kirchenausstattung hat sich als besondere Zimelie noch eine vorzüglich

Jagerberg, Pfarrkirche –
gotische Monstranz, A. 16. Jh.

gearbeitete Monstranz vom A. des 16. Jh.s erhalten. Die barocke Positivorgel A. des 18. Jh.s, vermutlich von A. Schwarz, gelangte in die Filialkirche von Glojach.
Vor der Kirche alte **Friedhofskapelle** mit Notburgabild M. 18. Jh. Vom einstigen **Wehrkirchhof** Teil der Steinmauer entlang der Südseite und flachbogiger Torbau als Rest eines einstigen Torturmes erhalten.
An der Westseite des Ortes spätgot. **Bildstock** in Tabernakelform A. des 16. Jh.s; die Holzfigur des Schmerzensmannes später.

JOBST   Bez. Fürstenfeld

In der Umgebung römisch kaiserzeitliche Hügelgräber nachzuweisen. Die heutige einreihige Dorfanlage entstand im 13. Jh. als Gründung der Stadecker und wurde Steinbach genannt. Unter den Montfort, die das Gebiet 1400 erbten, wurde eine dem hl. Jodokus (= auch Josse, Jost, Jobst) geweihte Kapelle gebaut. Von ihr leitet sich der heutige Name des Dorfes her, der im 17. Jahrhundert aufkam, zur selben Zeit als die Annenverehrung die des hl. Jodok verdrängte. Bereits 1554 ist eine „Capellen zu St. Jobst und der hl. Frauen Sand Anna" nachgewiesen. Sie wurde wegen Baufälligkeit 1741 ersetzt durch den Neubau der **Filialkirche hl. Anna,** die bis 1787 zur Pfarre Waltersdorf, hernach zur Pfarre Blumau gehörte. Es handelt sich hierbei um einen längsgerichteten Vierkonchenbau mit vorangestelltem Ostturm. Der Architekt dieses für die oststeirische Barockarchitektur bedeutenden Kirchenbaues ist zwar archivalisch noch nicht nachzuweisen, doch deutet der stilistische Befund auf den Pöllauer Baumeister und Altartischler Remigius Horner (1670–1750). Er hat hier sein stereotypes Kirchenschema der Verbindung von Langhaus und Dreikonchenchor überwunden und in der Verschmelzung von Langhaus und Chor zu einem Zentralraum seine bisher reifste architektonische Lösung gefunden. Es wurde darauf hingewiesen, daß er dabei den Grundriß der Laxenburger Pfarrkirche von Matthias Steinl in vereinfachter Form übernahm. Möglicherweise hat der Sohn des Remigius, Josef Erasmus Horner, die Bauleitung inne gehabt.

Das Innere besteht aus einem quadratischen Zentralraum mit Kreuzgratgewölbe, der durch vier quergestellte Wandpfeiler mit reicher Verkröpfung markiert wird. An ihn schließen sich in der Längsachse zwei halbkreisförmige Exedren, die durch je ein eingeschobenes queroblonges Joch vertieft sind und den Hochaltar bzw. die Orgelempore aufnehmen. An den Seiten sind flachelliptische Exedren angefügt, die die kürzere Querachse bilden. Wandgliederung innen wie außen durch toskanische Pilaster mit umlaufenden Friesstreifen und Abschlußgesims. Die dreiachsige Orgelempore auf zwei kräftigen Pfeilern, ihre geschwellte Brüstung in der Mitte leicht vorschwingend. Acht große Rechteckfenster mit großteils noch originaler Verglasung geben dem Inneren eine gleichmäßige Ausleuchtung. Der quadratische Ostturm hat ein oktogonales Glockengeschoß, das durch Eckpilaster gegliedert ist und einen gedrückten Zwiebelhelm mit Laterne trägt. Sein kleines Eingangsportal mit Sprenggiebel, Kugel- und Vasenzierat; darüber eine Sonnenuhr mit dem Baudatum 1741.

Qualitätvolle Spätbarockeinrichtung aus dem 3. Viertel des 18. Jh.s. Der Hochaltar mit Umgangsportalen und kurvig bewegten Umrissen 1763 von Tischler Johann Kerner und Bildhauer Matthias Leitner, beide aus Graz, angefertigt; 1768 erfolgte die „Auszierung" durch den Gleisdorfer Bildhauer Johann Conrad Schultz und die Fassung durch Maler Landschau. Die im Zentrum des Säulenaufbaues stehende Annenskulptur mit Marienkind wurde 1783 als Ersatz für ein älteres Kultbild vom Hartberger Bildhauer Leopold Schlager geschnitzt. Die beiden Seitenaltäre gleichfalls mit Figuren von Matthias Leitner und den Ornamenten von J. C. Schultz; die Altarbilder von Johann Baptist Scheith aus Graz 1752 gemalt. Die zierliche Rokokokanzel ist ein Werk des Johann Conrad Schultz von 1772. Sie zeigt am Korb die Symbole der vier Evangelisten und vergoldete sowie farbig gefaßte Reliefs in Rocaillerahmen; am Schalldach tummeln sich Putten mit den Attributen der christlichen Kardinaltugenden und als Bekrönung ein Posaune blasender Engel. Figur des hl. Johannes Nepomuk auf Wandkonsole 3. Viertel 18. Jh., darunter ein Heiliges Haupt von Klagenfurt in Wachs aus der selben Zeit. Orgel inschriftlich von Johann Joseph Demut jun. 1756, die Pfeifen 1932 erneuert. Die Brustbilder Jesus und Maria auf den Orgeltüren malte R. Wachs aus Dresden 1925. Spätbarocke Bruderschaftsfahnen und ein Vortragskreuz. Die neugotischen Beichtstühle Ende 19. Jh. ergänzt. Erwähnenswert ist auch der original erhaltene Ziegelboden.

Jobst, Filialkirche – erbaut von R. Horner 1741

Hinter der Kirche liegt das zweigeschossige **Priesterhaus** (Missarhaus), welches von 1744–1747 wahrscheinlich von Josef Erasmus Horner erbaut wurde. Im Obergeschoß befindet sich ein Versammlungsraum mit stukkierter Decke.

JOHANNISBRUNN siehe unter HOF bei Straden

JOHNSDORF bei Fehring   Bez. Feldbach

Der Name geht zurück auf das Geschlecht der Ritter von Johnsdorf, die mit ihren Erben von 1366–1434 hier saßen. Der von ihnen errichtete Wehrbau ging in den Besitz des Martin Narringer über und wurde 1605 von den Hajduken überfallen und völlig ausgeplündert, die Insaßen entweder gefangen oder erschlagen. Das heutige **Schloß** oberhalb der gleichnamigen Ortschaft auf einer linksseitigen Randerhebung des Raabtales gelegen, ist 1656 von Katharina Elisabeth Freiin von Galler neu erbaut worden. Die selbstsichere Bauherrin gibt das in der ober dem Hauptportal angebrachten, von ihrem Wappen gekrönten Inschrifttafel auf folgende Weise kund: ,,Jesus und Maria sey mit mir/Katharina Elisabeth Frau Gallerin/geborne Wechslerin Freyin Frau der/Vestung und Herrschaft zum Stein/Riegkherspurg, Liechtenegg und Wexel/Sperg Wittib dies Gschloss wie es ist anzu/schauen hab ich von grienen Waasen laßen/neuaufferbauen auf Gott setz ich all/mein Vertrauen Anno Domini 1656''. Es ist anzunehmen, daß die Gallerin zuvor den

Johnsdorf, Schloß – Kirche Mariahilf erbaut von R. Kramreiter, 1961 f.

alten Wehrbau abtragen ließ. Nach ihrem Tode kamen die Freiherren von Stadl in den Besitz des Schloßes, von 1830–1860 die Grafen von Gleispach; 1954 wurde es von den Salesianern Don Boscos übernommen, die die schweren Kriegsschäden von 1945 ausbesserten und in den folgenden Jahren Kirche und Exerzitienhaus dazubauten.

Demnach lassen sich im wesentlichen drei Bauperioden feststellen: Am Beginn steht der Frühbarockbau der Gallerin. Er bestand aus drei rechtwinkelig aneinanderstoßenden 2geschoßigen Trakten um einen Innenhof, dessen offene Südseite gegen den Bergabhang durch eine Wehranlage gesichert war. Die 1945 schwer beschädigte Eingangsfront im Westen wird durch den Torturm mit Rustikaportal akzentuiert und durch seitlich vorgezogene Flankenbauten mit Schießschlitzen eingefaßt. Die an der Fassade eingemauerten skulpierten Steine und Rundscheiben mit Tierdarstellungen stammen nicht vom Schloß und wurden erst in neuerer Zeit angebracht. Gegen den Hof 2geschossige Pfeilerarkaden, am Südende befand sich einst die Schloßkapelle, welche ausbrannte. Parallel dazu liegt an der Ostseite der eigentliche Wohnflügel. In seinem Obergeschoß befindet sich ein Saal mit reich stukkiertem Spiegelgewölbe aus dem 3. Viertel des 17. Jh.s, die Wappenmalereien wurden im 19. Jh. hinzugefügt. Unter den Gleispach wurde der Wohnflügel an der Parkseite im Geiste des Historismus umgestaltet; er umfaßt einen runden Eckturm mit Zahnschnittfries, einen vorgesetzten Eingangsturm mit Runderkern und eine Zinnenmauer gegen die Straße. Entscheidend für das heutige Aussehen des Schloßes wurde die Bautätigkeit der Salesianer in den Jahren 1961 bis 1972. Zuerst errichtete der Wiener Architekt Robert Kramreiter in der Mitte des Nordtraktes die **Kirche Mariahilf.** Ihr aus der Gebäudeflucht weit vorragender, zeltartig überwölbter Laien- und Altarraum mit Umgang und sieben halbkreisförmigen Kapellen, die an einen gotischen Chorkapellenkranz erinnern. Interessante Außengestaltung, welche durch die Gruppierung der Kegeldächer ihren Reiz erhält. Die darauf angebrachten Wetterfahnen mit den 7 Jahreszahlen 431, 1571, 1683, 1814, 1854, 1868 und 1950 verweisen auf wichtige Marianische Ereignisse. Die Glasfenster der Kapellen zeigen in einfachen Figuraldarstellungen die Muttergotteslitanei und wurden 1966 von H. M. Tuttner geschaffen. Abschließend errichtete man an der bisher freigebliebenen Südseite das Exerzitienhaus und verband es mit dem West- und Osttrakt, sodaß nun ein geschlossenes Gebäudegeviert hergestellt ist.

Auf dem nahen **Königsberg** von Brunn (Gemeinde Johnsdorf) gegenüber dem Fehringer Bahnhof, wurde bei Rodungsarbeiten 1937 ein Altarstein aus Basalttuff gefunden, der der Wettergottheit Jupiter Exlemitanus geweiht war (Original heute im Lapidarium von Schloß Eggenberg). Er stammt aus dem Anfang des 2. Jh.s n. Chr. und ist Teil eines provinzialrömischen Heiligen-Bezirkes, von dem noch der Grundriß und Kleinfunde ergraben werden konnten. Tiefer liegend fanden sich Spuren einer urnenfelderzeitlichen Siedlung des 8. Jh.s v. Chr.

K A I N B E R G   Bez. Graz-Umgebung

Nördlich von dem nach Pfalzgraf Kuno benannten und schon im 11. Jh. begründeten Dorf Kumberg steht auf einem Berghang das **Schloß Kainberg**. Dienstmannen des Stiftes Seckau, das hier Gutsbesitz hatte, dürften schon im frühen 13. Jh. einen Wehrbau errichtet haben; zu ihnen gehörten die Kainberger. 1570 erwarb Otto VI. von Ratmannsdorf den Ansitz und baute ihn zum Renaissanceschloß aus. Über die Gleispach, Dietrichstein und andere Adelsfamilien gelangte es 1841 in den Besitz der Grafen Wimpffen, denen es noch heute gehört. – Typischer Renaissancebau mit wehrhaft geschlossener Vierflügelanlage um einen Innenhof. Die Ecken sind durch vortretende quadratische Türme mit Pyramidendächern verstärkt. An der Südseite war eine Bastei vorgelagert, die übrigen Seiten der Anlage von einer Wehrmauer mit kleinen Ecktürmchen umgeben. In der Mitte der Westseite steht der gleichfalls aus der Flucht vortretende mächtige Uhr- und Glockenturm mit Laternendach, der eine kleine Kapelle enthält. Der rechteckige Innenhof ist an drei Seiten von dreigeschossigen Säulenarkaden umgeben. Das Hauptportal befand sich ehemals an der Südseite, die dort vorspringende Bastei wurde zum Garten umgewandelt. – Von der Innenausstattung der Obergeschoßräume sind hervorzuheben ein Saal mit Stuckdecke in Laub-Bandlwerkstil 2. Viertel 18. Jh. sowie Empireofen um 1800. Ein Eckzimmer enthält eine Renaissance-Kassettendecke, deren Maserung gemalt ist und einen spätbarocken Ofen. In einigen Räumen neubar. Stuckdecken; kleine Bilder- und Waffensammlung. Die Kapelle enthält einen Dreikönigsaltar, das Anbetungsrelief ist eine Kopie nach A. Krafft.

K A I N D O R F   Bez. Hartberg

Straßendorf im Safenbachtal, gegründet um 1130 von Konrad von Safen. 1418 von den Ungarn, 1532 den Türken und 1704 von den Kuruzzen zerstört. Im Zuge des Wiederaufbaues, der 1705 einsetzte, wurde auch die schon 1313 erwähnte **Pfarrkirche hl. Jakobus d. Ä.** erneuert. Sie liegt auf einer Terrasse unmittelbar neben der Straße und war ab 1445 Sitz einer Pfarre. Der barocke Neubau wurde von Baumeister Remigius Horner aus Pöllau von 1715–1717 ausgeführt (Jahreszahl am Westportal). Er besteht aus dem vierjochigen Langhaus und einem kleeblattförmigen Chor mit größerer Altarapsis. Übereinandergelegte Pilaster tragen die Gurten der Kreuzgratgewölbe und die Anläufe der Schildbögen über den Fenstern. Dreiachsige Orgelempore auf Pfeilern. Der an der Südseite des vierten Joches angebaute quadratische Turm hat noch ein gotisches Sockelgeschoß, eine achteckige bar. Glockenstube und einen 1896 erneuerten Spitzhelm. Einfache Außengliederung mit Lisenen.

Die alte Barockausstattung zu Ende des 19. Jh.s verändert. Vom Hochaltar, den Remigius Horner 1743 entworfen hatte, nur mehr das gleichzeitige Altarblatt des Malers Johann Baptist Scheith aus Graz erhalten mit der Aufnahme des hl. Jakobus und einer Ortsansicht von Kaindorf. Die beiden Seitenaltäre von 1887 mit älteren Oberbildern, die Marienkrönung dem Johann Cyriak Hackhofer um 1720 zuzuschreiben. In der Turmkapelle ein Kreuzaltar aus der 1. H. des 18. Jh.s. Die Kanzel ist wahrscheinlich ein Werk des Remigius Horner und 1719 entstanden; auf dem Schalldach erscheint Christus als Weltenrichter mit dem Flammenschwert. Orgel mit der Figur des Königs David von Josef Hofstetter 1759. Am rechten Vierungspfeiler Tabernakel und Marienstatue um 1720. Gleichzeitig die Figur des Johannes Nepomuk unter der Orgelempore. Glasfenster mit Evangelistenmedaillons im Chor um 1900. An der Südwand außen bemerkenswertes Epitaph des Friedrich von Teuffenbach (gest. 1621), dargestellt mit seiner Frau und seinen sieben Kindern. Die Teuffenbach waren eines der führenden protestantischen Adelsgeschlechter der Gegend und besaßen die Herrschaften von Ober- und Untermayerhofen. Beim Abreißen der mittelalterlichen Kirche wurde unterm Pflaster ein kleiner Schatz von Gold- und Silbermünzen mit der Prägung Sigismund des Münzreichen entdeckt. Vermutlich hat sie der Pfarrer beim Türkeneinfall von 1532 hier versteckt und kam dann selber ums Leben.

KALKLEITEN   Bez. Graz-Umgebung

Auf einem Ausläufer des Schöckels im Bergland nördlich von Graz steht in weithin sichtbarer Hanglage die **Filialkirche Maria Schutz** (Pfarre Graz-St. Veit). Sie wurde 1961/62 nach den Plänen von Architekt Kurt Weber-Mariazell in Form eines Keiles erbaut, dessen Spitze hangabwärts weist. Das hochaufragende, auf Fernsicht berechnete Steildach ist schalenförmig aufgesetzt, sodaß der Innenraum gleichermaßen hochgezogen wird. Die farbigen Betonglasfenster an den beiden Langseiten nach Entwürfen von Alfred Wickenburg im Stift Schlierbach hergestellt. Sie bilden den dominierenden Stimmungsträger des Raumes. Der Altar in der Keilspitze mit Bronzekruzifix von Alexander Silveri und Schutzmantelmadonna von Franz Weiß 1965.

KAPFENSTEIN   Bez. Feldbach

Der Kapfensteiner Kogel (461 m), ein aus dem Hügelland steil aufragenden Basalttufffelsen vulkanischen Ursprungs, hat schon sehr früh Menschen angelockt, die an seinen Hängen Schutz und Fernsicht suchten. Darauf verweist auch der Name, der von kapfen, kaphen = gaffen, spähen abzuleiten ist. Einzelfunde aus der Jungsteinzeit weisen auf das 3. Jtd. v. Chr. zurück. Auf Grund mehrerer Keramikfunde konnte eine befestigte urnenfelderzeitliche Höhensiedlung ausgemacht werden. Im nahen Ort **Kölldorf** befindet sich eines der größten römisch-kaiserzeitlichen Hügelgräberfelder der Steiermark (127 Gräber). Im weiter westlich gelegenen **Bayerisch-Kölldorf** wird seit 1977 eine urnenfelderzeitliche Siedlung gehoben. Bei der Wiederbesiedlung des Gebietes im hohen Mittelalter wurden die Vorteile der Höhenlage neuerlich gesucht und von den Herren von Kapfenstein in der zweiten Hälfte des 12. Jahrhunderts auf einem Vorsprung am Osthang des

Berges eine **Burg** errichtet. Sie gelangte 1362 in den Besitz der Wallseer, 1422 an Sigmund von Wolfsau, der sie zum Stützpunkt für seine Plünderungszüge machte, die er im Streit mit dem Salzburger Erzbischof unternahm. Da er sich dabei auch der Hilfe ungarischer Adeliger bediente, wurde er wegen Landfriedensbruches verurteilt und die Burg von Herzog Friedrich V. eingezogen und als Lehen weitergegeben. Von 1584–1800 saßen hier die Herren von Lengheim, die gleich wie im nahen Bertholdstein, das auch ihnen gehörte, entscheidende Ausbauten durchführten. In der Türken- und Kuruzzenzeit war auf Kapfenstein eine Hauptkreitfeuerstation untergebracht. Seit 1918 ist die Burg im Besitz der Familie Winkler-Hermaden und wurde 1968 saniert. – Unregelmäßiger, in mehreren Bauperioden gewachsener nüchterner Gebäudekomplex um zwei kleine Innenhöfe; talseitig bis zu 6 Geschossen hoch. Der mittelalterliche Kern um den inneren Hof, wo sich ein kleineres Spitzbogentor zum Osttrakt befindet und einige Kellergewölbe noch eine frühe Entstehung verraten. Entscheidende Erweiterung durch die Lengheim, die Anfang des 17. Jh.s den ehemaligen Burggraben mit einem neuen Wohngebäude überbauten (Tür im Felsenkeller mit der Jahreszahl 1604), wodurch ein zweiter Hof entstand. Dieser wurde erst Anfang des 19. Jh.s durch Verbauung der Südseite geschlossen. Zugleich erhielt der innere Hof zu mächtig geratene Pfeilerarkaden. Südöstlich vorgelagerte Bastei mit Ecktürmchen. In der Burg befindet sich heute ein beliebtes Ausflugsrestaurant; im Obergeschoß ist eine interessante mineralogisch-geologische Sammlung über die Erdgeschichte der Oststeiermark zu sehen, aufgesammelt von dem Geologen Prof. Arthur Winkler-Hermaden.

Nordöstlich der Burg auf dem Plateau des Kapfensteinkogels steht die **Herz-Christi-Kapelle,** ein Rundbau mit Kuppel und Laterne, der 1701 errichtet wurde und heute im Untergeschoß die Grablege der Familie Winkler-Hermaden enthält. Der kleine Kreuzaltar entstand Anfang des 18. Jh.s.

Südwestlich unterhalb der Burg, am Südabhang des Kapfensteiner Kogels, liegt das als Burguntersiedlung entstandene gleichnamige Dorf. Die hochgelegene und gegen Westen gerichtete **Pfarrkirche hl. Nikolaus** war ursprünglich Burgkapelle und wurde erst 1779 zur Pfarre. Der kleine Barockbau entstand in der 2. H. des 17. Jh.s und besteht aus einem dreijochigen kreuzgratgewölbten Schiff mit Pilastergliederung sowie einem einjochigen Chor. Vom 3. Joch gehen zwei kleine rechteckige Kapellen aus, an der Südseite Sakristei mit Empore. Der quadratische Westturm mit Zwiebelhelm ist an den Chorschluß angebaut. Die Gewölbe wurden 1936 mit neubar. Malereien der Fa. Brüder Walter aus Ilz geschmückt. – Die spätbar. Einrichtung im Laub-Bandlwerkstil stammt aus dem 2. Viertel des 18. Jh.s. In den Seitenkapellen Nischenfiguren der hl. Helena und des hl. Augustinus 2. H. 17. Jh.

KIRCHBACH Bez. Feldbach

Gassengruppendorf an der Einmündung des Zerlachbach-Grabens in das Schwarzautal; erste Erwähnung 1240. Am Nordende des Ortes erhebt sich inmitten eines von Mauern umfriedeten, an zwei Seiten geböschten Kirchhofes die **Pfarrkirche St. Johannes d. T.** Sie ist als Pfarre 1256 erwähnt, die damals vorhandene romanische Kirche wurde jedoch im 4. Viertel des 15. Jh.s durch einen spätgot. Neubau ersetzt. Überliefert ist, daß Kaiser Friedrich III. im Jänner 1478 dem Pfarrer von Kirchbach und den dortigen kaiserlichen Untertanen gestattete, ,,daz sy von dem prochnen Gesloss Narreneck (heute Waldegg) und dem gemeur daselbst stain nemen und zu pau der pharrkirchen daselbst zu Kirchpach fürn mögen von meniglich ungehindert". Erhalten hat sich davon noch der zweijochige Chor mit ⁵/₈-Schluß, dessen Rautensterngewölbe von kräftigen halbrunden Wanddiensten abgestützt wird. Das zweischiffige dreijochige Langhaus über Pfeilern und

Wandpilastern mit Platzlgewölben entstammt einem großzügigen Umbau von 1830 in barocken Formen. Allerdings hat die Barockzeit in der Oststeiermark keine einzige dreischiffige Anlage in einem Guß hervorgebracht. An der Westseite vorgestellter quadratischer Turm mit got. Mauerkern im unteren Teil, schematischer Stockwerkgliederung und Zwiebelhelm, bezeichnet 1836. Durch zweigeschossige Choranbauten mit Außenaufgängen zu den Oratorien sind die Mauerfluchten vereinheitlicht und der Bau in der Breite des Langhauses an den Chorschluß herangeführt.

Von der spätgot. Ausstattung ist nur der Rest eines Freskos erhalten, das sich ober der Sakristeitüre befindet. Die Einrichtung überwiegend spätbar.: der Hochaltar mit Säulenaufbau und Rocaillenschmuck sowie Figuren Antonius von Padua, Apostelfürsten Petrus und Paulus, Joachim und Engel des Grazer Bildhauers Johann Piringer 1762. Gleichzeitig das Hauptbild, darstellend die Taufe Christi nach älterem Vorbild. Die beiden Seitenaltäre hl. Sebastian und Rosenkranz-Maria von einfacher Tischlerarbeit, aber mit vorzüglichem Figurenschmuck von Veit Königer, 1763. Einfache Kanzel E. 18. Jh. Im Chor umkleidete Marienfigur auf Rokoko-Aufsatz. Volkstümliche Kreuzwegbilder aus der Zeit des Umbaues mit späteren Ergänzungen. Orgel 18. Jh. Glasfenster von 1925. Im linken Seitenschiff ein Grabstein des Hans Gleispacher von Narneck und seiner Frau, gest. 1540, am linken Triumphbogenpfeiler Grabstein des Johann Sebastian Schatzl, Freiherrn von Hörmannsperg, gest. 1669. Beide Familien saßen einst auf Schloß Waldegg.

Vor der Kirche gemauerter **Bildstock** mit bar. Figur der Maria Immaculata 1. H. 18. Jh. Um die Kirche ist eine im geschlossenen Rechteck nach innen abgedachte **Einfriedungsmauer** errichtet, die den ehemaligen Friedhof umgab. Sie hat an der Innenseite eine Höhe von 1,64 m und insgesamt 138 Nischen (ohne Schießscharten). Außen mißt sie 2,33 m und wird an drei Seiten durch Strebepfeiler gestützt. An den vier Ecken sitzen turmartige **Initienkapellen** die laut Jahreszahlen von 1666–1669 errichtet wurden und spitze Zeltdächer sowie Gratgewölbe haben. Sie öffnen sich nach innen in zwei auf einer Ecksäule aufruhenden Rundbögen und sind mit neuen Kratzputzmalereien, darstellend die vier Evangelisten, geschmückt. Ihre Außenkante ist jeweils abgeschrägt und enthält eine kleine Nische; unter der an der Nordwestecke befindet sich ein Wappenstein der Strobl von 1667, darüber ein stark restauriertes Marienfresko aus der 2. H. d. 18. Jh.s. Das Zugangsportal an der Ostseite ist 1747 bezeichnet, dürfte aber zu Anfang des 19. Jh.s umgebaut worden sein, worauf der Spitzbogen und Dreiecksgiebel verweisen. An der Nordseite vor der Kirchhofmauer steht die große **Steinfigur** einer hl. Margarethe aus der M. d. 18. Jh.s.

Südlich oberhalb des Ortes liegt die **Filialkirche hl. Anna,** ein frühbar. Bau aus dem Jahre 1656 (Jahreszahl innen an der Nordwand) auf got. Fundamenten. Er besteht aus einem dreijochigen Langhaus mit einfacher Stichkappentonne auf Wandpfeilern, das in gleicher Breite in einen Chor mit ³/₈-Schluß übergeht. An der Nordseite Sakristei, zu der ein spätgot. Portal führt. Im Westen vorgezogener Turm mit Zwiebelhelm in der Art des Pfarrkirchturmes, also wohl auch um 1830.

Aus der selben Zeit die an der Sakristei angebaute Kapelle. Hochaltar bezeichnet 1721 mit gedrehten Säulen und Akanthusschmuck, die Statue der hl. Anna Selbdritt M. 17. Jh. Die beiden Seitenaltäre gleichfalls von 1721, am linken ein Bild des hl. Donatus mit der Ansicht des nahen Schlosses Waldegg. In der Kapelle Figur der hl. Anna Maria das Lesen lehrend und Wandfresko aus dem 2. Viertel des 19. Jh.s. Auf der Empore eine Positivorgel von Andreas Schwarz von 1705.

Die **Kapelle** von **ZIPREIN** im Schwarzautal südlich von Kirchbach ist ein Bau aus der M. d. 19. Jh.s, der zwei barocke Figuren der Viehheiligen Leonhard und Patrizius enthält. Sie stammen von einem größeren Kirchenaltar aus der 1. H. des 18. Jh.s. Ober dem Portal befindet sich in einer Nische eine der vielen Nachbildungen des Wieser Geißelchristus.

KIRCHBERG a. d. Raab   Bez. Feldbach

Kirchsiedlung auf einer kleinen Anhöhe im Raabtal mit Funden aus der Jungsteinzeit und Hallstattzeit. Pfarrer Meixner berichtet 1879 von einem heute verschollenen hallstattzeitlichen Kultwagen, der in einem nicht mehr sichtbaren Grabhügel gefunden wurde. Aus der Römerzeit vier Hügelgräberfelder („Römerkögerln") und andere Siedlungsspuren. 1365 wird der Ort unter seinem heutigen Namen erstmals genannt. Beim Hajdukeneinfall von 1605 verheert.

An der höchsten Stelle des Ortes – teilweise von Böschungsmauern eingefriedet – erhebt sich die einst von einem Tabor umgebene **Pfarrkirche hl. Florian.** Ein romanischer Vorgängerbau des 13. Jh.s wird 1381 als Pfarre erwähnt. 1510–1526 (ehemals Gewölbeinschrift) erfolgte ein spätgot. Neubau, der im Barock großteils verändert und erweitert wurde. Innenrestaurierung 1972. – Nur mehr der mit fünf Seiten des Achtecks schließende einjochige Chor läßt seine gotische Herkunft noch deutlich erkennen. Sein auf kurzen Dienstkonsolen auflaufendes kräftiges Rautennetzgewölbe mit Schlußsteinen wurde bei der Einfügung bar. Stichkappen teilweise abgeschlagen. Diese Veränderung war durch den Einbau von Emporen beiderseits des Chores notwendig geworden. Das vierjochige Langhaus wurde in der 2. H. d. 17. Jh.s mit neuen Kreuzgratgewölben über flachen Wandpfeilern ausgestattet und am 3. Joch Kapellenbauten angefügt. Der etwas vortretende got. Turm an der Westseite erfuhr eine Eingliederung in die mit Dreiecksgiebel, Lisenen und Figurennischen bar. umgestaltete Fassade.

Relativ einheitliche Ausstattung des Spätbarock aus dem 3. V. d. 18. Jh.s in dunkelbrauner Beiztönung unter sparsamer Verwendung von Goldornamenten, restauriert 1972. Der Hochaltar mit einem Bild des Kirchenheiligen, das Josef Wonsidler 1850 malte. Die beiden Seitenaltäre zeigen in den Baldachinnischen die Figuren der hll. Urban und Leon-

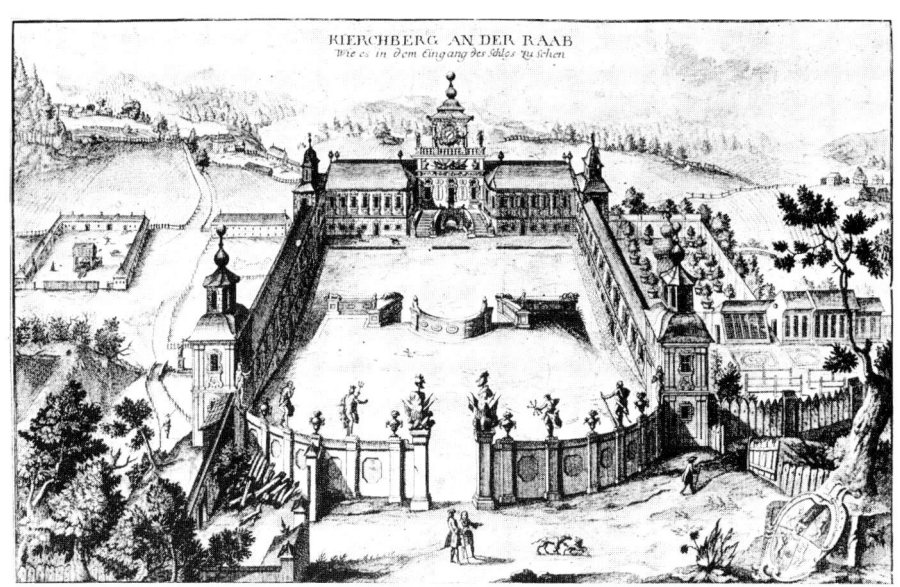

Kirchberg a. d. Raab, Schloß – Ansicht der Hofseite nach Stich von J. Scheith, 18. Jh.

hard. Die schmucke Kanzel stammt von dem Gleisdorfer Bildhauer Conrad Schultz. Ihren Korb zieren vergoldete Reliefs in Rocaillerahmen (Gleichnis vom verlorenen Sohn, reicher Fischfang, Sämann), am Schalldach die Figur des Guten Hirten. In der rechten Kapelle steht ein Säulenaltar des frühen 18. Jh.s, dessen Marienbild dem Hans Adam Weißenkircher zuzuschreiben ist. Figur der Maria mit Kind auf Wolken und qualitätsvolles Abendmahlbild beide 2. H. 18. Jh. Orgel mit Brüstungspositiv M. 18. Jh. Im Chor ovales Epitaph des kaiserlichen Feldmarschalls Graf Siegbert Heister, Bauherrn des nahen Schlosses, der 1718 verstarb. In der Sakristei befindet sich ein spätgot. Schalenstein mit sieben Löchern, der im Totenkult Verwendung gefunden hatte. Dieses seltene Stück wurde bei der letzten Restaurierung aufgefunden. Im Turmgeläute eine got. Glocke von 1457 erhalten.

Etwas unterhalb der Kirche steht auf einer Terrasse des gegen das Raabtal steil abfallenden Hügels weithin sichtbar das **Prunkschloß** des Feldmarschalls und Kuruzzensiegers Graf Siegbert Heister. An seiner Stelle war bereits im 15. Jh. eine Burganlage errichtet worden, die den Ratmannsdorfern und Zöbingern gehört hatte und mit dem Kirchentabor in baulicher Verbindung stand. Im 17. Jh. wurden eine Burg Oberkirchberg und der Stock Unterkirchberg genannt. Sie fielen 1669 an die Steinpeiß, von denen sie 1696 Heister mit zugehörigem Gutsbesitz erwarb. Seine Einkünfte als kaiserlicher Heerführer gestatteten ihm, die alten Anlagen abzubrechen und nach den Kuruzzenwirren von 1704 mit dem Neubau eines weitläufigen Schloßkomplexes zu beginnen, der aus dem noch erhaltenen Mitteltrakt, zwei einen Ehrenhof umschließenden Seitenflügeln, vier Türmen und Basteien an der Talseite bestand. Dazu gehörte – wie uns ein Stich von Johann Veit

Kirchberg a. d. Raab, Schloß – Stuckverzierung der Hoffront, 1. V. 18. Jh.

Kauperz zeigt –, eine prächtige Gartenanlage in französischem Stil, die sich den Hügel hinab erstreckte und das Schloß mit seiner Umgebung verband. Weiters waren 15 Teiche angelegt und diverse kleinere Wirtschaftsbauten errichtet worden. Diese auf landschaftliche Einbindung und Fernsicht berechnete Konzeption ist typisch für das österreichische Barock jener Zeit und sowohl im Kirchen- wie im Schloßbau anzutreffen (Melker Stiftskirche, Belvedere in Wien). Keinem anderen oststeirischen Schloß des 18. Jh.s können diese Qualitäten in solchem Maße zugesprochen werden. Umso bedauerlicher ist es deshalb, daß diese einst so großartige Anlage uns nur mehr als Torso erhalten ist. Von der Witwe Heisters gelangte sie zuerst an die Grafen Katzianer, von diesen an die Fürsten Liechtenstein, die nach 1842 das Schloß verkleinerten, indem sie die Seitenflügel, die Türme und die ehemalige Freitreppe zum Haupteingang abreißen ließen. Nach 1921 war das Schloß in Gemeindebesitz und als Schule in Verwendung; heute ist es wieder privat bewohnt. Der übriggebliebene zweigeschossige Hauptbau besteht aus einem etwas höheren, an der Hofseite zurückspringenden Mittelpavillon aus drei Fensterachsen, der von zwei sechsachsigen Seitenflügeln eingefaßt wird. Dabei zeigt der mit einem Dreieckgiebel bekrönte Fassadenspiegel des Mittelpavillons an der Hofseite eine überaus reiche und kunstvolle Stuckverzierung, die sich ober den Fenstern bis zum Traufgesims erstreckt. Sie besteht aus Muscheln, Vasen, Blütengirlanden und Büsten, die die geschwungenen Hauptfenstergesimse und die querovalen Oberfenster schmücken. Darüber liegt ein schmales Konsolenfries mit Laubbandlwerkfeldern und zum Abschluß ein breites Feld, in dessen Mitte ein auf den Bauherrn bezogenes, aus verschiedensten radial angeordneten Waffen bestehendes Trophäon zu sehen ist. An den Seiten Laub-Bandlwerk mit Kranichvögeln, außen antikisierende Kriegertorsos. Auf der Gartenseite durchgehend Pilastergliederung und noch Reste von Laub-Bandlwerkstuck zu erkennen. Die Innenräume in der Belletage großteils mit Malereien und Stuck gegen 1720 verziert, die z. T. noch nicht freigelegt sind. Im hohen Hauptsaal des Mittelbaues Stuckzone aus Putten und Girlanden über Pilastern, deren Schäfte abgeschlagen wurden. Das Deckenfresko stellt eine Götterversammlung auf Wolken dar mit Zeus, Arthemis, Dionysos, Aphrodite und Pallas Athene; in den Ecken Kriegstrophäen, Jagdgeräte und Musikinstrumente. Dazwischen kleine Freskenfelder, die je einen Putto mit Falken bzw. Pfau zeigen, wissenschaftliche Instrumente und zwei Mohrenköpfe mit Papagei. Durch die von Felix Barazutti um 1900 durchgeführten Übermalungen wurde die ursprüngliche Wirkung stark beeinträchtigt. Anschließend Jagd- und Kriegszimmer mit zartem Deckenstuck. Im westlichen Eckraum Groteskenmalereien, im östlichen Freskenreste, die auf eine ehemalige Kapelle schließen lassen. Das Erdgeschoß enthält noch Mauern und Gewölbe des Vorgängerbaues; auch die Freskenreste, die in der Durchfahrt aufgedeckt wurden, stammen aus früherer Zeit.
An der Gartenseite ist eine hohe Terrasse vorgelagert, die von geböschten Ziegelmauern gestützt wird. In der an seiner Vorderseite eingelassenen drei Grotten ist nur noch eine erhalten, die Balustrade der Treppenanlage wurde abgebrochen (Bruchstück im Vorhof liegend). An der Ostseite Reste eines Gartenportales mit zwei Steinvasen. Am Parktor zur Straße Steinfiguren des Herkules und Theseus von der alten Skulpturenausstattung. Von den ehemaligen Wirtschaftsbauten zwei Fischerhütten und ein Meierhof erhalten. An der westlichen Ortszufahrt steht auf hohem Pfeiler eine bar. **Steinpieta** der 2. H. d. 17. Jh.s. Am östlichen Ortsrand **Florianikapelle** von 1757.

KIRCHBERG am Walde   Bez. Hartberg

Schloß nördlich von Grafendorf auf steiler Anhöhe um 1130 von Graf Ekbert II. von Formbach-Pitten als Rodungszentrum errichtet. Ab 1250 der Sitz der Herren von Kirchberg; von 1443–1669 den Trautmannsdorf gehörig, die es nach der Zerstörung durch die

Türken 1532 neu aufbauten. 1670–1802 im Besitz der Grafen Auersperg. Seit 1923 eine Landwirtschaftsschule des Landes Steiermark eingerichtet. – Das breit angelegte dreigeschossige Gebäude mit gebrochener Süd- und Westfront ist über einem unregelmäßigen, dem Gelände angepaßten Grundriß errichtet und von einem Graben mit Wehrmauer umgeben. Ähnlich wie bei Schloß Frondsberg ist auch hier eine ma. Ringburganlage in der Renss. und der Barockzeit erweitert und zu einem geschlossenen Baukörper ausgestaltet worden. Älteste erkennbare Teile aus dem 2. V. d. 16. Jh.s sind der gewölbte Erdgeschoßraum neben dem Eingang an der Ostseite mit Resten von Zierrippen sowie das kleine Rustikalportal, welches sich ehemals im Westtrakt befand und 1969 freigelegt und übertragen wurde. In der Südostecke des Hofes viereckiger Turm mit Treppenanlage und einfachem Pyramidendach, der das Schloß überragt. Im 18. Jh. unter den Auersperg wurden verschiedene Umgestaltungen vorgenommen: der Innenhof erhielt an zwei Seiten dreigeschossige Säulenarkaden eingebaut, ein Teil der Obergeschoßräume Stuckdecken mit Laub-Bandlwerkzierat um 1720/1730 sowie Rokokodekorationen und Öfen um 1760; das Hauptportal an der Ostseite mit einem schön gearbeiteten steinernen Auerspergwappen wurde erneuert und im Nordtrakt 1752/53 eine geräumige zweigeschossige **Kapelle** eingebaut. Sie enthält einen Stuckmarmoraltar mit dem Bild der Hl. Familie aus dem 3. V. d. 18. Jh.s. Bei der großen Renovierung im Jahre 1969 wurde der Innenhof überdacht und zum Speiseraum umgestaltet.

An der Südseite unterhalb des Schlosses erstreckt sich eine **Gartenterrasse** mit hoher Böschungsmauer und Treppenanlage; der Zugang an der Nordseite ist mit spätbar. Steinvasen verziert und von einem Gärtnerhaus flankiert.

Oberhalb des Schlosses steht eine steinerne **Mariensäule,** die laut Chronogramm 1667 aufgestellt wurde (wahrscheinlich als Folge des Sieges über die Türken bei Mogersdorf 1664).

K L A F F E N A U bei Hartberg   Bez. Hartberg

Schloß östlich von Hartberg in ebenem Gelände, gegen 1570 als Wasserburg erbaut neben der an der Safen gelegenen Klaffmühle. Beim Hajdukeneinfall von 1605 niedergebrannt wurde es bereits 1607 von seinem damaligen Besitzer Balthasar Wilhelm zu K. an das Stift Vorau verkauft. Durch das Stift wiederhergestellt und 1725 durch Anbau eines großen Schüttkastens erweitert. So entstand eine geschlossene Anlage aus zwei einander gegenüberliegenden Baublöcken, die durch einen Holzgang und eine Zinnenmauer verbunden sind und einen rechteckigen Hof einfrieden. Der ältere Wohntrakt an der Westseite hat drei Geschoße und wird von zwei quadratischen Ecktürmen flankiert, die einfache Zeltdächer tragen. Im Inneren zwei Räume mit einfachen Stuckverzierungen des 18. Jh.s. Der ehemalige Schüttkasten an der Ostseite hat gleichfalls Ecktürme mit Ochsenaugen und Schlüssellochscharten.

K L E I N - M A R I A Z E L L ,   Bez. Feldbach

Im Hügelgelände zwischen Raab- und Rittscheintal liegt auf einer Anhöhe in der Gemeinde Eichkögel die **Pfarr- und Wallfahrtskirche Klein-Mariazell** (Patrozinium Mariae Heimsuchung). Sie wurde von 1883–1890 über einer seit 1853 bestehenden Kapelle erbaut, in der mit steigendem Zuspruch eine Kopie der Mariazeller Gnadenstatue Verehrung fand. Die Kapelle wiederum war in Erfüllung eines Gelübdes von den Bauersleuten Kobald an der Stelle eines älteren Baumkreuzes gestiftet worden. Seit 1926 Pfarrkirche. – An dem historisierenden Bau dominieren die Elemente des heimischen Spätbarock. Helles dreijochiges Schiff mit gerade schließendem Chorjoch und Kreuzgratgewölben

über Wandpilastern. Am Chorschluß Sakristei mit Emporen. Die Eingangsfront wird von dem vorgezogenen quadratischen Turm beherrscht, den ein gebrochener Glockenhelm krönt. Er ist durch flankierende Seitenkapellen und einen Volutengiebel mit dem Langhaus verklammert. Die Einrichtung aus der Bauzeit mit bar. Ergänzungen. Flacher Hochaltar mit Reliefdarstellung des Mariazeller Gnadenbildes, der Tabernakel mit zwei Engeln 18. Jh. (ehemals Pfarrkirche Hitzendorf bei Graz). Michaelsaltar, Hl. Grab und das Wandbild Mariae Heimsuchung über dem Hochaltar nach Entwürfen von Ludwig von Kurz-Thurn-Goldenstein. Aus dem 18. Jh. stammen die Kanzel (ehemals Karlauerkirche in Graz) und das Orgelgehäuse (aus St. Margarethen an der Raab). Der alte Gnadenaltar mit der Mariazeller Kopie in der Kapelle links vom Turm.
An der Ortseinfahrt wurden Streufunde einer kupferzeitlichen Siedlung (Steinklingen, Keramik) 2400–1800 v. Chr. sowie ein römisches Hügelgräberfeld aus dem 1.–2. Jahrhundert nach Chr. gefunden.

KLINGENSTEIN   Bez. Graz-Umgebung

Schloß östlich von Graz auf einem zum Ferbesbachtal abfallenden Höhenrücken gelegen. Anstelle eines Bauernhofes der Klingensteiner in der 2. H. d. 17. Jh.s von den Sartori zum Adelssitz ausgebaut. Nach 1720 bis heute in wechselndem Besitz.
Der kleine zweigeschossige Bau besteht aus zwei rechtwinkelig aneinanderstoßenden Flügeln, die eine lebhafte Außengestaltung aufweisen. Charakteristisch die an den fünf äußeren Gebäudekanten über Eck angefügten Erkertürmchen auf Säulenstützen, unter dem südöstlichen ein Wappenstein des Johann Friedrich Sartori von 1678. In der Mitte der Eingangsfront ein vorgezogener und auf Säulen abgestützter viergeschossiger Fassadenturm mit Laternenhelm; an der Ostseite ein polygonaler turmartiger Gebäudevorsprung. Im Süden und Osten ist das Vorgelände des Schlosses durch Böschungsmauern und Steinbalustraden abgesichert; vor der Eingangsfront ein kleiner Ziehbrunnen. – Die qualitätsvolle, solide gearbeitete Innenausstattung in der Hauptsache neugot. Von der älteren Einrichtung zwei spätbar. Öfen und die Turmglocke aus der Bauzeit.
Unterhalb des Schlosses nahe der Zufahrt klassizistische **Kapelle** mit spätbar. Stuckmarmoraltar, als Predella eine gußeiserne Grabplatte des Grafen F. Bellegarde (gest. 1830). Im linken Fenster Rundscheibe mit Bellegarde-Wappen, bezeichnet 1544.
Zum Gut gehört ein gemauerter **Achteckstadel** mit zweigeschossigen Ziegel-Lüftungsgittern, in dem Heu und Getreide gespeichert werden.

KLÖCH   Bez. Radkersburg

Das Dorf als Burguntersiedlung der auf einem Basalthügel nördlich davon errichteten, einst mächtigen **Burg** entstanden. Diese wurde seit dem 18. Jh. dem Verfall überlassen und ist heute nur mehr in Resten als Ruine erhalten. Erbauer der Burg, die als Grenzfestung gewisse Bedeutung hatte, war vermutlich Otto von Wolfsauer in der 1. H. d. 14. Jh.s. Um 1375 im Besitz der Truchsessen von Emmerberg, seit 1491 dem der Herren von Stubenberg und von da ab mit Schloß Halbenrain stets in einer Hand vereinigt. Von 1724 an den Grafen Stürgkh gehörend. – Auf dem Stich in Vischers Schlösserbuch von 1681 ist die Burg noch in gutem Zustand zu sehen. Sie bestand aus einem Wohnturm mit 8 x 8 m Grundfläche und über 2 m Mauerstärke, der als ältester Teil der Burg anzusehen ist. Ihn umgaben verschiedene Wohnbauten: an der Nordseite ein vier Geschosse hoher Pallas, angebaut an eine 2,5 m dicke Schildmauer. An der Ostseite befand sich eine Kapelle mit zwiebelbekröntem Turm. Gegen Süden und Osten, wo der Geländeabfall weniger steil ist, waren der Burgmauer noch eine Zwingermauer und einige Vorbauten vorgesetzt. Zu sehen sind heute nur mehr die Schildmauer, Reste des Wohnturmes sowie der ersten Burgummauerung. Spuren von spätma. Fresken verraten eine einst künstlerische Ausschmückung der Wohnräume.

Die **Pfarrkirche hl.** Georg war ursprünglich Eigenkirche der ersten Burgherren Wolfsauer und wird 1350 genannt. In den Jahren 1637–1638 erfolgte der frühbar. Neubau unter Pfarrer Urban Kern (Inschrift und Jahreszahl an Fassade und Gewölben). Er besteht aus einem dreijochigen Langhaus mit Kreuzgratgewölben auf Wandpfeilern und dem leicht eingezogenen zweijochigen Chor mit geradem Schluß. Der quadratische Turm an der Nordseite kam erst 1693 dazu und wurde 1825 erhöht (Inschrift). Vom dritten Joch gehen zwei quadratische Kapellen aus, deren Kreuzgratgewölbe stukkiert sind. Die dreiachsige Orgelempore auf vier Säulen und mit vorschwingender Brüstung entstand 1768; in den selben Jahren erfolgte der Sakristeianbau. Gute spätbar. Einrichtung: Hochaltar aus dem 3. V. 18. Jh. mit Säulenaufbau, in der M. Figurengruppe der hl. Maria mit den hll. Dominikus und Katharina von Siena, seitlich die Apostelfürsten; das Oberbild zeigt den Kirchenheiligen. Der Tabernakelaufbau von 1764. Die zierliche Rokokokanzel schuf der Grazer Bildhauer Johann Piringer 1772; sie zeigt Putten mit den Symbolen der Kardinaltugenden sowie das Relief der Schlüsselübergabe an Petrus. Gleichzeitig die Glorie des hl. Johannes Nepomuk, die einfachen Kapellenaltäre und die vorschwingenden Oratorienbalkone. Kruzifixus M. 18. Jh., Orgel 1873 von A. Hallegger aus Marburg gebaut.

Am **Pfarrhof** Inschrift von 1622, das Portal bezeichnet 1763; Nischenfigur des hl. Nikolaus 1. H. 17. Jh. Ein Kalvarienberg westlich oberhalb der Kirche wurde in Josefinischer Zeit unter Pfarrer A. Kornmann (1784–1790) aufgelassen.

Von 1873–1914 befand sich im Ort eine Kaltwasserheilanstalt, die von zahlreichen in der Klause entspringenden Quellen gespeist wurde.

K O G E L H O F   Bez. Weiz

Kleiner Kirchweiler auf einer Anhöhe im Feistritztal. Einzelfunde lassen auf eine relativ starke Besiedlung der Gegend während der Römerzeit schließen.

Die **Pfarrkirche Mariae Heimsuchung** (Pfarre seit 1788) ist ein spätgot. Bau aus dem letzten V. d. 15. Jh.s, der in den Jahren von 1683–1691 erweitert und barockisiert wurde. Sie ist heute noch Ziel einer lokalen Wallfahrt. Der unverändert gebliebene Chor hat einen $5/8$-Schluß und ein Sternrippengewölbe auf polygonalen Eckdiensten. Das vierjochige Langhaus ist bar. gewölbt mit älteren Wandvorlagen; außen gotische Strebepfeiler. An der Westseite quadratischer Turm mit Zwiebelhaube, am Portal bezeichnet 1683. Die Sakristei von 1688. An der Nordseite des 3. Joches wurde in der 1. H. des 18. Jh.s eine ovale Annenkapelle mit Kuppel und Laterne angebaut. Neugot. Hochaltar von 1881; die beiden Seitenaltäre aus der Zeit des bar. Umbaues. Klassizist. Kanzel E. 18. Jh. Orgel im Durchgang zur Kapelle aus dem 2. V. d. 18. Jh.s von der Filialkirche St. Georgen am Gasenbach übertragen. Die Kreuzwegbilder von 1932. Bei der letzten Renovierung 1980 wurde ein römischer Grabstein aus dem 1. oder frühen 2. Jh. gefunden, der als Spolie verwendet worden war. Ein weiterer römischer Grabstein aus der selben Zeit befindet sich in dem zur Gemeinde Koglhof gehörigen Rabendorf **Nr. 7** (Wohnhaus Nistelberger).

190

KORNBERG   Bez. Feldbach

Nördlich von Feldbach auf einem Höhenrücken über dem gegen das Raabtal sich öffnenden Auersbachtal liegt das **Schloß Kornberg.** Hier wurde in der 2. H. d. 12. Jh.s als Sicherung des Zuganges zur nahen Riegersburg von den Herren von Kornberg im Auftrag ihrer Lehensherren von Riegersburg-Wildon eine Burg errichtet. 1328 ging das ,,Haus zu Chornberch" als Wallseer Lehen an die Herren von Graben, die dort bis 1556 saßen und sich einen großen Besitz erwarben. Ihnen folgten die Freiherrn von Stadl, damals auch Eigentümer der Riegersburg, die Kornberg zum befestigten Schloß ausbauten. Hier schrieb in den Jahren 1731–1741 Franz Leopold Freiherr von Stadl sein bekanntes Werk ,,Hellglänzender Ehrenspiegel des Herzogtums Steyermark". Von 1825–1871 im Besitz der Fürsten Liechtenstein; seither der Grafen Bardeau. – Unregelmäßiger Schloßbau von wehrhaftem Charakter, wesentlich im 16. und 17. Jh. entstanden. Die zwischen vier Turmbauten eingespannten, ebenerdig gewölbten zweigeschossigen Wohntrakte bilden einen gegen Nordwesten verzogenen, annähernd fünfeckigen Innenhof mit Pfeilerarkaden. Der älteste Teil dürfte im Eckturm der Südseite zu finden sein, der einen achteckigen Raum enthält und wahrscheinlich aus dem Bergfried der ma. Anlage hervorging. Zufahrt an der Ostseite über eine ansteigende Grabenbrücke und einen vorgezogenen zweigeschossigen Torbau mit Keildach und gegliederter Portalrahmung. Im Giebelfeld Bardeau-Wappen; innenseitig schöne barocke Durchgangsgitter. Über dem inneren Portal Renaissanceerker; die Einfahrtshalle mit Stichkappentonne und spätbar. schmiedeeisernem Leuchterarm. Südlich der Einfahrt neubarockes Stiegenhaus 19. Jh. An der Nordseite erhebt sich als Flankenschutz ein mächtiger oktogonaler Eckturm auf viereckigem Unterbau, dessen Zeltdach die Anlage überragt. Zu seiten des Torbaues außerdem aufgemauerte Basteien. Im Osttrakt auch die **Schloßkapelle hl. Andreas,** mit ihrem ³/₈-Schluß aus der Front herausragend. Das aufgesetzte Chortürmchen mit Zeltdach trägt die Jahreszahl 1638 der Stiftung. Es ist ein über zwei Geschosse reichender zweijochiger Raum mit Seitenarmen, der die Grablege der Freiherren von Stadl enthält. An der Eingangsseite Balustrade, die vom Obergeschoß zugänglich ist. Der Hochaltar wurde laut Inschrift 1636 geweiht und enthält ein Kreuzigungsbild. 1735 erfolgte seine Neuausstattung mit spätbar. Figuren und Reliefs, darunter zwei datierte Stifterreliefs der Familie Stadl. Die beiden kleinen Seitenaltäre im Knorpelwerkstil in der M. d. 17. Jh.s. Statue des hl. Johannes Nepomuk und Franz Xaver gegen M. d. 18. Jh.s. An der Wand zwei alte Standarten, eine davon dem Hans Rudolf von Stadl 1662 gehörend. Mehrere Grabplatten von Mitgliedern der Familie Stadl aus den Jahren 1689, 1694, 1716 und 1724. Auf der Bastei gegen Süden steht ein runder Gartenpavillon des 18. Jh.s mit Kegeldach und außen eingemauerten Reliefs. Zu E. d. 19. Jh.s wurde das Schloß innen und außen durchgreifend restauriert und erhielt dabei an seinen Außenbefestigungen einen neuen Zinnenkranz aufgesetzt. Auch das an der Zufahrt gelegene zweigeschossige Stallgebäude wurde im Geiste des Historismus umgestaltet und mit Schlüssellochscharten und turmartig abgesetzten und überdachten Eckhauben ausgestattet. Neben ihm befand sich einst das äußere Schloßtor mit Rustikaportal. An der Nordseite des Schlosses stand ein Gartengebäude mit geschwungener Freitreppe und Wasserbassin aus der 2. H. des 17. Jh.

Zu Füßen des Schloßberges im Auerbachtal ausgedehnte **Wirtschaftsgebäude.** An der Straße **Steinfigur** des hl. Johannes Nepomuk 2. H. 18. Jh.

Nahe bei Feldbach über die Straße gespannter mächtiger **Torbogen** mit Torwächterhäuschen aus dem 17. Jh., ehemals Herrschaftsgrenze und Straßensperre in Verbindung mit nicht mehr vorhandenen Gräben.

KÜLML bei Anger   Bez. Weiz

Schloß auf einem Ausläufer des Kulm über dem Feistritztal mit guter Sicht. Der Name Külml, auch Külbl, ist eine Verkleinerungsform von Kulm. An seiner Stelle entstand im 14. Jh. ein Ansitz der Stubenberger Ritter von Kulm. 1381 als ,,hof gelegen in dem Chulmlein'' genannt. Nach mehreren Besitzern erwarb Stift Pöllau 1650 die Liegenschaft und baute sie unter Propst Michael J. Maister ab 1688 (Bauinschrift an der Nordseite) zum heute vorhandenen Schloß aus, das den Chorherren als Erholungsort diente. Fertigstellung des Baues 1700 (Jahreszahl am Südflügel). Unter Kaiser Josef II. wurde mit der Aufhebung von Stift Pöllau das Schloß ab 1785 bis 1800 Staatsherrschaft. Ein Verwaltungsbeamter schrieb damals in seinem Bericht: ,,Das herrschaftliche Schloß liegt auf einer Anhöhe, ist in quatro gebaut, wovon eine Abteilung noch unausgebaut ist, in selbem befindet sich eine Kapelle. Zu ebener Erde ist das Gebäude durchaus gewölbt, im 1. Stock findet sich ein Saal und 8 Zimmer''. Von 1954–1978 im Besitz des Steiermärkischen Kinderrettungswerkes, seither wieder privat.

Der um einen rechteckigen Arkadenhof angelegte zweigeschossige Bau wurde von dem Baumeister Rochus Orsolino entworfen und begonnen. Propst Maister war aber mit den Leistungen des in Graz ansässigen Orsolino höchst unzufrieden, forderte von ihm sogar Schadenersatz für das ,,verderbte gebäu'' und übergab die Bauleitung 1692 an Jakob Schmerlaib, der ja schon im Stift Pöllau gearbeitet hatte. Der älteste Teil des Schlosses stammt aus der M. d. 16. Jh.s und liegt an der Westseite; sie blieb ohne Arkaden und weist noch zwei vermauerte Renaissanceportale auf. Die übrigen Trakte einheitlich gestaltet mit Pfeilerarkaden zum Hof und Putzpilastern und Feldergliederung nach außen; dazu waren, einer Baumode des Hochbarock entsprechend, noch Zierfelder mit Schlacken und Ziegelsteinbrocken an den Fenstern appliziert gewesen, die in jüngerer Zeit leider entfernt wurden. Hauptfront im Osten mit vorgezogenen Seitenflügeln in der Tiefe einer Fensterachse. In der Mitte zweifarbiges Rustikaportal mit Sprenggiebel und Steinwappen des Propstes Ortenhofen von 1698. Darüber kleiner Dachreiter mit Uhr. Im ehemaligen Speisesaal (nordöstlicher Eckraum) Stuckdecke mit Freskenkartuschen von Antonio Maderni, bezeichnet 1690 und Stuckwappen des Propstes Maister. In der ehemaligen Bibliothek weitere Stuckdecke mit größerem Mittelfresko, darstellend den musizierenden Apoll, gleichfalls von Antonio Maderni 1690; an der Wand eine alte Ansicht von Külml. Die 1701 dem hl. Antonius von Padua geweihte Kapelle ist nicht mehr vorhanden. Um das Schloß befanden sich ehemals Wehranlagen, darunter zwei Ecktürme im Westen, die im 18. und 19. Jh. abgetragen wurden.

Auf einer bewaldeten Anhöhe östlich oberhalb des Schlosses steht die kleine **St. Ulrichskirche**, ein 1419 genannter got. Bau des 14. Jh.s, wovon jedoch nur mehr das spitzbogige Westportal sichtbar ist. Umbauten in der 2. H. d. 17. Jh.s und 1715 gaben dem Kirchlein ein gänzlich bar. Aussehen mit platzlgewölbtem dreijochigen Langhaus und einjochigem Chor. Über dem Westgiebel aufgesetzt ein hölzernes Fassadentürmchen mit Zwiebelhaube. Um 1785 wurde die Kirche durch Pfarrer Höfler aus Anger um 64 Gulden vom Pächter des damaligen Staatsgutes Külml angekauft. Sie befand sich in keinem guten Zustand. 1794 wurde die gesamte Einrichtung um 22 Gulden verkauft.

Hochaltar in Knorpelwerkstil mit der Figur des hl. Ulrich 3. V. 17. Jh.; aus derselben Zeit die beiden einfachen Seitenaltäre. Bei der letzten Restaurierung 1970/71 wurde ein spätbar. Kanzelkorb eingebaut. Bar. Positivorgel aus der 1. H. d. 18. Jh.s. Ober der Musikempore an der Westwand befindet sich ein großes Wandbild, darstellend den hl. Ulrich in der Schlacht am Lechfeld, signiert und datiert ,,P. Stübinger 1959''.

KUMBERG, Bez. Graz-Umgebung

Kirchort am südöstlichen Auslauf des Schöckels. Die römische Besiedlung der Gegend ist durch einen Grabstein (an der Kirche) und Reste eines kleinen Heiligtums nachzuweisen, die 1927 auf einem Feld bei Wollsdorf gefunden wurden. Gründer des Ortes, der auch nach ihm benannt ist, war Kuno von Rott-Vohburg, der hier im letzten Viertel des 11. Jh.s gerodet hatte. Erst 1142 wird der Ort in einer Schenkungsurkunde als ‚Chunenberch' genannt. Markterhebung 1964.

Die **Pfarrkirche hl. Stefan** hatte ein romanisches Kirchlein zum Vorgänger, das vom Stift Seckau errichtet wurde (genannt 1197), und gehörte zuerst den Pfarren von Weiz bzw. St. Radegund an. Seit 1777 ein eigener Pfarrer vorhanden. Kirchenneubau E. d. 17. Jh.s in nüchternen Barockformen, vollendet 1700. Dabei dürften ma. Bauteile an der Südseite (Turm, Langhauswand) belassen worden sein. – Dem dreijochigen Langhaus mit Kreuzgratgewölben auf Wandpfeilern ist ein zweijochiger Chor samt Altarapsis angeschlossen, der nur an der Südseite eingezogen ist, also nicht in der Mittelachse liegt. An der Südseite quadratischer Turm mit Zwiebelhelm und ein jüngerer Kapellenanbau am dritten Joch. Einfache Westfassade mit Lisenengliederung und Ochsenaugen im Giebelfeld 1700. Die dreiachsige Orgelempore wurde im späteren 18. Jh. erweitert.

Hochaltar mit Aufbau und Figuren aus dem 3. V. d. 19. Jh.s, das Altarblatt von Heinrich Schwach 1870 gemalt; Tabernakel und Oberbild 3. V. 18. Jh. Das alte Altarbild mit der Steinigung des hl. Stefanus hängt in der Lourdes-Kapelle und entstand nach dem auf dem Rahmen befindlichen Dietrichsteinwappen zwischen 1709–1714. Zwei Seitenaltäre mit Rocailleverzierung 3. V. 18. Jh., am linken Bild der hl. Familie bezeichnet 1754, am rechten Bild des hl. Johannes Nepomuk bezeichnet 1781 von dem Grazer Maler Anton Jantl. Die Kanzel entstand 1753 und ist dem Bildhauer Matthias Leitner zuzuschreiben. Ihren Korb schmücken drei Reliefs mit Predigtdarstellungen: der zwölfjährige Jesus im Tempel, hl. Stefanus, Johannes der Täufer; am Schalldach thront Gottvater. Die Orgel von 1782, 1886 erweitert und 1952 restauriert. Glocke von 1740.

Außen am Turmeingang qualitätvolle Statue des Johannes Nepomuk von dem Grazer Bildhauer Philipp Jakob Straub M. 18. Jh.; der hl. Florian als Gegenstück später angefertigt. Die Nischenfresken der vier Evangelisten, stark übermalt, entstanden im 19. Jh. An der Südseite ein Römerstein 2. Jh. n. Chr. eingemauert. Das Kriegerdenkmal mit Mosaik von A. Raidl von 1965. Am Stiegenaufgang zum Kirchenplateau spätbar. Geißelchristus und jüngere Marienfigur.

Der **Pfarrhof** wurde 1776/77 zur Pfarrerhebung von dem Grazer Baumeister Johann Josef Stengg ausgebaut.

LANGEGG siehe unter NESTELBACH

LASSNITZHÖHE Bez. Graz-Umgebung

Luftkurort auf einem Höhenzug östlich von Graz, als solcher um die Jahrhundertwende begründet (vorher Ober-Lasnitz genannt). Langgestreckte Siedlung an einer Höhenstraße, zum Teil mit gründerzeitlichen Villen; bemerkenswert die Villa ,,Luginsland" Hauptstraße **Nr. 122,** ein aus klaren kubischen Blöcken zusammengesetzter, völlig unverzierter Bau in der Art des Adolf Loos ca. 1910/1920.

Am westlichen Ortsende nahe der Kuranstalt wurde ab 1961 die **Pfarrkirche Christkönig** nach den Plänen des Wiener Architekten Robert Kramreiter-Klein errichtet. Der unregelmäßige, außen mit völlig verschiedenen Ansichten überraschende Bau ist im Inne-

ren konzentrisch auf den Altarraum ausgerichtet. Dieser erhält Seiten- und Oberlicht durch ein großes weißverglastes Fenster mit dekorativer Betonvergitterung innen und außen sowie spitze, dem ansteigenden Schrägdach aufgesetzte Oberlichtfenster. Über dem mittleren der drei Sitzsektoren Sängerempore eingezogen. Die bleiverglasten farbigen Fenster nach Entwurf von Leopold Birstiner. Neben dem Eingang kleine Taufkapelle, deren Wände zur Gänze aus farbigen Betonglasfenstern bestehen. Sie wurden von Rudolf Szyskowitz entworfen. Die gegen Nordwesten gerichtete Eingangsseite außen schmal und hochgezogen mit symmetrischer Durchfensterung; die Türflügel sind mit getriebenen Kupferreliefs verkleidet, welche die vier Evangelistensymbole darstellen. Rechts davon der über der Taufkapelle sich erhebende freistehende und offene Glockenturm, links eine schräg vorgezogene Strebemauer, die im Oberteil eine größere Öffnung enthält. In dieser befindet sich eine plastische Kreuzigungsgruppe von Bildhauer Erich Unterweger. Die ansteigende Verdachung bildet ober dem Altarraum drei Dachzacken, die aus den beiden Oberlichtfenstern und dem südlichen Gebäudeeck gebildet werden und wohl auf das Christkönigs-Patrozinium (Krone) hinweisen sollen.
Am Kirchvorplatz Metallbüste Erzherzog Johann's von Fred Pirker. Etwas darunter **Brunnen** mit achteckiger Steineinfassung und Mittelpfeiler, der einen mit zwei Fischen ringenden Putto trägt; errichtet 1925 zur Feier des 25jährigen Bestehens der Kuranstalt und zu Ehren ihres Begründers Dr. Eduard Miglitz (Inschrifttafel).
Im nahen **EDELSGRUB** bar. **Straßenkapelle** mit der Figur des Johannes Nepomuk 3. V. 18. Jh.

LAUBEGG   Bez. Leibnitz

Auf einer Höhenstufe am Ostrand des Leibnitzer Feldes weithin sichtbar gelegenes **Schloß**. Im MA lag hier ein 1254 genannter Rittersitz ,,Lovbeke" der Herren von Wildon, der zusammen mit dem gleichnamigen Dorf den Murübergang sichern sollte. Im 14. Jh. Lehen der Seckauer Bischöfe. Vor 1432 gelangte der Sitz an die Saurau und wurde von ihnen mit Pallisaden und Gräben zum ,,Hölzernen Tabor" befestigt. Beim großen Türkeneinfall von 1532 zerstört. Wenig später errichtete Gilg von Saurau einen neuen Edelsitz, der von Clobucciarich bei seiner Landesaufnahme 1561 als zweiflügelige Anlage (Nord- und Südflügel) mit Dreiecktürmen wiedergegeben wurde. 1596 wurde das Schloß wegen der guten Sichtverbindungen in das Kreitfeuerwarnsystem einbezogen. 1650 von den Freiherren von Webersberg erworben, die den Westflügel ausbauten und wahrscheinlich auch die Ostseite baulich abschlossen. Ab 1778 im Besitz der Gräfin Amalie von Lengheim, die den Ostflügel samt Kapelle erneuern ließ. 1830–1906 der Familie Lebwohl, hernach den Freiherrn von Rokitansky und der Gräfin M. Stubenberg gehörig. Seit 1934 ist Laubegg Sitz einer Kongregation christlicher Schulbrüder, die sich der Erziehung und dem Unterricht von Kindern und Jugendlichen widmen. 1979 Außenrenovierung. – Geschlossener Vierflügelbau um einen rechteckigen Innenhof, an den Ecken durch vier quadratische Türme wehrhaft verstärkt, die mit einer ganzen Fensterachse vortreten. Ausgenommen den zweigeschossigen Osttrakt ist der gesamte Bau in drei Geschossen hochgeführt. Die ältesten Mauerteile liegen im Keller des Nordwestturmes in einer Stärke von 1,80 m; hier dürfte der mittelalterliche Wehrturm gestanden sein. Nord- und Südflügel M. 16. Jh. mit mächtigen Tonnengewölben. Der Westflügel 4. V. 17. Jh. anstelle eines früheren Pferdestalles; ihm wurde hofseitig der Arkadengang und die Hofstiege vorgebaut, die den Namen ,,Venezianische Stiege" erhielt. Schon bald nach Besitznahme des Schlosses scheinen die Webersberg die Eingangsseite im Osten zumindest mit einem Geschoß geschlossen zu haben, worauf ein dort noch befindlicher Fensterkorb mit der Jahreszahl 1655 schließen läßt. 1688 wurde ihnen eine Meßlizenz für die im Nordostturm eingerichtete Kapelle erteilt. Letzte bauliche Erneuerungen größeren Ausmaßes erfolgten in den 70er Jahren des 18. Jh.s. Sie betrafen den Ostflügel, der ein Obergeschoß, eine Torhalle und ein Stiegenhaus erhielt sowie die Erneuerung der **Kapelle.** Sie wurde im Stile des Spätbarock als dreijochiger Raum angelegt mit Platzlgewölben und Pilastergliederung, geschwungener Orgelemporenbrüstung, Sakristei und Oratorium. Der Altar ist dem Grazer Bildhauer Veit Königer zuzuschreiben; aus derselben Zeit auch das Chorgestühl. Spätbar. Ausstattung der meisten Wohnräume mit Stuckdecken und hübschen Öfen; einer von ihnen mit blau-weißen Delfter-Kacheln und Inschrift „PGIV fecit 1764". Über dem von Säulen mit Architrav gerahmten Portal das Wappen der Tinti-Stubenberg, und Mayr-Mellnhof von 1911. Gleichzeitig wurde an der Westseite gegen das Leibnitzerfeld eine Terrasse angelegt und der Südwestturm erweitert. Er barg einen in orientalischem Geschmack eingerichteten Saal, dessen Einrichtung 1945 verloren ging. An der langen Schloßzufahrt Statue des Judas Thaddäus, datiert 1736. An der Straße **Wegkapelle** mit guter Statue des Johannes Nepomuk aus der 2. H. d. 18. Jh.s. Daneben eine jüngere Marienfigur auf bar. Pfeiler.

Nordwestlich des Schlosses beim Orte Ragnitz steht die **Ragnitzmühle** an einem von der Mur abgezweigten Mühlgang. Sie wurde bereits im 17. Jh. betrieben und befindet sich seit 1736 im Besitz der Familie Kiendler. 1870 vergrößert durch Zusammenbau der Bäkker- und Bauernmühle. Seit 1912 Einbau eines Elektrizitätswerkes, das die Umgebung mit Strom versorgt. Heute größte gewerbliche Mühle der Steiermark.

LICHENDORF bei Mureck   Bez. Radkersburg

Linsenangerdorf zwischen Straß und Mureck an der Hauptverkehrsstraße; im Ort spätgot. **Wegsäule** des späten 15. Jh.s, bestehend aus quadratischem Sockel, Achteckpfeiler mit Deckplatte und abschließender Pyramidenbekrönung.

LÖFFELBACH siehe unter HARTBERG

LOIPERSDORF   Bez. Fürstenfeld

Die Gegend war in der Römerzeit besiedelt; im benachbarten Dietersdorf wurden 26 Hügelgräber festgestellt, deren Fundbestand auf das 1. Jh. n. Chr. zurückweist. Gegen 1200 gründete Loipold aus der Familie der Wildonier das Dorf, welches noch 1464 als Leupoldsdorf genannt ist. 1532 von den Türken, 1704 von den Kuruzzen ausgeraubt und verwüstet.

Die **Pfarrkirche hl. Florian** ist im 16. Jh. als protestantisch erwähnt aber sicher ma. Ursprungs (15. Jh.?). E. d. 16. Jh.s zerstörte die katholische Reformations-Kommission den von den Evangelischen angelegten Friedhof und übergaben die Kirche dem Pfarrer von Söchau. Erst 1790 wurde sie zur eigenständigen Pfarre erhoben. Der entscheidende Umbau der Kirche erfolgte 1761; aber bereits 1798 mußten unter dem Pfarrer Maurer Turm und Langhausgewölbe abgetragen werden, da sie einzustürzen drohten. Beim anschließenden Neubau verstärkte man die unteren Mauerpartien der betroffenen Gebäudeteile. Der einfache Bau besteht aus einem dreijochigen platzlgewölbten Langhaus mit flachen Wandvorlagen und einer eingezogenen Chorapsis. Das erste Joch verengt sich etwas gegen die schmale Westfront, der ein quadratischer, mehrfach einspringender und unregelmäßig gegliederter Turm mit neuerem Spitzhelm vorgesetzt ist.

Die barocke Einrichtung mit Laub-Bandlwerkdekor um 1720. Hochaltar mit flachem Säulenaufbau, das Altarblatt mit dem Kirchenheiligen von A. Kraus 1881. Die Seitenaltäre von 1717 wurden 1827 von Söchau erworben; das Kreuzigungsbild von A. Kraus 1881. Die bar. Kanzel mit Außengang wurde bei der Innenrestaurierung von 1975 entfernt. Gemauerte dreiachsige Orgelempore aus der Zeit des Umbaues mit dreifach vorgewölbter Brüstung, die mit einfachen Stuckmotiven verziert ist. Orgel von 1880; die farbige Fensterverglasung von 1934.

LICHTENEGG siehe unter ST. STEPHAN im Rosental

MARIA FIEBERBRÜNDL siehe unter ST. JOHANN bei Herberstein

MARIA REHKOGEL siehe unter FRAUENBERG

MELLACH   Bez. Graz-Umgebung

Schüttere Kirchsiedlung mit Haken- und Streckhöfen. Römische Besiedlung durch Inschriftstein bezeugt.
Filialkirche St. Jakob (Pfarre Fernitz), erster Bau um 1200, davon noch vorhanden Teile der Langhausmauern bis zu den Querarmen und zwei romanische Fenster an der Südwand (eines kreisrund). Sie wurden bei der letzten Restaurierung von 1979 freigelegt. Laut Inschrift 1698 barocke Bauerneuerung in Kreuzform. Das dreijochige Langhaus hat kurze Seitenarme in Höhe des dritten Joches und einen rechteckigen Chor gleicher Breite. Die Kreuzgratgewölbe werden durch Doppelgurten unterteilt, welche von Doppelpilastern aufsteigen. An der Chorsüdseite Sakristei mit Oratorium aus der selben Zeit. An der Nordseite des Langhauses wurde 1979 ein kleines spätgot. Schulterbogenportal um 1500 freigelegt. Die Westfront mit Stützpfeilern an den Ecken, der aufgesetzte Turm mit Zwiebelhelm. Bar. Außengliederung durch Putzpilaster. Frühklassizist. Hochaltar 4. V. 18. Jh. mit Bild des Kirchenheiligen; aus der selben Zeit die einfache Kanzel. Der rechte Seitenaltar und die vier Evangelistenfiguren auf Wandkonsolen an den Vierungsecken um 1700; linker Seitenaltar um 1720. Sakristeischrank aus dem 3. V. d. 17. Jh. s. Im rechten Seitenarm Grabplatte des Josephus A. Grienbach von Weissenegg mit Inschrift: „QUORUM MAXIME SUMPTIBUS ECCLESIA ISTA RENOVATA CUM CAPELIS AMPLIFICATA ET EX ANTIQUO IN MODERNUM MODUM REÄDIFICATA EST ANNO 1698". Orgel 1894; Glocke von Florentin Streckfuß 1700. Außen römischer Inschriftstein um 100 n. Chr. und Grabsteine von 1582 und 1737. Um die Kirche alte Friedhofsmauer mit kleiner Kapelle im Südosteck.

MIESENBACH   Bez. Hartberg

Kirchweiler im Streusiedlungsgebiet am Fuße des Wildwiesen; 1416 erstmals genannt. Die **Pfarrkirche hl. Kunigunde** ist ein got. Bau, der zu E. d. 17. Jh.s bar. umgestaltet wurde. Sie war bis 1785 dem Stifte Pöllau inkorporiert und ist seit 1727 zur Pfarre erhoben. Das im Kern got. Langhaus (siehe die abgetreppten Strebepfeiler an der Außenseite) hat zwei bar. Kapellenanbauten und ist von einer wahrscheinlich aus der selben Zeit stammenden Stichkappentonne ohne Jochteilung überwölbt. Der wenig schmälere Chor

Mönichwald, Pfarrkirche – Innenraum mit Hochaltar und Kanzel von R. Horner, 1716ff.

197

schließt mit fünf Seiten des Achtecks. An der Westseite vorgesetzt der got. Turm vom Quadrat ins Achteck verjüngt; das Steinportal E. d. 17. Jh.s.
Bar. Einrichtung: der Hochaltar mit guten Figuren und beginnendem Akanthusdekor ca. 1680/1690 (ehemals in der Friedhofskapelle). Kapellenaltäre und Kanzel um 1720, letztere mit Bildern der vier Evangelisten, Christus und Paulus. Gleichfalls spätbar. sind die Gruppe der Marienkrönung im Chor, einige weitere Heiligenfiguren sowie die Bilder der Marter des hl. Stefanus und der 14 Nothelfer. Das Taufbecken E. 17. Jh. Glocken von Marx Wening aus Graz 1577 und dem Neustädter Gießer Johann Montell 1734. An der südlichen Kapelle außen stark beschädigtes Fresko der Krönung Mariens 1. H. 18. Jh. Um die Kirche liegt noch der Friedhof, seine vier bar. **Initienkapellen** sind mit stark verwitterten Passionsfresken des 1. V. 18. Jh. geschmückt; in der größten Kapelle wurde der ehemalige Hochaltar der Kirche 1845 abgestellt.

Pfarrhof vom Stifte Pöllau errichtet mit einfacher Lisenengliederung 2. V. 18. Jh. An der Straße gegen Vorau kleiner **Bildstock** 1. V. 18. Jh., die Steinpieta neu.

MÖNICHWALD   Bez. Hartberg

Kirchweiler im oberen Lafnitztal, benannt nach den Mönchen des bayerischen Klosters Vornbach am Inn, die um die M. d. 12. Jh.s hier Waldbesitz von Graf Ekbert III. von Formbach-Pitten geschenkt erhielten und die Rodung betrieben.

Pfarrkirche hll. Peter und Paul 1163 von Erzbischof Eberhard von Salzburg geweiht und bis 1803 im Besitz des Klosters Vornbach. Vollständiger Neubau 1716 durch Remigius Horner nach dem bekannten Schema: einem dreijochigen Langhaus mit Tonnengewölbe über Pilastern wird eine kleeblattförmige Dreikonchenanlage mit quadratischer Vierung angefügt. Am Fronbogen Chronogramm 1716 und Abtwappen. Nördlich des 3. Schiffs-joches quadratischer Turm, gegenüber Sakristeianbau; dreiachsige Orgelempore auf Pfei-lern. Außengliederung durch Pilaster, schmales, umlaufendes Gesims und Dreiecksgie-beln über Portalen und Fenstern.
Sehr gute Einrichtung des Spätbarock: Altäre und Kanzel nach Entwürfen des Remigius Horner, der sich dabei Steinls Vorauer Werke zum Vorbild nahm. Hochaltar mit Bild der Apostelfürsten sign. und dat. „Joann Cyriak Hackhoffer pinxit Voravii 1722", von ihm auch das vierpaßförmige Oberbild eines Gnadenstuhls; die Figuren von Andreas Schellauf. Die Seitenaltäre 1744/45, die Kanzel mit den vier Evangelisten am Korb und dem hl. Michael am Schalldach 1741/42 (gefaßt 1748), alle von Bildhauer Josef Hilt. An den Vierungspfeilern auf Säulen spätbar. Figuren der hl. Maria mit Kind und des hl. Josef unter Baldachinen. Vier Ovalbilder, darstellend Himmel und Hölle, Antonius von Padua und Johannes Nepomuk von Johann C. Hackhofer um 1720. Weitere Heiligenbilder in guten Rokokorahmen 3. V. 18. Jh., die volkstümlichen Kreuzwegbilder aus der selben Zeit. Außen Epitaph E. Schweigert 1796. Verzierte Glocke von Nikolaus Löw von Löwenberg zu Neustadt 1716.
Am gemauerten Friedhofstor innen die Bauinschrift: ,,HAEC PAROCHIALIS EC-CLESIA NOVITA E FUNDAMENTO SURREXIT AN. SALUTIS. HUM. 1716 EXIMIO DOMINO PROFESSO FARNBACENSI MARTINO WENCKH PRAE-POSITO GLOGGNICENSI.

Der einfache **Pfarrhof** inschriftlich erbaut 1657.
Haus neben dem Friedhof mit tonnengewölbtem Gruftraum (ehemals Beinhaus), darüber einst Ulrichskapelle.

MÜNICHHOFEN   Bez. Weiz

Das bei Etzersdorf gelegene **Schloß** war einst ein Gutshof, der 1265 urkundlich genannt wird. Zuerst im Besitz des Bistums Seckau und der Ratmannsdorfer kam er zu E. d. 16. Jh.s an die Herren von Wilfersdorf, die ihn zum Schloße und Herrschaftssitz ausbauten. Im 18. Jh. saß hier eine Linie der Stubenberg bis 1807. Danach wechselnde Besitzer. – Der schmucklose Vierkanter umschließt in zwei Geschossen einen rechteckigen Innenhof. Er ist an den Ecken durch Turmbauten verstärkt, von denen drei über verzogenem Viereckgrundriß, der südöstliche als polygonialer Turmerker gebaut sind. Im Nordostturm befand sich eine kleine Kapelle mit spätbar. Ausstattung des 18. Jh.s. Die Einfahrtsseite im Osten ist durch einen Dreiecksgiebel hervorgehoben. Im Obergeschoß Kreuzgratgewölbe mit Zierfeldern.
Um das Schloß liegt ein Park, in dem sich ein **Bildstock** von 1742 befindet.

MURECK   Bez. Radkersburg

Seit der M. d. 12. Jh.s ist die am südlichen Murufer auf einer steilen, gegen den Fluß abfallenden Anhöhe des Trattenberges gelegene Burg der Herren von Mureck bezeugt. In ihrem Schutze entwickelte sich am nördlichen Murufer der 1187 erstmals genannte Ort. Der Name Mureck bezeichnet die Lage an der durch den Burgberg verursachten Flußbiegung. 1506 wird der Ort zum Markt erhoben; 1532 von den durchziehenden Türken zerstört. Im darauffolgenden Wiederaufbau erhielt der Straßenmarkt seine noch heute vorhandenen Grundzüge. Bei der großen Türkengefahr von 1663/64 flüchtete die Bevölkerung des Ortes in das Schloß Obermureck, welches sich seit 1411 im Besitz der Herren von Stubenberg befand. Diese hatten die alte Burg ab 1591 durch Baumeister A. Bertoletti aus Como im Stile der Spätrenaissance umbauen lassen. Auf Initiative des Murecker Bürgers und Marktrichters Bartlme Lorber wurde ab 1664 eine Ortsbefestigung aus Gräben, Palisaden und Toranlagen ausgeführt, von der noch Reste bestehen. Auch der Neubau des Rathauses mit dem dominierenden Turm sowie die Errichtung eines Kapuzinerklosters (1782 aufgehoben) gehen auf Lorbers Förderung zurück. 1683 bzw. 1704 war Mureck einer der Stützpunkte im Verteidigungskampf gegen Türken bzw. Kuruzzen. 1768 große Brandkatastrophe. 1918 wurde Mureck vorübergehend von jugoslawischen Truppen besetzt und durch steirische Abwehrkämpfer 1919 befreit. Bei der folgenden Grenzziehung nach dem Friedensvertrag von St. Germain wird die Mur zur Staatsgrenze, wodurch der Ort nicht nur Schloß Obermureck sondern auch den alten untersteirischen Wirtschaftsbereich verlor. Nach dem Zweiten Weltkrieg wirtschaftlicher Aufschwung; 1976 wurde Mureck zur Stadt erhoben.
Am Nordwestrand des Ortes, ungewöhnlich weit aus seinem Zentrum gerückt, steht schon in freiem Gelände die **Pfarrkirche hl. Bartholomäus.** Ihr Turm an der Südseite wurde laut Inschrift 1519 erbaut und 1892 erhöht. Er ist der einzige Überrest des mittelalterlichen Baubestandes von Mureck. Die Kirche wurde im 3. V. d. 18. Jh.s nach dem bar. Wandpfeilersystem völlig neu erbaut (1753 setzen die Zahlungen ein, 1772 wird sie in einem Visitationsprotokoll als „erst neu erbaut und noch nicht konsegriert" bezeichnet). Sie besteht aus einem tiefen fünfjochigen Langhaus, das von Seitenkapellen und darüberliegenden Emporen begleitet wird. Über den mit Pilastern besetzten Wandpfeilern und ihren verkröpften Gesimsen steigen tiefe Platzgewölbe auf, die durch profilierte Gurten von einander getrennt werden. Eine Eigenheit der deutlich akzentuierten Langhausgliederung bilden die Flachbogengesimse über den Emporenöffnungen, deren plastische Profile von stark rhythmischer Wirkung sind. Der leicht eingezogene dreijochige Chor bestand ursprünglich aus einem tieferen Joch mit einer elliptischen Flachkuppel und

Mureck, Pfarrkirche – Innenraum, 3. V. 18. Jh.

einem schmäleren mit einem Platzlgewölbe. Nach schweren Gewölbeschäden wurde um 1905 der Chor nach den notwendigen Ausbesserungsarbeiten um ein Joch mit Flachkuppel verlängert und gerade geschlossen. An den Chorseiten Sakristei, Kapelle und Oratorien. Die Orgelempore hat eine vorschwingende, die ganze Langhausseite überspannende Brüstung. Westfassade mit zwei vortretenden, gegen die Mitte einwärts schwingenden Pfeilern und sphärischem Bogen, die ihr eine gewisse Tiefenbewegung verleihen. Außengliederung von umlaufender Pilasterordnung und lyrenförmigen Emporenfenstern bestimmt. Die 1892 erfolgte Turmerhöhung paßte sich dem Barockstil der Kirche an.

Gute Einrichtung des 18. Jh.s: der Hochaltar mit Säulenarchitektur und Figurenschmuck (Apostelfürsten, Blasius, Martin) des Philipp Jakob Straub von 1767, das große Altarblatt mit der Marter des Kirchenheiligen malte der Grazer Johann Veit Hauck 1713. Tabernakel und Aufsatz 1905 verändert. In der Chorkapelle interessantes Floriangemälde, welches den großen Marktband von 1768 abbildet, des weiteren ein kleinerer bar. Altar der Unbefleckten Empfängnis, ein Bild mit dem Traum des hl. Josef und an der Rückwand das Epitaph des Pfarrers Petrus Bonifazius von 1694. In je drei Kapellen zu Seiten des Langhauses befinden sich gute Altäre aus der 2. H. d. 18. Jh.s, zum Teil mit Veränderungen aus der Zeit um 1900/1905. Kanzel von 1730/1740 mit Laub-Bandlwerkschmuck und Figur des Guten Hirten am Schalldach; die Brüstungsreliefs 19. Jh. Neue Kreuzwegbilder von Toni Hafner 1965. In der Sakristei schön verzierter Schrank von 1781. Orgel von 1852; Grabsteine von 1646, 1782 und 1805.

Gleich hinter der Kirche steht die kleine **Filialkirche hl. Patrizius,** welche um 1740 von dem Murecker Maurermeister Georg Maritschnigg in Nordsüdrichtung erbaut wurde. Hinter der durch ein kräftiges Kranzgesims geteilten Fassade mit einem Giebeltürmchen liegt ein einfacher Saalraum mit Muldengewölbe. Der Altar stammt von 1740 und zeigt mehrere Heiligenfiguren: in der M. der beliebte Viehheilige Patrizius flankiert von Leonhard und Stephanus, Ulrich und Nikolaus; im Aufsatz Johannes Nepomuk, Florian und Donatus. Kanzel von 1745 mit geschwungenem Schalldach, das mit Bandlwerk und abhängenden Lambrequins verziert ist; auf seiner Volutenkrone die segnende Figur Gottvaters. Ein hölzerner Gang verbindet die Kanzel mit der Sängerempore.

Südlich der Kirche der **Pfarrhof** von 1845. Reste der alten Friedhofsmauer erhalten; am südlichen Mauerzug qualitätvolles Steinepitaph des Grafen Stubenberg von 1792. Am Kirchenvorplatz **Steinfigur** des Pestpatrons hl. Sebastian M. 18. Jh.

Nahe dem Kirchgraben, der den Ort an der Nordseite begrenzt, steht auf hohem Sockel eine **Dreifaltigkeitsgruppe** bezeichnet 1738, die dem Marburger Bildhauer Josef Straub zuzuschreiben ist.

Den Mittelpunkt des planmäßig angelegten Marktes bildet der Hauptplatz, ein langgestreckter Straßenplatz von durchwegs zweigeschossiger traufseitiger Verbauung. Nur das **Rathaus** in der M. der südlichen Häuserzeile weist 3 Geschoße auf. Es wurde nach Abbruch des alten Renaissancerathauses 1665 von dem Murecker Bürger- und Baumeister Bartholomäus Lorber neu errichtet. Der hohe, 1668 fertiggestellte Uhrturm ragt mit der Hälfte seines rechteckigen Grundrisses aus der Gebäudeflucht vor. An seiner von Eckpilastern eingefaßten Vorderfront konzentriert sich der ganze Schmuck der ansonsten unverzierten und nur durch zwei Stockwerkgesimse gegliederten Fassade. Er besteht aus einigen Figuren, Büsten und Reliefs, die von unten nach oben in einer gewissen Rangordnung in Nischen eingefügt wurden. Über dem ersten Fenster die Büste des Grundherren Graf W. Stubenberg, flankiert von Reliefs des Marktwappens und des stubenbergischen Ankerwappens. Über dem Hauptgesims die Büste des Landesherrn Kaiser Leopold I., darüber Maria auf der Mondsichel und zum Abschluß der Erzengel Michael (Hinweis auf die Rechtssprechung). Alle diese etwas derb ausgeführten Skulpturen dürften von dem auch in Radkersburg nachweisbaren Bildhauer Johannes Prandtner stammen, der sie zwischen 1666 und 1668 geschaffen hat. Eine Besonderheit stellen die insgesamt 16 Sandsteinreliefs dar, welche vom alten Rathausbau übernommen wurden, also im 3. V. d. 16. Jh.s entstanden sein müssen. Sieben davon befinden sich außen: Zachäus steigt vom Baume herab, Samson tötet den Löwen, die Kundschafter mit der Traube, Romulus und Remus werden von der Wölfin gesäugt, Opferung Isaaks, Hochzeit zu Kanaan, Kain und Abelszenen. Im Inneren des Rathauses befinden sich eingemauert im Stiegenhaus des 1. Obergeschosses: Elias fährt zum Himmel, die Eroberung von Jericho, Lot-Szenen, Arche Noah, Jonas und der Wal; im 2. Obergeschoß: Samson mit den Toren von Gezah, der Turm zu Babel, David mit dem Haupte Goliaths und Hiob. Die Reliefs sind ca. 80 x 40 cm groß und dürften ehemals farbig gefaßt gewesen sein. Die Themen entstammen vorwiegend dem Alten Testament, doch ist es möglich, daß die Reliefreihe einst umfangreicher war und eine typologische Gegenüberstellung zu Ereignissen des Neuen Testamentes umfaßte, wie sie im Zeitalter der Reformation üblich war.

Mureck, Hauptplatz Nr. 45 – schmiedeeiserner Ausleger, gegen 1800

Turmglocke von 1737. Im Stadtamt 1. Stock ein bar. Altaraufsatz A. 18. Jh. mit Ölbild des hl. Franz Xaver. Im Sitzungszimmer Votivbild des Apothekers von Steinberg, darstellend den hl. Florian und den Stadtbrand Murecks von 1768; weiters ein interessantes Relief mit der Ansicht des Marktes, vor dem alten Rathaus der Narrenpranger, im Hintergrund Kriegsknechte mit Gewehren, entstanden 3. V. 16. Jh.

Vor dem Rathaus **Marien-(Pest)Säule,** die Marienfigur von 1665, Sockel und verjüngter Steinpfeiler sowie die Figuren der hll. Florian und Donatus um 1740.

Von dem gut erhaltenen **Häuserbestand** des Ortes, der vor allem aus dem 16. bis 19. Jh. stammt, sind hervorzuheben: **Hauptplatz** Nr. 13 Bau des 17. Jh.s mit breiter gewölbter Einfahrt, am Portal 1770 datiert und schönem Hof. Nr. 15 im Kern 17. Jh., Hof mit Resten von Pfeilerarkaden, Nr. 18 breites Bürgerhaus mit Biedermeierfassade M. 19. Jh., in der Einfahrt Portal bezeichnet 1656. Nr. 29 Heimathaus J. F. Schütz (Historiker und Landesbibliotheksdirektor) um 1880, heute als Ortsmuseum in Verwendung, in dem unter anderem ein Schütz-Gedenkraum sowie Objekte zur Geschichte und Kulturgeschichte Murecks zu sehen sind, darunter das Fragment eines steinernen Ölberg-Christus um 1500. Nr. 31 gut proportioniertes Eckhaus des 16. Jh.s mit Fassadengliederung 2. H. 19. Jh. und altem Eckerker auf Konsolen. Nr. 36–38 Kern 2. H. 16. Jh., am ersteren schönes Korbbogenportal mit klassizist. Türflügeln von 1810. Nr. 44 Empiregliederung von 1814, im Kern noch 17. Jh., die Schrägstellung am Westende des Platzes läßt erkennen, daß hier einst das Markttor anschloß. Nr. 45 im Kern 16./17. Jh., flaches Rustikaportal bezeichnet 1735, gleichzeitig die Pilasterordnung des Obergeschosses. Schöner schmiedeeiserner Ausleger mit Wirtshauszeichen um 1800. **Grazer Straße** Nr. 16/18 ehemals Bürgerspital laut Inschrift von Hans von Stubenberg 1516 erbaut, Fassaden im

18. Jh. verändert. – Nr. 20 laut Inschrift 1585 von Georg Nell erbaut, Fassade des Spätbarock, um 1900 verändert; die beiden farbigen Sgraffiti mit Postillon und St. Michael
(dem Schutzheiligen Murecks) von August Raidl 1953. **Klosterplatz Nr. 6** Areal des
ehemaligen **Kapuzinerklosters,** das 1667 unter der Patronanz der Grafen Stubenberg
errichtet, im Zuge der josephinischen Reformen 1782 aufgelassen wurde. Erhalten blieb
die ca. 120 x 90 m im Geviert messende Klostermauer mit späterem Portal von 1792. Der
hakenförmige zweigeschossige Gebäudekomplex innerhalb der Mauern ist wahrscheinlich
ein Überrest der einst geschlossenen Klosteranlage und hat Pfeilerarkaden an der Innenseite. **Nikolaiplatz Nr. 12** Lorber-Haus, kleinfenstriger schlichter Bau mit rechteckig
gerahmtem Spätrenaissanceportal. Im Vorhaus ein tiefer gelegener Erdgeschoßraum mit
Mittelpfeiler, der einst als Eingangsraum einer Nikolauskapelle (Patron der Flößer) diente; geweiht 1671, im 19. Jh. abgebrochen. Am **Griesplatz** Johannes Nepomukstatue
2. V. 18. Jh.

NESTELBACH bei Graz   Bez. Graz-Umgebung

Ursprung und Name des kleinen Kirchweilers östlich von Graz gehen auf die Karolinger-
zeit zurück. Im Jahre 860 schenkte König Ludwig der Deutsche dem Salzburger Erzbistum vier Besitzungen in der Oststeiermark, darunter das kleine Gut ,,ad Nezilinpach".
Es vermochte sich über die Ungarnstürme zu retten und kam 1218 an das neugegründete
Bistum Seckau, das den Besitz an Lehensritter vergab. 1351 wird ein Georg von Nestelbach genannt. Nach den Türken- und Ungarnwirren des späten 15. Jh.s ist der Ort
vorübergehend völlig ausgestorben.

Die **Pfarrkirche hl. Jakobus d. Ä.** wurde in unbequemer Hanglage anstelle einer 1446
genannten älteren Kirche in den Jahren 1779–1783 völlig neu errichtet (Jahreszahl am
Portal). Der schlanke spätbar. Bau ist in Nordsüdrichtung gestellt und besteht aus einem
quadratischen platzlgewölbten Mitteljoch, das von einem eingezogenen einjochigen Chor
mit Halbkreisschluß und einer gleichfalls eingezogenen schmalen Vorhalle eingefaßt ist.
Das Ausladen des Mitteljochs ist außen nicht merkbar, da es durch Choranbauten mit
aufgestockten Oratorien und starke, innen im Viertelrund gekehlte Eckpfeiler ausgegli-
chen wird. Zwischen diesen sind zwei übereinanderliegende Musikemporen eingespannt.
Die gegen Norden gerichtete hohe Fassade gipfelt in einem Giebelturm und schwingt an
den durch Riesenpilaster markierten Seiten einwärts. Das dekorativ gerahmte, 1779 bezeichnete Mittelportal wird von zwei kleinen Figurennischen flankiert, die Skulpturen der
hll. Florian und Johannes Nepomuk enthalten. Die einfache Freskierung der Gewölbe
erfolgte laut Signatur im Jahre 1934 durch Franz Mischkofsky nach Entwürfen von
Ludwig Kurz-Goldenstein. Sie besteht im Chorschluß aus einer nüchternen szenischen
Darstellung Gottvaters und Christi mit Fürbittern, weiters im Chorjoch aus den vier
Evangelisten in barockisierenden Medaillons, denen im Gewölbe des Mitteljochs die vier
Kirchenväter entsprechen. Ober den mit leicht vorschwingenden Balkonbrüstungen ausgestalteten Oratorienöffnungen sind in Medaillons Katharina von Siena und Aloisius zu
sehen.

Die uneinheitliche, weil zum Teil aus anderen Kirchen zusammengeholte Einrichtung
weist einige vorzügliche Werke auf: Der Hochaltar, ein hoher Säulenaltar der 1. H. d. 18. Jh.s,
wird dem Grazer Bildhauer Johann Jakob Schoy zugeschrieben. In seiner mittleren Bal-
dachinnische ist die gekrönte Sitzfigur der Maria-Schutz mit Zepter, Blumenstrauß und
Christuskind zu sehen, die Ziel einer lokalen Marienverehrung war. Im Oberbild der
Kirchenheilige Jakobus d. Ä. Die großen Seitenfiguren wie auch der Tabernakelaufbau
von 1913. Die beiden frühbarocken Seitenaltäre haben plastisch akzentuierte Aufbauten
und einen frühen Knorpelwerkzierat. Sie stammen aus St. Peter bei Graz und werden

Nestelbach, Pfarrkirche – Detail von der Kanzel des V. Königer, 1764

dem aus Tegernsee zugewanderten bayerischen Bildhauer Sebastian Erlacher zugeschrieben. Nach Aussage einer Stifterinschrift der Florianibruderschaft an der Predella des rechten Altares entstanden sie 1648. Die unteren Figuren und die Oberbilder wurden E. d. 19. Jh.s erneuert. Ein Meisterwerk des Bildhauers Veit Königer von 1764 ist die Kanzel, die aus der 1784 abgebrochenen Grazer Clarissinnenkirche übertragen wurde. Sie trägt an der Vorderseite des Korbes eine ältere Wappeninschrift: ,,Stifterin Maria Erzherzogin von Österreich geborne Herzogin aus Bayern 1602", die sich auf die Entstehung der Clarissinnenkirche bezieht. Vom Geiste des Rokoko inspiriert ist die Gestaltung der drei weiblichen Brüstungsfiguren, welche in damenhaft gezierten Bewegungen die Kardinaltugenden Glaube, Hoffnung und Liebe verkörpern. Besonders reizvoll das kokette Motiv des schräg über die Augen gezogenen Kopftuches beim Glauben. Am Schalldach erscheint der hl. Bernhardin von Siena in ekstatischer Pose, szenisch assistiert von lebhaften Putten, die seine Attribute tragen. Ein Meisterwerk anderer Art ist der monumentale spätgot. Kruzifixus aus der Zeit um 1520 (restauriert 1979), der durch die gespannte Dramatik und den intensiven Realismus seiner Darstellung berührt. Sein Schöpfer gehört zu den größten Bildschnitzern der heimischen Spätgotik und ist mit weiteren Werken in der Obersteiermark nachzuweisen. An den Mitteljochspfeilern qualitätvolle Figuren der Schmerzhaften Maria und der hl. Barbara um 1720/30, im späten 19. Jh. entstellend überfaßt. In der Vorhalle eine mit Stoffkleidern gewandete Marienfigur des 18. Jh.s sowie ein kleines Taufbecken auf Balusterfuß aus der Bauzeit. Auch das vorhandene Kirchengestühl entstand um 1780. Die Glasfenster von 1904 und 1911.
Am nahen Schemerl inmitten einer kleinen Häusergruppe an der Höhenstraße steht ein gemauerter **Bildstock** mit qualitätvoller Johannes Nepomuk-Statue aus der M. d. 18. Jh.s.
In **LANGEGG** östlich von Nestelbach **Kapelle hl. Donatus** mit kleinteilig gegliederter Einturmfassade des Spätbiedermeier, bezeichnet 1858.

NEUBERG bei Hartberg   Bez. Hartberg

Mächtige **Burg** westlich von Hartberg in halber Bergeshöhe, an einem südlichen Ausläufer des Ringkogels gelegen. Der Name leitet sich von der Bezeichnung Nitperg, später Neitberg (= Kampfburg) her. Tatsächlich war die von Gottschalk von Neitberg, einem Abkömmling der Stubenberg, um die M. d. 12. Jh.s errichtete Burg Rodungszentrum und Grenzfestung gegen Ungarn. Von ihr ist noch der ca. 30 m hohe quadratische Bergfried erhalten, der die ganze Anlage wehrhaft überragt. 1483 von Kaiser Friedrich III. eingezogen, gelangte Neuberg 1518 an die Herberstein, die es – mit einer Unterbrechung zwischen 1603 bis 1660 – bis vor wenigen Jahren besaßen. Sie ließen die alte Anlage nach dem Bastionärssystem der italienischen Stadtbefestigungskunst der Renaissance wesentlich erweitern und fortifikatorisch modernisieren. So entstand hier eines der besten steirischen Beispiele einer ma. Höhenburg, die dem neuzeitlichen Befestigungssystem angepaßt wurde. – Das Zentrum des auf annähernd fünfeckigem Grundriß errichteten Baukomplexes bilden der längliche Innenhof und der Bergfried. Darum legt sich die hohe viergeschossige Wohnanlage im Süden und Westen, deren starke Umfassungsmauer noch zum ältesten Bestand gehört. Um diesen alten Baukern gruppieren sich die dreigeschossigen Gebäudeblöcke der Basteitürme, die an der südwestlichen, südöstlichen und nordöstlichen Ecke im 2. V. d. 16. Jh.s angefügt wurden. Baumeister war ein nicht näher bekannter Italiener, der auch im Schlosse Herberstein gearbeitet haben dürfte. Zugleich entstand der schmale Zwinger mit Wehrgang an der Ostseite, in dessen Außenmauer das Renaissancetor mit dem Wappen der Herberstein-Thun sich befindet. Es ist über eine ehemals hochziehbare Grabenbrücke zu erreichen. Der auf den Fels gebaute Bergfried

Neuberg bei Hartberg, Schloß – 12.–16. Jh.

mit seinem im 16. Jh. aufgesetzten Zinnenkranz und Walmdach kann nur vom obersten Wohngeschoß betreten werden und enthielt ein got. Rippengewölbe, von dem noch die Konsolen vorhanden sind. Das bar. Türmchen an der Südseite gehörte zu einer Kapelle, die in der 2. H. d. 17. Jh.s in den freistehenden Kanonenturm an der Zufahrt übertragen wurde. Dieser ist Teil der Anlagen der Vorburg im Südosten, die noch aus Speicherbauten und Wehrmauerresten bestehen und den Zugang sicherten. An der Südseite eine tiefer gelegene Bastei.

Da die Herberstein die Burg nicht mehr bewohnten, blieb nur ein Rest der alten Ausstattung erhalten. Bemerkenswert ist die Decke des großen Fest- und Jagdsaales im südöstlichen Basteiturm. Sie besteht aus 36 Feldern, die in Temperamalerei mit Szenen aus dem adeligen Landleben, Jagdbildern und Hafenansichten geschmückt sind und im 2. V. d. 16. Jh.s entstanden. Am Zugang die Jahreszahl 1669. Die in reicher Tischlerarbeit ausgeführte Renaissancedecke der Südwest-Bastei wurde in das Schloß Herberstein übertragen. **Kapelle** im Erdgeschoß des sehr stark gebauten dreigeschossigen Kanonenturmes im Vorgelände der Burg: Hochaltar im Knorpelwerkstil von Johann G. Graf Herberstein 1661 gestiftet; das Altarblatt mit hl. Ägydius signiert und datiert ,,T. L. 1661''. Aus der 2. H. d. 17. Jh.s stammen weiters das Seitenaltarbild mit der Beweinung Christi (Altaraufbau 18. Jh.), die Kanzel, Empore, Betbänke sowie die Bilder der 14 Heiligen und das stukkierte Sakristeigewölbe. An der Ostseite des Turmes steht eine kleine Grab-Christi-Kapelle, die wahrscheinlich im 3. V. d. 17. Jh.s errichtet wurde.

N E U D A U Bez. Hartberg

Langgestrecktes Straßendorf (seit 1959 Markt) an der Lafnitz, das in der 1. H. d. 13. Jh.s von den Herren von Neuberg begründet worden sein dürfte. Die Burg Neudau 1371 erstmals genannt. Seit 1706 zusammen mit der Herrschaft im Besitz der Grafen Kottulinsky. Wegen seiner Grenzlage war der Ort mehrfach feindlichen Überfällen ausgesetzt, die seine Entwicklung hemmten. 1532 wurde er von den durchziehenden Türken zerstört, 1704 und nach erfolgtem Wiederaufbau nochmals 1708 von den Kuruzzen völlig niedergebrannt. Erst um 1720 gelang es, den Ort zum Teil mit Hilfe schwäbischer Kolonisten neuerlich aufzubauen. 1845 wurde eine Filialfabrik der Burgauer Baumwollspinnerei des Grafen Borckenstein errichtet, 1891 eine Seitenlinie der Eisenbahnstrecke Fürstenfeld-Hartberg nach Neudau geführt. Die baulichen Akzente des Ortes bilden heute das Schloß am Nordrand, die Spinnfabrik im Süden und zwischen beiden die Pfarrkirche mit dem verbauten Vorplatz.

Die **Pfarrkirche hl. Andreas** (vor 1620 Filiale von Wörth) besteht aus dem 1418 genannten got. Chor und dem 1722 von Andreas Stengg (?) angefügten Langhaus. Der Chor hat zwei Joche mit einem 3/8-Schluß und ist von einem zarten Rippennetz aus Birnstabrippen auf Tonkonsolen überzogen. Außen noch Strebepfeiler, die 1850 wegen Senkungsgefahr verstärkt werden mußten. Das dreijochige Langhaus als Saalraum mit Flachdecke und Gurtenteilung über Pilastern. An der Westseite ist ein kräftiger Rechteckturm mit Stockwerkgliederung und 1867 erneuertem Spitzhelm vorgebaut. Die Johannes Nepomuk-Kapelle an der Nordseite sowie die Sakristei wurden 1735 angefügt, der Gruftraum der Kottulinsky 1860. Die dreiachsige gewölbte Orgelempore auf Pfeilern mußte 1880 mit einem festeren Unterbau versehen werden. 1893 ließ die Gräfin Kottulinsky die Kirche restaurieren und dabei die Seitenkapelle erweitern sowie die Treppenaufgänge zur Orgelempore und zum Oratorium über der Sakristei anlegen.

Die drei Altäre der alten Einrichtung, welche aus dem Jahre 1764 stammte, wurden bei der Innenrenovierung 1968 entfernt. Lediglich das Hochaltarbild des hl. Andreas sowie die Statuen der Apostelfürsten und eine Marienfigur sind noch zu sehen. Die Kanzel ist

Neudau, Kirchplatz – Mariensäule von V. Königer, 1765

von 1732 und zeigt den Guten Hirten am Schalldach. Den Johannes-Nepomuk-Altar in der Seitenkapelle schuf der Grazer Bildhauer Veit Königer um 1770. Davor hängt eine silberne Rokokoampel derselben Zeit. In der Grabkapelle der Kottulinsky Grabsteine von 1772, 1801, 1848 und andere. Kirchenbänke 18. Jh.
Um die Kirche drei Initienkapellen, die zum ehemaligen Friedhof gehörten. Am Kirchvorplatz vorzügliche **Mariensäule** von Veit Königer mit Immaculata, Putten auf Wolken und Kottulinsky-Wappen am dekorativ gestalteten Sockel, laut Inschrift 1765 aufgestellt.

Am Nordende des Ortes liegt das **ehemalige Wasserschloß Neudau,** heute von einem Park umgeben. Es wurde 1371 erstmals erwähnt im Besitz der Herren von Neuberg, gelangte 1500 an die Polheim, 1571 an die Rottal. Seit 1706 bis heute den Grafen Kottulinsky gehörend, die es wesentlich erweiterten. – Vom alten Wasserschloß des späteren 16. Jh.s, einst ein wichtiger Zufluchtsort für die Bevölkerung, ist die Vorburg mit dem

Eingangstrakt im Westen, dem zu ihrer Sicherung angelegten mächtigen Rundturm (Kanonenturm) und dem Südtrakt erhalten. Das nördlich davon sich erhebende dreigeschossige Wohnschloß hat seine ältesten Teile im Ostflügel, der noch spätgot. Fensterrahmungen aus dem 1. V. d. 16. Jh.s aufweist, sowie im Einfahrtstrakt (dem ehemaligen Torturm) an der Südseite. Nach den Kuruzzenkriegen (1704–1711), in deren Verlauf auch das Schloß schwere Schäden erlitt, erfolgte die Erweiterung zum geschlossenen Vierflügelbau um einen Innenhof. Zu diesem Zweck wurden die Nord- und Westseite sowie Teile der Südseite völlig neu verbaut und gegen den Hof dreigeschossige Pfeilerarkaden vorgesetzt. Baumeister war Josef Carlone, der ab 1720 mit den Arbeiten betraut wurde. Die Neufassadierung aller Fronten im Stile des Neubarock erfolgte zu E. d. 19. Jh.s. Von der alten Einrichtung sind einige qualitätvolle Öfen des 16. bis 18. Jh.s erhalten.

Die alten Befestigungsanlagen, welche das Schloß zu sichern hatten, wie der Wassergraben, Wehrmauern und Bastionen wurden im 18. Jh. eingeebnet bzw. abgebrochen. An ihrer Stelle entstand ein Parkgelände gegen die Straße, in dem ein kleiner **Theaterbau** errichtet wurde. Es handelt sich um einen rechteckigen ebenerdigen Saalbau aus der M. d. 18. Jh.s mit Pilastergliederung und schmalen Tür- und Fensterrahmungen des Spätbarock.

Ortsverbauung durch trauf- und giebelseitig angeordnete dörfliche Häuser, zum Teil alter Bestand des 18. Jh.s. Am besten Kirchplatz **Nr. 77** (ehemals Gemeindehaus) und **Nr. 75** „Zum goldenen Hirschen" mit Putzgliederung und Marienfresko am Giebelfeld. Aus der Gründerzeit einige Häuser mit städtischer Fassade, z. B. die Post und das Rathaus, beide um 1900. Die Spinnfabrik 1845 erbaut im Stile eines Biedermeierklassizismus mit Erweiterungen um 1900.

Neudau, Schloß – Stich von Vischer-Trost, 1681

NEUDORF   Bez. Leibnitz

Westlich von Wildon am Südrand des zwischen dem Grazerfeld und Stiefingtal sich erstreckenden Hügelgeländes liegt auf einem künstlich eingeebneten Plateau des Aframber-
ges **Schloß Neudorf**. Den Namen hat es von dem Rittergeschlecht der Neudorfer, die
hier von 1172–1349 einen Hof besaßen. Der heutige Bau wurde um die M. des 16. Jh.s
von den Herren von Glojach errichtet, die von 1457–1703 im Besitz der Herrschaft waren. Das einheitliche, durch gute Steinmetzarbeiten ausgezeichnete Gebäude ist eines der
schönsten steirischen Renaissanceschlösser vor dem Grazer Landhaus und bezog seinen
Formenschatz von der venezianisch-oberitalienischen Baukunst des späten 15. Jh.s aber
auch aus der heimischen Tradition. Der geschlossene Vierflügelbau um einen quadratischen Innenhof setzt sich aus drei Wohntrakten zusammen, die im Westen und Norden
drei, im Osten zwei Geschosse haben; die Südseite wird von einem zweigeschossigen
Laubengang geschlossen, an den die rechteckige Kapelle angebaut ist. Außen ist das
Schloß schlicht gehalten, der Wehrcharakter überwiegt. Die Westseite wird durch zwei
massige Ecktürme eingefaßt, an der Ostseite springt der südliche Teil vor, während an der
Nordecke eine Podesttreppe eingebaut ist. Das rechteckig gerahmte Hauptportal an der
Westseite hat zwei große Prellsteine, Zugbrückeneinrichtung und ein Marmorwappen des
Andre Glojach (seit 1564 als Besitzer nachweisbar) sowie der Elisabeth Lamberg. Die
steinernen Fensterrahmen des Hauptgeschosses sind mit Blütenrauten besetzt. Im Dach-
geschoß an drei Seiten Schießluken erkennbar. Der reich gestaltete Hof wird im Süden,
Osten und Nordwesten von zweigeschossigen Säulenarkaden umfaßt; im Obergeschoß
der Ost- und Südseite sind die Bogenachsen verdoppelt. Die Kreuzgratgewölbe der
Bogenachsen ruhen auf verzierten Konsolen auf. Im 3. Geschoß des Nordwestflügels
querovale Luken, die der Beleuchtung eines Barocksaales dienen, der im 18. Jh. auf den
Renaissancebau aufgesetzt wurde. In der Südwestecke befindet sich ein Stiegenturm; im
Ostteil der Nordmauer zwei gekuppelte Rundbogenfenster in rechteckiger Einfassung
mit toskanischen Halbsäulen an den Mittelpfosten. Mehrere Rechteckfenster und Portale
mit Steineinfassungen im Stile der Renaissance. Von der ehemaligen Raumausstattung
sind nur im Ostflügel einige Stuckdecken des 2. V. d. 17. Jh.s erhalten. Die **Kapelle** der
hl. Maria zur Unbefleckten Empfängnis stammt aus der Bauzeit des Schlosses um 1550.
Dafür sprechen ein Renaissanceportal, das vom Obergeschoß des Südflügels in den Kapellenraum führt und die rautengeschmückten Fensterrahmen sowie Schießluken in der
Kapellenmauer. Gemäß der Inschrift überm Eingang fand 1640 eine Neuweihe und
Neugestaltung statt, bei der die Kapelle ihre jetzige Form erhielt. Damals wurde ihr der
dreigeschossige quadratische Turm aufgesetzt und die Orgelempore eingebaut. Der hohe
Rechteckraum erhielt laut Chronogramm 1768 eine spätbar. Freskenausstattung, die
Decke und Wände gänzlich überzieht. Dargestellt sind Szenen aus dem Marienleben
sowie Heilige und Allegorien, im Mittelbild der Decke Maria Immaculata mit Joachim
und Anna. Gemalter Altar mit gutem Bild einer Santa Conversatione um 1600. Am Seitenaltar Marienbild des 17. Jh.s Grabstein des Johann Friedrich Glojach gest. 1680. Außen
neben dem Eingang Reliefstein mit Greifen und Blumenvasen (romanisch?) eingemauert.
Westlich vom Schloß ehemals dazugehöriger Meierhof.
Am Ortsrand bar. **Bildsäule** von 1640.

OBERMAYERHOFEN   Bez. Hartberg

Schloß auf einer Bodenschwelle südlich der Ortschaft Neustift im Saifenbachtal, die bis
ins 18. Jh. auch den Namen Mayerhofen führte. An seiner Stelle stand in der Zeit der
Kolonisation um 1130 ein Meierhof als Wirtschaftszentrum dieses Talabschnittes. Davon

blieb ein Rittersitz, den die Mayerhofer, seit 1377 die Teuffenbach, inne hatten. 1529 und 1532 wüteten die Türken in der Herrschaft, wobei auch die Burg beschädigt wurde. Ab 1552 begann Servaz von Teuffenbach, Proviantmeister der windischen Grenze, mit dem Neubau des Schlosses, den er laut Jahreszahl überm Eingang 1574 vollendete. Er geriet darüber mit seinem Bruder Andre in heftigen Streit, da er sich Steine und Bauholz von dessen Grund geholt hatte. Andre bezeichnete in dem folgenden Prozeß das Schloß als „ungereimtes, fremdes Gebäude", womit er vielleicht die Mischung aus mittelalterlichen und Renaissancebauteilen meinte. Ab 1620 wechselt der Besitz von den Pfeilberg über die Purgstall und Coloredo zu den Herberstein; 1777 schließlich erwarben ihn die Grafen Kottulinsky.

Das ehemals von Wehrmauern, Türmen und Gräben gesicherte Hauptschloß besteht aus vier dreigeschossigen Trakten in unregelmäßiger Anordnung, sodaß die Südwestecke der Anlage offen blieb. Der Eingangtrakt an der Nordseite ist etwas vorgezogen und enthält das Zugbrückenportal mit Steinwappen des Erbauers Servaz von Teuffenbach und seiner beiden Frauen, datiert 1574. Dieser älter aussehende, wohnturmartige Schloßteil zeigt jedoch mit seinen fein gearbeiteten Stockwerkgesimsen und den vier rundbogigen Obergeschoßfenstern in Rechteckrahmung deutliche Merkmale der Renaissancebaukunst in der Nachfolge des Grazer Landhauses. Der kleine Uhrengiebel wurde erst gegen 1780 aufgesetzt. Westtrakt mit Pfeilerarkaden zum Hof, in der Ecke dreigeschossiges offenes Stiegenhaus mit schmiedeeisernem Barockgitter des 17. Jh.s. Der Osttrakt entstand unter

Obermayerhofen, Schloß – exotische Wandmalereien, gegen 1780

Einbeziehung eines älteren Bauteiles; im Erdgeschoß frühbar. Portal mit Perlstabprofil. In der 1. H. d. 18. Jh.s wurde in stumpfem Winkel der Südtrakt angebaut, in dessen Erdgeschoß sich die **Schloßkapelle** befindet. Sie besteht aus drei platzlgewölbten Jochen und enthält einen Heiligenkreuz-Altar aus der M. d. 18. Jh.s sowie einen spätgot. Kruzifixus um 1500 von guter Qualität. Im 3. Geschoß des Nordtraktes befindet sich ein Saal mit Wandmalereien, die exotischen Landschaften mit verschiedenem Getier zeigen. Sie ähneln den Malereien auf Schloß Weissenegg und folgen einer Zeitströmung, die durch Wenzel Bergl (Schönbrunn, Melk) initiiert wurde. Entstanden sind sie gegen 1780 unter den Grafen Kottulinsky. Diese errichteten auch das tiefer gelegene Vorgebäude (neuer Meierhof) mit mittlerem Torturm, welches hofseitig das Wappen des Grafen Josef Kottulinsky und seiner Frau trägt. Darüber hinaus ist das Bestreben zu erkennen, Vorgebäude und Hauptschloß im Sinne des Spätbarock achsial auszurichten, wozu auch die neue Halsgrabenbrücke mit den spätbar. Steinvasen beiträgt, die zum Schloßportal hinführt. Von den alten Wehranlagen nur mehr Reste an der Nord- und Ostseite zu erkennen.

Vom nahe gelegenen **Schloß UNTERMAYERHOFEN** im Safental hat sich nur mehr ein Trakt des ehemaligen Meierhofes erhalten, der die Jahreszahl 1581 trägt.

OTTENDORF Bez. Weiz

Straßendorf im Rittscheintal, gegründet von dem 1128 genannten Burggrafen Otto von Riegersburg.

Die **Pfarrkirche hl. Helena** ist erst seit 1949 Pfarre und war bis dahin Filialkirche von Hartmannsdorf. Erster Bau laut Pfarrchronik 1477 errichtet, auf ihn dürfte die Chorkapelle mit $5/8$-Schluß und Netzgratgewölbe sowie das Untergeschoß des quadratischen Südturmes zurückgehen. 1587 erfolgte ein Um- oder Erweiterungsbau; darauf verweist eine Jahreszahl, die sich ehemals am Fronbogen befand. Das dreijochige Langhaus mit Platzlgewölben entstand im wesentlichen im 1. V. des 18. Jh.s. Durch einen großangelegten Erweiterungsbau an der Nordseite, 1956/57, nach den Plänen der Architekten Blendner und Walter erhielt die Kirche ein völlig verändertes Aussehen. Der alte Bau wurde zur Vorhalle, an die sich nun ein geräumiger Saalraum mit querschiffartiger Verbreiterung vor dem schachtähnlichen Altarraum anschließt. Ein offenes Satteldach, das auf vorgezogenen Stützmauern mit Durchgängen aufruht bildet einen schlichten Abschluß nach oben. Die Außengestaltung wurde dem Neubau angepaßt, das heißt das Hauptportal an die Südseite verlegt, das alte Westportal vermauert und der 1840 erhöhte Turm mit neuem Glockengeschoß und stilisierter Zwiebelhaube versehen. Die Einrichtung des beträchtlich vergrößerten Baues ist aus mehreren Kirchen zusammengeholt: der gute Hochaltar mit dem Bild der Heiligen Familie und Helena aus dem 2. V. d. 18. Jh.s stammt aus St. Erhard in der Breitenau; die Seitenaltäre aus dem 3. V. d. 17. Jh.s vom Heiligen Berg bei Bärnbach (einige Figuren M. 18. Jh.). Die Altarblätter Petrus und Antonius waren schon in der alten Kirche und sind Werke des August Kurz-Goldenstein A. 20. Jh. An Einzelfiguren sind vorhanden die hll. Josef und Isidor (aus der Friedhofskapelle zu Pischelsdorf), Rochus, Johannes Nepomuk, Sebastian und Laurentius, alle 18. Jh. Der alte Hochaltar in der Chorkapelle der Vorhalle im Stile der Neorenaissance 1885 mit zwei guten Barockfiguren der M. d. 18. Jh.s. Neues Bild der hl. Helena von Toni Hafner. Orgel 1960.

Vor der Kirche **Steinfiguren** des hl. Christophorus und der hl. Maria von Alfred Schlosser, aufgestellt 1968.

PALDAU   Bez. Feldbach

Straßendorf im Saazertal mit prähistorischen Siedlungsspuren am nahen Saazerkogel sowie Grabfunden aus der älteren und jüngeren Eisenzeit (750 vor Christi Geburt) und der Römerzeit. **Pfarrkirche hl. Veit,** ursprünglich romanischer Bau aus der 2. H. d. 12. Jh.s, von dem die Langhausmauern aus Tuffstein (in opus spicatum-Technik) noch teilweise vorhanden sind. Um – und Erweiterungsbauten der Spätgotik, des Spätbarock und zuletzt 1974 gaben der Kirche ihre zusammengesetzte uneinheitliche Gestalt und Einrichtung. – Der Bau besteht aus dem auf die Romanik zurückgehenden dreijochigen Langhaus, das im 3. V. d. 18. Jh.s ein sechsteiliges Gratgewölbe über Pilastern erhalten hat. Der eingezogene zweijochige Chor mit $^3/_6$-Schluß entstand 1441–1455 und ersetzte das romanische Chorquadrat. Er ist von einem Rautensterngewölbe mit Schlußsteinen überdeckt, dessen Rippen auf kleinen Konsolen aufruhen, hat zweizeilige Maßwerkfenster, einen beidseitig gekehlten Fronbogen und außen kräftige Strebepfeiler. An der nördlichen Chormauer wurde eine einfache rundbogige Sakramentsnische ohne Rahmung freigelegt. Der gleichzeitig mit dem Chor der Westseite vorgesetzte quadratische Turm weist ein gekehltes spätgot. Kielbogenportal auf; sein Glockengeschoß und der spitze Helm wurden erst 1894 aufgesetzt. 1759 wurde in die Nordwand des Langhauses ein Seitenportal mit hübscher Steinfassung eingebrochen, das inzwischen wieder vermauert ist, nach außen jedoch als Portalnische belassen wurde. Das Sakristeiportal trägt die Jahreszahl 1770. Aus der Zeit der Langhauseinwölbung dürfte auch die dreiachsige Orgelempore mit Kreuzgratgewölbe auf Pfeilern stammen. 1974 wurde eine notwendig gewordene Kirchenerweiterung durchgeführt, indem man die südliche Langhauswand öffnete und hier einen einfachen Rechteckraum mit offenem Dachstuhl anbaute. Im Verlaufe dieser Arbeiten wurden interessante Freskenreste freigelegt: an der Nordwand des Chores eine Heiligendarstellung mit Engeln (hl. Veit ?) aus der M. d. 15. Jh.s; im Langhaus jedoch kamen zu Seiten des got. Fronbogens Teile der romanischen Ausstattung zum Vorschein in Gestalt einer fragmentarisch erhaltenen Apostelreihe in Rundbogenarchitekturen, die aus der Zeit um 1200 stammen dürften. Die darüber liegenden Darstellungen sind wegen der schlechten Erhaltung nicht mehr zu deuten.
Die alte Barockeinrichtung (Hochaltar von Veit Königer) fiel 1880 der Regotisierungswelle zum Opfer. Bei der 1974 durchgeführten Renovierung und Erweiterung wurde ein neuer Hochaltar aufgestellt, der sich ehemals in der Hauskapelle des aufgelassenen Grazer Karmeliterklosters befand. Er stammt aus dem 3. V. d. 18. Jh.s und hat guten Figurenschmuck und versilberte Dekorationen von Philipp Jakob Straub sowie eine russische Muttergottesikone in verziertem Rahmen. Der ehemals neugot. Hochaltar mit Figuren von Jakob Gschiel wurde abgetragen und Teile für den Volksaltar im alten Langhaus und als Einzelstatuen verwendet. Der spätgot. Taufstein E. d. 15. Jh.s steht jetzt im alten Chor, der durch den Richtungswechsel der Kirche zur Taufkapelle wurde. Außen in der nordseitigen Portalnische eine kleine Steinfigur des hl. Josef von 1898.

Am nahen Saazerkogel, der sich gegen das Raabtal erstreckt, ist auf Grund von Streuund Gräberfunden eine erstaunlich kontinuierliche Besiedlung von der Jungsteinzeit bis zur Römerzeit anzunehmen. Die dort zu A. d. 16. Jh.s auf der bewaldeten Hügelkuppe errichtete spätgot. **Filialkirche hl. Sebastian** ist mit der Legende verbunden, daß zahlreiche Heiden in einem nahegelegenen hl. Bründl (mit kleiner Kapelle) die Taufe empfangen haben und hierauf in feierlicher Prozession zur Kirche zogen, um dort ihrer ersten hl. Messe beizuwohnen.
Kleiner zweijochiger Raum mit $^3/_8$-Schluß und bar. Kreuzgratgewölbe, außen noch die got. Strebepfeiler belassen. An der Nordseite Schulterbogenportal zur Sakristei, darüber öffnet sich eine Empore. Gegen 1700 wurde an das erste Joch eine Kapelle mit Stichkap-

pengewölbe angebaut. Die Vorhalle und der darüber an der Westseite aufgebaute Turm kamen laut Inschrift über der Tür 1829 hinzu; der Spitzhelm E. 19. Jh. – Schwarz-goldener Hochaltar im Knorpelwerkstil M. 17. Jh. mit interessantem spätmanieristischem Bild des hl. Sebastian und den Figuren der hll. Laurenzius und Rochus; das Oberbild aus dem 19. Jh. zeigt die Ansicht der Kirche. Tabernakel mit Engeln von Veit Königer 3. V. 18. Jh. Zu Seiten des Altares stehen auf verzierten Bandkonsolen die hll. Franziskus und Johannes Nepomuk, Werke der Zeit um 1740. Kapellenaltar mit seitlichen Voluten und Akanthusaufsatz um 1700, das Oberbild zeigt Gott Vater, das Hauptbild Maria Schnee. Kanzel in Rokokoformen 3. V. 18. Jh., an der Korbbrüstung sind die Evangelistensymbole und eine Reliefdarstellung der Schlüsselübergabe an Petrus zu sehen. Im Kirchenschiff vier große Heiligenbilder des 18. Jh.s, darstellend Pantaleon, Johannes Nepomuk, Dominikus und Franz von Padua; weiters bar. Andachtsbilder des hl. Hauptes zu Klagenfurt und der Schmerzhaften Maria. Die volkstümlichen Kreuzwegbilder E. 18. Jh.

An der Straße beim Saazerteich **Steinfigur** des hl. Johannes Nepomuk auf Sockel M. 18. Jh.

PASSAIL   Bez. Weiz

Hauptort des Passailer Kessels im Grazer Bergland am oberen Lauf der Raab, der um 1220/30 von den Stubenbergern gegründet wurde. Die in der Gegend besonders häufigen Reith-Namen (Haufenreith, Pernesreith, Leisenreith u. a.) für Orte gehen auf die Rodung des 13. Jh.s zurück. Die Ortsmitte bildet ein Rechteckplatz mit geschlossener Verbauung, die aus zweigeschossigen traufseitig gelegenen Häusern besteht. Die **Mariensäule** aus der M. d. 18. Jh.s.

Westlich des Platzes liegt die **Dekanatspfarrkirche hl. Veit.** Sie führte bis 1707 das Patrozinium des hl. Michael und wurde 1240 erstmals genannt. Der ma. Bau verschwand weitgehend in der Umgestaltung der 2. H. des 17. Jh.s. Matthias Karner errichtete 1667 unter Verwendung got. Mauerteile (spätgot.) das Sakristeiportal an der Nordseite) den zweijochigen Chor mit Halbkreisschluß und Kreuzgratgewölben auf Wandvorlagen. Von 1685–1696 baute der Leibnitzer Baumeister Jakob Schmerlaib das dreijochige Langhaus als Wandpfeilerkirche mit hohen Kapellen und Emporen sowie einer dreiachsigen Orgelempore an. Übereinandergelegte Pilaster fangen die Gurten der Kreuzgratgewölbe ab. Im Westen ist ein quadratischer Frontturm vorgestellt, der 1837 erhöht wurde. Von dem umfassenden Freskenschmuck sind die Malereien des Altarraumes von Josef Adam Mölck um 1780 ausgeführt worden, und zwar der illusionistische Altaraufbau, die Chorfensterrahmungen und am Gewölbe die Szene mit dem Kampf des Erzengels Michael. Sie wurden 1931 von Ludwig Kurz von Thurn-Goldenstein restauriert. Derselbe Maler hat für Chor und Langhaus an Wänden und Gewölben neubar. Dekorationsmalereien entworfen, bereichert durch die Darstellungen der Kirchenväter und verschiedener Heiliger in kleinen ornamental gerahmten Bildfeldern und ein Fronbogenfresko, das die Himmelfahrt Christi zum Thema hat; letzteres wurde ausgeführt von F. Mikschofsky.

Überwiegend bar. Innenausstattung: der Hochaltar mit gemalten Aufbau und Figuren der Apostelfürsten, die ein Gemälde des Kirchenheiligen umrahmen, das Josef Adam Mölck 1781 schuf. Der alte Hochaltar aus dem Jahre 1670 stammte von Johann Baptist Fischer und wurde 1771 abgetragen. Davon erhalten blieben die Figuren der Apostelfürsten, die sich heute in der Kapelle des Moarhofhechtl in Haufenreith befinden. Kanzel von 1869, die Evangelistenreliefs und Schalldachfiguren noch aus dem E. d. 17. Jh.s. In den sechs Seitenkapellen Altäre vom Ende des 17. bis zur 1. H. d. 18. Jh.s, am Barbaraaltar Bild von 1725, die Bilder des 14 Nothelfer- und Donatusaltares von Veit Hauck gegen 1730. Spät-

Passail, Pfarrkirche –
Spätgotischer Taufstein mit bemaltem
Gehäuse des 17. Jh.s und
Taufe Christi-Gruppe M. 18. Jh.

got. polygonaler Taufstein um 1500, das bemalte Gehäuse aus der 2. H. d. 17. Jh.s, die abschließende reizvoll gestaltete Taufe Christi-Gruppe M. 18. Jh. Geschnitztes Chorgestühl 4. V. 17. Jh., die verzierte Orgelchorbrüstung von 1713. Die jetzige Orgel 1888 durch die Firma Mauracher hergestellt. Die Kirche birgt mehrere Gräber von Mitgliedern des Hauses Stubenberg, unter der Kanzel Stubenberg-Gruft mit rotmarmornem Deckstein. Grabstein des Hans von Stubenberg 1400. Glocke von Hans D. Porta 1605. An der Nordseite des geräumigen **Pfarrhofes** ist eine beschädigte römische Grabstele mit Inschrift aus dem 1. Jh. eingemauert, weiters befindet sich dort ein spätgot. Grabstein von 1508.
Hinter der Kirche sogenannte **Palmkapelle**, erbaut 1653 (jetzt Kriegergedächtnisstätte), zwei weitere Initienkapellen des ehemals um die Kirche gelegenen Friedhofs sind leer. Westlich oberhalb des Ortes liegt auf einer von Linden bestandenen Anhöhe die **Filialkirche St. Anna** am Lindenberg. Sie wurde laut Jahreszahl am Fronbogen 1510 als Pestkirchlein erbaut. Das dreijochige Langhaus ist von einem Gewölbe mit Parallelrippenfiguration überspannt, im Chor ein Rautennetz mit kräftigen Rippen, die weit herab gezogen sind und auf polygonalen Diensten aufruhen. Eine spätgot. Wendeltreppe führt auf die hölzerne Orgelempore, deren Felderdecke mit Pflanzenmustern bemalt ist. Im Mittelfeld Wappen und Inschrift ,,M. Matthias Ignazius Zusser, Pfarrherr zu Passail 1657". Oberhalb der Westwand sind Steinmetzzeichen und die teilweise verdorbene Inschrift ,,Meister hanns W . . paumeister" zu erkennen. An der Süd- und Westseite spätgot. Portale, letzteres mit Tympanon von 1833, das die Pestheiligen Rochus und Sebastian mit Maria zeigt. Sakristeianbau datiert 1648; der Dachreiter aus dem 19. Jh.

Passail, Filialkirche – spätgotischer Innenraum mit Barockaltären des 17. und 18. Jh.s

Gut erhaltene Barockeinrichtung: der reich gestaltete Hochaltar in Knorpelwerkstil aus der M. d. 17. Jh.s, im Mittelschrein Gruppe der hl. Anna Maria das Lesen lehrend. Spätbar. Tabernakel. Am Fronbogen Figur des hl. Sebastian M. 17. Jh., gegenüber ein hl. Florian M. 18. Jh. Zwei Seitenaltäre mit Bildern sowie die Kanzel aus dem 2. V. d. 18. Jh.s. Der geschnitzte Chorstuhl ist 1664 bezeichnet.

Südlich von Passail steht auf einem künstlichen Hügel der sogenannte **Hechtlturm**, ein einfacher Wohnturm aus Bruchsteinmauerwerk, der ein Kellergewölbe aufweist und vielleicht noch auf das 13. Jh. zurückgeht.

Vor dem Hof des **Moarhofhechtl** in Pamerhof (Gemeinde Haufenreith) steht eine kleine Hauskapelle, die 1734 erbaut wurde und die Statuen der Apostelfürsten Petrus und Paulus birgt. Sie stammen vom alten Hochaltar der Passailer Dekanatskirche, den Johann Baptist Fischer 1670 ausführte.

In Haufenreith befindet sich der **Hausbauer**, ein bäuerliches Anwesen, das anstelle eines Ansitzes des stubenbergischen Dorfgründers Hugo von Haufenreith in der M. d. 16. Jh.s errichtet wurde. In seiner Nähe steht ein sehr seltenes Exemplar eines steinernen **Bildstockes** der Renaissance, der aus einem Steinpfeiler mit kleinem Tabernakelgehäuse besteht, in dem sich eine Pieta befindet. Er trägt die Jahreszahl 1583 und den Namen des damaligen Hofinhabers „Ruep Chtekler".

PERTLSTEIN siehe unter **BERTHOLDSTEIN**

PINGGAU   Bez. Hartberg

Östlich unterhalb von Friedberg wurde im 14. Jh. als Filiale der Stadtpfarre eine Marienwallfahrt errichtet. Um die am linken Pinkaufer gelegene Kirche, welche zum Stift Vorau gehörte, entwickelte sich planmäßig die Siedlung Pinggau; sie wurde 1932 zum Markt erhoben.

Wallfahrtskirche Maria Hasel, 1377 erstmals urkundlich genannt als Kirche „Unserer lieben Frauen in der Pinkha". Die Ursprungslegende berichtet vom Fund einer Muttergottesstatue in einer Haselstaude durch Viehhirten. Vom got. Bau noch erhalten der einjochige Chor mit $5/8$-Polygon und Strebepfeilern. Er wurde jedoch innen wie außen dem bar. Langhaus angeglichen, das 1703–1706 der Vorauer Stiftsbaumeister Andreas Strassgietl anfügte. Es besteht aus einem dreijochigen Raum mit Stichkappentonne, der am dritten Joch durch zwei rechteckige Seitenarme kreuzförmig erweitert ist. Außengliederung durch Pilaster, umlaufendes Gesimsband und Rechteckfenster mit darüberliegenden Ochsenaugen. Der hübsche Turm und die Westpartie wurden erst 1749/50 angebaut. Sie zeigen eine reichere, geschmeidigere Gliederung mit Dreiecks- und Segmentgiebel über dem leicht vorspringenden Mittelteil und verschiedene Fenster- und Nischenformen des Spätbarock. Innengliederung mit Pilastern und Gurtbögen. Den erst 1925 freigelegten reichen Freskenschmuck im dritten Joch und den Seitenarmen schuf 1718 der Vorauer Stiftsmaler Johann C. Hackhofer (Signatur über der rechten Bogenöffnung). Er zeigt

Pinggau – Barocke Brunnenkapelle, 1696

Szenen zur Passion Christi, zur Geschichte des Wallfahrtsortes, Embleme, reiche Ornamente und illusionistische Rahmungen. Am Fronbogen Wappen Voraus und seines Propstes Graf Webersperg nebst Chronogramm 1718. Die schwächeren Passionsfresken im Chor von Schülern Hackhofers. Gute Einrichtung des Spätbarock: Hochaltar 1767 mit Umgangsarchitektur, die Skulpturen von Johann Ferdinand Schellauf aus Wiener Neustadt. Das Gnadenbild oberm Tabernakel ist eine vorzügliche Beweinungsgruppe um 1520. Die Seitenaltäre sind als Verbindung von Plastiken und Hintergrundfresken gestaltet (siehe auch Festenburg) und stammen von 1718. Am rechten ist die Kreuzabnahme (nach Rubens) dargestellt, am linken die Kreuzigung. Die Skulpturen stammen von den beiden Wiener Neustädter Bildhauern Gabriel Niedermayr und Andreas Schellauf, die Malereien von Johann C. Hackhofer. Prächtige Kanzel nach dem Vorauer Vorbild Steinls, Entwurf vielleicht von Remigius Horner, die Figuren von dem Grazer Bildhauer Josef Schokotnigg um 1730. Er gestaltete hier in dramatischer Weise die Himmelfahrt Christi. Mehrere Figuren des späten 17. und 18. Jh.s; Orgelempore und Orgel E. 19. Jh.

Offene **Brunnenkapelle** neben der Kirche von 1696. Der gegliederte Mittelteil mit Pilastern, Volutengiebel und hölzernem Zwiebeltürmchen. Illusionistisch gestalteter Altar mit Mater Dolorosa von Andreas Schellauf 1717 und Architekturmalerei von Johann C. Hackhofer 1718. Die steinerne Grottenpieta gleichzeitig (aus Christi Brustwunde fließt Wasser). Vor der Kirche Figur des Johannes Nepomuk 3. V. 18. Jh. Im Pfarrhof wird eine spätgot. Schmerzensmutter (um 1520) aufbewahrt.

PISCHELSDORF Bez. Weiz

Als Ramarstetin wird der Ort schon 1043 erwähnt. Vor 1188 erwarben die Salzburger Erzbischöfe die Siedlung, benannten sie in Pischelsdorf (= Bischofsdorf) um und errichteten eine Kirche, um von ihr aus ihr aus die Rodung voranzutreiben. 1403 als Markt bezeugt, 1532 von den durchziehenden Türken zerstört. Von dem nach Osten ansteigenden Rechteckplatz im Ortszentrum führt ein Stiegenaufgang zu dem höher gelegenen Kirchhof, der einst von einem Tabor umgeben war. Die einstigen Gaden (Speicherbauten), aus denen er sich zusammensetzte, wurden später in Wohnhäuser umgewandelt oder abgerissen; Teile davon sind in den fünf unterkellerten Häusern an der Ostseite der Kirche noch erhalten.

Heute wird der an den Hängen einer Talmulde gelegene Ort in seiner Erscheinung von der großen **Pfarrkirche** beherrscht. Sie wurde 1898 bis 1902 von Architekt Johann Pascher aus Graz in Nordsüdrichtung völlig neu erbaut, nachdem das alte Gotteshaus, das bereits 1203 genannt und 1605 erneuert worden war, zum Abbruch kam. Der überaus stattliche, ja wohl etwas zu groß geratene Bau, wurde in den von Pascher bevorzugten Formen der Neurenaissance gestaltet. Er besteht aus einem geräumigen fünfjochigen Langhaus, das von zwischen Wandpfeilern liegenden Kapellen und Emporen begleitet wird. Der einjochige Chorraum hat eine Kuppelwölbung und schließt gerade. An der Nordseite ragt ein hoher Turm mit Spitzhelm auf.

Die Einrichtung stammt aus der Bauzeit, lediglich am Hochaltar ist noch spätbar. Figurenschmuck aus der Werkstatt des Grazer Bildhauers Veit Königer vorhanden. Orgel von 1913; die alte, aus dem Jahre 1799 stammende Orgel von Ludwig Greß ist heute unspielbar und wurde in der Johanneskapelle am Friedhof abgestellt.

Auf dem gegenüberliegenden Hang befindet sich der Ortsfriedhof und in ihm die eigentümliche **Filialkirche St. Johannes Nepomuk.** Sie sollte ursprünglich neue Pfarrkirche werden und wurde von dem Pischelsdorfer Pfarrer Franz Johann Amiller mit seinen Privatmitteln finanziert. Doch reichte das Geld bald nicht mehr und es kam von dem 1741 großzügig begonnenen Bauvorhaben nur der südöstliche Querschiffsarm zur Aus-

Pischelsdorf – Filialkirche im Friedhof, erbaut von J. G. Stengg, 1741, im Hintergrund die neue Pfarrkirche von J. Pascher, 1898–1902

führung. Baumeister war Johann Georg Stengg aus Graz und man wird annehmen können, daß er hier ähnlich wie bei seiner Wallfahrtskirche in Mariatrost bei Graz eine Wandpfeilerkirche über kreuzförmigem Grundriß, vielleicht mit Vierungskuppel, geplant hatte. Wie dort war auch hier die auf Fernsicht berechnete prächtige landschaftliche Lage ein wichtiger Aspekt seines Konzeptes gewesen. Der verbliebene rechteckige Rumpfbau birgt einen hohen platzlgewölbten Raum, der durch seitlich abgeschrägte Wandpfeiler in zwei Joche geteilt wird. Die reiche Wandgliederung innen wie außen durch Pilaster, Gesimse, dekorative Fensterbildungen läßt eine anspruchsvolle Formensprache erkennen, wie sie nur einem Großbau zugedacht wurde. Hochaltar mit Bild der Erhöhung des hl. Johannes Nepomuk bezeichnet 1749, der hübsche Tabernakel gleichzeitig. Vier Heiligenbilder von 1866. Am Stipes des entfernten Annenaltares derzeit ein Modell der Pischelsdorfer Pfarrkirche ausgestellt. Positivorgel von 1751. Im Friedhof steinerne **Kreuzigungsgruppe** 1. V. 18. Jh.; der Christus aus dem 19. Jh.

Die **Mariensäule** im Ort wurde von Johann Maximilian Graf Herberstein 1664 nach dem Türkensieg bei Mogersdorf errichtet und 1864 erneuert.

Von den Häusern des Ortes hervorzuheben der alte **Pfarrhof** (Nr. 78), ein zweigeschossiger Bau im Kern 17. Jh. mit Schopfwalmdach und Spuren einer spätbar. Fassadenmalerei, am Portal bezeichnet 1827. Südlich der Kirche **Gasthof** „Zur neuen Post", bezeichnet 1824, mit später veränderter Fassade.

PÖLLAU   Bez. Hartberg

Markt in dem zwischen Masenberg und Rabenwald eingebetteten Talkessel der Saifen. Römische Besiedlung durch Grabsteinfunde nachzuweisen. Erste Marktgründung um 1140 durch die Herren von Stubenberg. Diese bauten auch eine durch Wassergräben gesicherte Talburg, aus der sich später das Stift entwickeln sollte. 1163 wird die damalige Eigenkirche St. Veit als Pfarre genannt. 1459 verkauften die Stubenberger Burg und Herrschaft Pöllau an die Herren von Neuberg, welche sie 1482 zur Ausstattung eines Chorherrenstiftes bestimmten. 1532 wurden Ort und Stift von den vorbeiziehenden Türken verheert. Seit dem 15. Jh. war Pöllau ein Hauptsitz des oststeirischen Tuchmachergewerbes (Pöllauer Loden), seit dem 16. Jh. auch des Leinweberhandwerks.

Den beherrschenden architektonischen Mittelpunkt des Ortes bildet der Gebäudekomplex des **ehemaligen Augustiner-Chorherrenstiftes,** das 1482 von Hans von Neuberg gestiftet und 1504 von Vorau aus besiedelt wurde. Erster Propst war der Vorauer Chorherr Ulrich von Trautmannsdorf. Propst Michael J. Maister (1669–1696) ließ die alte Wasserburg abreißen und um 1690–1696, wahrscheinlich durch den Leibnitzer Baumeister Jakob Schmerlaib, den Stiftsbau ausführen. 1785 Aufhebung durch Kaiser Josef II. Unter Propst Johann E. Ortenhofen (1697–1743) Vollendung der Gesamtanlage mit dem Bau der ehemaligen Stiftskirche und heutigen **Pfarrkirche hl. Veit** durch den in Graz ansässigen Comasken Joachim Carlone von 1701–1712. Er hatte sich dabei an Pläne zu halten, die schon einige Jahre vorgelegen waren. Der Chronik entnehmen wir folgendes: „Der zur Ausführung dieses herrlichen Gotteshauses ist ausgesucht worden, war der berühmteste Bausachverständiger in Graz Joachim Karlone". 1701 wurde der Kontrakt mit ihm abgeschlossen, er mußte sich verpflichten dreimal jährlich „unweigerlich zu solchem Gebäud zu erscheinen". Die Baudurchführung wurde zwei Polieren übertragen, einer von ihnen war der Pöllauer Remigius Horner. Die Grundkonzeption verrät die Übernahme römischer Bauideen: der Verbindung eines tonnengewölbten Langhauses mit einem zentralen Dreikonchenraum, den eine über der Vierungskuppel überragt wird. Der Propst selbst soll den engen Anschluß an St. Peter in Rom gewünscht haben. Nicht auszuschließen ist, daß auch Baumeister Jakob Schmerlaib, der bereits 1693 mit der Gabersdorfer Pfarrkirche den ersten steirischen Dreikonchenbau ausführte, auf die Kirchenplanung noch unter Propst Maister Einfluß genommen hat. Carlones Aufgabe wäre es dann also gewesen, eine bereits vorhandene Idee in den monumentalen Ausmaßen zu entwerfen. Mit einer Gesamtlänge von 62,25 m, einer Breite von 37,20 m und einer Kuppelhöhe von 42 m (Schiffshöhe 21,75 m) wurde Pöllau nicht nur zum größten bar. Kirchenraum des Landes sondern auch zu einem Schlüsselbau für den oststeirischen Spätbarock. Nicht weniger als sieben Kirchen hat Remigius Horner nach dem Pöllauer Schema nachgebaut. Das Langhaus ist entgegen dem landläufigen Wandpfeilerschema ohne eigentliche Jochtrennung und gerade durchlaufendem kräftigem Gesims gestaltet, über dem sich eine gurtenlose Tonne wölbt. Es wird begleitet von je drei Seitenkapellen mit darüberliegenden Emporen, deren hohe, zwischen Kolossalpilastern mit korinthischen Kapitälen liegende Rundbögen die Wände weitgehend öffnen. Die leicht vorschwingenden Emporenbrüstungen bewirken einen dezenten Bewegungsfluß, der der Steifheit der Gliederung entgegenwirkt. Im Westen ist eine Vorhalle mit geräumigen dreiachsigem Orgelchor auf Pfeilern vorangestellt, deren Brüstungsfelder die ondulierende Bewegung der Emporen übernehmen. An das Langhaus schließt die durch eine Kuppel überhöhte Vierung, welche seinen Bewegungszug auffängt und zu großartiger Raumeinheit verschmilzt, auf diese Weise den imposanten Mittelpunkt der Anlage bildend. Von ihr gehen kleeblattförmig drei im Halbrund schließende Arme aus, wovon der östliche zum Chor erweitert ist. Die in zwei Geschossen durchfensterten Wände sowie der achtfenstrige Kuppeltambour lassen eine Lichtfülle zu, die den Dreikonchenraum vom Langhaus in bar. Steigerung ab-

Pöllau – ehem. Stiftskirche erbaut von J. Carlone, 1701–1712; im Hintergrund die Wallfahrtskirche von Pöllauberg

setzt. Die schwach gegliederte Westfassade ist nicht fertig geworden, von den zwei vorgesehenen Türmen wurde nur der südliche vollendet. Er besteht aus hohen quadratischen Untergeschossen und einer achteckigen Glockenstube die mit einem flachen Laternenhelm schließt. Wie der Turm ist auch der über die Dachzone sich erhebende Kuppelbau von guter Fernwirkung. Wandgliederung durch umlaufende Pilasterordnung und die schlanken Rechteckfenster mit vorspringenden Segmentgiebeln.

Die reiche **Freskenausstattung** des Inneren zeigt, daß sich nach Vorau, das da einen Anfang machte, die illusionistische Großmalerei in der Oststeiermark durchsetzte. Das umfangreiche Programm wurde von dem Pöllauer Stiftsmaler Matthias von Görz ausgeführt, der in Italien gelernt und sich vor allem bei Domenichino und Cortona in Rom seine Vorbilder gesucht hatte. Er begann mit der Kuppel, die 1712 fertig war, der Chor folgte 1715, das Langhaus 1718, die Sakristei 1723. Im großen Fresko der Langhaustonne malte er über dem Gesims in illusionistischer Ergänzung zur realen Wand ein drittes Arkadengeschoß, in dem Augustinerheilige zu sehen sind. Darüber erhebt sich über die Jochgrenzen hinweg ein dicht mit Figuren gefüllter freier Luftraum, in dem sich gerade der Engelssturz, die Verehrung des Kreuzes, die Anbetung des Lammes durch die Heiligen des Alten und Neuen Bundes und die Huldigung an Maria Immaculata durch Auserwählte ereignen. Ober dem Chor Apotheose des königlichen Sängers David; in den zugeordneten Arkaden heilige Jungfrauen und Märtyrer. In der Kuppel die neun Chöre der Engel, welche die hl. Dreifaltigkeit (ober ihnen in der Laterne) verehren. Zwischen den Kuppelfenstern befinden sich die Gestalten der Tugenden, in den Pendentifs die vier Evangelisten (nach Domenichinos Vorbild in Rom, San Andrea della Valle). In den Seitenarmen der Chorapsis wieder gemalte Arkaden mit den zwölf Aposteln; darüber die Apotheosen des Kirchenheiligen Veit (Chor), der Maria und des Ordensheiligen Augustinus. Die Seitenkapellen sind gleichfalls freskiert mit Szenen aus dem Leben Christi und Mariens, gleiches gilt auch für die Decken, Bogenlaibungen und Brüstungsfelder. Auf den Emporen Szenen aus dem Alten Testament, den Leiden Christi und aus dem Leben einiger Heiliger. Beim Aufgang Darstellung der Jakobsleiter. Am Spiegelgewölbe der Sakristei ist die Hl. Dreifaltigkeit in der Himmelsglorie und die Verehrung des hl. Kreuzes dargestellt. An den Randzonen sechs auf die Meßfeier bezogene Begebenheiten sowie Personifikationen priesterlicher Tugenden und von Putten gehaltene Embleme. An der nördlichen Stirnwand Szene mit dem hl. Augustinus vor Bischof Valerius.

Reiche Einrichtung des Spätbarock bzw. frühen Klassizismus, die Altäre – ursprünglich in illusionistischer Malerei ausgeführt – kamen zum Teil erst später zur Aufstellung. Beginnen wir im **Rundgang** links vorne beim Eingang (Evangelienseite): 1. Seitenkapelle: neubar. Säulenaltar mit Marienbild signiert und datiert ,,J. Wonsiedler pinxit 1843''; Fresko einer Taufszene an der Gegenwand. 2. Seitenkapelle: spätbar. Säulenaltar mit Bild hl. Johannes Nepomuk Almosen spendend von Josef A. Mölck 1778; Fresko des Martyriums des hl. Johannes Nepomuk. Bemalter Grabstein des Propstes Michael J. Maister gestorben 1696. Am Pfeiler prächtige Kanzel um 1775 mit Rocaillenschmuck und Blumengirlanden, dem Jakob Peyer zugeschrieben; am Korb Figuren der Kardinaltugenden, am Schalldach Szene der Bekehrung des Saulus. 3. Seitenkapelle: spätbar. Säulenaltar aus Stuckmarmor von 1724, das qualitätvolle Altarblatt mit der Kreuzigung Christi von dem bekannten Barockmaler Martino Altomonte 1725; von ihm auch das ovale Oberbild mit der Ölbergszene. Die bar. Figuren dem Andreas Schellauf zuzuschreiben. Überm Tabernakel gute spätgot. Steinpieta des weichen Stiles um 1420. Das Fresko stellt die Beweinung Christi dar. Linker Seitenarm: mächtiger Säulenaltar um 1725, die Figuren dem Grazer Bildhauer Marx Schokotnigg zuzuschreiben; das Altarblatt zeigt Maria als Rosenkranzkönigin mit dem hl. Dominikus und Simon Stock von dem Vorauer Stiftsmaler Johann Cyriak Hackhofer 1722. Im Chor bescheidener Hochaltar ohne Architektur, das große Bild mit der Marter des hl. Veit von Josef A. Mölck 1779, an den Seiten die beiden ausdruckschwachen Figuren der römischen Märtyrer Johannes und Paulus auf klassizist. Sockeln. Zwei versilberte Kredenzaltäre im Chor 3. V. 18. Jh. Auf der rechten Chorseite ein Rotmarmorgrabstein und die Gruft des Stifters Hans von Neuberg gest. 1485 sowie seiner Schwester Elisabeth gest. 1503. Oberm Sakristeiportal kurze Chronik des Stiftes auf die Wand gemalt . Im rechten Seitenarm Augustinusaltar von 1782 mit Bild von Josef A. Mölck 1778, die Figuren dem Marx Schokotnigg zuzuschreiben. 3. Seitenkapelle auf der rechten Seite (Epistelseite): Stuckmarmoraltar von 1724 mit Altarblatt Maria und Johannes Evangelist von Matthias Görz; das Fresko zeigt die Herabkunft des hl. Geistes. Grabstein des ersten Propstes Ulrich von Trautmannsdorf gest. 1512. 2. Seitenkapelle: spätbar. Säulenaltar mit guten Figuren, das Bild der Anbetung der Hll. Drei Könige dem Matthias von Görz zugeschrieben; das Fresko zeigt den bethlehemitischen Kindermord. 1. Seitenkapelle: Altar mit neubar. Figuren, das Bild der hl. Sippe von Josef A. Mölck 1779, Oberbild hl. Josef in der Art des Johann A. Weissenkircher E. 17. Jh. Fresko der Erscheinung Christi; bemalte Grabplatte des Propstes Michael Preithofer gest. 1641. Loretokapelle im Südturm mit illusionistischen Malereien 2. V. 18. Jh. Auf der Orgelempore Gestühl und prächtige Orgel in reich verziertem Gehäuse von 1739, dem Grazer Cyriak Werner zugeschrieben. Auf der Empore hl. Josefsaltar und Nikolausaltar M. 18. Jh.

Das **ehemalige Stifts- bzw. Schloßgebäude** erstreckt sich um zwei Höfe an der Nordseite der Kirche. Nach Aufhebung des Stiftes 1785 bis 1834 in Staatsbesitz, bis 1938 den Grafen Lamberg gehörig, von da an in Gemeindebesitz. Von der ma. Wasserburg sind

Pöllau, ehem. Stift – Prunktüre zum ehem. Bibliothekssaal, 1. V. 18. Jh.

der Graben und die Umfassungsmauern im Westen, Norden und Osten sowie Reste der Burganlage an der Westseite des ersten Hofes erhalten. Diese wurde E. d. 17. Jh.s umgebaut und 1895 mit hohen Pfeilerarkaden versehen. An der Ostseite nördlich der 1705 abgebrochenen alten Veitskirche errichtete Propst Mistelberger 1513 eine ebenerdige Klausur, die 1650–1660 um zwei Stockwerke erhöht wurde. Der lange Nordtrakt mit den beiden achteckigen Ecktürmen wurde 1694 unter Propst Maister in der selben Höhe weitergebaut und mit dem Westteil verbunden (Jahreszahl 1694 an Kamin und Akanthusdecke des ehemaligen Refektoriums, heute Standesamt). 1698 wurde der Mitteltrakt mit der Bibliothek errichtet, wodurch die beiden Höfe entstanden. Der größere zweite Hof wirkt durch seine an drei Seiten aufgeführten dreigeschossigen Pfeilerarkaden sehr einheitlich. Im ersten Hof verjüngte Pilastergliederung, an der Südseite erneuerter Eingangs- und Stiegenhaustrakt mit Wappen des Propstes Ortenhofen. 1720 Bau der Sakristei anstelle der alten Veitskirche.

Von der alten Ausstattung des Stiftes sind zu nennen: **ehemalige Stiftsbibliothek** (heute Gemeindefestsaal) mit Deckenfresko der Allegorien geistlicher und weltlicher Wissenschaften signiert und datiert „Ant. Maderni pinx. 1699" nach dem Vorbild des bekannten Deckenfreskos von Pietro da Cortona im Palazzo Barberini in Rom. Das architektonisch reich gestaltete und intarsierte Holzportal um 1720, wahrscheinlich ein Werk des Remigius Horner. Anschließend kleiner Raum mit Augustusfresko 1. H. 18. Jh. Im Ecksaal an der Südwestecke (heute Musikschule) Deckenfresko von 1731, darstellend die Verherr-

lichung der Malerei, das letzte Fresko des Matthias von Görz. Unter den Fenstern mythologische Szenen, die von seiner Werkstatt ausgeführt wurden. Das Orgelpositiv signiert und datiert „Veit Wurzer Orgelmacher, Yuni 1740" befand sich ehemals in der
Kalvarienbergkapelle. Gute Portale um 1730, zur selben Zeit das offene Treppenhaus mit
Balustraden. Auf der obersten ein römischer Grablöwe des 2. Jh.s n. Chr. Ein weiteres
römisches Grabfragment an der Nordseite des Stiftes eingemauert. Eine reizvolle Besonderheit stellen die ebenerdigen **Vorgebäude** dar, die 1747 an der Stelle ehemaliger Wehranlagen errichtet wurden. Die beiden zweigeschossigen Torbogen an der Süd- und Westseite mit freskengeschmückten Giebelaufbauten, die von den Figuren der hll. Augustinus
und der Maria Immaculata bekrönt werden, letzteres ein Werk des Veit Königer um
1760. Auf der Innenseite gegen den Stiftsvorplatz illusionistische Wandmalereien aus der
Bauzeit.
Der **Ort** hat sich noch einen Großteil des alten Häuserbestandes aus dem 16. bis 19. Jh.
bewahrt, der im Südteil in dichter, im Nord- und Ostteil in lockerer Verbauung erhalten
ist. Der Ortskern um den rechteckigen Hauptplatz, der mit seiner Nordseite an den
ehemaligen Stiftsbereich stößt, besteht aus zweigeschossigen. Bauten: **Rathaus** 16.–
18. Jh. mit spätbar. Volutengiebel und sezessionistischer Fassadenmalerei von 1913 im
Obergeschoß. In einer Mauernische steht ein alter **Pranger** aus der Zeit um 1600, der aus
einem kantonierten Steinpfeiler mit Kapitäl und Pyramidenstumpf besteht. Daneben in
Stein gemeißelte Marktchronik der Jahre 1585–1600. Das anschließende **Eckhaus** aus
dem 16. Jh. mit bar. Fassadierung aus der 1. H. d. 18. Jh.s und ovalen Bodenluken. Im
Inneren Raum mit bar. Stuckdecke. Die Häuser an der südlichen Schmalseite aus der
2. H. d. 17. Jh.s. An der offenen Nordseite steht eine gut gestaltete **Mariensäule** von
1681 auf hohem Sockel mit dem Wappen des Propstes Michael Maister und einer vorzüglichen Marienfigur. Das alte **Schulhaus** am dreieckigen Schulplatz, ehemals stiftischer
Getreidekasten, Bauinschrift von 1677. Der anschließende Portalbau mit dem Rest eines
Stiegenturmes führte zum ehemaligen bar. **Prälatengarten** und ist 1681 datiert; seine
Kreuzgratgewölbe mit Emblememalereien stammen aus dem Jahre 1692. Gedeckter Verbindungsgang vom Stift zum Garten aus dem 18. Jh. An der Nordseite des heute verwil-
derten Prälatengartens der ehemalige **Meierhof** des Stiftes mit Gebäuden von 1695 und
dem 18. Jh. Nördlich des Stiftes dreiseitiger gemauerter **Bildstock** mit Fresken von 1776.
Weitere Bildstöcke in der Märzgasse mit einer Johannes-Nepomuk-Figur und an der
südlichen Ortsausfahrt mit einer Kreuzigungsgruppe der 1. H. d. 18. Jh.s. An die Pest
von 1713 erinnert das **Pestkreuz**, ein gemauerter Bildstock mit bar. Fresken. Am **Apothekerhaus** (Schrittwieserplatz) ein römischer Grabstinschriftstein des 2. Jh.s, der dort
1853 im Keller gefunden wurde.
Östlich des Ortes am anderen Ufer des Saifenbaches erstreckt sich die **Kalvarienberganlage** mit ihren Nischenbildstöcken von 1772, deren Fresken (vielleicht durch F. Barazutti) später erneuert wurden. Herz-Jesu-Kapelle von 1669, Erweiterung durch drei Konchen 1750. Im Inneren Deckenfresko von Josef A. Mölck und Altar mit einer spätbar.
Beweinungsgruppe aus dem 3. V. d. 18. Jh.s. Daneben die kleinere Herz-Mariae-Kapelle,
datiert 1715, welche eine Darstellung der Sieben Schmerzen Mariae in Medaillons (vielleicht von Josef A. Mölck), weiters eine Grablegung Christi, signiert und datiert „Felix
Barazutti pinxit 1919", enthält. Kreuzigungsgruppe A. 19. Jh., darunter eine Petrus-
grotte mit derber Figur, datiert 1706.

PÖLLAUBERG   Bez. Hartberg

Schon um 1200 soll über einer Quelle, die auf der damals noch bewaldeten Kuppe des
Masenbergausläufers entdeckt wurde, eine kleine Kapelle zu Ehren der Gottesmutter

Pöllauberg, Wallfahrtskirche – Innenraum, 3. V. 14. Jh.; barocke Orgelempore, 1691

errichtet worden sein. In der Folge entwickelte sich an Samstagen, die Maria geweiht waren, eine rege Wallfahrt, wodurch der Berg vorerst den Namen Samstagberg bekam. Das ständige anwachsen der Pilgerscharen ließ bei der Pöllauer Geistlichkeit, die die Wallfahrt betreute, den Gedanken an einen größeren Kirchenbau reifen. Die reichen Stiftungen der Katharina von Stubenberg – sie schenkte 1339 ihr Gut Rodaun bei Wien – ermöglichte dann die Realisierung des frommen Vorhabens. So entstand gleich neben der alten Kapelle die **Wallfahrtskirche hl. Maria** am Sabbatberg weithin sichtbar in prächtiger Berglage als eine der bedeutendsten hochgotischen Sakralarchiktekturen des Landes. Ihre Bauzeit dürfte sich über das 3. V. d. 14. Jh.s erstreckt haben; 1375 wird eine Kaplanei gestiftet, im selben Jahr erfolgte die Ausstattung mit Meßbüchern, – Gewändern und Kelchen, das heißt, daß zu dieser Zeit der Bau im wesentlichen fertiggestellt war. Wie eine Glasfensterstiftung durch Hertel von Teuffenbach 1384 anzeigt, wurde an der Ausstattung allerdings noch bis gegen 1400 gearbeitet. Seit 1504 ist die Kirche dem Stifte Pöllau inkorporiert, ab 1707 selbständige Pfarre. Im August 1674 wurde der got. Turm vom Blitze getroffen und mit dem Dach zerstört. Sein notwendiger Neubau bildete den Beginn einer Barockisierungswelle, die vor allem die Einrichtung betraf.

Sehr interessante Innenraumgestaltung im Wechsel von zweischiffiger (vierjochiger) Langhaushalle zu dreischiffigem Hallenumgangschor, die beide von einem einheitlichen Mauermantel mit $^5/_8$-Polygon im Osten umschlossen sind. Das Vorbild dazu gab die Wallseerkapelle zu Enns, die im 2. V. d. 14. Jh.s entstanden war. Einwölbung mit Kreuzrippengewölben über mittleren Bündelpfeilern und gebündelten Wanddiensten; beim Übergang vom zwei- zum dreischiffigen Raumteil wie auch bei den Doppelfenstern der Chorschrägen ist der Rippendreistrahl angewandt. Im Westen eine etwas tiefer gelegene dreiachsige Vorhalle mit Empore, die sich mit zwei hohen Spitzbögen zum Langhaus öffnet. Außen hochstrebende Westfassade von dreiteiliger Vertikalgliederung. Am reichsten ausgearbeitet die zwischen zwei gegliederten Strebepfeilern liegende Fassadenmitte mit einem vertieften Gewändeportal, das von zwei Fialen flankiert und mit einem von Maßwerk durchschneidetem Wimperg bekrönt ist. Darüber haben sich noch zwei Reihen verschieden hoher Blendarkaden erhalten. Die abschließende Zone mit dem gotischen Turm wurde zerstört. Die von zwei vierfach abgetreppten Strebepfeilern begrenzten Außenseiten der Fassade sind bis auf das umlaufende Kaffgesims und das polygonale Treppentürmchen an der linken Seite ungegliedert. Der Fassadenabschluß erfolgte 1678 mit einem zweigeschossigen quadratischen Barockturm und flankierenden Nischenarchitekturen, deren Volutenansätze Obelisken tragen. Um den ganzen Bau umlaufend mehrfach abgetreppte Strebepfeiler; zwischen ihnen an der Südseite dreizeilige, im Chor zwei- und vierzeilige hohe Maßwerkfenster mit gekehlten Laibungen. Hervorragend die reichen Steinmetzarbeiten im Inneren an den Schlußsteinen, den Baldachinen und Figurenkonsolen der Wanddienste und vor allem den an sämtlichen Chorwänden umlaufenden Blendarkaduren und Sitznischen. Diese sind über einfachen Steinbänken in drei Schichten gegliedert: zwischen flach vertieften schlanken Spitzbögen zierliche aufgelegte Dienste und als oberer Abschluß die baldachinartig vorkragenden, sehr plastisch gearbeiteten Maßwerkbögen mit skulptierten Konsolen (verschiedenes Blattwerk, Maskenköpfe, Evangelistensymbole). An der nördlichen Schräge ist eine Sakramentsnische mit Gittertürchen eingefügt. Die hohe Qualität der Arbeiten läßt Verbindungen der hier tätigen Werkstatt zum Parler-Kreis und der Wiener Bauhütte möglich erscheinen.

Die Einrichtung fast gänzlich barockisiert, wobei gewisse Härten bei der Einfügung in die feingliedrige Hochgotik nicht zu vermeiden waren. So vor allem beim viel zu wuchtigen Hochaltar, den Remigius Horner entworfen und der Grazer Bildhauer Marx Schokotnigg 1714 mit Figuren ausgestattet hatte. In der Mittelzone, gerahmt von fliegenden Engeln und Putten, das got. Mariengnadenbild von 1470/80 mit spätbar. Reifrock. Darüber das Wappen des Pöllauer Propstes Ortenhofen (1697–1743). Die qualitätvolle Kanzel ent-

*Pöllauberg, Wallfahrtskirche –
steinerne Sitznischen im Chor mit reicher
Steinmetzarbeit, 3. V. 14. Jh.*

stand um 1730 gleichfalls nach einem Entwurf des Remigius Horner, die Figuren (Kirchenväter, Evangelisten, Gottvater) schuf Josef Schokotnigg, der zur selben Zeit auch Ergänzungen am Hochaltar seines Vaters durchführte. Sechs Seitenaltäre des 18. Jh.s, am Magdalenenaltar Ölbild des Bartolomäo Altomonte; am 1720 fertiggestellten Patriziusaltar Votivbild der Stadt Hartberg (1684) und der Pfarre Pöllauberg (1713) für die Verschonung von der Pest. Die große Statue der Maria mit Kind auf einer Säule von 1616. Der Einbau der dreiachsigen Orgelempore erfolgte 1691. In den Bogenzwickeln sind Stuckfiguren der Evangelisten und zweier Propheten von Josef Sereni angebracht, an der Brüstung Freskenfelder mit Marienszenen von Antonio Maderni. Die Orgel von 1684 mit reich geschnitztem Gehäuse und seltenen Pfeifenformen. Unter der Empore Beichtstuhl von Remigius Horner 1710. Im Tympanonfeld des Westportals Fresko der Verehrung Mariens von 1877; an der Südseite Wandbild der Überwindung des Krieges von Fritz Silberbauer 1929, ergänzt 1953. Glocke von Adam Roßtauscher 1678. In der **Sakristei** an der Südseite ein frühes Deckenbild des Pöllauer Stiftsmalers Matthias von Görz von 1703, darstellend die Vorfahren Christi; der Sakristeischrank entworfen von Remigius Horner 1710.

An der Südseite der Kirche wurde 1694 ein geräumiger dreigeschossiger **Pfarrhof** in den abfallenden Hang gebaut. Er enthält ein bar. Deckengemälde der über Pöllauberg schwebenden Maria.

Nördlich der Kirche die **Annenkapelle** anstelle der romanischen Marienkapelle, von der bei der Renovierung von 1967 Baureste gefunden wurden. 1532 erweitert, wurde sie 1730 jedoch vollständig umgebaut und mit einer geschwungenen Giebelfront und aufgesetztem Türmchen ausgestattet. Der Innenraum ist mit einer Tonne eingewölbt. Hochaltar von 1644, geschmückt mit einem Bild der hl. Anna Selbdritt. Die Ulrichsstatue stammt aus einer nicht mehr bestehenden Ulrichskapelle von 1673 beim ehemaligen Pfarr-Meierhof.

Der steinerne **Bildstock** vor der Westfassade der Kirche 1673 von dem damaligen inner-österreichischen Regimentskanzler Thomas von Mauerburg auf Mallegg gestiftet. Weitere Bildstöcke entlang des Aufstieges von Pöllauberg.

POPPENDORF   Bez. Feldbach

In der Umgebung jungsteinzeitliche Einzelfunde und zwei frühmittelalterliche Wehranla-gen (beim ‚Herrenschuster' und in Glasbachwald). Das heutige **Schloß** wurde auf einer kleinen Anhöhe im Poppendorfer Tal anstelle einer, in das 13. Jh. zurückgehenden, mehrfach veränderten Burg der Herren von Poppendorf errichtet. Mit dem Bau wurde unter Ferdinand Freiherrn von Offenheim 1667 (Jahreszahl am Portal) begonnen, die Fertigstellung erfolgte unter Georg Freiherr von Mersperg 1676. Es ist ein breiter, ge-schlossener, zweieinhalb Geschosse hoher Baukörper, der an den Seiten risalitartig vor-springt und durch flache Gurtgesimse horizontal gegliedert wird. Anders als bei den Renaissanceschlössern ist nicht mehr der Innenhof sondern die Mittelachse zum neuen Bezugspunkt geworden. Sie wird hervorgehoben durch den hohen Dachreiter mit Zwie-belhaube und die beiden Portale des in Art einer Laube durchgehenden Erdgeschoßsaales, von denen das rückwärtige im Stile der Zeit in Rustika gearbeitet ist mit seitlichen Figu-rennischen. Auch die Raumanordnung des Inneren zeigt eine straffe Zentrierung. Der Sala terrena in der Mittelachse des Erdgeschosses entspricht der darüberliegende, über eineinhalb Geschosse reichende Festsaal mit einem reich stukkierten Spiegelgewölbe, ausgeführt 1676 von dem italienischen Stukkateur Alessandro Serenio. Die beiden hohen Balustraden an den Schmalseiten sind spätere Zutaten, ebenso die 1926 angefügte Altane an der Vorderfront. Aus der 1. H. des 18. Jh.s stammt der beschädigte Marmorkamin, aus der Bauzeit der kleine Balkon mit Schmiedeeisengitter an der Rückfront. Im 19. Jh. begann das Schloß nach mehrmaligem Besitzerwechsel zu verfallen, konnte aber 1926 durch eine Wiederinstetzung und Benützung gerettet werden. Allerdings ist in den Wohnräumen nur wenig von der alten Ausstattung erhalten geblieben. Erwähnenswert im Südflügel der Belletage eine Stuckdecke der Serenio-Werkstatt und ein Empireofen; im Nordflügel Tapetenzimmer mit orientalischen Motiven sowie umlaufenden Puttenfriesen E. 19. Jh. Anschließend Zimmer mit Deckenstuck. Im Halbgeschoß einige bar. Balken-decken und Türen.
Im Park an der Rückseite des Schlosses und in dessen Mittelachse steht eine kleine **Schloßkapelle.** Sie hat die Form eines in die Länge gezogenen Achtecks und wurde im 1. V. d. 18. Jh.s errichtet. Das Äußere ist durch Putzrustika an den Gebäudekanten und einen umlaufenden Felderfries unterm Kranzgesims gegliedert. Der Innenraum wird von einer ovalen Flachkuppel überwölbt, die gegen 1720 von Peter Zaar stukkiert wurde. Er enthält einen Altar mit dem Bild der hl. Barbara von dem Grazer Maler Johann Veit Hauck 1715 und ein auf zwei Säulen aufruhendes Gruftgewölbe.

PUCH   Bez. Weiz

Kirchsiedlung am Fuße des Kulm, erste Nennung 1265 im landesfürstlichen Urbar als „Puech" = im Buchenwald. Seit dem vorigen Jahrhundert ist der Ort Zentrum der steiri-schen Obstbaumzucht und gilt heute als größte Obstbaugemeinde Österreichs.
Die auf einer erhöhten Terrasse gelegene **Pfarrkirche hl. Oswald** wurde 1386 erstmals erwähnt und dürfte damals noch aus einem romanischen Kirchlein bestanden haben. Im 3. V. d. 15. Jh.s erfolgte der spätgot. Ausbau nach dem landläufigen Schema, bestehend aus einem dreijochigen Langhaus, Chor und Südturm. Letzterer trägt die Jahreszahl 1466

überm Portal. Nachdem man bei einer Visitation im Jahre 1659 bauliche Mängel festgestellt hatte und die Kirche zudem 1662 zur Pfarre erhoben worden war, erfolgte eine gründliche Umgestaltung, die nicht nur die Sanierung des Baues sondern auch seine Modernisierung zum Ziele hatte. Das alte Rippengewölbe des Langhauses wurde entfernt und durch bar. Kreuzgratgewölbe ersetzt, die von Gurten über Wandpilastern unterteilt werden und sparsame Stuckverzierung und vertiefte Feldergliederung aufweisen. Gleichzeitig wurden die Fenster verändert, dem Turm eine neue Glockenstube mit Zwiebelhaube aufgesetzt und an der Nordseite eine rechteckige Seitenkapelle angebaut. Der einjochige Chor mit 3/8-Schluß, nur an der Südseite gegenüber dem Langhaus eingezogen, erhielt gleichfalls ein bar. Gewölbe und Wandpilaster. Um 1750 Einbau der Orgelempore; 1903 wird der Vorbau an der Westseite angefügt. Obwohl nach Grundriß und Mauerkern noch spätgot., ist dies lediglich an den Untergeschossen des quadratischen Turmes sichtbar geblieben.

Die hochbar. Ausstattung der Umbauzeit wurde durch eine spätbar. im 18. Jh. ersetzt. Hochaltar mit Säulenaufbau und Figurenschmuck von Jakob Payer 1768, das Mittelbild mit der Darstellung des Kirchenheiligen von 1772. Kanzel mit Akanthusschmuck und dem hl. Michael als Seelenwäger am Schalldach, um 1710. Der Kapellenaltar hat einen um 1900 erneuerten Aufbau mit spätbar. Heiligenfiguren und hochbar. Gebälkengeln vom alten Marienaltar, den Johann Baptist Fischer 1689 geschaffen hatte. Kruzifix und Opferstock 18. Jh., die Orgel vom E. d. 19. Jh.s.

Um die Kirche Teile der alten Kirchhofmauer, in der ein figürlicher Römerstein des 2. Jh.s eingemauert ist.

Alter **Pfarrhof** (Nr. 1) gegenüber der Kirche, am Portal bezeichnet 1747.

In prächtiger Höhenlage an den westlichen Gipfelhang des Kulm (975 m) gelehnt, steht die kleine **Filialkirche Maria Brunn.** Sie wurde 1720 durch eine Gräfin Wurmbrand über einer hier entspringenden Heilquelle erbaut und besteht aus einem einfachen hohen Saalraum mit Altarapsis und Sakristei. Der schmucklose Außenbau hat ein kleines Türmchen an der Westseite und die Jahreszahl 1746, die sich auf die Fertigstellung des Kalvarienberges beziehen dürfte. Uneinheitliche Einrichtung: kleiner Hochaltar im Knorpelwerkstil 3. V. 17. Jh., rückseitig das ehemalige Altarbild der Schmerzhaften Maria unterm Kreuz um 1720/30, gleichzeitig die Figuren. An der Wand spätgot. Rochusstatue und Engel aus dem E. d. 15. Jh.s, ein hl. Sebastian 1. V. 18. Jh. Von dem einstigen Wallfahrerinteresse zeugen noch Votiv- und Heiligenbilder des 18. und 19. Jh.s.

Oberhalb des Kirchleins erstreckt sich die **Kreuzweganlage** mit acht gemauerten Stationskapellen. In diesen sind Szenen der Leiden Christi mit plumpen Holzfiguren ca. M. 18. Jh. dargestellt. Auf der Gipfelebene wurde 1949 eine steinerne Marienfigur aufgestellt.

R A D K E R S B U R G siehe unter **B A D R A D K E R S B U R G**

R A T T E N Bez. Weiz

Der Ortsname ist abzuleiten vom alten Gegendnamen „im Roten", womit seit dem 14. Jh. das obere Feistritztal gemeint war. Bis zum E. d. 17. Jh.s wurde nahe dem Ort nach Silber gegraben; Braunkohlenabbau ist bis in die jüngste Zeit betrieben worden.

Die **Pfarrkirche hl. Nikolaus** wurde 1418 erstmals genannt. Neubau 1708–1709 durch den Pöllauer Baumeister Remigius Horner unter Belassung des gotischen Turmkernes. Das zweijochige tonnengewölbte Langhaus ist mit der für Horner charakteristischen

Dreikonchenanlage verbunden, deren mittlere Apsis um ein Joch verlängert ist. Vorangestellt der quadratische Westturm, am Portal bezeichnet 1709. Wandgliederung mit Pilastern und Gesimsabschluß; die dreiachsige Orgelempore auf Mauerpfeilern.
Reiche Barockausstattung, die bei der letzten Restaurierung 1970 in allen Teilen belassen wurde und daher noch einen guten Eindruck von der alten Bilderfülle vermitteln kann. Hochaltar aus der Bauzeit mit Säulenarchitektur und Umgangsportalen, auf diesen die hll. Georg und Martin zu Pferde; in der Mitte Bild des hl. Nikolaus. Von den beiden Seitenaltären der Barbaraaltar 1714 datiert: Bild der Heiligen von G. A. Washueber. Marienaltar mit guten Figuren 2. V. 18. Jh., dem Hartberger Bildhauer Josef Hilt zuzuschreiben. Der Isidoraltar stammt noch von der alten Kircheneinrichtung aus dem 3. V. 17. Jh., das Altarblatt spätbar. Kanzel im Akanthusstil gegen 1700, die Evangelistenfiguren bei der letzten Restaurierung von F. Wigele erneuert. An den Wänden zwölf Apostelfiguren von 1721, die Säulenmadonna etwa gleichzeitig. Eindrucksvolles Kruzifixus 2. H. 17. Jh.; die schön geschnitzten Sanktusleuchter um 1700. Volkstümliche Kreuzwegbilder sowie weitere Heiligenbildnisse aus dem 18. bzw. 19. Jh., darunter das im Spätbarock sehr verbreitete realistisch gestaltete Andachtsbild des hl. Hauptes zu Klagenfurt. Die Orgel wurde 1825 von Matthias Krainz angefertigt. In der Paramentenkammer marmorierter Schrank und Figur des Auferstandenen A. 18. Jh.; das Vortragskreuz mit spätgot. Korpus. Zwei Grabsteine von 1684; außen am Turm klassizist. Epitaph der Anna Zeilinger von 1797. Kirchhofportal mit Sprenggiebel und Figur des Kirchenheiligen 1. V. 18. Jh.; das Gitter 1968 erneuert.
Neben der Kirche befindet sich die 1664 von der Rosenkranzbruderschaft errichtete **Kapelle.** Der üppig geformte Altar im Knorpelwerkstil, das Nikolausbild und die am Gewölbe freskierten Marienbilder (Himmelfahrt, Dreifaltigkeit) stammen aus der selben Zeit. Hinterm Altar Votivbilder und -gaben erhalten, desgleichen noch ein bar. Opferstock.
Gasthof Gesslbauer mit Tramdecke von 1723; der steirische Dichter Peter Rosegger ist hier öfters eingekehrt.

REINBERG Bez. Hartberg

Am Rande der Hochterrasse über der Tälergabelung von Lafnitz- und Voraubach lag einst eine schon zu E. d. 12. Jh.s von den Stubenbergern erbaute Grenzburg. Sie erhielt ihren Namen von dem Rittergeschlecht der Reinberg, die um die M. d. 13. Jh.s ausstarben und von den Herren von Krumbach und einigen weiteren Familien gefolgt wurden. Schon im 15. Jh. verfiel die Burg und ist nur mehr durch zwei Gräben und einen Turmrest erkennbar. Erhalten geblieben ist jedoch die ehemals neben ihr erbaute Burgkapelle und heutige **Filialkirche hl. Nikolaus** (Pfarre Vorau), die 1390 genannt wurde. Sie besteht aus einem quadratischen Altarraum mit kräftigem Kreuzrippengewölbe, das auf Eckkonsolen auflastet und dem anschließenden breiteren Langhaus. An dessen Außenmauern ragen got. Konsolen vor, die einst einem Pultdach als Stützen gedient haben dürften. Im 15. Jh. hat man außerdem eine nicht mehr erhaltene ringförmige Schutzmauer um das Kirchlein angelegt. A. 18. Jh. wurden am Chorschluß eine rechteckige Sakristei angefügt, eine flache Langhausdecke eingezogen und die Türen und Fenster verändert. Deckenmalereien in der 1. H. d. 18. Jh.s: im Schiff Ovalfresko mit Marienkrönung, im Chor in den Rippenzwickeln Putten. Neuer Altar anläßlich der Restaurierung von 1971 aufgestellt und geweiht. Die alte zum Teil noch got. Einrichtung nach Stift Vorau verbracht. Davon verblieben die Statuen der Apostelfürsten und zwei Heiligenbilder aus dem 18. Jh.
Lindenbauer-Kreuz mit gemauertem und überdecktem Gehäuse A. 18. Jh.

REINTHAL   Bez. Graz-Umgebung

Schloß am östlichen Stadtrand von Graz im Hügelgelände bei St. Peter. Im Mittelalter befand sich hier ein Wirtschaftshof des Stiftes Rein (Name!), ab dem 16. Jh. ist ein Edelsitz bezeugt. Das Anwesen wurde mehrmals erweitert, zuletzt im 19. Jh. und wechselte öfters den Besitzer. Unter ihnen befand sich auch der österreichische Heerführer FZM Julius von Benedek, der sich nach den Enttäuschungen von Königgrätz 1866 für einige Jahre hierher zurückzog. Seit 1967 im Besitz der Stadtgemeinde Graz; in den letzten Jahren gut besuchter Schauplatz sommerlicher Theateraufführungen einer Laienspielgruppe.

Kleine Vierflügelanlage um quadratischen Innenhof, die im wesentlichen in drei Bauperioden entstanden ist. Älteste Teile sind der unterkellerte Südtrakt, in dessen Erdgeschoßräumen Kreuzgratgewölbe und Stichkappentonnen vorhanden sind, sowie der dreigeschossige Mittelbau des Westtraktes, der ursprünglich freistand (Vischer-Stich), wie z. T. zugemauerte Erdgeschoßluken erkennen lassen. Laut Wappen- und Inschrifttafel neben dem Gartenportal – eine gute Steinmetzarbeit der heimischen Frührenaissance – wurde er 1545 von Bartholomäus Rues erbaut als ,,Stöckl" mit Laube. An beiden Seiten Renaissance-Trauffries aus über Eck gelegten Ziegeln. Im Barock Erweiterung des Westtraktes auf die heutige Breite und Einbau des zweigeschossigen Pfeilerarkadenganges gegen den Hof. Südwest-Giebel datiert 1670! Zugleich dürfte der ebenerdige Eingangstrakt an der Ostseite mit übergiebeltem Rustikaportal errichtet worden sein. Hofarkaden im Südtrakt später vermauert; der bei Vischer abgebildete Rundturm (an der Südost-Ecke?) nicht mehr vorhanden. Erst im 18. Jh. erfolgte der Einbau des Nordtraktes mit dem quadratischen Eckturm im Nordosten. Er enthält im Obergeschoß eine kleine Kapelle. Aus dem Biedermeier der gartenseitige Uhrengiebel und das Stiegenhaus des Westtraktes.

Von der alten Einrichtung sind im obersten Geschoß des Westtraktes zwei Stuben mit Tramdecken und intarsierten Türrahmen ca. 1600 erhalten. Im darunter liegenden Geschoß schöner Kachelofen der Renaissance 2. V. 16. Jh. mit achteckigem Oberteil, die Kacheln zeigen Darstellungen Christi, biblischer und frühmittelalterlicher Könige, Frauengestalten im Zeitkostüm und Einblicke in Renaissancearchitekturen. Die Vertäfelung der Ofenstube E. 19. Jh.

Südseitig im abfallenden Gelände Steinbalustrade und Gartentreppe 19. Jh.

REITENAU   Bez. Hartberg

Schloß westlich von Grafendorf in ebenem Gelände gelegen. An seiner Stelle im 3. V. d. 12. Jh.s von Seifried von Kranichberg ein Rodungsstützpunkt errichtet. Er wurde im 14. Jh. von den Reuter, stubenbergischen Gefolgsleuten, zum Wasserschloß umgebaut, das den Namen Reitenau erhielt. Seit 1563 gelangte es in den Besitz der Wurmbrand, die es nach dem Hajdukeneinfall von 1605 vergrößerten und verstärkten. Während der Kuruzzenkriege wurde der damalige Schloßherr Graf Wolf F. v. Wurmbrand von den erbitterten Bauern verdächtigt mit dem Feinde im Bunde zu stehen. Sie stürmten das Schloß, plünderten es und schleppten den Grafen nach Seibersdorf, wo sie ihn am 7. 8. 1704 erschossen. Die Stelle ist durch einen gemauerten Nischenbildstock mit Passionsfresken, die kürzlich erneuert wurden, gekennzeichnet. Sein heutiges Aussehen erhielt Schloß Reitenau im 18. Jh. – Geschlossene, von einem Wassergraben umgebene dreigeschossige Anlage, die um einen sechseckigen Innenhof gruppiert ist. Die symmetrische Gestaltung der Eingangsseite mit den beiden flankierenden Rundtürmen und dem Pilasterportal in der Mittelachse erfolgte im 18. Jh., konnte aber an den übrigen Seiten des asymmetrischen Baukörpers nicht eingehalten werden. Die ältesten Teile im Erdge-

Reitenau, Schloß – Eingangsfront neugestaltet 2. V. 18. Jh.

schoß des Ostflügels, der eine kleine Renaissancetür aus dem 2. V. d. 16. Jh.s aufweist und an der Westseite, die von zwei hohen Schüttkästen mit kleineren Rundtürmen an den Ecken gebildet wird (siehe dazu den Stich aus Vischer's Schlösserbuch von 1681). Im 18. Jh. wurden alle Seiten auf drei Geschosse hochgeführt, die beiden Südtürme erhöht und mit gedrückten Zwiebelhauben abgeschlossen; im Hof flachelliptische Pfeilerarkaden, im Nordtrakt 1732 eine zweigeschossige **Kapelle** eingefügt. Diese ist mit schlanken Pilastern und zartem Laub-Bandlwerkstuck geschmückt. Der Altar mit dem Bild des hl. Franz Xaver vor Maria entstand gleichzeitig; Ovalbild der Maria lactans 3. V. 18. Jh. Im Dreipaßfenster oberm Altar Wappenscheibe der Müller-Hornstein und Fünfkirchen 19. Jh. In den Wohnräumen einige Empireöfen.
Vor dem Schloß zum Teil erhaltene Wälle und Gräben.

RETTENEGG Bez. Weiz

Nordöstlichster Kirchort der Oststeiermark in 857 m Seehöhe am Zusammenfluß der Feistritz und des Pfaffenbaches. Ältester Teil der westliche Ortskern, der um 1300 gegründet wurde. Er führte die Bezeichnung „Dörfl" und gehörte zu Ratten. Die Gegend wurde im Mittelalter „in der ynnern Raten" genannt; der Name Rettenegg kam erst zu E. d. 18. Jh.s auf. Seit dem 16. Jh. gab es zwischen Ratten und Rettenegg einige Hammerwerke, die vom Erzberg angeliefertes Eisen verarbeiteten; im östlich anschließenden

Feistritzwald besteht seit dem 18. Jh. eine Forstarbeitersiedlung. In der Umgebung des Ortes wurde einst Kohle, Kupfer und Silber abgebaut (Stollen noch sichtbar) und zeitweilig auch eine Glashütte betrieben.
Kleine **Pfarrkirche hl. Florian**, als Kuratie von Ratten 1807 begründet, nach kriegsbedingter Unterbrechung jedoch erst 1833 vollendet. Der Westturm von Architekt H. Pascher 1897 hinzugefügt. Das Innere als Saalraum mit Spiegelgewölbe; der eingezogene einjochige Chor halbrund schließend. Hochaltar mit Bild des hl. Florian bezeichnet „J. Prank 1869", Mensa 1889 erneuert. Zwei Seitenaltäre aus der Bauzeit, die Bilder von Simon Pregatter 1835. Die Kanzel ein Werk des späten 18. Jh.s (von anderer Kirche übertragen). Orgel von F. Werner 1869.

RIEGERSBURG   Bez. Feldbach

Der aus dem oststeirischen Hügelland nordöstlich von Feldbach steil aufragende Basaltfelsen trug auf seinem langgestreckten, gegen Süden abfallenden Plateau schon in der Zeit der Urnenfelderkultur (8./7. Jh. v. Chr.) eine Siedlung. Sie lag an der heute unverbauten Ostseite des Burgfelsens, wo man die Grundrisse einiger Hütten freilegen konnte. Kleinfunde (z. T. in der Burg ausgestellt) reichen von der Jungsteinzeit (Steinbeil) über die Kupfer- und Bronzezeit (Keramik; Griffzungenschwert, Lanzenspitzen), Eisenzeit bis zu den Römern. Sie lassen eine lange Siedlungskontinuität am und um den schutzbietenden Felsen erkennen.
Der heutige **Ort** entstand im 12. Jh. als Untersiedlung der nach 1122 erbauten ältesten Burg. Er ist zu beiden Seiten der Straße an der Ost- und Südseite des Felsens angelegt und weist einen Häuserbestand des 17. bis 19. Jh.s auf. Nach den Schäden, die der Ort in den Kampfhandlungen von 1945 erlitten hatte, erfolgten mehrere Umbauten, die jedoch das Ortsbild intakt ließen. An der Ostseite, gegen den Burgberg gelehnt, das gründerzeitliche Haus des Kunsttischlers und Bildhauers Carl Fischentin aus Basalttuffquadern, um 1880.
Die **Hauptpfarrkirche** wurde 1170 erstmals erwähnt und bildete den Mittelpunkt einer bald mit mehreren Filialen ausgestatteten umfangreichen Urpfarre. Sie stand ursprünglich an der Ostseite des Felsens und wurde wegen Baufälligkeit 1832 abgerissen. Zwei romanische Architekturreste, und zwar ein halbkreisförmiger Tympanonstein mit Zirkelschlagmuster (heute im Pfarrhof) und ein Stück eines Rundbogenfrieses (im Haus am Beginn des Burgaufstieges eingemauert) dürften von ihr stammen. Sie kann demnach als kleinere Anlage mit flachgedecktem Rechteckraum und Apsis vorgestellt werden. Der spätgot. Neubau der Hauptpfarre an der Südseite des Felsens erfolgte in zwei Phasen. Die erste fällt in die Zeit des Burgherrn Reinprecht von Reichenburg, der die Herrschaft 1478 erwarb und bald nach seiner Rückkehr aus Burgund 1481 mit dem Bau begonnen haben dürfte. Wegen auftretender Geldschwierigkeiten mußten die Arbeiten jedoch nach einigen Jahren unterbrochen werden. Aufgeführt waren bis dahin der Chor, das untere Turmgeschoß mit Wendeltreppe und die Langhausmauern. Die Fertigstellung der Kirche erfolgte unter Reinprechts Sohn Hans von Reichenburg (1505–1522 Herrschaftsinhaber) und dem Pfarrer Martin Weinreber (1517–1554). – Der unverputzt belassene Außenbau (Gerüstlöcher) aus rauhen Basalttuffquadern, die an Ort und Stelle gebrochen wurden. Zweijochiger Chor mit $^5/_8$-Schluß und Rautensterngewölbe über abgefasten Diensten. An der Südseite spätgot. Rahmenarchitektur mit Eselsrückenbogen und Maßwerk um ehemalige Sessionsnische, die beim Anbau der Sakristei im 18. Jh. als Zugang geöffnet wurde. Daneben verstäbtes Rechteckportal zum Turm und ehemalige Pforte zur Wendeltreppe. An der Nordseite ehemals außen liegendes Spitzbogenportal, das zu der wahrscheinlich im 17. Jh. angebauten zweijochigen Wochentagskapelle (ältere Sakristei) führt. Das vier-

Riegersburg, Hauptpfarrkirche – Epitaph des E. v. Stadl, gest. 1578

jochige Langhaus ist wenig breiter als der Chor. Ein Kreuzgratgewölbe mit dünnen Ziegelrippen ruht auf abgefasten Wandpfeilern, die gleichfalls aus Ziegeln gemauert sind. Es gehört bereits der zweiten Bauphase an, die den Übergang zur Renaissance erkennen läßt. In die selbe Zeit fällt auch der Zubau der dreiachsigen Orgelempore. Wenige Jahre davor entstand die zweijochige Nordkapelle (Wenzelskapelle), deren noch spätgot. Kreuzrippengewölbe, Schlußsteine und Rippenkonsolen Wappen des Hans von Reichenburg und seiner Gemahlin Eva Trautson aufweisen. Das reich gestaltete Kielbogenportal an der Westseite ist von den Wappen des Pfarrers Weinreber und des reichenburgischen Pflegers Hans Heger gerahmt. Der auf zwei Säulen abgestützte Vorbau wurde in der 1. H. d. 17. Jh.s hinzugefügt. In der gleichen Zeit dürfte der quadratische Turm an der Südseite des Chores erneuert worden sein. Bei der letzten Innenrenovierung 1978/80 fand man unter dem Putz Quadermauerung im Erdgeschoß und Spuren eines abgeschlagenen Gewölbes sowie einen vermauerten Zugang zur Wendeltreppe. Sie stammen noch vom got. Vorgänger der wahrscheinlich wegen Bauschadens weitgehend abgetragen werden mußte. Der Zwiebelhelm wurde 1911 erneuert. Die Patriziuskapelle an der Südseite von 1744.
Qualitätvolle Einrichtung: der aus drei verschiedenen Marmorarten errichtete frühklassizist. Hochaltar von 1780/90 besteht aus einem zweischichtigen Säulenaufbau mit flachem Sprenggiebel, in der Mitte Bild der Mantelspende des hl. Martin von dem Grazer Maler Anton Jantl. Darunter vergoldetes rechteckiges Relief mit einer weiteren Szene aus der

Vita des Heiligen. Die Figuren der Apostelfürsten an den Außenseiten um 1760 von einem früheren Altar stammend. Von gleichem Material und Stil wie der Hochaltar ist die figurenlose Kanzel, am Schalldach Symbole des Alten und Neuen Bundes; am Aufgang spätbar. Obergitter um 1740. Zu Seiten des hohen gotischen Fronbogens zwei Seitenaltäre aus Stukkolustro um 1760 mit einschwingendem Aufbau und großem Altarblatt. Die Orgelbrüstung mit zarten Stuckauflagen sowie die Orgel mit hohem Gehäuse und Rocailledekor stammen gleichfalls aus der spätbar. Ausstattungsphase um 1760. An der Nordwand des Langhauses steht das architektonisch gestaltete Epitaph des Burgherrn Erasmus von Stadl, gestorben 1578, eines der vorzüglichsten Renaissancebildwerke des Landes. Im Hauptrelief ist der Verstorbene in Rüstung unterm Kreuz kniend dargestellt, darunter in der Sockelzone das Relief einer antikisierenden Reiterschlacht, darüber die Figur des Auferstandenen, an den Seiten und als oberster Abschluß die weiblichen Personifikationen der drei Kardinaltugenden Glaube, Liebe und Hoffnung. Eine weitere vorzügliche Bildhauerarbeit steht außen an der Südseite des Langhauses; es ist ein in üppigen Formen gestaltetes frühbar. Steinretabel, das laut Inschrift 1618 vom Burgbesitzer Georg Chr. Freiherr von Ursenbeck und seiner Frau gestiftet wurde. Das Retabel enthält einen flachen Schrein mit den Gestalten der hll. Nikolaus und Florian und ist außen von Voluten, Fruchtgehängen, krautigem Akanthus und Maskarons umgeben. Den Abschluß bildet eine thronende Gottesmutter, flankiert von Putten mit dem Stifterwappen. In der nördlichen Seitenkapelle die Gruft der Grafen Purgstall mit einfachen klassizist. Grabsteinen des Wenzeslaus Gottfried Purgstall (gest. 1812), seines Sohnes (gest. 1817) und seiner aus Schottland stammenden Frau, einer geborenen Cranstone (gest. 1835). In der Kapelle weiters ein neugot. Altar mit dem Bild des hl. Wenzel von dem Wiener Maler Leopold Kupelwieser 1833. Die Kreuzwegbilder wurden nach dem Vorbild des Wiener Nazareners Josef Führich 1856 von Josef Wonsidler gemalt. Im Chor zwei Barockbilder des frühen 18. Jh.s und Figuren der hll. Sebastian und Johann Baptist 3. V. 18. Jh., 1980 aufgestellt. Die Wangen der erneuerten Kirchenbänke und die geschnitzten Portalflügel 1886 von Carl Fischentin hergestellt. Farbverglasungen der 12 got. Fenster in Chor, Langhaus und Kapellen nach Entwürfen von Adolf und Heide Osterider 1979. Mit symbolischen Farbwerten wird der menschliche Lebensweg gedeutet, der über Glaube und Liebe zur Herrlichkeit Gottes führen soll. Glocke von Adam Roßtauscher 1673. Südlich der Kirche der 1979 fertiggestellte neue Pfarrhof, welcher anstelle des alten Mesnerhauses errichtet wurde und sich gut dem Ortsbild einpaßt; weiters die Kirchhofmauer und gegen Westen der alte Torturm. Am nordöstlichen Ortsrand steht der **alte Pfarrhof** (heute privat) mit der 1833 anstelle der ersten Kirche errichteten Magdalenenkapelle. Diese enthält einen Altar mit Bild der Heiligen von Josef Wonsidler 1833. Im Park vorzügliche **Steinskulptur** einer sitzenden Maria mit Kind auf Sockel um 1600. An der Ortsausfahrt gegen Ilz Steinfigur des Johannes Nepomuk M. 18. Jh. Südseitig an der Straße nach Altenmarkt steht ein dreieckiger gemauerter **Nischenbildstock** der M. d. 18. Jh.s.

Die ausgedehnte **Bergfestung Riegersburg** geht zurück auf zwei kleine Burganlagen, die seit dem 13. Jh. vorhanden waren. Kronegg, die ältere, lag anstelle der heutigen Hochburg und war nach 1122 von einem Rüdiger von Hohenberg als Besiedlungsstützpunkt erbaut worden. Bis 1249 befand sie sich im Besitz der Herren von Riegersburg-Wildon, bis 1301 in dem der Khuenring-Dürnstein. Die jüngere und tiefer gelegene Burg Lichteneck stand am Platze des heutigen Grenzlandehrenmals und war seit dem E. d. 13. Jh.s landesfürstlich. Von 1301–1478 fielen beide Burgen den Herren von Wallsee-Graz zu; in der sogenannten Wallseer-Fehde bedrohten sie das Umland und wurden deshalb im Jahre 1412 vom Landesfürsten Herzog Ernst dem Eisernen belagert und zur Kapitulation gezwungen. 1478 erwarb Reinprecht von Reichenburg, Truppenführer im Dienste Kaiser

Riegersburg, Schloß – Lichteneckertor. 1679

Maximilians, Burg und Herrschaft. Von seinen Nachkommen ging sie 1571 in den Besitz der Freiherrn von Stadl über, die den Um- und Ausbau der mittelalterlichen oberen Burg Kronegg im Stile der Spätrenaissance durchführten. 1619–1637 saßen Georg Christoph Freiherr von Ursenbeck, hernach der aus Radkersburg stammende Seifried Freiherr von Wechsler auf der Burg. Die Nichte des letzteren, Elisabeth Katharina von Wechsler, verehelichte Galler, wurde 1648 auf dem Erbwege Alleinbesitzerin der Burg und Herrschaft. Sie setzte deren Ausbau fort und begann die großzügige Befestigung des Burgberges mit Bastionen, Courtinen und Toren, die dann nach ihrem Tode 1672 ihr Schwiegersohn Johann E. Graf von Purgstall vollendete. Dessen Familie besaß die Riegersburg bis 1822, von da ab bis heute die Familie der Fürsten Liechtenstein. Durch umfangreiche Sanierungsmaßnahmen nach den Schäden des 2. Weltkrieges konnte die ausgedehnte Anlage in gutem Zustand erhalten werden. – Das langgestreckte **Hochschloß** erhebt sich an der höchsten Stelle im Nordwesten des Felsplateaus und ist durch den natürlichen Steilabfall des Basaltfelsens an der West- und Nordseite sowie durch zwei tiefe Gräben an der Ost- und Südseite gut gesichert. Es besteht aus mehreren, um zwei längliche Höfe unregelmäßig gruppierte Trakte, die im wesentlichen vom 15. bis zum 17. Jh. entstanden und zu einem erheblichen Teil aus dem Material des Burgfelsens errichtet wurden. Den ältesten Baukern bildet der quadratische Bergfried an der Südostecke, der noch aus dem 13. Jh. stammen dürfte und im 17. Jh. von hohen Gebäuden ummantelt wurde, sodaß er nach außen nicht mehr in Erscheinung tritt. Auf das 15. Jh. zurückzuführen sind die gegen Süden anschließende Kapelle mit engem Stiegenhaus, Teile des Torhauses und erhebliche Partien der Westseite, die kühn überm Felsabsturz errichtet wurden. In dem vom ersten Hof zugänglichen Erdgeschoß dieses Traktes got. Raum der 1. H. des 15. Jh.s, der A. d. 16. Jh.s mit einer Trennmauer unterteilt wurde. In dieser ein verstäbtes spätgot. Schulterbogenportal. Außen abgefaste Tür- und Fenstergewände sowie vorkragender spätgot. Erker gegen Hof und Westabfall. Unter den Stadl, das heißt in den Jahrzehnten vor und nach 1600, erfolgte die Verbauung der Nord- und der langen Ostseite sowie des mittleren, beide Höfe trennenden Verbindungstraktes und des gegen Osten vorspringenden Rittersaaltraktes. Damals erhielten die Innenhöfe ihr heutiges Aussehen: der vordere mit der zweigeschossigen Arkadenfront der Ostseite aus Erdgeschoßpfeilern und Säulchen im Obergeschoß, dem in die anschließende Mantelmauer des got. Stiegenhaustraktes eingebrochenen verzierten Spätrenaissancefenster sowie dem Arkadengang überm Torbogen. Der hintere Brunnenhof hat an drei Seiten verschieden gestaltete Bogengänge, die von hohen Pfeilerarkaden im Erdgeschoß an der Südseite über Säulchengänge auf Kragsteinen bis zu dreigeschossigen Pfeiler- und Säulchenarkaden reichen. Die Brüstungen der Nord- und Westseite sind mit Sgraffitomalereien, welche Balustergliederungen imitieren, geschmückt. Der Brunnen mit geschwungener runder Steineinfassung und der reichen schmiedeeisernen Laube aus plastischem Rankengitter und flachen Silhouettefiguren entstand um 1640.

Unter der Freifrau von Galler wurde in den Jahren ab der M. d. 17. Jh.s zwischen den beiden Gräben die **Vorburg** errichtet. Sie besteht aus dem Zeughaus an der Westseite, das noch die alte Holzvertäfelung mit den Wandrechen zur Waffenlagerung besitzt und eine Seltenheit darstellt. Im Untergeschoß befindet sich das Portal zum sogenannten Eselssteig, einem schon im 15. Jh. in den Fels gehauenen steilen Treppenweg mit got. Tor und kleinem Vorwerk des 17. Jh.s, der als Flucht- und Versorgungsweg gedacht war. An der Südseite schließt sich daran das Offiziershaus mit einem Wehrgang im Obergeschoß, der Säulenstützen aufweist und sich als Galerie einst entlang der gesamten Wehrmauer an der Ostseite hinzog. Nach außen wird der Festungscharakter durch trichterförmig vertiefte Schießluken und das breit angelegte Zugbrückenportal in Rustikaausführung (Wenzelstor) betont. Es ist in den Nischen an den Seitenteilen mit Marmorskulpturen des Mars und der Minerva geschmückt, im Abschluß mit marmornen Wappenlöwen, Porträtmedaillons, dem Wechslerwappen und einer bekrönenden Engelsbüste. Die ausführliche Inschrift besagt unter anderem: ,,WAS ICH IN 16 JAHREN HIER HAB LASSEN BAUEN / DAS IST WOHL ZU SECHEN UND ANZUSCHAUEN/ KAIN TALLER MICH NICHT REUEN THUET / ICH MAINS DEM VATTERLAND ZU GUETT / ANNO DOMINI 1653". Im selben Jahr entstand das einfachere Rustikaportal zur Hauptburg und etwa gleichzeitig das kleinere, festlich gerahmte Stiegenhausportal am E. des 1. Hofes. Das architektonische Prunkstück der Burg ist der an den Rittersaaltrakt angebaute, hinter den Säulenarkaden des ersten Hofes liegende ,,W e i ß e   S a a l", der 1658 vollendet wurde. Entworfen hat ihn der landschaftliche Baumeister Anton Solar, die Ausführung stammt von Matthias Lanz. Es ist ein heller rechteckiger Saal mit profiliertem Abschlußgesims, über dem sich ein üppig stukkiertes Spiegelgewölbe mit gemalten Kartuschen erhebt (siehe weiter unten). Zwei Portale in reicher Stuckrahmung mit Wechslerwappen und eine zweiläufige Treppenanlage am südlichen Saalende mit feingliedrigem schmiedeeisernem Geländer, die zu einer weiteren mit Intarsien verzierten Türe führt, bilden plastische Akzente der Wandzone.

Besonderes Verdienst der Freifrau von Galler war die Befestigung des Burgberges nach dem Bastionärssystem. Sie ließ die untere Burg Lichteneck abbrechen und um ihre Felsterrasse mit dem gewonnenen Baumaterial die ersten Basteien und Wehrmauern aufführen. Graf Purgstall setzte nach ihrem Tode den Ausbau großzügig fort und vollendete ihn um 1690. So entstand auf drei gegen Süden, zwei gegen Osten abfallenden Geländestufen eine das ganze Felsplateau umschließende Anlage, die aus insgesamt 11 Basteien und 5 freistehenden Toranlagen besteht und heute die größte und wehrtechnisch interessanteste Barockfestung des Landes darstellt. Die einzelnen **Tore** in der Reihenfolge des Aufstieges sind: 1. Das Steinkellertor von 1690 in der unteren Abschlußmauer, 2. das Burg- oder Cillitor mit zwei wehrhaften Geschoßaufbauten und Erkertürmchen, bezeichnet 1678, 3. das Annentor, 4. das Lichteneckertor unterhalb der alten Burg mit zwei Durchfahrten, die linke 1679 bezeichnet, ober der rechten ein Wehrgeschoß mit Ecktürmchen aufgesetzt, 5. das Pyramidentor (1945 zerstört, hernach wieder aufgebaut) neben dem ehemaligen Provianthaus, eine Schmuckarchitektur mit Figurennischen, Giebelaufsätzen, Obelisken und den Wappen der Purgstall und Mörsperg. Jüngster Bauteil des Hochschlosses ist der die Eingangsfront überragende, die Silhouette der Burg mitbestimmende quadratische Torturm. Er wurde errichtet, nachdem der vorherige, reicher gestaltete Tor- und Uhrturm 1799 durch einen Blitzschlag zerstört worden war.

Im Hochschloß haben sich noch mehrere reich ausgestattete Zimmer und Säle erhalten, die uns einen guten Eindruck von adeliger Wohnkultur im 16. und 17. Jh. vermitteln können. Die got. **Kapelle** neben dem Torbau aus der 1. H. d. 15. Jh.s besteht aus einem kleinen zweijochigen Raum mit kräftigem Kreuzrippengewölbe und Wappenschlußsteinen. 1958 wurde im vorderen Fenstergewände ein Fresko aus der 2. H. d. 15. Jh.s, darstellend den hl. Sebastian, freigelegt; hinter dem Altar kam ein Kreuzigungsbild des 17. Jh.s zum Vorschein. Von den beiden Altären ist der schwarz-goldene Hochaltar mit Ursenbeck-Wappen um 1630 entstanden, der Seitenaltar hingegen wurde laut Inschrift 1658 von Freifrau von Galler gestiftet. Am Hochaltar befinden sich Teile eines gestickten Antependiums mit Marienszenen des 15. Jh.s; die zierlich gerahmten Kanonestafeln M. 18. Jh. An der Wand Urkunde der Verleihung des Patronatsrechtes über die Riegersburger Pfarre an die Gallerin durch Kaiser Ferdinand III. 1653. Die hölzerne Empore aus der selben Zeit. Von den Wohnräumen im Obergeschoß der Westseite einer mit Stuckdecke und Retirade M. 17. Jh. Das **Fürstenzimmer** an der Nordseite besaß zwei intarsierte Portale und eine

Riegersburg, Schloß – Bilderzimmer, Mittelteil der bemalten Decke mit den Parzen, 1589

Kassettendecke des späten 16. Jh.s, die im 19. Jh. ins Schloß Hollenegg übertragen und durch gute Kopien ersetzt wurden; Himmelbett und Stühle M. 17. Jh. Anschließend das sogenannte **Sibyllen- und Hexenzimmer** mit einem Porträt der Katharina Paltauf, Frau des Burgpflegers, die 1675 als Blumenhexe verbrannt wurde. Weiters schwächere Bilder der Sibyllen 2. H. 17. Jh. An der Ostseite zwei Zimmer mit bemalten Decken, deren mosaikartig zusammengesetzte, verschieden große Leinwandbilder symmetrisch um ein Mittelbild angeordnet und mit Holzleisten gerahmt sind. Im ersten, dem sogenannten **Bilderzimmer,** zeigt das Mittelbild drei Parzen und die Signatur ,,HS 1589", die übrigen Darstellungen schildern die vier Elemente sowie mythologische und alttestamentarische Szenen. Der Stil der Malereien ist vom Manierismus geprägt. An den Wänden Barockbilder des 17. Jh.s, drei davon Kopien nach Rubens. Das anschließende **Römerzimmer** erhielt seinen Namen nach den Deckenillustrationen zur römischen Geschichte; Steinkamin von 1588, gleichzeitig das schön verzierte Holzportal. Im nächsten Zimmer bemaltes Spätrenaissanceportal mit Beschlag- und Rollwerkdekor sowie ein Steinkamin bezeichnet 1588; ausgestellt sind hier asiatische Waffen, darunter drei japanische und eine persische Rüstung. Im folgenden Saal ist seit 1952 eine Waffenkammer eingerichtet, mit alten Zeughausbeständen des 16. und 17. Jh.s sowie einigen verzierten Dolchen und Handfeuerwaffen. Der große Kachelofen ist ein Meisterwerk des Historismus und wurde 1886 von der Grazer Fa. Wudia hergestellt. Zwei Stufen führen in den großen **Festsaal** (,,Rittersaal"), der mit seiner östlichen Partie aus dem Osttrakt vorragt und an drei Seiten durchfenstert ist. Seine drei doppelstöckigen, reich intarsierten Holzportale von 1600 mit

Riegersburg, Schloß – Festsaal mit reich verzierter Kassettendecke und drei großen Holzportalen, um 1600

den Namen des Hans Frh. Stadl und seiner Frau Barbara sind an Prächtigkeit kaum zu überbieten und gehören zusammen mit der im selben Stil gehaltenen Kassettendecke zum Schönsten, was uns aus dieser Epoche am Ende der Renaissance erhalten blieb. Sie wurden ab 1872 von dem in Riegersburg ansässigen Kunsttischler Carl Fischentin restauriert. Trotz der monumentalen Ausmaße ist die Wirkung durch die dekorative Umdeutung der architektonischen Rahmenformen nicht erdrückend. Als Ornament dominieren Beschlagwerkformen und abstrahierte Blattranken. Der nicht bekannte Künstler muß von deutschen Tischlerbüchern wie etwa Wenzel Dietterlin's ,,Architectura", erschienen 1598, beeinflußt worden sein. Der hohe Renaissancekachelofen wurde später angekauft, paßt sich aber dem Raum stilistisch gut ein. Im Nordfenster eine Putzenscheibe mit eingeritzter Inschrift: ,,Anno 1635 den 6. April hat sich daß Sauffen angehebt und Ale Tag ein Rausch geben biß auff den 26. detto." An den Wänden mehrere Porträts des 16. bis 18. Jh.s, meist Schloßbewohner oder deren Familienmitglieder. Von den aufgestellten Waffen ist ein zusammengesetzter Harnisch mit got. Beinzeugen hervorzuheben. Der folgende ,,**Weiße Saal**" bildet den Abschluß der Prunkräume. Er ist als Sommer-Speisesaal mit Steinpflaster versehen. Die Stuckdecke zeigt den Übergang vom Rollwerk- zum Knorpelwerkornament und enthält in den Kartuschen gemalte Darstellungen der vier Erdteile, mythologische Szenen und eine große Schlachtenszene. Sie dürften von dem Eggenbergischen Hofmaler Johann M. Otto um 1660 gemalt worden sein. An der Wand Barockporträts der Bauherrin Freifrau von Galler und ihres Mannes, der Hofkriegsratspräsident in Graz war. Der schöne Glasluster wurde erst jüngst angeschafft und ersetzt die 1945 zerstörten beiden venezianischen Luster; die kleine bemalte Hausorgel von 1672. Schön intarsierte Türen, eine von Carl Fischentin um 1875. Die kleine Treppenanlage am südlichen Saalende im Stile der Zeit mit Schlackenbrocken und zwei Nischenfiguren geschmückt. Treppabwärts Wirtschaftsraum mit altem Hausrat.

ROHR   Bez. Leibnitz

Ehemaliges **Wasserschloß** im Auengebiet der Mur südlich von St. Georgen an der Stiefing. Bereits 1157 als ,,Rore" im Besitz der Grafen von Plain genannt. A. d. 13. Jh. ist ein Rittergeschlecht von Rohr bezeugt. 1283 als ,,haws Ror", 1318 als Castrum beurkundet. Damals gelangte es an den Bischof von Seckau, der es 1453 Kaiser Friedrich III. schenkte. Von diesem wurde es zur Ausstattung des von ihm den Zisterziensern gewidmeten Klosters zur Hl. Dreifaltigkeit in Wiener Neustadt (heute Neukloster) verwendet. 1542 als ,,Veste Rarr" erwähnt. Von 1630–1953 im Eigentum der Zisterze Rein bei Graz. Seither privat. – Das Anwesen besteht heute aus einem zweigeschossigen Dreiflügelbau, der einen rechteckigen Hof umschließt und an der Nordostecke von einem vorspringenden Turm verstärkt wird, der später verkürzt wurde. Die ältesten Gebäudeteile befinden sich im Süd- und Ostflügel mit einer Mauerstärke von 1,50 m. Sie dürften im 16. Jh. über mittelalterlichen Fundamenten errichtet worden sein. Weiterer Ausbau im 17. Jh. Die einfache Johanneskapelle im Nordflügel ist 1617 genannt. Ein Saal im Südflügel mit Balkendecke, datiert 1623. In der Südostecke ein Stiegenhaus mit einem Steingeländer aus dem 18. Jh. Eine Renovierung und teilweise Umgestaltung des Schlosses erfolgte im Jahre 1807; darauf verweist eine Datierung am klassizist. Hofportal des Südtraktes. Aus der selben Zeit die Einfahrt in der Abschlußmauer der Westseite. Der Dachreiter am Ostflügel aus der 2. H. d. 19. Jh.s Im 20. Jh. wurde die Südseite durch Abbruch baufälliger Gebäudeteile verkürzt. Die Wassergräben, welche einst das Schloß schützend umgaben, sind heute eingeebnet.

ROHRBACH   Bez. Hartberg

Ort an der Lafnitz mit jungsteinzeitlichen Bodenfunden und römischem Hügelgräberfeld. Ortsgründung wahrscheinlich zu E. d. 12. Jh.s, als die Ostgrenze des Landes ausgebaut wurde. Durch Ungarn, Türken und Kuruzzen 1418, 1529, 1532, 1605, 1683 und 1704 immer wieder verwüstet.
Die **Pfarrkirche hl. Josef** wurde erst 1959/61 nach Plänen des Architekten E. Jäger gut sichtbar auf einem Hang über dem Ort errichtet. Die Doppelturmfassade gegen Osten mit unbefriedigender Dachlösung. Innen großer heller Saalraum mit leicht gewölbter Holzdecke, die Seitenwandungen auf Betonstreben reduziert und farbig verglast. In dem zwischen den Türmen eingezogenen Altarraum großes dreiteiliges Beton-Farbglasfenster von Margret Bilger, darstellend den Kirchenheiligen, die Geburt und Flucht nach Ägypten. Im Untergeschoß Pfarräume.
Nördlich des Ortes **Eisenbahnviadukt** über die Lafnitz aus Steinpfeilern und Eisenträgern. Er gehört zur Wechselbahn, deren Teilstück Hartberg-Friedberg von 1901–1905 erbaut wurde. An der selben Trasse liegt weiter nördlich das Burggrabenviadukt vor der Burg Talberg, ein 41 m hoher und 240 m langer Steinbau mit Rundbögen, der sich gut in die Landschaft einfügt.

ST. ANNA am Aigen   Bez. Feldbach

Längsdorf auf einem nordsüdlich verlaufenden Höhenrücken nahe der Dreiländerecke. In der Waltrahöhle jungsteinzeitliche Siedlung, die von einem Bergrutsch verschüttet wurde. Eine Kapelle 1545 genannt, die beim Kuruzzeneinfall von 1706 zerstört wurde. Die **Pfarrkirche** 1712 am südlichen Ortsausgang neu erbaut und 1717 geweiht, Pfarre seit 1788. Der einfache gegen Süden gerichtete Bau besteht aus einem vierjochigen Langhaus mit Kreuzgratgewölben und Gurten über Pfeilern. Von den begleitenden niedrigen Seitenschiffen, die offene Emporen haben, ist das westliche schmäler und um das südliche Joch kürzer. Der etwas erhöhte Chorraum einjochig mit einem Halbkreisschluß und östlich angebauter Sakristei. Im Norden ist der Kirche ein quadratischer Turm mit Pyramidendach vorgesetzt.
Die Einrichtung, die mit dem Innenraum 1978 restauriert wurde, entstand in der Hauptsache in der Zeit um 1780 und kam aus der Werkstatt des Bildhauers Veit Königer. Der Hochaltar mit einfachem Säulenaufbau enthält in der Mitte eine von einem Baldachin überdachte Nische, in der die Kirchenheilige Anna zu sehen ist, die Maria das Lesen lehrt. Zu ihren Seiten die hll. Jakobus d. Ä. und Joachim; im Aufzug Gottvater als Weltbeherrscher. Die Seitenaltäre mit Bildern der hll. Augustinus und Ulrich in reichen Schnitzrahmen; rechts noch eine Statuette der Maria Immaculata aus der Werkstatt Königers. Die Kanzel mit kreuzförmigem Korb und farbig gefaßten Brüstungsreliefs der vier Evangelisten, am Schalldach das Auge Gottes mit Putten. Auch das Taufbeckengehäuse mit der Taufe-Christi-Gruppe gehört noch zu diesem Ensemble, dessen Ornamentik aus Blättern und Blüten (Blumenrokoko) die letzte Phase des heimischen Rokoko charakterisiert. Aus dieser Zeit stammen auch die beiden ovalen Silberrahmen mit Bildern von Christus und Maria. Im rechten Seitenschiff Bild der hl. Dreifaltigkeit in Laub-Bandlwerkrahmen um 1730. Die Heiligenfiguren im Langhaus gegen 1900. Auf der dreiachsig gemauerten Orgelempore Orgel von 1915. Farbige Glasfenster im Chor und den Seitenschiffen von der Firma Ferdinand Koller in Graz um 1907. Glocke von Franz Pigneth 1716.
Vor der Kirche Marmorbüste des Kardinals Andreas Frühwirt (gest. 1933), der wie zahlreiche andere Geistliche aus dem Orte stammt (,,Pfarrerfabrik") und im Chor begraben

liegt. Die Büste wurde aus München übertragen und 1967 aufgestellt. Am Kirchvorplatz **Steinskulptur** des hl. Johann Nepomuk M. 18. Jahrhundert; ostseitig Teile der alten wehrhaften Kirchenmauer erhalten. **Pfarrhof** von 1845. An der nördlichen Ortseinfahrt **Kramerkreuzkapelle,** bezeichnet 1735, mit Säulenvorbau.

ST. ANNA am Masenberg   Bez. Hartberg

Am Südhang des Annenkogels im Auslauf des Masenbergmassives liegt in einsamer Höhenlage die **Filialkirche St. Anna.** Sie wurde 1499 (Inschrift über dem Fronbogen) aus Bruchsteinmauerwerk erbaut und gehört zu den wenigen, fast unverändert erhaltenen, gotischen Kirchen der Oststeiermark. Überraschend ist der Formenreichtum und die Sorgfalt der Steinmetzarbeit. Der eingezogene dreijochige Chor hat ein Rautensterngewölbe mit Schlußsteinen, dessen Rippen in Dienste münden, die oben fünfeckig, unten rund sind. Auf zwei Diensten zu Seiten des Hochaltares sitzen steinerne Figurenbaldachine, in den Chorwänden sind ein Tabernakel und eine Sessionsnische (Sedilie) mit Kielbogenabschluß eingelassen. Ein Kaffgesims verläuft rund um den Chor und ist mit skulptierten Köpfen besetzt. Der gekehlte Fronbogen mit seitlichen Konsolköpfen leitet über zum zweijochigen Langhaus, dessen Sternrippengewölbe auf jochtrennenden Wandvorlagen mit profilierten Kämpfern und Dienstbündeln aufruht. An der Südseite ein Spitzbogenportal mit gekehltem Gewände, gerahmt von zwei Säulchen mit Figurennischen. Von den hohen schlanken Maßwerkfenstern der Südseite wurden zwei im 17. Jh. verändert. Die alte Orgelempore stürzte 1633 während eines Gottesdienstes ein; die jetzige dreiachsige Anlage mit Rundbögen wurde bald danach errichtet. An der Westseite mehrgeschossiger quadratischer Turm M. 17. Jh.
Die Einrichtung noch mit Teilen der alten gotischen Altäre. Barocker Hochaltar aus der M. des 18. Jh.s mit spätgotischer Anna-Selbdritt-Gruppe ca. 1520. Im Langhaus spätgotischer Schreinaltar mit Renaissanceornamentik ohne Gespränge und Flügel (letztere im Diözesanmuseum in Graz). Er enthält eine nicht zugehörige Anna-Selbdritt-Gruppe des späten 15. Jh.s (die originale Schreingruppe am Hochaltar); seine Predella besteht aus einer kleinen plastischen Anbetung der Könige und gemalten Heiligenfiguren an den Seiten, bezeichnet 1522. Über der schmucklosen Kanzel ein Anna-Selbdritt-Bild des späten 16. Jh.s.

ST. ERHARD in der Breitenau   Bez. Bruck an der Mur

Kirchplatzdorf in dem bei Mixnitz vom Murtal abzweigenden waldreichen Seitengraben nördlich der Ausläufer des Hochlantschmassivs. In der Nähe des Ortes wird heute noch in bedeutendem Maße Magnesit abgebaut; doch hatte der Graben schon im Mittelalter eine wirtschaftliche Bedeutung einerseits durch die alte Verbindungsstraße über die Berge nach Birkfeld ins Feistritztal und andererseits durch den Abbau von Gold, Silber, Mangan und Arsen.
Die **Wallfahrts-** (seit 1396) und **Pfarrkirche** (seit 1760) ist eine der reichstausgestatteten ihrer Art im Lande. Obwohl über Stifter und Baudaten der gotischen Kirche keine genauen Abgaben gemacht werden können, fällt der enge Zusammenhang mit der Wiener Bauhütte und Herzogswerkstätte auf. Wahrscheinlich hat die wirtschaftliche Bedeutung der Breitenau das Interesse des Wiener Hofes erweckt, möglicherweise über eine persönliche Verbindung zu den Stubenberg, die hier Grundherren waren. Außerdem ist auch die frühe Rolle als Wallfahrtsziel dem Bau sehr förderlich gewesen. Wie Untersuchungen erbracht haben, bestand bereits zu Beginn des 13. Jh.s eine romanische Saalkirche, deren

St. Erhard i. d. Breitenau, Pfarrkirche – Hochaltar von Ph. J. Straub, 1744–1746 mit Bild des hl. Erhard, 1646

Grundmauern in den Fundamenten des heutigen Langhauses erhalten sind. Um 1300 erfolgte der Anbau der frühgotischen Erhardikapelle an der Nordseite. Sie besteht aus zwei Jochen mit ⁵/₈-Schluß und öffnet sich mit zwei glatten Arkaden zum Schiff. Ihr Kreuzrippengewölbe hat weit heruntergezogene Kappen, die auf schlanken Halbsäulen mit Kelchkapitälen aufruhen. Die Wappenschlußsteine aber auch der feingliedrige, von der Wiener Bauhütte beeinflußte, höfische Charakter der kleinen Anlage läßt sie als Stifterkapelle erscheinen. In der ersten H. des 14. Jh.s wurde mit dem weiteren Ausbau der gotischen Kirche fortgefahren, die ein 3jochiges Langhaus und den durch einen hohen profilierten Triumphbogen abgeteilten 2jochigen Chor erhielt, der mit fünf Seiten des Achtecks schließt. Die Einwölbung erfolgte durch ein Kreuzrippengewölbe, dessen Schlußsteine im Chor besonders reich skulptiert sind (Blattwerk, Blütenrosetten) und dessen Schildbögen durchwegs von Rippen begleitet werden. Als Auflager dienen Pyramidenkonsolen und einfache Rund- bzw. gebündelte Dienste. Im Chor sind hohe zweizeilige Maßwerkfenster mit gekehlten Laibungen, die des Langhauses wurden später zum Teil vermauert. An die Nordseite des Chores wurde die annähernd quadratische zweigeschossige Sakristei angebaut, die als Turm geplant gewesen sein dürfte. Auch der bestehende Turmbau im Süden des Langhauses wurde noch in gotischer Zeit begonnen. Um die M. des 14. Jh.s Einbau der dreiachsigen kreuzgratgewölbten Orgelempore im Eingangsjoch mit hohen Spitzbögen auf Achteckpfeilern und abschließender Maßwerkbrüstung; in den Ecken zwei Engelsbüsten. Die Westfassade liegt um einiges über dem Niveau des Kirchenschiffes, weshalb das Eingangsjoch ein starkes Gefälle aufweist. Sie hat zwei Rundfenster und ein plastisch geschmücktes Spitzbogenportal, das von zwei schlanken Fialen und einem mit Maßwerkfüllung verzierten Wimperg gerahmt wird. In seinen Bogenläufen sitzen Figurenbaldachine, im Tympanon ein Hochrelief. Es zeigt den hl. Erhard im Bischofsornat auf dem Thron sitzend, die Rechte zum Segensgestus erhoben. An den Seiten Engel in langen Gewändern, deren gespreizte Flügel dem Verlauf des Bogens folgen. Am Scheitel dem Heiligen die segnende Gotteshand. Die langfaltig fließenden Gewänder lassen bereits das Formideal des weichen Stiles um 1400 erkennen. An der Nordecke der Fassade wurde in der Spätgotik eine Treppe zur Musikempore angebracht. Um die M. des 17. Jh.s entstand die Marienkapelle an der Nordseite des ersten Chorjochs, die mit Perlstuck verziert ist. Wenig später folgte ihr gegenüber die zweijochige Leonhardikapelle mit Dachreiter, deren nicht im ursprünglichen Verband befindliche gotische Türe und die außenliegende spätgotische Figurenkonsole (beim Erhardibründl) auf einen älteren Vorgängerbau schließen läßt. Östlich davon die gleichzeitig errichtete neue Sakristei. Um 1700 wurde an der alten Sakristei ein kleiner Anbau hinzugefügt, der die Bezeichnung Opferkammer führt und mit einem kunstvoll gestalteten Schmiedeeisengitter um 1720/30 geschlossen ist. Schließlich wurde um die M. des 18. Jh.s der quadratische Südturm aufgebaut und mit einem hohen, gegliederten Laternenhelm bekrönt, so daß er die Außenerscheinung der Kirche dominiert.
Von der vorzüglichen Innenausstattung sind zuallererst die qualitätvollen Glasmalereien anzuführen, die in zweien der Maßwerkfenster des Chores eingebaut sind. Sie bilden den Restbestand einer einst wesentlich umfangreicheren Chorverglasung, die 1777 bei einem Brand erhebliche Zerstörungen erlitt. Hergestellt wurden die Scheiben zwischen 1386 und 1395 in der Wiener Herzogswerkstatt. Sie zeigen im linken Fenster Szenen zur Passion Christi und die Apostel Jakobus d. J. und Matthäus, immer unterbrochen von Architekturscheiben, die zum Teil neu ergänzt wurden. Im rechten Fenster sind zu sehen einige Marienszenen, der hl. Erhard und rechts unten die Stifterscheibe mit Herzog Albrecht III. von Österreich (gestorben 1395) und seinen Gemahlinnen Elisabeth von Böhmen und Beatrix von Hohenzollern. Interessant ist der Zopf, den der Herzog am Rücken in einer Metallbüchse trägt und der mit einer ritterlichen Zopfgesellschaft in Zusammenhang zu bringen ist, die er 1377 gegründet hatte. Unterhalb der Fenster an den

Wänden des Chorschlusses sind noch drei gemalte Weihekreuze aus der 2. H. des 14. Jh.s zu erkennen, die allerdings im Barock verändert wurden. Die reiche Einrichtung der Kirche stammt fast ausschließlich aus dem Barock. Der Hochaltar mit vorschwingender Säulenarchitektur und Umgangsportalen ist ein Werk des Bildhauers Philipp Jakob Straub von 1744–46. Seine lebhaft agierende Heiligenversammlung in der Hauptzone besteht aus Donatus, Martin, Patrizius, Valentin, Georg und Wendelin; im Aufsatz ereignet sich die Krönung Mariens. Das große Mittelbild zeigt den hl. Erhard und ist monogrammiert und datiert „G. H. 1646". Den Tabernakel fertigte der Grazer Bildhauer Jakob Payer 1792; die marmorne Kommunionbalustrade entstand 1753. Gleichzeitig mit dem Hochaltar wurde in der Mitte des ersten Chorjoches von Steinmetz Peter Carlon ein Marmorpfeiler errichtet, auf dem eine Figur des Kirchenheiligen, ein vorzügliches Werk der Zeit um 1730, zur Aufstellung gelangte. Es ist die einzige derartige Erhar-

St. Erhard i. d. Breitenau, Pfarrkirche – Heiligenbild von 1791 und Votivgaben aus Wachs und Eisen

difigur in der Steiermark und eine der ganz wenigen Säulenfiguren, wie sie nur in den großen Wallfahrtsstätten (z. B. Mariazell) aufgestellt wurden. Der hl. Erhard galt als Rodungsheiliger und wurde vor allem als Viehpatron und bei Augenleiden angerufen. Zu Seiten des Triumphbogens stehen der Annen- und Andreasaltar, beide 1774 errichtet. Sie zeigen im Aufsatzgiebel das dornenumwundene Herz Jesu und das rosen- und dornenumwundene Herz Marie und sind frühe Beispiele ihrer Verehrung. Aus der selben Zeit der Kreuzaltar an der Südwand mit einem spätgotischen Kruzifixus um 1500 zwischen spätbarocken Adstantes. In der nördlichen Kapelle schwarz-goldener Rosenkranzaltar im Knorpelwerkstil um 1680, im Mittelbild die Gottesmutter, Dominikus und Katharina von Siena Rosenkränze reichend. Gegenüber in der südlichen Kapelle gleichzeitiger Leonhardialtar mit schwarz-goldenem Säulenaufbau und Knorpelwerkwangen, in der

Mitte das Bild des Heiligen, über den Umgangsportalen die Figuren der Erzengel Michael und Raphael. Sockelzone, Portale und Tabernakel 1774 ergänzt. An der Ostwand der Kapelle steht ein frühbarocker Florianialtar M. 17. Jh. Am Triumphbogen befindet sich die Kanzel mit prächtiger Akanthusschnitzerei um 1700. Sie trägt in den Feldern der Korbwandung Bilder der Evangelisten, an der Rückseite eine Darstellung des predigenden Paulus. Von eben solcher Prächtigkeit sind die Oratorienbalkone des Chores (von denen laut Chronogramm der nördliche Balkon 1757 der südliche 1732 angebracht worden waren), die gleichgestalteten Sängerempore mit ihren weit vorgezogenen Seitenteilen und das darüber auf die gotische Maßwerkbrüstung aufgesetzte reichgeschnitzte Emporengitter von 1732 mit der Statue des Königs David und zwei Posaunenengel. Die Orgel selbst hat Andreas Schwarz aus Graz bereits 1722 gebaut, sie wurde 1764 wiederhergestellt. Von den zahlreichen Einzelwerken seien hervorgehoben eine schöne frühbarocke Muttergottesstatue aus der 1. H. d. 17. Jh., die Figuren Johannes Nepomuk und Franz Xaver 1. H. 18. Jh., eine Apostelbilderserie E. 17. Jh. und die Kreuzwegbilder von 1769. Kirchenbänke und Chorgestühle mit geschnitzten Wangen 3. V. 18. Jh., ein Beichtstuhl (aus dem Grazer Dom) um 1710. Schließlich ist noch im Turmgeläute, das 1956 durch die Firma Pfundner erneuert wurde, eine barocke Glocke enthalten, die Florentin Streckfuß 1710 in Graz gegossen hat.

ST. GEORGEN am Gasenbach   Bez. Weiz

Kleine Kirchsiedlung in einem Seitengraben des Feistritztales, im 1. V. des 13. Jh.s im Zuge der Rodung dieses Gebietes von Hartnid von Orth als Gutshof angelegt. Durch die Verlegung der Pfarre zur ehemaligen Filialkirche in Koglhof im Jahre 1788 verlor St. Georgen an Bedeutung. Ursache dafür war die Weigerung der Vogteiherrschaft von St. Georgen den Wiederaufbau des Pfarrhofes zu bestreiten. Somit wurde die älteste Pfarre des oberen Feistritztales (genannt 1295) und eine der interessantesten Dorfkirchen des Landes zur wenig beachteten **Filialkirche** degradiert. Vom spätromanischen Bau des 2. Viertels des 13. Jh.s noch das Chorquadrat und Teile des westseitig gelegenen Turmes erhalten. In der Gotik fand offensichtlich eine Richtungsänderung statt, indem man den Altarraum nach Osten verlegte und dafür 1347 (Jahreszahl außen) einen einjochigen Chor mit $5/8$-Polygon und Kreuzrippengewölben auf Konsolen errichtete. Laut Inschrift in der Turmkapelle wurde „DISSE URALTE KHIRCHE 1686 VON NEUEN VÖLIG RENOVIRT". Damals erhielt der Turm das achteckige Glockengeschoß mit Zwiebelhaube aufgesetzt. 1725/26 erfolgte eine umfassende Vergrößerung, die fast einem Kirchenneubau gleichkam (Jahreszahl überm Nordportal). Wieder wurde die Richtung geändert und ein vierjochiges Schiff mit Kreuzgratgewölben quer zur bisherigen Anlage aufgeführt, deren Altar- und Turmraum nunmehr die Funktionen von Seitenkapellen erhielten. Sehr gute Einrichtung des Spätbarock: Hochaltar 1727 nach Entwurf von Remigius Horner (?), die Figuren von Josef Schokotnigg, das Altarblatt malte Matthias von Görz 1728 (signiert). Die schwungvolle Kanzel gleichfalls von Josef Schokotnigg, sie zeigt die vier Evangelisten sowie die Gegenüberstellung von Altem und Neuem Bund; am Aufgang Signatur des Faßmalers „F. Jos. Reich pinx. 1754". In den Kapellen qualitätvolle Rokokoaltäre um 1770. Hölzernes Kommuniongitter gegen 1730; der volkstümliche Kreuzweg aus dem E. des 18. Jh.s. Orgel 1841 von Carl Schehl; die alte Glocke datiert 1536. Grabsteine von 1696 und 1733. Außen an der gotischen Kapelle zwischen zwei Strebepfeilern Kruzifix mit gemalten Adstantes gegen 1800.
Alte **Kirchhofmauer** aus Bruchsteinen mit leeren Bildstöcken. Im Ort **Bildstock** von 1770 mit Malereien aus dem Jahre 1962. Alter **Feldkasten** des Grünbichler, bezeichnet 1791 (nicht mehr vorhanden).

ST. GEORGEN an der Stiefing Bez. Leibnitz

Straßenmarkt östlich von Wildon am Rande des Stiefingtales, welches das Leibnitzer- mit dem Grazerfeld verbindet. Er lag einst an der wichtigen Nord-Südverbindung von Graz über Fernitz, Mellach und den Murberg am Ostufer der Mur. Jungsteinzeitliche Werkzeugfunde lassen auf eine Besiedlung im frühen 2. Jtsd. v. Chr. schließen. In römischer Zeit wurden hier im Umkreis der Stadt Flavia Solva (bei Leibnitz) Villen errichtet, worauf Hohlziegelfunde von Fußbodenheizungen deuten. Erste Nennung 1147, als ein „Rutperus de sancto Georgio" sich dem Kreuzfahrerheer anschloß und vorher seinen Weingarten dem Stift Admont verkaufte. Damals waren die Burg der Salzburger Grafen von Plain und die Kirche bereits vorhanden. 1248 wurden die Plainer Besitzungen dem Seckauer Bischof übertragen. Der Ort entwickelte sich als Burguntersiedlung und erhielt im 15. Jh. Marktrechte. In den Kämpfen mit den Ungarn 1480/81 vorübergehend vom Feind erobert. 1532 von den durchziehenden Türken zerstört. 1596 wurde eine Kreitfeuerwarnstation eingerichtet. Die Durchzugsstraße ist in lockerer unregelmäßiger Form mit ländlichen Barockhäusern des 17. und 18. Jh.s verbaut. In der Ortsmitte steht der alte **Pranger** in Form eines dreiseitigen Steinpfeilers, dessen Sockel-Verzierung eine Entstehung im 16. Jh. vermuten läßt. Am oberen Ende der Freiungsarm mit Schwert (moderne Ergänzung), unten eiserne Befestigungsringe. Sockelinschrift: „Wieder aufgestellt 1931 – Erster Markttag 1160 – Erster Gerichtstag 1340". Nahebei die hohe **Mariensäule**, die Figur von dem Grazer Bildhauer Jakob Gschiel, geweiht 1878. Sie ersetzte ein durch Unwetter zerstörtes Werk des 17. Jh.s.

Auf einer Terrasse oberhalb des Ortes an die Südseite des Schlosses angebaut und mit ihm eine Einheit bildend, steht die **Pfarrkirche hl. Georg.** Schon vor 1147 als adelige Eigen-

St. Georgen a. d. Stiefing –
Pranger, 16. Jh.

kirche der Grafen von Plain begründet, bestand hier spätestens seit 1164 eine Pfarre, die als Mutterpfarre von Jagerberg, Kirchberg, St. Stephan im Rosental und Wolfsberg im Schwarzautal anzusprechen ist. Die Kirche wurde nach den Zerstörungen des Ungarneinfalls 1481 zur Wehrkirche (Tabor) ausgebaut und mit einer hohen Ringmauer umgeben. Diese verschwand erst 1750, als die Kirche wegen der hohen Mauerfeuchtigkeit gründlich restauriert werden mußte. Unter Pfarrer Alfred Graf des Enffans d'Avernas (1894–1917) fast vollständiger Abriß des alten Gotteshauses und vergrößerter Neubau, der 1906 geweiht werden konnte. Nur Teile der Westseite mit dem Turmunterbau und einem Emporenraum mit Netzgratgewölbe auf Konsolen (2. Viertel 16. Jh.) blieben bestehen. – Die neue geräumige Kirche hat ein dreischiffiges, dreijochiges Langhaus mit Tonnengewölbe und Emporen über den Seitenschiffen. Der eingezogene dreijochige Chor mit ³/₈-Schluß ist durch Sakristei- und Kapellenanbauten mit Emporen erweitert. Die Tradition der ehemals umfriedeten Wehrkirche ist am schlichten Außenbau noch spürbar. Lediglich der an der völlig ungestalteten Westseite sich erhebende quadratische Turm mit gegliederter Zwiebelhaube bildet trotz seiner Schlankheit und Einfachheit einen wichtigen baulichen Akzent in der Silhouette der Ortsanlage.

Die alte Barockeinrichtung wurde beim Neubau durch eine solche im Stile der Neorenaissance ersetzt. Hochaltar von 1906 nach Entwurf von Architekt Hans Pascher mit Figuren des Peter Neuböck, beide aus Graz. Am rechten Seitenaltar übermaltes 14 Nothelferbild M. 18. Jh., gleichzeitig das Kreuzigungsbild und Orgelgehäuse. Glasfenster von 1906 (Innsbruck). Ein bedeutender Fundus von Grabsteinen wurde von der alten Kirche übernommen: im Inneren befinden sich fünf Steine von 1547, 1688, 1694, 1737 und 1755 sowie ein Urkundenstein Markwarts von Herberstorf mit der Jahreszahl 1218, der aber 1547 gemeißelt wurde. Außen ist der Rittergrabstein eines geharnischten Freiherrn von Glojach aus der M. des 16. Jh.s und ein Dreifaltigkeitsrelief am Chorschluß vom 2. Viertel des 16. Jh.s hervorzuheben. Weiters sind noch zwei Renaissancesteine und zwei frühbarocke von 1633 und 1643 an der Südseite eingemauert.

Neben der Kirche die anstelle eines früheren Karners 1750 erbaute und 1771 vergrößerte **Kirchhofkapelle zur Schmerzhaften Mutter.** Die Beweinungsgruppe am Altar stammt von dem Grazer Bildhauer F. Wenzel Tomitschegg 1750, die Fresken von Maler Götz 1771.

Das **Schloß** bildet die Krone des Ortes und geht auf einen Wehrbau zurück, den die Grafen von Plain zur Sicherung des Stiefentales im 12. Jh. errichtet hatten (genannt 1147). Er wurde im 14. Jh. den Bischöfen von Seckau vom Landesfürsten übergeben und wird 1390 als ,,purg St. Georgen" genannt. 1555–1751 im Besitz der Herren von Glojach, die den für das heutige Aussehen entscheidenden Neubau im Stile eines Renaissanceschlosses durchführten. 1753–1814 an die Freiherrn von Egkh-Hungerspach übergegangen, die den Mitteltrakt an der Nordseite einfügten. Ab 1925 im Besitz des Dichters Paul Ernst (gest. 1933) und seiner Erben. – Unregelmäßiger zweigeschossiger Vierflügelbau mit vortretenden turmartigen Eckabschluß an der Nord- und Westseite, die noch Schießscharten aufweisen. Ältester Teil ist der gegen Süden verlängerte Westtrakt, welcher auf das 15. Jh. zurückgeht; der südwestliche Eckabschluß in den Fundamenten vielleicht noch früher. Neukonzeption in der 2. H. des 16. Jh.s. Davon noch die in die nordwestliche Hofecke eingefügte Treppenanlage erhalten. Mit ihren Pfeilerarkaden, der Pilastergliederung und dem Konsolenfries zeigt sie die Nähe zur Schule des Renaissancebaumeisters Domenico de Lalio (Schloß Hollenegg). Die Erdgeschoßarkaden im Westflügel wurden vermauert, der darüberliegende Bogengang unter Paul Ernst geschlossen. Der Südtrakt gegen die Kirche, der mit ihr in Verbindung steht, wurde im 17. Jh. als schmaler Bogengang errichtet, später gleichfalls geschlossen, sodaß in den dabei geschaffenen Räumen Säulen und Bogenfelder noch zu erkennen sind. Nur an den Hofecken sind noch zweibogige Loggien offengeblieben. 1755 wurde in der Mitte des

Nordflügels ein dreiachsiger erhöhter Festsaaltrakt eingefügt. Er enthält die Haupteinfahrt mit dem von Säulen flankierten Portal, das Steinwappen und Inschrift des Bauherrn Freiherrn von Egkh-Hungerspach vorweist. Der darüberliegende Festsaal ist sehr schmal und daher infolge seiner Höhe von schachtartiger Wirkung. Die einfachen Dekorationsmalereien stammen aus dem 3. Viertel des 18. Jh.s. Im Obergeschoß des Westtraktes befinden sich die Wohnräume von Paul Ernst mit Einrichtungsstücken des 18. und 19. Jh.s und der Bibliothek. Den Hof schmückt eine steinerne Marienfigur auf Postament von 1762, die dem Grazer Bildhauer Veit Königer zuzuschreiben ist.

Vor der Schloßeinfahrt auf dem Johannishügel liegt das **Grab** des Dichters Paul Ernst, welches von v. Gosen unter Einbeziehung einer spätbarocken Johannes-Nepomuk-Figur mit Engeln gestaltet wurde.

S T . I L G E N   Bez. Hartberg

Auf freiem Feld, knapp an der burgenländischen Grenze, steht die zur Pfarre Grafendorf gehörige **Filialkirche hl. Ägydius.** Möglicherweise hat schon Markgraf Ottokar III. hier gegen 1165 eine Kirche mit dazugehörigem Herrenhof gegründet. Während der Kuruzzenkriege mußte der alte Bau abgerissen werden, um dem Feind nicht als Versteck dienen zu können (siehe Chronik). Die Einweihung der neuen Kirche fand am 8. Juli 1714 statt. Sie besteht aus einem dreijochigen Langhaus mit Stichkappentonne und einem eingezogenen zweijochigen Chor mit flachelliptischer Altarnische. An den Seiten symmetrische Anbauten mit Oratorien, an der Westseite leicht vortretender Turm. – Einrichtung durch Johann Cyriak Hackhofer, den Vorauer Stiftsmaler, der bald nach der Fertigstellung des Gebäudes damit betraut wurde. Von ihm die gemalten Kulissenfiguren des Hochaltares, die acht Tafelfiguren im Chor (Donatus, Patrizius, Procopius, Leonhard, Isidor mit Ehefrau Maria, Marx, Juliane) sowie ein Gemälde des Gnadenstuhles, welches später übermalt wurde. Kanzel um 1720. Von der älteren Ausstattung eine Säulenfigur der Maria mit Kind und ein hölzernes Vesperbild 3. Drittel 17. Jh.

S T . J A K O B in der B r e i t e n a u   Bez. Bruck a. d. Mur

Kirchplatzdort in einem engen Seitengraben des Murtales an der Verbindungsstraße zum Feistritztal. Die **Filialkirche** gehört seit 1760 zur Pfarre des Nachbarortes St. Erhard und war bis dahin selbst Pfarrkirche. Vom ältesten Bau um 1400 der einjochige Chor mit 5/8-Polygon und Kreuzrippengewölbe mit Schlußsteinen erhalten. Das dreijochige Langhaus ist im Kern gleichfalls gotisch, jedoch in der 2. H. des 17. Jh.s mit einer Flachtonne neu gewölbt und durch Anfügung von zwei Seitenkapellen sowie einer Sakristei mit Oratorium erweitert worden. 1713 setzte an der Westseite Baumeister Blasius Rues einen quadratischen Turm mit Zwiebelhaube vor. Etwa zur gleichen Zeit erfolgte die einfache Stuckierung des Langhausgewölbes. 1959 wurden an der Nordwand des Chores spätgotische Fresken aus der 2. H. des 15. Jh.s freigelegt: ein großes Weltgericht, das zur Hälfte durch die barocke Sakristeitüre zerstört wurde, und Christus in der Mandorla. Im Fenster der südlichen Chorschräge befinden sich noch sechs vorzügliche Glasgemälde aus der Zeit um 1420; sie zeigen die Verkündigung, Kreuzigung, Marienklage, Schmerzensmann, Gnadenstuhl und St. Jakobus. Der Hochaltar entstand 1769 nach einem Entwurf des Grazer Bildhauers Veit Königer mit den Figuren des Leobner Meisters Matthäus Krenauer. Das gute Altarblatt stellt in hellen Farben den Kirchenheiligen dar. Die beiden Fronbogenaltäre mit reichen Akanthusrahmen bezeichnet 1701. Die Kapellenaltäre 2. H. 17. Jh. mit später hinzugefügten Akanthuswangen. Aus der Umbauzeit auch die Kanzel mit Knorpelwerkverzierungen am Korb um 1675; das Schalldach wurde im 18. Jh. hinzugefügt. Bild der hl. Katharina 2. H. 17. Jh., weiters einige hoch- und spätbarocke Schnitzfiguren. Die bemalte Holzbrüstung der Orgelempore aus dem 3. V. des 18. Jh.s, die Orgel Ende 19. Jh. Spätgotische Glocke mit Verzierungen von Hans Mitter aus dem 15. Jh.

ST. JAKOB IM WALDE   Bez. Hartberg

Kirchweiler in Hanglage an den Ausläufern des Wechsels. Ehemals Herrschaftsgebiet der Herren von Krumbach, auf dem das Stift Vorau als seelsorglichen Stützpunkt für die Siedler des frisch gerodeten Landes Ende des 12. Jh.s die **Pfarrkirche St. Jakob** erbaute. Erste Nennung 1209. Nach dem Vorbild der ersten Vorauer Stiftskirche wurde der Typus einer dreischiffigen Pfeilerbasilika gewählt. Umbauten und Erweiterungen in der Spätgotik und im Barock. 1886 Brand, bei dem Dach und Turm beschädigt wurden. Im April 1945 durch Artillerietreffer Turmhelm und Gewölbepartien zerstört, die Einrichtung von 1740 gänzlich verbrannt. 1947/48 baulich wieder hergestellt.
Dreijochiges Langhaus, durch schwere gedrückte Rundbogenarkaden auf massigen Achteckpfeilern in drei Schiffe geteilt. Das mittlere doppelt so hoch und breit wie die Seitenschiffe, die spätgotische Kreuzrippengewölbe (Birnstabrippen) aus der 2. H. des 15. Jh.s aufweisen. Im Mittelschiff an der Südwand kleine romanische Oberfenster, die ehemalige Flachdecke um 1663 durch Stichkappentonne mit halb herabreichenden jochtrennenden Gewölbeansätzen ersetzt. Zur selben Zeit der Chor mit Halbkreisschluß und Tonnengewölbe über kräftigem Kranzgesims angefügt. Ihn flankieren die zweigeschossige Sakristei (an der Türe ehemals Jahreszahl 1663) und eine Kapelle. In der romanischen Westwand spätgotisches Gewändeportal des 15. Jh.s (Birnstabrippen) zwischen zwei abgetreppten Strebepfeilern; an der Südseite kleines Renaissanceportal 2. Viertel 16. Jh. Turm mit gegliederter Zwiebelhaube 1768 über dem 1. Joch des südlichen Seitenschiffes errichtet. Die spätbarocke Orgelempore nach Beschädigung erneuert. Kleines ovales Deckenfresko im Chor mit Engelverehrung 1. H. 18. Jh.
Uneinheitliche Ersatzausstattung nach 1945 zusammengetragen, zum Teil aus der profanierten Jesuitenkirche von Judenburg. Am besten der Hochaltar mit Aufbau und Aufsatzengeln aus der Mitte des 17. Jh.s; die übrigen Figuren 18. Jh., das Altarblatt erneuert. Klassizistischer Kanzelkorb gegen 1800. Im Chor zwei gute Bilder der Vision des hl. Ignatius von Loyola (Kopie nach de Pomis' Bild im Grazer Dom) und Vision des hl. Aloisius, beide 1. H. 17. Jh.
An der Westseite der Kirche und mit ihr durch einen hölzernen Verbindungsgang zusammenhängend steht der geräumige, 1732 erbaute **Pfarrhof**. Innen Immaculata-Statue 3. Viertel 18. Jh., im großen Saal zarter Deckenstuck mit alter Ansicht vom Stift Vorau.

ST. JOHANN bei Herberstein   Bez. Hartberg

Die römische Besiedlung der Gegend ist durch die zahlreichen Römersteine hinlänglich bestätigt, die heute die Außenwände der Pfarrkirche zieren. Bei der Neukolonisation im 12. Jh. wurde die Anhöhe über der Feistritz wiederum ausgewählt, um darauf einen Rodungsmittelpunkt zu schaffen. Um 1150 erbaute der Herrschaftsinhaber Liutold von Gutenberg die erste Kirche (vielleicht identisch mit der 1170 genannten Pfarrkirche Feistritz); sie gelangte durch Tausch 1245 an den Erzbischof von Salzburg, der wiederum 15 Jahre später St. Johann dem Deutschen Ritterorden übergab. 1532 schwere Schäden, verursacht von dem die Oststeiermark durchziehenden Türkenheer. 1652 erwarb Johann

Maximilian Graf von Herberstein Pfarre und Grundherrschaft und baute den Augustiner-Barfüßern eine kleine Klosteranlage neben der Kirche. 1670–1676 lebte hier auch der berühmte Prediger Abraham a Santa Clara. 1704 Plünderung durch die Kuruzzen. Seit 1786 ist St. Johann wieder Pfarrsitz; 1820 wurde das Augustinerkloster aufgehoben. 1953 erfolgte zugleich mit der Filialkirche Maria Fieberbründl die Übergabe an den Kapuzinerorden, der seitdem die Pfarrgeschäfte versieht.
Die auf einem von der Feistritzklamm aufsteigenden, schmalen Höhenrücken gelegene, weithin sichtbare **Pfarrkirche St. Johannes und Maximilian** wurde von 1655–1658 nach den Plänen des Baumeisters Anton Solar von Michael Arhan erbaut. Für den letzteren war diese Bauführung das Meisterstück, um als Maurermeister in die Zunft aufgenommen zu werden. Der relativ hohe Bau besteht aus einer dreiachsigen Eingangshalle, über deren getrennten Geschossen der Priesterbetchor und die Orgelempore angeordnet sind. Das anschließende, etwas verbreiterte dreijochige Langhaus mit Kreuzgratgewölben hat zwei rechteckige Seitenkapellen am dritten Joch angesetzt und mündet in einen eingezogenen Chorraum mit ³/₈-Schluß. Von vornehmer Wirkung ist die Gliederung und der Schmuck der Wand- und Gewölbeflächen. Auf hohen Sockeln erheben sich ionische Pilaster, die ein stark verkröpftes umlaufendes Gebälk tragen. Auf ihnen sitzen die jochtrennenden Gewölbegurten, dazwischen große Halbkreisfenster. Sparsam eingesetzter aber umso wirkungsvoller akzentuierender Stuck vor allem in den Seitenkapellen und im Chor aus der Zeit um 1660. Über dem breit gerahmten Halbkreis des mit Puttenköpfen und Laibungsfeldern verzierten Fronbogens ist das Haupt Johannes des Täufers in Stuck dargestellt. Weiter ausgesponnen wird das Thema im Presbyterium, wo in den Bogenfeldern der Chorschrägen überm Gebälk die Taufe Christi und die Enthauptung Johannes des Täufers szenisch stukkiert sind (durch den späteren Hochaltar verdeckt). An der Südseite des Langhauses befindet sich eine Loretokapelle, die bereits 1655 von Johann Maximilian Graf Herberstein gestiftet wurde und die Herzgruft wie auch eine Erdbegräbnisstätte der Familie Herberstein enthält. Die ehemals gegen Westen anschließende Annenkapelle wurde 1908 abgerissen. An der Nordseite die Sakristei in der Länge der beiden ersten Joche. Die Außenansicht der Kirche ist nüchtern und ziemlich schmucklos; lediglich die hochstrebende dreigeschossige Westfassade mit steinernem Sprenggiebelportal, Herbersteinwappen, abgetrepptem Dachgiebel und dem aufgesetzten Fassadentürmchen mit Laternenhelm (1860 erneuert) zeigt einfache Zierelemente des Frühbarock. Über Langhaus und Chor umlaufend Dachbodenluken mit Holzauflagen und Wehrgang. Die ehemalige Augustinergruft unterm Presbyterium wird seit 1928 von den Grafen Herberstein als Familiengruft verwendet. Das kleine Rustikaportal als Zugang an der südöstlichen Chorschräge wurde damals von Burg Neuberg bei Hartberg übertragen.
Die prächtige Ausstattung stammt im wesentlichen aus der Zeit des Spätbarock und bildet in ihrer Farbigkeit und formalen Bewegtheit einen lebendigen Kontrast zum maßvoll klaren Frühbarockraum. Die ganze Höhe und Breite des Chorschlusses nimmt der mächtige Hochaltar ein, den der Grazer Bildhauer Marx Schokotnigg um 1720 geschaffen hat. Es ist ein monumentaler Säulenaltar in mehrfarbiger Marmorierung mit Umgangsportalen und wuchtig in den Raum vorstoßenden Gebälkstücken, auf denen sich eine reich gestaltete Volutenkrone erhebt, die eine Riesenglorie umschließt. Zwischen den Säulen bewegen sich die Gestalten der hll. Augustinus und Jakobus d. Ä., Maximilian und Johannes Evangelist, in der Mitte ein großes Altarblatt von schwächerer Qualität (Matthias Görz?) mit der Darstellung der Taufe Christi, im Hintergrund Schloß Herberstein. Vorherrschendes Dekorationsmotiv ist vergoldetes Laub-Bandlwerk. Es ziert auch den in Boulle-Technik gearbeiteten, vorzüglichen Tabernakelschrein, den das eingelegte Wappen als Herberstein'sche Stiftung zu erkennen gibt. Die beiden kleinen Choraltäre sind originelle Schreinarchitekturen, deren seitliche Figuren auch dem Marx Schokotnigg zugeschrieben werden. Ihr Akanthusdekor läßt sie etwas älter als der Hochaltar erscheinen; hingegen

sind die bekrönenden Ovalbilder mit Rocaillerahmen spätere Zutaten um 1760/70. Von guter Qualität auch die beiden gleich gestalteten Kapellenaltäre, bei denen dekorative Volutenstützen die Säulen ersetzen. Die Bilder stammen von Matthias v. Görz, links Rosenkranzmaria, signiert und datiert 1726, rechts Kreuzigung; die Figuren des rechten Altares von Josef Schokotnigg. Die in die Altäre um 1760/70 eingebauten Glasschreine enthalten Reliquien der hll. Faustus und Luzius, welche 1667 bzw. 1670 erworben worden waren. Die zierlich gestaltete Rokokokanzel um 1775 mit weißgefaßten Figuren, am Schalldach hl. Augustinus, am Korb Glaube und Hoffnung sowie Putten mit den Attributen der Apostelfürsten. Gegenüber ein Ovalbild des hl. Augustinus in Rocaillerahmen um 1760/70. In der linken Seitenkapelle gutes Bild Anna Maria lesen lehrend, vielleicht von Josef Tunner M. 19. Jh.; vom selben Künstler ein Schmerzensmannbild datiert 1848, derzeit abgestellt. Kreuzwegbilder von 1867; Kirchenbänke 1907; die Orgel mit neubarockem Kasten von der Firma Mauracher 1913. In der Loretokapelle gerahmte Nische mit Marienfiguren und Engeln aus der Bauzeit 1655, der Altar laut Chronogramm 1776. Heiliges Grab von 1895.

Der geschlossene **Priester-Betchor** über der Eingangshalle mit geschnitztem und im Stile der Altäre farbig marmoriertem Fenstererker und Ausstattung von 1720/30. Über dem intarsierten Gestühl sechs Ölbilder mit Heiligen des Augustinerordens (hl. Monika, Wilhelm von Maleval, Johanna a. S. Facundo, Liberatus, Galasius und Nicolaus von Tolentino). An dem mit Laub-Bandlwerkstuck überzogenen Spiegelgewölbe Fresken von Johann Cyriak Hackhofer 1730, darstellend im Mittelbild die Versammlung der Kirchenväter und des hl. Nikolaus von Tolentino vor der Dreifaltigkeit, an den Ecken musizie-

St. Johann ob Herberstein, Pfarrkirche – Sakristei mit Laub-Bandlwerkstuck und Fresken von J. C. Hackhofer, 1730

rende Engel. Stuckputti mit den Attributen des hl. Augustinus sowie zwei den Mittelerker flankierende Putten mit den Symbolen von Glaube und Hoffnung als Ergänzung zum brennenden Herz (Liebe) des hl. Augustinus vervollständigen das Programm dieses Raumes, der auch als Kapitelsaal verwendet worden sein dürfte. Aus der gleichen Zeit die reich ausgestattete **Sakristei**, die mit denen der Stiftskirchen von Vorau und Pöllau zu den schönsten der Oststeiermark gehört. Die drückende Wirkung der niederen Stichkappentonne wird durch den verspielten Laub-Bandlwerkstuck mit Putten gemildert. Das Freskoprogramm von Johann Cyriak Hackhofer, chronogrammiert 1730, ist eines der letzten Werke des Vorauer Stiftsmalers. Es zeigt in den drei großen Gewölbebildern alttestamentarische Szenen, die sich auf das Meßopfer beziehen: in der Mitte Moses, Melchisedek und Zacharias vor der hl. Dreifaltigkeit, außen das Opfer Abels und Abraham opfert Isaak. In den Bogenfeldern der Süd- und Eingangswand Darstellungen der vier letzten Dinge, Hölle, Himmel, Gericht und Tod. An der Fensterwand zu Seiten des Gewölbeauslaufs kleine Passionsszenen in gemalten Schmuckrahmen; in den Fensterlaibungen Szenen aus dem Marienfestkalender (Geburt, Opferung, Verkündigung, Heimsuchung, Lichtmeß und Himmelfahrt). Schön intarsierte Schränke, Türen und Wandverkleidungen mit geschnitzten Aufsätzen, über der Türe Schmiedeeisengitter von 1730/35. Illusionistisch gestaltete Lavabonische; als Pendant kleine Kreuzigungsgruppe in verglaster Nische um 1730.

An den Außenwänden der Kirche zahlreiche eingemauerte **Römersteine**, zum Teil von sehr guter Qualität, die aus dem 1. bis 3. Jh. stammen. Es ist dies die neben Waltersdorf größte römerzeitliche Grabsteinsammlung der Oststeiermark. Drei klassizistische Grabsteine bzw. Eisengußplatten von 1830/35. Um die Kirche Teile der alten Umfassungsmauer erhalten, die früher höher war und Wehrfunktion besaß. Dies gilt auch für die bastionenartig geführten Bruchsteinmauern an der nordseitigen Hangböschung der Kirchenterrasse.

Westlich vor der Kirche und mit ihr in direkter Verbindung steht das ehemalige **Augustinerkloster** (heute Pfarrhof), begründet 1652 von Johann Maximilian Graf Herberstein, erbaut von Anton Solar und Michael Arhan. Das rechteckige zweigeschossige Gebäudegeviert ist um einen Innenhof angelegt, den ein gewölbter Kreuzgang mit Bogenöffnungen umgibt. Zwischen den Bögen hofseitig schlichte Figurennischen. Sommerrefektorium mit Kreuzgratgewölben, in drei runden Stuckfeldern Freskobilder von A. Raidl 1957, darstellend Franziskusszenen. Beim Stiegenaufgang im Obergeschoß freskierte Betnische mit Maria Immaculata-Figur unter Baldachin 2. Viertel 18. Jh. Wandbild der Sieben Schmerzen Mariae am Treppenabsatz 1. H. 19. Jh. Außen an der Südwand in einer Nische frühbarocke Marienfigur M. 17. Jh. Eine Gedenktafel für Abraham a Santa Clara wurde 1972 enthüllt. Das gut gestaltete Kriegerdenkmal im Verbindungsgang vor der Kirche von 1924.

An der Straßenzufahrt gut gegliederter **Nischenbildstock** (Hubertuskreuz) aus der Mitte des 18. Jh.s. Weiter bergwärts an der Straße Haus **Nr. 12** (ehemals Bäckerhaus) bezeichnet 1706 auf einem Holztram in der Gaststube. Haus **Nr. 16** mit Rokokofassadierung um 1760. Daneben die **Rosalienkapelle** A. 18. Jh., ein quadratischer Bau mit großer vergitterter Bogenöffnung und aufgesetztem Dreiecksgiebel. In zwei seitlichen Nischen Heiligenfresken; als Altaraufsatz dient das Holzmodell des Hochaltares der Pfarrkirche. Im Altartisch Felsennische mit steinerner Rosalienfigur.

Im Ort ein gemauerter **Nischenbildstock** mit Fresken bezeichnet 1749. Die alte **Hofmühle** an der Feistritz mit Sägewerk, errichtet von den Herberstein, 1459 urkundlich genannt. Der heutige dreigeschossige Bau aus dem A. des 19. Jh.s. In der Feistritzklamm nordwestlich des Kirchenberges steht an der Feistritzbrücke eine kleine gemauerte **Johanneskapelle** mit guter Steinskulptur des hl. Johannes Nepomuk, am Sockel Herbersteinwappen und Jahreszahl 1714.

Am Klausenberg (Gemeinde Hoferberg) **Heiliges Grab,** 1654 von Johann Max Graf Herberstein gestiftet. Die Anlage besteht aus einer Grab-Christi-Kapelle mit frühbarockem Eingangsgitter und zwei größeren, vorgezogenen Kapellen, die der Schmerzhaften Maria und dem Gegeißelten Heiland geweiht sind. Die zugehörigen Kultfiguren einer Pieta um 1720/30 und eines Geißelchristus sind in der Pfarrkirche abgestellt. Am Platz zwischen den Kapellen dramatisch bewegte Kreuzigungsgruppe mit steinernen Adstantes 2. Viertel 18. Jh., der hölzerne Kruzifixus 19. Jh. Bis in die 30er Jahre des 18. Jh.s wurde hier ein Passionsspiel abgehalten. Die den Anweg begleitenden Kreuzwegstationen von 1951.
Filial- und Wallfahrtskirche Maria im Elend im nahen Ort **MARIA FIEBERBRÜNDL.** Anstelle einer einfachen Holzkapelle wurde 1879 von Architekt L. Minkovitsch eine größere Wallfahrerkapelle errichtet. Wegen des großen Pilgerzustroms mußte 1893/94 eine Bethalle hinzugefügt werden, die Architekt H. Lötz in neuromanischen Formen erbaute. Seit 1953 übernahm der Kapuzinerorden die Betreuung und ließ im folgenden Jahr durch Einfügung eines Querschiffes Bethalle und Gnadenkapelle zu einem einheitlichen Gotteshaus verbinden. – Einrichtung in historisierenden Formen; einige gute Votivbilder nach Gebetserhörungen. Brunnenstatue und Schutzmantel-Maria überm rechten Seiteneingang aus der Zeit des Umbaues. In der Bründlkapelle Malereien von F. Weiß 1978.

ST. JOHANN in der Haide   Bez. Hartberg

Der Fund eines bronzezeitlichen Lappenbeils läßt auf eine frühe Besiedlung der Gegend im 2. Jtsd. v. Chr. schließen. Aus der Römerzeit sind elf Hügelgräber (im Waldsteinriegl) und ein Grabstein an der Kirche erhalten (2.–3. Jh. n. Chr.). Die nördliche Gemeindegrenze markierte einst eine von Hartberg nach Steinamanger (Savaria) führende Straße, die als Strata hungarica bezeichnet wurde. 1147 Dorfgründung durch Rüdiger, nach dem es den Namen ,,Rudegersdorf'' führte. Erst im 15. Jh. wurde der Name Johannes des Täufers angenommen; die Beifügung ,,in der Haide'' hat allerdings nichts mit der Heide zu tun sondern kommt von Hard oder Ghart = Wald und bezieht sich auf den östlich des Ortes gegen die Lafnitz zu sich erstreckenden Kartwald. Wegen seiner ungeschützten Grenzlage hatte der Ort viel zu leiden: 1529 von den Türken niedergebrannt, 1683 von den Batthyanischen Rebellen ausgeraubt, 1704 und 1707 von den Kuruzzen angezündet und geplündert.
Die **Pfarrkirche,** 1452 genannt, ist ein Neubau von 1775, der durch Maurermeister Anton Pregartner ausgeführt wurde. Sie besteht aus einem dreijochigen Langhaus mit Platzlgewölben über Wandvorlagen und einem halbrund schließenden einjochigen Chor. Im Westen ist ein dreigeschossiger quadratischer Turm vorgesetzt. Innen und außen einfache Pilastergliederung der Wände. Klassizistischer Hochaltar gegen 1800; die Rokokokanzel aus der Bauzeit mit Rocaillen und Blumengirlanden verziert. Im Chor ein Bild der Anbetung durch die Hirten, 18. Jh. Die Orgel fertigte Carl Schehl 1837; Glocke von 1847, Glasfenster 1883. Außen Römerstein mit drei Brustbildern 3. Jh. n. Chr.
Im Ort befindet sich das **Johannisbründl,** welches 1970 von Adolf Osterider gestaltet wurde.

ST. KATHREIN am Hauenstein   Bez. Weiz

Kirchweiler in Streusiedlungsgebiet an der Vereinigung einiger Grabentäler. Der Name geht auf eine stubenbergische Herrschaft Haugenstein zurück, die hier seit der 1. H. des 13. Jh.s bestand und deren Burg bereits 1333 als ,,daz oed haws ze Haugenstein'' bezeichnet wurde.

Auf einer Bergnase über der Ortschaft steht die **Pfarrkirche hl. Katharina**, die bereits 1383 genannt wurde und seit 1788 Pfarre ist. Vom gotischen Bau ist der Kern der Langhausmauern und der Turmunterteil noch erhalten. 1712 erfolgte durch Remigius Horner eine entscheidende Umgestaltung (Jahreszahl am Sakristeiportal), die der Kirche ihr heutiges Aussehen gab. Bei dem großen Brand von 1904 wurden Turm und Schiff schwer beschädigt; der folgende Wiederaufbau, für den sich auch der Dichter Peter Rosegger, berühmter Sohn dieser Gegend, eingesetzt hatte, beließ den alten Bauzustand im wesentlichen unverändert.

Etwas kleiner als die Kirche des benachbarten Ratten doch ihr im Typus ganz entsprechend haben wir auch hier die Kombination eines tonnengewölbten Langhauses mit einem (geländebedingt etwas tiefer gelegenen) Trikonchos, dessen mittlere Altarapside um ein Joch verlängert ist. Im Westen vorgesetzt der Turm mit gotischem Unterbau, achteckigem Glockengeschoß und Zwiebelhaube. Wandgliederung innen durch Pilaster, außen Lisenen.

Die spätbarocke Ausstattung von guter Qualität: Hochaltar mit weiß-goldgefaßten Figuren und Tabernakel 3. Viertel 18. Jh.; in der Mitte des Säulenaufbaues eine gotische Katharinenstatue um 1480. Die beiden Seitenaltäre mit Bildern wie der Hochaltar. Statuen hl. Josef und Maria sowie Vierzehnnothelfer-Bild 1. H. 18. Jh. Orgelgehäuse um 1770. Außen an der Kirche lebensgroßer Kruzifixus M. 18. Jh.

Kirchhofportal bezeichnet 1712. Hinter dem Chor barocke **Kapelle** mit kleinem Marienaltar aus der 2. H. des 17. Jh.s. Vor der Kirche Gedenkstein für Peter Rosegger mit Bronzetafel von L. Stujer. Welche Bedeutung für Rosegger die Heimatpfarre seiner Jugendzeit behielt, notierte er einmal in seinem Tagebuch mit folgenden Worten: „Das Gotteshaus, in dem das Kind seine heiligen Weihnachten und Ostern, seine Pfingsten und Fronleichnamsfeste gefeiert, es mag noch so schlicht sein, bleibt dem Menschen die schönste Kirche sein Lebtag lang. Ich habe den Kölner und Mailänder Dom gesehen und die Peterskirche in Rom – die süße Himmelsstimmung wie in dem weißen, lichten Kirchlein zu St. Kathrein am Hauenstein habe ich sonst nirdends gefunden."

Der tiefer gelegene zweigeschossige **Pfarrhof** aus der 2. H. des 18. Jh.s.

ST. KATHREIN am Offenegg   Bez. Weiz

Kirchweiler in 972 m Höhe am Geländeabfall eines Bergrückens gegen den Lambachgraben. Streusiedlungsgebiet mit Ring- und Haufenhöfen. Die **Pfarrkirche hl. Katharina von Alexandria** (seit 1640 Pfarre) wurde bereits 1295 erstmals genannt und erhielt ihr heutiges Aussehen durch zwei Umbauten in der Spätgotik und im Spätbarock. Die früheste Kirche bestand aus einem einschiffigen Langhaus, an das sich im Osten ein wehrhafter rechteckiger Chorturm anschloß. Dieses einfache Schema entsprach noch der romanischen Bautradition; doch muß das Kirchlein wegen seines (später vermauerten) Spitzbogenportals an der Westseite, dessen Umrisse noch erkennbar sind, bereits der Frühgotik zu Ende des 13. Jh.s zugerechnet werden. Um die Mitte des 15. Jh.s wurde die Kirche gegen Süden erweitert und durch das Einziehen eines Zweiparallelrippengewölbes, das auf zwei mittleren Achteckpfeilern und seitlichen Wanddiensten aufruht, zur zweischiffigen, dreijochigen Halle umgestaltet. Gleichzeitig mußten außen Strebepfeiler angerückt werden und neben dem Chorturm entstand ein rundes Treppentürmchen mit Schulterbogenportal. 1742 erfolgte dann ein weiterer Umbau, der der Kirche ihre endgültige Gestalt gab. Diesmal wurde die Nordwand geöffnet und dort ein einjochiger Chor mit Halbkreisschluß sowie eine Sakristei angefügt. Durch diese Achsenänderung erhielt der Raum nun drei Schiffe mit je zwei Jochen, das spätgotische Südportal wurde zum Haupteingang. Der starke Turm erhielt ein achteckiges Glockengeschoß aufgesetzt, sein ehemali-

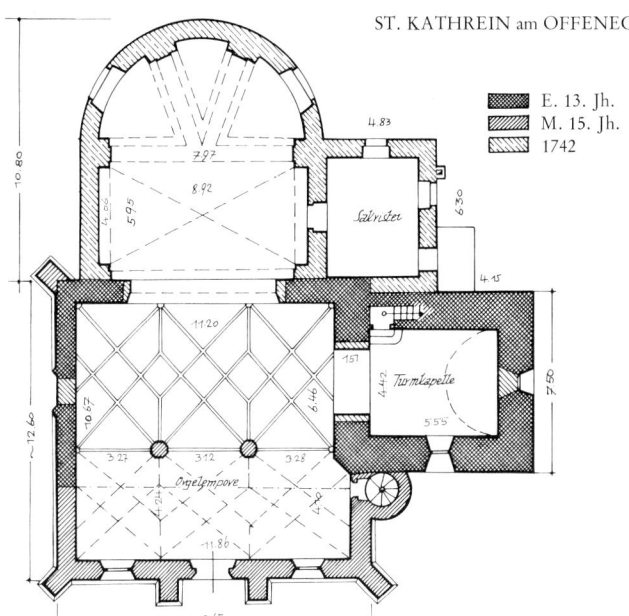

E. 13. Jh.
M. 15. Jh.
1742

ges Chorquadrat wurde zur Seitenkapelle mit Tonnengewölbe umgewandelt.
Barocke Einrichtung: der Hochaltar wurde 1767 von dem Bildhauer Johann Piringer für die Grazer Klosterkirche der Karmelitinnen verfertigt und nach deren Auflassung 1784 nach St. Kathrein übertragen. Er besteht aus einer reich verzierten Säulenarchitektur, den beiden Eckfiguren Zacharias und Elisabeth sowie einem großen Altarblatt des 17. Jh.s, darstellend die Heilige Familie. Neubarocker Tabernakel mit guter Figur der hl. Katharina und Engeln. Zwei Seitenaltäre um 1700, am linken eine spätbarocke Katharinenfigur. Die Kanzel entstand um 1740. In der Turmkapelle ein Altar mit Geißelchristus und Maria sowie illusionistischer Wandmalerei an der Rückwand, die den Viehheiligen Pankrazius zeigt, 2. H. 18. Jh. Von der älteren Barockausstattung ist noch die Figur eines Auferstandenen erhalten, die der Bildhauer Johann Baptist Fischer 1687 geschnitzt hat (Vater des berühmten Grazer Architekten J. B. Fischer von Erlach). Die Orgel aus dem 3. Viertel des 18. Jh.s.

S T . K I N D   Bez. Fürstenfeld

Kleines Längsangerdorf im Rittscheintal, einst zur Pfarre Söchau, heute zu Breitenfeld gehörig. Der Ort wurde nach 1322 erwähnt als ,,Sunekind" = hl. Kind.
Die kleine **Filialkirche** ist dem hl. Kind Jesu und dem hl. Andreas geweiht und wurde 1545 erstmals erwähnt. Sie muß wenige Jahre davor im spätgotischen Stil erbaut worden sein, was an dem gekehlten Rundbogenportal an der Westseite und dem Schulterbogenportal im Süden noch zu erkennen ist. Anfangs des 19. Jh.s wurde das dreijochige Langhaus mit neuen Kreuzgratgewölben versehen, eine dreiachsige Orgelempore eingebaut,

die Fensterlaibungen verändert und 1808 an der Südseite des 3. Joches ein quadratischer Turm errichtet, der bereits 1831 wegen Baufälligkeit erneuert werden mußte. Niederer eingezogener Chor mit einem Joch und Dreiachtelschluß. – Einfache Ausstattung mit drei Barockaltären aus dem 3. Viertel des 17. Jh.s, und einer Kanzel vom Anfang des 19. Jh.s. Die barocke Positivorgel 1973 verkauft. Neben dem Christuskind wird als Kultgegenstand auch ein Gemälde der hl. Kümmernis von 1683 verehrt. Einige Votivbilder sind noch erhalten, das älteste vom Jahre 1698. Spätgotische Glocke von 1535.

ST. LORENZEN am Autersberg   Bez. Weiz

Filialkirche von Birkfeld, nordwestlich oberhalb des Ortes am Osthang des Laurenziberges in schütterem Streusiedlungsgebiet (Gemeinde Piregg) gelegen. Der spätgotische Bau wurde anstelle einer älteren Kapelle 1501 (Jahreszahl am Fronbogenscheitel) errichtet. Davon erhalten der zweijochige Chor mit $^5/_8$-Schluß aus unverputztem Bruchsteinmauerwerk, in dem außen die Gerüstlöcher belassen wurden. Im Inneren weit herabreichendes Vierrautensterngewölbe auf schlanken, vor die Wand gelegten Halbsäulchen mit Basen und polygonal gekehlten Kapitälen. In den westlichen Raumecken zwei Kopfkonsolen, die Schlußsteine mit Wappenschilden. Der weite, beidseitig gekehlte Fronbogen leitet über zu dem um drei Stufen höher liegenden Langhausraum. Er wurde um 1625 neu gestaltet und mit einem hölzernen zwiebelbekrönten Dachreiter sowie einem Zugang an der Südseite versehen.
Gut erhaltene, im wesentlichen aus dem 17. Jh. stammende früh- bis hochbarocke Einrichtung. Der Hochaltar mit spätgotischer Mensa und Aufbau im Knorpelwerkstil ca. 1670/80, die Figuren dem Johann Baptist Fischer zuzuschreiben. Der rechte Seitenaltar gleichzeitig; der linke Robertialtar mit Akanthusverzierung bezeichnet 1688. Auf Wandkonsolen kleine Immaculatastatue um 1700 und Figur des Johannes Evangelist, datiert 1713. Im Langhaus patronierte Holzdecke, bezeichnet 1627. Die Brüstung der hölzernen Musikempore mit reicher Flachschnittverzierung und Gliederung durch verjüngte Schuppenpilaster, bezeichnet 1670. Kleine Positivorgel von 1765. In der kleinen Sakristei an der Südseite originell gestalteter Schrank vor Fensternische von 1692. Von den beiden Glocken eine von 1473 mit Hund-Hase-Einhorn-Motiv, die andere von Claudius Aubert aus Graz 1635.

ST. LORENZEN am Wechsel   Bez. Hartberg

Kirchweiler in Hochlage am Südhang des Wechselmassives. Urkundlich 1250 erwähnt; beim Ungarneinfall 1518 und beim Türkeneinfall 1532 verwüstet.
Die **Pfarrkirche** (seit 1344 Pfarre), erstmals 1266 genannt, seit 1304 im Besitz des Klosters Vorau, ist ein barocker Neubau von 1700 (Bauinschrift ehemals in der linken Seitenkapelle). Sie wurde, wahrscheinlich vom Vorauer Stiftsbaumeister Andreas Straßgietl, in westlicher Ausrichtung über kreuzförmigem Grundriß errichtet. Renoviert 1974.
Das zweijochige Langhaus mit leicht eingezogenem gerade schließendem Chorraum ist von einem Tonnengewölbe mit Stichkappen bedeckt, die vom zweiten Joch ausgehenden rechteckigen Seitenarme haben stukkierte Kreuzgratgewölbe. Im Osten vorgesetzter quadratischer Turm (Unterbau älter) mit Sprenggiebelportal, datiert 1700, achteckigem Glockengeschoß und Zwiebelhelm. Der Musikchor mit zwei Sängeremporen 1776 erneuert. An der Chornordseite Sakristeiportal datiert 1700 und Oratorium. Die Bauinschrift im linken Seiten-

arm führte die Wappen des Vorauer Propstes Philipp Leisl (1691–1717) und des apostolischen Pronotars Dr. Rupert Prenner, welcher den Bau förderte.
Überwiegend spätbarocke Einrichtung: der Hochaltar mit illusionistisch bemalter Bretterkulisse und Altarbild der Apotheose des hl. Laurentius mit Stifterfigur des Dr. Prenner, gemalt von Johann Cyriak Hackhofer. Von diesem auch die Bilder der in Frühklassizismus umgestalteten Seitenaltäre Maria Verkündigung und hl. Josef. Am rechten Seitenaltar noch Kopie der Innsbrucker Madonna von L. Cranach in Rokokorahmen, am linken Bild des hl. Aloisius. Kleine Kanzel im Stil des Blumenrokoko um 1775, am Schalldach Figur des hl. Augustinus. Am Fronbogen Skulpturen der Maria mit Kind und des hl. Josef 1. Hälfte 18. Jahrhundert; Pfeilerfigur des Johannes Nepomuk, vier ovale Heiligenreliefs über der Sängerempore und kleine Taufgruppe Johannes und Christus 3. Viertel 18. Jahrhundert. Zwei große spätbarocke Bilder der Geißelung und Christus fällt unterm Kreuz 2. Hälfte 18. Jahrhundert. Orgel von Friedrich Werner, 1877, Glasfenster von 1879.
Gegenüber der Kirche geräumiger zweigeschossiger **Pfarrhof**, erbaut 1718–1724. An der Auffahrt kleine **Nischenkapelle** mit neuer Skulptur des kreuztragenden Christus als Kriegergedächtnisstätte. Oberhalb der Kirche in Hanglage vorbildlich angelegter **Friedhof** mit zahlreichen schmiedeeisernen Grabkreuzen und runder Aufbahrungshalle.

ST. MAGDALENA am Lemberg   Bez. Hartberg

Kleiner Kirchort auf dem niederen und flachrückigen Höhenzug, der die Wasserscheide zwischen Safen und Lafnitz bildet. Ein römerzeitliches Hügelgräberfeld nachzuweisen.
Die Pfarrkirche wurde anläßlich der Josephinischen Kirchenreform 1787 bis 1788 erbaut und trat an die Stelle einer Jagdkapelle der Kottulinsky, die noch als Filiale zu Neudau gehörte. Baumeister war Leopold Ainspinner aus Fürstenfeld. Er vereinfachte das Langhaus nach dem klassizistischen Schema zum Saalraum mit Flachdecke und flacher Pilastergliederung, dem er einen eingezogenen Altarraum mit $^5/_8$-Polygon anfügte. An der Westseite eine in der Mitte leicht vorspringende Einturmfassade, außen umlaufend flache Putzpilaster. – Die Einrichtung aus barocken und klassizistischen Werken: der Hochaltar ist ein flacher Wandaltar mit dem Bild des Kirchenheiligen, signiert und datiert ,,Anton Jäntl pinxit 1797". Gleichzeitig die einfache Kanzel. Zwei Seitenaltäre 1. Viertel 18. Jh., das Bild des Patriziusaltares datiert 1719. Aus dieser Zeit auch ein Bild der Marienkrönung (mit rückseitiger Bemalung), das dem Johann Cyriak Hackhofer aus Vorau zugeschrieben wird. Gute klassizistische Kreuzwegbilder im Geiste des Spätbarock E. 18. Jh. Orgel 1789 von Franz X. Schwarz.
Der **Pfarrhof** zugleich mit der Kirche von Leopold Ainspinner erbaut.

ST. MAREIN bei Graz   Bez. Graz-Umgebung

Markt mit haufendorfartiger Verbauung in Hanglage oberhalb des vom Raabtal westwärts abzweigenden Pickelbachgrabens. Erste Erwähnung 1224, zum Markt erhoben 1870; der alte Name St. Marein am Pickelbach wurde erst 1978 geändert.
Die einst vom Friedhof umgebene **Pfarrkirche** erhebt sich am oberen Ortsende auf einer Hangterrasse, welche in der 1. H. des 17. Jh.s von einer wehrhaften Nischenmauer mit Schießscharten eingefaßt wurde. Aus Bruchsteinen aufgemauert und stark verputzt bildet sie zugleich die Futtermauer-Verkleidung des Kirchhofplateaus und wird von außen angesetzten Strebepfeilern gestützt. Der Zugang erfolgt über zwei gedeckte Treppenaufgänge an der Ost- und Südseite, die durch Tore verschließbar waren. Ein drittes spätbarock übergiebeltes Portal an der Nordostseite führt zum außerhalb des Kirchhofes gele-

genen Pfarrhaus. – Die Kirche ist in der letzten Phase der heimischen Spätgotik entstanden und es wurde an ihr 1550 noch gebaut, wie eine Jahreszahl am südlichen Langhausstrebepfeiler erkennen läßt. Das dreijochige niedere Kirchenschiff wird von einem Netzrippengewölbe (Zweiparallelrippengewölbe) überspannt, das auf vorspringenden Wandpfeilern mit halben Achteckvorlagen und breiten, ungegliederten Kämpfersteinen aufruht. Der etwas eingezogene dreijochige Chor mit $^3/_8$-Schluß hat ein dichter geknüpfter Rippennetz (Dreiparallelrippengewölbe) mit einer Schlußsteinreihe, das in den Polygonecken von sechseckigen Stützen mit vorgelegten Runddiensten, ansonsten von Schildkonsolen abgefangen wird. Zu beiden Seiten des Chores kleine Nebenräume, der nördliche (ehemals Sakristei?) mit nachgotischer Türrahmung, der südliche mit plumpen Kreuzgratgewölbe und zwei Bogenöffnungen zum Chor. Der darüberliegende Emporenraum mit Treppenanbau stammt aus dem 18. Jh., die neue Sakristei und Empore an der Nordseite mit Spitzbogenöffnungen aus der 1. H. des 19. Jh.s. Vom 3. Schiffsjoch gehen zwei viereckige Kapellen aus, die mit einer Gewölbestukkierung aus herzförmigen Feldern und Perlstabrahmung, ca. 3. Viertel 17. Jh., geschmückt sind. Von ihnen geht zumindest die Südkapelle noch auf die Spätgotik zurück. Niedere dreiachsige Orgelempore auf Mauerpfeilern mit vorspringender Brüstung 2. Viertel 18. Jh. An der Westseite verzogenes Kielbogenportal der Spätgotik mit klassizistischen Türflügeln. Der vorgestellte quadratische Turm über offener Vorhalle mit vier Geschossen und hohem gegliedertem Zwiebelhelm wurde 1771 vollendet.

Uneinheitliche Einrichtung: anstelle des abgerissenen Hochaltares (dessen Figuren Marx Schokotnigg geschnitzt hatte) steht ein 1975 von Alfred Schlosser angefertigter steinerner Tabernakelpfeiler mit kleinem Ernterelief und einer Marienfigur. Das eigentliche Kultbild der Kirche, eine kleine spätgotische Pieta um 1520, ist heute links vor dem neuen Altartisch aufgestellt. Der Legende zufolge soll sie sich ursprünglich in der alten Pfarrkirche (heute Filialkirche in Pickelbach) befunden haben und durch dreimaliges mysteriöses Wandern einen Rosenstrauch angezeigt haben, an dessen Stelle man schließlich die neue Pfarrkirche erbaute. Die Pieta soll von daher den Namen Maria Dorn führen. In der Südkapelle Kreuzaltar von 1774 mit frühklassizistischen Figuren von Josef Pogner; etwas früher der Pankraziusaltar der nördlichen Kapelle, auf dessen Tabernakel eine Kopie der Mariazeller Gnadenmutter steht. Die Kanzel schuf Veit Königer 1763; sie zeigt Christus- und Petrusreliefs am Korb und die Figur des Glaubens am Schalldach. Etwa zu gleicher Zeit entstand die Figur der Maria Immaculata. Am Chorschluß Wappengrabstein von 1679. Auf der linken Empore Ölbild der Heimsuchung, signiert und datiert „Anton Weissenfeld Graz 1831". Neue Orgel von 1962.

Südlich unterhalb des Kirchenplateaus ein von Bäumen beschatteter kleiner Platz mit einer **Mariensäule,** die im Jahre 1875 aufgerichtet wurde. Sie enthält im Sockel eine Gedenktafel für den nahen Hirtenfeld geborenen bedeutenden Barockkomponisten und kaiserlichen Hofkapellmeister Johann Josef Fux (1660–1741).

Südwestlich jenseits des Pickelbachtales liegt der Ort Pickelbach mit der **Filialkirche 14 Nothelfer.** Sie war Pfarre bis zur Errichtung der St. Mareiner Kirche und zuerst dem hl. Nikolaus geweiht. Vom alten Bau ist der Chor mit $^5/_8$-Schluß und einem kleinen spätgotischen Fenster in verwackelter Spitzbogenform noch erhalten. An ihn wurde um 1650/60 etwas gegen Norden verschoben ein dreijochiges Langhaus mit Kreuzgratgewölben und Gurten über Pilastern angebaut und sparsam stukkiert. Die ungegliederte Westseite bekrönt ein achteckiges Fassadentürmchen. – Hochaltar von 1662 mit Mensa aus der Pfarrkirche und Bild der 14 Nothelfer. Tabernakel und hl. Rochus-Figur 2. H. 18. Jh. Zwei neugotische Seitenaltäre E. 19. Jh. gleichfalls aus der Pfarrkirche übertragen; ihre Bilder hl. Florian und hl. Barbara spätbarock. Kleine Positivorgel noch vor 1700. Außen ober dem Eingang in einer kleinen Nische die frühbarocke Steinfigur des alten Kirchenheiligen Nikolaus. Gesamtrestaurierung 1979/80.

ST. MARGARETHEN an der Raab   Bez. Weiz

Am nahen Fötzberg auf der anderen Seite der Raab befand sich eine späturnenfelderzeitliche Siedlung aus der 1. H. des 1. Jtsd.s v. Chr., die 1979 beim Abbau des Berges zur Schottergewinnung zu zwei Dritteln zerstört wurde. Wegen der siedlungsgeschichtlichen Bedeutung sollen weitere Grabungen durchgeführt werden. Das am rechten Rand des Raabtales gelegene Gassengruppendorf hieß im Mittelalter Gumprechtsdorf (Nennung von 1265), dürfte somit von einem ritterlichen Herren namens Gumprecht gegründet worden sein. Nach der oberhalb des Ortes erbauten Kirche wird es 1426 erstmals St. Margarethen zu Gumprechtsdorf genannt, um gegen E. des 15. Jh.s den heutigen Namen anzunehmen.

Die auf einer Anhöhe über dem Raabtal gelegene **Pfarrkirche** ist ein reifer spätgotischer Bau von 1513 (Jahreszahl am Südportal), an dessen Stelle schon um die M. des 13. Jh.s

St. Margarethen a. d. Raab, Pfarrkirche – Innenraum, 1513

259

ein kleines romanisches Gotteshaus (1267 als Filiale genannt) stand. Das dreijochige Langhaus wird von einem dichten Netzrippengewölbe mit Schlußsteinreihe überspannt, das auf kräftigen Rundpfeilervorlagen mit reich gekehlten Deckplatten auflastet. Auch die hohen Rippenprofile sind durchgehend ausgekehlt. Gleich wie in Semriach dürften auch hier Einflüsse der Grazer Bauhütte vorliegen. Der eingezogene einjochige Chor hat ein halbes Rautensterngewölbe auf Schildkonsolen und endet mit drei Seiten des Sechsecks. Der quadratische Westturm im Unterteil noch spätgotisch, die Glockenstube wurde 1616 erneuert, das Portal 1871. Die Jahreszahl 1322 dürfte ursprünglich 1522 gelautet haben und wurde später verändert. An der Südseite ein reich gegliedertes Kielbogenportal, das bei der letzten Restaurierung 1970/71 vermauert wurde. Am Langhaus außen abgetreppte Strebepfeiler. Im 18. Jh. erfolgte der Anbau der beiden Kapellen zu Seiten des 3. Joches, weiters der Sakristei und der Einbau der Orgelempore, die eine klassizistische Plattengliederung erhielt. Fronbogenfresko von 1931 nach dem Entwurf von Ludwig Kurz-Thurn-Goldenstein, ausgeführt von F. Mikschofsky.
Die Einrichtung wurde im Zuge einer Regotisierung 1897 teilweise erneuert. Lediglich der Hochaltar und Teile des linken Seitenaltares blieben von der spätbarocken Ausstattung der 2. H. des 18. Jh.s übrig. Zwei weitere Seitenaltäre entfernte man 1970, ihre Bilder St. Donatus und Patrizius, gemalt von Anton Jantl 1794, gelangten in den Pfarrhof; die Figuren stehen im Chor bzw. in einem Bildstock beim Ortsfriedhof. Neuanschaffungen von 1970/71 sind die Bodenkanzel, der Taufbrunnen, der Sanktusleuchter und die Christophorusstatue in der vermauerten Portalnische der Südseite, alle ausgeführt von Bildhauer A. Schlosser. Kreuzwegbilder von Felix Barazutti (nach Führich) 1898. Orgel im neugotischen Gehäuse aus der selben Zeit.
Neben der Kirche geräumiger zweigeschossiger **Pfarrhof** bezeichnet 1802. Die Häuser am Kirchhang bzw. entlang der Straßendurchfahrt z. T. mit historistischen Fassaden des späteren 19. Jh.s. Am Vorplatz des neuerbauten Amtshauses Marmorgruppe hl. Anna mit Maria auf Steinsockel, errichtet 1890.

ST. NIKOLAI ob Drassling   Bez. Leibnitz

Kleines Gruppendorf am Hügelzug entlang der Ostseite des Schwarzautales. Die **Pfarrkirche hl. Nikolaus** am südlichen Ortsrand bis 1857 noch Filiale von St. Veit am Vogau. Sie wurde 1719 urkundlich genannt, reicht jedoch noch bis in die Romanik zurück, wie einige außen eingemauerte Reste mit Stücken eines Rundbogenfrieses und Bandwerkornamenten sowie Bruchsteinmauerteile des Langhauses beweisen, die bei der Restaurierung von 1973 gefunden wurden. Bereits 1670 klagt der Pfarrer von St. Veit am Vogau, daß bei der Kirche ob Drassling sich der Turm und der Chor zu senken beginnen. 1671 stürzte dann der Turm ein und wurde durch einen einfachen Holzturm ersetzt, da die Filiale sehr arm war. Im Jahre 1772 wird eine größere Baureparation durchgeführt und dabei das Gebäude in die heutige Form gebracht. Es besteht aus einem einjochigen Langhaus mit längsgeführter Flachkuppel und je einem Fensterpaar an den Seitenwänden. Der eingezogene Chor ist eine verkleinerte Wiederholung des Schiffsjoches mit $^3/_8$-Schluß (innen gerundet). An der Nordseite Sakristei mit Empore angebaut. Vorgewölbter Orgelchor auf zwei Säulen, die Brüstung mit einfacher Felderteilung. Sparsame Wandgliederung, innen mit spätbarocken Pilastern an den Raumecken, außen schmale Lisenen. Der Westturm mit Spitzhelm wurde erst 1872 neu erbaut.
Die Einrichtung im Sinne der Bestrebungen zur Wiederherstellung der christlichen Kunst im Stile einer sterilen Neurenaissance: 1874 der Hochaltar nach Entwurf von August Ortwein und mit Skulpturen von Bildhauer Gschiel, beide aus Graz. 1881 folgten in Anpassung dazu die Seitenaltäre (1913 erneuert) und die Kanzel, 1896 eine neue Orgel

durch die Firma Mauracher, 1906 die Kreuzwegreliefs. Im selben Stil wurden auch die Kirchenbänke, Türrahmen, Choremporen und die Fenster (Firma E. Stuhl, Graz) angefertigt. Außen zu Seiten des Eingangs zwei Steinskulpturen der hll. Josef und Nikolaus E. 19. Jh. An der Südseite über dem 1922 gestalteten Kriegerdenkmal ein interessanter Römerstein mit einem von zwei Löwen flankierten Mitraskopf.

ST. PETER am Ottersbach   Bez. Radkersburg

Straßendorf im Grabenland mit früher Besiedlung, wie Funde aus der Jungsteinzeit, Hallstatt- und Laténekultur sowie der Römerzeit ergeben haben. Die **Pfarrkirche** ist ein spätgotischer Bau, von dem noch der einjochige Chor mit $^3/_8$-Schluß (außen datiert 1515) sowie der an dessen Nordseite aus Quadern und Bruchsteinen angebaute quadratische Turm erhalten sind. Das geräumige kreuzgratgewölbte Kirchenschiff besteht aus vier Jochen mit Pilastergliederung und wurde 1770 umgebaut (Jahreszahl an der Westseite). Ein erster Umbau dürfte bereits der Neuweihe von 1715 vorausgegangen sein. Vom 4. Joch beidseitig rechteckige Kapellen ausgehend, von denen die südliche 1852 bezeichnet ist. Neubau der Sakristei mit Empore 1894. Spätbarocker Orgelchor mit vorschwingender Brüstung. Im Chorjoch Deckenfresko, darstellend die Schlüsselübergabe an Petrus, signiert und datiert ,,Simon Pregatter 1836". Spätbarocke Einrichtung im wesentlichen aus dem 3. Viertel des 18. Jh.s; nur das Hochaltarbild des Kirchenheiligen von Ludwig Kurz-Thurn-Goldenstein 1931. Im Chor sechs Schnitzreliefs mit Petrusszenen; Taufsteindeckel mit Darstellung der Taufe Christi. Barocker Sakristeischrank.
Östlich der Kirche gegen die Straße **Steinfiguren** der Apostelfürsten Petrus und Paulus M. 18. Jahrhundert, dazwischen ein jüngeres Kruzifix aus dem 19. Jahrhundert. Am Chorhaupt Gruppe der Heiligen Familie von 1921.
Im Ort eine **Mariensäule,** bezeichnet 1856.
Östlich oberhalb des Ortes befindet sich ein **Kalvarienberg** auf steiler Anhöhe. Die kleine Kirche mit Fassadentürmchen, zweijochigem Schiff und Sängerempore auf Pfeilern ca. M. 19. Jh. Pilastergliederung mit Gurten, am Gewölbe einfache Dekorationsmalereien und Puttendarstellungen in Laubwerkkartuschen E. 19. Jh. Am Altar ein qualitätvoller Rokokotabernakel ca. 1760/70, dahinter an der Wand gemalter Aufbau mit Pieta und Engeln mit Kreuzinschrift und Vera Ikon. Heiligenfiguren 19. Jh., hervorzuheben zwei Szenen Christus am Ölberg und der Wieser Geißelchristus in barocker Schreinarchitektur. Bild des reuigen Petrus 18. Jh.
Vor der Kirche an der Treppe zwei nicht zusammengehörige, jedoch vom selben Bildhauer gemeißelte Figuren des reuigen Petrus und Johannes Nepomuk ca. 3. Viertel 18. Jh. Weiter abwärts auf Steinpfeilern die Figuren der Magdalena und des trauernden Johannes von einer Kreuzigung. Die zum Ort hinabführenden überdachten breiten **Stationspfeiler** haben einfache Kratzputzdarstellungen von S. Maitz 1964.

ST. RADEGUND   Bez. Graz Umgebung

Kirchort zu Füßen der Südflanke des Schöckels. Otto II. von Graz errichtete hier 1186 eine Kirche zu Ehren der Frankenheiligen Radegundis, um die sich in der Folge die Siedlung entwickelte. 1841 richtete der Wundarzt August Demelius auf seinem Grund eine Wasserheilanstalt ein, die in der Folge mehrmals erweitert wurde. Heute ist St. Radegund auch ein beliebter Höhenluftkurort und besitzt neben dem Kurbetrieb auch ein modernes Rehabilitationszentrum.
Die **Pfarrkirche** auf kleinem Hangplateau ist ein ziemlich einheitlicher spätgotischer Neubau, errichtet zwischen 1490 und 1513 (Jahreszahlen am Turm und Westseite innen).

St. Radegund – Kalvarienberg, 1768–1773

Niederes vierjochiges Langhaus mit Rautensterngewölben über polygonalen Wandpfeilern; der eingezogene Chor schließt nach einem Joch mit fünf Seiten des Achtecks, sein Kreuzrippengewölbe ist auf Eckdiensten und Konsolen abgestützt. An der Südseite des vierten Joches ragt der quadratische Turm zur Hälfte ins Schiff und bildet eine gewölbte Kapelle. Ihre schildförmigen Rippenkonsolen tragen Inschriften, die sich auf die Kirchenausstattung beziehen. Zur Sakristei und zum Turmaufgang führen kleine Schulterbogentüren. Die dreiachsige Orgelempore des 18. Jh.s mit neugotischer Brüstung. Außen Strebepfeiler nur am Langhaus. Die schlanke Westseite mit gekehltem Spitzbogenportal; darüber Wappenstein des Seckauer Bischofs Matthias Scheit (1482–1503). Glockengeschoß und Spitzhelm des Turmes 1898 erneuert.

Neugotische Einrichtung aus den Jahren 1888 bis 1895, großteils entworfen von August Ortwein aus Graz. Nur in der Turmkapelle ist mit dem freskierten Flügelaltar ein Rest der ursprünglichen Ausstattung erhalten geblieben, wenn auch durch spätere Restaurierungen in seiner Originalität beeinträchtigt. Dargestellt ist in der vertieften Mitte die Beweinung Christi, an den Seiten die Heiligen Andreas und Sebastian. Wie die Schildinschrift links vom Altar aussagt, wurde er vom Seckauer Bischof Christoph von Zach 1506 gewidmet. Die Malereien über den beiden Seitenaltären in Anpassung an das Kapellenfresko von Ludwig Kurz-Thurn-Goldenstein 1895 aufgebracht. Glocke von Medardus Reig 1699. An der Nordseite außen römisches Grabsteinfragment des 2. Jh.s nach Chr. eingemauert.

Westlich der Kirche auf steilem Hanggelände befindet sich eine reich gestaltete **Kalvarienberganlage,** welche nach ersten Anfängen 1732 erst in den Jahren 1768 bis 1773 von Pfarrer Braun mit Spenden der Gläubigen erbaut wurde. Sie besteht aus 14 terrassenförmig angelegten Stationskapellen, zum Teil noch mit den barocken Figuren von Philipp Jakob Straub, ergänzt durch schwache Arbeiten von 1834. In einigen der größeren Kapellen volkstümliche Freskomalereien mit Passionsszenen im Geiste des Spätbarock, restauriert und zum Teil freigelegt 1978. Die Bauplätze für die meisten Kapellen mußten durch Felssprengungen, ausgeführt von obersteirischen Bergknappen, gewonnen werden. Den Abschluß der Anlage bildet eines der seltenen Beispiele einer **Heiligen Stiege.** Das hausartige, von Bogenöffnungen durchbrochene Gebäude mit umlaufender Pilastergliederung und Giebelfront wurde 1772 nach dem Muster des Grazer Kalvarienberges in vereinfachter Form errichtet. Es enthält drei nebeneinanderliegende Treppenläufe, von denen der mittlere in seinen 14 Marmorstufen Reliquien in Kupferkapseln eingelassen hat und nur auf den Knien erklommen werden darf. Den Abschluß bildet ein kleiner Altar der Schmerzhaften Maria, an den Seitentreppen sind es figurale Stationsgruppen. Einfache Fresken mit Illusionsarchitekturen und einer Darstellung der Jakobsleiter zieren die Wände innen, dezenter Stuck die Fassade. Oberhalb der Heiligen Stiege auf einer kleinen Kuppe hatte Pfarrer Braun eine die ganze Anlage bekrönende Kalvarienbergkirche vorgesehen. Auf Anordnung der Diözese mußte er jedoch den schon angefangenen Bau einstellen, weil er um keine Bewilligung dafür angesucht hatte. Das Werk unterblieb und wurde A. des 19. Jh.s dadurch ersetzt, daß man die Kapelle zum Gegeißelten Heiland von 1768 vergrößerte und zur **Kalvarienbergkirche** ausgestaltete. Sie besteht aus einem zweijochigen platzlgewölbten Langhaus und einer halbrunden Chorapsis mit Seitenkapellen. Der einfache Turm wurde erst 1844 aufgesetzt. Bei der letzten Restaurierung 1978/79 konnten einige barocke Fresken aus der Bauzeit freigelegt werden: Im Chor oberm Altar Gottvater und Putten mit Arma Christi, in den Seitenkapellen Mariendarstellungen und gemalte Altarrahmung, im zweiten Schiffsjoch an den Seitenwänden die vier Evangelisten auf Konsolen. Am Hochaltar eine Kopie des Wieser Geißelchristus von 1768, die dazugehörige Authentik hängt im Langhaus. Einfache Kapellenaltäre und Bild hl. Radegundis gleichzeitig; die Kreuzwegdarstellungen A. 19. Jh. Vor der Kirche steht auf einer kleinen Erhöhung die **Kreuzigungsgruppe** mit guten Adstantes, 3. Viertel 18. Jh.
Westlich von St. Radegund in der Klamm liegt auf einem bewaldeten und steil abfallenden Schöckelausläufer die **Burgruine Ehrenfels.** Sie gehörte einst zu den höchstgelegenen steirischen Wehrbauten (1168 m Seehöhe, ca. 500 m über der Talsohle) und beherrschte den nahe vorbeiführenden ,,Römerweg". Der alte Name der Burg war Kammern, erst seit dem E. des 13. Jh.s wurde sie von dem angesehenen Geschlecht der Herren von Ehrenfels umbenannt. Nach dem Aussterben der Ehrenfelser 1424 verfiel sie bald. Die Anlage bestand aus einem fünfstöckigen, sechseckigen Bergfried, dessen eine Mauerkante kielförmig gegen die Angriffseite vorgezogen war. Durch hohe Ringmauern war er mit dem aus drei Trakten bestehenden Palas und Wirtschaftsgebäuden verbunden, die um einen größeren Innenhof angelegt waren. Gegen die Talseite lag noch ein kleiner ummauerter Vorhof. Erhalten sind Mauerteile des Bergfrieds (1,80 m stark), die an den Kanten mit Hausteinen verstärkt sind. Eine Änderung der Mauertechnik ab dem 3. Geschoß läßt erkennen, daß hier eine spätere Erhöhung vorgenommen wurde. Weiters sind noch Reste der Ringmauer (1,30 m stark) und der Palas zu sehen.

ST. RUPRECHT an der Raab   Bez. Weiz

Am Zusammenfluß von Weizbach und Raab gelegen. Die römische Besiedlung der Gegend durch die zahlreichen Funde aus dem 1. und 2. Jh. nach Chr. nördlich von Gleisdorf sowie den Grabstein eines Legionärs an der Pfarrkirche bezeugt. Bereits unter den Karolingern im Besitz des Erzbistums Salzburg und 860 urkundlich als ,,ad Luminicham iuxta Rapam" genannt. In der Folge entstand hier im Zuge der Salzburger Missionierungstätigkeit die älteste und größte Pfarre der Oststeiermark ,,ecclesia Rabe". Durch das Rupertuspatrozinium als salzburgische Gründung ausgewiesen, könnte diese Urpfarre möglicherweise schon im 9. Jh. – vor dem Magyareneinfall – ihren Ursprung haben. 1452 Markterhebung durch Kaiser Friedrich III.

Dekanatskirche St. Ruprecht auf etwas erhöhtem Plateau in der Ortsmitte, 1187 erstmals genannt. Vom romanischen Bau nichts mehr erhalten. Ältester Teil heute das spätgotische Untergeschoß des Turmes. Unter Pfarrer Kern (1635–1648) größere Erneuerungsarbeiten. Vollständiger Neubau 1728–1737 durch Baumeister Fidelis Hainzel nach dem Riß des heimischen Maurermeisters Lorenz Stattaler (Jahreszahl 1730 am Westportal, 1732 am Chorschluß). Er baute das Langhaus in drei kreuzgratgewölbten Jochen nach dem landläufigen Schema der Wandpfeilerkirche mit flachen Kapellen und darüber liegenden Emporen. Wandgliederung durch Riesenpilaster, die Eierstabprofile aufweisen. Wenig schmäler als das Langhaus der zweijochige Chor mit Halbkreisapsis. Südlich die Sakristei und der quadratische Turm, dessen Erdgeschoßraum (alte Sakristei) 1515 datiert ist und ein Schulterbogenportal hat. Das hohe, von einem reich gegliederten Zwiebelhelm bekrönte Glockengeschoß A. 18. Jh. Vom dritten Langhausjoch gegen Süden Josefskapelle mit ³/₈-Schluß und Pilastergliederung, wohl 2. Viertel 17. Jh. Der dreiachsige Orgelchor auf Pfeilern, von außen über einen geschlossenen Treppenvorbau an der Westseite zu erreichen. Wandgliederung außen durch Pilastersilhouetten.

Die spätbarocke Einrichtung aus der Bauzeit, unter Pfarrer V. Mohr (1861–1874) zum Teil durch neubarocke Arbeiten ersetzt. So der Hochaltar, den der Grazer Bildhauer Jakob Gschiel um 1867 herstellte, das Bild des Kirchenheiligen älter. Kapellenaltäre, Kanzel (am Schalldach Christus unter den Schriftgelehrten) und Emporenbrüstung (Kardinaltugenden) mit Figuren von Ph. Jakob Straub und Joh. Ferdinand Schmucker 2. V. 18. Jh. Gleichzeitig die Emporenpilaster, Beichtstühle, Taufbeckengruppe und der intarsierte Sakristeischrank. Orgel E. 19. Jh. Wappenstein von 1502, Grabsteine des 17. und 18. Jh.s. An der Außenseite römischer Grabstein eines Legionärs 2. Jh. nach Chr. und zwei Bronzegrabplatten von 1765 und 1796. Glocke von 1422.

Vor der Kirche Steinfigur des hl. Johannes Nepomuk, bezeichnet 1711. **Dechantei** mit zweigeschoßigen Hofarkaden, erbaut 1681, Osttrakt um 1780; Neufassadierung 1891. Neben der Kirche **Mariensäule**, 3. Viertel 17. Jh. **Straßenkapelle** am nördlichen Ortsausgang mit einer Kreuzgruppe des 1. Viertel des 18. Jh.s, dem Grazer Bildhauer Marx Schokotnigg zuzuschreiben.

Im nahen **BREITEGG** auf einem nach Norden führenden Höhenrücken liegt die **Kalvarienbergkirche zum Gegeißelten Heiland**. Das kleine, anstelle einer Holzkapelle errichtete Bauwerk mit der Doppelturmfassade, dreijochigen Hauptraum und Chorapsis und wurde von Maurermeister Jakob Gauster aufgeführt; Weihe 1853. Am Hochaltar von 1891 steht eine Nachbildung des Wieser Geißelchristus. Die Wand- und Deckenmalereien stammen von J. Oisner, F. Barazutti und R. Glanschnigg, vollendet 1890. Die **Bildstöcke** der Kreuzwegstationen mit neuen Emailbildern von Fr. Bernwart Schmid 1972.

ST. STEPHAN in Hofkirchen   Bez. Hartberg

Im 12. Jh. befand sich hier das Herrschaftszentrum der Herren von Safen mit einer Eigenkirche St. Stephan. Die heutige frei im Saifenbachtal stehende **Filialkirche** (Pfarre Kaindorf) entstand im 15. Jh. und ist eine der wenigen Kirchen der Oststeiermark, die ihren gotischen Bauzustand unverändert erhalten hat. Ihre Außenmauern aus Bruch-

steinmauerwerk sind unverputzt geblieben und lassen noch die alten Gerüstlöcher erkennen. Der hohe 2jochige Chor mit Polygon aus dem 2. Viertel des 15. Jh.s hat zarte Kreuzrippengewölbe auf Runddiensten, die von einem umlaufenden Kaffgesims abgefangen werden; die beiden mittleren Dienste schmücken Maskenkapitäle. Das 3jochige Langhaus ist von einem vierteiligen Rautensterngewölbe mit einer Schlußsteinreihe überspannt und ruht auf Runddiensten. Aus der Gotik erhielt sich auch noch die dreiachsige Musikempore mit Kreuzrippengewölbe und einem steinernen Treppenaufgang. An der Südseite befinden sich hohe Fenster, die im Chor Maßwerk und gekehlte Gewände aufweisen. Zwei weitere Chorfenster wurden später vermauert. An der Außenseite umlaufend dreifach abgetreppte schlanke Strebepfeiler und je ein spätgotisches Stabwerkportal an der West- und Nordseite. Der Sakristeianbau erfolgte in der Barockzeit; 1878 kam der Dachreiter dazu. Bei der Restaurierung von 1958 wurden einige Fresken freigelegt. Die ältesten im Chor stammen aus dem 4. Viertel des 15. Jh.s und stellen ein Weltgericht dar. Zwei weitere Wandmalereien wurden im Langhaus an den Triumphbogenwänden gefunden, links eine Kreuzigung mit Stiftern und Heiligen aus der 2. H. des 16. Jh.s, rechts eine Anbetung der Könige und eine Verkündigung um 1530.
Reich gestalteter Hochaltar von dem Hartberger Bildhauer Johann Felner und dem Tischler Georg Maurer, die 1647 dazu den Auftrag erhielten; das Hauptbild zeigt die Steinigung des hl. Stephanus, das Oberbild Maria mit dem Kinde. Seitlich an den Chorwänden sind noch zwei spätgotische Sakramentsnischen erhalten. Die beiden Seitenaltäre sind von 1663 und zeigen gute Oberbilder. Aus der selben Zeit die Knorpelwerkkanzel, von der nur der Korb erhalten ist, und die Figuren der Gottesmutter und des Ecce-Homo-Christus. Die bewegten Statuen der hll. Barbara und Apollonia sind aus der M. des 18. Jh.s und dem Bildhauer Josef Hofstetter zuzuschreiben. Aus den selben Jahren stammt der geschnitzte Beichtstuhl unter der Musikempore. Die Orgel wurde von Ludwig Greß um 1800 gebaut.
In dem Bauernhaus hinter der Kirche, das 1824 bezeichnet ist, befindet sich der Zugang zu einem unterirdischen Gangsystem, das der Landbevölkerung früher als Versteck und Fluchtweg gedient hat. Ein weiteres, noch größeres **Höhlensystem** liegt in einem Wald des nahen Hinterbichl („Frauenhöhle") und ist mit Licht- und Tastnischen sowie Luftschächten ausgestattet. Da die einzelnen Erdkammern Spitzbogenformen zeigen wird eine Entstehung für das spätere 15. Jh., also eine Zeit stärkster Bedrohung durch die Ungarn und Türken, angenommen.

ST. STEFAN im Rosental   Bez. Feldbach

Jungsteinzeitliche Einzelfunde lassen eine frühe Siedlung vermuten. Im 12. Jh. befand sich hier ein Gutshof des oberösterreichischen Klosters Suben am Inn. Der in der Folge entstehende Ort war im Besitz des Rittergeschlechts der Hagecker und wurde wahrscheinlich im Verlaufe der Wallseer-Fehde 1412 zerstört. Neugründung um 1500 durch Thoman von Rottal. Markterhebung 1954.
Die **Pfarrkirche** geht auf eine Gründung des Klosters Suben zurück und wurde 1265 erstmals genannt. Vom mittelalterlichen Gotteshaus, nach dessen Patron der Ort seinen Namen erhielt, blieb nichts erhalten. Völliger Neubau 1660 (Jahreszahl an der Südseite) bestehend aus einem dreijochigen kreuzgratgewölbten Langhaus und breitem einjochigen Chor mit ³/₈-Schluß. Die Chorfenster haben querovale Oberfenster. Die Westfassade mit drei Horizontalgesimsen und hohem Turm, dessen von Pilastern gegliederter Oberteil mit Zwiebelhelm 1795 aufgesetzt wurde. 1842 erfolgte der Neubau der Sakristei mit Oratorium an der nördlichen Chorseite, 1937 die Erweiterung der dreiachsigen Orgelempore auf Pfeilern über das 2. Joch.

Hochaltar 2. H. 18. Jh., das Altarblatt jünger. Schmiedeeisernes Kommuniongitter M. 18. Jh. Die beiden Seitenaltäre von 1871, die Kanzel (2. H. 18. Jh.) wurden bei der Kirchenrenovierung von 1970/71 entfernt, die Orgel erneuert. Am Triumphbogen Fresko „Predigt Christi" von H. Reiter 1947. Die Kreuzwegbilder in spätbarockem Stil um 1800, zum Teil ergänzt.

Um die Kirche rechteckiger **Kirchhof** mit geschlossener Ummauerung. Gleich wie in dem benachbarten Kirchbach weist die nach innen abgedachte Mauer 110 Nischen ohne Schießscharten auf und wird an den vier abgeschrägten Ecken durch Initienkapellen verstärkt. Die Entstehung der Anlage dürfte mit dem Kirchenneubau von 1660 zusammenfallen. Die Kapellen öffnen sich in zwei Mauerbögen, die von einer Ecksäule abgestützt werden. Sie wurden 1941 im Stile des Rokoko von Franz Frühwirth mit den 4 Evangelisten und Blumenvasen bemalt. An der Südseite Portal mit Steinfiguren der hll. Johannes Nepomuk und Benedikt M. 18. Jh., in einer Nische Sebastians-Statuette aus der selben Zeit. Daneben eine kleine **Kapelle** mit barocker Marienfigur M. 17. Jh.

Im Ort Statue der hl. Notburga 2. H. 18. Jh. Am südlichen Ortsausgang vorzügliche **Steinfigur** des hl. Leonhard auf niederem Sockel, die 1736 der Grazer Bildhauer Philipp Jakob Straub geschaffen hat. Gegenüber dem Kirchenbezirk gut gegliedertes gründerzeitliches Haus 19. Jh.

St. Stephan im Rosental – Steinfigur des hl. Leonhard von Ph. J. Straub, 1736

In **LICHTENEGG** nordöstlich von St. Stefan liegt auf einer Hügelkuppe weithin sichtbar die **Kapelle zur weinenden Mutter**. Sie wurde 1846 im Stile des Spätbarock von Andreas Luttenberger erbaut und besteht aus einer gut gegliederten Turmfassade und einem zweijochigen Raum. Eigentümlich ist die Chorgestaltung mit Wandsäulen und Vorhangbögen. Zur Ausstattung gehören vier spätbarocke Figuren M. 18. Jh.

ST. ULRICH am Waasen   Bez. Leibnitz

Kirchweiler westlich von Heiligenkreuz a. W., dem er auch eingepfarrt ist, am Osthang des Tropberges gelegen.

Die **Filialkirche** 1442 genannt als die örtliche Ulrichsverehrung ihren Aufschwung nahm; der heutige Bau ist frühbarock aus dem 1. Viertel des 17. Jh.s. Das schmale dreijochige Schiff hat Kreuzgratgewölbe über gerundeten Wandpfeilern, die noch die Nachwirkung der Gotik erkennen lassen. Chor mit 5/8-Schluß. An der Westseite erhebt sich über einer Vorhalle der vom Quadrat ins Achteck übergeführte massige Turm mit außenliegendem Stiegenaufgang. Der Spitzhelm E. 19. Jh. erneuert. Orgelempore und zwei Säulen mit geschwungener Brüstung M. 18. Jh.

Einfache spätbarocke Einrichtung 3. Viertel 18. Jh. bestehend aus Hochaltar mit Ulrichsbild, Seitenaltar, Kanzel und volkstümlichen Kreuzwegbildern; über der Sakristeitüre Holzfigur des Kirchenheiligen. Aus der selben Zeit die positivartige Orgel mit späteren Veränderungen. Epitaph des Johann Friedrich von Galler und seiner Frau Anna Elisabeth von Herberstein 1653.

Neben der Kirche hangabwärts liegt der alte Friedhof mit barocker **Palmweihkapelle** in der nordöstlichen Ecke; in ihr befindet sich ein kleiner frühbarocker Altar mit gemalten Flügeln aus der Bauzeit der Kirche.

Am nördlichen Ortsrand etwas unterhalb der Straße der spätgotische **Ulrichsbrunnen**. Er besteht aus einer Brunnenstube mit Kielbogenöffnungen und -nische sowie einem

St. Ulrich am Waasen –
spätgotischer Ulrichsbrunnen, um 1500

daraufgesetzten steinernen Tabernakelpfeiler, der von einem Pyramidenaufsatz mit schmiedeeisernem Doppelkreuz bekrönt wird. In der Nische gemalte Sitzfigur des hl. Ulrich (spätgotische Steinfigur nicht mehr vorhanden). Diese außerordentlich seltene spätgotische Brunnenanlage (sie ist die einzige in der Steiermark) war lange Zeit Mittelpunkt einer lokalen Ulrichsverehrung, wobei als Wallfahrtsmotiv die Heilsamkeit des Brunnenwassers galt. Der hl .Ulrich ist Patron gegen Fieber, Krankheit, Tollwut, Unheil und auch gegen Ratten und Mäuse. Heute noch wird am Ulrichstag (4. Juli) ein Volksfest mit Gottesdienst abgehalten.

An der südlichen und westlichen Ausfahrt des Ortes stehen jeweils **Wegbildstöcke** mit barocken Steinstatuen des sitzenden hl. Ulrich und Johannes Nepomuk aus der M. des 18. Jh. s.

S T . V E I T am V o g a u   Bez. Leibnitz

Römerzeitliche Besiedlung durch Funde nachgewiesen. Bereits 1163 Kirche St. Veit genannt als älteste der Gegend und Zentrum einer Ursprungspfarre. 1218 vom Salzburger Erzbischof Eberhard II. als Ausstattungsgut dem, in diesem Jahr gegründeten, Bistum Seckau übergeben.

Die heutige **Pfarr- und Wallfahrtskirche hl. Veit** ist ein Neubau des Grazer Baumeisters Josef Hueber, der 1748 begonnen und 1751 (Datum am Chor) im wesentlichen vollendet war. Nur die Turmaufbauten erfolgten etwas später von 1766–1768. Die Kirche gehört zusammen mit der wenige Jahre danach vom selben Künstler geschaffenen am Weizberg zu den bedeutendsten spätbarocken Sakralbauten der Oststeiermark.

Vom romanischen Kirchlein verwendet Hueber Teile des Westturmes, die im Unterbau des heutigen Westturmes stecken, jedoch baut er seine Kirche nach Norden. Die auffallend breit angelegte, weithin sichtbare Doppelturmfassade zeigt nur sehr verhaltene Mauerbewegung. Sie ergibt sich aus dem Vortreten des mit einem Volutengiebel überhöhten Mittelteils und dessen leichter Einziehung im Zentrum. Zusammenfassende Gliederung durch Riesenpilaster und Hauptgesims, Akzentuierung der Fassadenmitte durch Statuennischen. Den Türmen sind Zwiebelhelme mit Laternen aufgesetzt. Das Innere gestaltet Hueber als Wandpfeilerkirche, deren drei platzlgewölbte Langhausjoche durch Schmälerung des mittleren nach dem Schema A-B-A rhythmisiert werden. Zwischen den weit vorgezogenen Wandpfeilern mit Pilastern und stark verkröpfter Gesimszone sind im 1. und 3. Joch rundlich verschliffene Altarnischen gebildet, während im gerade schließenden Mitteljoch Seiteneingänge liegen und den Wandpfeilern Halbsäulen vorgelegt sind. Die Raummitte wird dadurch hervorgehoben, der Gedanke der Durchdringung von Zentral- und Langhausbau klingt an (am Weizberg wird er dann viel deutlicher ausgeführt). Ein breiter, gekehlter Fronbogen leitet über zum eingezogenen Altarraum, der nach einem Joch halbrund schließt und von Sakristei und Oratorien flankiert ist. In dem zwischen den Türmen liegenden Eingangsjoch eine dreiachsige Orgelempore mit ausschwingender Brüstung.

Vorzügliche spätbarocke Ausstattung aus der Erbauungszeit, der skulpturale Teil in der Hauptsache von dem in Graz ansässigen Bildhauer Veit Königer zwischen 1756 und 1770 geschaffen. Hochaltar von 1756 mit bemerkenswertem Bild des hl. Veit vom Trogerschüler Franz Xaver Palko 1752. Tabernakel mit Kopie des Gnadenbildes von Maria Schnee. Die Figuren z. T. von Josef Schokotnigg. Am Annenaltar Bild von Anton Jantl 1789; von ihm auch die Bilder des Letzten Abendmahles 1785 und der Heiligen Familie 1787 über den Seitentüren. Weitere Königerwerke der Kreuz- und Oswaldaltar, die Kanzel und die Figuren der zwölf Apostel sowie Christus und Maria. Am Johann Nepomuk-Altar Gemälde des krainischen Malers Valentin J. Metzinger (gest. 1759). Schmerzhafte

Maria-Altar von P. Neuböck 1882. Gute Beichtstühle aus dem 3. Viertel des 18. Jh.s. Die bedeutende Orgel aus dem 3. Viertel des 17. Jh.s wurde 1753 erworben und befand sich ursprünglich in St. Lambrecht und Mariazell. Sie steht stilistisch Werken der Passauer Orgelbauer Egedacher nahe. Eine geplante Ausmalung der Kirche kam nicht mehr zustande und wurde erst 1914–1921 von Felix Barazutti in einer allerdings nicht mehr ganz zum Raum passenden Malweise nachgeholt. Sein aktualisiertes Programm zeigt in den einzelnen Gewölbefeldern beginnend vom Altarraum: Verherrlichung des Altarsakramentes, Christus im Altarsakrament stärkt die durch Sünden leidende Menschheit, Marter des hl. Veit, Trost durch die Heilige Kommunion, Christus inspiriert Papst Pius X. zum Dekret über das Altarsakrament; unterm Orgelchor befinden sich noch alttestamentarische Szenen. Dort auch zwei spätgotische Rotmarmorgrabsteine von 1466 und 1480 sowie das Epitaph des Kaspar von Khuenburg, gestorben 1570 aus der alten Kirche. In der Giebelnische außen steht eine Steinfigur des Kirchenheiligen mit der Gestalt des Glaubens darüber. Glocke von Franz A. Weier 1729.

Neben der Kirche der **Pfarrhof** von 1770. Um den weiten Kirchplatz eine Reihe von spätbarocken **Häusern** mit breiten Giebelfronten angelegt, eines 1778 datiert. An der südlichen Ortseinfahrt **Steinfiguren** Johannes Nepomuk und Franz Xaver 3. Viertel 18. Jh.

St. Veit am Vogau, Pfarrkirche – Hl. Valentin vom Hochaltar, 1756

SCHÄFFERN   Bez. Hartberg

Kirchort in der Grabenlandschaft, 1227 als „Schejern" genannt. Die **Pfarrkirche hll. Peter und Paul** ist ein schlichter Neubau von 1777/78 nach Plänen des Aspanger Baumeisters Johann Georg Reinharter. – 2jochiges Langhaus mit Platzlgewölben über Wandpfeilern, vom zweiten Joch je eine Kapelle ausgehend. Der eingezogene einjochige Chor mit halbrunder Altarapsis. Im Westen einfache Einturmfassade mit breiten Pilastern und Volutengiebel.
Einrichtung aus der Bauzeit: Der Hochaltar enthält ein Bild der Apostelfürsten, signiert von Philipp Carl Laubmann. Am rechten Seitenaltar (hl. Patrizius) gemaltes Antependium und Oberbild, darstellend die Hl. Familie von Philipp C. Laubmann von 1778. Einfache Kanzel mit den Evangelisten am Korb, gegen 1780. An der südlichen Außenseite des Chores mehrere Grabsteine aus der zerstörten Nikolauskirche in der Elsenau: Niklas Perner (gest. 1550) sowie Mitglieder der Familie Rindsmaul: Ruprecht (gest. 1651), Wolff (gest. 1703), Salome (gest. 1742) und Sigismund (gest. 1756). Die Glocke der Kirche ist die älteste der Steiermark und stammt aus der 1. H. d. 13. Jh.s.
Pfarrhof bezeichnet 1781, gleichfalls nach Plänen des Johann Georg Reinharter. Am Aufgang zur Kirche Nischenfiguren Peter und Paul M. 18. Jh.

SCHIELLEITEN   Bez. Hartberg

Schloßruine Alt-Schielleiten auf einem Hangplateau des Vockenberges, begründet von dem stubenbergischen Rittergeschlecht, das sich von Schielleiten nannte. Nach ihrem Aussterben um 1400 folgten die Rindscheit, die um die M. des 16. Jh.s die mittelalterliche Burg zum Renaissanceschloß umbauten. Es bestand aus vier Wohntrakten, die einen rechteckigen Laubenhof einschlossen und an den Ecken durch vier große Rundtürme verstärkt waren. An der Westseite quadratischer Turm; in der Kapelle noch gotische Rippengewölbe auf Tonkonsolen. Reste einer Ummauerung mit Ecktürmen. Die Anlage kam in Verfall, als die Grafen Wurmbrand, seit 1694 in ihrem Besitz, südlich unterhalb im Tale ein neues
Schloß (Neu-Schielleiten) erbauten. Es entstand zwischen 1720 und 1730, blieb jedoch unvollendet. Erst 1935, als der Staat das Schloß kaufte und darin eine Bundessportschule einrichtete, wurde der fehlende Ostrisalit stilgemäß ergänzt. Innenumbau 1972. – Die zweigeschossige, aus einem geschlossenen Baukörper bestehende Anlage ist im Stile des Wiener Hochbarock angelegt. Sie gliedert sich in einen leicht ausgerundeten dreiachsigen Mittelpavillon, zwei fünfachsige Flügelbauten und zwei vierachsige, in der Tiefe einer Fensterachse vortretende Eckrisalite. Beide Langfronten sind gleichwertig ausgeführt mit ausgereifter, sehr plastischer Wandgliederung. Das Erdgeschoß ist als Sockel behandelt mit Längsnutung und einfachen, auf je zwei Konsolen aufruhenden Fensterrahmen. Im Obergeschoß unterteilen Lisenen die glatte Wand, die Fenster haben plastisch geformte Parapete und vorspringende Giebel, in deren Rundung alternierend Vasen oder Muscheln eingestellt sind. Der Mittelteil ist durch Kolossalpilaster und ein giebelartig hochgezogenes, stark profiliertes Kranzgesims hervorgehoben; außerdem haben die Parapete eine reichere Stuckverzierung. Über dem hohen Mittelfenster sitzt eine Uhr und schließlich ist dem Gesims eine mit vier Statuen bestückte Blendattikamauer diademartig aufgesetzt. Eine solche Attikamauer umlief einst auch die beiden Seitenflügel, durch ihre Entfernung verlor die Silhouette des Schlosses etwas von ihrem ursprünglichen Charakter. Im Inneren elliptischer Mittelsaal; in mehreren Räumen Reste von Stuckdecken um 1730 und später. Im Park die Statuen der einstigen Attikamauer.
An der Straße ein gemauerter größerer **Bildstock** von 1755 mit spätbar. Freskenschmuck (übergangen) und gleichzeitigem Kruzifix.

SCHÖLBING siehe unter HARTBERG

SEMRIACH   Bez. Graz Umgebung

Kirchsiedlung mit breitem, nach Osten ansteigendem Straßenplatz auf einem Hochplateau am Nordwestfuß des Schöckels. Die Pfarre gehörte einst zur Mutterpfarre Gratwein und mit ihr bis 1786 zum Erzbistum Salzburg. Herrschaftsinhaber von Semriach und damit auch Kirchenvogt war in der ersten Zeit, die noch den Neubau umfaßte, der Landesfürst.

Am westlichen Ende des Platzes liegt die **Pfarrkirche hl. Ägydius.** Im Jahre 1237 wurde erstmals ein Pfarrer genannt, demnach könnte der erste Kirchenbau um oder vor 1200 entstanden sein. Bei Grabarbeiten 1968 fand man beim Südportal ein Stück der alten Grundmauer. Um 1500 wurde diese romanische Kirche abgebrochen und an ihrer Stelle eine geräumigere spätgotische Hallenkirche errichtet. Den erhaltenen Jahreszahlen und Wappen nach zu schließen muß der Bau in zwei Etappen vor sich gegangen sein. Die erste betraf das Langhaus und erstreckte sich bis 1505 (verkürzte Jahreszahl 15.5 links neben dem Fronbogen). Erst rund vier Jahrzehnte später (Jahreszahl 1543 an einer Chorschlußrippe) kam in einer zweiten Bauphase der Langchor zur Vollendung. Die Unterbrechung dürfte wohl auf Geldmangel beim Landesfürsten König Maximilian I. zurückzuführen sein, der sich als Inhaber der Vogteirechte am Kirchenbau besonders engagierte. Dies verrät uns auch eine gewisse Verwandtschaft zum Grazer Dombau sowie das Wappenprogramm.

Das Langhaus ist als dreischiffige vierjochige Halle gestaltet mit Rippensternen im Mittelschiff und Kreuzrippengewölben in den längsrechteckigen schmäleren Seitenschiffsjochen. Als Stützen fungieren zwei Reihen von leicht gekehlten Achteckpfeilern ohne Kapitäle und runde Wanddienste. An der Westwand fangen zwei halbe Bündelpfeiler die Gewölbe ab, zu Seiten des Fronbogens tun dies zwei gebündelte Rippenkonsolen, davon die rechte mit skulptiertem Männerkopf. Von den Schlußsteinwappen seien hervorgehoben im nördlichen Seitenschiff: die Rübe des Salzburger Erzbischofs Leonhard von Keutschach (1495–1519), das ungarische Wappen und der österreichische Bindenschild; im südlichen Seitenschiff das Wappen des Pfarrers Jakob Grazer (bis 1506 in Semriach), das bayerische und das steirische Wappen sowie das der Grafen von Montfort – Bregenz, welche die Pfarrkirche mit Güterschenkungen bedacht hatten. Im Bogenfeld des abgestuften Westportales befindet sich in Stein gehauen der einköpfige Königsadler (Maximilian war bis 1508 deutscher König). An der Südseite ein Kielbogenportal und zwei- bis vierzeilige Maßwerkfenster. Außen zweifach abgetreppte Strebepfeiler, ein umlaufendes Kaffgesims sowie ein Treppentürmchen an der Nordwestecke. Der dreijochige, nach dem Vorbild des Grazer Domes konzipierte Langchor schließt mit fünf Seiten des Achtecks und besitzt ein reiches Rippengewölbe in Form einer dreifachen Rautenreihe. Von den zehn im Gewölbescheitel angebrachten Wappen gehören Nr. 1–8 unbekannten Handwerksmeistern, Nr. 9 dem Pfarrer von Semriach Conrad Jagerhofer (1542–1562) während das vorderste den kaiserlichen Doppeladler zeigt. Den Abschluß der Reihe bildet ein Schlußstein mit der Darstellung der angeschossenen Hirschkuh, Attribut des Kirchenheiligen Ägydius. Zugleich mit dem Chor entstand der an seine Nordseite angebaute quadratische Turm. Er enthält einen Raum mit Rippensterngewölbe, hat spitzbogige Schallfenster und ein Pyramidendach. An der Südseite die Sakristei mit einem Schulterbogenportal. Von den zahlreichen Steinmetzzeichen der größte Teil am Langhaus zu finden. Von der alten Barockausstattung wurden 1896 bis 1898 Hochaltar und Kanzel wegen angeblicher Schadhaftigkeit entfernt und durch neugotische Werke ersetzt, die Architekt Hans Pascher entwarf und Peter Neuböck mit Skulpturen ausstattete. Das alte Hochaltarbild, gemalt 1744 von Ignaz Flurer, und das Oberbild mit St. Donatus heute an der Chornordwand. Von den beiden Seitenaltären der linke im Knorpelwerkstil 1653, der rechte 1720 geweiht. Am letzteren Taufe Christi-Bild von 1653 und Figuren, die dem Bildhauer Philipp Jakob Straub zuzuschreiben sind; der Geißelchristus am Tabernakel aus dem Umkreis des Jakob Peyer 4. Viertel 18. Jh. An den zwei vordersten Pfeilern Figuren der hll. Dismas und Johannes Nepomuk aus der Werkstätte des Philipp Jakob Straub, um 1735/40; der hl. Ägydius am Fronbogen 1. H. 16. Jh. Um 1740 wurde die gotische Orgelempore abgebrochen und durch eine dreiachsige barocke von Anton Nagl ersetzt. Die Orgel inschriftlich von Georg Mitterreiter, Orgelmacher in Grätz, 1742 geschaffen, das Gehäuse mit der Figur des Königs David datiert 1744. Kreuzwegbilder 1906 modelliert von Peter Neuböck. Glocke von Johannes A. della Porta 1648. Außen drei Römersteine aus dem 2. und 3. Jh. n. Chr.

An der Südseite der Kirche steht die **Friedhofskapelle** im alten Friedhof. Sie war bis 1884 dem hl. Michael geweiht, seither der Schmerzhaften Mutter. Die Dreiviertelapsis soll einst die Jahreszahl 1375 getragen haben, der rechteckige zweijochige Raum wurde 1650 gewölbt. Die kreisförmige Krypta war bis 1968 als Karner in Verwendung. Das Vesperbild wurde von einem Grazer Bildhauer 1719 angefertigt; Kruzifix um 1510, Michaelsbild M. 17. Jh., Türgitter von 1884.

In nordöstlicher Richtung vom Ort in schöner Berglage wurde 1721/22 über einer Quelle die kleine **Wallfahrtskirche St. Ulrich** errichtet. Sie hat die Form eines gestreckten Achtecks mit zentralem achteckigen Glockentürmchen und Sakreistei an der Ostseite. Der flachgedeckte ovale Innenraum enthält einen einfachen, 1777 geweihten Altar mit den Figuren der hll. Ulrich, Florian und Donatus von einem Grazer Bildhauer. Hölzerne Sängerempore und Außenkanzel wohl aus der Bauzeit. Die spätbarocken Kreuzwegbilder stammen von der Pfarrkirche; die beiden Glocken, davon eine 1546 bezeichnet, von der Friedhofskapelle. 1965 wurde in der Portalnische eine Statue der Jungfrau der Armen von Baneux aufgestellt.

Nahe der Kirche gemauerte **Brunnengrotte** in einer Bildstockarchitektur mit barocker Ulrichsfigur 1. H. 18. Jh.

SINABELKIRCHEN Bez. Weiz

Kleiner Kirchort im Knie des nach Osten abbiegenden Ilzbachtales gelegen. Der Name leitet sich vom mittelhochdeutschen Wort sinewel = rund her. Es ist daher anzunehmen, daß hier eine romanische Rundkirche (Tauf- oder Begräbniskirche) gestanden haben muß, von der heute nichts mehr zu sehen ist. Sowohl die Siedlungsform – bestehend aus der Kirche im Verband eines inzwischen längst geteilten Gutshofes und einer einzeiligen bäuerlichen Dorfsiedlung – wie auch das Patrozinium des hl. Apostels Bartholomäus, der unter den Ottonenkaisern in der zweiten H. des 10. Jh.s zu besonderer Verehrung gelangte, lassen auf eine frühe Entstehung des Dorfes im 11. Jh. schließen. Bei einer Visitation im Jahre 1617 wurde darauf hingewiesen, daß „ex antiquissima consuetudine" (aus ältestem Brauch) Menschen aus der Pfarre Gleisdorf hier beerdigt wurden. Dies kann auch als Hinweis auf ein frühes Begräbnisrecht mit entsprechendem Kirchenbau aufgefaßt werden, welches noch vor der einstigen Einpfarrung zu Pischelsdorf im 12. Jh. erworben worden war.

Die heutige **Pfarrkirche hl. Bartholomäus** (Pfarre seit 1729), auf einer kleinen Anhöhe errichtet, ist ein barocker Bau auf gotischer Grundlage (1351 genannt). Ältester Teil ist die Westpartie mit gotischen Erdgeschoßmauern und spitzbogigem Hauptportal des 14. Jh.s; der Fassadengiebel mit dem einfachen Turm wurde 1690 aufgesetzt (ehemals

Jahreszahl am Turm) und zugleich die dahinterliegende schmale Empore eingebaut. Von ihr sind noch stukkierte Kreuzgratgewölbe in Felderteilung und zwei später zum Teil übermauerte Pilaster erhalten. Im zweiten Viertel d. 18. Jh.s erfolgte die Neugestaltung des 3jochigen Langhauses mit Kreuzgratgewölben und Gurten über verkröpften Wandpfeilern; weiters des leicht erhöhten, in flachem Bogen schließenden Chores; und der Anbau der Patriziuskapelle an der Südseite des dritten Joches (1745), die wie der Chor eine flachelliptische Apsis aufweist. Wenig später wurde auch eine neue Musikempore eingebaut und deren Brüstung mit volkstümlich umgedeuteten Spätbarockornamenten stukkiert. An der nördlichen Chorwand ist ein spätgotisches Sakristeiportal (Schulterbogenportal) um 1500, zu erkennen.

Bei der Gesamtrestaurierung von 1969/70 wurden Hochaltar und Kanzel entfernt und damit der alte Ensemblecharakter der Einrichtung zerstört. Die beiden kleinen Seitenaltäre mit Figuren der Pieta bzw. Maria mit Kind und ein Bild des Erzengels Michael M. 18. Jh. Aus der selben Zeit der Chorkruzifixus. Patriziusaltar mit großem Bild des Heiligen signiert ,,Kollmann op. 149'' 1. H. des 19. Jh.s, die Figuren spätbarock. Die Kreuzwegbilder (nach Führich) und die Orgel im Neorenaissancegehäuse 2. H. 19. Jh.

Vor der Kirche barocke **Friedhofskapelle** aus der Zeit des Umbaues von 1690; die düsteren Wandmalereien im Inneren verfertigte Johann Scheucher 1962.

An der Ilzstraße steht eine barocke **Wegkapelle** mit Pieta um 1770.

SÖCHAU Bez. Fürstenfeld

Hauptort des Rittscheintales; gehört zu den ältesten Siedlungen der Oststeiermark, worauf auch der Name deutet, der vom slawischen ,,Sekati'' (= roden) abzuleiten sein dürfte. Erste urkundliche Nennung 1218, damals Besitz des Wulfing von Stubenberg und wahrscheinlich schon eine Kirche vorhanden. 1418 von den Ungarn, 1605 den Hajduken, 1704 den Kuruzzen überfallen und beraubt.

Pfarrkirche St. Veit, erste urkundliche Nennung 1418 in Zusammenhang mit den Verwüstungen der Ungarn. In der 2. H. des 15. Jh.s spätgotischer Umbau der ehemals romanischen Kirche (Weihe des alten Hochaltares 1486); davon erhalten der Chor und Turmunterbau. Neubau des Langhauses 1662–1667, wahrscheinlich von Matthias Lanz. Letzte Gesamtrenovierung 1970. – Der eingezogene spätgotische Chor ist einjochig und schließt nicht ganz symmetrisch mit fünf Seiten des Achtecks. Er hat ein Sternrippengewölbe, gekehlten Fronbogen und an den Außenseiten abgetreppte Strebepfeiler. Am südlich angebauten quadratischen Turm ist in den spätgotischen Untergeschoßen ein Portal und ein Schulterbogenfenster vorhanden. Die Aufbauten zugleich mit dem Langhaus erneuert, der gegliederte Zwiebelhelm um 1780 aufgesetzt. Das barocke Langhaus besteht aus drei durch Gurten und Pilaster markierten querrechteckigen Jochen mit sechsteiligen Gratgewölben. Vom 3. Joch gehen beiderseits Kapellenbauten mit abgeschrägten Ecken aus, davon die rechte erst 1865 hinzugefügt. Sakristei mit Oratorien von 1772/73. Der auf zwei Säulen aufruhende Orgelchor mit geschwungener stukkierter Brüstung M. 18. Jh. Steile Westfront mit zweigeschoßiger Pilastergliederung und abgetrepptem Giebelaufbau; über der Portalrahmung Jahreszahl 1667.

Die Einrichtung durch verschiedene Renovierungen verändert und zerrissen. Hochaltar im neugotischen Stil um 1890 anstelle des barocken errichtet, Figur des hl. Veit um 1520. Das alte Hochaltarbild mit der Marter des Kirchenheiligen wurde 1804 von Matthias Schiffer gemalt und hängt heute an der nördlichen Langhauswand. Kapellenaltäre von 1843 und 1865, letzterer mit spätbarockem Tabernakel und Isidorbild um 1760. Gute Kanzel, urkundlich 1728, nach dem Vorbild derjenigen der Vorauer Stiftskirche, furniert und mit reichen Intarsien; am Schalldach Darstellung des Johannes Nepomuk. Figuren

des hl. Josef und der Katharina 1843, gleichzeitig die Kreuzwegbilder. Die Bilder hl. Florian und Patrizius von 1827. Spätgotischer Taufstein mit gedrehtem Fuß Anfang 16. Jh. Die Orgel 1910 von der Firma Mauracher.
Um die Kirche ehemals **Wehrkirchhof,** erhalten die aus dem 17. Jh. stammende 2,5 m hohe Nischenmauer mit abgedachter Mauerkrone und zum Teil vermauerten Schießscharten. Der **Pfarrhof** um 1730 erbaut.
Im Ort **Steinfigur** der Maria Immaculata mit Putten, restauriert 1970. Am gemauerten Sockelaufbau rückwärts in Nische bemalte Blechtafel mit alter Ansicht des Ortes und Inschrift: ,,1770 Klein-Mariazell bitte für uns 1970". Sie bezieht sich auf die seit 1770 bis heute gebräuchliche Verehrung (,,Zeller-Fest") einer seit 1710 aufgestellten Kopie des Mariazeller Gnadenbildes, die derzeit im Pfarrhof aufbewahrt wird.

S P I T Z bei D e u t s c h - G o r i t z   Bez. **Bad Radkersburg**

Angerdorf; in dessen Mitte an Straßenbiegung gemauerter **Bildstock** bezeichnet 1796. Das kleine oktogonale Bauwerk mit bekrönendem Türmchen enthält in vier großen und fünfzehn kleinen Nischen gemalte Heiligendarstellungen, Evangelisten und Kirchenfürsten. Marienfigur mit Baldachin 18. Jh.

S T A D L   Bez. **Weiz**

Einstiges **Wasserschloß** im oberen Raabtal westlich von St. Ruprecht a. d. Raab in völlig ebenem Gelände erbaut. Seinen Namen führt es auf das Rittergeschlecht der Stadl zu-

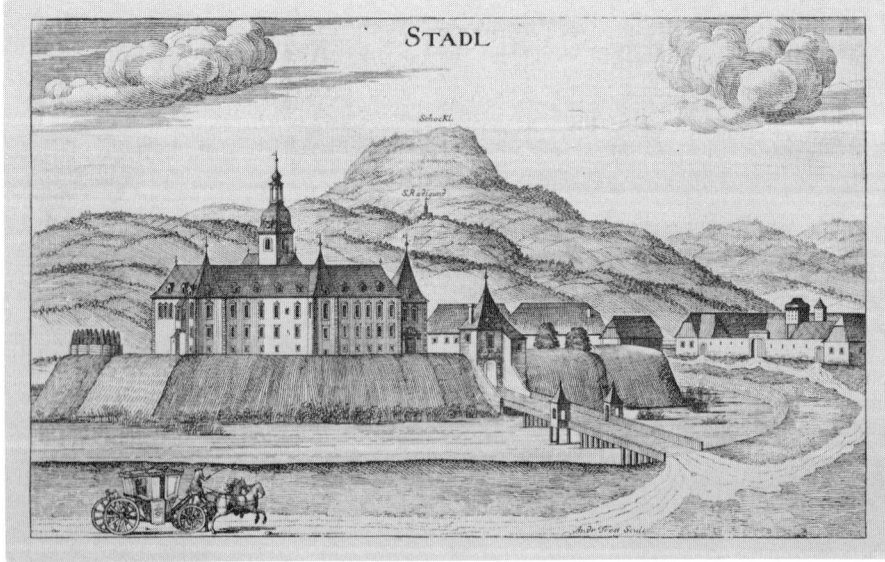

Stadl, Schloß – Stich von Vischer-Trost, 1681

Stadl, Schloß – Schloßkapelle mit neugotischen Malereien, 1832, Altar 17. Jh.

rück, die hier nachweislich von 1265 an einen befestigten Hof besaßen, den sie um 1540 zum Herrschaftsbesitz ausbauten. Erst die Brüder Hans und Christoph von Stadl errichteten in den Jahren um 1600 den Schloßbau als von Westen nach Osten sich erweiternden unregelmäßigen Gebäudekomplex um einen länglichen Innenhof. Sie sicherten ihn durch zwei Wassergräben und einen dazwischen aufgeworfenen Erdwall, der den heute freistehenden **Torturm** flankierte. Dieser ist zweigeschossig mit Zeltdach und enthält ein steinernes Zugbrückenportal mit gerade verdachter Rundbogenöffnung. Es wird flankiert von den bemalten Steinskulpturen zweier geharnischter Männer auf Sockeln, denen über der Portalverdachung zwei weibliche Figuren zugeordnet sind, die in gemalten Rundbogenarchitekturen stehen. Weitere ornamentale Malereien zu Seiten der Figuren, um das Fenster und unter dem Traufgesims. Ober der Portalmitte ein von zwei Löwen gehaltenes Steinwappen der Stadl und Kainach; am Gebälkfries die Inschrift: „Hanns Andre Freyherr von und zu Stadl auf Riedtkhersburg, Liechteneckh und Freysberg 1608 – Jaco-

bine Frau von Stadl eine geborene Freyin von Khainach 1608". Ob die noch etwas steifen Skulpturen die Genannten sowie dessen Bruder Christoph von Stadl mit seiner Frau darstellen sollen ist nicht erwiesen. Auf jeden Fall haben wir hier das früheste mit lebensgroßen Statuen geschmückte Portal der steirischen Schloßbaukunst vor uns, das den Beginn des Frühbarock markiert. Es dürfte von Bildhauer Philibert Pocabello geschaffen worden sein. Ältester Teil des Schlosses ist der dem Laubenhaustypus entsprechende Tortrakt mit flachem Zugbrückenportal in Rustikarahmung (für den inneren Wassergraben), dem eine kleine Nebentür angefügt ist. Darüber großes Wappenfresko der Stadl und Galler. Die Einfahrt durchschreitend gelangt man linker Hand in den eindrucksvollen Innenhof, der trotz seiner Unregelmäßigkeit durch die über den Erdgeschoßlauben sich öffnenden Säulchenarkaden (runde und achteckige Schäfte) zu einem reich gegliederten Ganzen von hohem Reiz zusammengefaßt wird. Der dreigeschossige Ostflügel wird durch zwei quadratische Ecktürme verstärkt. Im Südtrakt befinden sich zwei hohe Räume mit Stuckdecken des Mailänders Guiseppe Pazarino 2. Viertel 17. Jh. Sie zeigen die Allegorien der vier Jahreszeiten, Rollwerk und Fruchtgehänge. Der langgestreckte Nordtrakt wird unterteilt durch einen nach innen wie außen vorspringenden Mittelrisalit, der im Obergeschoß die **Kapelle St. Josef,** geweiht 1704, enthält. Der schräge tonnengewölbte Raum hat eine einfache Sängerempore, auf deren Brüstung die Wappen der Stadl und Trautmannsdorf und die Jahreszahl 1702 zu sehen sind. Die Besonderheit des Raumes machen seine illusionistischen Wandmalereien aus, die den Wänden zierliche, schattenwerfende Spitzbogenarkaden mit Zinnenbekrönung im Stile der venezianischen Gotik vorlegen, von denen Maßwerkfenster in das Gewölbe aufsteigen. Auf der Abschlußwand hinter dem Altar sind die Apostelfürsten auf gedrehten Sockeln gemalt mit der Bezeichnung „Erneuert 1832". Damals waren die Ahrenberg Schloßbesitzer, ihr Rosenwappen ist über der Empore zu sehen. Auf sie dürfte demnach dieses früheste neugotische Ausschmückungsprogramm in der Oststeiermark zurückgehen. Altar mit Umgangsportalen und Bild der hl. Familie (hl. Wandel) 17. Jh. Vier reich gezierte Reliquiare um 1700. Positivorgel von 1775.
Im Park vor dem Schloß Steinfigur des hl. Johannes Nepomuk 1. H. 18. Jh.
An der Straße steinerne **Mariensäule,** bezeichnet 1662.

S T A N Z   Bez. Mürzzuschlag

Gestrecktes Grabendorf (Obere und Untere Stanz) im Stanzertal, einem Seitenarm des Mürztales, der in die Fischbacher Alpen einschneidet. Wichtige Wegverbindung vom Mürztal über die Schanz nach Birkfeld. Ehemals stubenbergisches Herrschaftsgebiet. Hier lagen am Stanzerbach seit dem 18. Jh. einige Eisen- und Stahlhämmer, die Ambosse, Anker, Zeugwaren und Maschinenbestandteile in großer Zahl erzeugten.
Auf einer Anhöhe in der Oberen Stanz, die über einen gedeckten Stiegenaufgang erreicht wird, steht die **Pfarrkirche hl. Katharina.** Sie wurde um 1720/30 anstelle einer abgebrannten, 1360 genannten gotischen Kirche wahrscheinlich von Remigius Horner völlig neu erbaut. Sie besteht aus einem dreijochigen Langhaus mit Stichkappentonne über Pilastergliederung und einer daran schließenden geräumigen Dreikonchenanlage mit tieferer Chorapsis. Im Westen ist ein quadratischer Turm vorangestellt; die dreiachsige Orgelempore in der Mitte vorschwingend. Dieses Kirchenschema ist von Remigius Horner in der Oststeiermark mehrmals angewandt worden und von der Pöllauer Stiftskirche abgeleitet.
Qualitätvolle Ausstattung des Spätbarock: Hochaltar mit hohem Säulenaufbau und vorzüglichem Tabernakel von 1741, das Altarblatt mit der mystischen Vermählung der hl. Katharina malte laut Signatur Johann Veit Hauck 1740. Die reich gestaltete Kanzel

mit geräumigem Korb 1755 von dem Tischler Philipp Primsch angefertigt; die beiden Seitenaltäre gleichzeitig. Der Kreuzaltar in der rechten Apside um 1720/30; Annenaltar gegenüber mit dem Bild Anna Maria lesen lehrend 3. Viertel 18. Jh. Beichtstuhl aus der Bauzeit. Glocke von Martin Feltl von 1781.
Um die Kirche vier barocke **Initienkapellen** aus dem 2. Viertel des 18. Jh.s, die verwitterten Malereien der vier Evangelisten 19. Jh.
Am westlichen Ortsende in der tiefer gelegenen Unteren Stanz befindet sich die interessante **Filialkirche St. Ulrich** (ehemals Doppelpatrozinium mit St. Leonhard). Es ist eine zweischiffige Staffelkirche der Spätgotik, die in zwei Bauphasen errichtet wurde. Den zweijochigen Chor mit 5/8-Polygon ließ Otto von Stubenberg 1446 erbauen (die entsprechende Jahreszahl an der Westseite ist zwar später angebracht worden, dürfte sich jedoch auf dieses Ereignis beziehen). Er hat ein Kreuzrippengewölbe, dessen herabreichende Dienste auf einem umlaufenden Kaffgesims aufruhen. Bemerkenswert ist eine in halber Höhe eingebaute und über eine kleine Wendeltreppe zu erreichende Herrschaftsempore an der Südseite, deren Brüstung Blendarkaden zieren. Sie dürfte dem Vorbild der Herrschaftsempore Kaiser Friedrich III. im Grazer Dom folgen und trägt Wappenschilde und ein gemaltes Predellenbild eines nicht mehr vorhandenen Flügelaltares von ca. 1530. Dieses zeigt Christus und die 12 Apostel im Stile der Frührenaissance gemalt. Im Chor befindet sich noch eine kleine Sessionsnische, südseitig die gotische Sakristei. Von 1518–1521 (Jahreszahl an der Westfassade) wurde das vierjochige Langhaus angebaut. Wahrscheinlich wegen der Lage an einem Berghang konnte dem netzgewölbten Mittelschiff nur das südliche Seitenschiff angefügt werden, das nördliche verkümmerte zu einer Abfolge von flachen Nischen zwischen eingezogenen Wandpfeilern. Steile, aus der Mitte verschobene Giebelfront im Westen mit verstäbtem Schulterbogenportal; das Südportal zeigt Astwerkverzierung. Um die Kirche zweifach abgetreppte Strebepfeiler; der quadratische Turm über der Sakristei wurde erst 1697 errichtet.
Die uneinheitliche, weil aus verschiedenen Stilepochen stammende reiche Ausstattung ist charakteristisch für viele Filialkirchen, die, anders als die Pfarrkirchen, die jeweilige Zeitmode nicht so radikal mitmachen mußten. Frühbarocker Hochaltar mit steifem Figurenschmuck, laut rückseitig angebrachter Konsekrationsurkunde von 1617, jedoch mit späteren Ergänzungen im Knorpelwerkstil des 3. Viertel d. 17. Jh.s. An der Rückseite des Stipes ein Radrelief. Tabernakel ca. 1740. Die beiden Seitenaltäre im Knorpelwerkstil von 1674 mit schwarzgoldener Fassung, am Leonhardialtar im Aufsatz gotische Figuren des hl. Blasius um 1420 und der Apostelfürsten um 1480. Die Kanzel mit Akanthusschmuck ist 1716 entstanden. Interessante hölzerne Musikempore, nordseitig als Galerie vorgezogen, mit gedrechselten Säulchen und Intarsierung, bezeichnet 1634. An der Südseite Glasschrein mit Passionsszenen Christi aus kleinen Schnitzfigürchen um 1800. Orgel M. 19. Jh. (1887 umgebaut); Glocke von Mattäus Köstenbauer in Graz 1746.
Nordöstlich der Kirche im Walde kleine gemauerte **Bauernkapelle zum hl. Ulrich** (Urlkapelle). Obwohl nie geweiht war sie bis vor wenigen Jahren Ziel bäuerlicher Ulrichs- und Leonhardverehrung. Sie birgt noch einige eiserne Votivfiguren vor allem gegen Viehkrankheit.
Im Ort **Gasthaus** Bruggraber inschriftlich von 1590, verziert mit spätbarockem Marienbild in Ovalrahmen.

S T R A D E N   Bez. Radkersburg

Auf einem Hügelplateau des Stradner Berges, eines nach Süden sich erstreckenden Höhenrückens vulkanischen Ursprunges, entstand um die 1188 erstmals genannte Marienkirche ein Kirchort, der bis ins 14. Jh. Marein, hernach St. Marein genannt wurde. Zur

Straden – Blick auf den Ort mit seinen drei Kirchen

Kirche gehörte auch ein 1265 genannter Markt (forum Marein), der in dem nahe gelegenen Dorf Marktl angenommen wird. Die Nähe zur ständig bedrohten Ostgrenze des
Landes und die Höhenlage führten dazu, daß der Ort zu Anfang des 16. Jh.s befestigt
wurde, um so eine Fluchtburg für die umliegenden Bewohner zu schaffen. Pfarrkirche
und Pfarrhof wurden von einer Wehrmauer umgeben (ein Stück mit Schießscharten im
Nordosten erhalten), ein kleines Arsenal mit Verteidigungswaffen wurde angelegt, das in
der Rüstkammer über der alten Sakristei des Pfarrkirchturms aufbewahrt wurde. So
vermochte sich der Ort gegen die Raubzüge der Türken und Kuruzzen im 17. und
18. Jh. zu verteidigen. Nach dem 1. Weltkrieg wurde von Straden aus durch den Arzt
Dr. Brodmann die bewaffnete Selbstschutzorganisation des „Untersteirischen Bauern-
kommandos" gegen die jugoslawischen Besatzer geleitet und deren Abzug im Frühjahr
1919 erreicht. 1945 war Straden wiederum Kampfgebiet – die russische Hauptkampflinie
ging durch den Pfarrgarten – und erlitt arge Schäden.
Im Zentrum des Ortes erhebt sich die **Dekanatskirche Mariä Himmelfahrt,** die 1188
erstmals urkundlich genannt und von der Erzdiözese Salzburg aus errichtet wurde. Erst
unter Kaiser Josef II. kam sie an die Diözese Seckau zurück. Ein Brand im Jahre 1460
zerstörte das romanische Kirchengebäude und 1469 übergab Kaiser Friedrich III. die
Pfarre für einige Jahre dem von ihm gegründeten St.-Georgs-Ritterorden, der den Wiederaufbau betrieb und 1472 zu Ende brachte. Dieser spätgotische Kirchenbau bestand aus
dem zweijochigen Chor mit $^5/_8$-Schluß, Netzrippengewölbe über Wanddiensten und
zweifach abgetreppten Strebepfeilern als Außenstützen. An ihn schloß in gleicher Breite

das vierjochige Langhaus mit seinem kräftigen Rautensterngewölbe, dessen runde Wanddienste auf Konsolen aufruhen. Der dreiachsige Orgelchor mit drei Spitzbogenarkaden
und Netzrippengewölbe, das gekehlte Spitzbogenportal der Westfassade sowie der Unterbau des an der Nordseite des Chores aufgeführten quadratischen Turmes stammen aus
der selben Periode. Im Erdgeschoß des Turmes, das ein Kreuzrippengewölbe und kleines
spätgotisches Portal aufweist, befand sich ehemals die Sakristei. Darüber war die Rüstkammer untergebracht. Ein in den Chor sich öffnendes Fenster trägt die Jahreszahl 1513.
Von 1700 bis 1712 wurde das Langhaus durch den Anbau der beiden Seitenschiffe erweitert, deren Portale mit 1700 bezeichnet sind. Die Emporen haben breite halbkreisförmige Fenster und große, den gotischen Schildbögen folgende Öffnungen, die zur Erhel-
lung des Mittelschiffes beitragen. Die ersten Joche der Seitenschiffe sind abgeschrägt und
enthalten die Aufgänge zu den Emporen. An der Chorsüdseite wurde die neue Sakristei
angefügt. 1711 wurde dem Turm ein Glockengeschoß mit gegliedertem Zwiebelhelm
aufgesetzt, welcher im letzten Kriegsjahr 1945 zusammen mit dem Kirchendach zerstört
und 1947–1949 erneuert wurde. 1970/71 erfolgte die Innenrestaurierung der Kirche.
Die gute Einrichtung des Spätbarock stammt aus dem 3. Viertel d. 18. Jh. Der Hochaltar
mit seiner dem gotischen Chorschluß angepaßten Säulenarchitektur trägt über wellig
gekurvtem Gebälk eine Volutenkrone. Die Mitte wird von der spätgotischen Gnadenstatue der Gottesmutter (um 1520) eingenommen, die vom Volksmund den Namen die
,,Himmelsbergerin" erhalten hat. Zu ihren Füßen knien die Rosenkranzheiligen Dominikus und Katharina von Siena, in den seitlichen Interkolumnien stehen die Apostelfürsten
Petrus und Paulus. Im Aufsatz thront Gott Vater mit der Weltkugel und hl. Geisttaube.
Die Kanzel ist ein Werk des Grazer Bildhauers Matthias Leitner und wurde urkundlich
1768 gefaßt. Sie zeigt am Kanzelkorb Putten mit den Symbolen der vier Evangelisten, am
Schalldach ist die Übertragung des obersten Hirtenamtes an Petrus dargestellt. Gleichzei-
tig entstand die in der Mitte leicht vorschwingende und auf zwei Konsolen aufruhende
Orgelchorbrüstung und die bis zum Gewölbescheitel aufragende Orgel, welche 1976 neu
disponiert wurde. Die Seitenaltäre hat die Firma Vogel aus Hall in Tirol 1913 angefertigt.
Gegenüber der Kanzel befindet sich das im Stile des Hochbarocks sehr plastisch gestaltete
und mit Figuren versehene Grabmal des 1714 in Straden verstorbenen Kapuzinerpaters
Johannes Antonius Deluca, der in der Oststeiermark als Volksmissionar tätig war. Daneben das Epitaph des Dechanten Isak Neuhoffer, gestorben 1677. Ein weiterer Grabstein
des G. Janesius (gestorben 1677) befindet sich an der Außenseite.
An der Westseite der Kirche, mit ihr durch einen gemauerten Verbindungsgang in Höhe
der nördlichen Empore verbunden, erstreckt sich der 1764 neuerbaute **Pfarrhof**. Er ist
zweigeschossig und umschließt einen Innenhof, zu dem er sich auf einer Seite mit Pfeiler – bzw. Säulenarkaden öffnet. Der aus Hausteinen gemauerte und mit Schießscharten
versehene Keller ist älter, worauf auch die Inschrift ,,C. T. 1577" auf die Kellertüre
hinweist. Raum mit exotischen Wandmalereien um 1780. Zisterne von 1557.

Neben der Dekanatskirche befindet sich die kleine **Sebastianikirche**. Sie wurde 1515 bei
der Befestigung des Kirchplateaus am Südosteck als doppelstöckige Kapelle von der Sebastiansbruderschaft errichtet. Wahrscheinlich war damit eine Verstärkung der Kirchenbe-
festigung beabsichtigt. Am linken der beiden nördlich gelegenen Schulterbogenportale
befindet sich die Datierung 1515, darüber eine später eingemeißelte Inschrift: ,,HANC
CAPEL SIM WOLGEMUT PS PROPER ER SUMPTIPUS RESTARAVIT ANNO
1631". Sie weist darauf hin, daß Pfarrer Simon Wohlgemut die Kirche umbauen ließ,
wonach sie zu einer Pestwallfahrt wurde. Unter ihr, eingebunden in die Stützmauer,
befand sich ehemals ein Beinhaus. Dieses ist 1677 als Kapelle zur Schmerzhaften Muttergottes erstmals erwähnt und wird in der Folge zur Unterkirche ausgestattet. Den schlichten Außenbau der Doppelkirche dominiert ein im Westen erkerartig angebautes Türm-

chen, das erst ab der Giebelzone Gestalt gewinnt und einen achteckigen Aufsatz mit Spitzhelm aufweist. Das Innere der Sebastianikirche ist ein zweijochiger Raum mit Kreuzgratgewölben, in den Chorecken sind Halbsäulen als Gewölbestützen eingemauert. Wie in der Dekanatskirche ist auch hier die Einrichtung aus dem 3. Viertel d. 18. Jh.s. Der hübsche Hochaltar ist mit einem Bild des Grazer Malers Franz Ignaz Flurer um 1730/35 ausgestattet, das den hl. Sebastian mit den 14 Nothelfern darstellt. Es wird gerahmt von den Figuren der Pestheiligen Rochus und Carl Borromäus; an den Seitenwänden die hll. Jakobus d. J. und Dismas sowie die Viehpatrone St. Leonhard und Patrizius. Auf der hölzernen Empore steht ein kleines Orgelpositiv mit sechs Registern von 1720. In einer Mauernische der Südwand befindet sich ein spätbarocker Beichtstuhl. – Die **Unterkirche** ist durch einen schmalen Treppenabgang zu erreichen und besteht gleichfalls aus einem zweijochigen Raum. Er ist von einer weiterabreichenden leicht spitzbogigen Tonne mit Stichkappen überwölbt. An der Westseite gemauerte Empore mit zwei Trep-

Straden, Florianikirche – Hochaltar, 1754, Altarbild von J. Metzinger, 1751

penläufen und Grab-Christi-Nische. Am Gewölbe neubarocke Malereien der Brüder Kerle aus Tirol 1913/14, darstellend sechs Schmerzen Mariä in reicher Ornamentik. Der 7. Schmerz, Maria mit dem Leichnam Christi (Pieta), ist im Zentrum des Hochaltares zu sehen, der in seinem Aufbau wie eine Durchdringung des Spätbarock mit einem frühen Klassizismus anmutet und gegen 1780 entstanden ist. Die Pieta wird dem Radkersburger Bildhauer Johann Lehner zugeschrieben. An der Außenseite der Unterkirche, gegen die Straße zu, befindet sich an den südöstlichen Stützpfeilern der Futtermauer eine spätgotische Figurennische, bezeichnet 1521. Daneben in einer gemauerten Ädikula eine barocke Steinpieta von guter Qualität, bezeichnet 1758.

Am höchsten Punkt des Ortes, an der Stelle eines spätmittelalterlichen Wehrbaues, steht die **Florianikirche**. Eine um 1650 entstandene Kapelle bildet den heutigen Rechteckchor. Von 1654–58 errichtete der Maurermeister Ruep Schoper das Langhaus und fügte ihm an der Südseite des Chores einen quadratischen Turm an, der von einem aus Tuffsteinquadern wehrhaft gefügten geböschten Sockelgeschoß aufragt. Der Außenbau ist völlig schmucklos und hat an der Südseite drei doppelbögige Fenster, die noch einen Nachklang von Renaissanceformen erkennen lassen. Das Innere des einschiffigen Langhauses ist durch gekoppelte Pilaster und paarweise Gurten in dreieinhalb Joche gegliedert, die von Kreuzgratgewölben in flacher Rundung überspannt werden. Im halben Anfangsjoch die dreiachsige Orgelempore auf Säulenstützen.
Die Einrichtung entstammt zur Gänze dem Spätbarock. Der bemerkenswerte Hochaltar ist laut Chronogramm 1754 entstanden; seine kraftvolle Säulenarchitektur, die über den Umgangsportalen vorschwingt, ist noch dem Hochbarock verpflichtet. Die Mitte nimmt ein großes Bild des hl. Florian in der Himmelsglorie ein, das von ,,J. Metzinger 1751'' gemalt wurde. Zwischen den Säulen stehen die vorzüglich geschnitzten pathoserfüllten Gestalten der hll. Stephanus, Martin, Ulrich und Laurenzius. Im Aufzug, der von einer Volutenarchitektur gebildet wird, thront die Gruppe der hl. Dreifaltigkeit, überragt von einer barocken Palmette. Seitlich in den Volutenschwüngen die hll. Johannes der Täufer und Hieronymus. An den beiden Seitenaltären Bilder hll. Anna und Josef sowie gute Figuren aus dem 3. Viertel des 18. Jh.s. Die Kanzel entspricht eher dem Stile des Hochaltares; am Schalldach ist die sehr seltene Darstellung der Verklärung Christi auf dem Berge Tabor mit Moses und Elias zu sehen. Gegenüber eine jüngere Statue der Maria Immaculata in Rocaillerahmung. Die schlanke, seitlich hochgezogene Orgel ist von 1776, die Verzierungen des Prospektes wie auch der Chorbrüstung fertigte der Radkersburger Bildhauer Johann Lehner. Spätbarocke Kreuzwegbilder vom E. des 18. Jh.s, zum Teil durch neuere ergänzt.

STRALLEGG Bez. Weiz

Kirchort im ansteigenden Bergland des Jogllandes in 849 m Seehöhe. Die **Pfarrkirche hl. Johannes d. T.**, genannt 1295, ist ein spätgotischer Bau mit Erweiterungen der Barockzeit. Der einjochige Chor mit Polygon und Kreuzrippengewölbe um 1400; wenige Jahrzehnte später wurde das dreijochige Langhaus mit Netzrippengewölbe auf Runddiensten errichtet. 1667 (Bauinschrift) wurden am 3. Joch zwei quadratische Seitenkapellen angefügt, das Joch selbst zu einer Vierung mit Kreuzgratgewölbe umgestaltet. Spätbarocke Westseite mit Pilastergliederung, Dreiecksgiebel und quadratischem Turm in Holzkonstruktion, den der Grazer Baumeister Johann Josef Stengg 1767 aufsetzte. Die dreiachsige gotische Orgelempore mit Kreuzrippengewölbe um die selbe Zeit erweitert. Außen abgetreppte Strebepfeiler, ein gotisches Südportal vermauert, die Fenster barockisiert. Sakristeiportal bezeichnet 1714. Bei der 1961 durchgeführten Restaurierung des

Innenraumes wurden im Chor übermalte Fresken freigelegt: Kreuzigung und auferstandener Christus mit Heiligen und Stifterfigur aus der Mitte des 15. Jh.s; eine große Weltgerichtsdarstellung wird dem Vorauer Stiftsmaler Johann Cyriak Hackhofer zugeschrieben. In den Seitenkapellen und gegen die Vierung guter Stuck aus Akanthus, Früchten und Putten mit Freskenfeldern, die Szenen der Marien- und Josefslegende darstellen. Sie wurden laut Signatur 1699 von Antonio Maderni gemalt, der in diesen Jahren für das Stift Pöllau tätig war.
Barocke Einrichtung von guter Qualität: der Hochaltar mit Säulenaufbau und Taufe-Christi-Szene M. 18. Jh.; Tabernakel von 1822. Ein vorzügliches Werk ist die 1714 datierte Kanzel. Sie entstand nach einem Entwurf von Remigius Horner aus Pöllau, der hier mit dem bewegten Ein- und Ausschwingen des Kanzelkörpers Formideen des Wiener Hofkünstlers Matthias Steinl aufgriff, die dieser an seiner Vorauer Kanzel (1706) angewandt hatte. Die Figuren wurden von Josef Hilt geschnitzt und bestehen aus den vier Evangelisten am Korb, den Allegorien der vier Erdteile und dem Guten Hirten am Schalldach. Die kleinen Ölbilder mit den Kirchenvätern und Christus dürften von Johann Cyriak Hackhofer stammen. Der Christkindaltar aus dem 3. Viertel des 17. Jh.s mit späterem Tabernakel; die beiden Kapellenaltäre 3. Viertel 18. Jh. Gute Säulenfigur der hl. Maria aus dem E. des 17. Jh.s. Im Chor spätbarocke Heiligenfiguren. Die Kreuzwegbilder aus dem E. des 18. Jh.s. Taufbecken mit Abdeckung bezeichnet 1642. Die Orgel von Ludwig Gress von 1798; Glocke von Peter Zwölfer aus Graz 1672.
Zweigeschossiger **Pfarrhof** aus dem 18. Jh.
In der Ortsmitte steht das **Florianikreuz**, ein Nischenbildstock mit Steinfiguren und Freskenschmuck von Johann Cyriak Hackhofer bezeichnet 1716.
Am östlichen Ortsrand **Brunnenkapelle** mit großer Schale auf geschwungenem Fuß und beschädigten Fresken von Johann Cyriak Hackhofer, inschriftlich errichtet 1722. Der **Gaulhof** östlich vom Ort ist alter Pöllauer Besitz; an der Außenwand Stuckverzierung und Wappen des Stiftes Pöllau, bezeichnet 1699.

STRASS   Bez. Leibnitz

Markt an der wichtigen Verkehrsstraße im unteren Murtal gelegen, 1286 erstmals genannt. Seit der M. des 16. Jh.s im Besitz der Ehrenhausener Linie der Familie Eggenberg. Nach dem frühen Tod des Wolf von Eggenberg, der als General der Windischen und Meergrenzen 1615 in Karlstadt verstarb, erwarb im Jahr darauf der Chef der Hauptlinie, Hans Ulrich von Eggenberg, Ort und Herrschaft mit den dazugehörigen Ämtern Straß, Nieder- und Obervogau und Ratsch. Er ließ das von seinen Vorfahren angefangene Schloß fertigbauen und machte es zum Sitz der Grundherrschaft und eines Landgerichtes. Auf Betreiben des Hans Ulrich, der 1623 zum Reichsfürsten ernannt worden war, erhielt Straß 1624 von Kaiser Ferdinand II. das Marktrecht. 1727 ging der Ort in den Besitz der Grafen Leslie, 1804 in den der Grafen Attems über. 1852 erwarb das österreichische Militäraerar das damals unbewohnte Schloß und richtete dort nach größeren Umbauten eine militärische Anstalt ein. Die Ebene gegen Brunnsee erschien für „militärische Exerzizien höchst geeignet". Straß ist heute noch Sitz einer Garnison.
Die **Pfarrkirche Maria Himmelfahrt** wurde 1628 von Hans Ulrich von Eggenberg als Schloßkirche östlich neben dem Schloß erbaut. Nach der Errichtung der Militäranstalt fungierte sie als Institutskirche und wurde außen dem neuen Anstaltsgebäude angepaßt. Im Inneren ein frühbarocker Rechteckraum bestehend aus vier Jochen, der mit einer Stichkappentonne auf Wandvorlagen überwölbt ist. An den eingezogenen gerade schließenden Altarraum ist gegen Osten der quadratische Turm auf geböschtem Sockel und mit spitzem Helme angebaut. Die Grafen Leslie ließen 1776 den nüchternen Innenraum

Strass, Pfarrkirche – Hochaltarbild
von H. A. Weissenkircher, um 1680

durch Josef Adam von Mölck mit Fresken ausstatten, die sämtliche Wände und Gewölbe bedecken und im Sinne des Spätbarock eine malerisch-dekorative Einheit schaffen. Die beiden großen Gewölbebilder zeigen in untersichtiger Verkürzung die Szene der Heimsuchung und Geburt Christi; darunter in Ovalbildern Maria mit Johannes Nepomuk und Franziskus, weiters die vier Evangelisten. An den Wänden und Gewölbeansätzen gemalte Scheinarchitekturen und reiche Ornamentik. Oberm hohen Fronbogen das Leslie-Wappen, im Chorgewölbe Darbringung im Tempel.
Vorzügliche Einrichtung des Hochbarock: der hohe, die ganze Chorrückwand ausfüllende Hauptaltar mit monumentaler Säulenarchitektur um 1680, am Gebälk das Eggenberg-Wappen. Das qualitätvolle Hauptbild der Verkündigung an Maria stammt von dem in Italien bei Carl Loth ausgebildeten Eggenbergischen Hofmaler Hans Adam Weißenkircher (1646–1695). Von ihm sind auch die Bilder der beiden Seitenaltäre Johannes der Täufer sowie Simon und Josef. Die Kanzel aus dem 1. Viertel des 18. Jh.s wurde um 1770 neu geschmückt; am Schalldach Volutenbekrönung mit der Figur des hl. Gregor. Am dreiachsigen Musikchor Orgel vom E. des 19. Jh.s. In der Vorhalle Wagna-Kapelle mit barocker Steinpieta und Rosalienfigur des 18. Jh.s.
Den Kirchvorplatz schmückt eine barocke **Mariensäule,** die von den Eggenbergern im letzten Viertel des 17. Jh.s gestiftet wurde.
Das ehemalige **Schloß** wurde 1583 von den Eggenbergern begonnen und 1616 von Hans Ulrich von Eggenberg vollendet. Seit 1727 befand es sich im Besitz der Grafen Leslie, ab 1804 der Grafen Attems. 1852 wurde darin von der Militärverwaltung ein Militär-Erziehungshaus, 1874 eine Kaserne, 1896 eine k.k. Kadettenanstalt eingerichtet. Heute ist das Gebäude noch als Kaserne in Verwendung. – Die dreigeschossige Anlage ist um einen rechteckigen Innenhof errichtet und wurde im Stile der Francisco-josephinischen Militäranstalten in Anlehnung an den Wiener Arsenalbau umgestaltet. Sie erhielt an der Straßen-

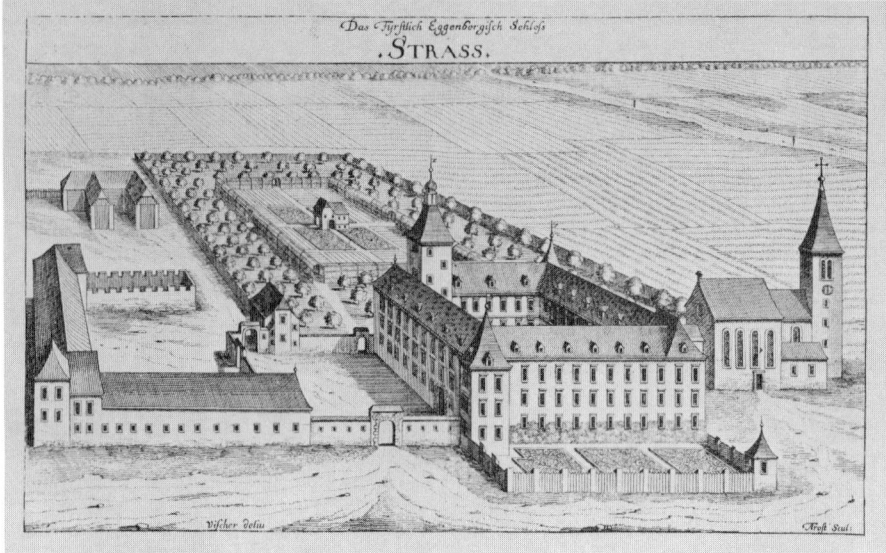

Strass – Stich von Vischer-Trost, 1681

seite eine im maurisch-gotischen Stil gehaltene Front mit umlaufendem Konsolfries und Zinnenkranz, an den Seiten turmartig erhöhte Eckrisalite; am Mittelgiebel die Jahreszahl 1854. Zur selben Zeit wurden auch in Graz-Liebenau und in Marburg an der Drau gleichartige Kadettenanstalten errichtet. Der Innenhof hat dreigeschossige Bogenstellungen mit vorgelegter Pilastergliederung und einem Kranzgesims auf umlaufendem Konsolfries. An der Ostseite zur Kirche Rustikaportal der Spätrenaissance E. 16. Jh. Im Westtrakt befindet sich noch ein Wappenstein mit einer Bauinschrift der Eggenberger von 1583; weiters ein figuraler Römerstein aus dem 2. Jh. n. Chr.
Am östlichen Ortsrand steht eine 1634 datierte frühbarocke **Wegsäule**.

STUBENBERG   Bez. Hartberg

Der Ortsname geht auf das alte steirische Adelsgeschlecht der Stubenberger zurück, die ihre erste Stammburg vermutlich um 1160 auf dem sogenannten Kögerl etwas weiter nördlich angelegt hatten. Nach deren früher Zerstörung durch den Böhmenkönig Ottokar bei der Niederwerfung des steirischen Adelsaufstandes 1269 bauten die Stubenberger eine neue Burg am südöstlichen Ortseingang, auf der sie Burggrafen sitzen hatten. Aus dem von Otto von Stubenberg in der 2. H. des 12. Jh.s begründeten Siedlungszentrum entwickelte sich die weilerartige Ortschaft in erhöhter Lage am Fuße des Rabenwaldes.
Die **Pfarrkirche hl. Nikolaus** steht anstelle einer 1217 genannten Eigenkapelle der Stubenberger und wurde von 1760–1766 (Jahreszahl am Fronbogen), wahrscheinlich von dem Grazer Baumeister Josef Hueber, völlig neu erbaut. Sie besteht aus einem zweijochigen platzlgewölbten Langhaus mit gerundeten Ecken und einem eingezogenen einjochi-

gen Chor mit Halbkreisapsis, der von einer quadratischen Seitenkapelle und Sakristei flankiert ist. Über der Eingangshalle wölbt sich in einem breit gespannten Bogen die Orgelempore. An der Westseite Einturmfassade mit leicht vorgezogenem Mittelteil und Pilastergliederung.

Gute spätbarocke Einrichtung aus der Bauzeit: Hochaltar mit Säulenarchitektur und Bild des Kirchenheiligen, am Kapellenaltar Bild der Anbetung der drei Könige, zwei Seitenaltäre mit hl. Patrizius und hl. Stefan. Die zierliche um 1770/75 entstandene Rokokokanzel zeigt am Korb die Gestalten der Kardinaltugenden, am Schalldach das Gotteslamm umgeben von den Evangelistensymbolen. Im Langhaus ein Bild der Himmelfahrt Mariae von dem Vorauer Stiftsmaler Johann Cyriak Hackhofer 1724. Eine Besonderheit der Kirche bildet die ansehnliche Versammlung zum Teil vorzüglicher Grabsteine oststeirischer Adelsgeschlechter. Hervorzuheben sind innen: Epitaph des Hans J. Steinpeiß zu Eichberg gest. 1591, dem Bildhauer Vinzenz Cumini zugeschrieben; weiters der Grabstein der Maria E. Maschband, gest. 1647. Außen: gotischer Rotmarmorstein des Hans Drachsler zu Neuhaus gest. 1454; das große Renaissanceepitaph für Georg von Herberstein, gest. 1584 vor der Familiengruft an der Südseite, wohin es 1856 bei deren Wiedereröffnung übertragen wurde. Auf einem hohen Sockel mit Steinwappen und Gruftein-

Stubenberg, Pfarrkirche – Grabmal des G. von Herberstein, gest. 1584

gang erhebt sich ein fast lebensgroßer Kruzifixus, zu dessen Seiten in zwei Gruppen der Verstorbene mit sieben Söhnen bzw. dessen Frau mit sieben Töchtern in Anbetung knien. Die genaue Wiedergabe der Rüstungen und Kostüme macht dieses größte Epitaph der Oststeiermark zu einem wichtigen Zeitdokument. Schließlich sind noch Grabsteine zweier Grafen Wurmbrand um 1700 und 1788 zu nennen. Unter dem Chorschluß befindet sich die Gruft der Grafen Tacoli von 1911.

Pfarrhof mit einfachem Fassadenschmuck 1734–1736. Im Ort Haus **Nr. 2** mit Gliederung bezeichnet 1785.

Das **Schloß** am westlichen Ortsausgang geht auf einen Bau der Stubenberger zurück, den sie im späteren 15. Jh. an die Drachsler abtreten mußten. Diese gaben ihm bald nach der M. des 16. Jh.s die heutige Gestalt. Ab 1632 im Besitz der Herberstein, im 19. Jh. der Grafen Wurmbrand, von 1925–1979 Niederlassung der Franziskanerinnen. – Der einen Rechteckhof umschließende nüchterne Renaissancebau besteht aus drei Wohnflügeln, die an der Ostseite durch einen Laubengang mit Schießscharten geschlossen werden. Drei der vier Ecktürme sind quadratisch, der südwestliche mehreckig und noch aus dem frühen 16. Jh. stammend. Der Hof wird an drei Seiten von zweigeschossigen Arkaden aus schlanken Säulen mit Eckblattkapitälen eingefaßt. Zwei Rustikaportale um 1584 befinden sich an der Ost- und Südseite, letzteres über eine Grabenbrücke erreichbar. Im Inneren sind noch einige steinerne Türstöcke der Renaissance mit rundbogigen Öffnungen erhalten sowie einfache Kassettendecken und intarsierte Türen. Im Südtrakt kleine Kapelle mit neuer Einrichtung.

Hoch ober der Feistritzklamm auf einem südlichen Ausläufer des Rabenwaldmassivs liegt die **Burgruine Neuhaus.** Sie wurde im 14. Jh. von den Stubenbergern erbaut und wahrscheinlich, um sie von der 1269 zerstörten Stammburg am nahen Kögerl zu unterscheiden, als „neues Haus" bezeichnet. 1455–1613 im Besitz der Drachsler, die sie nach einem Brand 1541 wieder aufbauten. Ab 1663 der Familie Wurmbrand gehörend. Im Jahre 1800 gerät die Anlage durch Blitzschlag in Brand und ist seither zur Ruine verfallen. – Hausburg in Bruchsteinmauerwerk, im Osten der mächtige viergeschossige Wohnturm, gegen Westen ein rechteckiger Hof, umgeben von Wohn- und Wirtschaftsgebäuden. An der Nordseite Grabensicherung und Wehrmauer mit Rundbogenportal aus der 2. H. des 17. Jh.s, darüber ein Wehrgang und die Kapelle. Ein Teil der Zwingermauer ist noch erhalten.

S T U R M B E R G   Bez. Weiz

Burgruinen am Eingang zur Weizklamm, die sie einst beherrschten. Seit dem 12. Jh. Rittersitz der Sturmberger, 1437–1610 der Ratmannsdorfer. Von den zwei getrennten Anwesen Alt- (Unter-) und Neu- (Ober-) Sturmberg, die beide seit dem 18. Jh. dem Verfall preisgegeben wurden, ist das obere fast verschwunden. Von der unteren Burg der weithin sichtbare Bergfried des 14. Jh.s in Bruchsteinmauerwerk mit Eckquadern und dem spitzbogigem Maßwerkfenster gut erhalten. Um ihn gruppieren sich zwei Höfe mit ehemaligen Wohngebäuden, zwei Rundtürme, ein quadratischer Torturm und Wehrmauerreste.

T H A L B E R G   Bez. Hartberg

Besterhaltene romanische **Burg**anlage der Steiermark, an der Wechselstraße westlich von Dechantskirchen auf einem ca. 50 m aus dem Tal aufragenden isolierten Felskegel gelegen. Wahrscheinlich im Zuge der Grenzbefestigungsmaßnahmen im letzten Drittel des

Thalberg, Burg – 3. Drittel 12. Jh. und 17. Jh.

12. Jh.s von den Herren von Krumbach zwischen 1171 und 1180 erbaut, urkundlich erstmals 1209 genannt. Ab dem 14. Jh. im Besitz der Neuberg, 1483 an die Herren von Rottal verkauft, die wesentliche bauliche Erweiterungen durchführten. 1523–1557 unter den Dietrichstein; ab 1610–1783 im Besitz der Grazer Jesuiten. Im 19. Jh. durch Unverstand der rasch wechselnden Eigentümer eines erheblichen Teiles seiner romanischen Steinmetzarbeiten beraubt und zum Teil einem Ruinenschicksal überlassen.

Die noch immer sehr eindrucksvolle **Hauptburg** ist ein in über 90 m Länge und 23 m Breite westöstlich sich erstreckender Baukomplex, der an seinen Schmalseiten von zwei mächtigen quadratischen Türmen eingefaßt wird. Der größere der beiden mit 24 m Höhe ist der aus behauenen Quadern gefügte Bergfried im Osten. Er ist aus der Achse gedreht und sichert den aus Quadern und Bruchsteinen errichteten Torbau. Zwei 12 m hohe, aus Bruchsteinwerk aufgeführte Ringmauern bilden die parallel verlaufenden Längsseiten der Anlage im Norden und Süden und stehen mit den beiden Türmen in ursprünglichem Verband. Den Ostteil des auf diese Weise wehrhaft umschlossenen Burgareals bildet ein 50 m langer Hofraum. An seiner Nordseite steht ein dreigeschossiges, an die Ringmauer angelehntes Wohngebäude, dessen Innendecken heute großteils eingestürzt sind. Es dürfte noch auf die Romanik zurückgehen und wurde in spätgotischer Zeit ausgebaut. Den Westteil nimmt der den inneren Burghof umschließende, dreigeschoßige Palas ein. Sein Nordtrakt wurde in spätgotischer Zeit umgebaut, das die Südseite einnehmende Wohngebäude im 17. Jh. neu gestaltet. Der beide Trakte verbindende Querflügel mit spätgotischer zweijochiger Kapelle im Obergeschoß, deren Chorschluß erkerartig aus der

Front herausragt. Südlich anschließend kleiner Saal mit Mittelsäule und barockem Stuckrippengewölbe. Alle Obergeschoßräume des Palas um 1910 restauriert, nachdem sie lange Zeit ohne Dach und damit dem Verfall preisgegeben waren. Dabei gingen die alten Kassettendecken verloren, die Hofgalerien wurden durch schmucklose Außengänge ersetzt, die Kapelle erhielt ein neugotisches Interieur. An romanischen Baudetails sind noch sichtbar: der Ornamentfries der östlichen Toranlage und das über dem Tor vermauerte Doppelbogenfenster, ein weiteres Fenster in der südlichen Ringmauer, der viereinhalb Meter hoch gelegene rundbogige Zugang zum Bergfried mit zwei eingestellten Säulchen, von denen nur mehr die Knospenkapitäle und Basen vorhanden; ein Doppelbogenfenster mit Knospenkapitälen an der Südseite des Palas sowie ein einfaches Rundfenster an dessen Nordseite. Außerdem sind am Bergfried und Westturm übereinstimmende Steinmetzzeichen festgestellt worden. Im späten 15. Jh. wurde die ganze romanische Burganlage mit einem schmalen Zwinger umgeben, der aus niedrigen Mauern und bastionenartigen Ausrundungen besteht; die ehemaligen Wehrgänge sind verfallen. Ein erweiterter Burgbering mit Toranlage verbindet die Hauptburg mit der am Fuße des Berges gegen die Straße zu gelegenen **Vorburg.** Diese wurde 1491 errichtet und besteht aus einem erhöhten vorspringenden Torbau mit Zugbrückenportal, kleinem Schulterbogentor und steilem Keildach; die zweigeschossigen Flügelbauten mit zwei runden Ecktürmen im 17. Jh. umgestaltet. Ost- und Westseite des Hofes sind durch starke Begrenzungsmauern gesichert, ein aus dem 17. Jh. stammender dreigeschossiger Speicherbau nimmt die Südwestecke ein.
An der vorbeiführenden Straße **Steinfigur** des hl. Johannes Nepomuk bezeichnet 1742.

THANNHAUSEN   Bez. Weiz

Schloß in einer Talsenke östlich des Weizberges; in seinem Bereich wurde 1857 eine römische villa rustica freigelegt (Teile davon im Schloß erhalten), an deren Stelle wiederum während der mittelalterlichen Neubesiedlung um 1130 ein Gutshof Fladnitz als Rodungszentrum errichtet worden war. Der daraus entstehende Rittersitz wurde in der 2. H. des 16. Jh.s von Johann von Teuffenbach und seinem Schwiegersohn Conrad Freiherrn von Thannhausen zum Renaissanceschloß ausgebaut und 1585 laut Bauinschrift neben dem Portal im wesentlichen vollendet. Nach dem Aussterben der Thannhausen 1686 kam das Schloß an die Khevenhüller und Wurmbrand, seit 1806 gehört es den Reichsfreiherrn von Gudenus.
Der große einheitlich gestaltete Vierflügelbau zählt zu den bedeutendsten Werken der steirischen Spätrenaissancearchitektur. Er umschließt in durchgehend dreigeschossiger Ausführung einen geräumigen rechteckigen Innenhof und hat an den Gebäudekanten relativ wenig vorgezogene Turmverstärkungen über rautenförmiger Grundfläche. Älteres Mauerwerk aus dem frühen 16. Jh. wurde an der Südostecke verbaut; der Nordflügel ist nur als dreigeschossiger Laubengang ausgeführt mit Pfeiler- und Säulenarkaden zum Hof, die sich an der Westseite fortsetzen. In der Südwestecke wurde M. des 19. Jh.s ein Stiegenhaus eingebaut, das eine ältere Stiege ersetzte und deren Renaissancefenster weiter verwendet. Die Eingangsseite im Osten ist reicher gestaltet: das Rustikaportal aus großen Quadern hat Kämpfergesimse und ein vorspringendes Deckgesims über Kragsteinen. Zu Seiten der Toröffnung steht je eine Säule auf hohem Sockel mit korinthischem Kapital, die jede einst die Statuette eines Herolds trugen. Erstmals in nachmittelalterlicher Zeit treffen wir in der Steiermark auf ein Figurenportal. Fünf schöne Steinwappen ober der Türöffnung vollenden den Portalschmuck; die beiden äußeren und das mittlere sind auf Rollwerkkartuschen und stammen von den Thannhausen, Teuffenbach und Windisch-Grätz. Die zwei dazwischen von Khevenhüller und Wurmbrand wurden erst in der

Thannhausen, Schloß – Renaissanceportal, 1585

Barockzeit angebracht. Links neben dem Portal auf einer Marmorplatte Bauinschrift und Wappen des Conrad Freiherr von Thannhausen und seiner Gemahlin Dorothea von 1585. In den Obergeschossen sitzen zwei- und dreiachsige Rundbogenfenster in gut gearbeiteten steinernen Rechteckrahmen mit seitlichen Pilastern und Mittelsäulchen, die im unteren Drittel abgeschnürt sind. Vorbild dafür war das Grazer Landhaus, die ausführenden Steinmetzen stehen in der Nachfolge des Domenico de Lalio. Die meisten Fenster haben noch die alten Gitterkörbe des späten 16. Jh.s. Die Kapellenfenster nördlich des Portales zeigen Sonderformen: zwei Rundfenster mit steinernen Zopfmusterrahmungen und einem gekuppelten Spitzbogenfenster. An den nordöstlichen Eckturm ist ein zweigeschossiger Renaissance-Torbau angefügt, durch den man in den Wirtschaftshof gelangt. Er hat auch ein Rustikaportal, gekuppelte Rundbogenfenster und einen aus über Eck gestellten Ziegeln gebildeten Trauffries, der einst wahrscheinlich auch den Hauptbau zierte. An ihm wurden im 17. und 18. Jh. Änderungen vorgenommen, die jedoch seinen

Renaissancecharakter nach außen nicht wesentlich veränderten. So wurden im Süd- und Westflügel an der Gartenseite große Barockfenster eingesetzt, Rauchfänge (mit der Jahreszahl 1660, 1693 und 1697) erneuert und auf das Dach des Südflügels 1718 ein Uhrtürmchen aufgesetzt.

Im Inneren einige bedeutende Räume: am Beginn des Frühbarock steht die zweigeschossige **Kapelle** im Osttrakt, die am Hofportal die Datierung 1606 trägt. Dieses ist von einem mehrfach gegliederten Steinrahmen eingefaßt und schließt über dem Kranzgesims mit einem gesprengten Dreiecksgiebel, in dem eine Muttergottes-Statuette steht. Der rechteckige Innenraum ist von einem Tonnengewölbe überspannt, das mit einer der frühesten Stuckgliederungen in der Oststeiermark verziert ist. Sie besteht aus flachen Stuckbändern, die Rahmen der Mittelfelder sind durch vergoldete Engelsköpfe und Stuckrosetten angereichert. Der flache frühbarocke Wandaltar mit Sprenggiebel in blau-goldener Fassung bezeichnet 1640; Altarbild der hl. Magdalena von dem Holländer Kettel. An der Wand ein großes Familienbild der Ratmannsdorf bezeichnet 1582, das sich ehemals in Weiz befand, sowie einige barocke Heiligenfiguren. Die Empore ist vom 1. Obergeschoß aus zugänglich. Südlich der Einfahrt wurde 1723 von dem landschaftlichen Baumeister Josef Carlone, ein geräumiges **Stiegenhaus** von guter Raumwirkung mit breiten Treppenläufen und Steinbalustrade eingebaut. Das schmiedeeiserne Aufgangsgitter ist eine Arbeit aus dem 2. Viertel des 18. Jh.s. Zugleich wurde ein Hofkorridor in diesem Teil des Ostflügels angelegt. Mehrere geschmückte Wohnräume im Ost- und Südflügel: im

Thannhausen, Schloß – Stiegenhaus von Jos. Carlone, 1723

nördlichen Eckzimmer bemalte Holzdecke und prächtiger Kachelofen (aus Schloß Külml) 17. Jh. Im **Archivraum** dekorative Wandmalereien des späten 18. Jh.s und Rokokoofen. In den Pulten die interessanten Reiseskizzen des Philipp Franz Gudenus aus der Zeit um 1740. Anschließend ein tonnengewölbter **Museumsraum** mit schönem Renaissancekamin und den bedeutenden Resten der Rüstkammer. Weiter Räume mit flachen Stuckdecken aus dem 1. Viertel des 18. Jh.s. Frühbarocke Portale des 17. Jh.s mit verzierten Steinrahmen sitzen in den kreuzgratgewölbten Arkadengängen der Nord- und Westseite. Südlich des Schlosses ein Park mit Gartenhaus und Gittertor ca. 1720/30. An der Zufahrt steht eine kleine **Straßenkapelle** mit Freskenschmuck von Josef A. Mölk und der Skulptur des Johannes Nepomuk von Philipp Jakob Straub 3. Viertel 18. Jh.

TIESCHEN   Bez. Radkersburg

Das kleine Gassengruppendorf im Pleschbachgraben liegt mitten in altem Siedlungsgebiet. Auf dem östlich des Ortes sich erstreckenden **Königsberg** (Kindsberg) konnte die größte urnenfelderzeitliche Siedlung der Steiermark aus dem 9./8. Jh. v. Chr. ergraben werden. Die ca. 10 ha große stadtähnliche Anlage war von einer 10 m hohen Ringmauer mit Graben und Torbau umgeben und umschloß noch eine Kernfestung (Akropolis). Aus dieser Zeit stammt der sogenannte Feuerbock, ein kultisches Idol aus Ton, das in das Gemeindewappen Aufnahme gefunden hat. Um 700 v. Chr. dürfte die Höhensiedlung total ausgebrannt sein. Spuren einer Wiederbesiedlung erst wieder aus der Spätlaténezeit. Keltische Münzfunde mit der einzigen steirischen Goldmünze aus dieser Zeit, die um 90 v. Chr. geprägt worden war. Zahlreiche Spuren hinterließ die Römerzeit, hervorzuheben ist das inzwischen überwachsene große Hügelgräberfeld im „**Grössinger Tanner**" (1.–2. Jh. n. Chr.), ein weiteres in Grössing. Am Königsberg dürfte damals ein Gutshof gelegen sein.
Auf einer Hangterrasse im Ort am Ende einer Treppenanlage mit Kriegerdenkmal erhebt sich die **Pfarrkirche hl. Dreifaltigkeit,** ein Bau des Historismus aus den Jahren 1894–1898 (Jahreszahl an der Fassade). Die schwach gegliederte Westfassade mit Dreiecksgiebel wird an der Nordseite von einem viereckigen Turm mit Doppelfenstern und Pyramidenhelm flankiert. Im Inneren ein flachgedeckter Saalraum mit Pilastergliederung, der eingezogene dreijochige Chor hat Stichkappengewölbe zwischen Gurten, die auf Pilastern aufruhen. Am Türsturz des Südportales die Jahreszahl 1862 (von einem Vorgängerbau?).
Neubarocke Einrichtung aus der Bauzeit, am linken Seitenaltar Bild des hl. Franz mit der Madonna, signiert „Rotky 1898". Zwei Gemälde des steirischen Nazareners Josef Tunner „Der 12jährige Jesus predigt im Tempel" und „Ecce homo" M. 19. Jh. befinden sich zur Zeit im Pfarrhof. An der Nordseite des Kirchenschiffes ist eine längliche Taufkapelle, am Chor ein zweigeschossiger **Pfarrhof** angebaut, der auch ein Franziskanerhospitz beherbergt.
Nördlich der Kirche zwei gründerzeitliche reich gegliederte Häuser **Nr. 2** und **68** E. 19. Jh.

TRAUTMANNSDORF   Bez. Feldbach

Der auf einer schon zu römischer Zeit besiedelten Anhöhe gelegene Ort wurde wahrscheinlich in der 2. H. des 12. Jh.s von dem gleichnamigen steirischen Rittergeschlecht begründet. Deren ehemaliger Stammsitz, eine wehrhafte Burg mit Wassergräben zu Füßen des Ortes gelegen, verlor seit der Vereinigung mit der Herrschaft Gleichenberg

1615 und dem Ausbau der dortigen Burg an Bedeutung. Am Ostersonntag des Jahres 1706 brannten einfallende Ungarn (Kuruzzen) Ortschaft und Burg nieder. Letztere wurde nicht mehr aufgebaut und verfiel völlig, die zugehörigen Gründe kamen zur Aufteilung.

Pfarrkirche hl. Michael urkundlich 1404 genannt. Vollständiger geräumiger Neubau 1654–1664 (Jahreszahl über dem Westportal) in den einfachen Formen des heimischen Frühbarock. Das dreijochige Langhaus mit Stichkappentonnengewölbe über Pilastern und einer dreiachsigen Orgelempore auf Säulen, der eingezogene Chor einjochig mit 5/8-Schluß. An seiner Nordseite 1664 von Maurermeister Matthias Lanz ein quadratischer Turm mit rundbogigen Schallfenstern und gegliedertem Zwiebelhelm angebaut.

Gut erhaltene Einrichtung: der Hochaltar mit Säulenaufbau und Volutenkrone von 1778, die Figuren von Franz Domiscus. Bild des Erzengels Michael aus der 2. H. des 19. Jh.s. Die beiden Seitenaltäre mit dekorativem Vorhangmotiv gegen 1780, die Figuren gleichfalls von Franz Domiscus; nur die Rosenkranzmaria links erneuert. Kleine klassizistische Kanzel E. 18. Jh. An den Wänden umlaufend zwölf große Apostelbilder aus dem 1. Viertel des 18. Jh.s. An der Orgelchorbrüstung gutes Relief der Maria mit Kind, flankiert von den hll. Christophorus und Erasmus um 1530, wohl von der alten Ausstattung stammend; weiters Schmerzensmannfigur M. 18. Jh. Im Langhaus auf der Nordseite Grabplatten der Familie Trautmannsdorf aus ihrem ehemaligen Stammschloß: 1. H. 14. Jh. und 1517. Weiters vorzügliches Marmorepitaph des Hans Friedr. Freiherrn von Trautmannsdorf, gest. 1614, von Bildhauer Philibert Pocabello. Der Verstorbene im Harnisch unterm Kreuz kniend, im Aufsatz Auferstehungsszene. Darüber späteres Prunkwappen der Trautmannsdorf. Gegenüber reich gestaltetes Spätrenaissance-Epitaph des Adam von Lengheim (gest. 1585) vom protestantischen Typus in fünf übereinanderliegenden Zonen: über Inschrift und Wappen der Verstorbene im Harnisch mit seiner Familie, darüber Kreuzigungsrelief eingefaßt von Schuppenbändern und kannelierten Säulchen, die ein Gebälk tragen. Auf diesem abschließendes Lunettenfeld mit Gottvater in Wolken, flankiert ehemals von den Figuren der Caritas und Fortidudo, die jetzt an der Außenseite der Kirche angebracht sind. Im Chor einfacher Grabstein des Pfarrers Andreas Kogler von 1700. Orgel E. 19. Jh.

Im Ort einige Häuser des 18. und frühen 19. Jh.s. Im **Ortsfriedhof** unterhalb der Ansiedlung kreisförmige Gruftkapelle der Stubenberg mit Kuppelgewölbe und Laternenaufsatz 18. Jh. Weiters achteckige Aufbahrungshalle mit Ecksäulen und Kuppel 2. H. 19. Jh.

ÜBERSBACH   Bez. Fürstenfeld

Dreiecksangerdorf quer zum Rittscheintal gelegen, 1197 als Ubilsbach, erstmals genannt. Damals erbaute Herrand von Wildon die erste Kirche, die durch den Erzbischof von Salzburg geweiht, mit Pfarrechten ausgestattet und hierauf an die Johanniter übergeben wurde. 1605 noch als Pfarre genannt, im selben Jahr von den Hajduken niedergebrannt. Die heutige **Filialkirche St. Johannes der Täufer** (Pfarre Söchau) auf einer kleinen Erhebung gelegen ist ein Neubau der 2. H. des 17. Jh.s unter Verwendung älterer Teile aus spätgotischer Zeit. Das dreijochige Langhaus hat sechsteilige Kreuzgratgewölbe und Gurten über Pilastergliederung und dürfte wahrscheinlich vom Baumeister der Pfarrkirche in Söchau stammen (Matthias Lanz ?). Es ist mit Rücksicht auf den gotischen Südturm etwas aus der Mittelachse gegen Norden verschoben. Im eingezogenen einjochigen Chor mit 3/6-Schluß sind gleichfalls Teile des gotischen Vorgängerbaues belassen. Dreiachsige gemauerte Orgelempore auf Säulen. Der quadratische Turm am dritten Schiffsjoch hat abgetreppte Strebepfeiler und ein gebrochenes Pyramidendach, er wurde 1945 beschädigt. Schmucklose Westfront mit Dreiecksgiebel.

Hochaltar von 1900; die beiden hochbarocken Seitenaltäre E. 17. Jh. Im linken ein spätgotisches Hochrelief des hl. Martin zu Pferde (um 1500) eingefügt. Kanzel von 1783. Die Orgel fertigte der Wiener Jakob Deutschmann um 1830. Eingangsgitter von 1898. Um die Kirche ehemals eine Wehranlage.

Der Dorfanger zeigt noch eine geschlossene Verbauung aus traufseitig angelegten Vierseithöfen. An seiner breiten Seite **Mariensäule** mit Steinfigur der Regina coeli E. 17. Jh. Statue des Johannes Nepomuk 1. H. 18. Jh.

UNTERLAMM   Bez. Feldbach

Haufendorf im Lammbachgraben nahe der Grenze zum Burgenland. Die **Pfarrkirche zum hl. Heinrich** am Ostrand des Ortes in flacher Hanglage 1907–1910 (Jahreszahl an der Fassade) von dem Grazer Architekten Johann Pascher erbaut. 1920 zur Pfarre erhoben. Geräumiger Bau mit vierjochigem Langhaus und eingezogenem Chor mit $5/8$-Polygon. Die einfache Fassade mit Dreiecksgiebel, kräftigem Kranzgesims und übergiebeltem Portalvorbau auf Säulen. An ihrer Südseite, etwas zurückgesetzt, der quadratische viergeschossige Turm mit Pyramidenhelm angebaut. Der hohe Innenraum mit Platzlgewölben über Pilastern; nördlich des Chores Sakristei mit darüberliegendem Oratorium. Einrichtung in steifem Neubarock. Der Hochaltar E. 19. Jh. aus der Pfarrkirche von Feldbach übertragen; sein hoher Rückwandaufbau mit Figuren des hl. Heinrich, flankiert von den Apostelfürsten. Die beiden Seitenaltäre und die Kanzel 1925 bzw. 1929 entstanden. Kreuzwegbilder 1917 von K. Schleibner. Die neubarocken Fresken überm Fronbogen (Abendmahl) und im Chor (Lamm auf Buch mit sieben Siegeln sowie dekorative Rahmungen um Fenster und Altarwand) 1936 von den Brüdern Walter aus Ilz ausgeführt. Auf der geraden Sängerempore Orgel von 1918 der Firma Mauracher aus Salzburg.

UNTERLIMBACH   Bez. Hartberg

Straßendorf westlich von Neudau in Waldgebiet zwischen Safen- und Lafnitztal gelegen. Gegründet wahrscheinlich um 1170 von den hier rodenden Dunkelsteinern. Bald danach östlich des Ortes eine Grenzburg errichtet, deren Burgstall mit Graben heute noch erkennbar ist. 1529 wurde der Großteil des Ortes von den Türken, 1704 und 1707 von den Kuruzzen niedergebrannt.

Die kleine **Filialkirche hl. Bartholomäus** gehört zur Pfarre Neudau und wurde bereits 1170 genannt. 1773 mußte die „ganz baufällige" Kirche weitgehendst abgetragen werden. Fresken an N-Wand (ehem. Chorbogen) Marientod, hll. Paulus u. Dionysius, M. 15. Jh. Die Dacherneuerung mit steilen Giebelmauern erfolgte laut Datum am Ostgiebel ab 1929. Langhaus und Chor mit Flachdecke, die Sakramentsnische sowie das spitzbogige Westportal A. 16. Jh. An der Westseite Vorhalle auf Pfeilerstützen. – Barocke Einrichtung mit gotischen Resten: der Hochaltar ist ein kleiner Säulenaltar aus dem 3. Viertel des 17. Jh.s und enthält zwei spätgotische Heiligenfiguren um 1500 sowie ein schwungvoll gemaltes Bild des Kirchenheiligen gegen 1775. Von den beiden Seitenaltären ist der rechte 1646 bezeichnet; sein Wolfgangbild gleichfalls gegen 1775 gemalt. Am linken Seitenaltar gotische Mensa. Orgelpositiv vom Typus Tragorgel von Johann Georg Mitterreiter 1726. In der Vorhalle kleiner Marienaltar und Oswaldifigur auf Säule 3. Viertel 17. Jh. Letztere stammt aus einer aufgelassenen Oswaldikapelle, die wahrscheinlich ehemals Burgkapelle war. Bemerkenswert die steinerne Außenkanzel (16. Jh. ?), die sehr selten vorkommt.

UNTERROHR Bez. Hartberg

Bachuferdorf am Lungitzbach; römische Besiedlung durch kaiserzeitliches Grabhügelfeld nachzuweisen. Dorfgründung in der 1. H. des 13. Jh.s durch die Herren von Neuberg. 1621 und 1683 von einfallenden Ungarn geplündert und verwüstet, 1707 von den Kuruzzen niedergebrannt. Erst 1711/12 konnte mit dem Wiederaufbau begonnen werden.

Die **Pfarrkirche hl. Florian** (seit 1786 Pfarre) wurde 1732 erbaut, nachdem ihre Vorgängerin schon 1683 beschädigt und 1707 wiederum gelitten hatte. Lediglich der Westturm blieb vom älteren Bau bestehen. Das dreijochige Langhaus hat Kreuzgratgewölbe über einer Pilastergliederung, daran schließt sich ein einjochiger Chor mit Apsidenschluß. – Die Einrichtung stammt aus dem 2. Viertel des 18. Jh.s; das Hochaltarbild mit der Darstellung des Kirchenheiligen von Josef Wonsidler 1852. Seitenaltarblatt Tod des hl. Josef signiert und datiert „Adam Semil fecit ao. 1746", das Bild der Himmelfahrt Mariens vom selben Maler. Die Kanzel in Anlehnung an die der Wallfahrtskirche am Pöllauberg gleichzeitig. Glocke von Adam Roßtauscher 1672; die Orgel fertigte Carl Schehl 1843. **Pfarrhof** von 1785.

VASOLDSBERG Bez. Graz Umgebung

Schloß im Hügelland südöstlich von Graz auf einer Anhöhe zwischen Ferbes- und Stiefenbachtal gelegen. Als Straßensperre am Beginn des 13. Jh.s angelegt von Ulrich von Vasoldesperge (gest. 1246). Der Name soll auf die Sage von den beiden germanischen Riesen Fafner und Fasold zurückgehen. Ab 1299 im Besitz der Seckauer Bischöfe. Seiner strategisch wichtigen Lage wegen 1371 von Herzog Leopold in seine Gewalt gebracht. Als 1467 im Zuge der Baumkircher-Fehde die Gegner des Kaisers Friedrich III. sich vorübergehend in der Burg festsetzen, zwang dieser den Seckauer Bischof, ihm das Bauwerk als freies Eigen zu übergeben. Fortan setzte der Landesfürst Verweser auf der Burg ein. 1596 scheint Vasoldsberg wegen seiner Höhenlage unter den Kreitfeuerstationen auf. Ab dem 17. Jh. mehrfach Besitzerwechsel. Heute ist das Schloß im Besitz der Steyr-Daimler-Puch-Werke und wird den Betriebsangehörigen als Erholungsheim gewidmet. – Den entscheidenden Ausbau der mittelalterlichen Burg führte der kaiserliche Verweser Koloman Prunner durch, der 1542 genannt ist. Er schuf eine um zwei Höfe gruppierte schloßartige Anlage, die bereits den ordnenden Geist der Renaissance erkennen läßt. Ein tiefer Graben umgab das ganze Anwesen und war nur über eine ansteigende Brücke zu überschreiten. Der heutige Bau stellt nur mehr einen Teil des ehemaligen Schlosses dar. Erhalten ist der dreigeschossige Nordtrakt mit dem inneren Burgtor, über dem sich ein quadratischer Turm erhebt. Neben der Durchfahrt die alte Sakristei mit frühgotischem Gurtrippengewölbe, das heute ins Obergeschoß hineinreicht. Dort befindet sich auch noch eine Spitzbogentüre. Die urkundlich 1450 genannte St.-Johannes-Kapelle und der Küsterraum wurden stark verändert und sind nur noch an den kräftigen Pfeilern und Gratgewölben im 1. Obergeschoß erkennbar. 1911–1914 erfolgten tiefgreifende Bauveränderungen: der Turm wurde erhöht, die Gebäude neu fassadiert, die Fenster teilweise vergrößert. Im Turm noch die alte Glocke von Martin Feltl, Graz 1778 und ein altes Uhrwerk.

VORAU, Ort   Bez. Hartberg

Der Markt liegt unterhalb des Stiftshügels in einem welligen, von Gräben durchzogenen Talbecken, das im Norden von Ausläufern des Wechselmassivs, im Süden vom Masenberg eingefaßt wird. Er wurde wahrscheinlich vom zweiten Stiftspropst Bernhard I. (1185–1202) gegründet, wie überhaupt seine Geschichte mit der des Stiftes aufs engste verknüpft ist. Zusammen bildeten sie seit ihrem Bestehen den geistig-religiösen wie auch siedlungsgeschichtlich-zivilisatorischen Mittelpunkt dieses bergigen, heute noch etwas abgelegenen Landstrichs. 1605 wurde die Gegend von den einfallenden Hajduken schwer bedrängt, das Stift zur Fluchtburg für viele. 1945 war das Vorauer Becken heftig umkämpft, der Markt am 16. 4. von den Russen genommen, am 23. 4. von den Deutschen wieder zurückerobert, am 8. 5. abermals von den Russen besetzt. 18 Häuser wurden dabei zerstört.

Inmitten des Ortes auf einer kleinen Hangterrasse steht die **Marktkirche hl. Ägydius.** Sie wurde 1202 geweiht und war von 1237 (Stiftsbrand) bis 1783 Pfarre. Vier Stilepochen haben an ihr gebaut und geschmückt. Vom ältesten romanischen Kirchlein ist das Chorquadrat und der untere Teil des sich darüber erhebenden quadratischen Turmes, weiters die Südmauer mit einem profilierten Rundbogenportal und zwei trichterförmig vertieften Fenstern erhalten. Die Hochgotik fügte im 14. Jh. das etwas erhöhte einjochige Chorpolygon an, mit schweren Kreuzrippen auf Konsolen, Sakramentsnische, Maßwerkfenstern und Strebepfeilern. Aus der Spätgotik stammt das Sakristeiportal und die Glockenstube

Vorau, Marktkirche – Innenraum, die Altäre A. 18. Jh., Deckenfresko von J. C. Hackhofer, 1708

des Turmes. Im 17. Jh. wurde an der Nordseite eine rechteckige Kapelle angefügt und um 1700 das Langhaus um die Kapellenbreite erweitert und mit einer Flachdecke versehen. Das Innere gewann dadurch das Aussehen eines annähernden quadratischen Saalraumes mit zwei nebeneinanderliegenden Chören, die jeweils durch eine Bogenöffnung zugänglich sind.

Die bemerkenswerte barocke Ausstattung wurde fast durchwegs von Stiftskünstlern gestaltet: der originelle Hochaltar zwischen den Chorbögen mit schlanker Säulengliederung vor geschlossener Rückwand erstes Viertel 18. Jh., in der Mitte vorzügliche Marienstatue von Franz Caspar, im Aufsatz fünf lebensgroße Büsten von Bischofsheiligen. Die gleichzeitigen Seitenaltäre haben Aufsatzbüsten von hl. Diakonen, am rechten ein Bild vom hl. Erhard von Johann Cyriak Hackhofer, das Donatusbild links eine spätere Nachahmung. In den beiden Chören befinden sich ein Kreuzaltar sowie ein Judas-Thaddäus-Altar aus der M. des 18. Jh.s. Ein Prunkstück ist die hochbarocke Kanzel aus der Zeit um 1665 im Knorpelwerkstil, die sich ehemals in der Stiftskirche befand. Ihr kastenförmiger Korpus in Schwarzgold-Arbeit ist mit Säulchen und Muschelnischen gegliedert, in denen die Statuen der vier Evangelisten stehen. Das Rückwandfresko anläßlich der Übertragung um 1706 angebracht. Im Stile der Kanzel und gleichfalls aus der Stiftskirche stammt der geschnitzte Taufbeckenaufsatz im nördlichen Chor. Von der mittelalterlichen Ausschmückung sind im Chorquadrat noch ein frühgotisches Fresko der Maria mit Kind, entstanden um 1300; im gotischen Chor ein hl. Martin mit vier Heiligen um 1400 sowie dekorative Gewölbemalereien erhalten, die bei der Restaurierung von 1953 zum Teil freigelegt worden waren. Die Flachdecke des Hauptraumes ist zur Gänze mit einem Fresko bedeckt, welches in breiter scheinarchitektonischer Rahmung eine Himmelsszene freigibt. In ihr sind die hl. Dreifaltigkeit, Maria als Fürbitterin und die Heiligen Augustinus, Thomas, Florian und Ägidius auf Wolken schwebend zu sehen. Das Fresko ist ein Frühwerk des Stiftsmalers Johann Cyriak Hackhofer von 1708. Von ihm stammen auch die Bilder der hl. Agathe und des hl. Ägidius im Nordchor. Dort befindet sich noch ein Kirchengestühl des späteren 17. Jh.s und ein Grabstein von 1664. Glocke von Jörg Wening 1563; Orgel E. 19. Jh. An der Südseite außen steht das Grabmal des Johann Cyriak Hackhofer, der 1731 verstarb. Vor der Kirche zweigeschossiger **Pfarrhof** des 18. Jh.s.

Am Ostrand des Ortes und noch heute inmitten des Friedhofs liegt die **Friedhofskirche zum hl. Kreuz.** Der erste Bau aus der Spätgotik wurde 1445 geweiht. Unter Propst Daniel Gundau erfolgte ein Um- und Erweiterungsbau (Turm, Langhaus) im Stile des Frühbarock, der zugleich mit drei Altären 1635 konsekriert wurde. Schließlich erfolgte unter Propst Philipp Leisl eine weitere Erweiterung unter Anfügung der Seitenarme und einer Sakristei, wodurch die Kirche einen kreuzförmigen Grundriß erhielt. Diese Arbeiten waren 1711 abgeschlossen. Das Innere besteht aus einem saalartigen flachgedeckten Langhaus, an das sich die um drei Stufen erhöhte Vierung anschließt, von der die quadratischen Seitenarme ausgehen. Der querrechteckige Chor mit den spätgotischen Seitenwänden, in deren linker sich noch eine Sakramentsnische befindet. Im Westen vorgestellter viereckiger Turm. Teile der Langhausmauern mit Resten von Strebepfeilern gleichfalls noch vom gotischen Bau.

Hochaltar mit originellem Retabel, wahrscheinlich von dem Friedberger Bildhauer Wolfgang Pinther um 1770. Es besteht aus drei großen Reliefszenen von dekorativer Form, welche die Kreuzauffindung, Kreuzübertragung durch Kaiser Heraklius sowie die Ursprungslegende der Kirche mit der Ansicht von Vorau zeigen. Darüber in der Mitte Relief der schmerzhaften Maria mit den Arma Christi und Kruzifixus als Abschluß. Die Altäre in den Seitenarmen mit Bildern Isidor und hl. Notburga sowie die Kanzel mit dem Relief Christus und die Ehebrecherin am Brunnen gleichzeitig mit dem Hochaltar. Die Seitenaltäre im Langhaus bezeichnet 1634 (Aufbauten entfernt); die dazugehörigen Bilder zeigen die Himmelfahrt Mariens und den heiligen Mauritius. Weiters einige große qualitätsvolle Passionsbilder der ersten H. des 18. Jh.s. Auf der hölzernen Empore Orgel von Friedrich Werner 1867 (Umbau eines älteren Instrumentes). Die Glocke goß Medardus Reig 1687.

In der die Kirche umgebenden Friedhofsmauer sind fünf **Nischenkapellen** (Initienkapellen) eingefügt mit stark beschädigten Fresken von Johann Cyriak Hackhofer um 1710, darstellend die Auferstehung Christi, seine Erscheinung vor Maria Magdalena, die drei Frauen am Grabe und die Szene mit dem ungläubigen Thomas; in der großen Mittelkapelle hinterm Kirchenchor das Jüngste Gericht. Am Friedhofseingang steinerne Heiligenfigur 2. V. 18. Jh.

Der Ort mit altem Häuserbestand vom 16.–18. Jh. Hervorzuheben ist das stattliche **Rathaus** mit abgetrepptem Doppelgiebel aus der 2. H. des 16. Jh.s Davor eine 1722 aufgerichtete **Mariensäule.** Haus Friedhofsstraße 58 aus dem 18. Jh., ehemals Stiftisches Spital. Gegenüber an der Straßengabelung Wiener Straße achteckige spätgotische **Lichtsäule** E. 15. Jh. Am Griesplatz gute **Johannes Nepomukfigur** von 1722. Von hier führen der Klosterweg wie auch die Autostraße den Hügel zum Stift hinauf.

VORAU, Stift

Im Dezember 1163 gründete der Traungauer Marktgraf Ottokar III. aus Freude über die Geburt seines Erben auf eigenem Grund bei Vorau ein Kloster der regulierten Chorherrn des hl. Augustin. Der Salzburger Erzbischof Eberhard I. beschickte es mit Geistlichen aus seinem Domstift St. Rupert und ernannte den Dechant des bereits 1140 gegründeten steirischen Chorherrnstiftes Seckau zum ersten Propst. Vorau wurde damit zur zweitältesten Niederlassung von Augustiner Chorherren und zur viertältesten Stiftsgründung der Steiermark. Den Ausgangspunkt der Stiftssiedlung bildete die kleine, bereits 1149 geweihte Thomaskirche, wahrscheinlich Eigenkirche des ersten Herrschafts- und Rodungszentrums, das nach dem Tode des Grafen Ekbert III. von Formbach-Pitten 1158 an die Traungauer gefallen war. 1237 und 1384 große Brandkatastrophen mit schweren Schäden am mittelalterlichen Baubestand. Die folgende wirtschaftliche und geistliche Krise des Stiftes durch die Berufung des Propstes Andreas von Prampeck (1433–1453) aus Berchtesgaden beendet, der umfassende Reformen durchführte. Er förderte die Entstehung einer eigenen Vorauer Schreib- und Malschule und aus seiner Zeit stammt auch die erste bildliche Darstellung des Stiftes (spätere Kopie heute davon in der Prälatur). Unter seinem Nachfolger Propst Leonhard von Horn wurde ab 1458 der ganze Klosterkomplex befestigt mit Wassergräben, Wehrmauern (1844 großteils abgetragen) und Basteien; außerdem legte er eine Rüstkammer an. Im Verlaufe des 16. Jh.s geriet das Stift neuerlich in eine innere Krise und wieder berief der Salzburger Erzbischof einen Propst aus Berchtesgaden, nämlich Johann Benedict von Perfall (1594–1615), um die nötigen Reformen durchzuführen. Von seinen Nachfolgern, den Pröpsten Daniel Gundau und Mattias Singer (1615–1662) wurde dann eine einheitliche bauliche Neugestaltung aller Klostertrakte mit der Kirche in Angriff genommen und bis auf die Prälatur auch vollendet.

Einen künstlerischen Höhepunkt erlebte das Stift unter dem aus Graz stammenden Propst Philipp Leisl (1691–1717). Er ließ das Presbyterium der Stiftskirche und den Ostflügel der Präfektur neu erbauen und sorgte vor allem für eine glanzvolle Innenausstattung. Diese übertrug er dem genialen Universalkünstler Matthias Steinl aus Wien, der 1699 damit begann und eine Gruppe von Malern und Bildhauern mitbrachte. Durch Steinls Tätigkeit fand Vorau Anschluß an die führende künstlerische Richtung der österreichischen Barockkunst und wurde in der Folge zu einem kulturellen Ausstrahlungszentrum für die nördliche Oststeiermark. Aus dem Künstlerkreis um Steinl ging auch der begabte Tiroler Maler Johann Cyriak Hackhofer hervor, der als Stiftsmaler von 1707 bis zu seinem Tode 1731 für Vorau und seine Pfarren zahlreiche Werke schuf, die zum Besten gehören, was der Barock in der Steiermark hervorgebracht hat. Unter Leisls Nachfolger Propst Sebastian Graf von Webersperg (1717–1736) wurde der Prälaturtrakt mit der Bibliothek vollendet und zugleich die alte Prälatur, die vor der Westseite der Kirche gelegen war, abgebrochen. Damit war im Sinne des Barock eine symmetrische Zweiflügelanlage mit der Kirche als beherrschenden Mittelteil geschaffen. Wegen seiner Verdienste um das Schulwesen – Vorau besaß seit seiner Gründung eine Klosterschule, seit 1778 eine Hauptschule – entging das Stift in der Zeit Kaiser Josef II. der Auflösung. Allerdings wurde es 1940 von den Nationalsozialisten aufgehoben und zum Sitz einer Parteischule (Napola) gemacht. Nach Kriegsende 1945 kehrten die vertriebenen Chorherrn wieder zurück und bauten ihren während der heftigen Kämpfe um Vorau April/Mai 1945 schwer beschädigten Ordenssitz wieder auf.

Stiftspfarrkirche hl. Thomas im Zentrum der Gesamtanlage zwischen Klausur und Prälatur gelegen. Das Patronat von der 1149 geweihten Thomaskirche, die an der selben Stelle stand, übernommen. Nach dem Abbruch unter Propst Liopold (1163–1185) Bau einer dreischiffigen Pfeilerbasilika mit Zweiturmfassade im Westen und flacher Holzdecke nach dem Vorbild Seckaus. 1237 Brand. Abschluß der Wiederaufbauarbeiten 1266 mit der Weihe des Kreuzaltares am Lettner. Die heutige Westfront im Kern noch romanisch, was an ihrer schmucklosen Strenge und dem schmalen Fassadenspiegel erkennbar ist. Von den Türmen der südliche Uhrturm im dritten Viertel des 15. Jh.s um ein ver-

Vorau, Stift – Blick auf die Gesamtanlage, im Hintergrund der Ort

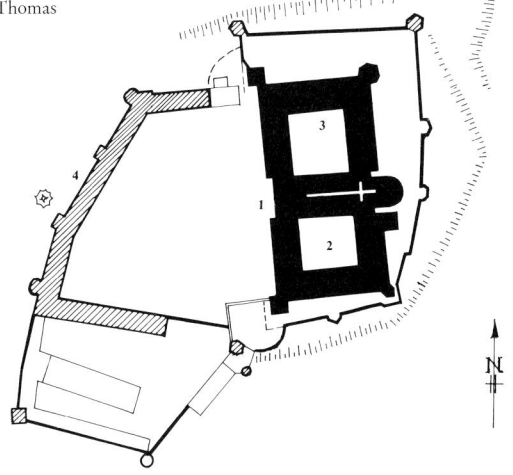

VORAU, Stiftsanlage
1 Stiftspfarrkirche hl. Thomas
2 Klausur
3 Prälatur
4 Vorgebäude

N

jüngtes Obergeschoß erhöht und mit Keildach abgeschlossen. Der nördliche Glockenturm 1597 im Stile der Spätrenaissance erneuert (Jahreszahl an der Nordseite) mit gekuppelten Rundbogenfenstern, Konsolfries und rundgiebeligen Dachhäuschen. Von 1660 bis
1662 erfolgte der Neubau der Stiftskirche nach den Plänen des aus Graubünden stammenden bedeutenden Baumeisters Domenico Sciassia. Er mußte die Westfront der alten
Kirche belassen und erweiterte den Grundriß, um mehr Raum zu gewinnen, gegen die
damals noch unverbaute Nordseite um eineinhalb Meter, sodaß die Eingangshalle aus der
Mittelachse verschoben wurde. Als Bautypus wählte Sciassia eine 4jochige Wandpfeilerkirche mit leicht erhöhtem gerade schließendem Chor. Das Langhaus mit Stichkappentonnengewölbe über Pilastern wird rhythmisch begleitet von je vier Seitenkapellen, über
denen die Emporen liegen. 1699 wurde der Chor durch den Stiftsbaumeister Andreas
Straßgietl um 10 m verlängert, um Platz für Steinls neuen Hochaltar zu schaffen. Dabei
bildete sich ein vierungsartiger Raum heraus, der von Emporen begleitet wird und an den
die etwas eingezogene tiefe Chorapsis mit ihren vier hohen, gekuppelten Rundbogenfenstern mit Ochsenaugen anschließt. Die Gesamtmaße der Kirche betragen 62,5 m in der
Länge, 20,8 m in der Breite und 17,2 m in der Höhe. Außengliederung durch Kolossalpilaster, am Mittelfenster der Westseite Jahreszahl 1662; die Portalrahmung von 1893.
Vorzügliche Ausstattung, die zu den bedeutendsten des Landes zählt. Erstmals für die
Steiermark wurde hier bereits ab 1700 eine sämtliche Wände und Gewölbe der Kirche
bedeckende **Freskenausschmückung** ohne den obsolet gewordenen Felderstuck angewandt. Das umfassende Programm, welches dabei zur Darstellung kam, besteht aus drei
einander ergänzenden Themenkreisen: die Verheißung des Gottesreiches durch die Sibyllen (Vorhalle) und Propheten (Bogenfelder über den Seitenkapellen); das Kommen des
Gottesreiches durch Christus (Verkündigung am Vorhallengewölbe, Szenen aus dem
Leben Christi an den Kapellenwänden) und seine Kirche (Wirken der Stellvertreter Christi, besonders aus dem Chorherren-Orden, auf den Bogenfeldern über und in den Emporen); die Vollendung des Gottesreiches durch Christus in der Verherrlichung seiner Heiligen. Dieser letzte Themenkreis ist in fünf großen Darstellungen an der Decke des
Hauptgewölbes zu sehen und zwar vom Eingang her 1. der Stifter Markgraf Ottokar III.
2. der hl. Augustinus 3. hl. Thomas 4. Himmelfahrt 5. Himmelsglorie mit Engeln im

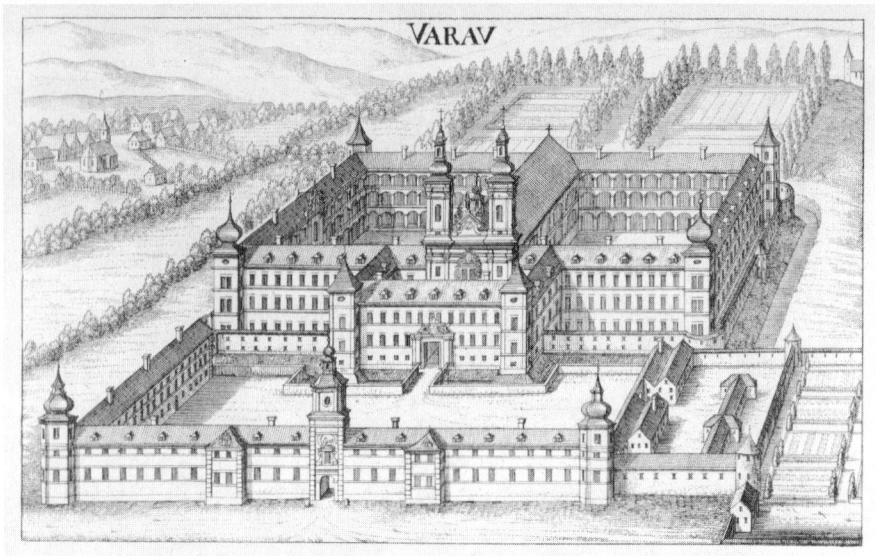

Vorau, Stift – Idealstich des geplanten Umbaues von Steinl-Trost, A. 18. Jh.

Chor. An den Wänden des Betchores die Szenen David vor Saul und Christus seine Jünger beten lehrend, an der Decke Himmelseinblick auf Gottvater und Engeln. Karl Ritsch und Josef Grafenstein aus Wien schufen von 1700–1703 die Fresken im Langhaus und Chor, wobei sie sich eines Illusions- und Dekorationsstiles mit noch relativ begrenzten Himmelsausblicken bedienten, dessen Wurzeln in der genuesischen Malerei angenommen wurden. Johann Kaspar Waginger war 1704 in der Vorhalle und auf den Emporen tätig. Schließlich hat der von Tiepolo beeinflußte Karl Unterhuber 1750 die Malereien im Betchor verfertigt. Die beiden östlichen (4.) Kapellen wurden 1722 von einem Schüler Johann Cyriak Hackhofers freskiert. In der südlichen Turmkapelle und in den beiden westlichen (1.) Kapellen guter Stuckdekor von Domenicho Boscho, signiert und datiert 1700, mit kleinen Malfeldern. Es sind dies die Fragmente einer begonnenen Stukkierung der Kirche, die von Steinl gestoppt und durch die moderne Freskierung ersetzt wurde.

Von hervorragender künstlerischer Qualität ist die **Einrichtung.** Der prachtvolle Hochaltar, 1701 bis 1704 nach Entwurf von Matthias Steinl verbindet in genialer Weise bewegte Architektur mit Plastik, Malerei und Ornamenten zu einem festlichen Ganzen von barock-theatralischer Wirkung. Kleine Säulenaufbauten schwingen an den Seiten in Art von Rundtempiettos vor, in denen sich bedeutende Vertreter des Chorherrenordens bewegen. In der konkav eingezogenen Mitte ist die Himmelfahrt Mariens szenisch dargestellt: unten die vollplastisch gearbeitete Apostelgruppe um den Sarg Mariens, darüber ein auffliegender Engel vor freskiertem Himmelsgrund, über dem wiederum, die Gebälkzone überschneidend, das von einer Blütengirlande gerahmte Ovalbild der himmelfahrenden Maria von dem Italiener Antonio Belucci angebracht ist. Den grandiosen Abschluß nach oben bildet die Dreifaltigkeitsgruppe in einer Riesenglorie. Steinl verwertet hier Anre-

Vorau, Stift – Fassaden der Stiftskirche und des Klausur- und Prälaturgebäudes

gungen des italienischen Hochbarock (Borromini, Bernini). Alle Architekturteile sind mit Laub-Bandlwerk verziert und großen wie kleinen Blütengirlanden umspielt. Die Skulpturen wurden von Johann Franz Caspar (Würzburg) und Gabriel Niedermayr (Ebenburg) angefertigt, die Tischler- und Vergolderarbeiten von Servilian Haas aus Graz. Zugeordnet dem Hochaltar sind die beiden Kredenzaltäre, mit den Figuren der vier Kardinaltugenden, die in Ihrer Haltung die Bewegung des Hochaltares aufnehmen, und den Ovalbildern des Kirchenheiligen Apostel Thomas und des Stiftes Markgraf Ottokar III. Vom geistigen Sog des Hochaltares erfaßt sind auch die vier bewegten Gestalten der Kirchenväter in der Vierung, die von Franz Caspar stammen dürften. Ein weiteres Werk Steinl's ist die vorzügliche Kanzel, bezeichnet 1706, die er nach französischen Vorbildern (Jean Lepautre) entworfen hatte und damit seinerseits den oststeirischen Kanzelbau beeinflußte. Sie zeigt am konkav geschwungenem Schalldach die Glorie Gott Vaters, an der Rückwand ein ovales Christusbild von Johann M. Rottmayr, flankiert von den Gestalten des Alten und Neuen Testamentes, am reichornamentierten Korb und Stiegenaufgang sind Szenen der Lehrtätigkeit Christi in Grisaille-Malerei angebracht. Die acht Kapellenaltäre sind im Aufbau paarweise gleich gestaltet: linke Kapellenreihe vom Eingang her 1. Michaelsaltar um 1758 mit Bild R. v. Royin, der Beichtstuhl gleichzeitig. Grabstein Propst Michael Toll, gestorben 1681. 2. Maria-Magdalena-Altar von schwungvoller dekorativer Gestaltung, wohl nach Entwurf M. Steinl's um 1705. 3. Annenaltar 1715 mit gutem Bild Carl Unterhubers um 1750, Beichtstuhl gleichzeitig; Grabstein von 1659. 4. Marienaltar um 1725 mit bemerkenswerter gotischer Marienfigur um 1440 (überfaßt). Rechte Kapellenreihe: 1. Kreuzaltar um 1758, Grabstein Propst Christoph Pratsch gestorben 1691. 2. Florianialtar nach Entwurf M. Steinls um 1705 mit gleichzeitigem Bild;

Vorau, Stiftskirche – Innenraum, 1660–1662, Fresken 1700–1703, Hochaltar nach Entwurf des M. Steinl 1701–1704, Kanzel 1706

Beichtstuhl M. 18. Jh. 3. Sebastiansaltar inschriftlich 1715 nach Entwurf von Johann C. Hackhofer, von ihm auch das Altarblatt; die Figuren von Gabriel Niedermayr und Andreas Schellauf. 4. Augustinusaltar mit Bild von Johann C. Hackhofer 1727; Grabstein Propst Benedict Perfall, gestorben 1615. In der südlichen Turmkapelle kleiner Altar mit freskiertem Aufbau und Ovalbild der Taufe Christi im üppigen Rahmen A. 18. Jh. Kruzifix 18. Jh. Mamorgrabstein des Christoph Rottal gestorben 1480 (verkehrt eingemauert). Taufbecken aus dem dritten Viertel des 17. Jahrhunderts; vier ovale Heiligenbilder erstes Viertel 18. Jh. Nördliche Turmkapelle mit Maria-Loreto-Altar von 1732 und illusionistischer Malerei. Rotmarmorgrabstein E. 15. Jh. mit Inschrift von 1585. In der Vorhalle Grabstein des Propstes Sebastian von Webersberg, gestorben 1736. An den Langhauspfeilern befinden sich neun Ovalreliefs und fünf Bilder in prächtigen Schnitzrahmen mit Szenen aus dem Leben Christi, die zum geistigen Programm der malerischen Kirchenausstattung dazugehören und wohl noch von Steinl konzipiert wurden. Die 14 ovalen Kreuzwegbilder nach Entwürfen von Jos. Tunner, ausgeführt von Johann Fel-

bermaier 1851. Intarsiertes Chorgestühl von 1747, Kirchenbänke mit Zinneinlagen von 1724. Die in den Raum vorschwingende Orgelempore von Steinl auf die Wellenbewegung des Hochaltares abgestimmt. Alte Positivorgel von Andreas Schwarz 1706, aus der Johanneskirche stammend; neue Orgel 1890. Glocken von 1447, 1547, 1592 und 1639.
Die **Sakristei** südlich des Chores ein rechteckiger Saal mit Flachdecke und bemerkenswerter Freskenausstattung von Johann Cyriak Hackhofer von 1715/16. Das Programm: Die Darstellung der Leiden Christi auf Erden (Passionsszenen an den Wandfeldern zwischen den Fenstern) und die Verherrlichung Christi beim Jüngsten Gericht (Deckenbild). An der Westwand dramatisches Fresko der Höllenfahrt der Verdammten, das bekannteste Werk Hackhofers. Die intarsierten Schränke und Wandvertäfelungen, bezeichnet 1716, von nobler Gesamtwirkung. Im Aufgang zum Obergeschoß Lavabo, bezeichnet 1783.

Stiftsgebäude. Unter Propst Daniel Gundau (1615–1649) großzügiger Ausbau der Stiftsanlage. Das langgestreckte Vorgebäude im Westen und an der Nordseite um den großen Vorhof in zwei Geschoßen aufgeführt unter Verwendung mittelalterlichen Mauern und bei Beibehaltung des Wehrcharakters. In der Mitte Torturm mit rustiziertem Portal, bezeichnet 1619 und Stiftswappen über Sprenggiebel. Zwei hofseitige Portale gleichfalls 1619 datiert. Um 1700 wurde das Vorgebäude gegen Süden ausgebaut, insgesamt um einen Schüttboden erhöht und durch zwei vorspringende Sechsecktürme mit Zwiebelhauben an den Ecken sowie zwei Stiegenhausrisalite verstärkt. Zur selben Zeit erhielt auch der Torturm sein achteckiges Obergeschoß aufgesetzt. Die südlich anschließenden Wirtschaftsgebäude mit drei Wehrtürmen und Mauerzügen aus dem 15. Jh. sind 1945 zugleich mit dem südseitigen Hofgebäude ausgebrannt und wurden hernach wieder aufgebaut. Um die Hauptanlage des Stiftes Wehrgraben und Basteimauern (letztere 1845 auf die halbe Höhe abgetragen) mit drei Sechsecktürmen 17. Jh.
Südlich der Kirche wurde 1625–1635 eine neue dreigeschossige **Klausurgebäude** in drei Flügeln um quadratischen Innenhof errichtet. Es öffnet sich zum Hof mit schweren Pfeilerarkaden; an der Außenseite ist im Westen ein quadratischer, im Osten ein sechseckiger Eckturm angefügt. Der über der Sakristei gelegene und aus der östlichen Fassadenflucht vorspringende **Kapitelsaal** mit flacher, durch vier Trambäume in fünf Felder geteilter Decke, die Johann C. Hackhofer zu fünf Freskenszenen, darstellend die Verherrlichung des kanonischen Lebens, nutzte (datiert 1708). An den Wänden befinden sich große Bilder des Stifters Markgraf Ottokar III. und anderer Wohltäter des Stiftes. Am kleinen Altar mit klassizistischem Tabernakelaufbau Immaculata-Statue und ovales Christusbild von Johann C. Hackhofer, um 1710. In Nischen zu seiten des Altares Teile der alten Sakristeischränke im Knorpelwerkstil, um 1660/70, aufgestellt. Das **Refektorium** im Südtrakt ein rechteckiger Saal mit Stichkappentonne, in die verschiedene Deckengemälde der 2. H. des 17. Jh.s eingelassen sind. Sie zeigen Szenen aus dem Leben Christi, Vorauer Kirchenpatrone, Kirchenlehrer und Embleme. An der Stirnfront Ovalbild des hl. Augustinus von Johann C. Hackhofer erstes Viertel 18. Jh. Die **Paramentenkammer** enthält noch einige spätgotische und barocke Altarausstattungen aus Vorauer Pfarren. Der Brunnen im Klausurhof wurde 1370 auf 15 m Tiefe gegraben und hat eine sechseckige Steineinfassung, die aus gotischer Zeit stammen könnte. Die reichgeschmiedete Eisenlaube wurde um 1635 aufgesetzt. An der Kirchenmauer Figur des hl. Augustinus auf Steinsockel A. 18. Jh.s.
Prälatur. Der erste Bau von 1625 war hufeisenförmig vor der Kirchenfront angelegt, die er völlig einschloß. Er wurde erst 1727 abgebrochen und unter den Pröpsten Philipp Leisl und Sebastian Webersberg (1691–1736) durch einen an der Nordseite der Stiftskirche in Symmetrie zur Klausur angelegten Dreiflügelbau ersetzt. Ostflügel 1688–1694 von Jakob Schmerlaib; Nord- und Westflügel 1725–1733 wahrscheinlich von Stiftsbaumeister Andreas Strassgietl. Wie in der Klausur auch hier 3geschossige Pfeilerarkaden zum Hof sowie

ein quadratischer Turm mit einspringendem Dachgeschoß am Nordwesteck und ein sechseckiger im Nordosten. Nach Abschluß der Prälatur wurde um 1735 eine einheitliche Fassadierung der breitgelagerten Hauptfront vorgenommen, die aus einer dezenten Stukkierung mit gliedernden Pilastern, Gesimsbändern und Bandlwerkarrangements besteht. Sie ist dem Joh. Kajetan Androy zuzuschreiben. Im Nordtrakt der Prälatur liegt die über zwei Geschosse reichende 24 m lange **Bibliothek** (später Korridortyp), die 18.500 Bände birgt. Ihre Stichkappentonnenwölbung ist gespinnstartig mit zartem Bandlwerkstuck der Gebr. Dominikus und Johann Kajetan Androy überzogen. In sie eingelassen sind mehrere Freskenfelder. Die drei großen Darstellungen an der Decke stammen von dem Hartberger Maler Ignaz A. Kröll von 1731 und zeigen das Salomonische Urteil (Jurisprudenz), den Diakon Philippus im Religionsgespräch mit dem Kämmerer der Königin von Äthiopien (Theologie) sowie Salomon und die Königin von Saba (Philosophie). In mehreren kleinen Malfeldern sind dargestellt Christus, Evangelisten, Propheten, Kirchenväter, die 4 Erdteile und eine Reihe von Emblemen. Die Bücherschränke von 1767 mit Rocailleschmuck. Das Portal mit Allegorien der geistlichen und weltlichen Wissenschaften 1731. Eine Kuriosität sind die beiden an den Saalenden stehenden parabolisch gehöhlten Schallmuscheln, welche leises Flüstern auf der anderen Seite hörbar machen. Über eine feingliedrige eiserne Doppelwendeltreppe an der Westseite gelangt man in das ehemalige **Handschriftenzimmer.** Die einheitliche Ausstattung von 1731 besteht aus dem Deckenfresko der drei göttlichen Tugenden von Josef Georg Mayr, Stuck von Johann M. Bistoli und vornehm gestalteten Bücherschränken mit girlandenhaltenden Putten am Abschlußgesims. Das Bild der hl. Maria Immaculata malte Hans Adam Weißenkircher um 1700. In

Vorau, Stift – Bibliothek mit Malereien von I. A. Kröll, 1731 und Stuck von D. und J. K. Androy

den Räumen und Gängen des zweiten Obergeschosses zarte Stuckdecken mit Bandlwerkdekor um 1730/35 in der Art der vorher genannten sowie mehrere reichgestaltete Barock-
öfen derselben Zeit. Das Fürstenzimmer der Nordostecke hat bemalte Wandbespannun-
gen von Josef Semek 1746 und Porträts einiger Salzburger Erzbischöfe. Im Kaiserzimmer
Pastellporträts mehrerer Kaiser und Heiligenbilder. Pöllauerzimmer mit Bild des
hl. Theobald von Johann C. Hackhofer datiert 1720. Im Prälaten-Empfangszimmer das
bekannte Porträt Kaiser Friedrich III. um 1460 und ein kleines Selbstporträt des Johann
C. Hackhofer. Die kleine **Prälaturkapelle** im Westflügel mit einem Johannes-Nepomuk-
Altar, dessen malerischer Schmuck sich auch auf die Stuckdecke ausdehnt und Szenen aus
dem Leben der Heiligen zeigt. Sie wurden von Johann C. Hackhofer und seiner Werkstatt
1728 ausgeführt. In den Gängen und Stiegenhäusern einige gute Gitter des 17. und
18. Jh.s.

Neben dem äußeren Stiftseingang **Frauensäule** mit steinernem Standbild der Maria
Immaculata und acht Heiligen, laut Chronogramm 1720 aufgestellt.
Westlich vor dem Stift das **Gartenhaus** am Eingang zur Stiftsgärtnerei, ein 2geschossiger
Bau mit abgeschrägten Ecken und überdachtem Treppenaufgang an der Gartenseite; die
Außenmauern von Johann C. Hackhofer mit dekorativen Fresken in warmen Farben
geschmückt, bezeichnet 1728.
Gleich daneben die kleine **Kirche hl. Johannes** der Täufer „unter den Linden" im Stifts-
friedhof. Sie wurde zu E. des 12. Jh.s erbaut, erhielt im 15. Jh. südseitig eine Sakristei
und wurde im Zuge des Stiftsausbaues unter Propst Gundau um 1616 mit neuen Gewölben (Stichkappentonne), Chorschluß und quadratischem Westturm versehen. – Hochaltar
3. Viertel 18. Jh., das Altarblatt von A. J. Wonsiedler M. 19. Jh., zugleich die Kanzel.
Große Bilder der Kreuzigung und Kreuzabnahme (Kopie nach Luca Giordano) 2. H.
18. Jh. Grabstein des Propstes G. Kerschbaumer, gestorben 1862, unter Verwendung
eines älteren barocken Steines. Fragment einer römischen Grabinschrift M. 2. Jh. n. Chr.
als Fußbodenplatte. Außen an Stelle eines verdorbenen Hackhofer-Freskos ein Wandbild
von Maler A. Fötsch 1954.

*Vorau, Stift – Handschriftenzimmer mit Deckenfresko von J. G. Mayr und Stuck von
J. M. Bistoli, 1731*

WAASEN   Bez. Leibnitz

Weitläufiges **Schloß** nordöstlich von Wildon auf einem steil abfallenden Ausläufer des Hühnerberges. Im 13. Jh. stand hier ein Edelsitz der Ritter von Waasen. Nach deren Aussterben gelangte er 1375 in den Besitz der Pernegger und wird 1442 als „vest zum Wasen", 1498 als „gsloss Wasen" genannt. Von 1612 bis 1809 saßen hier die Grafen Galler, die den Ansitz großzügig ausbauten und in die heutige Form brachten. Vom derzeitigen Besitzer 1970/74 vollständig saniert. – Der unregelmäßig geführte weil aus verschiedenen Bauperioden stammende dreigeschossige Gebäudekomplex umschließt einen großen Innenhof. Vom mittelalterlichen Schloß der Nordflügel mit gebrochener Front und Gratgewölben im Keller sowie der anschließende Westflügel bis zum quadratischen Tortum erhalten. Dieser wurde schon 1434 als zwischen dem „alten" und „neuen" Haus bezeichnet und erhielt seine Außengliederung mit vorgeblendeter Giebelfront und Glockendach im 18. Jh. An der nordöstlichen Ecke befand sich ehemals ein Rundturm. Die Galler fügten der Anlage den Ostflügel hinzu und versahen die Hoffront mit Säulenarkaden, die an der Nordseite dreigeschossig, an der Ost- und Westseite zweigeschossig geführt sind. Dadurch erreichte man eine Vereinheitlichung der Hofseite zum Geviert. Ein Wappenstein der Galler befindet sich neben dem Portal. Der westlich vorgelagerte Wirtschaftshof ist durch eine Zinnenmauer (ehemals Laubengang) mit dem Schloß verbunden. Die aus Hausteinen errichtete Substruktion wurde jüngst verstärkt und durch Aufschüttungen gestützt. Der alte Schloßgraben noch teilweise vorhanden.
Von der Ausstattung aus der Zeit der Galler sind noch einige barocke Stuckdecken des 17. Jh.s im 1. Obergeschoß und steinerne Türgewände sowie Holzdecken der selben Zeit im 2. Obergeschoß erhalten geblieben. Einen Einblick in die Wohnkultur des 19. Jh.s geben einige gut erhaltene Zimmereinrichtungen, unter anderem ein Empirezimmer, ein maurischer Salon, ein Jagdzimmer, ein Badezimmer im Jugendstil mit dekorativer Verfliesung und Wandmalerei. Im Torturm befindet sich eine im Stile des Neubarock ausgestattete kleine Kapelle, deren Glasfenster 1904 datiert sind. Der alte Barockaltar wurde nach Rohregg übertragen.
Vor dem Schloß an der Straße **Bildstock** mit Figur des Johannes Nepomuk M. 18. Jh.

WALDBACH   Bez. Hartberg

Im Zuge der Rodung der Wechsellandschaft wurde hier um 1180 von den Herren von Krumbach ein Herrschaftssitz errichtet. Erste Nennung des Ortes 1246, damals noch als „Walchpach", wahrscheinlich nach den am gleichnamigen Bach gelegenen Walkmühlen zur Lodenerzeugung.
Die **Pfarrkirche hl. Georg** ist dem Stifte Vorau inkorporiert und geht auf ein 1464 genanntes kleines spätgotisches Gotteshaus zurück, das im Barock erweitert wurde. Seit 1701 zur Pfarre erhoben, bis dahin Filiale von St. Jakob im Walde. – Vom gotischen Bau ist der 2jochige Chor mit $^3/_8$-Schluß und Zweiparallelrippengewölbe aus dem 3. V. d. 15. Jh.s erhalten. Damals wurde auch die Kreuzkapelle an der Nordseite angebaut. 1688 entstand das kreuzförmige Langhaus, welches aus drei flachgedeckten Jochen mit Seitenkapellen am vordersten Joch besteht. Weit vorgezogene klassizistische Orgelempore von 1815. Der einfache Giebelturm an der Westseite wurde erst 1873 aufgesetzt. Außengliederung durch Lisenen und Dreiecksgiebel über den barocken Rechteckfenstern.
Reicher Freskenschmuck aus drei Perioden im Inneren: aus der Spätgotik die musizierenden Engel am Chorgewölbe. In den Seitenarmen gute Malereien von 1701: links Himmelfahrt Mariae, darunter die Apostel vor dem leeren Grab; rechts die Verklärung des hl. Florian, darunter sein Martyrium. Am Triumphbogen und den Bogenlaibungen der Seiten-

kapellen barocke Embleme. In der Kreuzkapelle Gott Vater in Puttenglorie und Szenen der Geburt Christi und Ecce homo. An der Langhausdecke schwächere Malereien aus späterer Zeit, die 1962 erneuert wurden. Sie umfassen ein ovales Mittelbild in grisaille der Himmelfahrt Mariens sowie eine Rahmenarchitektur mit illusionistischen Ausblicken und gemalten Büsten, darunter Papst Johannes XXIII. und der Seckauer Bischof Josef Schoiswohl (1954–1968). Gute Altäre aus dem ersten V. d. 18. Jh.s; am linken Kapellenaltar spätgotische Marienstatue um 1470. Einige barocke Heiligenfiguren der 1. H. des 18. Jh.s am Triumphbogen und in den Kapellen. Orgel von Friedrich Werner 1865 gebaut.

Der alte **Pfarrhof** von 1697 wurde 1972 abgerissen. Ein barockes Steinwappen des Vorauer Propstes Daniel Gundau (1615–1649) mit Inschrift über die Pfarrgeschichte wurde auf das Haus gegenüber der Kirche übertragen.

WALDEGG   Bez. Feldbach

Schloß westlich von Glatzau, einem Seitengraben des Schwarzautales. Im 15. Jh. saßen hier die Narringer, die es noch Narneck nannten. Da sie in der Baumkirchner-Fehde gegen den Kaiser Partei ergriffen hatten, ließ Friedrich III. 1477 das Schloß erobern und zerstören. Dem Pfarrer von Kirchbach wurde im Jänner 1478 gestattet, sich von hier Steine für seinen Kirchenbau zu holen. Die Herren Gleispach bauten das Schloß Anfang des 16. Jh.s wieder auf und behielten es bis 1630. Ihnen folgte Christoph Freiherr von Eibiswald, der 1642 die Erlaubnis bekam es fürderhin Waldegg zu nennen. Ab 1655 im Besitz der Familie Schätzl, 1718–1779 des Freiherrn von Schwizen, seitdem in wechselndem Besitz. – Von der einst stattlichen, mit einem breiten Graben gesicherten Anlage um einen längsrechteckigen Innenhof ist durch Demolierungen im frühen 19. Jh. nur ein Torso übriggeblieben. Er besteht aus zwei sich gegenüberliegenden zweigeschossigen Ecktrakten, die einst zusammenhingen. Der nördliche stammt noch aus dem früheren 16. Jh. und war lange als Wohnflügel in Verwendung. In ihm sind Schulterbogenportale und abgefaste Fenster zu erkennen. Der größere südliche Gebäudekomplex war einst Wirtschaftsgebäude und wurde im 19. Jh. zum Wohnschloß umgebaut. Er ist zweigeschossig mit 11 Fensterachsen nach außen und 9 vermauerten Arkaden gegen den Hof. Im Inneren 2 Spätrenaissanceportale gegen 1600, das des Oberstockes als Doppelportal mit Gleispach-Wappen. Im fragmentarischen Westflügel (Kapelle und Turm abgebrochen) die Einfahrt mit Rustikarahmung A. 17. Jh., an der Seite 1744 datierter Wappenstein der Freiherren von Schwizen, darüber barockes Marienrelief (Mariahilfer Gnadenbild).

WALTERSDORF   Bez. Hartberg

In der Römerzeit befand sich hier am Zusammenfluß von Saifenbach und Safen ein Siedlungszentrum und Straßenknotenpunkt. Die ansehnliche Römersteinsammlung – zum Teil einst in die Kirche verbaut – sowie einige Hügelgräber geben davon Kunde. Dorfgründung und -name vermutlich durch Walter von der Traisen um 1130 zu Beginn der deutschen Neukolonisation. 1418 von den Ungarn, 1532 den Türken, 1605 den Hajduken, 1683 und 1704 den Kuruzzen zerstört. Die Markterhebung erfolgte erst 1928.

Die **Dekanatskirche hl. Margarethe** wurde bereits 1170 als Mutterpfarre von Ebersdorf und Limbach genannt. Vom mittelalterlichen Bau nach den wiederholten Zerstörungen nichts mehr erhalten. Völliger Neubau von 1689–1690 durch den landschaftlichen Baumeister Domenico Orsolino, einem aus Oberitalien stammenden und in Graz ansässig

Waltersdorf – Pfarrhof, 1773/74 und Römersteinsammlung

gewordenen, mittelmäßigen Bauhandwerker. Den Turm, der schon vor seiner Fertigstellung einstürzte, vollendete Peter Moser 1695/97. Das einfache, über rechteckigem Grundriß errichtete Gebäude birgt ein dreijochiges Langhaus mit Stichkappentonne und flachen Wandpfeilern. Die Grate der Stichkappen und die Umrisse der Gurtbögen sind mit Blatt- und Perlstäben stukkiert. In der Fronbogenlaibung befindet sich Felderstuck, darüber die Jahreszahl 1690. Der wenig eingezogene, annähernd quadratische Chor hat Kreuzgratgewölbe; an seinen Seiten Sakristei- und Oratorien-Anbau. Gegen Osten ist der quadratische Turm mit gegliederter Zwiebelhaube angefügt. Der Außenbau ist schlicht mit hoher Giebelfront im Westen; das Steinportal trägt die Jahreszahl des Baubeginns 1689. Im Giebelputz Jahreszahl von 1782, welche auf eine spätere Fassadierung mit Putzlisenen verweist.
Die gediegene Ausstattung stammt im wesentlichen aus der 1. H. des 18. Jh.s. Der Hochaltar mit vorschwingendem Säulenaufbau und polychromer Fassung entstand 1721. Das Hauptbild zeigt die hl. Margarethe von Antiochia, das Oberbild, ein Werk des 19. Jh.s, den hl. Blasius; Tabernakel E. 18. Jh. Die beiden Seitenaltäre von 1723 und 1732 sind schräg in die Ecke des Langhauses geschmiegt und haben vorzüglichen Figurenschmuck. Der Baldachin des Frauenaltares wurde von Josef Hilt 1746 verfertigt; die Marienstatue im Stile der Nazarener ergänzt. Gute Kanzel von 1730/40, am Korb die Symbole der christlichen Kardinaltugenden, auf der Bügelkrone des Schalldaches der Pelikan als Symbol der Nächstenliebe. Die Pieta am Fronbogen sowie Figuren des Johannes Nepomuk und Judas Thaddäus 2. V. 18. Jh. Von großer Seltenheit ist das mit verschiedenen Hölzern intar-

sierte Kirchengestühl, eine datierte Bank in der Sakristei gibt hierfür das Jahr 1746 als Entstehungszeit an. Gleichzeitig entstand der Sakristeischrank. Das Chorgestühl und die Orgelempore folgten im 4. V. d. 18. Jh.s. Orgel und gemalte Kreuzwegstationen aus der 2. H. d. 19. Jh.s. Taufstein unter der Orgelempore aus der Bauzeit der Kirche. Zwei Grabsteine im Chor von 1667 und 1757. Die bunten Glasfenster von 1902.

Neben der Kirche der stattliche **Pfarrhof** mit Schopfwalmdach und Eckverblendungen. Er wurde 1773/74 errichtet und an seiner östlichen Giebelseite 1962 mit einem Fresko der hl. Margarethe von Adolf und Heide Osterider geschmückt. Beiderseits des Einganges zwei Römersteine eingemauert. Im Pfarrgarten steht ein schindelgedecktes achteckiges Gartenhaus, dessen geschnitzte Tür die Jahreszahl 1828 trägt.

Vor dem Pfarrhof wurde 1966 eine sehenswerte **Römersteinsammlung** aufgestellt, die ursprünglich an den Außenwänden der Kirche und auf einer Begrenzungsmauer angebracht waren. Es handelt sich um zum Teil sehr gut gearbeitete kaiserzeitliche Grabsteinskulpturen aus dem 1. und 2. Jh. n. Chr. Besonders hervorzuheben ist ein 1,16 m x 2,04 m großes Marmorrelief mit der Darstellung eines Ehrensitzes (Sella curulis) vom Grabmal eines höheren Verwaltungsbeamten (duovir iure dicondo).

Im Ort noch älterer Häuserbestand, zum Teil mit verzierten Fassaden: **Nr. 58** bezeichnet 1770. **Nr. 53** (Gasthof Stangl) mit Fassadenschmuck von 1792 auf einem älteren Gebäude. **Nr. 56** bezeichnet 1828. Die **Mariensäule** aus dem Jahre 1895.

Am südlichen Ortsrand steht eine spätbarocke **Straßenkapelle** in Dreikonchenform. Im Inneren Altar mit Wieser Geißelchristus und Freskenzyklus der Leiden Christi, gegenübergestellt alttestamentarische Szenen, entstanden gegen M. 18. Jh. vom Maler des Gnieser Notburga-Zyklus.

W A X E N E G G s i e h e u n t e r A N G E R

W E I N B U R G   Bez. Radkersburg

Das **Schloß** liegt auf einer kleinen Anhöhe an der Mündung des Saßtales am Südrand des Oststeirischen Grabenlandes. Bereits 1211 ist hier eine Burg der Herren von Wildon bezeugt. Sie wurde 1461 von Niklas von Liechtenstein abgebrochen und durch eine neue ersetzt. Wegen der guten Jagdmöglichkeiten in den umliegenden Wäldern erwarb 1510 Kaiser Maximilian I. den Besitz. 1531 ordnete sein Nachfolger Ferdinand I. die Neubefestigung der Burg an. 1567 setzte sich mit Erzherzog Karl von Innerösterreich ein weiterer Jagdliebhaber fürstlichen Geblütes in den Besitz der Anlage, die in den folgenden Jahren zum Renaissanceschloß ausgebaut wurde. 1837 zusammen mit Schloß Brunnsee von der französischen Herzogin Caroline von Berry, Schwiegertochter des 1830 abgedankten Königs Karl X. von Frankreich, erworben. Über ihren zweiten Gemahl gelangte Weinburg in den Besitz der Familie Lucchesi-Palli, die es noch heute bewohnt. 1945 schwer beschädigt, kurz darauf wieder hergestellt. – Zweigeschossiger Baukomplex von unregelmäßiger Trapezform über bastionenartigem Unterbau mit geböschten Mauern, die nach oben hin einen Leiterwulst abgeschlossen werden. Gegen Süden zwei keilförmig vorgezogene Ecktürme, die ziemlich tief in den Bau eingeschnitten sind. An der Westseite befindet sich der spätmittelalterliche Torturm mit der Einfahrt, im Osten die Kapelle mit über die Flucht vortretender Apsis und Turm. Neugestaltung im Stile der Spätrenaissance 1578–1590 durch den Baumeister Andrea Bertoletti. Vom älteren Bau aus der 1. H. des 16. Jh.s der Nordtrakt mit dem Torbau und der auf mittelalterlichen Fundamenten ruhenden Kapelle einbezogen. Die über eine Halsgrabenbrücke zu erreichende quadratische Torhalle hat vier tiefgezogene Kreuzgewölbe, die auf einem achteckigen Mittelpfeiler aufruhen. Von ihr gelangt man in den unregelmäßigen fünfeckigen Hof, der von ein- bis

Weinburg, Schloß – Hofansicht und Kapellenturm, 1578–1590

zweigeschossigen Spätrenaissancearkaden mit gut proportionierten toskanischen Säulen umgeben wird. An der Nordseite sind anstelle der Erdgeschoßsäulen z. T. geschwungene Konsolen in Verwendung. Das Schloß besitzt ausgedehnte Kellerräume, die mit mächtigen Tonnengewölben überspannt sind. Im Osttrakt die über zwei Geschosse reichende **Kapelle St. Katharina,** die als Kuratbenefizium St. Veit am Vogau eingepfarrt ist und als Ortskirche für die Bewohner des gleichnamigen Gassendorfes W. dient. Sie besteht aus einem dreijochigen Saalraum in Nord-Süd-Richtung, mit abschließendem quadratischen Chorjoch, dem gegen Osten der ursprüngliche einjochige Chor mit ³/₈-Schluß und Spitzbogenfenstern angegliedert ist. Die Erweiterung durch den Saalraum erfolgte erst nach 1947. Zugang zur Kapelle und Empore mit reichverzierten Portalrahmungen 1. V. 17. Jh. Hoher quadratischer Turm mit Zwiebelhaube 17. Jh. Kleiner Hochaltar im Bandelwerkstil, eine Stiftung Kaiser Karls VI. um 1720; das qualitätvolle Bild der Beweinung

Christi stammt noch von der Renaissanceausstattung E. 16. Jh.; Oberbild hl. Karl Borromäus. Im alten Chor eine Mensa mit der Jahreszahl 1572. Plastiken und Bilder des 18. und 19. Jh.s schmücken den neu hinzugekommenen Saalraum. Gegen den Hof an der Außenwand befinden sich zwei Konsolfiguren der hll. Antonius von Padua und Johannes Nepomuk 18. Jh. Die Glocke stammt aus dem Jahre 1581. Vor dem Schloß Steinfigur des hl. Johannes Nepomuk M. 18. Jh. An der Straße nach Wittmannsdorf **Mariensäule**, bezeichnet 1681.

W E I S S E N E G G   Bez. Graz-Umgebung

Schloß nordwestlich von Wildon unmittelbar am Südrand des Grazerfeldes auf einem nach drei Seiten steil abfallenden Bergsporn im Murknie gelegen. Zu E. des 13. Jh.s entstand hier ein Rittersitz, der bis ins 16. Jh. den Namen „Türnlein" führte. Als sein erster Besitzer ist Conrad von Thurn genannt. Es folgten die Grafen von Cilli 1363–1456 und ab 1505 die Weisenegger, die den Ansitz als „Vesten und Geslösseltürnlein" kauften, um die M. des 16. Jh.s jedoch nach ihrem Geschlecht umbenannten. Wegen der guten Fernsicht, die man vom aber auch auf das Schloß hat, wurde hier 1596 eine Kreitfeuerstation zur Feindwarnung eingerichtet. Um 1620 müssen Tor und Basteien gerichtet werden. 1647 erwarben die Grienpach das baufällige und völlig ausgeräumte weil verschuldete Schloß, setzten es instand und behielten es bis ca. 1740. Nach mehrmaligem Besitzerwechsel befand es sich von 1923 bis 1980 im Eigentum der gräflichen Familie Trautmannsdorf. – Das Schloß zeigt sich heute als dreigeschossiger, nach außen zum unregelmäßigen Fünfeck gebrochener Baukomplex mit mittelalterlichem Mauerkern. Er umschließt einen rechteckigen Innenhof und wird von quadratischen Türmen an der West- und Ostseite überragt. Der nicht mehr vorhandene viereckige Bergfried, das alte „Türnlein", stand an der Eingangsfront gegen Norden, die noch durch einen heute eingeebneten Halsgraben gesichert war. Da die Innenmauer des Nordflügels stärker ist als die äußere dürfte sie zum älteren Baubestand gehören und war ehemals außen gelegen. Auch Teile des Westflügels sind noch aus dem 15. Jh. In der Hauptsache aber bestimmen die Umbauten des 17. Jh.s das Aussehen des Schlosses, besonders im Hof, der in den Obergeschossen Bogengänge mit kräftigen Säulenstützen aufweist. Auch der Nord- und Ostflügel (letzterer mit Resten eines Wehrganges) wurden damals erneuert. Der Westturm hatte ursprünglich ein Zwiebeldach, das aber zu E. des 19. Jh.s durch einen historisierenden Zinnenkranz ersetzt wurde. Teile der ehemaligen Bastionen sind beim Schloßausbau als Stützmauern verwendet worden. Von der barocken Innenausstattung haben sich einige bemerkenswerte Räume erhalten. Die ansehnliche **Kapelle** wurde 1698 mit der Meßlizenz ausgestattet und aus diesem Anlaß ihr Spiegelgewölbe von dem Tessiner J. Antonio Quadrio (seine Initialen unterm Fenster) in üppigem Akanthusstil stukkiert. In den von Putten, Fruchtgehängen u. a. gerahmten Feldern befinden sich einfache Malereien mit Szenen aus dem Alten Testament, im großen Mittelbild die Erschaffung der Welt. Gleichzeitig entstand der Altar mit schwarz-goldener Fassung und dem Bild Johannes des Täufers. Im Nordflügel Tramdecke des 17. Jh.s; im Süd- und Westflügel Rokoko-Stuckdecken, datiert 1771 und 1772. Besonders bemerkenswert ein Zimmer mit illusionistischen Wandmalereien signiert und datiert „Fr. Moser pinx 1784". Nach dem Vorbild des Johann Wenzl Bergl hat der Maler hier versucht, die Wände mit exotischen Landschafts- und Meeresausblicken zu öffnen, die Zimmerecken durch gemalte Lauben mit Vasen, die Türen durch Gitterrahmungen zu kaschieren. Nur die Decke konnte wegen des schon vorhandenen Stucks nicht miteinbezogen werden, sodaß die angestrebte Illusion in einer freien Landschaft zu stehen unvollkommen blieb. Im Westturm Glocke von Florian Streckfuß 1693. In der Einfahrt zur Zeit eine Muttergottes-Statue aus der M.

des 17. Jh.s, die von dem 1944 zerbombten Palais Trautmannsdorf in Graz hierher verbracht wurde. Weiters ein Wappenstein des Maximilian Graf Trautmannsdorf, Rat und Kämmerer Kaiser Ferdinand II. aus dem 1. Dr. d. 17. Jh.s.
An der Zufahrt steht eine überlebensgroße **Steinfigur** der Maria, die dem Grazer Bildhauer Johann Matthias Leitner zuzuschreiben ist und aus der M. des 18. Jh.s stammt.

WEIZ Bez. Weiz

Funde aus dem 3. Jtsd. vor Christus weisen auf eine neolitische Besiedlung der Gegend. Aus der Römerzeit sind Grabsteine (Tabor- und Weizbergkirche erhalten). Die Ursprünge des heutigen Weiz gehen auf das 12. Jh. zurück. Der Hochfreie Liutold II. von Dionysen–Waldstein errichtete auf der Höhe des Göttelsberges (an der Westseite des Tales) die 1147 erstmals urkundlich genannte Burg Wides mit Meierhof. Sie war Herrschaftssitz und Ausgangspunkt der Rodung des Gebietes. Bald darauf erbaute der 1152 genannte Ritter Ratkiso die Feste Ratmannsdorf (später Alt- oder Oberratmannsdorf), von der nur mehr wenige Spuren erhalten sind, und das gleichnamige Dorf, welches später in Weiz aufging. Schließlich erfolgte im Jahre 1188 die Gründung des Marktes Weiz durch Liutold III. von St. Dionysen–Waldstein, der seinen Herrschaftsbesitz auf Burg Gutenberg verlegte und auf dem Hofgrund der bedeutungslos gewordenen alten Burg Wides den Markt anlegte. Dessen alter Kern erstreckte sich von der Taborkirche um den rechteckigen Marktplatz bis zum Westufer des Weizbaches. 1288 wurde Weiz zusammen

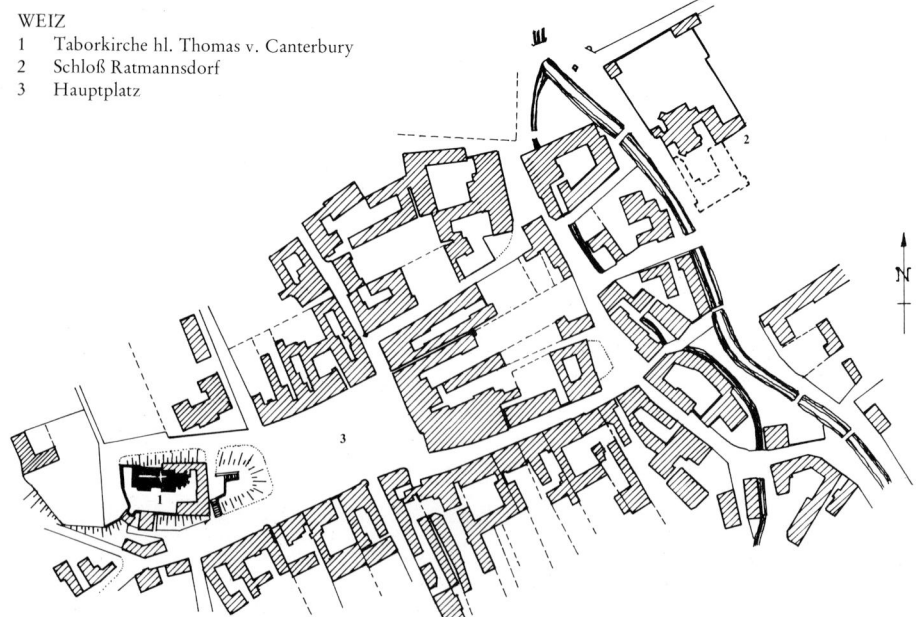

WEIZ
1   Taborkirche hl. Thomas v. Canterbury
2   Schloß Ratmannsdorf
3   Hauptplatz

mit der Burg Gutenberg an die Herren von Stubenberg verkauft und blieb bis 1848 in deren Untertänigkeit. Seit dem MA entwickelte sich an Nebenarmen des Weizbaches eine beträchtliche Mühlenwirtschaft; bedeutend aber wurde ab der M. des 16. Jh.s die Tätigkeit einer Reihe von Hämmern, die Sicheln und Sensen, vor allem aber auch Schwert- und Säbelklingen erzeugten („Waitzerklingen"). Die wichtigsten der Waffenproduzenten waren die Krottendorfer (15.–17. Jh.) und die Mosdorfer (18. und 19. Jh.), wobei die letzteren sich als Armeelieferanten einen Namen machten. Mit der Begründung der Elektroindustrie durch Franz Pichler im Jahre 1892, aus der sich die Elin als das größte Starkstrommaschinenwerk Österreichs entwickelte, erreichte Weiz einen Wendepunkt seiner Siedlungsgeschichte. Die Wandlung zur ausgreifenden Industriesiedlung war unausweichlich und führte zur Stadterhebung im Jahre 1932.

Benefiziatkirche (Taborkirche) hl. Thomas von Canterbury, urkundlich im Jahr der Marktgründung 1188 auf einem gegen Osten abfallenden Gelände oberhalb des Hauptplatzes erbaut. Die auffällige Patroziniumswahl des erst 1170 ermordeten und drei Jahre darauf kanonisierten englischen Erzbischofs könnte auf die Papsttreue des Gründers Liutold III. von St. Dionysen-Waldstein deuten. Vom romanischen Bau sind noch erhalten die Mauern des einschiffigen Langhauses und des eingezogenen Chorquadrates sowie Teile des ehemals kleineren Turmes, der sich darüber erhebt (Osturmkirche). Im 14. Jh. wurde an das Chorquadrat ein einjochiger Chor mit 5/8-Schluß und einfachen Maßwerkfenstern angefügt. Sein Kreuzrippengewölbe ohne Konsolen ist aus derb behauenen wuchtigen Rippen gebildet und trägt zwei Schlußsteine (Lamm Gottes, Rosette). Die selbe Formensprache einer derben Gotik ist erkennbar am kleinen N-Portal des Chorquadrates, am Fronbogen, am spitzbogigen W-Portal und den kräftigen abgetreppten Strebepfeilern. Im 15. Jh. erfolgte der Anbau eines Seitenraumes an der N-Seite des Chores, der allerdings beim Umbau des 17. Jh.s verändert und mit einem Stiegenaufgang an der O-Seite versehen wurde. Die Frage, ob die Taborkirche in der Gotik ein Gewölbe erhalten hatte, das anstelle der ursprünglichen roman. Flachdecke trat, ist nicht eindeutig zu klären. Die im Langhaus vorhandenen spätgot. Gewölbereste, nämlich zwei Schlußsteine im 1. und 3. Joch (Christuskopf, Stubenberg-Wappen) sowie zwei eingemauerte steinerne Halbsäulen mit polygonalen Basen und Abdeckplatten an den Wänden des 3. Joches dürften ihrer Größe nach viel eher von einer kleineren Kapelle stammen, also wohl dem Raum an der Chorseite, der demnach eine Gründung der Stubenberg gewesen sein muß. Entscheidende Veränderungen in der baulichen Erscheinung der Kirche erfolgten 1644 (Jz. über dem W-Portal). Von den Baumeistern G. Eisner und G. Schiedel

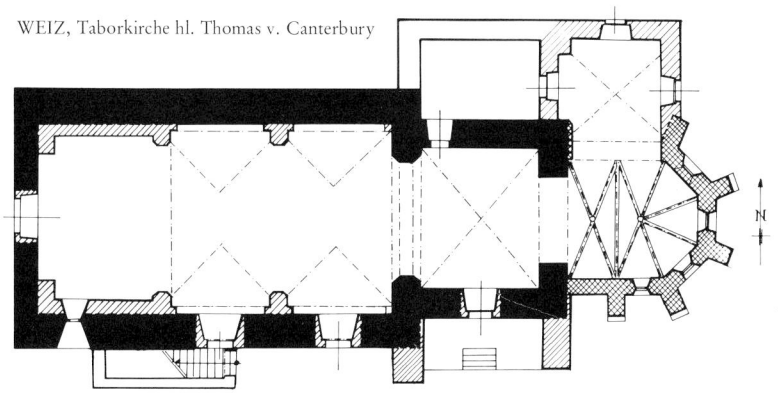

WEIZ, Taborkirche hl. Thomas v. Canterbury

wurde ein frühbar. Kreuzgratgewölbe auf Wandpfeilern eingebaut, welches das Langhaus in drei Joche gliedert. Weiters wurde von ihnen der Turm wehrhaft verbreitert, erhöht und mit einem schlichten Krüppelwalmdach abgeschlossen. Schließlich gehören dieser Phase noch der Einbau des kleinen S-Portals im Chorquadrat und die Erweiterung des gotischen W-Portales an.

Von der Ausstattung der Kirche sind die Reste des ma. Freskenschmuckes bemerkenswert. Sie wurden 1933–1935 freigelegt und weisen drei übereinanderliegende Malschichten auf, die freilich durch den Einbau der bar. Wandpfeiler starke Einbußen erlitten haben. Die älteste Schichte befindet sich an der N-Wand des 2. Langhausjoches und umfaßt in drei übereinander angeordneten Streifen Szenen aus der Schöpfungsgeschichte (Sündenfall, Vertreibung aus dem Paradies), aus der Passion Christi (Vorführung vor Herodes, Geißelung) und aus dem Marienleben (Verkündigung an Maria). Diese Male-

Weiz, Taborkirche –
Langhausfresken, 2. H. 13. Jh.

reien setzten sich ursprünglich bis zum Chorbogen fort und bildeten mit ihren drei Zyklen ein umfassendes Bilderprogramm. Stilistisch gehören sie dem spätroman. Zackenstil an, der sich in der Steiermark in der 2. H. des 13. Jh.s verbreitet hatte. Etwas jünger sind die Malereien an der N-Wand des Chorquadrates mit Resten eines Jüngsten Gerichtes und einer hl. Margarethe. Sie sind dem frühgot. Linienstil einzuordnen, dem auch das ausdrucksvolle aber leider stark aufgespitzte Kreuzigungsfresko außen an der S-Seite angehört. Der dritten Malschicht schließlich, die in der 1. H. des 15. Jh.s über den beiden vorangegangenen angebracht wurde, sind im Mitteljoch eine Anna Selbdritt und ein Gnadenstuhl zuzuzählen, im 3. Joch eine z. T. durch den Wandpfeiler verdeckte Marter der Zehntausend mit der Inschrift „SANCT ACHCIUS CU SOCU(I)S SUIS", im Chorquadrat ein knieendes Stifterpärchen als Rest einer großfigurigen Szene. Die Ergänzungsmalereien wurden von F. Silberbauer 1935 angebracht. Als Rest der got. Fensterverglasung des 14. Jh.s im Chor noch eine kleine Christuskopf-Scheibe. Erst 1964 wurde in der Kirche der Flügel eines abgebrochenen Flügelaltares entdeckt und nach seiner Restaurierung im Chor angebracht. Er zeigt die hll. Rupert und Barbara und entstand zu E. des 15. Jh.s. Der Hochaltar mit einfachem Säulenaufbau und den Figuren der hll. Philippus Neri und Paulus, in der Mitte Bild des hl. Thomas von Canterbury als Fürbitter mit Ansicht von Weiz, gemalt von Josef A. Mölck 1771. Die beiden SAe und die Kanzel im 19. Jh. erneuert. Chorgestühl dem Tischler Martin Sentlinger 1675 zugeschrieben. Die gemauerte Orgelempore von 1747, die kleine Orgel von Ferdinand Schwarz 1769. Weihwasserschale am O-Portal bez. 1747. An der S-Seite außen drei römische Grabsteine aus dem 2. Jh. n. Chr. eingemauert.

Die Kirche wurde in der 2. H. des 15. Jh.s wahrscheinlich in Zusammenhang mit den ersten Türkeneinfällen mit einem wehrhaften **Tabor** umgeben (siehe dazu auch Feldbach). Er bestand aus Toranlage, Ringmauern, Rundtürmen, Wehrgängen und einem umgebenden Graben. Von dieser Anlage sind nur mehr Mauerzüge an der W- und S-Seite der Kirche mit einem vorspringenden Schalenturm in der S-W-Ecke erhalten. Das übrige wurde 1689 abgerissen und durch ein 2-geschossiges, hufeisenförmiges Wohngebäude an der O-Seite der Kirche ersetzt. Es bildet den oberen Abschluß des ansteigenden Hauptplatzes, mit dem es durch eine Treppenanlage verbunden ist, und fügt sich mit der dahinter aufragenden Kirche zu einer beherrschenden Gebäudegruppe zusammen.

Am O-Ufer des Weizbaches, einst außerhalb des Marktes, liegt **Schloß Ratmannsdorf.** Otto von Ratmannsdorf erbaute es 1555–1565 als die alte Burg Oberratmannsdorf zu verfallen begann. Nach dem Aussterben des Geschlechtes befand sich das Schloß von 1623–1773 im Besitz der Leobner Jesuiten, die es erweiterten. Heute beherbergt es verschiedene Behörden. Die Anlage besteht aus einem dreigeschossigen rechteckigen Hauptbau mit zwei übereckgestellten Erkertürmen, dem an der Vorderfront ein quadrat. Eingangsturm vorgesetzt ist. An dessen NW-Ecke schließt ein Flankenturm an, der im Verband der ehem. Umfassungsmauer stand. An der Rückseite wurde im 1. V. des 17. Jh.s ein rechtwinkelig abgesetzter zweigeschossiger Anbau zugefügt, der einen kleinen Hof umfaßte, zu dem er sich mit Arkaden öffnete (im Obergeschoß später vermauert). Er diente einige Zeit als Zellentrakt des früher im Schloß untergebrachten Bezirksgerichtes. Bemerkenswert die von italienischen Steinmetzen ausgeführten 2- und 3-achsigen Renss.-Fenster (Tortum, Hofseite) sowie einige Steinportale im Inneren. Weitere Teile der vorzüglichen Renss.-Einrichtung des Schlosses befinden sich im Landesmuseum Joanneum in Graz („Weizer Saal"). N vom Schloß an den Ecken der ehemaligen Mauereinfriedung stehen noch ein quadratischer und ein oktogonaler Wehrturm des späten 16. Jh.s, ersterer mit Getreideschüttboden. Ein von den Jesuiten an der S-Seite des Schlosses im 17. Jh. hufeisenförmig angefügter geräumiger Wohntrakt wurde 1972 gänzlich abgerissen.

Vom alten zumeist zweigeschossigen und traufseitig gelegenen Häuserbestand sind hervorzuheben **Hauptplatz** Nr. 20 mit Runderker und steinernem Spätrenss.-Portal um 1600; Nr. 18 im Kern M. 17. Jh. mit spätbar. Neufassadierung; Nr. 17 E. 16. Jh. mit Steinportal und polygonalem Erker; Nr. 16 ehemaliges Renss.-Haus mit Eckerker und vorkragendem Obergeschoß, 1968 im Stile völlig erneuert. Mariensäule 1904, erneuert 1974. **Klammstraße** Nr. 4 Ecke Rathausgasse, altes Rathaus von 1560 mit 1912 zurückversetztem Eckerker und zwei Rustikaportalen. An der Weizbachbrücke neben der Pichlermühle gute **Steinskulptur** des Johannes Nepomuk aus der Werkstatt des Veit Königer 3. V. 18. Jh. Im Friedhof am Hang des Weizberges neugotische **Kapelle** von 1882.

N außerhalb der Stadt steht noch die alte **Mosdorfersche Werksanlage** aus dem späteren 18. Jh. mit dem Klingen- und Sensenhammer mit Esse und daneben dem Lagerhaus für Holzkohle (Kohlbarren), beide mit hübschen Giebeln. Die Herrenhäuser von 1790 und 1838. In der Umgebung Vierkant-, Vierseit- und Dreiseithöfe.

WEIZBERG Bez. Weiz

Im Zusammenhang mit der Rodung des Weizer Bodens, aber noch vor der Gründung von Weiz wurde bald nach der M. des 11. Jh.s ein kleines Kirchlein auf dem Weizberg erbaut. Es war eine einschiffige romanische Ostturmkirche, die zuerst der Urpfarre St. Ruprecht an der Raab unterstellt war, 1140 jedoch eigene Pfarrechte erhielt. Um die M. des 17. Jh.s wurde ihr ein gotischer Chor angefügt, wahrscheinlich im 15. Jh. erfolgte eine Erweiterung auf drei Schiffe und die gotische Einwölbung. Dem barocken Steinrelief vom Stiegenaufgang zufolge könnte es eine Staffelkirche mit höherem Mittelschiff gewesen sein. Dafür spräche auch eine Äußerung des Dechanten Dr. Schmutz vom Jahre 1755, in der er über die große Dunkelheit in der alten Kirche klagt weil die zwei Seitenschiffe „umb etliche Klaffter als der mittlere Chor niederer" seien. Die heutige **Pfarr- und Wallfahrtskirche** zur Schmerzhaften Muttergottes wurde 1757 bis 1758 anstelle des gänzlich abgerissenen alten Baues neu errichtet von dem Grazer Baumeister Josef Hueber. Laut Kontrakt hatte er innerhalb zweier Jahre Hauptmauern, Wölbung und Dach zu vollenden, sodaß der Gottesdienst keine Unterbrechung erleide, wobei in jedem Jahr jeweils eine Hälfte des Kirchengebäudes abgerissen und neu aufgeführt werden sollte. Zur Beförderung des Werkes wurde die Pfarrgemeinde um Mitarbeit gebeten. Das Hausprotokoll berichtet darüber: „Das fromme Pfarrsvolk hat auch den ganzen Winter sich nichts entwinden lassen an eifriger Schlagung der Bäume, Zuführung von Bausteinen, Sand, Kalk also daß bis 4. April 1756 bey hundert große Bäume, welche in den Hoch-

Weizberg, Pfarr- und Wallfahrtskirche – Innenraum, erbaut 1757/58 von J. Hueber, Fresken von J. A. Mölck, 1771

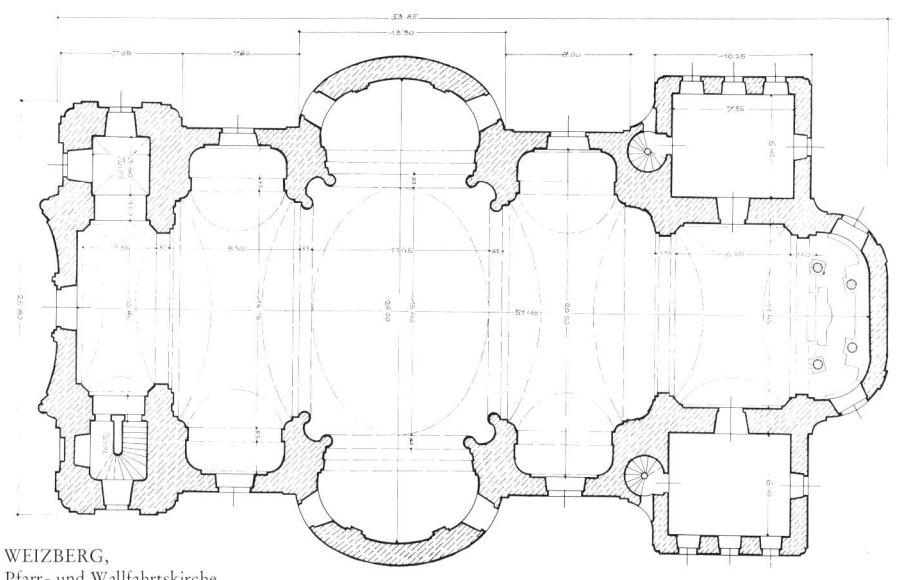

WEIZBERG,
Pfarr- und Wallfahrtskirche

wäldern des Zez bei Anger gefällt wurden, über 100 Klafter Steine, ebensoviel Startin Kalk, bey 100 Truhen Sand herbeigeschafft wurden". Hueber baute die Kirche in Nord-Süd-Richtung unter guter Nutzung der prächtigen Höhenlage oberhalb von Weiz und wird mit dem Rohbau innerhalb der gesteckten Zeit fertig. Es gelingt ihm hier in der organischen Verschmelzung von Langhaus- und Zentralbau einer der schönsten spätbarocken Kirchenräume der Steiermark.

Von den zwischen der Vorhalle und Chor liegenden drei queroblongen Langhausjochen ist das mittlere mit den seitlich angefügten Apsiden am größten. Seine einschwingenden Pfeiler sind mit je zwei Dreiviertelsäulen besetzt und darüber eine flache Pendentivkuppel hochgezogen, die allerdings nach außen nicht in Erscheinung tritt. Die übrigen Joche sind schmäler und haben flachelliptische Altarnischen, ihre gekurvten Pfeiler sind mit Pilastern besetzt und tragen Platzlgewölbe. Der zwischen den Fassadentürmen liegende Vorraum ist von einer gemauerten Orgelempore überspannt, die in der Mitte leicht ausschwingt. Der einjochige Chor schließt mit einer flachelliptischen Apside. Der ganze Innenraum ist durch Verschleifung aller Teile zu einem bewegten Raumgebilde verschmolzen, wobei die einschwingenden Pfeiler mit ihren ausladenden, verkröpften Gebälken und die darüber sich erhebenden halbrunden Jochbögen in Art von Kulissen den Blick in die Tiefe führen zum Hochaltar als dem geistigen Zentrum der ganzen Anlage. Die Gestaltung des Außenbaues kulminiert in der Zweiturmfassade der Südseite. Der schmale Bauplatz zwang Hueber zu einer „beengten" Lösung, die er in barocker Manier durch dynamische Verschränkung der Bauteile löste. Dabei wird der übergiebelte Mittelteil von den Türmen gleichsam eingequetscht, sodaß er mit seinen vorgedrückten Außenseiten diese leicht überschneidet während er gegen die Mitte zu einschwingt. Das ausladende Hauptgesims hält die scheinbar widerstrebenden Teile kraftvoll zusammen. Die Vertikalgliederung erfolgt durch Pilaster im unteren Geschoß und den Turmaufbauten, das obere Fassadengeschoß mit der Figurennische in der Mitte und ovalen Turmfenstern zeigt Lisenen mit vertieften Feldern. In den Abschlußgesimsen der Türme sind an allen Seiten

Uhren eingefügt. Nach dem Brand von 1792 wurden die früheren Zwiebelhelme durch einfache Zeltdächer ersetzt, die Höhenstreben und Fernwirkung dämpfen. Das Hauptportal mit Atlantenhermen und hübsch verzierter Inschriftkartusche von 1774; die himmelfahrende Maria darüber sowie die seitlichen Engel von Ph. Jakob Straub um 1735 (vom alten Bau übernommen). In der Nische des Obergeschoßes seit 1832 Statue der Himmelskönigin von Joh. Zeilinger d. Ä. 1. V. 18. Jh. (ehemals Schloß Münichhofen). Die Außengliederung von Langhaus und Chor erfolgt durch einfache Lisenen. Die Gesamtlänge der Kirche beträgt 53,58 m, die Höhe der Türme 44 m, die der Kuppel 21 m.

Wegen Erschöpfung der Geldmittel konnte erst 1769 mit der **Kirchenausstattung** begonnen werden. Der Hochaltar 1771 von dem Bildhauer Veit Königer; die halbrunde Säulenstellung mit Gebälk und Volutenbügel erinnert an ähnliche Altarlösungen Fischers von Erlach (Mariazell). Durch einfühlsame Anpassung an die Kirchenarchitektur gelingt es Königer, die Raumbewegung aufzunehmen und harmonisch ausklingen zu lassen. Im Zentrum des Altars das Gnadenbild, eine gotische Pieta des Meisters von Maria Neustift aus dem 1. V. des 15. Jh.s. Ihr zu Seiten Johannes und Magdalena, Josef von Arimathea und Nikodemus, Maria Salome und Maria Cleophas. Im Aufzug Gottvater in Engelsglorie. Von Königers Hand auch der Rosenkranzaltar gegenüber der Kanzel mit den hll. Dominikus und Katharina von Siena sowie den 15 gemalten Rosenkranzgeheimnissen in Rocaillerahmen. Die Marienfigur mit Puttenköpfen 1930 von P. Neuböck ergänzt. Sechs Seitenaltäre von 1771 und die prächtige Kanzel von 1775 Werke des Grazer Bildhauers Jakob Peyer. Auf der Kanzel die drei Christlichen Tugenden am Korb, während am Schalldach Moses die Gesetzestafeln der Menschheit überbringt, welche durch die Allegorien der vier Erdteile symbolisiert wird. Aus der Ausstattungszeit stammen auch die eleganten Beichtstühle, die Kirchenbänke und das Orgelgehäuse. 1771 wurde die reiche malerische Ausstattung des Inneren von Josef Adam von Mölck ausgeführt, die Wände und Gewölbe zur Gänze überzieht. Das umfangreiche Programm umfaßt in den Gewölben die Darstellung der fünf großen Marienfeste, begleitet in den Halbkuppeln der Apsi-

Weizberg, Pfarr- und Wallfahrtskirche –
Epitaph für O. von Ratmannsdorf, um 1430

318

den von christologischen Szenen und zwar vom Eingang her: Die Verkündigung; die Geburt Mariens, seitlich die Hochzeit zu Kana bzw. das Pfingstfest; in der Flachkuppel des Mitteljochs die Darbringung Jesu im Tempel (Mariä Reinigung) in perspektivisch stark verkürzter Scheinarchitektur, an den Pendentifs die vier Evangelisten, seitlich die Geburt Christi bzw. die Anbetung der Könige; Maria als die Unbefleckte Empfängnis mit der auf den Erlöser wartenden vorchristlichen Menschheit, seitlich der 12jährige Jesus im Tempel bzw. die Beschneidung Christi. Im Chor schließlich die Himmelfahrt Mariens. An den Wänden der Vorhalle und Jochnischen sind noch verschiedene Christusszenen, Heilige und Kirchenväter dargestellt. Die Malereien sind schwungvoll ausgeführt, weniger auf das Detail als den dekorativen Gesamteindruck abgestimmt. Von Mölcks Werkstatt stammen auch die Bilder der Seitenaltäre 1776 erfolgte die feierliche Einweihung der Kirche. In der Vorhalle und linken Turmkapelle sind einige vorzügliche Grabsteine vom alten Bau eingemauert, hervorzuheben das Rotmarmor-Epitaph für Otto III. von Ratmannsdorf, um 1430, mit der seltenen Darstellung des Christus in der Kelter, weiters der Wappenstein für Hans von Stubenberg von 1565 und der Grabstein des Conrad Frh. von Thannhausen, gestorben 1607, mit versammelter Familie und Kreuzigungsdarstellung. Marmortaufbecken A. 16. Jh. mit spätbarockem Gehäuse.

Um den Niveauunterschied des ansteigenden Kirchenberges auszugleichen mußte Baumeister Hueber bereits 1756 an der Südseite eine doppelarmige **Freitreppe** anlegen. Das Relief mit der Ansicht der alten Kirche auf der Vorderseite des Podestes und die Steinfiguren hl. Florian und hl. Donatus auf den Zugangspfeilern wahrscheinlich von Ph. Jakob Straub um 1735. Von ihm stammt auch die Statue des hl. Johannes Nepomuk, sign. und dat. „Ph. J. St. Fecit 1734" beim östlichen Seitenaufgang. Hinter der Kirche das weitläufige **Dechanteigebäude** mit Pfeilerarkaden im Hof 3. V. 18. Jh. Gleich unterhalb der Kirche **Gasthof Ederer**, 1766 von A. Freiß erworben und für die Bauarbeiter zur Herberge und Gaststätte ausgebaut, an der Decke des Gastzimmers Jahreszahl 1777. Erneuert 1979/80. An der Auffahrt kleine **Straßenkapelle** über vierpaßförmigem Grundriß, bezeichnet 1738; dem Johann G. Stengg zugeschrieben.

W E N I G Z E L L Bez. Hartberg

Kirchweiler im Bergland zwischen Wechsel und Masenberg (Joglland), gegründet gegen 1200 mit einem kleinen Vorauer Klosterhof (cella) als Siedlungszentrum. In der Barockzeit beliebter Wallfahrtsort. Am Ende des Zweiten Weltkrieges im Verlaufe der Kampfhandlungen vom April 1945 weitgehend zerstört. In den folgenden Jahren wieder aufgebaut.

Pfarrkirche hl. Margarethe. Eine dem Stift Vorau inkorporierte Margarethenkapelle E. des 12. Jh.s erbaut, 1209 erstmals genannt. Im 13. Jh. ausgebaut und zur Pfarre erhoben. 1692 wurde im Ort eine Bruderschaft zu Ehren des bei der Landbevölkerung sehr beliebten Viehpatrons St. Patrizius errichtet. Der starke Wallfahrtszulauf in den folgenden Jahren veranlaßte den Neubau einer größeren Kirche, den der Vorauer Stiftsbaumeister Andreas Straßgietl 1733–1735 durchführte. 1945 schwerstens beschädigt, dabei ein Großteil der Innenausstattung verbrannt. – Geräumige Kirche über kreuzförmigem Grundriß; das fünfjochige Langhaus ist mit Platzln überwölbt und am vierten und fünften Joch durch Querarme erweitert, die aus je zwei Kapellenräumen bestehen. Zweijochiger Chor mit Altarapsis. Im Westen quadratischer Frontturm mit aufgesetztem Uhrengeschoß und gegliedertem Zwiebelhelm. Die rechteckigen Langhausfenster in der Art Straßgietls mit ovalen Oberfenstern kombiniert. Außengliederung durch umlaufende Pilaster. Zarter Laub-Bandlwerkstuck in den Kapellen der Querarme um 1740 von Joh. Kajetan Androy, die Kartuschmalereien mit Szenen aus dem Leben der hll. Patrizius, Maria, Josef und Leonhard von dem Hartberger Maler Carl Koch 1810/11. Die Stuckierung der Langhausdecke zusammen mit den 1735/38 gemalten Fresken des Vorauer Malers Josef Georg Mayr wurden 1945 zerstört (Stuckreste in den Laibungen der Oberfenster noch vorhanden). Die verbrannte Einrichtung wurde aus anderen Kirchen oder Neuanschaffungen in Anlehnung an das Barock ersetzt. Hochaltar von 1953, Entwurf und Skulpturen von H. Neuböck, Bild der hl. Margarethe von Toni Hafner. Kanzel mit Korb von 1958, gleichzeitig die Brüstungsfiguren und Bilder; am Schalldach barocke Dreifaltigkeitsgruppe aus Gnisenbach, Engel aus Judenburg und Vorau. Von den Kapellenaltären zwei im Knorpelwerkstil des 3. V. des 17. Jh.s aus Obdach stammend. Am Patriziusaltar Bild von Toni Hafner 1955 und Tabernakel von H. Neuböck 1953. Pfeilerfiguren von 1961. Der Orgelchor wurde 1799 eingebaut, die Chorbrüstungen 1957 erneuert, 1967 gefaßt. Bild der hl. Cäcilie von Toni Hafner 1958. Orgel 1957 von Firma Hopferwieser in Graz. Über dem Westportal Sgraffito der Immaculata von A. Fötsch 1951.

Um die Kirche befinden sich vier **Initienkapellen** des alten Friedhofs sowie eine **Kreuzkapelle**, datiert 1721 mit schlecht erhaltenen Fresken zur Passion Christi vom Vorauer Stiftsmaler Johann Cyriak Hackhofer.

Pfarrhof am Giebel 1586 datiert, nach den schweren Schäden von 1945 weitgehend erneuert. Am westlichen Ortsausgang großer gemauerter **Bildstock** von 1663 auf achteckigem Fuß mit stark übergangenen Nischenfresken des 18. Jh.s.

WOLFSBERG im Schwarzautal   Bez. Leibnitz

Kleiner Kirchort am Ostrand des nordsüdlich verlaufenden Schwarzautales; seit ca. 1220 in Landesfürstlichem Besitz, 1621 von Kaiser Ferdinand II. an Ulrich von Eggenberg verkauft und bis 1848 zur Eggenbergischen Herrschaft Strass gehörig. Der Ortsname dürfte von ,,Berg des Wulf" abzuleiten sein und bezieht sich auf eine nicht mehr erhaltene kleine Burg, die der noch unbekannte Träger des Namens am Berg oberhalb der Kirche errichtet hatte. Bis ins 18. Jh. wurde diese Erhebung noch ,,Burgberg" genannt. Ab ca. 1220 saßen darauf die ritterlichen Herren von Wolfsberg als landesfürstliche Amtsträger.

Sie scheinen auch die Begründer der heutigen **Pfarrkirche hl. Dionysius** gewesen zu sein, die 1269 als Kirche, 1322 als Pfarre erstmals genannt wird. Das frühe romanische Kirchlein wurde in der Spätgotik erneuert, wovon noch die Mauern des Chores erhalten blieben. Die Hanglage und ungünstige Bodenbeschaffenheit führten in der Folge zu einem Absinken des Turmes und dadurch verursachten Mauer- und Gewölberissen. 1665/68 versuchte man durch Anlegen von Eisenbändern und teilweises Abtragen des gotischen Turmes den Bau zu retten. 1708 mußte der Turm neuerlich verkürzt und die Grundmauern verstärkt werden. Als dies auch nicht half bat der damalige Pfarrer Dr. Ziegler 1733 das Konsistorium um die Genehmigung zum völligen Neubau mit dem Hinweis, daß ,,ein großer Teil des Navis (Kirchenschiffes) in kurzer Zeit vielleicht mit Erschlagung vieler Leute einfallen dürfte". 1735 wurde das gotische Schiff abgebrochen und mit dem Neubau begonnen, der 1739 geweiht werden konnte. Baumeister war der Grazer Johann Georg Stengg. Der Turm, den man zuerst aus Sicherheitsgründen weglassen wollte, mußte auf Drängen der Bevölkerung 1756 doch errichtet werden. Sein Meister ist nicht überliefet (Johann Josef Stengg?). Bald traten wieder Bauschäden auf, sodaß 1764 neuerlich Eisenschließen angelegt werden mußten. Die entgültige Sanierung gelang schließlich 1809 durch Aufführen einer Stützmauer an der Westseite, die 1831 noch verstärkt wurde. Damit war zwar die Westfassade geopfert worden, die Kirche aber gerettet. Gesamtrenovierung zuletzt 1969/70. – Das Kirchenschiff besteht aus zwei querrechteckigen Jochen mit tiefen Platzlgewölben, von denen das vordere durch flache, zwischen Stützpfeilern liegende Altarnischen erweitert wird. Der um einige Stufen höher liegende got. Chor ist bar. gewölbt, hat aber außen noch abgetreppte got. Strebepfeiler. An seiner Nordseite liegt eine hohe Taufkapelle, die einst von der Rosenkranzbruderschaft benützt wurde, südlich die Sakristei; beide entstanden zusammen mit dem bar. Langhaus. Sehr geräumig ist der Orgelchor angelegt mit weit in den Raum vorschwingender Emporenbrüstung. Von dem ohne Schmuck belassenen Außenbau hebt sich der Turm durch seine in schwellenden Formen sehr reich gestaltete Gliederung ab, bekrönt durch einen zierlichen Laternenhelm.

Überwiegend spätbarocke Einrichtung aus der Zeit des Neubaues: nur der Hochaltar wurde 1973 von einer anderen Kirche übertragen und mit einem neugemalten Bild von A. Fötsch versehen; die Evangelistenfiguren vom alten Hochaltar von 1693, den Bildhauer Matthias Werianth geschaffen hatte. Die Kanzel und das Taufbeckengehäuse mit Sitzfigur des Johannes Baptist schnitzte 1738 der aus Berlin gebürtige und in Leibnitz ansässige Bildhauer Franz A. Schakar. Gute Seitenaltäre, deren Figuren z. T. dem Philipp J. Straub zuzuschreiben sind. Von barocken Einzelfiguren hervorzuheben eine thronende Maria mit Kind um 1770/80 (Veit Königer-Werkstätte) und die Schutzengelstatuen an der Südseite außen. In der Taufkapelle Fresko des Jüngsten Gerichtes von Philipp Carl Laubmann, 1737; ihm wird auch das ovale Altarbild der hl. Familie zugeschrieben. Das figurale Glasfenster 1970 nach Entwurf von F. Weiss im Stift Schlierbach hergestellt.

Um die Kirche die alte **Kirchhofmauer** von 1673 teilweise erhalten mit kleinen Bildstökken. Am straßenseitigen Stiegenaufgang Steinfiguren der Apostelfürsten, aufgestellt 1741. Hinter der Kirche neugot. **Kapelle** von 1857 mit Grab-Christi-Altar.
Etwas unterhalb der Kirche steht der geräumige zweigeschossige **Pfarrhof** über hakenförmigem Grundriß, erbaut 1698, umgestaltet und erweitert 1764. Vor dem Eingang bar. Steinfigur eines Erzengels mit der Inschrift ,,Quis ut deus'' M. 18. Jh.
Im Ort alter Häuserbestand in lockerer Verbauung an der breiten Durchzugsstraße (ehemals Anger), in neuerer Zeit durch Umbauten verändert: **Nr. 1** im Kern bar. am Portal bezeichnet 1838; Gasthof Gottinger mit Biedermeierfassade bezeichnet 1840. In der Ortsmitte eine seltene Darstellung des sitzenden Schmerzensmannes (Christus in der Rast) auf **Steinpfeiler,** bezeichnet 1667, die laut Inschrift von Peter Wagner aus Wolfsberg gestiftet wurde.
An der Ortseinfahrt spätgot. **Wegsäule** mit offenem Tabernakelgehäuse, datiert 1522, darauf der Name des Pfarrers Laurenzius Piriber (Pirbeier) und des Jakob Wagner.

WÖRTH   Bez. Hartberg

Das nahe dem Grenzfluß Lafnitz gelegene Straßendorf entstand zusammen mit der gleichnamigen Burg, welche die Herren von Neuberg im Zuge der Besiedlung dieses Gebietsstreifens gegen die M. des 13. Jh.s errichteten. Der Name Wörth leitet sich auch von der kleinen Lafnitzinsel (Werde = Insel), an der der Ort liegt, ab. Nachdem im 15. Jh. Neudau neuer Herrschaftsbesitz der Neuberg wurde, verfiel die Burg Wörth und wurde später vollständig abgetragen. Die ungeschützte Grenzlage führte zu mehreren Zerstörungen und Plünderungen des Ortes durch Ungarn und Türken 1418, 1529, 1605 und 1704.
Pfarrkirche hl. Georg, 1313 von Gottschalk von Neuberg gestiftet, 1418 niedergebrannt, 1605 von Hajduken geplündert, sodaß sie laut Visitationsprotokoll von 1617 ,,mehr einer Rauberhöhle als einer Kirche glich''. Der heutige Bau in den nüchternen Formen der Josephinischen Zeit 1779 (Jahreszahl am Turm) errichtet. – Er besteht aus einem rechtekkigen dreijochigen Saalraum mit Pilastergliederung und Flachdecke sowie dem eingezo-

genen quadratischen Chor. Kräftige Strebepfeiler außen stützen den wegen des lockeren Schwemmgrundes gefährdeten Bau ab. An der Westseite quadratischer Turm vorgebaut. Einfache Einrichtung des späten 19. Jh.s, nur die Kanzel und die dreiachsige Musikempore auf Pfeilern aus der Bauzeit. Über den Fenstern einfache Stuckornamente. Die **Mariensäule** am Platz aus dem späten 17. Jh.

ZIPREIN siehe unter **KIRCHBACH**

Abkürzungen

A.	=	Anfang
bar.	=	barock
bmkw.	=	bemerkenswert
E.	=	Ende
got.	=	gotisch; auch in Zusammensetzungen wie z. B. frühgot.
H.	=	Hälfte
hl., hll.	=	heiliger, heilige
Hl.	=	Heiligste, z. B. Hl. Dreifaltigkeit
Jh., Jh.s	=	Jahrhundert, Jahrhunderts
klassizist.	=	klassizistisch
M.	=	Mitte
MA	=	Mittelaltar
ma.	=	mittelalterlich
Renss.	=	Renaissance
rom.	=	romanisch
Rok.	=	Rokoko
urk.	=	urkundlich

Kleines oststeirisches Lexikon

Apfelsorten – In der Oststeiermark als klassischem Obstland von altersher (s. unter ‚Obst') wurden nach 1945 im Raab-, Feistritz- und Safentalgebiet folgende Apfelsorten gezogen und in den Handel gebracht: Ilzer Rosenapfel, Baumanns Reinette, Steirischer Winter-Maschanzker, Kanada Reinette, Kronprinz Rudolf, Krummstiel, Winter Goldparmäne, Gelber Bellefleur, Ananas Reinette, London Pepping, Jonathan, Cox Orangenreinette, Mc Intosh, Roter Delicious, Golden Delicious.

Basalt – Vulkanisches Ergußgestein, in der Oststeiermark gehäuft vorhanden zufolge tertiärer Vulkantätigkeit. Prominenteste Vorkommen sind der Burgfels der Riegersburg, Kapfenstein, Klöch und Stradner Kogel. Als Baumaterial (z. B. Pfarrkirche und Burg von Riegersburg aus dem an Ort und Stelle gewonnenen Basalttuff) und als Schottermaterial zu verwenden.

Carmilla – Weiblicher Vampir, den der irische Autor Joseph Sheridan Le Fanu in seiner bekannten gleichnamigen Geschichte (1872) in der Oststeiermark ansiedelte. Als Milieuvorlage dürfte ihm dabei der 1836 auch in englischer Sprache erschienene Reiseroman „Schloß Hainfeld, oder: Ein Winter in Steiermark" des Schotten Basil Hall gedient haben.

Dusägge – Auch Dusak, Bezeichnung für eine bäuerliche Hiebwaffe des 16. und 17. Jahrhunderts, die aus einer kräftigen Säbelklinge und einem Griff mit S-förmiger Parierstange und breitem Handschutz bestand. Der Name ist vom böhmischen Wort „tesak" = langes Messer, Hirschfänger abgeleitet und läßt sich letztlich auf das altgermanische Wort Sax = Kampfmesser, zurückführen. Im steirischen hieß diese Waffe auch „Bauernwehr" oder „Säbel auf teutsch gefaßt".

Elin – Größtes Starkstrommaschinenwerk Österreichs, gegründet 1897 in Weiz von Franz Pichler zusammen mit dem Grazer Zivilingenieur Cornel Masal als „Weizer Elektrizitätswerk Franz Pichler und Co.". Ab 1900 schloß sich die Wiener „Gesellschaft für Elektroindustrie" als stiller Teilhaber an. Nach dem Tode Pichlers 1919 erlangte sein Werk unter der Bezeichnung ELIN bald internationalen Ruf.

Frauenhöhle – Erdhöhlensystem in einem Wald westlich von Kaindorf, aus belüfteten Kammern bestehend, die mit Licht- und Tastnischen ausgestattet sind. Die Spitzbogenformen der Decken lassen auf eine Entstehung in der 2. Hälfte des 15. Jahrhunderts, also einer Zeit furchtbarster Türken- und Ungarnbedrohung, schließen. Der Name entstand wahrscheinlich, weil man hier vor allem Frauen und Kinder geborgen hatte. Auch einige andere Höhlensysteme und Fluchtgänge konnten in der Oststeiermark entdeckt werden.

Gaden – Speicherbauten in den Wehrkirchhöfen (Gadenkirchhöfen) mit Kellergeschoß und darüberliegender Speicherkammer. Nach außen starke Mauern mit Schießscharten, an der Innenseite überdeckter Verbindungsgang. Noch erhaltene Beispiele in Feldbach und Fehring.

Gallerin – Kurzbezeichnung für Katharina Elisabeth Freifrau von Galler (um 1607–1672), die sowohl als Burg- und Bauherrin der Riegersburg wie auch durch ihre zahlreichen Prozesse und Streitigkeiten vor allem mit der Geistlichkeit bekannt und berüchtigt war („schlimme Lisl"). Ihr Vater, Obrist Hans Freiherr von Wechsler, stammte aus einem alten Radkersburger Geschlecht. Die Gallerin war drei Ehen eingegangen: die erste 1630 mit Hans Wilhelm Freiherr von Galler, Hofkriegsratspräsidenten in Graz; die zweite 1660 mit Obrist Detloff Freiherrn von Kapell, der 1664 in der Schlacht bei Mogersdorf fiel; die dritte 1665 mit Rittmeister Hans Rudolf Freiherrn von Stadl, welche 1669 geschieden wurde. Die Gallerin hatte nur eine Tochter aus der ersten Ehe, Regina Freifrau von Galler, die 1659 Johann Ernst Freiherrn von Purgstall heiratete, wodurch die Riegersburg nach ihrem Tode an die Purgstall überging.

Gewannflur – Gebietsaufteilung während der deutschen Landnahme im Hochmittelalter. Die Flur des Gemeindegebietes wurde in Gewanne oder „Riede" geteilt, diese wiederum in oft nur wenige Meter breite streifenförmige Parzellen, welche auf die vorhandenen Siedler aufgeteilt wurden (Riemenparzellierung).

Grede – auch Green genannter, vom vorspringenden Dach überdeckter Umgang an der Hofseite des Bauernhauses, er hat entweder einen Lehm- oder Ziegelboden.

Hajduken – ungarische Aufständische, die sich 1604 aus nationalpolitischen und religiösen Gründen gegen Kaiser Rudolf II. erhoben. An der Spitze ihrer von den Türken unterstützten Bewegung stand der Siebenbürger Magnat Stephan Bocskay. 1605 fielen sie unter ihrem Oberst Gregor Nemethy in die Oststeiermark ein und richteten großen Schaden an Blut und Gut an.

Heckenklescher – Direktträgerwein minderer Qualität; er wird aus Reben gewonnen, die vom gleichen Wurzelstock tragen.

Heiden – Buchweizen, wichtiges Nahrungsmittel der oststeirischen Bauern, das während der Leibeigenschaft nicht zehentpflichtig war.

Hexenglauben – Massenwahn, der in der Oststeiermark im 17. Jahrhundert besonders grassierte und zu einigen folgenschweren Prozessen führte (z. B. die Gleichenberger Hexenprozesse). 1574 hatte Erzherzog Karl II. den Feuertod für „Zauberey" in der Steiermark eingeführt. Erst 1787 ließ Kaiser Joseph II. alle diesbezüglichen Gesetzesbestimmungen aufheben.

Jackler – alte Bezeichnung für die Bewohner des Jogllandes. Peter Rosegger, der sie beschrieben hat (1882), meint von ihnen, daß sie sich von der Bevölkerung anderer steirischer Gegenden dadurch vorteilhaft unterscheiden, daß sie religiösen und kultischen Dingen gegenüber „nicht indifferent" seien (s. weiter unter Joglland).

Joglland – auch Jackelland, Gebiet in der nördlichen Oststeiermark zwischen Wechsel, Masenberg und Fischbacher Alpen. Als Hauptort galt St. Jakob im Walde, von dem auch der Name abgeleitet ist (Jakob = Jackel). Weitere Orte sind Fischbach, St. Kathrein am Hauenstein, Ratten, Rettenegg, Strallegg, Waldbach und Wenigzell. Eine Dialekteigenheit der Bewohner dieser Gegend, nämlich das o wie ou auszusprechen, wird als „jougln", auch „jackeln" oder „jokeln" bezeichnet.

Kartwald – auch Ghartwald, langgestreckter Waldstreifen an der oststeirischen Grenze gegen Ungarn (heute Burgenland), der als natürlicher Grenzverhau diente. Er erstreckt sich von Eichberg-Rohrbach auf dem Rücken zwischen dem Lafnitz- und Lungitztal bis zu deren Zusammenfluß südöstlich von Unterrohr und erreicht bei St. Johann in der Haide seine größte Breitenausdehnung.

Kernöl – aus Kürbiskernen gepreßtes, sehr schmackhaftes dunkelfarbenes Öl zum Abmachen von Salaten.

Klachelsuppe – saure Brühe mit Klachelfleisch, das vom Kopf und den Stelzen (Waden) des Schweines stammt.

Klapotetz – Windmühlenklapper als Vogelschreck, die in Weinbaugebieten aufgestellt wird.

Kletzen – Dörrobst, das in eigenen Dörröfen haltbar gemacht wurde. Zur Verwendung kamen in Viertel geschnittene Süßäpfel sowie in ganzer Frucht gedörrte Birnen und Zwetschken.

Kogeln – auch Römerkogeln, volkstümliche Bezeichnung für die zahllosen römischen Hügelgräber der Oststeiermark aus dem 1. und 2. Jahrhundert nach Christus.

Kreitfeuer – auch Kreutfeuer vom althochdeutschen kraien = lärmen, schreien (davon z. B. das englische cry), in den Türken- und Kuruzzenkämpfen eingerichtetes Warnsystem aus Signalfeuern und Kreitmörsern welches die umliegenden Bauern optisch und akustisch warnen sollte, um ihnen noch die Möglichkeit zu geben, sich vor dem Feind zu retten. Solche Kreitfeuerstationen befanden sich auf gut sichtbaren hochgelegenen Plätzen wie z. B. auf der Riegersburg oder am Kapfensteiner Kogel.

Kruzitürken – zorniger Ausruf seit der Türkenzeit, der sich, wie angenommen wird, auf die doppelte Gefährdung des Landes durch ungarische Kuruzzen und Türken bezieht.

Kukuruz – der Körnermais, auch türkisch Weizen genannt. Seit dem 17. Jahrhundert in der Steiermark nachweisbar, hat sein Anbau in den letzten Jahrzehnten stark zugenommen. Heute neben den wichtigen Getreidearten die am meisten gebaute Körnerfrucht.

Kuruzzen – ungarische Rebellen gegen die habsburgische Herrschaft, die die Oststeiermark in den Jahren 1683 und 1704 bis 1709 schwer heimsuchten. Ihre Führer waren Emmerich Thököly bzw. Franz II. Rákóczi und Alexander Karolyi. Das Wort kommt 1673 erstmals vor und ist abzuleiten vom türkischen „Kurudzsi" = Aufständischer, Rebell. Nach einer anderen Theorie geht der

Name auf das lateinische Wort Crux = Kreuz zurück und bezieht sich auf die aufständischen Bauern Georg Dozsas von 1514, die ein rotes Kreuz auf ihren Fahnen führten und cruciferes genannt wurden.

Lab'n – Eingangsraum, Vorhaus; im steirischen Bauernhaus stets in der Mitte der Traufseite gelegen. War ursprünglich offen und entsprach also einer dem Wohnraume vorgelegten Laube. In Herrenhäusern und Pfarrhöfen Bezeichnung für die durchgehende Eingangshalle.

Lafnitz – im Vorauer Becken entspringender wichtigster oststeirischer Grenzfluß, bildete seit dem Sieg König Heinrichs III. gegen die Ungarn 1043 einen Teil der Ostgrenze des deutschen Reiches. Seit 1921 bestimmt er zwischen den Orten Lafnitz und Rudersdorf den nordsüdlichen Verlauf der steirisch-burgenländischen Grenze. Bei Dobersdorf nimmt er die Feistritz auf und ergießt sich bei St. Gotthard in die Raab.

Landwirtschaftsgesellschaft – Gründung Erzherzog Johanns mit dem Ziel, der Bauernschaft zu helfen und die Landwirtschaft auf allen Bereichen nach den neuesten Methoden zu verbessern. Die hohe Einsatzbereitschaft des Gründers und aller Beteiligten, die straffe Organisation und die Einrichtung von Filialen und angegliederten Zirkeln (beim Tode Johanns 1859 gabe es 47 Filialen) führte zu einer beträchtlichen Wirksamkeit der ohne Subventionen und Diäten arbeitenden Gesellschaft. Sie ging in den 20er Jahren unseres Jahrhunderts in eine bäuerliche Berufsvertretung über, doch blieb das Vorbild der Gründung Erzherzogs Johanns bestehen.

Maschanzker – alter steirischer Tafelapfel, der schon im 18. Jahrhundert zu den Spitzensorten gehörte, in den letzten Jahren aber von anderen Sorten zurückgedrängt wurde.

Most – Birn- oder Apfelwein, beliebter bäuerlicher Haustrunk.

Nischenmauer – wehrhafte Kirchhofmauern mit rund- oder flachbogigen Nischen an der Innenseite, die Schießscharten enthalten. Diese vor allem in der Oststeiermark im 17. Jahrhundert vorkommende Wehrmauerform ist noch in Altenmarkt bei Fürstenfeld, St. Loreto ob Gutenberg, St. Marein bei Graz und Söchau erhalten.

Obst – bereits 1798 wurde das steirische Obst als das beste aller österreichischen Provinzen deklariert; die Oststeiermark gilt heute noch als eines der wichtigsten Obstbaugebiete Österreichs und hält hinsichtlich des Versandes in der Steiermark die Spitzenposition. Hierbei trug die Tätigkeit der Landwirtschaftsgesellschaft (s. unter Landwirtschaftsgesellschaft) Früchte, welche die Einführung moderner Obstbaumethoden gefördert hatte. Ab 1932 erlitt der steirische Obstexport infolge der Einschleppung der San-José-Schildlaus schwere Rückschläge. Erst mit der in den 50er Jahren begonnenen Umstellung von alten Hochstammanlagen auf geschlossene Niederkulturen und mit einer Beschränkung der Qualitätssorten konnten die alten Positionen wieder gewonnen werden. Das ertragreichste Obstbaugebiet des Landes ist das Einzugsgebiet des Raabtales von Weiz über Gleisdorf bis Fehring.

Plutzer – bauchiger Tonkrug, zumeist zum Aufbewahren von Most bei der Feldarbeit verwendet; auch volkstümlicher Ausdruck für Kopf.

Rauchstubenhaus – einst die charakteristische ländliche Hausform in weiten Teilen Steiermarks und Kärntens. Hauptwohnraum ist die Rauchstube mit der typischen Doppelfeuerstätte aus offenem Herd mit dem baldachinartigen Funkenhut und aus dem Backofen. Der Rauch der Herdstelle füllt das obere Drittel des Raumes, zieht durch eine über der Stubentür gelegene Luke in den hölzernen Rauchschlot und gelangt so durch das Dach ins Freie. In der Rauchstube wurde – im Gegensatz zur Rauchküche – nicht nur gekocht sondern auch gegessen, gewohnt und geschlafen.

Robot – persönliche unentgeltliche Arbeitsleistung der Bauern für ihre Grundherren. Sie wurde vom 16. bis 18. Jahrhundert beim Ausbau der neuzeitlichen Gutswirtschaft zu einer großen Belastung für die Untertanen und in weiten Teilen der Oststeiermark bis zur täglichen Robot gesteigert.

Säuerlinge – in der Oststeiermark sehr häufig vorkommende Mineralquellen, die der Vulkantätigkeit im Tertiär ihre Entstehung verdanken. Sie werden heute zu Trink- oder Badekuren mit verschiedenen Heilanzeigen und auch als Tafelwasser verwendet. Am bekanntesten sind die Quellen bei Bad Gleichenberg, Johannisbrunn bei Straden, Sicheldorf, Bad Radkersburg und neuerdings Loipersdorf.

Schopfwalm – auch Krüppelwalm oder Halbschopf genannte, nach vorne abgeschrägte Dachform, die in der Steiermark heimisch ist und sowohl an Bauern- wie auch Bürgerhäusern vorkommt. Er gibt dem Haus ein Aussehen „wie ein in die Stirne gezogenes Tüchel" (R. Fischer).

Sterz – Brei aus verschiedenen Mehlsorten und mit unterschiedlichen Beigaben. Gilt als typisch steirische Speise und wird heute auch in besseren Restaurants serviert.

Tabor – wehrhaft umbauter Kirchenbezirk aus Speichern (Gaden) und Schutzbauten, in denen die Bevölkerung eines Ortes Zuflucht fand und sich einige Zeit gegen Eindringlinge verteidigen konnte. Der Name dürfte auf das türkische Wort tabur = Lager, Wagenburg zurückgehen. Derartige Wehrkirchhöfe sind in der Oststeiermark noch in Fehring, Feldbach und Weiz teilweise erhalten. Der Ausdruck Tabor auch Taber oder Täber kam im 15. Jahrhundert auf und bezeichnete anfangs noch jegliche Art von Lager und Befestigung.

Tatschkerland – Bezeichnung für das oststeirische Grabenland zwischen der Wasserscheide von Raab und Mur, das von 10 größeren Bachläufen in Nordsüdrichtung durchzogen wird. Tatschker heißt im Grabenland der Frosch, die Kröte, welche dort sehr häufig vorkommen. Eine andere Worterklärung ergibt sich aus der lehmigen Bodenbeschaffenheit des Grabenlandes, die nach ausgiebigen Regenfällen beim Begehen ein Quatschen oder „Tatschkern" erzeugt.

Tommerl – Mehlteig mit Milch und Eiern angerührt, der braun gebacken wird.

Tschartaken – auf vier starken Pfählen stehende hölzerne Grenzwächterhäuschen gegen Türken und Kuruzzen. Valvasor, der krainische Geograph und Militär beschreibt sie folgend: „Die Tschartaken sind kleine, den Vogelhütten ähnliche, auf drei oder vier starken Eichbäumen oder Pfählen stehende Häuslein, zu denen man auf einer Leiter hinaufsteigen muß, welche man sodann nach und zu sich zieht. Wann nun die Türken marschieren, so tut der, so auf den Tschartaken Wach hält, einen Schuß und der nächste daran löset sogleich auch ein Rohr und immer also weiter fort. Auf solche gegebene Losung eilet alles zu Pferd und Fuß nach demjenigen Ort, allwo der Schuß geschehen, um also gesammelter Hand den streifenden Feind abzuhalten und zu verfolgen. Wann aber die Türken diese Pfähle . . . umzuhauen oder abzusägen sich bemühen, so geben die, so auf die selben Wacht halten gar tapfer von oben herab auf sie Feuer."

Türkensterz – Sterz aus Maismehl, auch Polenta genannt.

Überreiter – Name für landesfürstliche Beamte, die im Grenzgebiet die Kontrolle über zollpflichtige Waren durchführten. An der oststeirischen Grenze gegen Ungarn waren es z. B. die Tabaksüberreiter, welche den Tabakschmuggel zu unterbinden hatten.

Vulkane – im Tertiär waren im oststeirischen Hügelland mehrere Vulkane tätig (miozäner und pliozäner Vulkanismus), die heute die Landschaft mitbestimmen, wie z. B. der Burgfels der Riegersburg, die Gleichenberger Kogel, der Stradner- und Kapfensteiner Kogel sowie Pertlstein und Klöch. Neben dem wirtschaftlich zu nutzendem Erguß stein Basalt und Andesit war die Vulkantätigkeit auch für die Entstehung von Säuerlingen bedeutungsvoll (s. Säuerlinge). Außerdem gehört die Oststeiermark zu den österreichischen Erdölhoffnungsgebieten. Nicht unerwähnt darf bleiben, daß der vulkanische Boden sich außerdem sehr gut für den Weinbau nützen läßt (Klöch, Kapfenstein).

Waitzer Klingen – in Weiz produzierte Säbelklingen der Waffenschmiedefamilien Krottendorfer (15.–17. Jahrhundert) und Mosdorfer (18.–19. Jahrhundert). Vor allem letztere waren als Lieferanten der kaiserlichen Armee zu Ansehen und Wohlstand gelangt. Ihre Betriebsanlage ist am Nordrand von Weiz noch erhalten.

Waldheimat – Gegend um Alpl in den Fischbacher Alpen (ca. 1100 m Höhe), Heimat des steirischen Dichters und Waldbauernsohnes Peter Rosegger, dessen Geburtshaus, der Kluppeneggerhof, noch erhalten ist. Die Verdrängung der hier ansässigen Waldbauern im 19. Jahrhundert durch Holzwirtschaft und Jagdbetrieb hat Rosegger in seinem sozialkritischen Roman „Jakob der Letzte" eindringlich beschrieben.

Wechselgau – ältere Bezeichnung für das Wechselgebiet, etwa dem heutigen Joglland entsprechend.

Wehrkirchhof – s. unter Gaden und Nischenmauer.

Weltmaschine – Riesenapparatur von ca. 6 m Länge und 3 m Höhe, die der oststeirische Kleinbauer

Franz Gsellmann aus Kaag bei Edelsbach in über 20jähriger Arbeit zusammengebaut hatte. Sie besteht aus verschiedenen Maschinen und Eisenteilen, Schrottabfall, Gegenständen des Alltags und bäuerlicher Volkskultur und erzeugt, von 2 Dutzend Elektromotoren in Betrieb gesetzt, Licht, Klang und Bewegung. Herausragendes Beispiel von Kreativität und Gläubigkeit.

Woazharpfn – hohes schmales Gehäuse aus Holzlatten zum Trocknen von Maiskolben.

Woazschöln – Entblättern der Maiskolben in Gemeinschaftsarbeit, meist in Verbindung mit Unterhaltung und alten Bräuchen (Polstertanz).

Zehent – war der zehnte Teil der Ernte, den in der Zeit der Naturalwirtschaft jeder Untertan der Kirche als eine Art Kirchensteuer zu leisten hatte. Er war die älteste und wichtigste Einkommensgrundlage der Pfarren und in verschiedene Zehentleistungen gegliedert (Getreidezehent, Wein- und Mostzehent, Gänsezehent etc.). Seit 1848 abgeschafft.

Ziegelgitter – ziervolle Vergitterung von Durchlüftungsfenstern und Öffnungen an gemauerten Scheunen. Als Muster dienen volkstümliche Zierformen und Sinnbilder; Anregungen von gotischen Maßwerkfenstern sind nicht auszuschließen.

Erläuterung von Fachausdrücken

abgefast – abgeschrägt (häufig bei Tor- und Fensterlaibungen)

Akanthus – Distelart mit schön gefiederten Blättern, seit der Antike als stilisierter oder ornamentaler Schmuck verwendet, vor allem zwischen 1670 und 1710 gestaltet

Antependium – Bekleidung der Vorderseite des Altartisches

Apsis, Apside – den Altarraum abschließende Nische über bogenförmigem Grundriß

Architrav – waagrechter Hauptbalken des Gebälks über Pfeilern oder Säulen

Arkade – Bogenstellung (auf Pfeiler oder Säule)

Astwerk – spätgotisches Maßwerk in Stein, bei welchem die Naturform von imitierten Ästen realistisch hervortritt

Attika – niederer, giebel- oder mauerförmiger Dachaufbau über dem Hauptgesims

Bandelwerk – typischer spätbarocker Dekor aus bewegt geschlungenen, schmalen Bändern; um 1720/1740

Basilika – Langbau aus mehreren Schiffen: hohes Mittelschiff, seitlich tiefer die gesondert angesetzten Seitenschiffe mit Pultdächern (vgl. Staffel- bzw. Hallenkirche)

Bergfried, Bergfrit, Belfrid, Donjon – Hauptturm einer Burg, hoher Auslug und letzte Zuflucht bei Gefahr

Beschlagwerk – typisches Bandornament, in symmetrischer Anordnung flächenbedeckend; um 1580/1620

Blendarkade, -lünette, -maßwerk – nicht frei durchbrochene, sondern einer Wand nur vorgestellte (vorgeblendete) Arkade, Lünette oder Maßwerkform

Chor (Presbyterium) – vorderer Priesterraum, Altarraum einer Kirche; einst für den priesterlichen Chorgesang (Name!) bestimmt

⁵/₈-Schluß, ³/₈-Schluß – mehreckig, in 5 bzw. 3 Seiten eines Achteckes abgeschrägter Altarraum

Chorturmkirche – Urtümlicher Typ des Sakralbaues, bei dem an das Kirchenschiff ostseitig der Turm angefügt ist, dessen Erdgeschoß als Chor (Presbyterium) dient.

Chronogramm – textlich in eine Inschrift verwobene Jahreszahl; größer oder andersfarbig geschriebene Buchstaben bedeuten römische Zahlen, die zusammengezählt das Entstehungsjahr angeben.

Dachreiter – Türmchen, das ohne sichtbaren Unterbau auf dem Dach aufzusitzen scheint

Decken, schablonierte, bzw. patronierte – Spätmittelalterliche Holzdecken, deren bunter Dekor durch Schablonen aufgetragen wurde

Dienst – schlankes, vor Pfeiler, Lisenen oder glatte Wände gestelltes Halbsäulchen

Dreipaß – aus Zirkelschlägen konstruierte, dreiteilige gotische Maßwerkform

Empore – galerie- oder tribünenartiger Einbau

Epitaph – Totengedächtnisstein (nur selten auch als Grabstein verwendet)

Erzstift, Hochstift – weltlich regiertes Territorium geistlicher Fürsten, im Gegensatz zu Diözese bzw. Erzdiözese

Fastentuch – (Hungertuch oder Velen); derartige Tücher sollen während der Fastenzeit die Bilder der Sicht entziehen.

Fiale – gotische türmchenförmige Bekrönung an einem Altar, Sakramentshäuschen, Portal, Strebepfeiler oder auch Bildstock

Fischblase – im gotischen Maßwerk ineinandergreifende, kurvige Zierform; im Mehrpaß auch als Drehwirbel

Flechtwerksteine – Karolingische Ziersteine mit Flechtwerkmuster. Eine derartige Zierkunst ist jedoch schon in erheblich früherer Zeit in verschiedenen Teilen Europas feststellbar und in Kärnten bis in das 12. Jh. nachweisbar.

Fresko – ein „al fresco", auf den frischen Putz gemaltes Bild; die verwendeten Erdfarben verbinden sich mit der noch frischen Kalkschicht besonders haltbar.

Fronbogen – s. Triumphbogen

Gesprenge – hoch „springende" Bekrönung eines gotischen Altares, gebildet aus zierlichen Fialen, kurvigem Astwerk u. a.

Gewölbe: Tonnengewölbe – ungegliederter zylindrischer Wölbungsausschnitt (manchmal auch spitzbogig hochgezogen oder korbbogig gedrückt). – *Kreuzgratgewölbe* – zwei einander kreuzförmig durchdringende Tonnengewölbe. – *Kreuzgurtgewölbe* – ebenso, die Schnittlinien von profilierten Steinrippen getragen. – *Netzrippengewölbe* – jeder Gewölbeabschnitt ist in mehrere Facetten zerlegt, deren Trennlinien von Steinrippen getragen werden; die Jochscheitel sind nicht mehr markiert. – *Sternrippengewölbe* – wie Netzrippengewölbe, die Jochscheitel sind aber als ausstrahlende Zentren gekennzeichnet.

Grisaille – Grautonmalerei, grau-in-grau Farben

Gurt – Bandauflage in Putz oder Stein zwischen Gewölbeteilen (= Gurtbogen) oder zwischen den Geschossen (= Gurtgesims)

Intarsien – Einlegeverzierung in Holz; auch aus Elfenbein, Perlmutter, Marmor und Metall

Joch – von einem Gewölbeabschnitt einheitlich überspannter Raumblock

Kaffgesims – in Kirchen unterhalb der Fensterzone umlaufendes gotisches Horizontalgesims; zumeist im Chorraum

Kämpfer – Gebälk zwischen einem Pfeiler (bzw. dessen Kapitell) und dem darüber aufgewölbten Bogen

Kannelierung (kanneliert) – Besetzung eines Säulen- oder Pfeilerschaftes mit Rillen, die in scharfen Graten aneinanderstoßen oder durch Stege getrennt sind; z. T. auch im unteren Teil verstäbt (mit Stäben ausgefüllt)

Kapitell – „Kopf" zwischen dem Schaft einer Säule oder eines Pfeilers und dem aufliegenden Gebälk. Je nach der Kapitellform unterscheidet man ein dorisches, jonisches, korinthisches oder Kompositkapitell, mittelalterlich ein Würfel-, Knollen-, Knollen-, Knospen-, Blatt-, Kelch-, Falten-, Palmettenkapitell usw.

Kartusche – ornamental gerahmtes Feld der Flächendekoration zur Renaissance und zur Barockzeit

Kielbogen – spätgotischer, kielförmig hochgezogener Spitzbogen

Knorpelwerk – Ornamente aus band- und schleifenförmig stilisierten, weichen Knorpelformen; um 1640/1670

Krabbe – in Stein stilisiertes Blattmotiv („Kriechblume") an Schrägen oder Bogen gotischer Architekturglieder

Kranzgesims – Dachgesims, Gesims zwischen Wand und Dachauflage

Kreuzblume – in Stein stilisiertes Blattgebilde als Bekrönung gotischer Fialen oder Bogen

Kreuzrippengewölbe – siehe unter Gewölbe

Krypta – Unterkirche oder -kapelle unter dem Chor

Kuratie – In der Diözese Ausdruck für Seelsorgestation, die zwar de facto selbständig, de jure aber von einer Pfarre abhängig ist

Labn – s. ‚Kleines oststeirisches Lexikon"

Laibung, Leibung – seitliche, eher unverziert glatte Rahmung von Fenstern und Türen; siehe auch unter Gewände

Lisene – vertikale, bandförmig flache Wandauflage in Stein oder Mörtel; gleichsam ein vereinfachter Pilaster ohne Gliederung

Lünette – Bogenfeld über Türen oder Fenstern, auch mit einem Relief oder mit einer Malerei gefüllt

Maßwerk – mit dem Zirkel „gemessenes" gotisches Bauelement in Stein

Netzgrat-, Netzrippengewölbe – siehe unter Gewölbe

Palas – Wohntrakt einer Burg

Paß – siehe unter Dreipaß, Vierpaß

Perlstab – architektonisches Ziermotiv aus perlenähnlichen, nebeneinandergereihten Kugeln, die auch mit eiförmigen Gebilden abwechseln

Pilaster – Flachpfeiler mit Basis und Kapitell bzw. Kämpfer, zur Wandgliederung

Predella – spätgotischer Altartischaufsatz als Sockel für den Schrein

Presbyterium – siehe unter Chor

Retabel – Altaraufsatz

Risalit – durch Vor- und Rücksprung abgehobener Gebäudeteil als plastisches Gliederungselement

Rocaille – asymmetrisches Ornament aus der Stilisierung einer Muschel entstanden; typisch für das Rokoko (Name!) 1740/1780

Rollwerk – Ornament ähnlich wie Beschlagwerk (siehe dieses), mit eingerollten riemenförmigen Bändern; um 1580/1620

Schalensteine – Unter Schalensteinen werden allgemein verschiedenartige Denkmäler bezeichnet. Einerseits jene, deren schalenförmige Vertiefungen in Reihen geordnet zur Aufnahme von Wachs und Docht zu Beleuchtungszwecken dienten; andererseits auch erheblich größere Steinplatten mit unregelmäßigen Vertiefungen, die mit vorchristlichen Kulten in Verbindung gebracht werden.

Schlußstein – Zierstein im gotischen Gewölbescheitel, am Schnittpunkt der Rippen

Sgraffito – aus dem Feinverputz über der farbig getönten Wand ausgekratzte Zeichnung

Sprenggiebel – geteilter Rundbogen-Dreiecksgiebel als Fenster- oder Türbekrönung

Sprengwerk – siehe unter Gesprenge

Sterngrat-, Sternrippengewölbe – siehe unter Gewölbe

Steuerkataster – amtliche Aufnahme der Häuser und Grundstücke zur Festlegung der Besteuerung

Stichkappe – in ein Hauptgewölbe einschneidendes kleines Seitengewölbe, meist Segment eines Tonnengewölbes

Stöckl – Typ eines kleinen Herrenhauses mit einer als „Labn" bezeichneten durchgehenden Eingangshalle. Die Bezeichnung „Stöckl" läßt sich zumindest bis in das 16. Jh. zurückverfolgen (z. B. in Schloß Reinthal).

Strebepfeiler – Mauerpfeiler zur Stützung stark durchbrochener Wandteile; regulär am gotischen Chor außen

Tonnengewölbe – siehe unter Gewölbe

Trikonchos – an das Langhaus anschließender Vierungsraum, von dem drei Halbkreisapsiden kleeblattförmig ausstrahlen. Die gegen Osten gerichtete mittlere Apside ist um ein Joch verlängert und bildet den Chorraum. Dieser Raumtypus war im oststeirischen Hochbarock, ausgehend von der Pöllauer Stiftskirche, durch Remigius Horner mehrfach nachgebaut worden

Triumphbogen – Bogen zwischen Kirchenschiff (Langhaus) und Chor, auch Fronbogen genannt

Tympanon – Bogenfeld über einer romanischen oder gotischen Pforte, zumeist mit einer Symbole, figurale oder ornamentale Reliefs aufweisenden Steinplatte versehen

Urbar – Verzeichnis des Güterbestandes und der daraus erfließenden Einkünfte; angelegt besonders von größeren Grundherrschaften

Vierpaß – aus Zirkelschlägen konstruierte vierteilige gotische Maßwerkform

Volute – spiralige Einrollung, Schnecke

Walmdach – an den Längsseiten ganz, an den Schmalseiten ganz oder teilweise (Dreiviertelwalm, Halbwalm, Krüppelwalm, Schopfwalm) abgeschrägtes Satteldach

Wechselberger Figuration – sechsteiliges Rautensterngewölbe, benannt nach Hans Wechselberger, einem Meister der Burghausener Bauhütte. In der Oststeiermark nur in der von einem Braunauer Meister erbauten Wallfahrtskirche von Maria Rehkogel anzutreffen

Zahnschnitt – Ornamentfries, bestehend aus einer Reihe von vor- und zurücktretenden quadratischen oder rechteckigen Feldern, besonders in Antike, Renaissance und Klassizismus verwendet

Literatur (Auswahl):

Die ältere Literatur ist gesammelt in: A. Schlossar, Die Literatur in der Steiermark, Graz 1914 und A. Schlossar – O. Janda, Bibliographie zur Geschichte, Landes- und Volkskunde der Steiermark 1914–1930, Linz 1932.

J. G. Anderle, Rosegger-Gedenkstätten, 1972[3]

E. Andorfer, Veit Königer und seine Werke, Graz 1925

R. Baravalle, Burgen und Schlösser der Steiermark, Graz 1961

G. Brucher, Die barocke Deckenmalerei in der Steiermark, Graz 1973 – ders. Die Entwicklung der barocken Kirchenfassaden in der Steiermark in: Jahrb. d. Kunsthist. Inst. der Univ. Graz, Bd. 5 und 6, Graz 1970 u. 1971

W. Buchowiecki, Die gotischen Kirchen Österreichs, Wien 1952

A. Dedekind-Lumnitzer, Grazer Stuckdekorationen des 18. Jh.s, ungedr. Diss. Graz 1958

P. Fank, Das Chorherrenstift Vorau, Vorau 1959

Fürstenfeld – 800 Jahre Grenzstadt F., Fürstenfeld 1978

DEHIO–Handbuch Steiermark, Wien–München 1982[5]

A. Fuksas, Bad Gleichenberg, Graz 1979

E. Gordon, Die Riegersburg, Graz 1964[6]

Gotik in der Steiermark, Kat. zur Ausstellung im Stift St. Lambrecht, Graz 1978

Grafendorf bei Hartberg, Festschrift, Hartberg 1974

O. Grieb, Radkersburg – Ein Heimatbuch, Radkersburg 1953

G. Gugitz, Österreichs Gnadenstätten in Kult und Brauch Bd. 4, Wien 1956

Handbuch der historischen Stätten Österreichs, Alpenländer und Südtirol, Kröner–Stuttgart 1978[2]

Hartberg – Ein Führer durch die Stadt, Hartberg 1978 (F. Posch, P. Krenn)

R. F. Hausmann – S. Rosenberger, Gleisdorf 1229–1979, Gleisdorf 1979

H. Haselberger, Die steirischen Schlösser der Renaissance und des frühen Barock, ungedr. Habil. Schrift Wien o. J. (1962)

Heimatliches Bauen im Ostalpenraum, in: Das Joanneum, Graz 1941

A. Holzinger (Hrsg.), Das Buch von der Steiermark, Wien 1968

R. Hootz (Hrsg.), Kunstdenkmäler in Österreich, Kärnten–Steiermark, München 1976

J. A. Janisch, Topographisch-statistisches Lexikon der Steiermark, 3 Bde. Graz 1878–1885

Johnsdorf – Mariahilfkirche J. bei Fehring, Kirchenführer, Graz o. J.

Kirchenschmuck, Graz 1870–1905 (mit wichtigen baugeschichtl. Aufsätzen und Berichten über Neuausstattungen von Kirchen)

F. Klabinus, Der steirische Nazarener Joseph Tunner, in: Zeitschr. d. hist. Ver. f. Steiermark, 28. Jg., Graz 1934

G. Kodolitsch, St. Veit am Vogau, Kirchenführer, Salzburg 1967 – ders. Radkersburg – Kunstgeschichtl. Stadtführer, Graz 1974 – ders. Mureck – Kunstgeschichtl. Stadtführer, Graz 1976

K. Kafka, Wehrkirchen Steiermarks, Wien 1974

K. Klamminger, Straden, Kirchenführer, Salzburg 1979

ders. 800 Jahre Pfarre St. Georgen a. d. Stiefling, 1959

R. Kohlbach, Die Stifte Steiermarks, Graz 1953 – ders. Steirische Bildhauer, Graz 1956 – ders. Die Marienkirche auf dem Weizberg, 1957 – ders. Steirische Baumeister, Graz 1961

W. Koschatzky, Leben, Werk und Stil des Barockbaumeisters Joseph Hueber, ungedr. Diss. Graz 1951

D. Kramer, Studien zur urgeschichtlichen Besiedlungsgeschichte der Steiermark, philos. Diss. Universität Salzburg, 1981

P. Krenn, Riegersburg – Hauptpfarrkirche hl. Martin, Kirchenführer, Salzburg 1980 – ders. Kunst im Weizer Land, in: Weiz–Geschichte u. Landschaft in Einzeldarstellungen 10/V, Weiz 1980

F. Krauß – R. Meeraus, Die Oststeiermark, Graz 1930

G. Lesky, Barocke Embleme in Vorau und anderen Stiften Österreichs, Graz 1963

K. Mayr, Ilz – Ein Heimatbuch, Ilz 1965

R. Meeraus, Die Bedeutung von Pöllau für die Kunstgeschichte in Steiermark, in: Bl. f. Heimatkunde VIII, Graz 1930 – ders. Johann Cyriak Hackhofer, Graz 1931

W. Modrijan, Der römische Landsitz von Löffelbach, in: Schild von Steier Kl. Schriften 3, Graz 1965 – ders. Aus der Ur- und Frühgeschichte der Steiermark, in: Die Steiermark–Land, Leute, Leistung, Graz 1971²

G. Neurath (Hrsg.): Heimathefte des Passailer Kessels, ab 1959

W. Modrijan – U. Ocherbauer, Waltersdorf in der Oststeiermark, Graz 1967

U. Ocherbauer, Die Wandmalerei der Steiermark im 14. Jh., ungedr. Diss. Graz 1954

ders. Die Fresken in der Taborkirche in Weiz, in: Weiz–Geschichte und Landschaft in Einzeldarstellungen 10/IV, Weiz 1976

W. Pannold, Josef Adam Mölk und sein Werk in der Steiermark, ungedr. Diss., Innsbruck 1960

G. Pferschy, Fürstenfelder Rathäuser, in: Bl. f. Heimatkunde 49. Jg. Graz 1975

ders. (Hrsg.) Das Werden der Steiermark – Die Zeit der Traungauer, Graz 1980

M. Porta, Die spätgotische Wandmalerei in der Steiermark (von ungefähr 1460–1530), 2 Bde. ungedr. Diss., Graz 1976

F. Posch, Siedlungsgeschichte der Oststeiermark, in: Mittlg. d. österr. Institutes für Geschichtsforschung Erg. Bd. XIII 4. Heft Innsbruck 1941 – ders. Die flammende Grenze – Die Steiermark in den Kuruzzenstürmen, Graz 1968 – ders. Pöllauberg, Kirchenführer, Salzburg 1971 – ders. Geschichte der Marktgemeinde und der Pfarre Waltersdorf, 1970 – ders. Geschichte des Verwaltungsbezirkes Hartberg, 2 Bde., Graz–Hartberg 1978

H. Pirchegger–S. Reichl, Geschichte der Stadt und des Bezirkes Fürstenfeld, Fürstenfeld 1952

Atlas zur Geschichte des steirischen Bauerntums (F. Posch, M. Straka, G. Pferschy), in: Veröffentlichungen d. steiermärk. Landesarchives, Bd. 8, Graz 1976

H. Purkarthofer, Geschichte von Kumberg, Graz 1965

F. Popelka, Die Landesaufnahme Innerösterreichs von Johannes Clobucciarich 1601–1605, Graz 1925

L. Pühringer-Zwanowetz, Matthias Steinl, Wien 1966

Reclams-Kunstführer, Österreich II, 4. Aufl., Stuttgart 1974

H. Riehl, Die Bildenden Künste in der Steiermark, in: die Steiermark–Land, Leute, Leistung, Graz 1971

F. Rogatsch, Die Schule De Lalio's, Diss. Graz 1933 – ders. Stadtbefestigungen in Steiermark im 16. und 17. Jh., Habil. Schrift Graz, 1937

M. Schaffler, Hartberg, Ein Führer durch die Stadt, Hartberg 1959

H. Schweigert, Die Entwicklung der Kanzel des 17. Jh.s in der Steiermark, in: Jahrb. d. Kunsthistor. Instituts der Univ. Graz, Bd. 7, Graz 1972 – ders. Die Entwicklung der Kanzel des 18. Jh.s in der Steiermark, in: Jahrb. d. Kunsthistor. Institutes der Univ. Graz, Bd. 8, Graz 1973 – ders. Der Grazer Barockbildhauer Johannes Piringer (1709–1788), in: Zeitschr. d. Histor. Ver. f. Steiermark, 66 Jg., Graz 1975 – ders. Maria Trost Fernitz bei Graz, Kirchenführer, Salzburg 1975 – ders. und G. Pferschy, Jobst/Blumau, Kirchenführer, Fürstenfeld o. J.

A. Schlacher, In der Gasen, 2 Bde., Graz 1971/74

A. L. Schuller, Das Dekanat Vorau, ungedr. Diss. Graz 1971

J. Steiner-Wischenbart, Die Stadt Feldbach, Feldbach 1903

F. Strohmeier (Hrsg.), 800 Jahre Jagerberg, 1972

A. Springer, Markt und Veste Riegersburg, 1925

S. Thomanitsch, Aus dem Tatschkerlande, 1926

H. Valentinitsch, Der Bildhauer Philibert Pocabello und die steirische Sepulkralpalstik um 1600, in: Alte und moderne Kunst, Heft 176, Wien 1981, S. 13–17

G. M. Vischer, Topographie Ducatus Stiriae 1681, 2 Bde.; hrsg. und mit einem Nachwort versehen von A. L. Schuller, Graz 1976

R. Wagner–Rieger, Architektur des Barock in der Steiermark, in: Tagungsbericht der Dreiländer-Fachtagung der Kunsthistoriker in Graz, Graz 1972, S. 9–26

E. Weber, Die römerzeitlichen Inschriften der Steiermark, (Veröffentl. d. Histor. Landeskommission f. Steiermark), Graz 1969

H. Wengert, Die Stadtanlagen in Steiermark, Graz 1932

J. M. Wienerreuther, Steirische Innendekoration von den ersten Deckengestaltungen italienischer Stukkateure bis zum 18. Jh., Diss. Graz 1952

I. Woisetschläger-Mayer, St. Erhard i. d. Breitenau, Kirchenführer, Salzburg 1968

K. Woisetschläger – P. Krenn, Alte steirische Herrlichkeiten – 800 Jahre Kunst in der Steiermark, Graz 1968

K. Woisetschläger, Plastik und Malerei des Barock in der Steiermark, in: Tagungsbericht der Dreiländer-Fachtagung der Kunsthistoriker in Graz, Graz 1972, S. 27–43

Wolfsberg – 700 Jahre W. im Schwarzautal, Festschrift, Graz o. J.

Der steirische Bauer, Katalog d. Landesausstellung, Graz 1966

Heimathefte des Passailer Kessels, ab 1959

Künstlerregister

A = Architekt, Baumeister
B = Bildschnitzer, Bildhauer
E = Entwurfzeichner
FM = Faßmaler
GG = Glockengießer
KS = Kupferstecher, Lithograph,
Buchdrucker
M = Maler
O = Orgelbauer
SCHR = Schreiner, Tischler
ST = Stukkator
STM = Steinmetz

Aigen Carl M 148
Ainspinner Leopold A 102, 134, 257
Allio Domenico dell siehe unter Lalio
Allio Martino A 52, 84
Allmer Josef M 96
Alt Jakob M 38
Altdorfer Albrecht M 74
Altomonte Bartolomäo M 226
Altomonte Martino M 221
Amon Carl M 154
Androy Dominicus ST 304
Androy Johann Kajetan ST 64, 304, 319
Angerer Josef SCHR 116
Aquila Johannes de M 48, 91, 136
Arhan Michael A 28, 57, 116, 141, 250, 252
Aubert Claudius GG 257

Baltl Johann A 174
Barazutti Felix M 116, 223, 260, 264, 269
Bayer Jakob (?) M 173
Belucci Antonio M 300
Bergl Wenzel M 211, 311
Berner Friedrich O 144
Bernini Giovanni Lorenzo A, B 61, 301
Bertoletti Andreas A 199, 309
Bertoni Wander B 70
Bilger Margret M 240
Birkle Albert M 137
Birstiner Leopold M 194
Bistoli Giovanni ST 64, 304 f.
Blendner A 211
Bogner Alois M 86
Borromini Francesco A 61, 301
Bosco Domenico ST 59, 61, 151, 300

Carlon Peter STM 244
Carlone Joachim A 61, 219
Carlone Josef A 62, 208, 290
Caspar Johann Franz B 296, 301
Cortona Pietro da A, M 60, 64, 220, 222
Cranach Lukas Kreis des M 74
Cumini Vinzenz B 111, 285
Czetionick Michael SCHR 55

Decleva Mario M 70
Degler Hans B 60
Delauney Robert M 69
Demut Johann Josef O 178
Deutschmann Jakob O 293
Dietterlin Wenzel KS 239
Domenichino M 60, 64, 220 f. ,
Domiscus Franz B 62, 164 f., 169, 177, 292

Ebner Bartholomäus A 57, 98
Echter Simon M 99
Egedacher Fam. O 269
Ehmert M 116
Eisner G. A 313
Erlacher Sebastian B 204

Felbermaier Johann M 302 f.
Fel(l)ner Johannes B 60, 138, 163, 265
Feltl Martin GG 124, 277, 294
Fenest Johann B 64, 119 f.
Fischentin Carl SCHR 232, 234, 239
Fischer Johann Baptist B 60, 213, 215, 228,
255, 257
Fischer von Erlach Johann Bernhard A 60,
255, 318
Flurer Franz Ignaz M 64, 101, 272, 280
Fölsch J. P. M 150
Fötsch Anton M 305, 320 f.
Frast-Schwach Lina M 164
Frühwirth Franz M 266
Führich Josef v. M 81, 164, 234, 260, 273

Gallo Domenico A 91
Gauster Jakob A 264
Gerl Matthias A 61, 128, 141 f.
Giordano Luca M 305
Glantschnigg R. M 264
Görz Matthias v. M 64, 99, 220 f., 223, 226,
245, 250 f.
Gosen Theodor v. B. 248
Gösser Wilhelm B 70, 91, 124
Götz M 247

Weissenkircher Hans Adam M 60, 186, 221, 283, 304
Wening Jörg GG 296
Wening Marx GG 198
Werianth Matthias B 321
Werner Cyriak O 116, 221
Werner Friedrich O 232, 257, 297, 307
Wickenburg Alfred M 69, 182
Wigele Franz Restaurator 229
Withalm Benedikt A 67, 83
Wolfgang M 46

Wonsi(e)dler Josef Alexander M 68, 86, 106, 185, 221, 234, 294, 305
Wörndle August v. M 141
Wudia Firma Ofensetzer 238
Wurzer Veit O 223

Zaar Peter ST 90, 227
Zeilinger Johann d. Ä. B 318
Zoff Alfred M 70
Zwölfer Peter O 167, 282

Personenregister

Frh. = Freiherr
Frhh. = Freiherren
Gf. = Graf
Gff. = Grafen
Gfn. = Gräfin
Pf. = Pfarrer